2026

社会福祉士国家試験

過去問 解説集

第35回-第37回完全解説＋第33回-第34回問題＆解答

一般社団法人日本ソーシャルワーク教育学校連盟［監修］

中央法規

本書中の共通科目問題（３年分）については，『精神保健福祉士国家試験過去問解説集 2026　第 25 回－第 27 回全問完全解説』（中央法規出版）と同じ内容です。

刊行にあたって

社会福祉士を目指される皆様，本書をお手にとっていただきありがとうございます。

本書は，過去5回分の実際に行われた社会福祉士国家試験問題と直近3回分の解説を一冊にまとめたもので，しかもソーシャルワーク教育や国家試験対策に携わる教員が中心となって執筆しており，国家試験問題を解説する類書の中でも大変好評をいただいています。

2024年度（第37回）は新しいカリキュラムによる初めての国家試験が行われました。

本書では，過去の国家試験問題には，その問題ごとに，新カリキュラムのどの科目に当たるのかを記載するとともに，巻頭に問題掲載頁一覧をつけることで，過去の問題の学習が新しい科目による試験に直接つながるように工夫しました。

また，試験問題の正答とその根拠を示すだけではなく，近年の制度改正や最新の動向なども丁寧に解説しています。一問一問学習を進める中で要点を的確に把握でき，より深い知識を養えるように，各科目の冒頭にはポイントや効果的な学習の方法を紹介しています。より試験形式に慣れていただきたいことから，巻頭にマークシート用紙を加えています。

社会のさまざまな場面で，分野横断的，総合的かつ包括的なソーシャルワークが必要とされる中，ソーシャルワーク専門職の国家資格である社会福祉士・精神保健福祉士へのニーズが高まっています。

日本ソーシャルワーク教育学校連盟は，社会福祉士・精神保健福祉士養成校を会員とし，ソーシャルワーク教育及び社会福祉教育を広く充実させ，その質を向上させていくとともに，一人でも多くの学生が両国家試験に合格するための各種事業を行っています。

国家試験合格のためには，過去問題の学習はたいへん重要なものです。ぜひこの「過去問解説集」を活用いただき，皆様が試験に合格されること，そして国家試験合格の暁には，ソーシャルワーカーとして多方面でご活躍されることを期待しております。

最後に，本書の出版にあたって多大な労をとっていただきました社会福祉士・精神保健福祉士養成に携わる教員の皆様，さらに発刊元の中央法規出版株式会社に感謝申し上げます。

2025年4月

一般社団法人日本ソーシャルワーク教育学校連盟　会長　**中村 和彦**

本書の使い方

■第37回試験（新試験）

国家試験全問を掲載し，問題を解く上での「Point」と各選択肢を詳しく解説しています。科目の冒頭に「科目別のポイント」を掲載し，出題傾向や今後の対策について取り上げています。

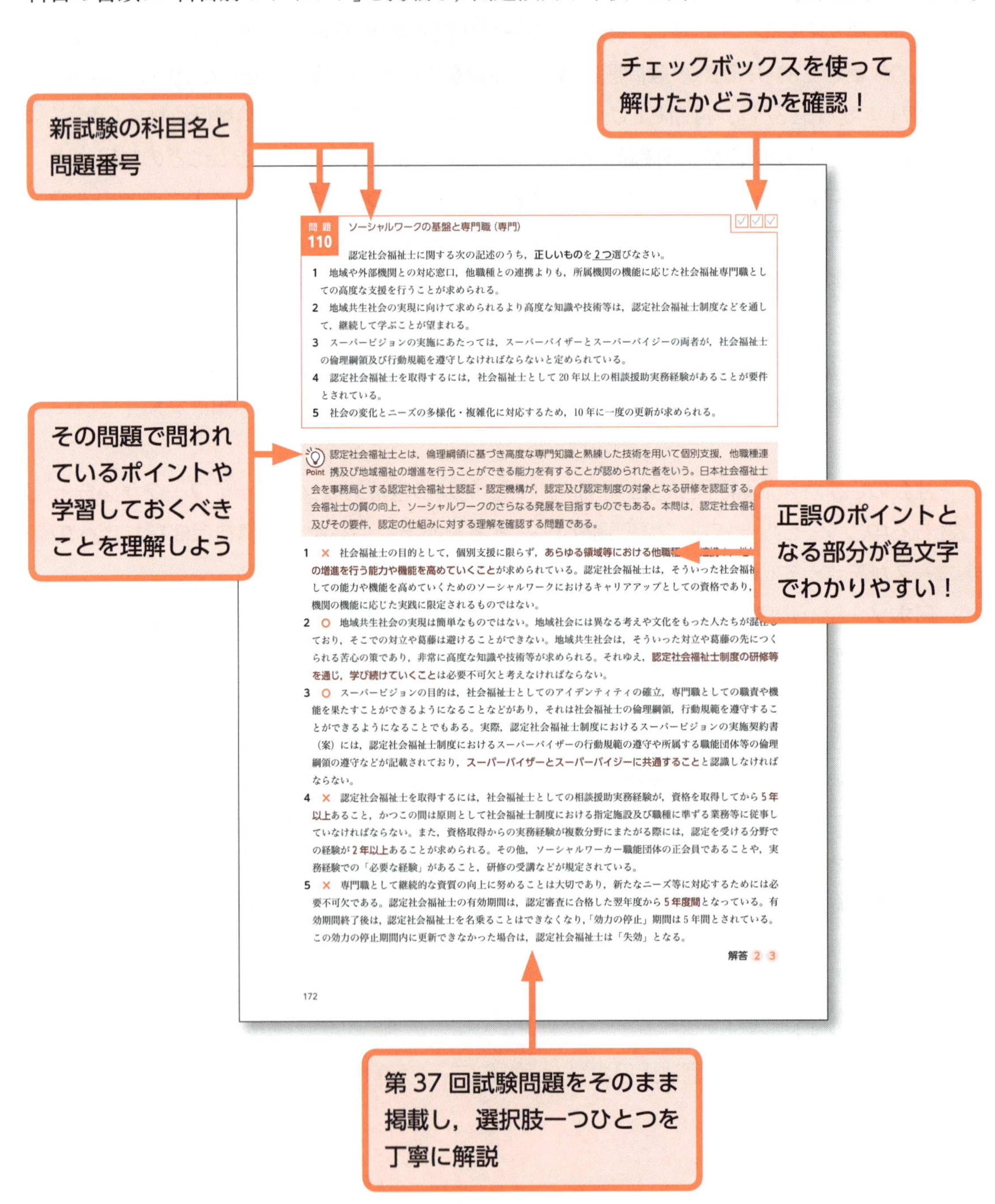

問題 110　ソーシャルワークの基盤と専門職（専門）

認定社会福祉士に関する次の記述のうち，**正しいもの**を**2つ**選びなさい。

1　地域や外部機関との対応窓口，他職種との連携よりも，所属機関の機能に応じた社会福祉専門職としての高度な支援を行うことが求められる。
2　地域共生社会の実現に向けて求められるより高度な知識や技術等は，認定社会福祉士制度などを通して，継続して学ぶことが望まれる。
3　スーパービジョンの実施にあたっては，スーパーバイザーとスーパーバイジーの両者が，社会福祉士の倫理綱領及び行動規範を遵守しなければならないと定められている。
4　認定社会福祉士を取得するには，社会福祉士として20年以上の相談援助実務経験があることが要件とされている。
5　社会の変化とニーズの多様化・複雑化に対応するため，10年に一度の更新が求められる。

Point　認定社会福祉士とは，倫理綱領に基づき高度な専門知識と熟練した技術を用いて個別支援，他職種連携及び地域福祉の増進を行うことができる能力を有することが認められた者をいう。日本社会福祉士会を事務局とする認定社会福祉士認証・認定機構が，認定及び認定制度の対象となる研修を認証する。会福祉士の質の向上，ソーシャルワークのさらなる発展を目指すものでもある。本問は，認定社会福祉及びその要件，認定の仕組みに対する理解を確認する問題である。

1　×　社会福祉士の目的として，個別支援に限らず，あらゆる領域等における他職の増進を行う能力や機能を高めていくことが求められている。認定社会福祉士は，そういった社会福しての能力や機能を高めていくためのソーシャルワークにおけるキャリアアップとしての資格であり，機関の機能に応じた実践に限定されるものではない。
2　○　地域共生社会の実現は簡単なものではない。地域社会には異なる考えや文化をもった人たちが混在しており，そこでの対立や葛藤は避けることができない。地域共生社会は，そういった対立や葛藤の先につくられる苦心の策であり，非常に高度な知識や技術等が求められる。それゆえ，認定社会福祉士制度の研修等を通じ，学び続けていくことは必要不可欠と考えなければならない。
3　○　スーパービジョンの目的は，社会福祉士としてのアイデンティティの確立，専門職としての職責や機能を果たすことができるようになることなどがあり，それは社会福祉士の倫理綱領，行動規範を遵守することができるようになることでもある。実際，認定社会福祉士制度におけるスーパービジョンの実施契約書（案）には，認定社会福祉士制度におけるスーパーバイザーの行動規範の遵守や所属する職能団体等の倫理綱領の遵守などが記載されており，スーパーバイザーとスーパーバイジーに共通することと認識しなければならない。
4　×　認定社会福祉士を取得するには，社会福祉士としての相談援助実務経験が，資格を取得してから5年以上あること，かつこの間は原則として社会福祉士制度における指定施設及び職種に準ずる業務等に従事していなければならない。また，資格取得からの実務経験が複数分野にまたがる際には，認定を受ける分野での経験が2年以上あることが求められる。その他，ソーシャルワーカー職能団体の正会員であることや，実務経験での「必要な経験」があること，研修の受講などが規定されている。
5　×　専門職として継続的な資質の向上に努めることは大切であり，新たなニーズ等に対応するためには必要不可欠である。認定社会福祉士の有効期間は，認定審査に合格した翌年度から5年度間となっている。有効期間終了後は，認定社会福祉士を名乗ることはできなくなり，「効力の停止」期間は5年間とされている。この効力の停止期間内に更新できなかった場合は，認定社会福祉士は「失効」となる。

解答　2　3

172

■第35回・第36回試験問題の新試験科目への振り分け

第 35 回・第 36 回試験問題は，第 37 回試験から適用される新出題基準に基づく科目に適宜振り分けて収載をしています。新しい科目の過去問として活用いただくことができます。

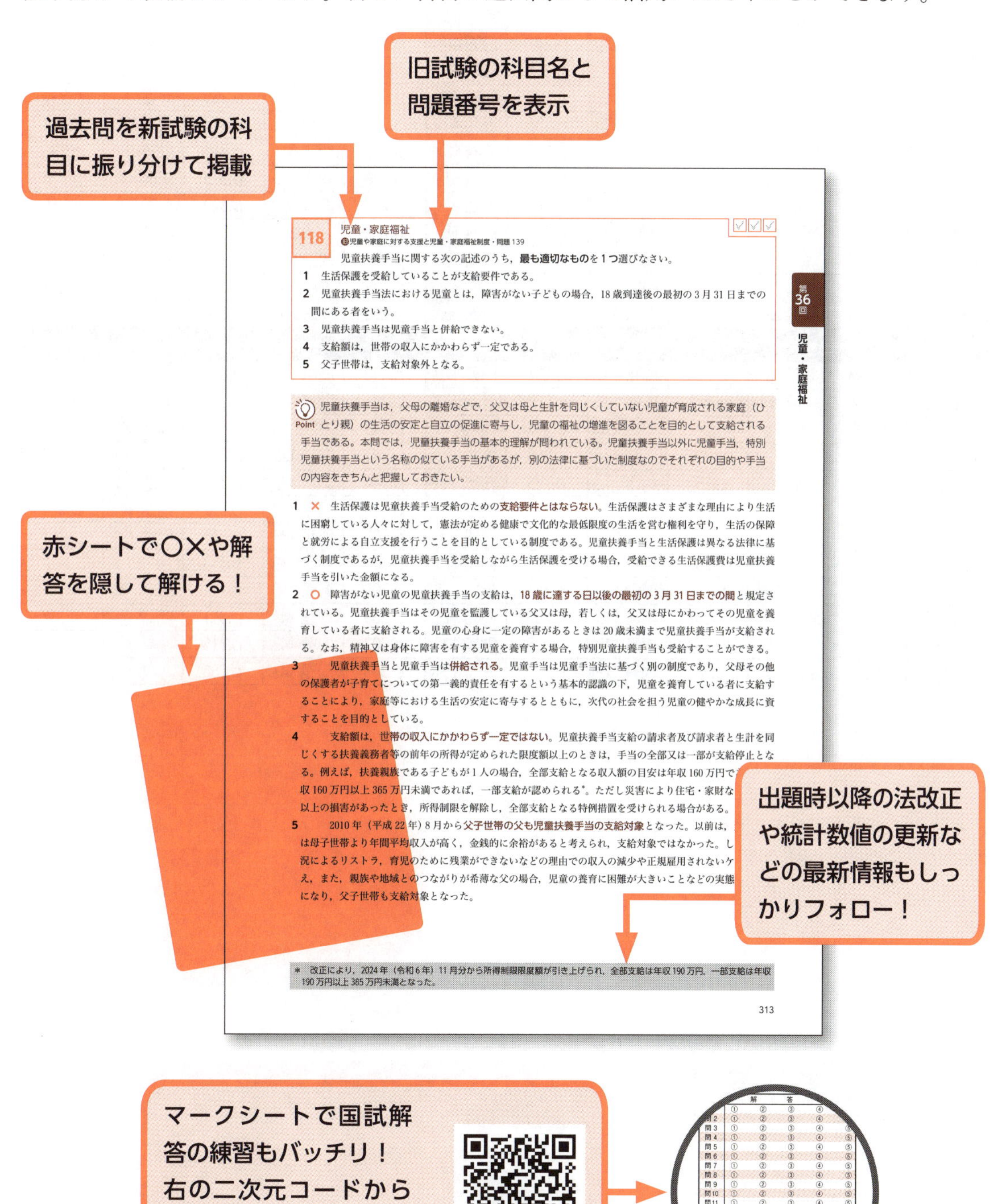

118 児童・家庭福祉
㊩児童や家庭に対する支援と児童・家庭福祉制度・問題 139

児童扶養手当に関する次の記述のうち，**最も適切なもの**を 1 つ選びなさい。

1 生活保護を受給していることが支給要件である。
2 児童扶養手当法における児童とは，障害がない子どもの場合，18 歳到達後の最初の 3 月 31 日までの間にある者をいう。
3 児童扶養手当は児童手当と併給できない。
4 支給額は，世帯の収入にかかわらず一定である。
5 父子世帯は，支給対象外となる。

Point 児童扶養手当は，父母の離婚などで，父又は母と生計を同じくしていない児童が育成される家庭（ひとり親）の生活の安定と自立の促進に寄与し，児童の福祉の増進を図ることを目的として支給される手当である。本問では，児童扶養手当の基本的理解が問われている。児童扶養手当以外に児童手当，特別児童扶養手当という名称の似ている手当があるが，別の法律に基づいた制度なのでそれぞれの目的や手当の内容をきちんと把握しておきたい。

1 × 生活保護は児童扶養手当受給のための**支給要件とはならない**。生活保護はさまざまな理由により生活に困窮している人々に対して，憲法が定める健康で文化的な最低限度の生活を営む権利を守り，生活の保障と就労による自立支援を行うことを目的としている制度である。児童扶養手当と生活保護は異なる法律に基づく制度であるが，児童扶養手当を受給しながら生活保護を受ける場合，受給できる生活保護費は児童扶養手当を引いた金額になる。

2 ○ 障害がない児童の児童扶養手当の支給は，**18 歳に達する日以後の最初の 3 月 31 日までの間**と規定されている。児童扶養手当はその児童を監護している父又は母，若しくは，父又は母にかわってその児童を養育している者に支給される。児童の心身に一定の障害があるときは 20 歳未満まで児童扶養手当が支給される。なお，精神又は身体に障害を有する児童を養育する場合，特別児童扶養手当も受給することができる。

3 児童扶養手当と児童手当は**併給される**。児童手当は児童手当法に基づく別の制度であり，父母その他の保護者が子育てについての第一義的責任を有するという基本的認識の下，児童を養育している者に支給することにより，家庭等における生活の安定に寄与するとともに，次代の社会を担う児童の健やかな成長に資することを目的としている。

4 支給額は，**世帯の収入にかかわらず一定ではない**。児童扶養手当支給の請求者及び請求者と生計を同じくする扶養義務者等の前年の所得が定められた限度額以上のときは，手当の全部又は一部が支給停止となる。例えば，扶養親族である子どもが 1 人の場合，全部支給となる収入額の目安は年収 160 万円で
収 160 万円以上 365 万円未満であれば，一部支給が認められる*。ただし災害により住宅・家財な
以上の損害があったとき，所得制限を解除し，全部支給となる特例措置を受けられる場合がある。

5 2010 年（平成 22 年）8 月から**父子世帯の父も児童扶養手当の支給対象**となった。以前は，
は母子世帯より年間平均収入が高く，金銭的に余裕があると考えられ，支給対象ではなかった。し
況によるリストラ，育児のために残業ができないなどの理由での収入の減少や正規雇用されないケ
え，また，親族や地域とのつながりが希薄な父の場合，児童の養育に困難が大きいことなどの実態
になり，父子世帯も支給対象となった。

＊ 改正により，2024 年（令和 6 年）11 月分から所得制限限度額が引き上げられ，全部支給は年収 190 万円，一部支給は年収 190 万円以上 385 万円未満となった。

313

社会福祉士国家試験　問題掲載頁一覧

＊過去の国家試験で出題された問題がどのページに掲載されているかは，以下の表でご確認いただけます。

第36回											
共通科目											
問題 1	p.196	問題 15	p.214	問題 29	p.220	問題 43	p.244	問題 57	p.259	問題 71	p.327
問題 2	p.197	問題 16	p.212	問題 30	p.225	問題 44	p.243	問題 58	p.263	問題 72	p.329
問題 3	p.198	問題 17	p.210	問題 31	p.226	問題 45	p.247	問題 59	p.260	問題 73	p.330
問題 4	p.201	問題 18	p.215	問題 32	p.241	問題 46	p.245	問題 60	p.264	問題 74	p.328
問題 5	p.199	問題 19	p.216	問題 33	p.254	問題 47	p.249	問題 61	p.261	問題 75	p.332
問題 6	p.200	問題 20	p.213	問題 34	p.250	問題 48	p.252	問題 62	p.265	問題 76	p.331
問題 7	p.202	問題 21	p.211	問題 35	p.256	問題 49	p.227	問題 63	p.317	問題 77	p.234
問題 8	p.203	問題 22	p.219	問題 36	p.242	問題 50	p.230	問題 64	p.318	問題 78	p.235
問題 9	p.204	問題 23	p.218	問題 37	p.255	問題 51	p.228	問題 65	p.319	問題 79	p.236
問題 10	p.205	問題 24	p.222	問題 38	p.246	問題 52	p.229	問題 66	p.320	問題 80	p.238
問題 11	p.206	問題 25	p.221	問題 39	p.251	問題 53	p.233	問題 67	p.321	問題 81	p.239
問題 12	p.207	問題 26	p.217	問題 40	p.253	問題 54	p.231	問題 68	p.323	問題 82	p.240
問題 13	p.208	問題 27	p.223	問題 41	p.257	問題 55	p.232	問題 69	p.322	問題 83	p.237
問題 14	p.209	問題 28	p.224	問題 42	p.248	問題 56	p.258	問題 70	p.326		
専門科目											
問題 84	p.293	問題 96	p.276	問題 108	p.291	問題 120	p.340	問題 132	p.307	問題 144	p.262
問題 85	p.294	問題 97	p.278	問題 109	p.289	問題 121	p.341	問題 133	p.306	問題 145	p.324
問題 86	p.295	問題 98	p.277	問題 110	p.292	問題 122	p.343	問題 134	p.308	問題 146	p.325
問題 87	p.297	問題 99	p.279	問題 111	p.288	問題 123	p.342	問題 135	p.304	問題 147	p.268
問題 88	p.298	問題 100	p.280	問題 112	p.275	問題 124	p.344	問題 136	p.310	問題 148	p.269
問題 89	p.299	問題 101	p.281	問題 113	p.336	問題 125	p.345	問題 137	p.312	問題 149	p.270
問題 90	p.296	問題 102	p.283	問題 114	p.338	問題 126	p.300	問題 138	p.315	問題 150	p.267
問題 91	p.271	問題 103	p.285	問題 115	p.282	問題 127	p.301	問題 139	p.313		
問題 92	p.333	問題 104	p.286	問題 116	p.337	問題 128	p.305	問題 140	p.314		
問題 93	p.272	問題 105	p.287	問題 117	p.290	問題 129	p.309	問題 141	p.311		
問題 94	p.273	問題 106	p.334	問題 118	p.335	問題 130	p.302	問題 142	p.316		
問題 95	p.274	問題 107	p.284	問題 119	p.339	問題 131	p.303	問題 143	p.266		

第35回											
共通科目											
問題 1	p.348	問題 15	p.362	問題 29	p.375	問題 43	p.399	問題 57	p.413	問題 71	p.473
問題 2	p.349	問題 16	p.364	問題 30	p.380	問題 44	p.401	問題 58	p.414	問題 72	p.475
問題 3	p.351	問題 17	p.366	問題 31	p.379	問題 45	p.400	問題 59	p.418	問題 73	p.476
問題 4	p.352	問題 18	p.369	問題 32	p.395	問題 46	p.405	問題 60	p.419	問題 74	p.474
問題 5	p.353	問題 19	p.370	問題 33	p.409	問題 47	p.402	問題 61	p.415	問題 75	p.477
問題 6	p.354	問題 20	p.363	問題 34	p.411	問題 48	p.403	問題 62	p.416	問題 76	p.478
問題 7	p.350	問題 21	p.365	問題 35	p.406	問題 49	p.381	問題 63	p.464	問題 77	p.388
問題 8	p.355	問題 22	p.377	問題 36	p.396	問題 50	p.382	問題 64	p.465	問題 78	p.391
問題 9	p.356	問題 23	p.373	問題 37	p.404	問題 51	p.383	問題 65	p.466	問題 79	p.392
問題 10	p.357	問題 24	p.376	問題 38	p.397	問題 52	p.385	問題 66	p.467	問題 80	p.393
問題 11	p.358	問題 25	p.371	問題 39	p.408	問題 53	p.387	問題 67	p.468	問題 81	p.394
問題 12	p.359	問題 26	p.372	問題 40	p.407	問題 54	p.384	問題 68	p.469	問題 82	p.390
問題 13	p.360	問題 27	p.374	問題 41	p.410	問題 55	p.386	問題 69	p.471	問題 83	p.389
問題 14	p.361	問題 28	p.378	問題 42	p.398	問題 56	p.412	問題 70	p.472		
専門科目											
問題 84	p.440	問題 96	p.479	問題 108	p.485	問題 120	p.492	問題 132	p.452	問題 144	p.368
問題 85	p.441	問題 97	p.480	問題 109	p.486	問題 121	p.493	問題 133	p.450	問題 145	p.417
問題 86	p.442	問題 98	p.429	問題 110	p.487	問題 122	p.494	問題 134	p.451	問題 146	p.470
問題 87	p.443	問題 99	p.430	問題 111	p.437	問題 123	p.495	問題 135	p.456	問題 147	p.422
問題 88	p.444	問題 100	p.431	問題 112	p.438	問題 124	p.497	問題 136	p.457	問題 148	p.421
問題 89	p.445	問題 101	p.432	問題 113	p.439	問題 125	p.496	問題 137	p.461	問題 149	p.420
問題 90	p.446	問題 102	p.433	問題 114	p.435	問題 126	p.447	問題 138	p.458	問題 150	p.423
問題 91	p.424	問題 103	p.434	問題 115	p.436	問題 127	p.448	問題 139	p.459		
問題 92	p.425	問題 104	p.481	問題 116	p.489	問題 128	p.453	問題 140	p.460		
問題 93	p.427	問題 105	p.482	問題 117	p.490	問題 129	p.454	問題 141	p.463		
問題 94	p.426	問題 106	p.483	問題 118	p.488	問題 130	p.455	問題 142	p.462		
問題 95	p.428	問題 107	p.484	問題 119	p.491	問題 131	p.449	問題 143	p.367		

目　次

第37回社会福祉士国家試験について

■出題形式

19科目6科目群に分かれており、出題数は全129問です。出題形式は、五つの選択肢の中から正答を一つ選ぶ五肢択一を基本とする多肢選択形式がとられます。

■科目別出題数

	試験科目	出題数	科目群
共通科目	医学概論	6	①
	心理学と心理的支援	6	
	社会学と社会システム	6	
	社会福祉の原理と政策	9	②
	社会保障	9	
	権利擁護を支える法制度	6	
	地域福祉と包括的支援体制	9	③
	障害者福祉	6	
	刑事司法と福祉	6	
	ソーシャルワークの基盤と専門職	6	④
	ソーシャルワークの理論と方法	9	
	社会福祉調査の基礎	6	
専門科目	高齢者福祉	6	⑤
	児童・家庭福祉	6	
	貧困に対する支援	6	
	保健医療と福祉	6	
	ソーシャルワークの基盤と専門職（専門）	6	⑥
	ソーシャルワークの理論と方法（専門）	9	
	福祉サービスの組織と経営	6	
	合　計	129	

■合格基準

次の2つの条件を満たした者を合格者とする。

（1）ア　総得点129点に対し，得点62点以上の者（総得点の60％程度を基準とし，問題の難易度で補正した。配点は1問1点である。）。

イ　試験科目の一部免除を受けた受験者
（社会福祉士及び介護福祉士法施行規則第5条の2）
総得点45点に対し，得点22点以上の者（総得点の60％程度を基準とし，問題の難易度で補正した。配点は1問1点である。）。

（2）（1）のア又はイを満たした者のうち，（1）のアに該当する者にあっては①から⑥の6科目群，イに該当する者にあっては⑤と⑥の2科目群すべてにおいて得点があった者。

①医学概論，心理学と心理的支援，社会学と社会システム　②社会福祉の原理と政策，社会保障，権利擁護を支える法制度　③地域福祉と包括的支援体制，障害者福祉，刑事司法と福祉　④ソーシャルワークの基盤と専門職，ソーシャルワークの理論と方法，社会福祉調査の基礎　⑤高齢者福祉，児童・家庭福祉，貧困に対する支援，保健医療と福祉　⑥ソーシャルワークの基盤と専門職（専門），ソーシャルワークの理論と方法（専門），福祉サービスの組織と経営

■これまでの試験の結果（過去8回分）

社会福祉振興・試験センターより公表された受験者及び合格者数は次のとおりです。

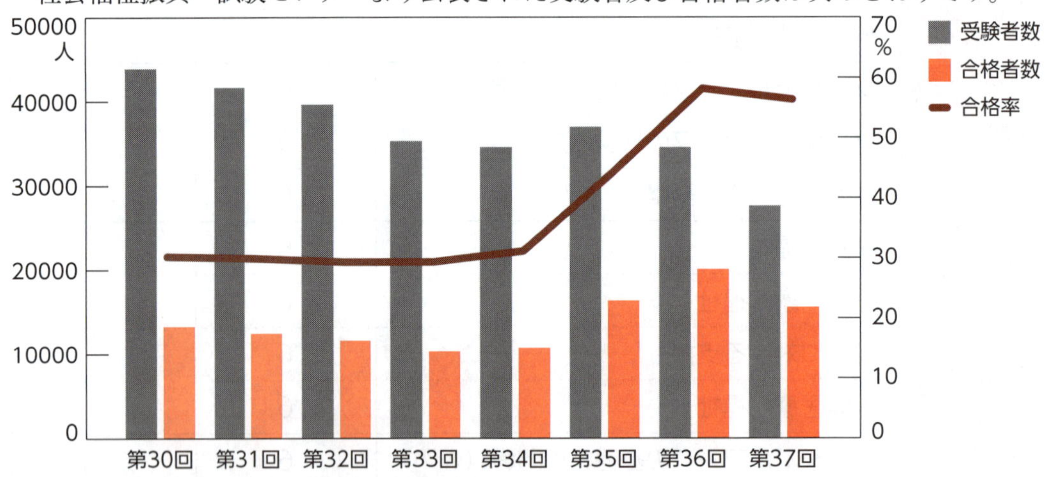

■国家試験情報専用電話案内

公益財団法人社会福祉振興・試験センター　TEL 03-3486-7559

■試験当日の心構え

▶時間に余裕をもつ
▶受験会場の環境に備える
▶解ける問題から取りかかる
▶普段のリズムを大切に
▶マークシートの記入は確実に

注　意　事　項

1　試験時間等

試験時間は，受験票のとおりです。

午前の試験問題数は 84 問です。

2　解答用紙への氏名の記入

解答用紙には，すでに「受験番号（●塗りつぶし含む）」「カナ」氏名が印刷されています。「受験番号」と「カナ」氏名が正しいかどうか確認して，「氏名」欄に，受験票に印刷されている氏名を記入してください。

（例）　受験番号　D012―34567　の場合

社会福祉士・精神保健福祉士
国家試験（午前）解答用紙

会 場	福祉大学
1	第1教室

カ ナ	フクシ　タロウ
氏 名	

受験番号	D	0	1	2	−	3	4	5	6	7
	Ⓢ	●	⓪	⓪	●	⓪	⓪	⓪	⓪	⓪
		①	●	①		①	①	①	①	①
	Ⓟ	②	②	●		②	②	②	②	②
		③	③	③		●	③	③	③	③
	●	④	④	④		④	●	④	④	④
		⑤	⑤	⑤		⑤	⑤	●	⑤	⑤
		⑥	⑥	⑥		⑥	⑥	⑥	●	⑥
		⑦	⑦	⑦		⑦	⑦	⑦	⑦	●
		⑧	⑧	⑧		⑧	⑧	⑧	⑧	⑧
		⑨	⑨	⑨		⑨	⑨	⑨	⑨	⑨

3　解答方法

(1)　出題形式は五肢択一を基本とする多肢選択形式となっています。各問題には1から5まで5つの答えがありますので，そのうち，問題に対応した答えを〔**例1**〕では**1つ**，〔**例2**〕では**2つ**を選び，解答用紙に解答してください。

〔**例1**〕　**問題 201**　次のうち，県庁所在地として，**正しいものを1つ**選びなさい。

1　函館市
2　郡山市
3　横浜市
4　米子市
5　北九州市

正答は「3」ですので，解答用紙の

問題 201　①　②　③　④　⑤　のうち，③　を塗りつぶして，

問題 201　①　②　●　④　⑤　としてください。

〔**例2**〕　**問題 202**　次のうち，首都として，**正しいものを2つ**選びなさい。

1　シドニー
2　ブエノスアイレス
3　上海
4　ニューヨーク
5　パリ

正答は「2と5」ですので，解答用紙の

問題 202　①　②　③　④　⑤　のうち，②　⑤　を塗りつぶして，

問題 202　①　●　③　④　●　としてください。

(2)　採点は，光学式読取装置によって行います。解答は，鉛筆又はシャープペンシルを使用し，**◯の外にはみださないように濃く塗りつぶしてください**。ボールペンは使用できません。また，塗りつぶしが薄い場合は，正答であっても正しく読み取れないため，注意してください。

良い解答の例………●

悪い解答の例………（レ点）（塗り残し）（線）（なぞる）（中黒）（はみ出し（ずれ））（薄い）　（解答したことになりません）

(3)　一度解答したところを訂正する場合は，消しゴムで消し残りのないように完全に消してください。鉛筆の跡が残ったり，⊗のような消し方などをした場合は，訂正したことになりませんので注意してください。

(4)　〔**例1**〕の問題に**2つ以上**解答した場合は，誤りになります。〔**例2**〕の問題に**1つ**又は**3つ以上**解答した場合は，誤りになります。

(5)　解答用紙は，折り曲げたり，チェックやメモなどで汚したりしないように特に注意してください。

4　その他の注意事項

(1)　印刷不良や落丁があった場合は，手を挙げて試験監督員に連絡してください。

(2)　問題の内容についての質問には，一切お答えできません。

※本書では，参考として，第37回試験で示された「注意事項」を掲載しています。

社会福祉士・精神保健福祉士
国家試験（午前：共通）解答用紙

会 場	福祉大学
1	第１教室

カ ナ	
氏 名	

受験番号	S				－					
	●	⓪	⓪	⓪	●	⓪	⓪	⓪	⓪	⓪
		①	①	①		①	①	①	①	①
	Ⓟ	②	②	②		②	②	②	②	②
		③	③	③		③	③	③	③	③
	Ⓓ	④	④	④		④	④	④	④	④
		⑤	⑤	⑤		⑤	⑤	⑤	⑤	⑤
		⑥	⑥	⑥		⑥	⑥	⑥	⑥	⑥
		⑦	⑦	⑦		⑦	⑦	⑦	⑦	⑦
		⑧	⑧	⑧		⑧	⑧	⑧	⑧	⑧
		⑨	⑨	⑨		⑨	⑨	⑨	⑨	⑨

問題番号	解	答	欄		
問１	①	②	③	④	⑤
問２	①	②	③	④	⑤
問３	①	②	③	④	⑤
問４	①	②	③	④	⑤
問５	①	②	③	④	⑤
問６	①	②	③	④	⑤
問７	①	②	③	④	⑤
問８	①	②	③	④	⑤
問９	①	②	③	④	⑤
問10	①	②	③	④	⑤
問11	①	②	③	④	⑤
問12	①	②	③	④	⑤
問13	①	②	③	④	⑤
問14	①	②	③	④	⑤
問15	①	②	③	④	⑤
問16	①	②	③	④	⑤
問17	①	②	③	④	⑤
問18	①	②	③	④	⑤
問19	①	②	③	④	⑤
問20	①	②	③	④	⑤
問21	①	②	③	④	⑤
問22	①	②	③	④	⑤
問23	①	②	③	④	⑤
問24	①	②	③	④	⑤
問25	①	②	③	④	⑤
問26	①	②	③	④	⑤
問27	①	②	③	④	⑤
問28	①	②	③	④	⑤
問29	①	②	③	④	⑤
問30	①	②	③	④	⑤
問31	①	②	③	④	⑤
問32	①	②	③	④	⑤
問33	①	②	③	④	⑤
問34	①	②	③	④	⑤
問35	①	②	③	④	⑤
問36	①	②	③	④	⑤
問37	①	②	③	④	⑤
問38	①	②	③	④	⑤
問39	①	②	③	④	⑤
問40	①	②	③	④	⑤
問41	①	②	③	④	⑤
問42	①	②	③	④	⑤

問題番号	解	答	欄		
問43	①	②	③	④	⑤
問44	①	②	③	④	⑤
問45	①	②	③	④	⑤
問46	①	②	③	④	⑤
問47	①	②	③	④	⑤
問48	①	②	③	④	⑤
問49	①	②	③	④	⑤
問50	①	②	③	④	⑤
問51	①	②	③	④	⑤
問52	①	②	③	④	⑤
問53	①	②	③	④	⑤
問54	①	②	③	④	⑤
問55	①	②	③	④	⑤
問56	①	②	③	④	⑤
問57	①	②	③	④	⑤
問58	①	②	③	④	⑤
問59	①	②	③	④	⑤
問60	①	②	③	④	⑤
問61	①	②	③	④	⑤
問62	①	②	③	④	⑤
問63	①	②	③	④	⑤
問64	①	②	③	④	⑤
問65	①	②	③	④	⑤
問66	①	②	③	④	⑤
問67	①	②	③	④	⑤
問68	①	②	③	④	⑤
問69	①	②	③	④	⑤
問70	①	②	③	④	⑤
問71	①	②	③	④	⑤
問72	①	②	③	④	⑤
問73	①	②	③	④	⑤
問74	①	②	③	④	⑤
問75	①	②	③	④	⑤
問76	①	②	③	④	⑤
問77	①	②	③	④	⑤
問78	①	②	③	④	⑤
問79	①	②	③	④	⑤
問80	①	②	③	④	⑤
問81	①	②	③	④	⑤
問82	①	②	③	④	⑤
問83	①	②	③	④	⑤
問84	①	②	③	④	⑤

社会福祉士国家試験
（午後：専門）解答用紙

会場	福祉大学
1	第１教室

カナ	
氏名	

受験番号	S			－					
	●	⓪	⓪	●	⓪	⓪	⓪	⓪	⓪
		①	①		①	①	①	①	①
	Ⓓ	②	②		②	②	②	②	②
		③	③		③	③	③	③	③
		④	④		④	④	④	④	④
		⑤	⑤		⑤	⑤	⑤	⑤	⑤
		⑥	⑥		⑥	⑥	⑥	⑥	⑥
		⑦	⑦		⑦	⑦	⑦	⑦	⑦
		⑧	⑧		⑧	⑧	⑧	⑧	⑧
		⑨	⑨		⑨	⑨	⑨	⑨	⑨

問題番号	解	答	欄		
問85	①	②	③	④	⑤
問86	①	②	③	④	⑤
問87	①	②	③	④	⑤
問88	①	②	③	④	⑤
問89	①	②	③	④	⑤
問90	①	②	③	④	⑤
問91	①	②	③	④	⑤
問92	①	②	③	④	⑤
問93	①	②	③	④	⑤
問94	①	②	③	④	⑤
問95	①	②	③	④	⑤
問96	①	②	③	④	⑤
問97	①	②	③	④	⑤
問98	①	②	③	④	⑤
問99	①	②	③	④	⑤
問100	①	②	③	④	⑤
問101	①	②	③	④	⑤
問102	①	②	③	④	⑤
問103	①	②	③	④	⑤
問104	①	②	③	④	⑤
問105	①	②	③	④	⑤
問106	①	②	③	④	⑤
問107	①	②	③	④	⑤

問題番号	解	答	欄		
問108	①	②	③	④	⑤
問109	①	②	③	④	⑤
問110	①	②	③	④	⑤
問111	①	②	③	④	⑤
問112	①	②	③	④	⑤
問113	①	②	③	④	⑤
問114	①	②	③	④	⑤
問115	①	②	③	④	⑤
問116	①	②	③	④	⑤
問117	①	②	③	④	⑤
問118	①	②	③	④	⑤
問119	①	②	③	④	⑤
問120	①	②	③	④	⑤
問121	①	②	③	④	⑤
問122	①	②	③	④	⑤
問123	①	②	③	④	⑤
問124	①	②	③	④	⑤
問125	①	②	③	④	⑤
問126	①	②	③	④	⑤
問127	①	②	③	④	⑤
問128	①	②	③	④	⑤
問129	①	②	③	④	⑤

※実際の国家試験のマークシートとは異なる場合があります。

出題基準と出題実績一覧

① 医学概論

※第35・36回については，【 】内は出題当時の問題番号
※■は新カリによる新試験

大項目	中項目	小項目（例示）	出題実績 第37回	第36回	第35回
1 ライフステージにおける心身の変化と健康課題	1）ライフステージにおける心身の変化と健康課題		【1】	【1】	【1】
	2）心身の加齢・老化		【2】		
	3）ライフステージ別の健康課題	●乳幼児期，学童期，思春期，青年期，壮年期，前期高齢期，後期高齢期			
2 健康及び疾病の捉え方	1）健康の概念	●WHO 憲章			
	2）疾病の概念	●疾患，疾病，病気の違い			
	3）国際生活機能分類（ICF）	●国際生活機能分類（ICF）の概要（コーディング，活用事例を含む）		【2】	【2】
3 身体構造と心身機能	1）人体部位の名称				
	2）基幹系と臓器の役割		【3】		
4 疾病と障害の成り立ち及び回復過程	1）疾病の発生原因	●外的要因 ●内的要因			
	2）病変の成立機序	●炎症，変性，虚血，発がん，免疫反応 等			
	3）障害の概要	●視覚障害，聴覚障害，平衡機能障害，肢体不自由，内部障害，知的障害，精神障害（DSM を含む），発達障害，認知症，高次脳機能障害 等		【3】 【5】 【6】	【7】
	4）リハビリテーションの概要と範囲	●リハビリテーションの定義，目的，対象，方法			
	5）疾病と障害及びその予防・治療・予後・リハビリテーション	●がん ●生活習慣病 ●脳血管疾患 ●心疾患 ●感染症 ●神経疾患 ●先天性疾患 ●肺疾患 ●腎・泌尿器疾患 ●消化器疾患 ●骨・関節の疾患 ●血液疾患 ●目・耳の疾患 ●精神疾患 ●高齢者に多い疾患	【4】 【5】	【4】 【7】	【3】 【4】 【5】 【6】
5 公衆衛生	1）公衆衛生の概要	●公衆衛生の考え方 ●健康の社会的決定要因（SDH）			
	2）健康増進と保健医療対策	●母子保健対策，成人保健対策（生活習慣病予防対策及びがん対策），高齢者保健対策，精神保健対策，感染症対策 等	【6】		

② 心理学と心理的支援

※第35・36回については，【　】内は出題当時の問題番号
※■■は新カリによる新試験

大項目	中項目	小項目（例示）	出題実績		
			第37回	第36回	第35回
1 心理学の視点	1）心理学の歴史と対象	●心理学の起源 ●心理学の発展と対象			
	2）心を探究する方法の発展	●生態学的心理学 ●進化心理学的アプローチ ●認知行動科学 ●行動遺伝学			
2 人の心の基本的な仕組みと機能	1）心の生物学的基盤	●脳の構造 ●神経機能 ●遺伝			
	2）感情・動機づけ・欲求	●感情の仕組み・機能 ●動機づけ理論			【8】
	3）感覚・知覚	●知覚の情報処理過程 ●感覚モダリティ ●アフォーダンス		【8】	
	4）学習・行動	●馴化・鋭敏化 ●古典的条件づけ ●道具的条件づけ		【9】	
	5）認知	●記憶・注意 ●思考 ●認知バイアス	【7】	【10】	
	6）個人差	●知能 ●パーソナリティ			【9】
	7）人と環境	●対人関係 ●集団・組織 ●自己	【8】	【11】	【10】
3 人の心の発達過程	1）生涯発達	●発達の定義 ●ライフステージと発達課題	【9】		【11】
	2）心の発達の基盤	●認知発達理論 ●言語発達 ●アタッチメント理論 ●道徳性の発達			
4 日常生活と心の健康	1）心の不適応	●不適応の理論 ●ストレス理論（コーピングを含む） ●燃え尽き症候群 ●トラウマ ●依存症		【12】	【12】
	2）健康生成論	●レジリエンス ●首尾一貫感覚（SOC）	【10】		
5 心理学の理論を基礎としたアセスメントと支援の基本	1）心理アセスメント	●心理アセスメントの方法 ●事例定式化		【13】	【13】
	2）心理的支援の基本的技法	●ソーシャルワークにおける心理的支援 ●支持的精神療法 ●マイクロカウンセリング ●動機づけ面接	【11】		
	3）心理療法におけるアセスメントと介入技法の概要	●精神分析 ●認知行動療法（SST を含む） ●応用行動分析 ●家族療法 ●ブリーフ・セラピー ●対人関係療法	【12】	【14】	【14】
	4）心理の専門職	●公認心理師			

③ 社会学と社会システム

※第 35・36 回については，【 】内は出題当時の問題番号
※■は新カリによる新試験

大項目	中項目	小項目（例示）	出題実績 第 37 回	出題実績 第 36 回	出題実績 第 35 回
1 社会学の視点	1）社会学の歴史と対象	●社会学の発展と対象			
2 社会構造と変動	1）社会システム	●社会システムの概念 ●社会的行為，文化・規範，社会構造，社会意識，産業と職業，社会階級と社会階層，社会指標		【17】 【21】	【15】
	2）組織と集団	●社会集団の概念 ●第一次集団，第二次集団 ●準拠集団 ●組織の概念，官僚制 ●企業，学校，病院，施設（全制的施設），NPO	【13】		【20】
	3）人口	●人口の概念 ●人口構造，人口動態，人口減少，人口問題，少子高齢化，超高齢社会，人口転換	【15】	【18】	
	4）グローバリゼーション	●国境を超える移動（人・モノ・資本・情報 等） ●エスニシティ，移民，多文化，国籍 ●グローバル・エイジング			
	5）社会変動	●社会変動の概念 ●近代化，産業化，情報化 ●第 2 の近代			【16】
	6）地域	●地域の概念，コミュニティの概念 ●コミュニティの再生，社会関係資本（ソーシャルキャピタル） ●都市化と地域社会，過疎化と地域社会，中山間地域の課題 ●地域社会の集団・組織	【14】	【16】 【20】	
	7）環境	●気候変動 ●環境破壊 ●持続可能性		【15】	
3 市民社会と公共性	1）社会的格差	●所得，教育，健康，住宅	【16】		
	2）社会政策と社会問題	●雇用 ●福祉国家と福祉社会，福祉レジーム ●社会政策 ●福祉政策 ●社会運動 ●公共空間			
	3）差別と偏見	●ラベリング理論，構築主義理論，逸脱，社会統制 ●マイノリティ（性的少数者等を含む） ●社会的排除，排斥	【17】		【21】
	4）災害と復興	●避難計画，生活破壊，生活再建 ●災害時要援護者 ●ボランティア	【18】		
4 生活と人生	1）家族とジェンダー	●家族の概念，家族の変容，家族の個人化 ●世帯の概念 ●男女共同参画，ジェンダー平等 ●ひとり親，子育て，介護，8050 問題 ●虐待，DV			【17】
	2）健康	●社会モデルと医学モデル ●心身の障害，慢性疾患 ●治療と仕事の両立 ●依存症 ●自殺			
	3）労働	●ワークライフバランス ●女性の活躍推進 ●ジェンダー平等 ●正規雇用，非正規雇用 ●失業 ●過労死			【143】 【144】
	4）世代	●ライフステージ，ライフコース ●世代間交流 ●個人化 ●いじめ，ハラスメント ●社会的孤立と孤独		【19】	【18】

大項目	中項目	小項目（例示）	出題実績		
			第37回	第36回	第35回
5 自己と他者	1）自己と他者	●相互作用，間主観性 ●社会的自我			
	2）社会化	●役割取得，アイデンティティ ●生涯発達			【19】
	3）相互行為	●シンボリック相互作用論 ●親密性 ●コミュニケーション（SNSを含む） ●ひきこもり			

④ 社会福祉の原理と政策

※第 35・36 回については，【　】内は出題当時の問題番号
※■は新カリによる新試験

大項目	中項目	小項目（例示）	出題実績 第37回	出題実績 第36回	出題実績 第35回
1 社会福祉の原理	1）社会福祉の原理を学ぶ視点	●社会福祉の歴史，思想・哲学，理論，社会福祉の原理と実践 ●社会福祉学の構造と特徴	【19】		
2 社会福祉の歴史	1）社会福祉の歴史を学ぶ視点	●歴史観，政策史，実践史，発達史，時代区分 ●日本と欧米の社会福祉の比較史の視点			
	2）日本の社会福祉の歴史的展開	●慈善事業，博愛事業 ●社会事業 ●厚生事業 ●社会福祉事業 ●社会福祉基礎構造改革	【20】		【25】 【26】
	3）欧米の社会福祉の歴史的展開	●救貧法 ●慈善事業，博愛事業 ●社会事業，社会保険 ●福祉国家，福祉社会 ●国際的潮流		【23】	
3 社会福祉の思想・哲学，理論	1）社会福祉の思想・哲学	●社会福祉の思想・哲学の考え方 ●人間の尊厳 ●社会正義 ●平和主義 ●人権，市民権（シティズンシップ）等			【23】
	2）社会福祉の理論	●社会福祉の理論の基本的な考え方 ●戦後社会福祉の展開と社会福祉理論 ●社会福祉の理論（政策論，技術論，固有論，統合論，運動論，経営論） ●欧米の社会福祉の理論			
	3）社会福祉の論点	●公私関係，効率性と公平性，普遍主義と選別主義，自立と依存，自己選択・自己決定とパターナリズム，参加とエンパワメント，再分配と承認，ジェンダー，社会的包摂（ソーシャルインクルージョン）		【22】	
	4）社会福祉の対象とニーズ	●ニーズと需要の概念 ●社会福祉の対象とニーズ ●ニーズの種類と次元 ●ニーズの理論とその課題		【25】	【27】
4 社会問題と社会構造	1）現代における社会問題	●貧困，孤立，失業，要援護性，偏見と差別，社会的排除，ヴァルネラビリティ，新しい社会的リスク，依存症，自殺	【27】	【24】	
	2）社会問題の構造的背景	●低成長経済，グローバル化，少子高齢化，人口減少社会，格差，貧困，社会意識・価値観の変化		【26】	【29】
5 福祉政策の基本的な視点	1）福祉政策の概念・理念	●現代の社会問題と福祉政策 ●福祉政策の概念・理念 ●福祉政策と社会保障，社会政策 ●福祉レジームと福祉政策 ●社会的包摂（ソーシャルインクルージョン） ●人権，社会権 ●諸外国における差別禁止立法	【21】	【27】 【28】 【29】	【24】
6 福祉政策におけるニーズと資源	1）ニーズ	●種類と内容 ●把握方法			
	2）資源	●種類と内容 ●把握方法 ●開発方法			
7 福祉政策の構成要素と過程	1）福祉政策の構成要素	●福祉政策の構成要素とその役割・機能 ●政府，市場（経済市場，準市場，社会市場），事業者，国民（利用者を含む） ●措置制度 ●多元化する福祉サービス提供方式	【25】		
	2）福祉政策の過程	●政策決定，実施，評価 ●福祉政策の方法・手段 ●福祉政策の政策評価・行政評価 ●福祉政策と福祉計画			

大項目	中項目	小項目（例示）	出題実績		
			第37回	第36回	第35回
8 福祉政策の動向と課題	1）福祉政策と包括的支援	●社会福祉法 ●地域包括ケアシステム ●地域共生社会 ●多文化共生 ●持続可能性（SDGs 等） ●環境問題 ●気候変動 ●グローバリゼーション（グローバル化）	【22】 【23】	【30】	【22】
9 福祉政策と関連施策	1）関連政策	●保健医療政策，教育政策，住宅政策，労働政策，経済政策	【24】	【31】	【28】 【31】
10 福祉サービスの供給と利用過程	1）福祉供給部門	●公的部門（政府・地方公共団体） ●民間部門（営利・非営利），ボランタリー部門，インフォーマル部門 ●部門間の調整・連携・協働	【26】		
	2）福祉供給過程	●公私（民）関係 ●再分配，割当（ラショニング） ●市場，準市場 ●福祉行財政，福祉計画 ●福祉開発			
	3）福祉利用過程	●スティグマ，情報の非対称性，受給資格とシティズンシップ			【30】
11 福祉政策の国際比較	1）福祉政策の国際比較	●国際比較の視点と方法 ●福祉政策の類型（欧米，東アジア 等）			

⑤ 社会保障

※第 35・36 回については，【 】内は出題当時の問題番号
※ ■ は新カリによる新試験

大項目	中項目	小項目（例示）	出題実績 第 37 回	第 36 回	第 35 回
1 社会保障制度	1）人口動態の変化	●少子高齢化，人口減少社会		【49】	
	2）経済環境の変化	●低成長社会と社会保障の持続可能性			
	3）労働環境の変化	●労働関係の法制度（男女雇用機会均等法 等） ●ワークライフバランス ●正規雇用と非正規雇用			
2 社会保障の概念や対象及びその理念	1）社会保障の概念と範囲				
	2）社会保障の目的				
	3）社会保障の機能	●セーフティネット，所得再分配			
	4）社会保障の対象				
	5）社会保障制度の歴史	●社会保障制度の歴史	【29】		【49】
3 社会保障と財政	1）社会保障給付費	●内訳 ●推移	【30】		
	2）社会保障の費用負担	●社会保険料 ●公費負担（国庫負担，地方自治体の負担） ●利用者負担 ●財政調整	【31】	【51】	
4 社会保険と社会扶助の関係	1）社会保険の概念と範囲			【52】	【50】 【51】 【54】
	2）社会扶助の概念と範囲				
5 公的保険制度と民間保険制度の関係	1）公的保険と民間保険の現状	●公的保険と民間保険の主な制度 ●公的保険と民間保険の違い			
6 社会保障制度の体系	1）医療保険制度の概要	●制度の目的，対象，給付，費用負担 ●公費負担医療	【28】* 【32】* 【34】*	【50】* 【54】*	【52】
	2）介護保険制度の概要	●制度の目的，対象，給付，費用負担	【28】* 【32】* 【34】*		
	3）年金保険制度の概要	●制度の目的，対象，給付，費用負担	【28】* 【32】* 【33】 【34】*	【50】* 【54】* 【55】	【55】
	4）労災保険制度と雇用保険制度の概要	●制度の目的，対象，給付，費用負担	【28】* 【32】* 【35】	【50】* 【53】 【54】*	【53】
	5）生活保護制度の概要	●制度の目的，対象，給付，費用負担			
	6）社会手当制度の概要	●制度の目的，対象，給付，費用負担	【32】*	【50】* 【54】*	
	7）社会福祉制度の概要	●制度の目的，対象，給付，費用負担			
7 諸外国における社会保障制度	1）諸外国における社会保障制度の概要	●先進諸国の社会保障制度の歴史と概要	【36】		
	2）社会保障制度の国際比較	●高齢化と社会保障の規模 ●社会保障給付費の内訳など			

＊は複数の項目に該当する問題

⑥ 権利擁護を支える法制度

※第 35・36 回については，【 】内は出題当時の問題番号
※■は新カリによる新試験

大項目	中項目	小項目（例示）	出題実績 第 37 回	出題実績 第 36 回	出題実績 第 35 回
1 法の基礎	1）法と規範	●法の規範との関係 ●法と道徳の関係			
	2）法の体系，種類，機能	●成文法と不文法 ●公法と私法 ●実体法と手続法 ●法規範の特質と機能			
	3）法律の基礎知識，法の解釈	●法律条文の構造 ●法解釈の基準と方法			
	4）裁判制度，判例を学ぶ意義	●裁判の種類，判決の種類 ●判例とは			
2 ソーシャルワークと法の関わり	1）憲法	●憲法の概要（最高法規性，日本国憲法の基本原理） ●基本的人権（基本的人権と公共の福祉，平等性，自由権，社会権） ●幸福追求権		【77】	【77】
	2）民法	●民法総則（権利の主体・客体，権利の変動，無効と取消し） ●契約（売買，賃貸借等） ●不法行為（不法行為の要件，不法行為の効果（損害賠償）） ●親族（婚姻，離婚，親権，扶養，成年後見制度） ●遺産管理	【37】	【78】 【79】	
	3）行政法	●行政組織（国，地方公共団体の組織，公務員） ●行政の行為形式（行政処分） ●行政上の義務履行確保（行政強制，行政罰） ●行政訴訟制度（行政不服申立て，行政訴訟） ●国家の責任（国家賠償） ●地方自治法（国と自治体の関係）			
3 権利擁護の意義と支える仕組み	1）権利擁護の意義				
	2）福祉サービスの適切な利用	●運営適正化委員会 ●国民健康保険団体連合会			
	3）苦情解決の仕組み	●事業者による苦情解決 ●自治体等による苦情解決			
	4）虐待防止法の概要	●高齢者虐待防止法 ●児童虐待防止法 ●障害者虐待防止法	【38】		
	5）差別禁止法の概要	●障害者差別解消法	【39】		
	6）意思決定支援ガイドライン	●障害福祉サービス等の提供に係る意思決定支援ガイドライン ●人生の最終段階における医療・ケアの決定プロセスに関するガイドライン ●認知症の人の日常生活・社会生活における意思決定支援ガイドライン		【83】	
4 権利擁護活動で直面しうる法的諸問題	1）インフォームド・コンセント	●法的概念としてのインフォームド・コンセント ●インフォームド・コンセントに関する判例			
	2）秘密・プライバシー・個人情報	●秘密 ●プライバシー ●個人情報 ●情報共有			
	3）権利擁護活動と社会の安全	●守秘義務 ●通報，警告義務			【83】
5 権利擁護に関わる組織，団体，専門職	1）権利擁護に関わる組織，団体の役割	●家庭裁判所，法務局 ●市町村 ●社会福祉協議会 ●権利擁護支援の地域連携ネットワークの中核機関 ●弁護士，司法書士			【82】
6 成年後見制度	1）成年後見の概要	●法定後見，任意後見 ●専門職後見	【40】	【80】	【78】 【79】
	2）後見の概要	●成年被後見人の行為能力 ●成年後見人の役割	【42】	【81】	

大項目	中項目	小項目（例示）	出題実績		
			第37回	第36回	第35回
	3）保佐の概要	●被保佐人の行為能力 ●保佐人の役割			
	4）補助の概要	●補助人の役割			【80】
	5）任意後見の概要				
	6）成年後見制度の最近の動向	●利用動向 ●成年後見制度利用促進法 ●成年後見制度利用促進基本計画 ●意思決定支援	【41】	【82】	
	7）成年後見制度利用支援事業				
	8）日常生活自立支援事業	●日常生活自立支援事業の動向 ●専門員の役割 ●生活支援員の役割			【81】

⑦ 地域福祉と包括的支援体制

※第 35・36 回については，【　】内は出題当時の問題番号
※■は新カリによる新試験

大項目	中項目	小項目（例示）	出題実績		
			第 37 回	第 36 回	第 35 回
1 地域福祉の基本的な考え方	1）地域福祉の概念と理論	●地域福祉の概念，地域福祉の構造と機能 ●福祉コミュニティ論，在宅福祉サービス論，ボランティア・市民活動論 ●共生社会			【32】 【36】
	2）地域福祉の歴史	●セツルメント，COS（慈善組織協会），社会事業，社会福祉協議会，民生委員・児童委員，共同募金，在宅福祉，施設の社会化，地方分権，社会福祉基礎構造改革，地域自立生活，地域包括ケア，地域共生社会		【32】	
	3）地域福祉の動向	●コミュニティソーシャルワーク，コミュニティサービス，地域再生，ケアリングコミュニティ			
	4）地域福祉の推進主体	●地方自治体 ●NPO，市民活動組織，中間支援組織 ●町内会，自治会等地縁組織 ●民生委員・児童委員，主任児童委員，保護司 ●当事者団体 ●社会福祉協議会 ●共同募金 ●企業	【43】	【36】	【38】
	5）地域福祉の主体と形成	●当事者，代弁者 ●ボランティア ●市民活動，住民自治，住民主体 ●参加と協働，エンパワメント，アドボカシー ●福祉教育			
2 福祉行財政システム	1）国の役割	●法定受託事務と自治事務		【44】	【42】
	2）都道府県の役割	●福祉行政の広域的調整，事業者の指導監督			【43】
	3）市町村の役割	●サービスの運営主体 ●条例 ●社会福祉審議会		【43】	
	4）国と地方の関係	●地方分権，地方自治，地域主権，地方創生			
	5）福祉行政の組織及び専門職の役割	●福祉事務所，児童相談所，身体障害者更生相談所，知的障害者更生相談所，精神保健福祉センター，女性相談支援センター，地域包括支援センター 等 ●福祉事務所の現業員・査察指導員 ●児童福祉司，身体障害者福祉司，知的障害者福祉司，精神保健福祉相談員 等		【46】	【45】
	6）福祉における財源	●国の財源，地方の財源，保険料財源 ●民間の財源	【44】	【38】 【45】	【44】
3 福祉計画の意義と種類，策定と運用	1）福祉計画の意義・目的と展開	●福祉行財政と福祉計画の関係 ●福祉計画の歴史 ●福祉計画の種類（地域福祉計画，老人福祉計画，介護保険事業計画，障害福祉計画，子ども・子育て支援事業計画，民間の福祉計画 等）	【45】	【42】 【47】	【47】 【48】
	2）市町村地域福祉計画・都道府県地域福祉支援計画の内容	●地域福祉と計画行政の関係 ●市町村地域福祉計画及び都道府県地域福祉支援計画の定義，機能 ●地域福祉活動計画との関係		【34】	【37】 【46】
	3）福祉計画の策定過程と方法	●課題把握・分析 ●協議と合意形成		【39】 【48】	
	4）福祉計画の実施と評価	●モニタリング ●サービス評価 ●プログラム評価	【46】		
4 地域社会の変化と多様化・複雑化した地域生活課題	1）地域社会の概念と理論	●地域社会の概念 ●地域社会の理論			
	2）地域社会の変化	●世帯数，世帯構成 ●過疎化，都市化，地域間格差 ●外国人住民の増加	【47】		
	3）多様化・複雑化した地域生活課題の現状とニーズ	●ひきこもり，ニート，ヤングケアラー，8050 問題，ダブルケア，依存症，多文化共生，自殺，災害 等		【33】	

大項目	中項目	小項目（例示）	出題実績		
			第37回	第36回	第35回
	4）地域福祉と社会的孤立	●社会的孤立，社会的排除 ●セルフネグレクト			
5 地域共生社会の実現に向けた包括的支援体制	1）包括的支援体制	●包括的支援体制の考え方 ●包括的支援体制の展開	【48】	【40】	
	2）地域包括ケアシステム	●地域包括ケアシステムの考え方 ●地域包括ケアシステムの展開 ●精神障害にも対応した地域包括ケアシステムの展開 ●子育て世代包括支援センター			
	3）生活困窮者自立支援の考え方	●生活困窮者自立支援制度と理念 ●自立相談支援機関による支援過程と方法，実際 ●伴走型の支援と対象者横断的な包括的相談支援 ●個人及び世帯の支援 ●居住支援，就労支援，家計支援，子どもの学習・生活支援		【37】	【35】
	4）地域共生社会の実現に向けた各種施策	●多機関協働による包括的支援体制 ●住民に身近な圏域における相談支援体制 ●重層的支援体制整備事業	【51】	【35】	
6 地域共生社会の実現に向けた多機関協働	1）多機関協働を促進する仕組み	●総合相談 ●各種相談機関の連携 ●協議体 ●地域ケア会議 ●地域包括支援センター運営協議会 ●要保護児童対策地域協議会 ●協議会（障害者自立支援協議会）	【49】	【41】	
	2）多職種連携	●保健・医療・福祉に関わる多職種連携 ●生活支援全般に関わるネットワーク ●多職種連携等における個人情報保護			【40】
	3）福祉以外の分野との機関協働の実際	●社会的企業 ●農福連携 ●観光，商工労働等との連携 ●地方創生			
7 災害時における総合的かつ包括的な支援体制	1）非常時や災害時における法制度	●災害対策基本法，災害救助法 ●各自治体等の避難計画			【39】
	2）非常時や災害時における総合的かつ包括的な支援	●災害時要援護者支援 ●BCP（事業継続計画） ●福祉避難所運営 ●災害ボランティア	【50】		
8 地域福祉と包括的支援体制の課題と展望	1）地域福祉ガバナンス	●ガバナンスの考え方 ●多様化・複雑化した課題と多機関協働の必要性 ●社会福祉法における包括的な支援体制づくり ●住民の参加と協働，住民自治 ●プラットフォームの形成と運営			【33】 【41】
	2）地域共生社会の構築	●地域共生社会 ●地域力の強化，包括的支援体制			【34】

⑧ 障害者福祉

※第35・36回については，【　】内は出題当時の問題番号
※■は新カリによる新試験

大項目	中項目	小項目（例示）	出題実績		
			第37回	第36回	第35回
1 障害概念と特性	1）国際生活機能分類（ICF）	●ICIDHからICFへ ●ICFの構造			
	2）障害者の定義と特性	●身体障害（肢体不自由，視覚障害，聴覚障害，内部障害，難病 等） ●知的障害 ●精神障害 ●発達障害		【56】	
2 障害者の生活実態とこれを取り巻く社会環境	1）障害者の生活実態	●地域移行 ●居住 ●就学，就労 ●高齢化 ●介護需要 ●障害者の芸術，スポーツ	【52】		
	2）障害者を取り巻く社会環境	●バリアフリー ●コンフリクト ●障害者虐待 ●親亡き後問題，きょうだいへの支援			
3 障害者福祉の歴史	1）障害者福祉の理念	●リハビリテーション ●ノーマライゼーション ●完全参加と平等 ●社会的包摂（ソーシャルインクルージョン）			
	2）障害観の変遷	●偏見と差別 ●障害者の権利条約の批准の経緯 ●障害者基本法の変遷			
	3）障害者処遇の変遷	●明治以前の障害者の処遇 ●明治以降の障害者の処遇 ●戦後の障害者の処遇			
	4）障害者の権利に関する条約（障害者権利条約）と障害者基本法	●障害者権利条約の概要 ●障害者基本法の概要			
	5）障害者福祉制度の発展過程			【57】	【56】
4 障害者に対する法制度	1）障害者の日常生活及び社会生活を総合的に支援するための法律（障害者総合支援法）	●障害者総合支援法の概要 ●障害福祉サービス及び相談支援 ●障害支援区分及び支給決定 ●自立支援医療 ●補装具 ●地域生活支援事業 ●障害福祉計画	【53】	【59】 【61】	【57】 【58】
	2）身体障害者福祉法	●身体障害者福祉法の概要 ●身体障害者手帳，身体障害者福祉法に基づく措置			【61】
	3）知的障害者福祉法	●知的障害者福祉法の概要 ●療育手帳，知的障害者福祉法に基づく措置			
	4）精神保健及び精神障害者福祉に関する法律（精神保健福祉法）	●精神保健福祉法の概要 ●精神障害者保健福祉手帳 ●精神保健福祉法における入院形態 ●精神科病院における処遇	【54】		【62】
	5）児童福祉法	●児童福祉法における障害児支援の概要 ●発達支援，家族支援，地域支援			
	6）発達障害者支援法	●発達障害者支援法の概要 ●発達障害者支援センターの役割			
	7）障害者虐待の防止，障害者の養護者に対する支援等に関する法律（障害者虐待防止法）	●障害者虐待防止法の概要 ●障害者虐待の未然防止 ●通報義務，早期発見			

大項目	中項目	小項目（例示）	出題実績 第37回	出題実績 第36回	出題実績 第35回
	8）障害を理由とする差別の解消の推進に関する法律（障害者差別解消法）	●障害者差別解消法の概要 ●障害を理由とする差別を解消するための措置（合理的な配慮）	【55】		
	9）高齢者，障害者等の移動等の円滑化の促進に関する法律（バリアフリー法）	●バリアフリー法の概要 ●施設設置管理者等の責務			
	10）障害者の雇用の促進等に関する法律（障害者雇用促進法）	●障害者雇用促進法の概要 ●事業主の責務，法定雇用率	【56】	【144】	【145】
	11）国等による障害者就労施設等からの物品等の調達の推進等に関する法律（障害者優先調達推進法）	●障害者優先調達推進法の概要 ●障害者就労施設			
5 障害者と家族等の支援における関係機関と専門職の役割	1）障害者と家族等の支援における関係機関の役割	●国，都道府県，市町村 ●障害者に対する法制度に基づく施設，事業所 ●特別支援学校 ●ハローワーク，地域障害者職業センター，障害者就業・生活支援センター			
	2）関連する専門職等の役割	●医師，保健師，看護師，理学療法士，作業療法士 等 ●相談支援専門員，サービス管理責任者，居宅介護従事者 等 ●ピアサポーター ●養護教諭，スクールソーシャルワーカー ●障害者職業カウンセラー，職場適応援助者（ジョブコーチ）等 ●家族，住民，ボランティア 等	【57】	【58】 【60】 【62】	【59】
6 障害者と家族等に対する支援の実際	1）社会福祉士及び精神保健福祉士の役割				
	2）障害者と家族等に対する支援の実際（多職種連携を含む）	●地域生活支援 ●地域移行支援 ●就労支援 ●虐待防止，差別解消に向けた支援		【143】	【60】

⑨ 刑事司法と福祉

※第 35・36 回については，【　】内は出題当時の問題番号
※■は新カリによる新試験

大項目	中項目	小項目（例示）	出題実績 第 37 回	第 36 回	第 35 回
1 刑事司法における近年の動向とこれを取り巻く社会環境	1）刑事司法における近年の動向	●犯罪の動向（認知件数と発生率，再犯率 等）			
	2）刑事司法を取り巻く社会環境	●高齢者，障害者等の社会復帰支援 ●再犯の防止等の推進に関する法律（再犯防止推進法） ●就労支援（刑務所出所者等総合的就労支援対策） ●薬物依存者の再犯防止，回復支援 ●修復的司法 ●農福連携 等			【149】
	3）社会福祉士及び精神保健福祉士の役割	●検察庁や矯正施設，保護観察所，地域生活定着支援センター，精神保健福祉センター等における役割			
2 刑事司法	1）刑法	●刑法の基本原理 ●犯罪の成立要件と責任能力 ●刑罰	【58】		
	2）刑事事件の手続き，処遇	●刑事手続き ●刑事施設内での処遇	【59】	【150】	
3 少年司法	1）少年法	●少年法の基本原理 ●児童福祉法との関係			
	2）少年事件の手続き，処遇	●非行少年に対する手続き ●少年鑑別所，少年院での処遇 ●児童福祉法による措置			
4 更生保護制度	1）制度の概要	●意義，歴史，更生保護法制 ●更生保護施設			
	2）生活環境の調整	●目的，機能，手続き，関係機関との連携 ●特別調整			【148】
	3）仮釈放等	●仮釈放と仮退院，意義，許可基準，手続き		【147】	
	4）保護観察	●目的，方法，対象，内容，運用状況	【60】		【147】
	5）更生緊急保護	●目的，対象，期間，内容，手続き			
	6）団体・専門職等の役割と連携	●福祉事務所，児童相談所 ●保護観察官 ●保護司 ●更生保護施設 ●民間協力者（更生保護女性会，BBS 会，協力雇用主 等） ●法テラス（日本司法支援センター） ●ハローワーク	【61】	【148】	
5 医療観察制度	1）制度の概要	●目的 ●制度導入の背景 ●対象者			【150】
	2）審判・処遇の流れと内容	●審判の手続き ●処遇の流れ ●入院処遇の概要 ●通院処遇の概要 ●精神保健観察	【62】		
	3）関係機関・専門職等の役割と連携	●裁判所，裁判官 ●精神保健審判員，精神保健参与員 ●指定医療機関（指定入院医療機関，指定通院医療機関） ●社会復帰調整官 ●保護観察所 ●都道府県，市町村 ●障害福祉サービス事業所		【149】	
6 犯罪被害者支援	1）犯罪被害者の法的地位	●犯罪被害者の地位の変遷			
	2）犯罪被害者支援に関する法	●犯罪被害者等基本法 ●ＤＶ防止法 ●ストーカー規制法	【63】		
	3）犯罪被害者支援に関する制度	●被害者等通知制度，意見等聴取制度，心情等伝達制度，相談・支援			

大項目	中項目	小項目（例示）	出題実績		
			第37回	第36回	第35回
	4）団体・専門職等の役割と連携	●被害者支援員制度 ●被害者ホットライン ●犯罪被害相談窓口 ●被害者支援センター			

⑩ ソーシャルワークの基盤と専門職

※第35・36回については，【　】内は出題当時の問題番号
※■は新カリによる新試験

大項目	中項目	小項目（例示）	出題実績		
			第37回	第36回	第35回
1 社会福祉士及び精神保健福祉士の法的な位置づけ	1）社会福祉士及び介護福祉士法	●定義，義務 ●法制度成立の背景 ●法制度見直しの背景	【64】	【91】	【91】
	2）精神保健福祉士法	●定義，義務 ●法制度成立の背景 ●法制度見直しの背景			
	3）社会福祉士及び精神保健福祉士の専門性				
2 ソーシャルワークの概念	1）ソーシャルワークの定義	●ソーシャルワーク専門職のグローバル定義	【65】	【93】	【92】
3 ソーシャルワークの基盤となる考え方	1）ソーシャルワークの原理	●社会正義 ●人権尊重 ●集団的責任 ●多様性の尊重			
	2）ソーシャルワークの理念	●当事者主権 ●尊厳の保持 ●権利擁護 ●自立支援 ●社会的包摂（ソーシャルインクルージョン） ●ノーマライゼーション	【66】	【94】	【94】
	3）ソーシャルワークの援助関係の意義	●クライエント主体 ●パートナーシップ	【67】		
4 ソーシャルワークの形成過程	1）ソーシャルワークの形成過程	●セツルメント運動 ●COS（慈善組織協会） ●医学モデルから生活モデルへ ●ソーシャルワークの統合化	【68】	【95】	【93】 【95】
5 ソーシャルワークの倫理	1）専門職倫理の概念		【69】	【112】	
	2）専門職の倫理綱領	●ソーシャルワーカーの倫理綱領 ●社会福祉士の倫理綱領 ●精神保健福祉士の倫理綱領			
	3）倫理的ジレンマ			【96】	

⑪ ソーシャルワークの理論と方法

※第35・36回については，【　】内は出題当時の問題番号
※■は新カリによる新試験

大項目	中項目	小項目（例示）	出題実績		
			第37回	第36回	第35回
1 人と環境との交互作用に関する理論とミクロ・メゾ・マクロレベルにおけるソーシャルワーク	1）システム理論	●一般システム理論，サイバネティックス，自己組織性		【98】	【98】
	2）生態学理論				
	3）バイオ・サイコ・ソーシャルモデル				
	4）ミクロ・メゾ・マクロレベルにおけるソーシャルワーク				
2 ソーシャルワークの実践モデルとアプローチ	1）ソーシャルワークの様々な実践モデルとアプローチ	●医学モデル ●生活モデル ●ストレングスモデル ●心理社会的アプローチ ●機能的アプローチ ●問題解決アプローチ ●課題中心アプローチ ●危機介入アプローチ ●実存主義アプローチ ●フェミニストアプローチ ●行動変容アプローチ ●エンパワメントアプローチ ●ナラティヴアプローチ ●解決志向アプローチ	【71】 【72】	【97】 【99】 【100】 【101】 【115】	【99】 【100】
3 ソーシャルワークの過程	1）ケースの発見	●アウトリーチ ●スクリーニング			
	2）エンゲージメント（インテーク）	●エンゲージメント（インテーク）の意義，目的，方法，留意点 ●契約	【70】		
	3）アセスメント	●アセスメントの意義，目的，方法，留意点	【73】	【102】 【107】	
	4）プランニング	●プランニングの意義，目的，方法，留意点 ●効果と限界の予測 ●支援方針・内容の説明・同意	【74】	【103】	【101】
	5）支援の実施	●支援の意義，目的，方法，留意点			
	6）モニタリング	●モニタリングの意義，目的，方法，留意点 ●効果測定		【104】	【102】
	7）支援の終結と事後評価	●支援の終結と事後評価の目的，方法，留意点	【75】		【103】
	8）フォローアップ	●フォローアップの目的，方法，留意点		【105】	
4 ソーシャルワークの記録	1）記録の意義と目的	●ソーシャルワークの質の向上 ●支援の継続性，一貫性 ●機関の運営管理 ●教育，研究 ●アカウンタビリティ			
	2）記録の方法と実際	●記録の文体（叙述体，要約体，説明体 等） ●項目式（フェースシート 等） ●図表式（ジェノグラム，エコマップ 等）		【111】	【114】 【115】
5 ケアマネジメント	1）ケアマネジメントの原則	●ケアマネジメントの歴史 ●適用と対象			
	2）ケアマネジメントの意義と方法	●ケアマネジメントの意義 ●ケアマネジメントのプロセス ●ケアマネジメントのモデル			
6 集団を活用した支援	1）グループワークの意義と目的	●グループダイナミクス ●リーダーシップ			【111】

大項目	中項目	小項目（例示）	出題実績		
			第37回	第36回	第35回
	2）グループワークの原則	●個別化の原則 ●受容の原則 ●参加の原則 ●体験の原則 ●葛藤解決の原則 ●制限の原則 ●継続評価の原則	【76】		
	3）グループワークの展開過程	●準備期，開始期，作業期，終結期	【77】	【109】 【117】	
	4）セルフヘルプグループ	●共感性，分かち合い ●ヘルパーセラピー原則 ●体験的知識 ●役割モデルの習得 ●援助者の役割			【112】
7 コミュニティワーク	1）コミュニティワークの意義と目的	●社会的包摂（ソーシャルインクルージョン） ●住民参加			
	2）コミュニティワークの展開	●地域アセスメント ●地域課題の発見・認識 ●実施計画とモニタリング ●組織化 ●社会資源の開発 ●評価と実施計画の更新		【108】	
8 スーパービジョンとコンサルテーション	1）スーパービジョンの意義，目的，方法	●スーパービジョンの定義 ●スーパーバイザーとスーパーバイジーの関係性 ●スーパービジョンの機能 ●スーパービジョンの形態と方法	【78】	【110】	【113】
	2）コンサルテーションの意義，目的，方法	●コンサルテーションの定義 ●コンサルタントとコンサルティーの関係性 ●コンサルテーションの方法			

⑫ 社会福祉調査の基礎

※第35・36回については，【　】内は出題当時の問題番号
※■は新カリによる新試験

大項目	中項目	小項目（例示）	出題実績		
			第37回	第36回	第35回
1 社会福祉調査の意義と目的	1）社会福祉調査の意義と目的	●ソーシャルワーク実践の可視化 ●ソーシャルワーク実践の理論化 ●アクション・リサーチ ●公的統計と政策決定 ●ソーシャルワークの価値や倫理と社会福祉調査の関連			【84】
	2）社会福祉調査と社会福祉の歴史的関係	●古典（ブース，ラウントリー，タウンゼント 等）	【79】		
	3）統計法	●統計法の概要		【84】	【85】
2 社会福祉調査における倫理と個人情報保護	1）社会福祉調査における倫理	●倫理的配慮	【80】	【85】	
	2）社会福祉調査における個人情報保護	●個人情報保護法の概要			
3 社会福祉調査のデザイン	1）調査における考え方・論理	●理論と調査の関係 ●演繹法と帰納法 ●共変関係 ●因果関係 ●内的妥当性と外的妥当性			
	2）社会福祉調査の目的と対象	●目的（探索，記述，説明） ●分析単位（個人，家族，グループ，コミュニティ，社会関係，現象 等） ●母集団，標本，標本の代表性 ●標本抽出（有意抽出，無作為抽出）		【86】	
	3）社会福祉調査でのデータ収集・分析	●量的調査と質的調査 ●フィールド調査 ●文献や既存のデータを用いた調査 ●実験 ●評価のための調査		【90】	
	4）社会福祉調査のプロセス	●問の設定，概念化・操作化，対象と方法の選択，データ収集，分析，考察			
4 量的調査の方法	1）量的調査の概要	●多数把握，実態把握，因果関係の推論 ●経験の詳細な理解			
	2）量的調査の種類と方法	●全数調査と標本調査，Web調査 ●横断調査，縦断調査 ●比較調査，繰り返し調査，パネル調査，コホート調査 ●母集団，標本，標本の代表性 ●標本抽出（有意抽出，無作為抽出） ●二次分析			【86】
	3）質問紙の作成方法と留意点	●ワーディングとその他の留意点 ●パーソナルな質問とインパーソナルな質問 ●測定（測定の水準，測定の信頼性と妥当性 等） ●プレコーディングとアフターコーディング ●自計式（自記式），他計式	【81】	【87】 【88】	【87】 【88】
	4）質問紙の配布と回収	●訪問面接，郵送，留置，集合，電話，インターネット	【82】		
	5）量的調査の集計と分析	●エディティング ●コーディング ●単純集計と記述統計，クロス集計，散布図，相関と回帰，多変量解析	【83】		
5 質的調査の方法	1）質的調査の概要	●個人の経験の詳細な理解及び他者との相互作用の詳細な理解			
	2）観察法	●参与観察法，非参与観察法，統制的観察法			【89】
	3）面接法	●構造化面接法，半構造化面接法，自由面接法 ●フォーカス・グループ・インタビュー ●インタビューガイド，逐語録	【84】	【89】	
	4）質的調査における記録の方法と留意点	●観察や面接の記録方法 ●音声，映像，テキストのデータの扱い方 ●実践の記録や会議資料等の活用 ●資料収集におけるICTの活用			

大項目	中項目	小項目（例示）	出題実績		
			第37回	第36回	第35回
	5）質的調査のデータの分析方法	●事例研究 ●グラウンデッドセオリーアプローチ ●ナラティヴアプローチ ●ライフストーリー，ライフヒストリー ●エスノグラフィー ●アクション・リサーチ ●テキストマイニング			【90】
6 ソーシャルワークにおける評価	1）ソーシャルワークにおける評価の意義	●ミクロ・メゾ・マクロレベルにおける実践の評価 ●根拠に基づく実践（EBP）とナラティヴに基づく実践（NBP） ●アカウンタビリティ			
	2）ソーシャルワークにおける評価対象	●実践，プログラム，政策 ●構造（ストラクチャー） ●過程（プロセス） ●結果（アウトカム） ●影響（インパクト）			
	3）ソーシャルワークにおける評価方法	●シングル・システム・デザイン ●実験計画法 ●質的な評価法			

⑬ 高齢者福祉

※第35・36回については，【　】内は出題当時の問題番号
※■は新カリによる新試験

大項目	中項目	小項目（例示）	出題実績 第37回	第36回	第35回
1 高齢者の定義と特性	1）高齢者の定義				
	2）高齢者の特性	●社会的理解，身体的理解，精神的理解			
2 高齢者の生活実態とこれを取り巻く社会環境	1）高齢者の生活実態	●住居 ●所得 ●世帯 ●雇用，就労 ●介護需要，介護予防	【85】		【126】
	2）高齢者を取り巻く社会環境	●独居，老老介護，ダブルケア，8050問題 ●高齢者虐待 ●介護者の離職		【126】	
3 高齢者福祉の歴史	1）高齢者福祉の理念	●人権の尊重 ●尊厳の保持 ●老人福祉法，介護保険法における理念			
	2）高齢者観の変遷	●敬老思想，エイジズム，社会的弱者，アクティブエイジング			
	3）高齢者福祉制度の発展過程		【86】	【127】	【127】
4 高齢者に対する法制度	1）介護保険法	●介護保険法と介護保険制度の概要 ●介護報酬の概要 ●介護保険制度における組織及び団体の役割 ●保険者と被保険者，保険料 ●要介護認定の仕組みとプロセス ●居宅サービス，施設サービスの種類	【87】 【90】	【130】 【131】	【131】 【133】
	2）老人福祉法	●老人福祉法の概要 ●老人福祉法に基づく措置			【134】
	3）高齢者の医療の確保に関する法律（高齢者医療確保法）	●高齢者医療確保法の概要			
	4）高齢者虐待の防止，高齢者の擁護者に対する支援等に関する法律（高齢者虐待防止法）	●高齢者虐待防止法の概要 ●高齢者虐待の未然防止 ●通報義務，早期発見		【135】	
	5）高齢者，障害者等の移動等の円滑化の促進に関する法律（バリアフリー法）	●バリアフリー法の概要 ●施設設置管理者等の責務			
	6）高齢者の居住の安定確保に関する法律（高齢者住まい法）	●高齢者住まい法の概要			
	7）高年齢者等の雇用の安定等に関する法律（高年齢者雇用安定法）	●高齢者雇用安定法の概要			
	8）育児休業，介護休業等育児又は家族介護を行う労働者の福祉に関する法律（育児・介護休業法）	●育児・介護休業法の概要	【88】		
5 高齢者と家族等の支援における関係機関と専門職の役割	1）高齢者と家族等の支援における関係機関の役割	●国，都道府県，市町村 ●指定サービス事業者 ●国民健康保険団体連合会 ●地域包括支援センター ●ハローワーク，シルバー人材センター		【128】	

大項目	中項目	小項目（例示）	出題実績		
			第37回	第36回	第35回
	2）関連する専門職等の役割	●介護福祉士，医師，看護師，理学療法士，作業療法士 等 ●介護支援専門員，訪問介護員，介護職員，福祉用具専門相談員 等 ●認知症サポーター，介護サービス相談員 ●家族，住民，ボランティア 等	【89】	【133】	【132】
6 高齢者と家族等に対する支援の実際	1）社会福祉士の役割			【132】 【134】	
	2）高齢者と家族等に対する支援の実際（多職種連携を含む）	●地域生活支援 ●認知症高齢者支援 ●虐待防止に向けた支援 ●就労支援		【129】	【128】 【129】 【130】 【135】

※第35・36回については，【　】内は出題当時の問題番号
※■は新カリによる新試験

⑭ 児童・家庭福祉

大項目	中項目	小項目（例示）	出題実績		
			第37回	第36回	第35回
1 児童・家庭の定義と権利	1）児童・家庭の定義	●児童の定義，家庭の定義 ●児童と家庭の関係			
	2）児童の権利	●児童憲章 ●児童権利宣言 ●児童の権利に関する条約 ●児童福祉法 ●こども基本法			
2 児童・家庭の生活実態とこれを取り巻く社会環境	1）児童・家庭の生活実態	●ライフサイクル，家族形態 ●子育て（出産，育児，保育，家事） ●住居，就労，経済，教育 ●課外活動，遊び		【136】	
	2）児童・家庭を取り巻く社会環境	●子どもの貧困 ●いじめ ●児童虐待 ●ひとり親家庭 ●家庭内暴力（DV） ●社会的養護			
3 児童・家庭福祉の歴史	1）児童福祉の理念	●健全育成 ●児童の権利 ●児童の意見の尊重 ●最善の利益			
	2）児童観の変遷	●保護の対象としての児童 ●権利の主体としての児童			
	3）児童・家庭福祉制度の発展過程	●児童福祉法制定 ●措置と契約			
4 児童・家庭に対する法制度	1）児童福祉法	●児童福祉法の概要 ●児童相談所 ●児童福祉施設の種類，里親制度，障害児支援，児童福祉制度に係る財源，児童福祉サービスの最近の動向	【91】 【94】	【137】	【136】
	2）児童虐待の防止等に関する法律（児童虐待防止法）	●児童虐待防止法の概要 ●児童虐待の定義，虐待予防の取組，虐待発見時の対応			【138】
	3）配偶者からの暴力の防止及び被害者の保護等に関する法律（DV防止法）	●DV防止法の概要 ●DV防止法の目的，DVの定義，家庭内暴力発見時の対応			
	4）母子及び父子並びに寡婦福祉法（母子寡婦福祉法）	●母子寡婦福祉法の概要 ●母子寡婦福祉法の目的，母子父子寡婦福祉資金，母子・父子福祉施設，母子寡婦福祉制度に係る財源，母子寡婦福祉サービスの最近の動向			
	5）母子保健法	●母子保健法の概要 ●母子保健法の目的，母子健康手帳，養育医療の種類，母子保健制度に係る財源，母子保健サービスの最近の動向			【139】
	6）子ども・子育て支援法	●子ども・子育て支援法の概要 ●子どものための教育・保育給付 ●保育所 ●地域子ども・子育て支援事業	【95】		
	7）児童手当法	●児童手当法の概要 ●児童手当の制度 ●児童手当制度の最近の動向			【140】
	8）児童扶養手当法	●児童扶養手当法の概要 ●児童扶養手当の制度 ●児童扶養手当制度の最近の動向		【139】	
	9）特別児童扶養手当等の支給に関する法律（特別児童扶養手当法）	●特別児童扶養手当法の概要 ●特別児童扶養手当の制度 ●特別児童扶養手当制度の最近の動向			
	10）次世代育成支援対策推進法	●次世代育成支援対策推進法の概要		【140】	

大項目	中項目	小項目（例示）	出題実績 第37回	出題実績 第36回	出題実績 第35回
	11）少子化社会対策基本法	●少子化社会対策基本法の概要			
	12）困難な問題を抱える女性への支援に関する法律	●困難な問題を抱える女性への支援に関する法律の概要 ●女性相談支援センター，女性自立支援施設，女性相談支援員の概要	【96】		【137】
	13）就学前の子どもに関する教育，保育等の総合的な提供の推進に関する法律	●就学前の子どもに関する教育，保育等の総合的な提供の推進に関する法律の概要 ●認定こども園			
	14）子どもの貧困対策の推進に関する法律	●子どもの貧困対策の推進に関する法律の概要			
	15）子ども・若者育成支援推進法	●子ども・若者育成支援推進法の概要			
	16）いじめ防止対策推進法	●いじめ防止対策推進法の概要			
5 児童・家庭に対する支援における関係機関と専門職の役割	1）児童や家庭に対する支援における公私の役割関係	●行政の責務 ●公私の役割関係			
	2）国，都道府県，市町村の役割	●国の役割 ●都道府県の役割 ●市町村の役割	【92】	【138】	
	3）児童相談所の役割	●児童相談所の組織 ●児童相談所の業務 ●市町村及び他の機関との連携			【142】
	4）その他の児童や家庭（女性，若者を含む）に対する支援における組織・団体の役割	●児童福祉施設 ●家庭裁判所 ●警察 ●女性相談支援センター，配偶者暴力相談支援センター，女性自立支援施設 ●こども家庭センター ●子ども・若者総合相談センター ●子育て世代包括支援センター ●地域若者サポートステーション	【93】		
	5）関連する専門職等の役割	●保育士，医師，歯科医師，保健師，看護師，助産師，理学療法士，作業療法士，栄養士，弁護士 等 ●児童福祉司，児童心理司，家庭相談員，母子・父子自立支援員，児童指導員，母子支援員 等 ●スクールソーシャルワーカー，スクールカウンセラー 等 ●民生委員・児童委員，主任児童委員 ●家族，住民，ボランティア 等			【141】
6 児童・家庭に対する支援の実際	1）社会福祉士の役割				
	2）支援の実際（多職種連携を含む）	●妊産婦から乳幼児期の子育て家庭への支援 ●社会的養護を必要とする児童に対する支援 ●障害児に対する支援 ●ひとり親家庭に対する支援 ●女性，若者への支援 ●子どもの貧困に対する支援 ●児童虐待防止に向けた支援 ●児童相談所における支援 ●要保護児童対策地域協議会における支援 ●就労支援		【141】 【142】	

⑮ 貧困に対する支援

※第35・36回については，【　】内は出題当時の問題番号
※■は新カリによる新試験

大項目	中項目	小項目（例示）	出題実績		
			第37回	第36回	第35回
1 貧困の概念	1）貧困の概念	●絶対的貧困，相対的貧困，社会的排除，社会的孤立等			
	2）公的扶助の意義と範囲	●公的扶助の意義（生存権，セーフティネット，ナショナルミニマム） ●公的扶助の範囲（狭義，広義）			
2 貧困状態にある人の生活実態とこれを取り巻く社会環境	1）貧困状態にある人の生活実態	●健康 ●居住 ●就労 ●教育 ●社会関係資本			【63】
	2）貧困状態にある人を取り巻く社会環境	●経済構造の変化 ●家族，地域の変化 ●格差の拡大 ●社会的孤立			
3 貧困の歴史	1）貧困状態にある人に対する福祉の理念	●人権の尊重 ●尊厳の保持 ●貧困，格差，差別の解消			
	2）貧困観の変遷	●スティグマ ●貧困の測定 ●貧困の発見			
	3）貧困に対する制度の発展過程	●救貧制度（日本，諸外国） ●生活保護法 ●ホームレスの自立の支援等に関する特別措置法（ホームレス自立支援法） ●子どもの貧困対策の推進に関する法律 ●生活困窮者自立支援法			
4 貧困に対する法制度	1）生活保護法	●生活保護法の原理原則と概要 ●生活保護制度の動向 ●最低生活費と生活保護基準 ●福祉事務所の機能と役割 ●相談支援の流れ ●自立支援，就労支援の考え方と自立支援プログラム ●生活保護施設の役割	【97】	【63】 【64】 【65】 【66】	【64】 【65】 【66】
	2）生活困窮者自立支援法	●生活困窮者自立支援法の理念と概要 ●生活困窮者自立支援制度の動向 ●自立相談支援事業と任意事業 ●生活困窮者自立支援制度における組織と実施体制 ●相談支援の流れ	【99】		【67】
	3）低所得者対策	●生活福祉資金貸付制度 ●無料低額診療事業 ●無料低額宿泊所 ●求職者支援制度 ●法律扶助 ●低所得者への住宅政策と住居支援	【100】	【67】	【68】
	4）ホームレス対策	●ホームレス自立支援法の概要 ●ホームレスの考え方と動向 ●ホームレス支援施策		【69】	
5 貧困に対する支援における関係機関と専門職の役割	1）貧困に対する支援における公私の役割関係	●行政の責務 ●公私の役割関係			
	2）国，都道府県，市町村の役割	●国の役割 ●都道府県の役割 ●市町村の役割			
	3）福祉事務所の役割	●福祉事務所の組織 ●福祉事務所の業務	【98】 【102】		【146】
	4）自立相談支援機関の役割	●自立相談支援機関の組織 ●自立相談支援機関の業務	【101】	【68】	
	5）その他の貧困に対する支援における関係機関の役割	●社会福祉協議会 ●ハローワーク，地域若者サポートステーション ●民間支援団体 等		【145】 【146】	

大項目	中項目	小項目（例示）	出題実績		
			第 37 回	第 36 回	第 35 回
	6）関連する専門職等の役割	●精神保健福祉士，医師，保健師，看護師，理学療法士，作業療法士 等 ●介護支援専門員，サービス管理責任者 等 ●ハローワーク就職支援ナビゲーター 等 ●教諭，スクールソーシャルワーカー 等 ●弁護士，保護観察官，保護司 等 ●民生委員・児童委員，主任児童委員 ●家族，住民，ボランティア 等			
6 貧困に対する支援の実際	1）社会福祉士の役割				
	2）貧困に対する支援の実際（多職種連携を含む）	●生活保護制度及び生活保護施設における自立支援，就労支援，居住支援 ●生活困窮者自立支援制度における自立支援，就労支援，居住支援 ●生活福祉資金貸付を通じた自立支援 ●多機関及び多職種，住民，企業等との連携による地域づくりや参加の場づくり			【69】

⑯ 保健医療と福祉

※第 35・36 回については，【　】内は出題当時の問題番号
※■は新カリによる新試験

大項目	中項目	小項目（例示）	出題実績 第 37 回	第 36 回	第 35 回
1 保健医療の動向	1）疾病構造の変化	●感染症の動向 ●生活習慣病の増加			
	2）医療施設から在宅医療へ	●社会的入院 ●在宅医療の役割と課題			
	3）保健医療における福祉的課題	●依存症，認知症，自殺企図，虐待防止	【107】		
2 保健医療に係る政策・制度・サービスの概要	1）医療保険制度の概要	●医療費の動向（国民医療費の推移と構造，医療費の適正化） ●健康保険，国民健康保険，後期高齢者医療制度 ●給付（療養の給付，家族療養費，高額療養費，保険外併用療養費，現金給付等）と自己負担 ●費用負担（保険料負担，公費負担 等） ●その他（労災の療養（補償）給付，公費負担医療（特定疾患医療費助成制度 等），無料低額診療事業 等）	【103】 【104】	【70】 【71】 【74】	【70】 【71】 【74】
	2）診療報酬制度の概要	●診療報酬制度の体系 ●診療報酬の支払い方式（DPC ／ PDPS 等）	【105】	【72】	【72】
	3）医療施設の概要	●病院（特定機能病院，地域医療支援病院 等），診療所など ●病床（精神病床，療養病床，一般病床 等）とその推移			
	4）保健医療対策の概要	●医療提供体制の整備（地域医療の指針，医療計画） ●医療圏 ●５疾病，５事業の連携体制 ●地域医療構想（病床の機能分化と連携） ●感染症対策 ●保健所の役割		【73】	【73】
3 保健医療に係る倫理	1）自己決定権の尊重	●患者の権利 ●インフォームド・コンセント，インフォームド・アセント ●意思決定支援，アドバンスケアプランニング		【76】	
	2）保健医療に係る倫理	●医療倫理の４原則	【106】		
	3）倫理的課題	●高度生殖医療，出生前診断，脳死と臓器移植，尊厳死，身体抑制			
4 保健医療領域における専門職の役割と連携	1）保健医療領域における専門職	●医師，歯科医師，保健師，看護師，理学療法士，作業療法士，言語聴覚士，管理栄養士 等 ●介護福祉士，精神保健福祉士 ●介護支援専門員，居宅介護従事者 等			
	2）保健医療領域における連携・協働	●院内連携 ●地域医療における連携 ●地域包括ケアシステムにおける連携			
5 保健医療領域における支援の実際	1）社会福祉士の役割	●医療ソーシャルワーカーの業務指針	【108】		
	2）保健医療領域における支援の実際（多職種連携を含む）	●疾病及びそのリスクがある人の理解 ●入院中・退院時の支援 ●在宅医療における支援 ●終末期ケア及び認知症ケアにおける支援 ●救急・災害現場における支援 ●家族に対する支援		【75】	【75】 【76】

⑰ ソーシャルワークの基盤と専門職（専門）

※第35・36回については，【　】内は出題当時の問題番号
※■は新カリによる新試験

大項目	中項目	小項目（例示）	出題実績 第37回	第36回	第35回
1 ソーシャルワークに係る専門職の概念と範囲	1）ソーシャルワーク専門職の概念と範囲		【109】【110】		
	2）社会福祉士の職域	●行政関係 ●福祉関係（高齢者領域，障害者領域，児童・母子領域，生活困窮者自立支援・生活保護領域 等） ●医療関係 ●教育関係 ●司法関係 ●独立型事務所 等 ●社会福祉士の職域拡大	【111】		
	3）福祉行政等における専門職	●福祉事務所の現業員，査察指導員，社会福祉主事 ●児童福祉司，身体障害者福祉司，知的障害者福祉司 等			【96】
	4）民間の施設・組織における専門職	●施設長，生活相談員，社会福祉協議会の職員，地域包括支援センターの職員，スクールソーシャルワーカー，医療ソーシャルワーカー 等			
	5）諸外国の動向	●欧米諸国の動向 ●その他諸外国における動向	【112】		
2 ミクロ・メゾ・マクロレベルにおけるソーシャルワーク	1）ミクロ・メゾ・マクロレベルの対象	●ミクロ・メゾ・マクロレベルの意味 ●ミクロ・メゾ・マクロレベルの対象	【113】		
	2）ミクロ・メゾ・マクロレベルにおけるソーシャルワーク	●ミクロ・メゾ・マクロレベルへの介入 ●ミクロ・メゾ・マクロレベルの連関性 ●ミクロ・メゾ・マクロレベルの支援の実際		【92】	
3 総合的かつ包括的な支援と多職種連携の意義と内容	1）ジェネラリストの視点に基づく総合的かつ包括的な支援の意義と内容	●多機関による包括的支援体制 ●フォーマル・インフォーマルな社会資源との協働体制 ●ソーシャルサポート	【114】		【97】
	2）ジェネラリストの視点に基づく多職種連携及びチームアプローチの意義と内容	●多職種連携及びチームアプローチの意義 ●機関・団体間の合意形成と相互関係 ●利用者，家族の参画			

⑱ ソーシャルワークの理論と方法（専門）

※第35・36回については，【　】内は出題当時の問題番号
※　は新カリによる新試験

大項目	中項目	小項目（例示）	出題実績		
			第37回	第36回	第35回
1 ソーシャルワークにおける援助関係の形成	1）援助関係の意義と概念	●ソーシャルワーカーとクライエントシステムの関係	【115】	【106】	【104】
	2）援助関係の形成方法	●自己覚知と他者理解 ●コミュニケーションとラポール			
	3）面接技術	●面接の意義，目的，方法，留意点 ●面接の場面と構造 ●面接の技法	【121】 【123】	【118】	【105】 【106】 【107】 【108】
	4）アウトリーチ	●アウトリーチの意義，目的，方法，留意点 ●アウトリーチを必要とする対象 ●ニーズの掘り起こし	【117】		【109】
2 ソーシャルワークにおける社会資源の活用・調整・開発	1）社会資源の活用・調整・開発	●社会資源の活用・調整・開発の意義，目的，方法，留意点 ●ニーズの集約，提言，計画策定，実施，評価			
	2）ソーシャルアクション	●ソーシャルアクションの意義，目的，方法，留意点	【116】		
3 ネットワークの形成	1）ネットワーキング	●ネットワーキングの意義，目的，方法，留意点 ●セーフティネットの構築とネットワーキング ●家族や住民，サービス提供者間のネットワーキング ●重層的な範囲（ミクロ・メゾ・マクロ）におけるネットワーキング ●多様な分野の支援機関とのネットワーキング			【110】
4 ソーシャルワークに関連する方法	1）コーディネーション	●コーディネーションの意義，目的，方法，留意点			
	2）ネゴシエーション	●ネゴシエーションの意義，目的，方法，留意点			
	3）ファシリテーション	●ファシリテーションの意義，目的，方法，留意点			
	4）プレゼンテーション	●プレゼンテーションの意義，目的，方法，留意点			
5 カンファレンス	1）カンファレンス	●カンファレンスの意義，目的，留意点 ●カンファレンスの運営と展開			
6 事例分析	1）事例分析	●事例分析の意義，目的	【118】	【113】	
	2）事例検討，事例研究	●事例検討，事例研究の意義，目的，方法，留意点	【119】		
7 ソーシャルワークにおける総合的かつ包括的な支援の実際	1）総合的かつ包括的な支援の考え方	●多様化，複雑化した生活課題への対応 ●今日的な地域福祉課題への対応 ●分野，領域を横断する支援	【120】		
	2）家族支援の実際	●家族が抱える複合的な生活課題 ●家族支援の目的，方法，留意点			【116】 【117】
	3）地域支援の実際	●地域が抱える複合的な課題 ●多機関協働 ●地域住民との協働 ●地域アセスメント	【122】	【116】	【118】
	4）非常時や災害時支援の実際	●非常時や災害時の生活課題 ●非常時や災害時における支援の目的，方法，留意点		【114】	

⑲ 福祉サービスの組織と経営

※第35・36回については，【　】内は出題当時の問題番号
※■は新カリによる新試験

大項目	中項目	小項目（例示）	出題実績		
			第37回	第36回	第35回
1 福祉サービスに係る組織や団体の概要と役割	1）福祉サービスを提供する組織	●社会福祉施設の現状や推移 ●各種法人の特性 ●非営利法人，営利法人 ●社会福祉法人，NPO法人，一般社団法人，株式会社 ●福祉サービスと連携するその他の法人 ●法人格を有しない団体（ボランティア団体）等 ●会社法 ●協同組合（生協，農協，労働者協同組合）	【124】 【125】	【119】	【119】 【120】 【121】
	2）福祉サービスの沿革と概況	●福祉サービスの歴史 ●社会福祉基礎構造改革 ●社会福祉法人制度改革 ●公益法人制度改革			
	3）組織間連携と促進	●公益的活動の推進 ●多機関協働 ●地域連携，地域マネジメント			
2 福祉サービスの組織と運営に係る基礎理論	1）組織運営に関する基礎理論	●組織運営の基礎 ●組織における意思決定 ●問題解決の思考と手順 ●モチベーションと組織の活性化		【120】 【123】	【122】
	2）チームに関する基礎理論	●チームアプローチと集団力学(グループダイナミクス) ●チームの機能と構成		【121】	
	3）リーダーシップに関する基礎理論	●リーダーシップ，フォロワーシップ ●リーダーの機能と役割	【126】		
3 福祉サービス提供組織の経営と実際	1）経営体制	●理事会，評議会等の役割 ●経営戦略，事業計画 ●マーケティング			【123】
	2）福祉サービス提供組織のコンプライアンスとガバナンス	●社会的ルールの遵守 ●説明責任の遂行 ●業務管理体制，内部管理体制の整備 ●権限委譲と責任のルール化			
	3）適切な福祉サービスの管理	●品質マネジメントシステム ●PDCAとSDCA管理サイクル ●リスクマネジメント体制 ●権利擁護制度と苦情解決体制 ●福祉サービスの質と評価	【127】		【125】
	4）情報管理	●個人情報保護法 ●公益通報者保護法 ●情報公開，パブリックリレーションズ	【128】		
	5）会計管理と財務管理	●財務諸表の理解，財務規律の強化 ●自主財源，寄付金，各種制度に基づく報酬 ●資金調達，ファンドレイジング ●資金運用，利益管理	【129】	【122】	
4 福祉人材のマネジメント	1）福祉人材の育成	●OJT，OFF-JT，SDS ●職能別研修と階層別研修 ●スーパービジョン体制 ●キャリアパス		【124】	【124】
	2）福祉人材マネジメント	●目標管理制度 ●人事評価システム ●報酬システム			
	3）働きやすい労働環境の整備	●労働三法及び労働関係法令 ●育児休業，介護休業 等 ●メンタルヘルス対策 ●ハラスメント対策		【125】	

第37回

共通科目

専門科目

医学概論

●第 37 回試験問題の特徴

出題基準の見直しにより，第 37 回社会福祉士国家試験から，従来の「人体の構造と機能及び疾病」は,「医学概論」となり問題数が 6 に減少した。出題内容は従来から大きな変化はなかった。問題は難化傾向がみられた。出題項目は，大項目「1　ライフステージにおける心身の変化と健康課題」の中項目「1－1）ライフステージにおける心身の変化と健康課題」より 1 問，大項目「3　身体構造と心身機能」の中項目「3－2）基幹系と臓器の役割」より 1 問，大項目「4　疾病と障害の成り立ち及び回復過程」の中項目「4－3）障害の概要」より 1 問，同大項目の中項目「4－5）疾病と障害及びその予防・治療・予後・リハビリテーション」より 2 問，大項目「5　公衆衛生」の中項目「5－2）健康増進と保健医療対策」より 1 問の出題であった。このうち，事例問題は 1 問であり，中項目「4－3）障害の概要」より，精神障害を有する者の入院に関するものであった。また，新出題基準より設定された大項目「5　公衆衛生」から，難病及び小児特定疾病対策に関する問題が出題された。

●受験対策のポイント

今後もおおむね従来の出題傾向と変わりはないと考えられる。これは，社会福祉士及び精神保健福祉士は，地域共生社会の実現を推進する役割を期待されていることより，一定の医学的知識を求められている一方で，医師に求められるような詳細な知識は必要ではないという「医学概論」の科目の範囲から，出題の限界があるためである。これまでの過去問を活かした学習を行うことは非常に有益であり，過去問の周辺範囲をしっかりと学習しておくことが必要である。たとえば，高齢者がよくかかる疾病に関する問題なら，その疾病の臓器の構造や役割，加齢に伴う機能低下を理解した上で，主要な検査と病態及び標準的な治療の概要について学び，知識があいまいな用語は，調べて知識を盤石なものとしておくことが有益であると考える。教科書及び信頼できるインターネットのサイト（学術団体のホームページなど）を活用して，迷わないようにしておくことが大切である。また，本科目は，出題数の割には学習する範囲が多いため，満点をとることも大切だが，確実に得点がとれる問題を落とさない姿勢で勉強に臨むことが肝要であると考える。学習の順番としては，①人体の主要な器官の基本的な構造と機能の低下，②高齢者に多い疾病とその疾病により影響を受ける心身の症状と障害，その疾病に対する主要な予防，治療方法とリハビリテーション，③精神障害を含めた各障害の概要，④国際生活機能分類（ICF）の概要と活用事例，⑤「公衆衛生」の順で学んでいくとよいだろう。公衆衛生については，教科書の基本的知識を押さえた上で，厚生労働省のホームページにある健康増進対策と保健医療対策をみて，国の健康政策がどこに重点を置いているのか押さえておくのがよいであろう。

問題 1　医学概論

思春期・青年期における心身の特徴に関する次の記述のうち，**正しいものを1つ**選びなさい。

1 思春期には，男女ともに緩やかな身体の変化がみられる。
2 思春期における心理的特徴としては，自意識過剰がある。
3 思春期には，アイデンティティは形成されている。
4 第二次性徴に性差はみられない。
5 青年期の死亡原因としては心疾患が最も多い。

Point 人間の心身の発達に関する問題である。人間の生涯の発達について，エリクソン（Erikson, E. H.）の発達段階やハヴィガースト（Havighurst, R. J.）の発達課題などを学習し，各段階の心身の成熟や特徴的な疾患，障害，獲得が期待される発達課題の具体的な内容を理解しておくとよい。なお，思春期は，発達段階ではおよそ学童後期（小学校の中高学年）から青年前期（中学生から高校生）の時期にあたる。

1 × 思春期とは，性ホルモンの分泌の増加に伴う第二次性徴の始まりから，身長発育が最終的に停止するまでの時期である。第二次性徴が発現する時期と期間には性差や個人差はあるが，**成長ホルモンの分泌が増え，成長速度が急激に加速**する。なお，人間の身体が著しく成長する時期は，乳幼児期と思春期の2回である。

2 ○ 思春期では，親や友達と異なる自分独自の内面の世界の存在に気づき始め，創造性の高い活動や一貫性のある抽象的な思考ができるようになる。しかし，概念的で理想主義的な思考を好み，自意識と実社会の現実との違いに悩み，さまざまな葛藤をもつことから自意識過剰や自己嫌悪，劣等感を抱きやすい時期でもある。

3 × 思春期は，エリクソンの発達段階理論の青年期の発達課題である**「自己同一性（アイデンティティ）の確立」に向けた準備の時期**にあたる。青年前期頃から，さまざまな葛藤や他者との比較から，自分を客観視し，自身が存在する意味や自分らしい生き方の模索を始める。思春期の特徴でもある親や教師への反抗期を経て，青年中期は思春期の混乱から脱しつつ，大人の社会でどのように生きるのかを真剣に考え始める時期となる。

4 × 思春期は，性ホルモンの分泌の増加に伴う第二次性徴の発現から始まる。個人差はあるものの，男子に比べて，女子の性ホルモンの分泌の上昇は約2年早く生じるため，**一般的に女子のほうが早く思春期を迎える**。

5 × 2023年（令和5年）の人口動態統計の年齢（5歳階級）別の主な死因の構成割合（総数）によると，死亡原因として，0～4歳では先天奇形，変形及び染色体異常，5～9歳では悪性新生物，**10代では自殺が最も多い**。心疾患は，15～19歳の4位である。

表　年齢（5歳階級）別死因順位

	1位	2位	3位	4位	5位
0歳	先天奇形等	呼吸障害等	不慮の事故	出血性障害等	乳幼児突然死症候群
1～4歳	先天奇形等	悪性新生物（腫瘍）	不慮の事故	心疾患	新型コロナウイルス感染症
5～9歳	悪性新生物（腫瘍）	不慮の事故	先天奇形等	インフルエンザ	その他の新生物（腫瘍）／心疾患
10～14歳	自殺	悪性新生物（腫瘍）	不慮の事故	先天奇形等	心疾患
15～19歳	自殺	不慮の事故	悪性新生物（腫瘍）	心疾患	先天奇形等

出典：2023年（令和5年）人口動態統計月報年計（概数）の概況

解答 2

問題 2 医学概論

高齢者における薬害有害事象の発生予防や発生時の対処方法に関する次の記述のうち，**最も適切なものを1つ選びなさい。**

1　服用法を複雑にする。
2　定期的に処方内容を見直す。
3　若年者と同じ投与量にする。
4　投与薬剤の数はなるべく8剤以下にする。
5　新規症状が出現した場合に薬剤を追加する。

Point　高齢者が服薬する際に生じる課題に関する問題である。服用した薬が胃などで吸収された後，体外に排出される代謝の基本的な過程を理解した上で，人が服薬する動作や嚥下において生じやすい課題，複数の疾患に罹患することが多い高齢者の多剤併用に関する留意点など，心身の老化や認知症による影響を含めて考えるとよい。

1　×　服用する種類や時間が複雑になると，高齢者にとっては毎日の服用そのものが煩わしく負担となり，飲み忘れや飲み残しの可能性が高くなる。服用法とは，薬を摂取する際の種類・量・時間（食前，食後，食間や就寝前などのタイミング）・方法（コップ1杯の水で飲む等）・期間（いつまで飲むか）を意味する。適切な治療の効果を得るため，服用の回数やタイミングをそろえる，**姿勢保持・嚥下・視力・手指動作などの能力に合わせた薬剤の形態や包装の変更，配合薬への切り替え，一包化等の服用法の簡素化は有効**である。

2　○　高齢者では，複数の疾患や症状への治療が個別に行われ，多剤併用（ポリファーマシー）になることが多い。多剤併用がリスクに直結するわけではないが，薬剤性有害事象のリスクの増加，誤薬，服薬アドヒアランス（患者が治療方法を十分理解し，治療に積極的に参加すること）の低下等につながる。**定期的に処方内容を見直し，薬剤の必要性や優先順位を検討**し，可能な場合には減薬を行う。

3　×　高齢者では，加齢に伴う薬剤の分解機能の低下に加え，多剤併用による負担がかかるため，薬剤性有害事象が起きやすい。服用した薬剤が血液中に溶けている濃度のことを血中濃度といい，薬が効果を発揮するためには適切な血中濃度（至適濃度）を維持する必要がある。しかし，高齢者や肝臓・腎臓に疾患がある人は，尿や便として体外に排出する機能が低下している（80代では，30代に比べて約40％の低下）。至適濃度を超え，副反応が起こるリスクが高まるため，若年者より投与量を減らすなどの調整が必要である。

4　×　投与薬剤が8剤であることは，一般的には多剤併用である。高齢入院患者を対象とした薬剤数と薬剤性有害事象の関係を解析した報告によると，6種類以上で薬剤性有害事象のリスクが増加した。外来患者においては，5種類以上で転倒の発生率が高かったことから，投与薬剤の数を5～6種類以下にするとよい。

5　×　服薬中に出現した新規症状が薬剤性有害事象と疑わしい場合には，処方をチェックし，**薬剤の服用中止や減量を検討するのが原則**である。ただし，処方された薬剤を原因とする副反応や，薬や食品との相互作用などによる有害事象である場合以外にも，実際に疾患などが悪化した，新たな疾患に罹患した，古い薬を自己判断で飲んだ，飲み忘れと勘違いして重ねて薬を飲んだ，市販薬やサプリメント・健康食品を使った，有害事象を新たな症状と認識しさらに医療機関を受診した（処方カスケード）などの可能性もあり，お薬手帳など情報の一元管理と原因の検討が必須である。

解答 2

問題 3 医学概論

筋骨格系に関する次の記述のうち，**正しいものを 1 つ**選びなさい。

1 筋肉は骨格筋と心筋の 2 種類からなる。
2 筋組織にはカルシウムを貯蔵する働きがある。
3 人体は約 400 個の骨からなる。
4 骨量は小児期に最大となり，青年期以降は減少する。
5 骨には血球をつくる働きがある。

Point 大項目「3　身体構造と心身機能」より，骨格系及び筋系について基本的な知識を問う問題である。教科書の内容を理解し覚えておくことが肝要である。

1 ✕ 筋肉は，**骨格筋，心筋，平滑筋の 3 種類**がある。このうち，骨格筋は意識的に筋を収縮して身体を動かすことが可能な随意筋である。刺激伝導系及び自律神経系により調節される心筋と自律神経系に調節される平滑筋は不随意筋である。

2 ✕ カルシウムを貯蔵する機能は，**骨**にある。筋組織の働きとして収縮による運動がある。筋収縮には，アデノシン三リン酸（ATP）とカルシウムイオン（Ca^{2+}）が必要であり，ミオシンフィラメントとアクチンフィラメントの相互作用により筋は収縮する。

3 ✕ 人体は，**約 200 個の骨**からなる。骨の表面部は極めて硬い緻密質からなる。内部は，スポンジ状の海綿質あるいは髄腔があり，骨髄が入る。骨髄には，造血組織を含む赤色骨髄と脂肪が主な黄色骨髄がある。

4 ✕ 骨量は，成長期の間だけ増加し，**男性は 18 歳～20 歳頃に，女性は 15 歳～18 歳頃に最大**となる。その後は，**40 歳頃までほぼ最大骨量を維持するがその後は，加齢とともに減少**する。特に女性は閉経前から閉経後までの 10 年で約 15 %減少する。骨量の減少には生活習慣の関与も大きいため，日常生活で改善できることに取り組むことは重要となる。

5 ○ 骨には，①人体の支持，②関節での運動，③重要な内臓の保護，**赤色骨髄で血球をつくる働き**がある。その他の機能として，④カルシウムやリンの貯蔵がある。骨の表面を覆う骨膜は，血管や神経に富み，骨の発生，成長，再生，知覚に関与する。

図 1　全身の主な骨の名称　　**図 2　全身の主な骨格筋の名称**

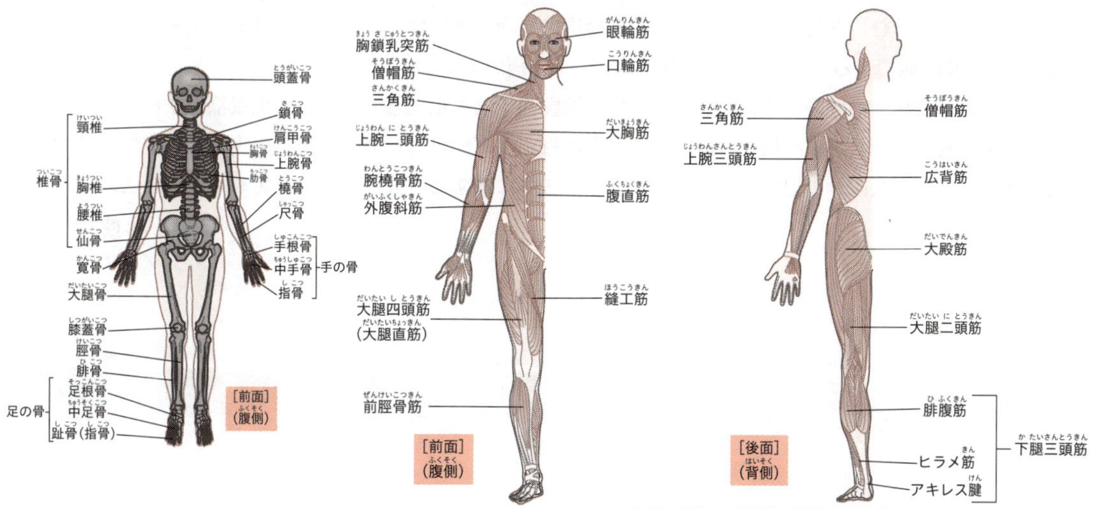

※下腿三頭筋は，腓腹筋の外側頭，腓腹筋の内側頭，ヒラメ筋よりなる。アキレス腱は下腿三頭筋の停止腱である。

解答 5

問題 4 医学概論

難病に関する次の記述のうち，**正しいものを2つ**選びなさい。

1 発病の機構が明らかでない疾患であることは，「指定難病」の要件の一つである。

2 「指定難病」では，客観的な診断基準が定まっている。

3 「指定難病」の患者数は我が国において人口の１％程度に達する。

4 「障害者総合支援法」の対象疾患は，「指定難病」より対象範囲が狭い。

5 小児の難病については，法律に基づく難病対策はない。

(注) 1 「指定難病」とは，「難病の患者に対する医療等に関する法律」に基づき，厚生労働大臣が指定する疾病をいう。

2 「障害者総合支援法」とは，「障害者の日常生活及び社会生活を総合的に支援するための法律」のことである。

Point 大項目「5　公衆衛生」より，日本の難病対策及び小児慢性特定疾病対策について基本的な知識を問う問題である。難病対策は，難病の患者に対する医療等に関する法律（難病法）に基づき，実施されている。

1 ○ 難病法で指定される難病とは，「**発病の機構が明らかでなく，かつ，治療方法が確立していない希少な疾病**であって，当該疾病にかかることにより長期にわたり療養を必要とすることとなるものをいう」と定められている。

2 ○ 指定難病の要件は，①発病の機構が明らかでない，②治療方法が確立していない，③長期の療養を必要とする，④患者数が人口の0.1％程度に達しない，⑤客観的な診断基準等が確立している，の五つである。指定難病は，厚生労働省令で定めるところにより，都道府県知事の指定する医師（指定医）が客観的な診断基準に基づき診断する。

3 × 2023年度（令和5年度）末で，特定医療費（指定難病）受給者証所持者数は，108万6579人であり，これに対して，2023年（令和5年）10月1日現在の人口推計における総人口は，1億2435万2000人である。その割合は0.87％で，人口の１％程度に達しているとはいえない。

4 × 障害者総合支援法における障害者等は，難病患者だけでなく，身体障害者，知的障害者，精神障害者（発達障害者を含む）を対象とするため，**対象疾患の範囲は幅広い**。なお，障害者総合支援法の対象となる難病は，369疾病であるのに対し，指定難病は，341疾病である。

5 × 小児の難病（小児慢性特定疾病）対策は，**児童福祉法**を根拠としている。児童福祉法には，主な小児慢性特定疾病対策として，医療費の助成，小児慢性特定疾病児童等自立支援事業の実施，小児慢性特定疾病対策地域協議会の設置，小児慢性特定疾病の治療方法等に関する研究の推進等が定められている。

解答 1 2

問題 5 医学概論

肺炎に関する次の記述のうち，**最も適切なもの**を**1つ**選びなさい。

1 市中肺炎の起因菌は肺炎球菌が最も多い。
2 誤嚥(えん)性肺炎は若年者に多い。
3 口腔(くう)ケアによって増悪する。
4 経皮的酸素飽和度（SpO_2）が上昇する。
5 肺炎の診断には発熱が必須である。

Point 肺炎は一般的に「肺胞領域の，急性の，感染性の，炎症」で，細菌，ウイルスなどが病原体である。発症の場により「市中肺炎」「院内肺炎」「医療・介護関連肺炎」に分類される。「市中肺炎」は，基礎疾患のない（あっても軽微な）人に起こり，「院内肺炎」は入院後48時間以上経過してから新しく発症したものである。「医療・介護関連肺炎」は，何かしらの基礎疾患があり，医療・介護の対象者に起こる。これらの違いを把握しつつ，肺炎に関する臨床症状・治療法・予防法の概要を押さえておく必要がある。

1 ○ 市中肺炎に**最も多い起因菌は肺炎球菌**である。肺炎球菌に対する予防接種（肺炎球菌ワクチン）を65歳以上の高齢者に推奨している。また，インフルエンザは罹患後に細菌性肺炎を合併することがあるため，インフルエンザワクチン接種を毎年行うことを推奨している。

2 × 誤嚥性肺炎は，**高齢者に多い**。誤嚥性肺炎は長期臥床，脳血管疾患や慢性神経疾患などを有する場合に起こりやすい嚥下機能障害を理由に，高齢者の食事摂取に関連して発症する。誤嚥性肺炎は，反復しやすく，罹患するごとにADLの低下をもたらし，QOLを低下させる。

3 × 口腔ケアは，口腔内の常在細菌量を減少させるため**肺炎の発症抑制効果**が期待されている。また，口腔への刺激により嚥下機能が回復して，食事が進むようになり，栄養状態の改善，免疫力の向上につながり，肺炎の予防になる。

4 × 一般的に，肺炎では呼吸数が増加し，経皮的酸素飽和度（SpO_2）は**低下する**。経皮的酸素飽和度（SpO_2）は，パルスオキシメーターを用い，経皮的に測定された酸素飽和度のことである。酸素飽和度とはヘモグロビンに酸素が結合している割合である。

5 × 肺炎の診断は，必ずしも**発熱が必須ではない**。肺炎の症状は，発熱，咳，痰，息切れなどであるが，高齢者では，典型的な症状を示さず，食欲低下，日常の活動性の低下等で気づかれることも多い。肺炎と気づかず重症化するケースもあるため，発熱がなくても十分に注意し，呼吸数の増加や経皮的酸素飽和度（SpO_2）の低下に注意する必要がある。

解答 1

問題 6　医学概論

事例を読んで，Aさんに**最も適切な入院形態を1つ**選びなさい。

〔事　例〕

B市に住むAさん（21歳）は，大学4年生で就職活動中であったが，なかなかうまくいかず，次第に抑うつ気分，意欲の低下，思考制止，不安，不眠を呈するようになった。同居する両親（両親ともに50歳代で共働き）とともに，精神科のクリニックを受診し，うつ病の診断となり治療開始となった。しかし，自宅では生活が乱れ，家に閉じこもりがちになり，定期的な受診や薬物治療が困難な状況となった。自傷行為や家族に対する他害行為はみられないが，なかなか抑うつ症状は改善を認めなかったため，主治医が入院加療の必要性があると判断した。主治医が本人及び両親に入院加療の必要性を説明したところ，本人は入院加療を希望した。その後，紹介状を持参のうえで，入院病床を有する精神科病院に受診した。

1　医療保護入院
2　措置入院
3　緊急措置入院
4　任意入院
5　応急入院

Point　精神疾患では，精神保健及び精神障害者福祉に関する法律（精神保健福祉法）による入院があり，任意入院，医療保護入院，措置入院，緊急措置入院，応急入院の五つの入院形態がある。これら入院形態の違いを問う問題であるが，事例からは五つの入院形態の知識があいまいでもAさんの同意があり紹介状まで書いてもらっていることから容易に解答できたと推測される。問題文を正確に読むことで，正解にたどりつける。

1　×　医療保護入院は，**本人の入院同意は得られない**が，精神保健指定医の診察により医療及び保護のため入院が必要とされ，**家族等の同意**により行われる入院形態である。事例より，本人の入院加療に対する同意もあることから医療保護入院ではない。

2　×　措置入院は，都道府県知事が指名する**2人以上の精神保健指定医**が診察し，精神障害者であり，かつ，医療及び保護のために入院させなければその精神障害のために自傷行為や他害行為を起こす可能性があると一致した診断に至った場合，**都道府県知事の命令**により入院させるものである。患者及び家族等の同意を必要としない。

3　×　緊急措置入院は，特に**自傷行為や他害行為のおそれが著しい**ため，急速を要し，措置入院に必要な正規の手続きを直ちにとることが難しい場合，**入院期間を72時間に限って行われる**ものである。患者及び家族等の同意を必要としない。

4　○　任意入院は，**患者本人の同意に基づく入院形態**である。患者自ら入院する旨を任意入院同意書にサインする必要がある。精神保健福祉法第20条で，なるべく任意入院が行われるように努めることが規定されている。事例では，自傷行為や家族に対する他害行為はなく，また，患者本人が入院加療を希望していることから，同意はとれており任意入院の形態である。

5　×　応急入院は，精神保健指定医の診察の結果，直ちに入院が必要な状態であるものの，**患者本人の同意が得られず**，なおかつ家族等の連絡先が把握できない，連絡する手段がないといった場合に応急入院指定病院で行われる。患者及び家族等の同意がなくとも入院させる形態の一つである。入院期間は72時間に限られる。

解答 4

心理学と心理的支援

●第 37 回試験問題の特徴

新カリキュラムではソーシャルワークにおける相談業務に必要な心理学の基本的知識はもちろんのこと，心理的支援の方法と実践のあり方がより重要視されるようになったといえよう。出題数は6問である。大項目「2　人の心の基本的な仕組みと機能」及び大項目「5　心理学の理論を基礎としたアセスメントと支援の基本」からの出題が，それぞれ2問ずつであった。旧カリキュラム同様，基礎心理学の重要性と，新カリキュラムでの心理的支援の基本的技法の基本的な知識とそれを踏まえた支援の理解が求められている。**問題 11** は事例問題での出題であり，心理療法の一般的な知識のみでなく実際のかかわり方を具体的に問われている。これは支援の対象者の見立てを行い，具体的な支援方法及び問題解決に必要な思考力や判断力を問う意図がみてとれる。

●受験対策のポイント

受験対策にあたり，支援の対象者を理解するための基本的な心理学の知識及び対象者のアセスメントに基づいた具体的な支援に関する理解を深めることが重要である。**問題 11** は単に用語の意味を問うのでなく，実際の支援場面（面接での基本的傾聴技法）を想定した問いとなっていた。このような傾向は今後も続くと考えられる。引き続き『最新 社会福祉士養成講座 精神保健福祉士養成講座 2 心理学と心理的支援』（中央法規出版）を中心に学習を進めて基本的な知識を押さえ，支援場面でのかかわり方をイメージできるとよい。これまで，ストレス（新出題基準大項目「4　日常生活と心の健康」）及び心理療法（新出題基準大項目「5　心理学の理論を基礎としたアセスメントと支援の基本」）に関連する問題が頻出であった。今回，ストレスに関する出題はみられなかったが，社会状況からしてもストレス全般に関する知識は重要であり今後も出題される可能性が高いといえよう。支援の対象者はもちろん，支援者のストレスの対処方法も重要である。『過去問解説集』で要点を押さえながら，ストレスに関する基本的知識等を整理しておくことが望ましい。心理療法に関しても，各心理療法の特徴や技法，各心理検査の対象と内容等を一覧表にしておけば正解を導くことができる。大項目2も同様であるため，知識の整理のため本書を利用したい。事例に関して，引き続き出題が予想されるため『養成講座』の事例を取り上げた章に触れ，支援の対象者の理解や支援や問題解決の方針や具体的な支援方法を思考，判断する練習をしておくとよい。

問題 7 心理学と心理的支援

次の記述のうち，エピソード記憶の事例として，**最も適切なものを 1 つ**選びなさい。

1 暗算をする際に，途中の計算結果を覚えておきながら計算を進めた。
2 相手の電話番号を聞いて，携帯電話に登録するまで覚えていた。
3 カナダは北アメリカ大陸にある国だと覚えていた。
4 昔，練習して乗れるようになった自転車に，今でもうまく乗ることができた。
5 昨日の晩御飯にとんかつを食べたことを思い出した。

Point 記憶の種類に関する問題である。記憶の出題は頻出である。今回の出題のように，事例の提示と内容の理解を問うパターンがみられる。日常生活でも身近な記憶であるため，事例とともに覚えておきたい。情報は外部から感覚登録器に入力される。入力された情報は感覚記憶と呼ばれ，きわめて短い時間しか保持することができない。この情報に選択的注意が向けられると短期貯蔵庫へ送られて短期記憶と呼ばれる。この記憶はリハーサル（反復）を繰り返している間は忘れない。短期貯蔵庫から長期貯蔵庫へ転送された情報は長期記憶と呼ばれ，比較的永続的に保持することが可能となる。

1 × 選択肢は，**作動記憶（ワーキングメモリー）**に関する事例である。作動記憶は，短い時間，あることを記憶にとどめておきつつ，認知的な作業を頭の中で行う記憶のことである。例えば，パンを買うために1000 円を持って店に行き，別のものを同時に購入する際，パンを買うお金を残すように計算しつつ買い物をした，などの例である。

2 × 選択肢は，**短期記憶**に関する事例である。短期記憶は，注意を向けていないと数秒から数分しか保持できない。一時的に保持された情報（選択肢の事例の場合は相手の電話番号）は何もしないまま時間が経つと忘却されるが，何度か繰り返す（リハーサル）を行うことによって短期記憶に保持される。または短期記憶から長期記憶へ送られる場合もある。例えば，毎朝，通学でバスに乗る場合，乗車時刻を覚えてしまうことがある。これは時刻が短期記憶から長期記憶へ転送されたと考えられる。いったん長期記憶に送られた情報は，比較的永続的に保存することができる。

3 × 選択肢は，**意味記憶**に関する事例である。意味記憶は長期記憶の一つであり，長期記憶の中でも宣言的記憶と呼ばれる。長期記憶には，宣言的記憶と非宣言的記憶がある。宣言的記憶は，言葉で説明できる記憶のことであり，例えば「日本の首都は東京である」のように言葉や概念などの一般的な知識を指す。非宣言的記憶は，言葉では説明しにくい記憶のことを指す。

4 × 選択肢は，**手続き記憶**に関する事例である。手続き記憶は言葉では説明しにくい記憶である非宣言的記憶である。いわゆる体で覚えている記憶のことである。例えば，楽器の演奏や泳ぎ方など，運動技能や習慣等に関する記憶を指す。手続き記憶は，一度しっかり記憶すれば忘れにくいといわれる。

5 ○ **エピソード記憶は意味記憶と同様に宣言的記憶の一つである**。朝，何を食べたか，昨日どこへ行ったか，など個人の経験のような 5 W 1 H で表せる記憶を指す。

解答 5

問題 8 心理学と心理的支援

職場における人間関係や意思決定に関する課題が生じたときに，その原因を理解したうえで，対応策を考えることが重要である。次の記述のような課題が職場で生じたときに，社会的抑制による事例として，**最も適切なもの**を**1つ**選びなさい。

1 上司があまり成長を期待していなかった職員よりも，期待をしていた職員の方が次第に業績が向上するようになった。
2 会議中，本当は反対したかったが，他の多くの参加者が賛成したので賛成してしまった。
3 一人で考えていた内容よりも，全員が参加した会議で決めた内容の方が極端な結論になった。
4 上司が仕事上の指導をするときに非常に近い距離まで接近してくるため，強い不快感が生じた。
5 個室で一人で作業に取り組んだときよりも，大勢が一緒にいる部屋で取り組んだときの方が，他人の目が気になって効率が悪くなってしまった。

Point 集団や対人関係に関する問題は頻出である。社会的な集団の中では，個人は他のメンバーの言動や行動を見聞きしながら，お互いに影響を与えたり，与えられたりしている。集団における人の行動の傾向を把握しておくことは，対人支援にも役に立つといえる。問題は，集団に関する理論を事例から選択するという形式で出題されることが多い。集団や対人関係に関連する理論はいくつかあるが，事例とともに整理しておくとよい。

1 × 他者が期待をかけると成績や仕事の業績が上がる効果のことを**ピグマリオン効果**という。教師期待効果とも呼ばれる。ローゼンタール（Rosenthal, R.）が提唱した。上司と職員との関係でも同様のことが起こると予想できる。ピグマリオン効果が生じるのは，教師が学習者に対して何らかの期待をもつとその期待が学習者に意識的あるいは無意識的な影響を与え，結果として期待どおりの成績になるということである。反対に，他者から期待されないことで成績や仕事のパフォーマンスが低下することを**ゴーレム効果**と呼ぶ。

2 × 集団の中で起こる心理的な圧力のことを**同調圧力**という。同調とは，集団の中で自分の考えや行動が他者と異なる際，自分の意見を変えて他者と同じ意見に合わせることを指す。この時，意識的な場合もあれば無意識的に行うこともあるが，他者の考えや行動と同じように振る舞うことを同調圧力という。

3 × 集団で意思決定をするとき，個々のメンバーの意見よりも極端な意見になりやすいことを**集団極性化**という。このことは，個人で意思決定をする場合と集団で話し合って意思決定をする場合とでは，決定した内容に違いがでてくることを意味している。選択の方向性により，個人での意思決定よりも集団での意思決定のほうがリスクの大きいものを選択する傾向を**リスキーシフト**，逆に集団での意思決定が慎重なものを選択する傾向を**コーシャス（慎重な）シフト**と呼ぶ。

4 × 私たちは他者が自分に近づきすぎると不安になるため一定の距離をおこうとする。一人ひとりがもっている空間のようなもので，他者の威嚇から自分を守るものを**パーソナルスペース（個人空間）**と呼ぶ。大きさには個人差がある。選択肢の事例は，上司が仕事上の距離（社会距離）を保つ必要があるにもかかわらず，非常に近い距離（密接距離あるいは個体距離）まで近づいたため不快感が生じたと説明できる。

5 ○ **社会的抑制とは，何か作業をする際に一人で行うよりも集団の中で作業を行った時のほうが成果が下がることをいう**。反対に，単純作業や機械作業など，一人で行うほうが集団の中で作業を行うよりも効果が上がることを**社会的促進**と呼ぶ。例えば，短距離走では単独で走るよりライバルと一緒に走るほうがよい記録が出る，などである。

解答 5

問題 9 心理学と心理的支援

エリクソン（Erikson, E.）の発達段階説における青年期の心理社会的危機として，**正しいもの**を**1つ**選びなさい。

1 基本的信頼　対　基本的不信
2 同一性　対　同一性混乱
3 勤勉性　対　劣等感
4 自発性　対　羞恥心
5 ジェネラティビティ　対　停滞

Point エリクソンの発達段階説は，発達は人生の終わりまで続くという生涯発達の考えに基づき，発達の各段階に乗り越えるべき心理社会的危機（課題）とそれにより獲得されるものがあると仮定する。

1 × 「基本的信頼　対　基本的不信」は，**乳児期における危機**である。この段階では，養育者との安定した愛着の形成が課題となり，周囲の存在に頼っていくことで，他者を**信頼**できるようになる。しかし，それに失敗すると**不信**感が強まり，不安定な愛着が形成される。

2 ○ 青年期には，自分の価値観や生き方を考え，**自我の同一性（アイデンティティ）**を確立する。同一性が確立されることで，自己に関して忠誠をもつことができるが，失敗すると「自分が何者かわからない」という**同一性の混乱・拡散**に陥る。

3 × 「勤勉性　対　劣等感」は，**学童期（児童期）における危機**である。ここでは，学校や友人とのかかわりを通じて，「努力すればできる」という有能感を得て，学習や仕事に**勤勉**になる。しかし，それに失敗すると，**劣等感**が強まり，「自分は何をやってもダメだ」と思うようになる。

4 × 「自発性　対　羞恥心」は，**幼児期における危機**である。歩行や会話など，好奇心をもち，積極的に挑戦することで**自律性**や**自発性**を確立するが，挑戦の機会が少ない場合や失敗を非難されると**恥の感情**や**罪悪感**を抱きやすい。

5 × 「ジェネラティビティ（世代性）　対　停滞」は，**成人期における危機**である。仕事や子育て，社会貢献を通じて「自分は役に立っている」と感じることで，**世話の精神**をもち，社会に貢献できるようになるが，失敗すると「自分の人生は**停滞**している」と感じ，無気力になりやすい。

解答 2

問題 10 心理学と心理的支援

レジリエンスに関する次の記述のうち，**最も適切なものを 1 つ**選びなさい。

1 ストレスをもたらす原因となる出来事のことである。
2 強いストレスや心理的傷つきを伴う経験から，個人が持つ回復していく力のことである。
3 ストレスに伴って生じた不快な情動を，意識的に低減する方略のことである。
4 心的外傷となった過去の出来事を，あたかも今生じているかのように経験することである。
5 社会的な関係の中で行われる支え合いや支援のことである。

Point レジリエンスは，困難や逆境に直面したときに，それを乗り越え，適応し，回復する過程，結果，能力のことを指す。ストレスや外傷（トラウマ）を受けた後でもその状況に適応し，成長する力と関係し，単にストレス耐性が高いだけではなく，適応的な変化を遂げ，以前よりも成長することに注目している概念である。

1 ✕ ストレスをもたらす原因となる出来事は**ストレッサー**という。ストレッサーには多様なものがあり，音や暑さ寒さなどの物理的ストレッサー，たばこの煙などの化学的ストレッサー，花粉やウイルスなどの生物的ストレッサー，そして社会生活や人間関係によって生じる心理・社会的ストレッサーがある。

2 ○ 選択肢では「回復していく力」と表現されているが，より正確には，**困難や逆境を乗り越え，適応し，回復する過程，結果，能力**を包含する広い概念である。能力と捉える場合にも，特定の個人にのみ備わっているものではなく，環境や経験によって鍛えられるもので，ソーシャル・サポートや自己効力感に影響を受けて力を伸ばすことができると考えられている。

3 ✕ ストレスに伴って生じた不快な情動を，意識的に低減する方略は**情動焦点型コーピング**という。ストレスに対処する方略には，情動焦点型コーピングのほかに，ストレスや困難な状況に対処するために，計画を立てたり，専門家に相談して情報収集をしたりすることで，問題そのものを解決しようとする**問題焦点型コーピング**がある。

4 ✕ 心的外傷となった過去の出来事を，あたかも今生じているかのように経験することを**フラッシュバック**という。特定の状況（事故の音，特定の臭いなど）が引き金になり，意図せずに，望んでいない体験が再び思い出されてしまう侵入症状として，心的外傷後ストレス障害（PTSD）の患者などにみられる。

5 ✕ 社会的な関係の中で行われる支え合いや支援のことを**ソーシャル・サポート**という。ソーシャル・サポートには，ストレスをもっている人に共感・励ましなどにより感情的な支えを行う**情緒的サポート**，金銭やサービスの提供など物理的・実際的な支援を行う**道具的サポート**，問題の解決に必要なアドバイスや情報の提供を行う**情報的サポート**，「前より上手くなったね」といったように自己評価を高めたり，意思決定を助けるためのフィードバックを行う**評価的サポート**がある。

解答 2

問題 11　心理学と心理的支援

事例を読んで，マイクロカウンセリングのかかわり行動や基本的傾聴技法に基づいた面接の最初の段階の応答として，**最も適切なものを１つ**選びなさい。

〔事　例〕

認知症のある親の介護について負担を感じている相談者が，地域包括支援センターを訪れ，社会福祉士が面接を行った。相談者は「何度も同じことを聞いてくるのでイライラして，つい強い口調で怒ってしまう」と訴えた。

1　「同じことを聞かれても，いつも初めてのように答えるといいですよ」

2　「それは適切な行動ではないですよね」

3　「私もあなたと同じような経験をしたので，あなたの気持ちがよくわかります」

4　「その状況について，もう少し詳しく話してもらえませんか」

5　「正確に記録したいので，ゆっくり話してもらえませんか」

Point　マイクロカウンセリングとは，心理療法やカウンセリングに共通するコミュニケーションの技法（マイクロ技法）を体系的にまとめたものである。基礎的技法から高度な技法まで階層化されている。

図　マイクロ技法の階層表

超越
個人のスタイルの決定
技術の統合
技術の理論への応用：危機カウンセリング・認知行動療法
ストレスマネジメント・自己開示・フィードバック・自然で論理的な結論・指示・指導・心理教育・治療的生活変化
意味の反映と解釈・リフレーム
共感的直面化
焦点付け
傾聴技法のみを用いた5段階の面接の方法：基本的傾聴技法の連鎖のみでインタビューが完遂する・共感的理解のためのインタビューかどうかを評価する
感情の反映
はげまし，パラフレーズ，要約
質問
観察技法
かかわりと共感の技法
倫理・多重文化的コンピテンシー・神経科学・ポジティブ心理学とレジリエンス

・あなた自身の技法の統合の練習
・危機カウンセリングや自殺アセスメントにおいて技術がどのように使われているのかを学ぶ
・理論や介入においてマイクロ技法がどのように異なっているのかに注意を向ける

クライエントの決定と行動に影響

面接の5段階
1. 共感的関係
2. 物語と強み
3. 目標
4. 物語の再構築
5. 行動

基本的傾聴技法の連鎖

1　×　この技法は，**指示**又は**指導**である。クライエントに行動の仕方や言葉のかけ方等を具体的に教えることで，問題解決に導くというものである。

2　×　この技法は**解釈**である。カウンセラーから見た枠組みで，クライエントの言動に対して意見を述べるというものである。クライエントはクライエントなりの枠組み（フレーム）で物事を見ているが，カウンセラーから新しい枠組みでの見方を提供するというものである。なお，カウンセラーの解釈により，クライエントの物事の見方が変化することをリフレーミングと呼ぶ。

3　×　この技法は**自己開示**である。カウンセラー自身の体験を述べることで，クライエントの信頼を得るというものである。

4　○　これは基本的傾聴技法の連鎖の一つであるかかわり行動である。クライエントの話題を逸らさず，話に追随する。クライエントの話を傾聴するという技法で，面接における最初の段階の応答として，適切である。

5　×　これはマイクロ技法ではなく，面接を進めるうえでのカウンセラーからクライエントに対する**依頼**である。面接の進め方や面接の環境を整えるといったこともコミュニケーションにおいては重要である。

解答 4

問題 12 心理学と心理的支援

認知行動療法に関する次の記述のうち，**最も適切なものを1つ**選びなさい。

1 不安を「生の欲望」と捉え，不安にとらわれずに行動するよう指導する。
2 クライエントが記憶や夢などを語る自由連想法が用いられる。
3 抑圧されていることによって，対象者が気づいていない無意識への気づきを促す。
4 不適応を生み出している行動や思考を，適応的なスタイルに変化させるように働きかける。
5 クライエントの行動に焦点を当てて，強化因子を用いて介入するため，感情面の変化は目標としない。

Point 認知行動療法は，行動科学と認知科学に基づいた心理療法である。科学的な根拠（エビデンス）を重視し，マニュアル化された手続きがあることが特徴である。認知行動療法の一般的なプロセスは，①導入，②見立て・ケースフォーミュレーション，③目標設定，④介入，⑤再発予防・終結の五つの段階である。認知行動療法にはさまざまな介入技法があるが，代表的なものを知っておくとよい。

表　認知行動療法の代表的な介入技法

心理教育	当事者や家族に，疾患や障害，問題行動等に関する正しい知識を伝え，その対処方法を身につけてもらう。
エクスポージャー法	恐怖や不安を引き起こす対象にあえて段階的に近づくことで，恐怖や不安への抵抗力を増やす。
系統的脱感作法	恐怖や不安の対象となっている刺激を，きわめて弱い状態から段階を追って強めていき，同時に脱感作と呼ばれるリラクゼーションを行うことで，恐怖や不安を克服する。
認知再構成法	否定的認知を同定し，適応的な認知を発見することを通して感情調整を図る。
マインドフルネス	瞑想等を用いながら，今この瞬間の体験に意識を向けることで，物事に囚われることのないようにする。
ソーシャルスキル・トレーニング	ロールプレイを用いて，社会生活に必要な適応的な行動を学習する。

1 ✕ これは**森田療法**に関する記述である。森田療法では，不安や恐怖を人間の誰もがもっている自然な感情とし，これを「生の欲望」と呼ぶ。これに囚われたり，これを排除したりせず，あるがままを受け入れる。

2 ✕ これは**精神分析**に関する記述である。精神分析では，カウンセラーはクライエントに対する質問や助言や指示を最小限にし，クライエントに自由に話してもらう。

3 ✕ これは**精神分析**に関する記述である。精神分析では「人間には無意識がある」と仮定し，記憶や夢を重視する。

4 ○ これは**認知行動療法**に関する記述である。認知行動療法では，不適応的な思考（認知）や行動を適応的なものに変容させる。

5 ✕ これは**応用行動分析**に関する記述である。応用行動分析では，個人の内面（感情など）には注目せず，行動とその前後の状況（環境）に注目をして介入する。

解答 4

社会学と社会システム

●第37回試験問題の特徴

第37回試験から新カリキュラムでの試験に移行したが，**問題13**，**問題14**，**問題17**は過去にも複数回出題のあったテーマであり，とりわけ**問題13**の「社会集団」で出題されているキーワード（アソシエーション，ゲゼルシャフト等）は，ほぼ毎回いずれかの問題で取り上げられてきている。**問題15**の過疎地域の動向や，**問題16**の「国民生活基礎調査の概況」の内容についても，毎回とはいわないまでも，繰り返し出題のあった頻出テーマであるといってよい。ただし，これまで毎回1，2問の出題があった旧カリキュラムの出題基準でいう大項目の「3 人と社会の関係」に関連するテーマ・キーワード（社会関係資本，社会的行為，役割，社会的ジレンマ等）からは今回出題がなかった。その一方で，旧カリキュラムの出題基準には含められていなかったテーマから出題があった。災害時における「レジリエンス」の意味内容を問う**問題18**である。過去に本科目から出題されたことがなく，また，本科目のテキストでもあまり説明がないキーワードではあるが，学術的にも流行のキーワードなので，それほど難しい問題ではないだろう。

●受験対策のポイント

上述した旧カリキュラムから変わらず出題されているテーマ・キーワードについては，これまでどおり，頻出テーマ・キーワードに的をしぼった学習ができるか否かがこの科目を攻略するポイントとなる。すなわち，社会学の基本的な学説や理論，概念からの出題で，具体的には，「社会システムの概念」「社会階級と社会階層」「社会集団の概念」「社会変動の概念」「地域の概念，コミュニティの概念」「社会関係資本」「逸脱」「家族の概念」「世帯の概念」「失業」「ライフステージ，ライフコース」「相互作用」「役割取得，アイデンティティ」などの頻出テーマが出題の中心となるのだろう。そのためには，本書を繰り返し解いてみるのが最も効率的な学習方法であるといえる。

また，旧カリキュラムにはなかった「中項目」及びその小項目（例示）について，今回「災害と復興」からレジリエンスに関する出題があったので，今後も「グローバリゼーション」や「環境」「災害と復興」などの範囲からの出題があると考えられる。『最新 社会福祉士養成講座 精神保健福祉士養成講座3 社会学と社会システム』（中央法規出版）の関連箇所をよく理解し，そのテーマに関連する社会福祉士の役割における意義を理解した上で，重要キーワードの正確な意味を押さえておく必要がある。

それに加えて，公的な統計資料や白書の内容を問う出題への対応も引き続き必要である。国勢調査や国民生活基礎調査，労働力調査等の統計調査，あるいは高齢社会白書等の白書を中心に，試験直前にはその最新のデータ，最新版をできるだけ網羅的に押さえておくとよいだろう。

問題 13 社会学と社会システム

社会集団などに関する次の記述のうち，**最も適切なもの**を**1つ**選びなさい。

1 大衆とは，利害関心に基づき意図的に選択された集団のことである。
2 外集団とは，そこに属していながら，帰属感や愛着心をもてない集団のことである。
3 アソシエーションとは，特定の目的を達成するための集団のことである。
4 ゲゼルシャフトとは，伝統的な地縁，血縁，友愛などによって形成された集団のことである。
5 準拠集団とは，敵意を持ち嫌悪や軽蔑の対象となる集団のことである。

Point 社会集団もしくは集団とは，①集団を構成するメンバーの間に関心や目標が共有されていること，②地位及び役割の分化がみられること，③メンバーの行動を規制する規範が存在すること，④メンバーの間に「われわれ意識」があること，⑤メンバー間の相互行為に規則性と持続性がみられること等の諸条件を満たす人々の集まりを意味する。社会集団の分類については，旧カリキュラムにおいても出題の頻出テーマとなっており，とりわけ，ゲマインシャフト，ゲゼルシャフト，コミュニティ，アソシエーション，第一次集団，第二次集団の出題頻度が高い。

1 × 大衆（mass）とは，「利害関心に基づき意図的に選択された集団」ではない。**大衆は社会的地位や階級，職業，学歴，財産などの社会的障壁を越えて互いに見知らぬ人々から構成される非組織集団である**。近代化において社会の分化と拡大，大規模組織化が進行した結果，人間がそれまで自分たちを帰属させ庇護してもらっていた家族やコミュニティのような中間集団や，その中での絆を喪失し，バラバラな個人として存在しなければならなくなる大衆化によってもたらされた社会を大衆社会といい，原子化した個人，匿名性，非人間的接触，マスコミによる画一化や大衆操作を特徴とする。

2 × 外集団（out-group）とは，「そこに属していながら，帰属感や愛着心をもてない集団」ではない。**サムナー（Sumner, W. G.）**によれば，内集団とは，メンバーが親密な社会関係を継続することにより互いを「われわれ（we）」として同一視することができ，献身や愛情の対象となるような集団である。これに対して外集団とは，「彼ら（they）」として個人の前に立ち現れてくる集団で，競争関係や対立関係にある人々の集団を指す。

3 ○ **マッキーバー（MacIver, R. M.）**は，人間生活における関心が包括的なものなのか，それとも特定のものなのか，また，その発生が自然的なものなのか，それとも人為的なものなのかという2点を基準として，社会集団をコミュニティとアソシエーションに分類した。

4 × 「伝統的な地縁，血縁，友愛などによって形成された集団」はゲゼルシャフトではなく**ゲマインシャフト**である。**テンニース（Tonnies, F.）**は，社会集団を，本質意志に基づいて形成された家族や村落などの**「ゲマインシャフト」**と，選択意志に基づいて形成された会社や政党などの**「ゲゼルシャフト」**に分類した。

5 × 準拠集団（reference-group）とは「敵意を持ち嫌悪や軽蔑の対象となる集団」を指すのではない。個人が何らかの集団にアイデンティティをもち，その行動様式や規範を習得しようとするとき，これをその個人にとっての準拠集団といい，**マートン（Merton, R. K.）**によって体系的に理論化された。**準拠集団は当人が所属している所属集団に限定されず，将来所属したい集団の規範を先取りして社会化が行われることもある**。選択肢の「敵意を持ち嫌悪や軽蔑の対象となる集団」を外集団という。

解答 3

問題 14 社会学と社会システム

都市に関する次の記述のうち，**最も適切なものを1つ**選びなさい。

1 サムナー（Sumner, W. G.）は，都市に特徴的な生活様式をアーバニズムとした。

2 ジンメル（Simmel, G.）は，都市では多様な下位文化が形成されるとした。

3 フィッシャー（Fischer, C.）は，都市を人間生態学的に分析した。

4 倉沢進は，都市は同心円状的に形成されるとした。

5 鈴木榮太郎（すずきえいたろう）は，都市は結節機関を持つ聚楽社会（じゅらくしゃかい）であるとした。

Point 都市社会学における都市に関する新旧の諸理論を問う出題である。パーク（Park, R. E.），バージェス（Burgess, E. W.），ワース（Wirth, L.）といったシカゴ学派第2世代の都市社会学者の理論は，旧カリキュラム時代からの頻出テーマである。これに加えて，ウェルマン（Wellman, B.）の「コミュニティ解放論」も最近では頻出テーマとなっているので，特に確認しておきたいところである。

1 × 「都市に特徴的な生活様式をアーバニズム」としたのは，サムナーではなく，**ワースのアーバニズム理論**である。ワースは都市に特徴的な生活様式をアーバニズムと呼び，都市は人口集合体の大きさ，高い人口密度，人口の異質性によって特徴づけられるが，この都市の生態学的特徴が，第一次的関係に対する第二次的関係の優位，親族や近隣の弱体化，匿名性や無関心といったように都市生活者の結びつきを弱めることになるとした。

2 × 「都市では多様な下位文化が形成される」というアーバニズムの下位文化論を提唱したのは，ジンメルではなく**フィッシャー**である。フィッシャーによれば，人口が集中する都市では，人々のネットワークの選択的形成が可能になるから，その多様なネットワークを基盤とする多様な下位文化が形成されるという。

3 × 「都市を人間生態学的に分析した」のは，フィッシャーではなく，**パーク**である。科学的な社会調査に基づく社会問題の解決を目指したパークは，動物や植物の個体群を対象としていた生物学の新しい分野であったエコロジーを援用した自らの方法を「人間生態学（human ecology）」と呼んだ。

4 × 「都市は同心円状的に形成される」としたのは，**バージェスの同心円地帯理論**である。都市の拡大過程を，土地利用と居住階層を手がかりにして，会社や官公庁などの中枢機関が集中している都心の「中央ビジネス地区」から，小さな工場が入りこみ移民労働者などの居住地となっている「遷移地帯」「労働者住宅地帯」，中流階級の高級アパートや独立家屋の専用区域である「住宅地帯」，郊外の「通勤者地帯」といったように同心円状に広がる都市構造モデルとして提示した。

5 ○ 鈴木榮太郎は，「共同防衛の機能と生活協力の機能を有するために，あらゆる社会文化の母体となってきたところの地域社会的統一」を「聚楽社会」とし，聚楽社会には都市と村落があるとした。また，鈴木は，聚楽社会や地域社会を相互に関連づけ交流させる機能をもった官公庁や企業体のような機関を「結節機関」と呼び，都市や都市化の本質を結節機関の特定地域への増大・集中の中にみた。

解答 5

問題 15 社会学と社会システム

「過疎関連法」及び「令和４年度版 過疎対策の現況」（総務省）に関する次の記述のうち，**最も適切なものを１つ**選びなさい。

1 2020 年（令和２年）国勢調査時点の過疎地域の産業別就業人口割合は，第一次産業就業者数が５割を超えている。

2 2020 年（令和２年）国勢調査時点の過疎地域の人口は，全人口の２割に満たない。

3 2023 年（令和５年）４月１日時点の過疎地域の市町村数は，全市町村数の４割に満たない。

4 2020 年（令和２年）国勢調査時点の過疎地域の高齢化率は，全国平均よりも低い。

5 過疎地域とは，人口減少率によって定義されてきた。

（注）「過疎関連法」とは，現行の「過疎地域の持続的発展の支援に関する特別措置法」に至る一連の過疎関連の法律である。

Point 現行の「過疎地域の持続的発展の支援に関する特別措置法」に至るまでの過疎地域を規定する一連の法律及び「令和４年度版 過疎対策の現況」（総務省）から，過疎地域の歴史や定義，現状が広く問われている。過疎地域や限界集落については旧カリキュラムにおいても度々出題があったが，過疎地域についてここまで体系的に出題されたのは第 37 回が初めてといってよい。正答を導き出すためには，「令和４年度版 過疎対策の現況」（総務省）を丁寧に確認しておく必要がある。

1 ✕ 2020 年（令和２年）国勢調査時点の過疎地域の産業別就業人口割合は，第一次産業就業者が全体の**13.7％**に過ぎず，**５割を超えてはいない**。過疎地域では，かつて第一次産業が中核的な産業であったが，産業別就業人口割合をみると，第一次産業では，1970 年（昭和 45 年）から 2020 年（令和２年）までの 50 年間で，44.1％から 13.7％と大きく減少しており，第二次及び第三次産業の人口割合が８割以上を占めている。

2 ○ 2020 年（令和２年）国勢調査時点の過疎地域の人口は，1167 万人であり，総人口（１億 2615 万人）に占める割合は **9.3％**で全体の２割に満たない。対して非過疎地域の人口は１億 1419 万人で，総人口の 90.5％を占めている。

3 ✕ 過疎地域の市町村数は，2023 年（令和５年）４月１日時点で 885（311 市 449 町 125 村）であり，全国の市町村総数に占める割合は **51.5％**であって４割を超えている。対して非過疎地域の市町村数は 793（453 市 288 町 52 村）であり，全国の市町村総数に占める割合は 46.1％である。

4 ✕ 2020 年（令和２年）国勢調査時点における過疎地域の高齢化率は，**39.7％**であり，**全国平均 28.0％よりも 11.7 ポイント高くなっている**。過疎地域の 2020 年（令和２年）の年齢階層別人口構成比を全国と比較すると，65 歳以上の高齢者階層の構成比は全国の構成比を上回っているのに対し，64 歳以下のすべての年齢階層において，過疎地域の構成比は全国よりも低い。また，1970 年（昭和 45 年）から 2020 年（令和２年）までの 65 歳以上の高齢者比率の推移をみると，過疎地域では 30.0 ポイントも増加している。

5 ✕ 過疎地域は人口減少率によってのみ定義されたのではなく，**財政力要件によっても定義されてきた**。1970 年（昭和 45 年）に成立した過疎地域対策緊急措置法では，過疎地域の要件としては，人口要件及び財政力要件の両方を満たす市町村の区域とされた。以降，1980 年（昭和 55 年）に施行された過疎地域振興特別措置法，1990 年（平成２年）に施行された過疎地域活性化特別措置法，2000 年（平成 12 年）の過疎地域自立促進特別措置法，2021 年（令和３年）の過疎地域の持続的発展の支援に関する特別措置法，いずれの過疎関連法においても，過疎地域は人口要件と財政力要件の２要件から定義されてきたし，人口要件についても，過疎地域活性化特別措置法以降は，人口減少率に加えて高齢者比率及び若年者比率を用いている。

解答 2

問題 16 社会学と社会システム

次の記述のうち，2022（令和４）年の国民生活基礎調査の結果（「2022（令和４）年国民生活基礎調査の概況」（厚生労働省））についての説明として，**最も適切なものを１つ**選びなさい。

1　１世帯当たり平均所得金額は 300 万円を下回っている。

2　現在の暮らしの状況が「大変苦しい」「やや苦しい」とした世帯は，50％を超えている。

3　相対的貧困率は 20％を超えた。

4　子ども（17 歳以下）の相対的貧困率は 25％を超えた。

5　公的年金・恩給を受給している高齢者世帯の中で「公的年金・恩給の総所得に占める割合が 100％の世帯」は，90％を超えている。

Point　「2022（令和４）年国民生活基礎調査の概況」（厚生労働省）の「各種世帯の所得等の状況」からの出題である。「国民生活基礎調査の概況」からの出題は過去にもあるが，「世帯数と世帯人員の状況」からの出題がほとんどであった。貧困率は，３年に１度の大規模調査の年にのみ掲載されるが，常に最新の数字を把握しておきたいところである。

1　×　「2022（令和４）年国民生活基礎調査の概況」によれば，2021 年（令和３年）の１世帯当たり平均所得金額は，**300 万円を下回ってはいない**。平均所得金額は，「全世帯」で **545 万 7000 円**となっている。また，「高齢者世帯」が 318 万 3000 円,「高齢者世帯以外の世帯」が 665 万円,「児童のいる世帯」が 785 万円となっている。

2　○　「2022（令和４）年国民生活基礎調査の概況」によれば，現在の暮らしの状況が「大変苦しい」「やや苦しい」とした世帯は，全世帯で **51.3％**となっており，**50％を超えている**。各種世帯別に暮らしの状況をみると,「苦しい」の割合は,「母子世帯」が 75.2％,「児童のいる世帯」が 54.7％となっている。一方で「高齢者世帯」では「苦しい」の割合が 48.3％となっている。

3　×　「2022（令和４）年国民生活基礎調査の概況」によれば，2021 年（令和３年）の貧困線（等価可処分所得の中央値の半分）は 127 万円となっており，「相対的貧困率」（貧困線に満たない世帯員の割合）は **15.4％**（対 2018 年（平成 30 年）△ 0.3 ポイント）で，**20％を超えてはいない**。

4　×　「2022（令和４）年国民生活基礎調査の概況」によれば,「子どもの貧困率」（17 歳以下）は **11.5％**（対 2018 年（平成 30 年）△ 2.5 ポイント）となっており,**25％を超えてはいない**。「子どもがいる現役世帯」（世帯主が 18 歳以上 65 歳未満で子どもがいる世帯）の世帯員についてみると, 10.6％（対 2018 年（平成 30 年）△ 2.5 ポイント）となっており，そのうち「大人が一人」の世帯員では 44.5％（対 2018 年（平成 30 年）△ 3.8 ポイント),「大人が二人以上」の世帯員では 8.6％（対 2018 年（平成 30 年）△ 2.6 ポイント）となっている。

5　×　「2022（令和４）年国民生活基礎調査の概況」によれば，公的年金・恩給を受給している高齢者世帯の中で「公的年金・恩給の総所得に占める割合が 100％の世帯」は **44.0％**であり，**90％を超えてはいない**。また，高齢者世帯の所得の種類別１世帯当たり平均所得金額の構成割合をみると，「公的年金・恩給」が 62.8％，「稼働所得」が 25.2％となっている。

解答 2

問題 17 社会学と社会システム ✓✓✓

差別や偏見に関する次の記述のうち，**適切なものを2つ**選びなさい。

1 ゴッフマン（Goffman, E.）は，主に身体に付随し，それが他者にとっての偏見を呼び起こす「印」として機能するものをスティグマと呼んだ。

2 オルポート（Allport, G.）は，民族的偏見を「誤った，柔軟性のない一般化に基づいた反感」と定義づけた。

3 リップマン（Lippmann, W.）は，人々の知覚や認識を単純化して理解することをダブル・コンティンジェンシーと呼んだ。

4 コールマン（Coleman, J.）は，政治・経済・軍事などの分野のトップが社会の権力を握るとするパワーエリート論を展開した。

5 ミルズ（Mills, C.）は，一次的逸脱と二次的逸脱という概念を用いて，逸脱的アイデンティティが形成されるメカニズムを説明した。

Point 差別や偏見，逸脱を生み出すメカニズムに関する社会学的な理論からの出題である。差別や偏見については過去に頻繁に出題があったわけではないが，逸脱を説明する理論である，レマート（Lemert, E. M.）やベッカー（Becker, H. S.）らによるラベリング理論は，旧カリキュラム時代からの頻出テーマである。

1 ○ スティグマとは，元来は古代ギリシャにおいて奴隷や犯罪者を識別するための肉体的な烙印を意味していたが，現代では汚名や恥辱を表す言葉として一般的にも用いられている。ゴッフマンは，このスティグマという言語を，身体上の障害や性格上の欠点，人種・民族，宗教など，ある人々が他の人々と異なることを示し，その存在によって**他人の蔑視や不信を買うような望ましくない「印」，社会的な烙印という意味で用いている。**

2 ○ オルポートは，偏見解消の方法として**「接触仮説」**を提唱している。接触仮説とは，相手に対する知識の欠如が偏見を生み出す要因となるため，異なる集団間のメンバーが接触することによって偏見が低減され，両者の関係が改善されるというものである。

3 × リップマンは，人々の知覚や認識を単純化して理解することを**「ステレオタイプ」**と呼んだ。ステレオタイプとは，特定の社会集団の構成員の中に広範に受容されている固定的かつ画一的な観念やイメージであり，紋切り型とも呼ばれる。観念やイメージの内容が極端に単純化されている一方で，強力な情緒的感情が充填されているため，その内容と対立する実証的な証拠を冷静に受け入れることに抵抗を示しがちである。パーソンズ（Parsons, T.）による「ダブル・コンティンジェンシー」とは，相互行為において，一方の人の行為の結果が他方の人の行為に依存しており，その逆もまたそうであることを意味する。

4 × 政治・経済・軍事などの分野のトップが社会の権力を握るとするパワーエリート論は，コールマンではなく，**ミルズ**によって提唱された。ミルズの同名書で一般的になった概念で，パワーエリートとは，政治・経済・軍事の三つの制度的秩序の頂点に立って連合して支配的地位を占めている人々を意味しており，実際の現代アメリカの支配グループの存在を指しているとされる。

5 × 一次的逸脱と二次的逸脱という概念を用いて，逸脱的アイデンティティが形成されるメカニズムを説明したのはミルズではなく**レマート**である。逸脱とは社会規範と一致しない行動，たとえば犯罪や非行などを指すが，レマートは逸脱を，最初の規則違反行動である一次的逸脱と，他者から「逸脱者」というレッテルを付与されたことで自らを逸脱者であるとアイデンティファイすることにより継続・激化される二次的逸脱という概念を用いて，逸脱的アイデンティティが形成されるメカニズムについて説明した。

解答 1 2

問題 18 社会学と社会システム

災害時におけるレジリエンスの意味として，**最も適切なもの**を**1つ**選びなさい。

1 災害の発生から復旧・復興に加え，次の災害に備えていくための諸活動を一つのサイクルとして捉えることである。

2 支援ニーズに対して支援者側から積極的に働きかけて情報や支援を提供することである。

3 被災者並びに被災地が被害から立ち直っていく際に持つ力のことである。

4 予期しない出来事に遭遇した際に，事態が悪化しているにもかかわらず楽観的な見方を維持する態度のことである。

5 大規模災害の後に一時的な現象として発生する理想郷的コミュニティのことである。

Point レジリエンスは，現在ミクロからマクロまで，すなわち，個人，コミュニティ，組織，国家までのあらゆるレベルでアクターが獲得するべきであるとされる能力である。レジリエンスは元来「回復力」や「しなやかさ」をあらわす一般的な概念であるが，1980年代に欧米の児童精神医学，発達心理学分野において「子どもが逆境に遭遇しながらも，それを克服し，社会でポジティブな適応をする現象」をそう呼ぶようになり，個人の特性に焦点を当てたレジリエンス研究が蓄積されていった。しかし，個人は地域など自身の置かれた環境から大きな影響を受けるため，地域（コミュニティ）におけるレジリエンスの重要性が指摘され始めた。

1 × 「災害の発生から復旧・復興に加え，次の災害に備えていくための諸活動を一つのサイクルとして捉えること」はレジリエンスではなく**「災害サイクル」**である。災害サイクルでは，災害発生から復興までの過程を超急性期，急性期，亜急性期，慢性期，平穏期などのフェーズに分け，各フェーズにおいて適切な対応策が必要とされる。平穏期においては，次の災害に備えるための対策が講じられる。

2 × 「支援ニーズに対して支援者側から積極的に働きかけて情報や支援を提供すること」はレジリエンスではなく，**アウトリーチ**（支援）である。

3 ○ 日本においては，東日本大震災をきっかけとする「防災から減災へ」の流れの中でコミュニティ・レジリエンス研究が盛んになっていった。「減災」の考え方では，危機を避けられないものとして捉え，危機に際していかに柔軟に回復し，システム全体の存続を図っていくかが問われるが，その中で被災者及び被災地の「レジリエンス」がクローズアップされるようになった。

4 × 「予期しない出来事に遭遇した際に，事態が悪化しているにもかかわらず楽観的な見方を維持する態度」は，レジリエンスではなく**「正常性バイアス」**もしくは**「楽観主義バイアス」**である。

5 × 大規模災害の後に一時的な現象として発生する理想郷的コミュニティは**「災害ユートピア」**でありレジリエンスではない。ソルニット（Solnit, R.）は，大規模な災害が発生した後に，被災者や関係者の間に連帯感が生まれ，気分の高揚感，社会貢献に対する意識が高まるなど，一時的に高いモラールを有するコミュニティが生まれることがあるとし，それを「災害ユートピア」と呼んだ。

解答 3

社会福祉の原理と政策

●第 37 回試験問題の特徴

本科目の出題数は9問で，社会福祉の原理や歴史，思想・哲学，理論，福祉政策，福祉サービスの供給，社会問題を問う内容が含まれている。内容が幅広く，他の科目と重複する内容も含まれることから，学習範囲の広さに戸惑う人もいるかもしれない。また第37回試験問題をみて，これまでの出題の仕方から変わったと感じた人もいたかもしれない。しかしながら出題された9問は，いずれも出題基準の大項目・中項目に当てはまり，小項目（例示）の用語がそのままキーワードとして使われている問題もみられた（**問題 19**「福祉国家」，**問題 20**「社会事業」，**問題 22**「貧困」，**問題 23**「多文化共生」，**問題 25**「措置制度」）。

出題された問題をみると，単に用語を暗記していれば解けるものではなく，時代背景や現代とのつながり，その意味を正しく理解しているか問われた問題が複数あった（**問題 19，問題 20，問題 21，問題 25，問題 26**）。また，貧困や多文化共生という小項目（例示）に挙げられた用語がそのまま問題文に出ているが，それが現在のどのような取り組みの中で用いられているかを問う問題（**問題 22，問題 23**）もあり，社会との接点に対する理解が必要とされていることがわかる。

全体的に，旧出題基準の「現代社会と福祉」よりも，小項目（例示）の内容が増えていることから，小項目（例示）の用語がどのような文脈の中で登場するのか，その周辺の情報と併せて理解することが求められる。また，二つの選択肢を答える問題（**問題 24**）も出題されていることから，問題文を読み飛ばさない点にも留意する必要がある。

●受験対策のポイント

本科目では，社会福祉の理論や福祉制度の歴史的展開，現代社会における福祉政策の動向が出題基準となっているため，これに係る基本的な知識は，過去問を解きながら学習をしておくことが望まれる。併せて現代の社会福祉に係る諸問題，またそれにかかわる政策に広く目を向けることも大切であることから，最新の「厚生労働白書」や社会の動向にも目を向けておくことが欠かせない。また，科目を横断した出題もあるため，複数の科目で出題される場合があることを念頭に置いた学習が大切になってくる。

第37回試験では，これまでにはみられなかったような内容も出題されているが，現在の社会情勢や社会問題に対する対応方法を知っていれば，初めてみる問題でも正解にたどり着くことができる。日々新聞に目を通したり，ニュースに接したりすることで社会の動向を理解することができる。こうした日々の取り組みは，過去問題に取り組むことと併せて，本科目の受験対策として有効な学習方法になり得る。

問題 19 社会福祉の原理と政策

次の人物のうち，英国において「福祉国家」から「小さな政府」への転換を図った首相として，**最も適切なもの**を**1つ**選びなさい。

1 ウィンストン・チャーチル（Churchill, W.）
2 クレメント・アトリー（Attlee, C.）
3 マーガレット・サッチャー（Thatcher, M.）
4 トニー・ブレア（Blair, T.）
5 ゴードン・ブラウン（Brown, G.）

Point 「福祉国家」とは，国が医療や所得，雇用などの社会保障政策を用意し，貧困などの社会的問題に対処しながら人々の安定した生活を目指す国家を指す。「小さな政府」とは，政府による市場介入をできる限り減らし，民間に委ねることで経済成長を促進しようとする政策を指す。本問題は，これまでのイギリスの各政権がどのように福祉施策を展開してきたのかを問うものである。

1 × ウィンストン・チャーチルは，保守党政権の首相である。第二次世界大戦中の1941年に，ベヴァリッジ（Beveridge, W. H.）を委員長とする戦後の社会保障のあり方を提案してもらう委員会を発足させた。この委員会の検討により，戦後のイギリス社会保障政策を決定づけた**ベヴァリッジ報告**が完成し，1942年に公表された。

2 × クレメント・アトリーは，1945年にイギリス最初の労働党単独内閣を率いた人物である。アトリー内閣では，ベヴァリッジ報告に基づく体系的な社会保障制度が進められ，医療費の無料化，雇用保険，救貧制度，公営住宅の建設が行われ，**「福祉国家」が実現した**。

3 ○ マーガレット・サッチャーは，1979年に首相となった保守党の人物である。サッチャーは財政赤字を解決するために，**「小さな政府」**を志向し，福祉サービスの供給主体の決定に際して競争入札制度を導入するなど福祉サービスの民営化を進めた。これにより営利企業や非営利組織，社会的企業など多様な団体の参入が進み，**「福祉多元主義」**と呼ばれる多元的なサービス供給体制が確立した。

4 × トニー・ブレアは，1997年に首相に就任した労働党の人物である。ブレア政権は，最も経済的で効率的かつ効果的な手段を用いてサービス供給に努めることを地方自治体に義務づける**ベスト・バリュー制度**を導入した。また地方自治体の改革に対し，ギデンズ（Giddens, A.）が提唱する経済効率と公平性の両立を目指す**第三の道**をとり，規制緩和と雇用政策をうまく組み合わせ，社会保障制度の立て直しを図った。

5 × ゴードン・ブラウンは，2007年に首相に就任した労働党の人物である。前のブレア政権が進めた**NHS**（National Health Service（国民保健サービス））**改革**を引き継ぎ，サービスの質の向上に努めた。

解答 3

問題20 社会福祉の原理と政策

大正期の社会事業に関する次の記述のうち，**最も適切なもの**を**1つ**選びなさい。

1 感化法が制定された。

2 中央慈善協会が設立された。

3 恤救規則が制定された。

4 大阪府で方面委員制度が創設された。

5 石井十次によって岡山孤児院が設立された。

Point 現在の社会福祉の制度・実践につながる明治期や大正期の社会事業について問う問題である。当時の社会情勢を受けてどのような法律や制度が制定されたのか，またそれが現在の法律や制度・取り組みとどのようにつながっているのか，内容とともに理解しておくことが求められる。

1 × **感化法**は，**1900年（明治33年）**に制定された，非行少年の教育保護を目的とする法律である。この法律に基づき，不良少年，犯罪少年などの処遇機関として**感化院**が設置された。なお，感化法で制定された感化院は日本で法律上位置づけられた最初の社会事業施設である。

2 × **中央慈善協会**は，現在の**全国社会福祉協議会**の前身となる組織で，**1908年（明治41年）**に発足した。初代会長は渋沢栄一である。中央慈善協会は，慈善事業の全国的連絡組織として国内外の救済事業の調査，慈善団体・慈善家の連絡調整・指導奨励などの活動を行った。

3 × **恤救規則**は，**1874年（明治7年）**に制定された日本で最初の貧困者を救済するための法律である。当時貧困状態にある者の救済は，**人民相互の情誼**（じょうぎ）によってなされるべきものであるとされ，恤救規則では**無告の窮民**（誰の助けも期待できない困窮者）に限って，出身地までの旅費を支給するという名目で公費を与えるにとどまった。

4 ○ 大阪府の**方面委員制度**は，**1918年（大正7年）**に大阪府知事の**林市蔵**が政治顧問の**小河滋次郎**とともに創設した制度である。小学校の通学区域を一方面とし，方面単位で方面委員を任命した。方面委員は担当方面居住者の生活状態を調査し，生活困窮者の救済を行った。なお前年の1917年（大正6年）には岡山県知事の**笠井信一**が**済世顧問制度**を創設している。いずれもドイツのエルバーフェルト市の取り組みを参考につくられた。方面委員制度は評価され，1928年（昭和3年）にはすべての都道府県で方面委員が設置され，1936年（昭和11年）には**方面委員令**が制定された。

5 × **石井十次**が**岡山孤児院**を設立したのは，**1887年（明治20年）**である。岡山孤児院で暮らした孤児は一時期，1200名に上った。岡山孤児院では，おなかいっぱい食事を与える，子ども一人ひとりと向きあう，保育士を中心に子ども十数人が小さな家で生活をともにするといった先駆的な取り組みが行われた。

解答 4

問題 21 社会福祉の原理と政策

次の記述のうち，ニィリエ（Nirje, B.）が示したノーマライゼーションの考え方に基づく支援として，**最も適切なものを1つ**選びなさい。

1 知的障害者と知的障害児を同じ施設で生活できるように支援する。
2 要保護児童に対しては，大規模な入所型施設で専門的なケアを提供する。
3 障害のある成人は，同性だけで生活するように支援する。
4 知的障害者の生活を，ノーマルな生活状態に近づけることを目指す。
5 知的障害者の自己選択よりも，支援者の決定を優先する。

Point ニィリエが示した①1日のノーマルなリズム，②1週間のノーマルなリズム，③1年のノーマルなリズム，④ライフサイクルにおけるノーマルな経験，⑤ノーマルな個人の尊厳と自己決定権，⑥その文化におけるノーマルな両性の形態，⑦その社会におけるノーマルな経済的水準とそれを得る権利，⑧その地域におけるノーマルな環境水準，というノーマライゼーションの原理を理解しておくことが求められる。また，ノーマライゼーションの代表的な思想家として，ニィリエのほかにバンク－ミケルセン（Bank-Mikkelsen, N. E.）とヴォルフェンスベルガー（Wolfensberger, W.）のノーマライゼーションの考え方も確実に理解しておく必要がある。

1 × ニィリエが示したノーマライゼーションの原理には，**ライフサイクルを通じてノーマルな発達上の経験をする機会をもつこと**が示されている。よって，知的障害者と知的障害児を同じ施設で生活できるように支援することは，ノーマルな発達上の経験とはいえないため，適切ではない。

2 × ニィリエが示したノーマライゼーションの原理には，**病院・学校・グループホーム・施設などの物理的設備基準が一般の市民の同種の施設に適用されているものと同じであること**と示されている。よって，要保護児童への専門的なケアを大規模な入所型施設で提供することは，ノーマルな環境水準とはいえないため，適切ではない。

3 × ニィリエが示したノーマライゼーションの原理には，**男女両性がともに住む世界に暮らすこと**が示されている。よって，障害のある成人を同性だけで生活するように支援することは，男女両性がともに住む世界に暮らすとはいえないため，適切ではない。

4 ○ ニィリエのノーマライゼーションの考え方は，知的障害者をノーマルにするのではなく，**知的障害者の生活条件をノーマルにしていく環境を提供すること**である。なお，この考え方はニィリエだけでなく，ノーマライゼーションを提唱した，バンク－ミケルセンにも共通するものである。

5 × ニィリエが示したノーマライゼーションの原理には，**ノーマルな個人の尊厳と自己決定権が尊重されなければならないこと**が示されている。よって，優先されるべきは，知的障害者の自己選択であり，支援者の決定ではない。

解答 4

問題22 社会福祉の原理と政策

「持続可能な開発目標」（SDGs）がターゲットとしている「極度の貧困」の参照基準として，**最も適切なものを1つ**選びなさい。

1 ラウントリー（Rowntree, B. S.）が貧困調査で使用した「第1次貧困」
2 経済協力開発機構（OECD）で使用される「相対的貧困率」
3 国連開発計画（UNDP）で使用される「人間開発指数」
4 世界銀行で使用される「国際貧困線」
5 タウンゼント（Townsend, P.）が貧困調査で使用した「相対的剥奪指標」

Point 「持続可能な開発目標」（SDGs）における目標1「貧困をなくそう」を題材に，貧困の概念を問うものである。「絶対的貧困」と「相対的貧困」という，貧困を捉える二つの軸に関係する学説の理解に加え，①マーケット・バスケット方式，②エンゲル方式，③格差縮小方式，④水準均衡方式という四つの最低生活費の算定基準についても理解しておくとよい。

1 × **「第1次貧困」は，最低生活費の算定基準**であり，「持続可能な開発目標」（SDGs）の「極度の貧困」の参照基準ではない。ラウントリーは，1899年に地元のヨーク市で貧困調査を行い，肉体的能率を維持するための最低限水準以下である「第1次貧困」と，収入が飲酒や賭博（とばく）などのような平常とは異なったものに消費されない限り，第1次貧困以上の生活を送ることができる「第2次貧困」に区分した。

2 × **「相対的貧困率」は，貧困の広がりを示す指標**であり，「持続可能な開発目標」（SDGs）の「極度の貧困」の参照基準ではない。「相対的貧困」とは，ある特定の社会における標準的な生活様式と比較して，許容できない状態のことであり，「相対的貧困率」とは，等価可処分所得の中央値の半分の額である貧困線未満の所得しか得られていない人の割合のことをいう。

3 × **「人間開発指数」は，①健康長寿，②知識，③人間らしい生活水準，という人間開発の三つの基本的次元における平均的成果を測る総合的な指標**であり，「持続可能な開発目標」（SDGs）の「極度の貧困」の参照基準ではない。「人間開発指数」は，出生時平均余命，成人識字率と総就学率，1人当たり国内総生産（GDP）から算出される。

4 ○ **「持続可能な開発目標」（SDGs）がターゲットとしている「極度の貧困」の基準は，「国際貧困線」であり，1日2.15米ドル未満で暮らす状態をいう。** 2023年に公表されたユニセフと世界銀行による報告書「国際貧困ラインでみる子どもの貧困の世界的動向」によれば，世界で6人に1人の子どもが「極度の貧困」の中で暮らしている。

5 × **「相対的剥奪指標」は，貧困の多様性や複合性を測る指標**であり，「持続可能な開発目標」（SDGs）の「極度の貧困」の参照基準ではない。タウンゼントは12種類の剥奪指標を示し，生活資源が平均的な人々と比較してきわめて劣っているため，標準的な生活から締め出されている状態を「相対的剥奪」と定義した。

解答 4

問題 23 社会福祉の原理と政策

多文化共生社会の実現に向けた取組に関する次の記述のうち，**最も適切なものを1つ**選びなさい。

1 「在留支援のためのやさしい日本語ガイドライン」では，外国人に情報を伝えるときは，外来語（カタカナ語）を多く使用するよう示している。

2 「地域における多文化共生推進プラン（改訂）」では，外国人材の都市部への居住を促すことを目指している。

3 多文化共生に取り組もうとする地方自治体への情報提供等のために，総務省は多文化共生アドバイザーの名簿を作成することとなっている。

4 災害時外国人支援情報コーディネーターは，外国語を母語とする者を充てることとされている。

5 「ヘイトスピーチ解消法」では，本邦外出身者も，日本文化の理解に努めなければならないと規定している。

(注) 1 「在留支援のためのやさしい日本語ガイドライン」とは，出入国在留管理庁と文化庁が2020年（令和2年）8月に作成したガイドラインのことである。
2 「地域における多文化共生推進プラン（改訂）」とは，総務省が2006年（平成18年）3月に策定し，2020年（令和2年）9月に改訂したプランのことである。
3 「ヘイトスピーチ解消法」とは，「本邦外出身者に対する不当な差別的言動の解消に向けた取組の推進に関する法律」のことである。

Point 現在，政府は新たな外国人材の受け入れという視点から，多文化共生の推進を積極的に行っている。「外国人材の受入れ・共生のための総合的対応策」（令和6年度改訂）などの関係する近年の政策文書を確認しておくことが求められる。

1 × 「在留支援のためのやさしい日本語ガイドライン」では，日本に住む外国人に情報を伝えたいときには，多言語での翻訳，通訳をするほかに，**やさしい日本語を使用する**ことが期待されている。やさしい日本語とは，難しい言葉の言い換えなど相手に配慮した，わかりやすい日本語のことである。

2 × 「地域における多文化共生推進プラン（改訂）」（以下，改訂プラン）の要点は，①多様性と包摂性のある社会の実現による「新たな日常」の構築，②外国人住民による地域の活性化やグローバル化への貢献，③地域社会への外国人住民の積極的な参画と多様な担い手の確保，④受入れ環境の整備による都市部に集中しないかたちでの外国人材受入れの実現の4点である。改訂プランで謳われているのは，外国人材の都市部への居住を促進することではなく，**都市部に集中しないかたちで外国人材を受け入れる**ことである。

3 ○ 総務省は，多文化共生に取り組む地方自治体が，助言やノウハウの提供等を受けられるよう，**多文化共生に関する活発な取組や，独自性・先進性のある取組を行っている地方自治体の担当部署，又は職員を多文化共生アドバイザーとして登録**する。また，総務省は，**多文化共生アドバイザーの名簿を作成し，アドバイザーに関する情報提供等を実施する**こととなっている。

4 × 災害時外国人支援情報コーディネーターに求められるのは，外国人被災者に対する**多言語での情報提供**や，災害時に行政等から提供される情報を整理し，**外国人被災者のニーズとのマッチングを行う**ことである。災害時外国人支援情報コーディネーターは，地方自治体等の職員で一定の要件を満たす者である。外国語を母語とする者を充てなければならないということではない。

5 × ヘイトスピーチ解消法第6条には，国及び地方公共団体の必要な取組として，**本邦外出身者に対する不当な差別的言動を解消するための教育活動と，そのために必要な取組を実施する**ことが規定されているが，日本文化の理解を本邦外出身者に求める規定はない。

解答 3

問題 24 社会福祉の原理と政策

次の記述のうち，「国民の健康の増進の総合的な推進を図るための基本的な方針」で示された内容として，**適切なもの**を**2つ**選びなさい。

1　平均寿命の延伸に関する具体的な数値目標を設定する。
2　女性については，ライフステージごとに女性ホルモンが劇的に変化するという特性等を踏まえ，人生の各段階における健康課題の解決を図ることが重要である。
3　健康管理は個人の自己責任である。
4　生活習慣病の発症予防や重症化予防よりも，再発や後遺症の予防を重視する。
5　地域の人々のつながりや様々な社会参加を促すことを目標として設定する。

（注）「国民の健康の増進の総合的な推進を図るための基本的な方針」とは，「国民の健康の増進の総合的な推進を図るための基本的な方針の全部を改正する件（令和5年厚生労働省告示第207号）」として公表されたものである。これを踏まえ健康日本21（第三次）が示された。

Point この問題では，「健康日本21」の土台となった「国民の健康の増進の総合的な推進を図るための基本的な方針」の内容に関する知識について問われている。「健康日本21」とは，21世紀における国民健康づくり運動のことであり，2002年（平成14年）に公布（翌年に施行）された健康増進法を根拠法としている。同法は，医療制度改革の一環としてつくられた法律であり，健康づくりに取り組むことは国民の責務（第2条）であると明記した。2018年（平成30年）に健康増進法は改正され，望まない受動喫煙の防止を図るための措置等が明文化された。以上の経緯を踏まえ，「健康日本21（第三次）」が示されたこと，また，こうした動向の背景には国の医療費抑制政策が関連していることを理解しておくとよいだろう。

1　×　**平均寿命ではなく健康寿命の延伸を実現されるべき最終的な目標として設定**している。「健康寿命については，学術的に概念や算定方法が一定程度確立していること，2040年（令和22年）までの健康寿命の延伸目標が定められていること，国民の認知度が高いこと等を踏まえ，健康日本21（第二次）から引き続き健康寿命の延伸を実現されるべき最終的な目標とする」と述べている。

2　○　選択肢のとおり。ライフコースアプローチを踏まえた健康づくりとして，特に，**子ども，高齢者及び女性に関する目標を設定**している。

3　×　すべての国民が健やかで心豊かに生活できる持続可能な社会の実現に向け，「誰一人取り残さない健康づくりの展開（Inclusion）とより実効性をもつ取組の推進（Implementation）を通じて，国民の健康の増進の総合的な推進を図るための基本的な事項」を方針として示している。また，「個人の行動と健康状態の改善のみが健康寿命の延伸・健康格差の縮小につながるわけではなく，**社会環境の質の向上自体も健康寿命の延伸・健康格差の縮小のための重要な要素である**ことに留意が必要である」とも述べている。

4　×　再発や後遺症の予防を重視するとは示されていない。**生活習慣病の発症予防及び合併症の発症や症状の進展等の重症化予防に関し，引き続き取組を進める**としつつ，生活習慣病の発症予防及び重症化予防だけではない健康づくりが重要であると述べている。

5　○　社会環境の質の向上として，ソーシャルキャピタルの醸成が健康に影響するという観点から，**地域の人々とのつながりや様々な社会参加を促すことを目標として設定**している。

解答 2 5

問題 25 社会福祉の原理と政策

福祉の措置に関する次の記述のうち，**最も適切なもの**を**1つ**選びなさい。

1 福祉サービスにかかる費用は全額国の負担となる。

2 被措置者とサービス提供事業者との間で，サービス提供に関する契約を結ばなければならない。

3 行政処分として福祉サービスの提供が決定される。

4 介護保険法の施行により，老人福祉法による措置入所は廃止された。

5 「障害者総合支援法」の施行に伴い，身体障害者福祉法及び知的障害者福祉法にかかる施設入所の措置を都道府県が採ることとなった。

（注）「障害者総合支援法」とは，「障害者の日常生活及び社会生活を総合的に支援するための法律」のことである。

Point 措置とは，保護や援護が必要である人に対して，その必要性や条件を満たしているかなどを行政（自治体）が判断し，サービスの供与を決定する仕組みのことである。施設や事業者は行政から措置委託費を受けてサービスを運営する。利用者にサービスの選択権はほとんどなく，サービスの種類や量は行政の権限や裁量で決定されるという点がその特性である。2000年（平成12年）以降は契約制度が多くの福祉サービスにおいて採用されている。「措置」と「契約」の双方のメリットとデメリットまでを理解をしておくとよいだろう。

1 ✕ 国だけでなく**都道府県と市町村も負担する**。

2 ✕ 被措置者とサービス提供事業者との間で直接行われる契約制度ではない。**行政がサービス提供事業者に措置委託を行い，措置委託費を受けたサービス提供事業者が被措置者に対して福祉サービスを提供する仕組み**である。

3 ○ 選択肢のとおり。措置制度とは，**行政処分として，福祉サービスの提供が決定される**制度である。

4 ✕ 介護保険法の施行（2000年（平成12年）4月1日）により，老人福祉法による措置入所が廃止されたわけではない。1990年（平成2年）に公布された，老人福祉法等の一部を改正する法律（「福祉八法改正法」ともいう）により，特別養護老人ホーム，養護老人ホームへの入所決定権は都道府県から町村に移譲され，入所措置を行うのは「都道府県，市及び福祉事務所を設置する町村」から「市町村」となった（1993年（平成5年）施行）。2002年（平成14年）からのいわゆる「三位一体の改革」（①国庫補助負担金改革，②税源移譲，③地方交付税の見直し）では，一般財源化が図られ，**養護老人ホームや特別養護老人ホームの措置入所に要する費用等の措置費の全額が市町村の負担**となった。

5 ✕ 都道府県ではなく**市町村**である。身体障害者福祉法及び知的障害者福祉法にかかる施設入所の措置は，**やむを得ない事由に該当する場合**に限り，市町村が採る。

解答 3

問題 26 社会福祉の原理と政策

社会福祉法に定められた福祉に関する事務所（福祉事務所）についての次の記述のうち，**最も適切なものを1つ**選びなさい。

1 市町村は，福祉事務所を設置しなければならない。
2 現業を行う所員については，社会福祉主事を充てるよう努めなければならない。
3 現業を行う所員の数については，事務所ごとに標準数が定められている。
4 指導監督を行う所員は，社会福祉士でなければならない。
5 都道府県が設置する福祉事務所は，老人福祉法に定める福祉の措置に関する事務を行わなければならない。

Point 福祉事務所は，社会福祉法（以下，法）第14条に基づき設置されている。都道府県福祉事務所は当初，福祉六法を所管していたが，老人福祉分野と身体障害者福祉分野は，福祉八法改正により1993年（平成5年）4月に，知的障害者福祉分野は，2003年（平成15年）4月に，町村へ移譲された。

1 × 法第14条第1項において，**「都道府県及び市（特別区を含む。以下同じ。）は，条例で，福祉に関する事務所を設置しなければならない」**とあり，同条第3項には**「町村は，条例で，その区域を所管区域とする福祉に関する事務所を設置することができる」**とある。つまり町村は任意設置のため，誤りである。市町村の設置する福祉に関する事務所は，同条第6項において，「生活保護法，児童福祉法，母子及び父子並びに寡婦福祉法，老人福祉法，身体障害者福祉法及び知的障害者福祉法に定める援護，育成又は更生の措置に関する事務のうち市町村が処理することとされているもの（政令で定めるものを除く。）をつかさどるところとする」とされている。

2 × 福祉事務所は，①指導監督を行う所員，②現業を行う所員，③事務を行う所員を置くこととされており（法第15条第1項），**指導監督を行う所員と現業を行う所員は，社会福祉主事でなければならない**（同条第6項）とされている。

3 ○ 現業を行う所員については，都道府県，市・特別区，町村ごとに被保護世帯数に応じて標準定数が示されている（法第16条）。

表 現業を行う所員の標準定数

設置主体の区分	現業員標準定数	標準定数に追加すべき定数
都道府県	被保護世帯が390以下の場合 6	65を増すごとに 1
市（特別区）	被保護世帯が240以下の場合 3	80を増すごとに 1
町村	被保護世帯が160以下の場合 2	80を増すごとに 1

4 × 選択肢**2**の解説にあるように，法第15条第6項において，**指導監督を行う所員は，社会福祉主事でなければならない**とされている。

5 × 法第14条第5項において**「都道府県の設置する福祉に関する事務所は，生活保護法，児童福祉法及び母子及び父子並びに寡婦福祉法に定める援護又は育成の措置に関する事務のうち都道府県が処理することとされているものをつかさどるところとする」**とされ，老人福祉法に定める福祉の措置に関する事務は行わない。

解答 3

問題 27 社会福祉の原理と政策

次のうち，日本において，法令に照らして「間接差別」となる事例として，**最も適切なものを1つ選びなさい。**

1 男女同数の職場にもかかわらず，法人内の管理職がほとんど男性のため，次の昇任人事では女性職員を優先して管理職に登用することにした。
2 職場内で複数の職員が集まって，同僚の職員Aの私生活を噂し，それを聞いた職員Bが不快に思った。
3 広域にわたり展開する施設・事業所がなく，新規展開の計画がないにもかかわらず，転居を伴う転勤を要件として職員を募集し，男性だけを採用した。
4 車いすを利用する障害者が，正当な理由がないにもかかわらず公共交通機関の利用を拒否された。
5 特定の民族や国籍の人々に対し，その民族や国籍のみを理由として，地域社会からの排除を煽動(せんどう)する言動がなされた。

Point 間接差別は，1985年（昭和60年）に制定された「雇用の分野における男女の均等な機会及び待遇の確保等に関する法律」（男女雇用機会均等法）において，「性別以外の事由を要件とする措置であって，他の性の構成員と比較して，一方の性の構成員に相当程度の不利益を与えるものを，合理的な理由がないときに講ずること」と定義されている。この定義に対応して，①労働者の募集又は採用にあたって，労働者の身長，体重又は体力を要件とすること，②労働者の募集若しくは採用，昇進又は職種の変更にあたって，転居を伴う転勤に応じることができることを要件とすること，③労働者の昇進にあたり，転勤の経験があることを要件とすることに合理的な理由がない場合は，間接差別として禁止されている。

1 × 男女共同参画社会基本法第2条において，男女共同参画社会の形成に向けた男女間の格差を改善するため，男女のいずれか一方に対し，**「自らの意思によって社会のあらゆる分野における活動に参画する機会」を積極的に提供する**という**「積極的改善措置」**が規定されている。

2 × いわゆる「職場いじめ」に該当する選択肢である。「職場いじめ」には明確な定義はないが，労働契約法第5条では，「安全配慮義務」として，使用者に労働者の生命や身体等の安全を確保するよう義務づけており，いじめやパワーハラスメントに対応しなければならない。また，使用者には，**「職場環境配慮義務」**（労働安全衛生法第71条の2）があり，**快適な職場環境を形成するため必要な措置を継続的かつ計画的に講ずることに努めなければならない**，とされている。

3 ○ Pointの②に該当する。「男女雇用機会均等法のあらまし」（厚生労働省）において示されている「合理的な理由がない場合として考えられる例」には，**「広域にわたり展開する支店，支社等がなく，かつ，支店，支社等を広域にわたり展開する計画等もない場合」**が挙げられている。

4 × 「障害を理由とする差別の解消の推進に関する法律」（障害者差別解消法）第8条第1項の「事業者は，その事業を行うに当たり，**障害を理由として障害者でない者と不当な差別的取扱いをすることにより，障害者の権利利益を侵害してはならない**」に該当する差別といえる。

5 × この選択肢は，ヘイトスピーチ解消法第2条において定義されている**「本邦外出身者に対する不当な差別的言動」**に該当する。選択肢では，同法の対象としている「本邦外出身者」に該当するかは明確ではないが，同条の「差別的意識を助長し又は誘発する目的で公然とその生命，身体，自由，名誉若しくは財産に危害を加える旨を告知し又は本邦外出身者を著しく侮蔑するなど，**本邦の域外にある国又は地域の出身であることを理由として，本邦外出身者を地域社会から排除することを煽動する不当な差別的言動**」という定義に該当する。

解答 3

社会保障

●第 37 回試験問題の特徴

社会保障は，私たちが生涯に遭遇する可能性のある生活上の危機や困難を回避，軽減するために設けられた，国家的な制度や施策の集合体である。社会福祉士・精神保健福祉士の重要な役割の一つは，このような社会資源としての社会保障制度を，クライエントがそれぞれの生活状況に応じて適切に活用できるようわかりやすく助言したり，制度につないだりすることである。そのためにも，社会保障の各制度について的確に理解し，どのような場合にどのような制度が活用できるのか，実践的に学ぶことが重要となる。

こうした本科目の重要性を反映して，新出題基準に基づく第 37 回試験から，本科目の出題数が従来の 7 問から 9 問に増加した。ただし，新旧出題基準を比較しても，内容や枠組みに大きな変更はみられず，従来と同様，社会保障の概念や各制度の仕組みの的確な理解，それを実践に応用できる能力（事例問題への対応能力）などを意識した学習が求められているといえる。

本科目は出題範囲が広く，今回から出題数が増加したこともあり，出題基準の各項目から幅広い出題がみられた。ただし，設問自体は，一部にやや細かい選択肢がみられたものの，全体として社会保障の基礎的な内容の理解とその実践を問うものであり，基本的な重要事項を確実に身につけておけば解答できる出題であった。

●受験対策のポイント

本科目の問題は，社会保障に関する知識（人口動態や少子高齢化に関するデータ，社会保障の費用と財源，社会保障制度の歴史，諸外国における社会保障制度の概要など，主として暗記事項）を問うもの（今回でいえば**問題 29，問題 30，問題 36**）と，社会保障の総論的な内容や各制度の理解を問うもの（それ以外の各問）とに大別できる。

このうち知識を問う問題に関しては，数年分の過去問で出題内容を確認するとともに，統計などの数値については，厚生労働省のホームページなどで近年の動向を把握する必要がある。

他方，社会保障の諸制度については，単に「暗記する」「覚える」といった発想だけで学習していては設問に太刀打ちできない。出題の中心となる社会保険の各制度については，保険の仕組み（保険者は？　被保険者は？　給付の内容と要件は？　保険料は？）に即してテキストや参考書を読み込み，制度を「理解」するための学習が必要となる。その上で，学習内容を問題に当てはめて解答を導き出す実践的能力を養うことが重要となる。その際には，過去問等を繰り返し解くなどの演習が有効である。

問題 28 社会保障 

事例を読んで，社会保険制度の加入に関する次の記述のうち，**正しいもの**を**1つ**選びなさい。

〔事　例〕

Aさん（23歳）は常勤の国家公務員である。Aさんの配偶者であるBさん（18歳）は無職であり，Aさんに扶養されている。

1　Aさんは厚生年金保険の被保険者である。

2　Aさんは介護保険の第二号被保険者である。

3　Aさんは雇用保険の被保険者である。

4　Bさんは健康保険の被保険者である。

5　Bさんは国民年金の第三号被保険者である。

Point 社会保険制度の加入に関する基礎的な理解を問う事例問題である。社会保険の各制度（年金，医療，介護，雇用，労災）について，誰がどの制度に加入しなければならないのか（各制度の加入要件）を整理しておく必要がある。その上で，これらの加入要件を事例の登場人物の属性（年齢，職業等）に当てはめて正誤を判断することになる。

1 ○　厚生年金保険の被保険者（＝国民年金第二号被保険者）となるのは，**厚生年金の適用事業所に常用的に雇用される70歳未満の者**である（国籍や性別，年金の受給の有無は問わない）。官公庁も厚生年金保険の適用事業所に該当するため，常勤の国家公務員であるAさんも厚生年金保険の被保険者となる（厚生年金の適用事業所については，テキスト等で確認・把握しておくこと）。なお，厚生年金保険の適用事業所と医療保険における健康保険の適用事業所は同一のため，厚生年金保険の被保険者は同時に必ず健康保険の被保険者となる点にも注意が必要である。

2 ×　介護保険の被保険者は，第一号被保険者（市町村の区域内に住所を有する65歳以上の者）と第二号被保険者（**市町村の区域内に住所を有する40歳以上65歳未満の医療保険加入者**）に分けられる（介護保険法第9条）。Aさんは23歳であるため，介護保険の被保険者とはならない。

3 ×　**国家公務員，地方公務員は雇用保険の適用対象から除外**されている（雇用保険法第6条）。一方，日本郵政株式会社や国立大学法人，公立大学法人等は雇用保険の適用事業所とされており，これらに勤務している者は雇用保険の被保険者となる。

4 ×　Aさんは国家公務員のため，医療保険の被用者保険のうち，健康保険ではなく，国家公務員共済組合の組合員となる（共済組合の場合，被保険者ではなく組合員という）。Aさんに扶養されているBさんは，**被扶養者**として国家公務員共済組合に加入する。

5 ×　国民年金の第三号被保険者は，次の①～③の要件をすべて満たす者である。①**20歳以上60歳未満の者**であって，厚生年金保険の被保険者（第二号被保険者）の配偶者であること，②日本国内に住所を有する者（国内居住要件），③第二号被保険者の収入により生計を維持するもの（原則として年間収入が130万円未満であること。ただし，130万円未満であっても，厚生年金保険の加入要件にあてはまる場合は厚生年金保険に加入することになるため，第三号被保険者には該当しない）。**Bさんは18歳であるため，国民年金の第三号被保険者に該当しない。**

解答 1

問題 29 社会保障

日本の社会保障の歴史に関する次の記述のうち，**最も適切なものを１つ**選びなさい。

1 第二次世界大戦後間もなく，児童福祉法，身体障害者福祉法，老人福祉法が制定され，福祉三法の体制が確立した。
2 厚生年金保険法の改正により，1961 年（昭和 36 年）に国民皆保険が実現した。
3 ひとり親世帯を対象とする手当の支給のために，1971 年（昭和 46 年）に児童手当法が制定された。
4 老人医療費の無料化が 1982 年（昭和 57 年）の老人保健法の制定により行われた。
5 2000 年度（平成 12 年度）から，新しい社会保険制度として，介護保険法が施行された。

Point 日本の社会保障の歴史に関する基礎的な知識を問う問題である。社会保障の歴史に関しては，本問で問われているような基本事項・重要事項を年表などを用いて時系列や領域ごとに整理しておく必要がある。その際，年号や制度の名称を機械的に暗記するだけではなく，それぞれの制度が制定・改正された社会的背景などと関連づけて整理すると把握しやすい。

1 × 「福祉三法」は，**生活保護法**（1946 年（昭和 21 年）），**児童福祉法**（1947 年（昭和 22 年）），**身体障害者福祉法**（1949 年（昭和 24 年））の三つである。これらはいずれも，第二次世界大戦後の荒廃した国民生活に対応するため，緊急的に整備されたものである。このうち生活保護法（旧・生活保護法）は，1950 年（昭和 25 年）に廃止されており，同年にこれに代わる形で新たな「生活保護法」（現行のもの）が制定された。それ以後については，この生活保護法に児童福祉法，身体障害者福祉法を加えた三つを「福祉三法」と呼んでいる。その後，精神薄弱者福祉法（1960 年（昭和 35 年），現・知的障害者福祉法）・老人福祉法（1963 年（昭和 38 年））・母子福祉法（1964 年（昭和 39 年），現・母子及び父子並びに寡婦福祉法）が制定され，上記の福祉三法と合わせて「福祉六法」の体制が確立した。なお，1951 年（昭和 26 年）に社会福祉事業法（現・社会福祉法）が制定されているが，同法は福祉三法や福祉六法には含めない。

2 × 国民皆保険体制が実現したのは，1958 年（昭和 33 年）に改正された**国民健康保険法が 1961 年（昭和 36 年）に施行されたことによるもの**である。国民皆保険体制とは，全国民が原則として何らかの医療保険制度に加入する体制を指す。

3 × ひとり親世帯を対象とする手当を支給するために制定されたのは，1961 年（昭和 36 年）に制定された**児童扶養手当法**である。1971 年（昭和 46 年）に制定された児童手当法は，児童を養育している者に児童手当を支給するものである。

4 × 老人医療費の無料化は，**1972 年（昭和 47 年）に老人福祉法が改正**され，1973 年（昭和 48 年）の施行により行われた。その後，1982 年（昭和 57 年）の老人保健法（現・高齢者の医療の確保に関する法律）の制定（1983 年（昭和 58 年）施行）により，老人医療費の無料化は廃止された。

5 ○ 介護保険法は 1997 年（平成 9 年）に制定され，2000 年度（平成 12 年度）に施行されている。急速な高齢化の進展に伴う要介護高齢者の増加，医療の進歩による介護期間の長期化やそれによる家族介護者の身体的・精神的負担の増大，寝たきりや認知症の高齢者，高齢者の単独世帯の増加といった社会的背景の下，要介護高齢者に対して必要な保健医療サービスや福祉サービスを提供することを目的とした，新たな社会保険制度として創設されたものである（そのため，年金，医療，雇用，労災に次ぐ「第五の社会保険」といわれることがある）。制度上の大きな特徴として，社会保険の仕組みが用いられていることのほか，サービス提供の仕組みとして，利用者とサービス提供事業者との契約に基づきサービスが提供される契約方式が採用されていることなどが挙げられる。

解答 5

問題 30 社会保障

「令和３年度社会保障費用統計」（国立社会保障・人口問題研究所）による社会保障の費用等に関する次の記述のうち，**正しいものを１つ**選びなさい。

1 2021年度（令和３年度）の社会保障給付費の総額は，160兆円を超過している。

2 2021年度（令和３年度）の部門別（「医療」，「年金」，「福祉その他」）の社会保障給付費のうち，「福祉その他」の割合は，２割を超過している。

3 2021年度（令和３年度）の政策分野別社会支出の割合が最も大きいのは「家族」である。

4 2021年度(令和３年度)の社会保障財源における公費負担の割合は，社会保険料の割合よりも大きい。

5 2020年度（令和２年度）の日本の社会支出は，対国内総生産比でみると，OECD加盟国の中で最も大きい。

Point 社会保障費用統計に関する基本的な知識を問う問題である。社会保障費用統計は頻出のデータであり，概要の把握は必須である。社会保障費用統計には，「社会支出」と「社会保障給付費」という支出（社会保障費用の使途）に関する２種類の統計や，財源に関する統計である「社会保障財源」などが含まれる。学習にあたっては，これらの基本データのほか，社会保障費用の対国内総生産比（GDP比）などについても把握しておく必要がある。なお，支出に関する統計のうち，社会支出はOECD（経済協力開発機構）基準，社会保障給付費はILO（国際労働機関）基準に基づくもので，それぞれ算定の基準や費目，範囲などが異なる（そのため合計金額等の数値も異なる）。社会支出は主として社会保障費用の国際比較に用いられ，国内における社会保障費用の動向についてはもっぱら社会保障給付費が参照される。

1 × 2021年度（令和３年度）の社会保障給付費総額は**138兆7433億円**で，160兆円は超過していない*1。

2 ○ 2021年度（令和３年度）の部門別社会保障給付費のうち，「福祉その他」は35兆5076億円で，**総額に占める割合は25.6％**と２割を超過している。社会保障給付費には「部門別」と「機能別」の二つのデータがあり，部門別では社会保障給付費を「医療」「年金」「福祉その他」に分類している。2021年度（令和３年度）では，「医療」が47兆4205億円で34.2％，「年金」が55兆8151億円で40.2％となっている*2。

3 × 2021年度（令和３年度）の政策分野別社会支出の割合が最も大きいのは「**保健**」で，社会支出の総額142兆9802億円のうち60兆5208億円(42.3％)を占めている*3。次いで,「高齢」が48兆7809億円(34.1％),「家族」が13兆5363億円（9.5％），「障害，業務災害，傷病」が６兆6818億円（4.7％），「遺族」が６兆3344億円（4.4％）となっている。

4 × 社会保障財源（ILO基準）の費目（内訳）は「社会保険料」「公費負担」「資産収入」「その他」の四つであるが（「資産収入」と「その他」はまとめて「資産収入その他」として示されることもある），このうち，社会保険料と公費負担が大部分を占める。2021年度（令和３年度）において最も割合が高いのは，**社会保険料**の46.2％である（社会保障財源総額163兆4389億円のうち75兆5227億円を占める）。なお，公費負担の割合は40.4％（66兆1080億円）となっており，常に社会保険料の割合のほうが高い*4。

5 × 2020年度（令和２年度）の日本の社会支出の対国内総生産比は25.36％で，**アメリカ（29.67％）やフランス（35.62％）よりも小さく**なっており，OECD加盟国の中で最も大きいとはいえない。

解答 2

＊1　2022年度（令和４年度）の社会保障給付費の総額は，137兆8337億円であった。
＊2　2022年度（令和４年度）の部門別の社会保障給付費は，「医療」が48兆7511億円（総額に占める割合は35.4％），「年金」が55兆7908億円（同40.5％），「福祉その他」が33兆2918億円（同24.2％）である。
＊3　2022年度（令和４年度）の政策分野別社会支出の割合が最も大きいのは，「保健」であり61兆9775億円（総額に占める割合は43.5％）である。
＊4　2022年度（令和４年度）の社会保障財源を項目別にみると，「社会保険料」が77兆2894億円（収入総額の50.5％），「公費負担」が64兆2172億円（42.0％）である。

問題31 社会保障

社会保障の給付に係る国の負担に関する次の記述のうち，**最も適切なものを1つ**選びなさい。

1 基礎年金の給付費の3分の2を負担する。
2 年金生活者支援給付金の費用の2分の1を負担する。
3 介護保険の給付費の2分の1を負担する。
4 児童扶養手当の費用の3分の1を負担する。
5 生活保護費の2分の1を負担する。

Point 社会保障を構成する社会保険，社会手当，公的扶助等に関する給付の財源についての理解を問う問題である。財源の内訳は制度によって異なり，公費のみでも国庫負担と地方負担の割合は一様ではなく，また保険料や利用料，事業主負担等が含まれることもある。制度の種類や制度がつくられた理念（考え方）に関係づけて覚えておきたい。

1 × 基礎年金の給付費に係る国の負担割合は，**2分の1**である。以前の国の負担割合は3分の1であったが，2004年（平成16年）から2分の1に引き上げられた。2012年（平成24年）の社会保障と税の一体改革により基礎年金の国庫負担割合が2分の1に恒久化された（2014年度（平成26年度）以降）。

2 × 年金生活者支援給付金の支給に要する費用は，**全額を国庫が負担**する（年金生活者支援給付金の支給に関する法律第26条）。年金生活者支援給付金は，年金を含めても所得が低い者に対し，保険料納付済期間と保険料免除期間に基づく額を年金に上乗せして支給するものである。

3 × 介護保険の給付費の財源は，公費5割，保険料5割となっている。公費のうち，国は**25％**，都道府県は12.5％，市町村は12.5％を負担する。なお施設等給付は，国が20％，都道府県が17.5％を負担する。

4 ○ 児童扶養手当の費用に係る国の負担割合は，**3分の1**である。残りの3分の2に相当する額は都道府県等が負担する（児童扶養手当法第21条）。児童扶養手当は，ひとり親家庭の生活の安定と自立の促進のために支給される所得給付であり，所得制限が設定されている。

5 × 生活保護費に係る国の負担割合は，**4分の3**である（生活保護法第75条）。この生活保護費には，市町村及び都道府県が支弁した保護費，保護施設事務費，委託事務費，就労自立給付金費，進学・就労準備給付金費などが含まれる。

解答 4

問題 32 社会保障

事例を読んで，社会保険の適用に関する次の記述のうち，**最も適切なものを1つ**選びなさい。

〔事　例〕

Aさん（47歳）は，大学卒業と就職氷河期が重なったことにより，正社員として就職することができず，現在に至るまでアルバイトとして働いている。Aさんは7歳の子と二人で暮らしている。被用者保険の適用拡大によって，それまで国民健康保険の被保険者だったAさんは初めて健康保険の被保険者となった。これにより，Aさんの状況はどのように変化するか。

1　新たに，国民年金の第二号被保険者となる。

2　児童手当の支給額が増額される。

3　新たに，労働者災害補償保険が適用される。

4　新たに，介護保険の第二号被保険者となる。

5　健康保険の保険料を，Aさんが3分の2，事業主が3分の1を負担することになる。

Point 社会保険の適用についての理解を問う問題である。加入要件や支給要件，支給の種類・方法・水準，財源などについて整理をして覚えておきたい。社会保険の適用範囲については，見直しが続いており，最新の動向について注意を払う必要がある。

1　○　週の所定労働時間や所定内賃金，雇用期間などの要件を満たす短時間労働者は，厚生年金保険が適用されるため，国民年金（基礎年金）では**第二号被保険者**になる。なお，2024年（令和6年）10月から，従業員数51人以上の企業等で働く短時間労働者が健康保険・厚生年金保険の加入対象になった。

2　×　児童手当の支給額は，児童の年齢とその数による。加入する医療保険の種類はかかわりがない。児童手当は0歳から18歳年度末までの児童を養育している者に対して，月額1万円から3万円までの現金が支給される。なお，2024年（令和6年）10月より所得制限が撤廃された。

表　児童手当の支給額

	3歳未満	3歳以上高校生年代まで
第1子・第2子	月額1万5000円	月額1万円
第3子以降	月額3万円	

3　×　**労働者災害補償保険**は，アルバイトやパートタイマーなどの雇用形態には関係なく，**事業に使用される者で，賃金を支払われるすべての労働者**に適用されている。このため，健康保険の適用によって，労働者災害補償保険が新たに適用されることはない。

4　×　介護保険の第二号被保険者は，40歳から64歳までの医療保険加入者が対象となり，健康保険だけでなく国民健康保険の加入者も同じように適用される。このため，47歳のAさんは**以前より介護保険の第二号被保険者**であり，健康保険の被保険者になっても変わらない。

5　×　健康保険の保険料に係る事業主負担は制度によって異なる。組合管掌健康保険（組合健保）における事業主負担は法定の2分の1以上に設定することもでき，全国健康保険協会管掌健康保険（協会けんぽ）における事業主負担は2分の1と固定されている。いずれにしても**事業主負担が2分の1を下回ることはない。**

解答 1

問題 33 社会保障

公的年金の給付に関する次の記述のうち，**最も適切なものを1つ**選びなさい。

1 老齢厚生年金は，受給権者が請求の手続きをとらなくても，支給開始年齢に達すれば自動的に支給が開始される。

2 老齢厚生年金を受給しながら就労する場合，収入によっては老齢厚生年金の一部又は全部の支給が停止される場合がある。

3 老齢基礎年金は，繰上げ受給又は繰下げ受給を選択できるが，いずれを選択しても受給額は変わらない。

4 障害基礎年金の受給者が遺族基礎年金の受給要件を満たした場合，両方の年金を受給することができる。

5 国民年金には，第三号被保険者を対象とする独自の給付として，付加年金がある。

Point ライフコースや本人の選択によって異なる公的年金のあり方についての理解を問う問題である。高齢者の労働参加や就労形態の多様化が進む中で，公的年金の加入や支給に係る個人の選択に注目した設問になっている。公的年金の詳細や手続きについては，日本年金機構のホームページに詳しいので参考にしてほしい。

1 ✕ 老齢厚生年金は，老齢基礎年金の受給資格を満たしており，厚生年金保険の被保険者期間があれば，原則65歳から受給できるが，自動的に支給が開始されるものではなく，**年金の請求手続きが必要**である。

2 ○ 老齢厚生年金を受給しながら就労する場合，収入に応じて老齢厚生年金の一部又は全部の支給が停止される。これを**在職老齢年金**という。賃金と年金の合計額が支給停止調整額を上回る場合，老齢厚生年金（老齢基礎年金は含まれない）の支給が停止される仕組みである。

3 ✕ 老齢基礎年金（老齢厚生年金も同じ）は65歳からの受給を原則とするが，60歳から65歳までの間に繰り上げて受給する場合の**年金額は減り**，66歳から75歳までの間に繰り下げて受給する場合の**年金額は増える**。

4 ✕ 公的年金では，老齢年金や障害年金，遺族年金といった支給事由が異なる年金を二つ以上受けることができる場合，**原則として，どれか一つの年金を選ばなければならない**。ただし，たとえば障害基礎年金と障害厚生年金のように，支給事由が同じものの組み合わせは一つの年金とみなされるため，両方の年金を受給できる。

5 ✕ 付加年金は，**第一号被保険者**と任意加入被保険者を対象とする独自の給付である。付加年金は，**第一号被保険者**等が定額保険料に付加保険料を上乗せして支払うことで，老齢基礎年金に加えて受給できる終身年金である。ただし，国民年金基金の加入中は付加保険料を納付することはできない。付加年金は定額であって，物価スライドによる調整はない。

解答 2

問題 34 社会保障

事例を読んで，Aさんに適用される社会保険制度に関する次の記述のうち，**最も適切なものを1つ選びなさい。**

〔事　例〕

Aさん（55歳）は配偶者のBさんと離婚した。Aさんは離婚以前，国民年金の第三号被保険者及び健康保険の被扶養者であった。二人の間に子はおらず，Aさんは，現在，単身で暮らしている。離婚時に年金分割の手続きは済ませている。

1　離婚前は，Bさんが，Bさん自身の厚生年金保険料に加えて，Aさんの国民年金保険料を納付していた。
2　Aさんは，離婚前に被扶養者の認定を受けていた健康保険の任意継続被保険者となることができる。
3　Aさんは，離婚の前後を通じて，介護保険料を市町村から直接徴収されている。
4　Aさんは，分割した年金記録に基づく老齢厚生年金を，自身の支給開始年齢に達するまでは受給できない。
5　Aさんは，国民年金保険料の納付猶予制度を利用することができる。

Point 年金保険，医療保険，介護保険の三つの社会保険制度について，加入対象，保険料，給付要件を問う広範囲の問題である。各社会保険制度について，加入対象の範囲（扶養の範囲を含む），保険料の設定と支払い方法，給付の種類と要件などの基礎知識を把握しておきたい。なお，事例問題については，事例に直接記述されている設定を十分に把握しておくだけでなく，記述内容から導き出せる情報を考慮できるよう準備しておきたい。

1　× 事例に直接記述されていないものの，読み取れる情報が二つある。Aさんが国民年金の第三号被保険者及び健康保険の被扶養者であったという情報から，Aさんの職業は専業主婦（夫）あるいは短時間労働者であったことがわかる。また，Bさんは会社員等の被用者であり，健康保険と厚生年金の被保険者であることもわかる。離婚前は，Bさんは自身の厚生年金保険料を支払っていた一方で，第三号被保険者の保険料は，配偶者が加入する厚生年金制度が負担する仕組みになっているため，Aさんの**国民年金保険料の納付は不要**であった。

2　× 健康保険の任意継続被保険者になるには，「資格喪失日の前日までに健康保険の被保険者期間が継続して2か月以上あること」が要件となっている。Aさんは健康保険の被保険者ではなく**被扶養者であったため要件を満たさない**。なお，任意継続被保険者制度は，健康保険の被保険者であった者が退職などにより被保険者資格を喪失したときに，本人の選択によって，引き続き退職前に加入していた健康保険の被保険者になることができる制度である（最大2年間）。

3　× Aさんは40歳以上であるため介護保険の第二号被保険者である。離婚前のAさんは健康保険の被扶養者であったため，Aさんの介護保険料はBさんが加入する健康保険の保険者が医療保険料と併せて徴収していた。離婚後は，Aさんが加入する公的医療保険の保険者が医療保険料と併せて介護保険料を徴収することになる。よって，離婚の前後にかかわらず**介護保険料を市町村が直接徴収することはない**。

4　○ 年金分割によって分割を受けたAさんは，自身の生年月日に応じた**受給開始年齢に達しなければ分割された年金を受け取ることができない**。

5　× 国民年金保険料の納付猶予制度の対象となるのは，**20歳以上50歳未満**であり，本人・配偶者の前年所得が一定額以下の者である。55歳のAさんは対象にならない。

解答 4

問題 35 社会保障

雇用保険制度に関する次の記述のうち，**最も適切なものを1つ**選びなさい。

1 基本手当の支給に係る失業の認定は，労働基準監督署において行われる。

2 基本手当の所定給付日数は，被保険者期間には関係なく決定される。

3 高年齢求職者給付金は，失業し，一定の要件を満たした高年齢被保険者に支給される。

4 介護休業給付金では，介護休業開始時の賃金の 50％相当額が支給される。

5 出生時育児休業給付金は，産後休業中の労働者に対して支給される。

Point 基本手当，育児休業等給付，介護休業給付は雇用保険の柱といえる保険給付である。それぞれの給付要件や給付額などについてしっかりと把握しておきたい。特に育児休業等給付は，2025年（令和7年）4月1日より育児休業給付金，出生時育児休業給付金，出生後休業支援給付金，育児時短就業給付金に分かれることに注意したい。

1 × 失業の認定は，**公共職業安定所（ハローワーク）**が行う（雇用保険法第15条第3項）。

2 × 雇用保険の被保険者期間が長いほど，所定給付日数は長くなる。基本手当の給付日数は，年齢，障害等の事情による就職の難易度，雇用保険の**被保険者期間**，離職の理由などによって決定される。特に，倒産や解雇等により，再就職の準備をする時間的余裕がなく離職を余儀なくされた特定受給資格者は，一般の離職者に比べ給付日数が長くなる場合がある。

3 ○ 65歳以上で雇用されている者を高年齢被保険者という。一定の要件（離職の日以前1年間に被保険者期間が通算して6か月以上あること）を満たした高年齢被保険者が失業した場合には，基本手当に代えて**高年齢求職者給付金**が支給される。

4 × 介護休業給付金は，介護休業開始時の賃金の**67％相当額**が支給される。

5 × **産後休業（出生日の翌日から8週間）中の労働者は出生時育児休業給付金の対象外**である。出生時育児休業給付金は，原則男性を対象にした制度であり，産後パパ育休（出生時育児休業）を取得して一定の要件を満たした場合に支給される。

解答 3

問題 36 社会保障

諸外国における公的医療と公的年金の制度に関する次の記述のうち，**最も適切なもの**を**1つ**選びなさい。

1 フランスの公的医療保険は，制度創設以来，外来診療については現物給付を原則としている。
2 ドイツの公的年金制度は，全国民共通の一元的な所得比例年金の構造となっている。
3 スウェーデンの公的年金制度は，完全積立の財政方式をとっている。
4 イギリスでは，租税を主財源とする医療サービスにより公的医療を保障している。
5 アメリカでは，連邦政府運営の公的医療保険によって国民皆保険を実現している。

Point 諸外国の社会保障制度に関する基本的な問題である。多くの受験者にとって，諸外国の社会保障制度を知る機会は乏しいため，参考書等でしっかりと勉強しておきたい。なお，出題される可能性が高い国々の社会保障制度については，「海外情勢報告」（厚生労働省ホームページ）が情報を網羅している。

1 ✕ フランスの公的医療保険は，外来診療については**償還払い（現金給付）**を原則としている。ただし，保健システム現代化法（2015年成立）によって，償還払いを原則としていた外来診療等についても，医療機関への直接払いへの移行が進んでいる。

2 ✕ ドイツの公的年金制度は，**職種等に応じて複数の種類に分かれており**，原則報酬比例の給付となっている。

3 ✕ スウェーデンの公的年金制度は，**賦課方式**で運営される所得比例年金を中心に，**積立方式**で運営される確定拠出型のプレミアム年金，年金額が一定水準に満たない者には国の税財源による保証年金などが組み合わされた構成となっている。

4 ○ イギリスの公的医療は，**租税を主財源とした国民保健サービス（NHS）**によって提供されている。

5 ✕ アメリカの公的な医療保険制度は，65歳以上の者や障害者等に対するメディケア，低所得者に対するメディケイド，低所得世帯の児童向けの医療保険プログラム（CHIP）などに限定されており，**国民皆保険ではない**。

解答 4

権利擁護を支える法制度

●第 37 回試験問題の特徴

本科目は，国家資格創設時にあった「法学」の内容を基礎に，「権利擁護と成年後見制度」と改称され，2000 年度（平成 12 年度）から開始された成年後見制度と福祉サービス利用者の権利擁護を中心として出題されるようになった。さらに，カリキュラムの見直しに伴い，「権利擁護を支える法制度」として，文字どおり福祉サービス利用者の権利擁護を支えるさまざまな法制度に関する科目となっている。出題数は，前回より 1 問少ない 6 問であり，五肢択一の設問が 5 問，五肢択二の設問が 1 問である。事例問題は前回と同じく 3 問であるが，事例本文の内容は比較的短いものであった。具体的な出題内容は，以下のとおりである。

問題 37　三親等の親族

問題 38　事例問題：障害者福祉施設従事者等による障害者虐待への対応（五肢択二）

問題 39　障害者差別解消法

問題 40　事例問題：高齢者の状態に応じた権利擁護の方針

問題 41　成年後見制度の利用促進

問題 42　事例問題：成年後見の開始が利用者に及ぼす影響

●受験対策のポイント

現行の出題基準では，大項目は「1　法の基礎」「2　ソーシャルワークと法の関わり」「3　権利擁護の意義と支える仕組み」「4　権利擁護活動で直面しうる法的諸問題」「5　権利擁護に関わる組織，団体，専門職」「6　成年後見制度」となっている。

第 37 回試験では，2 の民法に関連して相続等にも影響の大きい「三親等の親族」を問う設問があった。続いて，事例問題として 3 の虐待防止法や差別禁止法に関連し，障害者福祉施設従事者等による障害者虐待への対応を問うもの，また，障害者差別解消法（障害を理由とする差別の解消の推進に関する法律）に関する知識を問うものがあった。これらの設問は，問題文をよく読み基礎的な知識を習得していれば，容易に正答の選択肢を見つけられると思われる。

さらに，事例問題では 6 に関連し，利用者の状況に応じた権利擁護の方針として，社会福祉協議会が運営する成年後見センターのケース会議を想定したものや，成年後見制度の利用促進に関する設問があった。これらは，基礎的な知識の上に応用力が試される実践的な設問である。成年後見の開始が利用者に及ぼす影響についての事例問題も，利用者が当然もつべき権利の変化についての知識を問うものである。

学習としては，テキストで日本国憲法と民法，行政法等の法学に関する基礎知識を学習した上で，成年後見制度に関する制度の知識を積み重ね，過去問により出題傾向をつかむことが重要である。

問題 37 権利擁護を支える法制度

次のうち，三親等の親族として，**正しいものを1つ**選びなさい。

1 祖母
2 配偶者の姉
3 いとこ
4 弟
5 甥（おい）の配偶者

Point 三親等の親族を問う設問である。民法における親族の規定をしっかり理解しておくことが基本になっており，この知識がしっかりと身についていれば，さほど難しい問題ではないと思われる。「親族」とは，民法第725条に規定する親族を意味し，具体的には六親等以内の血族，配偶者，三親等以内の姻族を指す。ソーシャルワーカーとして，相続の問題等に対処するに当たって必要となる知識である。国家試験では，どうしても緊張したなかで短時間で設問に当たらなければならないが，ぜひ落ち着いて親族の系譜を思い出して正答を導き出してもらいたい。

1 × 「祖母」は，**二親等の親族**（血族）である。

2 × 「配偶者の姉」は，**二親等の姻族**にあたる。

3 × 「いとこ」は，**四親等の親族**（血族）である。

4 × 「弟」は，兄弟姉妹であるため，**二親等の親族**（血族）である。

5 ○ 「甥の配偶者」は，**三親等の姻族**にあたるため，正しい。

解答 5

図 親族図（法律上親族とされる範囲）

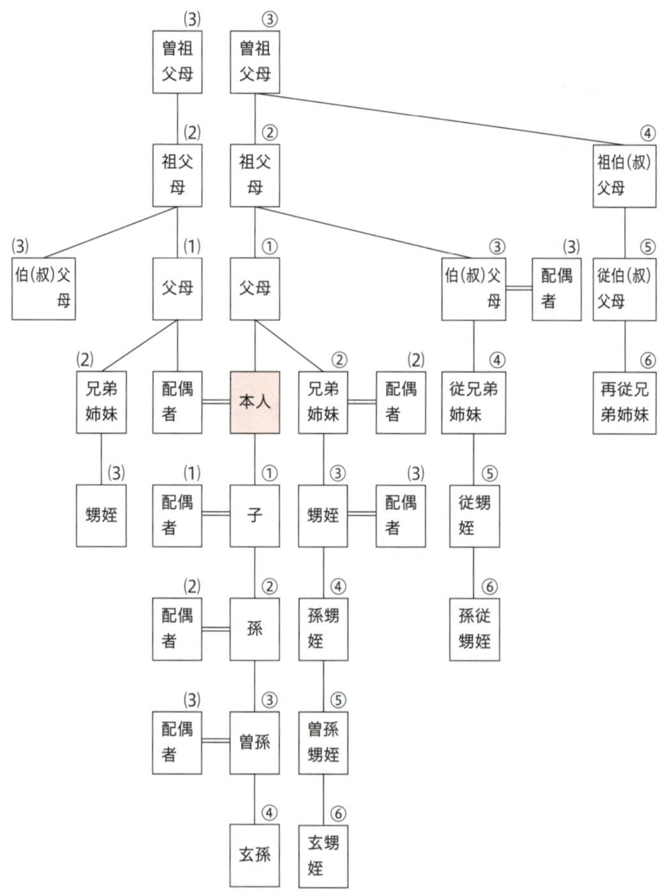

注 1）垂直線でつながった親族が直系であり，斜線で外側に出た親族は傍系である。血縁でつながった親族が血族であり，配偶関係を通した親族は姻族である。
2）自己の配偶者の兄弟姉妹の配偶者とは親族関係はない。また，自己の直系卑属（子・孫など）の配偶者の父母とは親族関係はない。
3）①～⑥は血族間の親等を示し，(1)～(3)は姻族間の親等を示す。

問題 38 権利擁護を支える法制度

事例を読んで，障害者福祉施設従事者等による障害者虐待への対応に関する次の記述のうち，**適切なものを2つ**選びなさい。

〔事　例〕

A県B市に所在するC障害者支援施設に勤務するD生活支援員は，同僚のE生活支援員が知的障害のある利用者のFさんに対して，著しい暴言を投げかけている場面を目撃した。

1　Dは，Fさんの同意の有無にかかわらずB市に通報する。
2　Dは，施設長の許可を得てからB市に通報する。
3　B市は，知的障害者福祉法に基づき立入調査を実施する。
4　B市は，Dからの通報であることを施設に伝える。
5　B市はA県に，C施設での障害者虐待に関する事項を報告する。

Point　事例を通して，障害者福祉施設従事者等による障害者虐待に関する知識を問う設問である。事例の内容は，障害者支援施設における，知的障害者である利用者に対する同僚の暴言を目撃した場合の対応について，選択肢の対応が適切であったかを判断するものである。まず，テキストで虐待防止等の法制度の内容を正しく理解しておく必要がある。この事例では，障害者支援施設利用者である障害者への対応のため，障害者虐待の防止，障害者の養護者に対する支援等に関する法律（障害者虐待防止法）の内容を理解することが求められる。特に定義や，国及び地方公共団体の責務，居室の確保や立入調査，公表等の内容を学習しておきたい。さらに，本問は二つの適切な選択肢を導き出さなければならないため，一つと勘違いせず，落ち着いて確実に二つを選び出す必要がある。

1　○　「D生活支援員が，知的障害のある利用者Fさんの同意の有無にかかわらずB市に通報する」という対応は正しい。障害者虐待防止法第2条第7項の障害者福祉施設従事者等による障害者虐待の定義に，①身体的虐待，②性的虐待，③心理的虐待，④放置等（ネグレクト），⑤財産の不当な処分等（経済的虐待）が規定されている。**著しい暴言は心理的虐待**にあたり，同法第16条に規定されている**市町村への通報が必要**と考えられ，虐待を受けたと思われる障害者本人の同意が必要であるという規定はない。

2　×　障害者虐待防止法第16条第1項には，「障害者福祉施設従事者等による障害者虐待を受けたと思われる**障害者を発見した者は，速やかに，これを市町村に通報しなければならない**」と規定されており，施設長の許可が前提にあるものではない。

3　×　知的障害者福祉法に，障害者虐待にかかる立入調査についての規定は設けられていない。**障害者虐待防止法**において，障害者福祉施設従事者等による障害者虐待にかかる通報，届出のあった市町村は，社会福祉法，障害者の日常生活及び社会生活を総合的に支援するための法律（障害者総合支援法）その他関係法律の規定による権限を適切に行使するとされている（障害者虐待防止法第19条）。

4　×　障害者虐待防止法第18条では，通報や届出を受けた市町村の職員は，その職務上知り得た事項であって，**通報又は届出をした者を特定させるものを漏らしてはならない**と規定されている。そのため，「B市は，Dからの通報であることを施設に伝える」という記述は誤りである。

5　○　障害者虐待防止法第17条に，市町村は，通報又は届出を受けた障害者福祉施設従事者等による障害者虐待に関する事項を，**「事業所の所在地の都道府県に報告しなければならない」**と規定されている。そのため，「B市はA県に，C施設での障害者虐待に関する事項を報告する」ことは正しい。

解答 1 5

問題 39 権利擁護を支える法制度

✓ ✓ ✓

「障害者差別解消法」に関する次の記述のうち，**正しいものを 1 つ**選びなさい。

1 都道府県知事は，障害を理由とする差別の解消に関する施策の総合的かつ一体的な実施のため，基本方針を定めなければならない。

2 市町村長は，障害を理由とする差別の禁止に関して，事業者が適切に対応するために必要な指針を定めなければならない。

3 事業者は，障害を理由とする差別の禁止に関する職員対応要領を定める義務がある。

4 事業者は，障害者から社会的障壁の除去につき意思の表明があり，過重な負担でない場合，社会的障壁の除去について必要かつ合理的な配慮をしなければならない。

5 事業主が労働者に対して行う障害を理由とする差別の解消のための措置についても「障害者差別解消法」の定めるところにより実施される。

(注)「障害者差別解消法」とは，「障害を理由とする差別の解消の推進に関する法律」のことである。

Point 障害者差別解消法は，すべての国民が，障害の有無によって分け隔てられることなく，相互に人格と個性を尊重し合いながら共生する社会の実現に向け，障害を理由とする差別の解消を推進することを目的として，2013 年（平成 25 年）6 月に成立・公布，2016 年（平成 28 年）4 月に施行された。2021 年（令和 3 年）に改正があり，2024 年（令和 6 年）4 月から，事業者による障害のある人への合理的配慮の提供が義務化された。

1 × **政府が「基本方針」を定めなければならない**。障害者差別解消法（以下，法）第 6 条に「政府は，障害を理由とする差別の解消の推進に関する施策を総合的かつ一体的に実施するため，障害を理由とする差別の解消の推進に関する基本方針（以下，「基本方針」という。）を定めなければならない」とされている。

2 × **主務大臣が「対応指針」を定める**こととされている。法第 11 条（事業者のための対応指針）に「主務大臣は，基本方針に即して，第 8 条（事業者における障害を理由とする差別の禁止）に規定する事項に関し，事業者が適切に対応するために必要な指針（以下「対応指針」という。）を定めるものとする」とされている。

3 × 事業者には，障害を理由とする差別の禁止に関する職員対応要領を定めることは義務づけられていない。法第 9 条（国等職員対応要領）に「**国の行政機関の長及び独立行政法人等**は，基本方針に即して，第 7 条（行政機関等における障害を理由とする差別の禁止）に規定する事項に関し，当該国の行政機関及び独立行政法人等の職員が適切に対応するために必要な要領（以下「国等職員対応要領」という。）を定めるものとする」と規定されており，また，法第 10 条（地方公共団体等職員対応要領）には「**地方公共団体の機関及び地方独立行政法人**は，基本方針に即して，第 7 条に規定する事項に関し，当該地方公共団体の機関及び地方独立行政法人の職員が適切に対応するために必要な要領（以下「地方公共団体等職員対応要領」という。）を定めるよう努めるものとする」とされている。

4 ○ 選択肢のとおり。法第 8 条（事業者における障害を理由とする差別の禁止）第 2 項に「事業者は，その事業を行うに当たり，障害者から現に社会的障壁の除去を必要としている旨の意思の表明があった場合において，その実施に伴う負担が過重でないときは，障害者の権利利益を侵害することとならないよう，当該障害者の性別，年齢及び障害の状態に応じて，**社会的障壁の除去の実施について必要かつ合理的な配慮をしなければならない**」とされている。

5 × 法第 13 条（事業主による措置に関する特例）に「行政機関等及び事業者が事業主としての立場で労働者に対して行う障害を理由とする差別を解消するための措置については，**障害者の雇用の促進等に関する法律**（昭和 35 年法律第 123 号）の定めるところによる」とされている。

解答 4

問題40 権利擁護を支える法制度

事例を読んで，Aさんの状態に応じた権利擁護の方針に関する次の記述のうち，**最も適切なもの**を**1つ**選びなさい。

〔事　例〕

B県C町では，C町の社会福祉協議会が運営する成年後見センターにおいて，随時，成年後見制度の利用に関する判断を兼ねたケース会議を開催している。ある日，身寄りのない高齢者Aさん（85歳）のケースがこの会議に諮られ，権利擁護の方針を検討した。

1　Aさんの判断能力に多少問題があるが，他の支援によってAさんの利益が十分に図られていると認められる場合には，法定後見制度の利用を急がず，引き続き見守る方針を立てた。

2　Aさんの判断能力に問題はないが，身体的な障害があるので，補助開始の審判を申し立てる方針を立てた。

3　Aさんの判断能力に問題があるが，成年後見制度の利用をAさんが拒んでいるので，補助開始の審判を市町村長により申し立てる方針を立てた。

4　Aさんの判断能力に問題があり，預金の管理に支援が必要と考えられるものの，申立費用の捻出が困難であるために，後見等開始審判の申立てを断念する方針を立てた。

5　Aさんの判断能力は補助相当と考えられるが，支援者に広い権限を付与した方が職務がしやすいという視点から，成年後見開始の審判を申し立てる方針を立てた。

Point　権利擁護を支える法制度の一つとして成年後見制度がある。成年後見制度は「意思決定支援」の考え方を基本とし，本人の「最善の利益」を求めるものである。

1　○　現状，Aさんの**最善の利益**が図られていれば，法定後見制度の利用は急がなくてもよい。Aさんの判断能力に多少問題があるとされているので，他の支援の一つとして，**日常生活自立支援事業**等の利用による，日常的な金銭管理，福祉サービスの利用援助がされていると考えられる。

2　×　選択肢は，Aさんの判断能力に問題がなく，身体的な障害があるのみとされているので，法定後見制度の利用対象者とはならない。法定後見制度は，判断能力によって，「後見」「保佐」「補助」の三つの類型に分かれており，それぞれの対象者は「後見」は「精神上の障害により事理を弁識する能力を欠く常況にある者」，「保佐」は「精神上の障害により事理を弁識する能力が著しく不十分である者」，「補助」は「**精神上の障害により事理を弁識する能力が不十分である者**」とされている。

3　×　民法第15条（補助開始の審判）第2項に「本人以外の者の請求により補助開始の審判をするには，**本人の同意がなければならない**」とされている。Aさんが利用を拒んでおり，同意がないので，市町村長による申立ての方針は適切ではない。

4　×　Aさんが成年後見制度の利用が必要にもかかわらず，申立費用等が捻出できないという理由で申立てを断念するということは適切ではない。2001年（平成13年）に**低所得者等に対する成年後見制度利用の申立費用，後見人等の報酬等の助成を行う「成年後見制度利用支援事業」**が国庫補助事業として創設されており，利用を検討すべきである。

5　×　成年後見制度は本人の「最善の利益」のためのものであり，支援者（成年後見人等）の職務のしやすさを求めるものではない。Aさんが補助相当と考えられるのであれば，支援者（補助人）に与えられる権限（同意権，取消権，代理権）は申立ての範囲内で家庭裁判所が定める「特定の法律行為」とされ，**必要最小限の権限**が与えられる。Aさんは補助相当で，判断能力は不十分ではあるが，判断する力が残っているにもかかわらず，後見相当で申立てをし，支援者（成年後見人）に多くの権限を与えることは権利擁護の方針として適切ではない。

解答 1

問題 41 権利擁護を支える法制度

☑☑☑

成年後見制度の利用促進に関する次の記述のうち，**最も適切なもの**を**1つ**選びなさい。

1 市町村は，成年後見制度利用促進に係る地域連携ネットワークのコーディネートを担う中核機関を整備していくことが求められている。

2 成年後見制度利用促進のため，都道府県知事による申立てを行うことができることとなった。

3 都道府県は，成年後見制度の利用促進における意思決定支援の浸透を図るため「意思決定支援ガイドライン」の策定をしなければならない。

4 都道府県は，成年後見制度の利用の促進に関し，専門的知識を有する者により構成される成年後見制度利用促進専門家会議の設置をしなければならない。

5 市町村は，毎年一回，成年後見制度の利用の促進に関する施策の実施状況を公表することとされている。

Point 成年後見制度の利用の促進に関する法律（成年後見制度利用促進法）が2016年（平成28年）に施行され，この法律に基づき翌年の2017年（平成29年）に第一期成年後見制度利用促進基本計画が策定された（2022年（令和4年）には第二期成年後見制度利用促進基本計画を策定）。第一期計画は，成年後見制度の利用を促進する基本的な考え方と目標等が示されていて，考え方として，ノーマライゼーション，自己決定権の尊重等（意思決定支援），目標として地域連携ネットワークの構築，中核機関の設置などが掲げられた。対象者がより利用しやすくメリットを感じることができる制度運用を目指したものだった。成年後見制度利用促進法に関しては，出題頻度が高く重要な点を含んでいるので，近年の動向を十分にチェックしておくとよい。

1 ○ 第一期成年後見制度利用促進基本計画では，市町村は**地域連携ネットワークのコーディネートを担う成年後見制度利用促進の司令塔となる中核機関の整備**において積極的な役割を果たすことが求められている。

2 × 2000年（平成12年）に，身寄りがないなど当事者による申立てが期待できない場合等について，**市町村長に申立権限**が付与された。都道府県知事による申立てはできない。

3 × 第一期成年後見制度利用促進基本計画では，意思決定支援の浸透を図ることを求めている。具体的には，厚生労働省より障害者総合福祉推進事業にて「障害福祉サービス等の提供に係る意思決定支援ガイドライン」などが示されているが，**ガイドラインの策定の役割を都道府県に対して義務づけているわけではない**。

4 × 成年後見制度利用促進専門家会議は，成年後見制度利用促進法第13条第2項において**関係行政機関が設置することを定めている**ものであり，都道府県に設置することを求めているのではない。

5 × 成年後見制度利用促進法第10条で「**政府**は，毎年一回，成年後見制度の利用の促進に関する施策の実施の状況をインターネットの利用その他適切な方法により公表しなければならない」と定められている。なお，同法第14条では，市町村は成年後見制度利用促進基本計画を勘案して，当該市町村の区域における成年後見制度の利用の促進に関する施策について，基本的な計画を定めるよう努めることとされている。

解答 1

問題42 権利擁護を支える法制度

事例を読んで，成年後見の開始がAさんに及ぼす影響に関する次の記述のうち，**最も適切なもの**を**1つ**選びなさい。

〔事　例〕

Aさん(30歳)は，交通事故の被害に起因する高次脳機能障害で判断力が著しく低下し生活が困難となったので，親族のBさんが成年後見開始の審判の申立てをすることとなった。Aさんは，この審判によって自分にどのような影響が及ぶのかを心配している。

1　Aさんは当然に国政の選挙権を失うこととなる。
2　Aさんは当然に公務員になることができなくなる。
3　Aさんは当然に社会福祉法人の理事になることができなくなる。
4　Aさんは当然に株式会社の役員になることができなくなる。
5　上記1から4までの記述はいずれも不適切である。

Point　本問は，事例の形態を用いて成年被後見人の欠格事由について問う問題である。成年被後見人に関する欠格事由は，2010年（平成22年）に第1回成年後見法世界会議で採択された「横浜宣言」における「日本の課題」のなかでも撤廃が指摘されていた。2019年（令和元年）に「成年被後見人等の権利の制限に係る措置の適正化等を図るための関係法律の整備に関する法律」が公布され，187法律における成年被後見人等に係る欠格条項の見直しが行われた。成年後見制度利用促進法の「第2章　基本方針」においては，成年被後見人等であることを理由に不当に差別されないよう，成年被後見人等の権利に係る制限が設けられている制度について検討と見直しを行うことと規定されている（同法第11条第2号）。

1　×　公職選挙法により成年被後見人には選挙権が与えられていなかったが，2013年（平成25年）に東京地方裁判所が一律の選挙権剥奪を定めた本法の規定を違憲とした。同年に公職選挙法が改正され，**成年被後見人の選挙権が回復**している。

2　×　国家公務員法等は，公務員の業務から成年被後見人を一律に排除することなく，採用時の試験等により**適格性を判断して職務を行う**ことができるよう整備している。

3　×　社会福祉法人の理事など法人役員は，社会福祉法において成年被後見人を**一律に排除する欠格事由の規定が削除**され，個別審査規定が設けられている。

4　×　社会福祉法人の理事と同様に，株式会社の役員についても，会社法等において成年被後見人を**一律に排除する欠格事由の規定が見直され**，個別審査により判断するようになっている。

5　○　選択肢1～4までの記述には，すべて「当然に」という記載があるように，一律に成年被後見人の権利を剥奪するものであり，不適切である。これらはいずれも**個別的に判断される**。

解答 5

地域福祉と包括的支援体制

●第 37 回試験問題の特徴

この科目は，2020 年（令和 2 年）の社会福祉法の改正により，「地域共生社会の実現」に向けて市町村における包括的支援体制の構築が法制化されたことを受け，社会福祉士・精神保健福祉士として地域福祉実践活動に必要な知識や判断力が問われている。旧カリキュラムの「地域福祉の理論と方法」と「福祉行財政と福祉計画」を基礎として新たに創設された科目である。従来，求められていた「地域福祉の基本的な考え方」に関する地域福祉の概念や歴史，地域福祉の推進主体，地域福祉の主体と形成などの知識に加え，「福祉行財政システム」では国や地方自治体の役割や組織，財源の実情，「福祉計画」では計画内容や策定方法，評価などの福祉計画に関する分野横断的な知識が求められる。また，重層的支援体制整備事業など「地域の支え合いの仕組み」を展開する上で必要な知識として，「地域社会の変化と多様化・複雑化した地域生活課題」「包括的支援体制」「多機関協働」「災害時の支援体制」について，地域福祉推進の社会的背景，制度が規定する内容，個別支援や地域支援などの地域福祉実践の在り方が問われることになる。

●受験対策のポイント

今回の出題では，地域福祉に関連する用語や制度の知識を問うだけでなく，事例問題の形式で実践活動の中で必要とされる具体的な知識を問われるものが多かった。特に，包括的支援体制に関して住民や他職種とのかかわりなどの地域支援の方法，地域福祉計画を策定する際に必要なプログラム評価，地域社会の動向などが出題された。テキストで基礎知識を学び地域福祉の理念や原則，地域支援の方法を実践活動の場面を想定して理解するとともに，厚生労働省や財務省，総務省などのホームページで近年の地域福祉をめぐる政策動向を確認し，福祉行財政に関する最新の年次統計を押さえておく必要がある。今後の学習方法として，出題基準の大項目「地域共生社会の実現に向けた包括的支援体制」「地域共生社会の実現に向けた多機関協働」で取り上げられるテーマは，生活困窮，災害，地域包括ケアシステム，住宅確保など，近年注目が集まる具体的な課題が出題されていることから，「高齢者福祉」「障害者福祉」「貧困に対する支援」など他科目とのつながりを意識した学習が求められる。さらに，最近の地域福祉政策に影響を与えた基本理念や概念，地域福祉に関する組織の歴史，サービス供給体制や住民参加の変遷についても押さえておく必要がある。「ソーシャルワークの基盤と専門職」「ソーシャルワークの理論と方法」と関連づけて，歴史的動きとその内容を理解してほしい。

問題43 地域福祉と包括的支援体制

市民による福祉の担い手に関する次の記述のうち，**最も適切なものを１つ**選びなさい。

1　認知症サポーターは，専門職のサポートを行うため，地域包括支援センターに配属される。

2　主任児童委員は，子どもや子育て家庭に関する相談に応じるため，児童家庭支援センターに配属される。

3　労働者協同組合は，地域における多様な需要に応じた仕事を創出するために，組合員自らが出資し事業に従事する。

4　民生委員は，市町村長の推薦によって，都道府県知事から委嘱される。

5　社会的企業は，株主の利益を最優先しながら，ビジネスの手法によって社会課題を解決する。

Point　福祉の担い手は福祉専門職のみならず，民生委員・児童委員，保護司，ボランティアなど幅広い。また，組合や企業も福祉の担い手に含まれる。専門職のみ，あるいは市民のみが地域福祉を担うという考え方ではなく，双方が協働して地域福祉を推進することが求められている。さらに近年では，社会福祉の領域に限定することなく，農業との連携や一般企業と協働した実践が見られる。こうした背景を理解した上で，福祉の担い手について整理するとよい。

1　×　認知症サポーターは，**認知症に対する正しい知識と理解をもち，地域でネットワークを構築したり，まちづくりを担う地域のリーダーとして活躍する**ことが期待されている。専門職のサポートを行うためではなく，地域において認知症の人やその家族に対してできる範囲で手助けする役割をもつ。認知症サポーター養成講座は，地域住民，金融機関などの職員，小・中・高等学校の児童・生徒など，さまざまな人が受講している。

2　×　主任児童委員は，児童委員の中から厚生労働大臣により指名される（児童福祉法第16条第3項）。児童委員は民生委員が兼ねるとされており（同条第2項），民生委員は，民生委員法により「社会奉仕の精神をもって，常に住民の立場に立って相談に応じ，及び必要な援助を行い，もって社会福祉の増進に努めるものとする」と規定されている（法第1条）。なお，民生委員は，都道府県知事の推薦により厚生労働大臣から委嘱され（同法第5条第1項），給与の支給はなく，任期は3年である（同法第10条）。主任児童委員は，**児童の福祉に関する機関と児童委員（主任児童委員である者を除く）との連絡調整を行う**とともに，**児童委員の活動に対する援助及び協力を行う**（児童福祉法第17条第2項）。

3　○　労働者協同組合の設立や運営，管理等については，2020年（令和2年）に成立し，2022年（令和4年）に施行された労働者協同組合法により定められており，組合員が出資すること，事業を行うにあたり組合員の意見が適切に反映されること，組合員が組合の行う事業に従事することを基本原理としている。労働者協同組合は，地域の多様な需要に応じた事業を実施することが可能であるほか，組合員の立場は平等である点や，組合員が等しい立場で話し合い，合意形成を図る点などの特徴がある。2025年（令和7年）2月1日時点で127法人が設立されており，たとえば，高齢者介護等の介護・福祉関連，親子ひろば等の子育て関連，地元産品販売等の地域づくり関連等の事業を行っている。

4　×　民生委員は，「社会奉仕の精神をもって，常に住民の立場に立って相談に応じ，及び必要な援助を行い，もって社会福祉の増進に努めるものとする」と規定されている（民生委員法第1条）。任期は3年で，給与は支給されない（同法第10条）。**都道府県知事の推薦により，厚生労働大臣から委嘱される**（同法第5条第1項）。

5　×　地域の課題解決のための法人は，NPO法人，一般社団法人，合同会社など複数ある。一方，**営利を追求し株主の利益を最優先するのは株式会社である**。社会的企業は，地域社会における課題解決を主な目的としており，利益の追求を第一目的としない。

解答 3

問題 44 地域福祉と包括的支援体制 ✓✓✓

「令和6年版地方財政の状況」(総務省)に示された2022年度(令和4年度)の民生費などに関する次の記述のうち，**正しいものを1つ**選びなさい。

1 市町村の目的別歳出決算額の構成比は，大きい方から，民生費，総務費，教育費の順となっている。

2 目的別歳出決算額において，都道府県では，2012年(平成24年)以降，災害救助費が一貫して増加している。

3 市町村と都道府県の目的別歳出決算額に占める民生費の割合を比較すると，都道府県の方が大きい。

4 目的別歳出決算額において，都道府県の民生費では，社会福祉費の割合が最も大きい。

5 目的別歳出決算額において，市町村の民生費では，生活保護費の割合が最も大きい。

Point 民生費は社会福祉の充実を図るための諸施策に要する費用で，目的別内訳は社会福祉費，老人福祉費，児童福祉費，生活保護費，災害救助費に区分される。民生費の合計金額の推移とともに，各区分ごとの全体に占める割合や増減の傾向について把握しておくとよい。

1 ○ 「令和6年版地方財政の状況」(総務省)によると，2022年度(令和4年度)の市町村の目的別歳出決算額の構成比は，大きい順に**民生費37.2%，総務費12.7%，教育費11.8%**となっている。

2 × 「令和6年版地方財政の状況」(総務省)によると，都道府県の目的別歳出決算額に占める災害救助費の割合は，2012年(平成24年)は4.7%，2013年(平成25年)は10.3%と増加しているが，2014年(平成26)年は6.8%に減少している。その後2年間は7.6%，9.7%と連続増加するが，2017年(平成29年)は3.8%，2018年(平成30年)は2.2%，2019年(令和元年)は2.1%と**減少し続け，2022年(令和4年)は0.2%となっている**。

3 × 「令和6年版地方財政の状況」(総務省)によると，市町村と都道府県の目的別歳出決算額に占める民生費の割合は，**都道府県15.0%，市町村37.2%となっており，市町村の方が大きい**。

4 × 「令和6年版地方財政の状況」(総務省)によると，目的別歳出決算額において，都道府県の民生費では，**老人福祉費の割合が41.4%で最も大きく**，次いで社会福祉費が31.9%，児童福祉費が23.9%，生活保護費が2.5%となっている。

5 × 「令和6年版地方財政の状況」(総務省)によると，目的別歳出決算額において，市町村の民生費では，**児童福祉費の割合が38.3%で最も大きく**，次いで社会福祉費が29.4%，老人福祉費が17.3%，生活保護費が14.9%となっている。

解答 1

問題 45 地域福祉と包括的支援体制

厚生労働省が発表した「地域福祉（支援）計画策定状況等の調査結果概要」（令和5年4月1日時点）に示された地域福祉（支援）計画の策定状況に関する次の記述のうち，**最も適切なものを1つ選びなさい。**

1 地域福祉支援計画を策定済みでない都道府県も存在している。
2 地域福祉計画の策定済み市町村の割合は，市部よりも町村部の方が高い。
3 「包括的な支援体制の整備に関する事項」について，いずれかの項目を計画に位置付けている市町村は，8割を超えている。
4 計画期間を3年とする市町村が最も多い。
5 計画の評価実施体制を構築している市町村は全体の2割程度である。
（注） 令和6年能登半島地震の影響により調査への対応が困難となった市町については，調査結果に当該市町は含まれていない。

Point 本設問は，厚生労働省「地域福祉（支援）計画策定状況等の調査結果概要」（令和5年4月1日時点。以下，「調査結果」という）からの出題である。学習の際には，まずは計画において定められる事項等を法律の条文で理解した上で，「調査結果」を確認してほしい。

1 × 「調査結果」によると，**47都道府県のすべてが地域福祉支援計画を策定済み**である。なお，社会福祉法第108条第1項において「都道府県は，市町村地域福祉計画の達成に資するために，各市町村を通ずる広域的な見地から，市町村の地域福祉の支援に関する事項として次に掲げる事項を一体的に定める計画（以下「都道府県地域福祉支援計画」という。）を策定するよう努めるものとする」とあるように，地域福祉支援計画の策定は都道府県の努力義務とされている。

2 × 地域福祉計画を「策定済み」の市町村の割合は，**市部（市区部）の95.9％（全813市（区）のうちの780市（区））の方が，町村部の77.1％（全923町村のうちの712町村）よりも高い**。なお，都道府県地域福祉支援計画と同様，地域福祉計画の策定は市町村の努力義務とされている（社会福祉法第107条第1項）。

3 ○ 市町村は，社会福祉法第107条第1項第1号～第5号で定める五つの事項を一体的に定める計画を地域福祉計画として策定するよう努めるものとされている。そして「調査結果」によると，五つの事項のうち，**「包括的な支援体制の整備に関する事項」を含むいずれの項目についても8割以上の市町村が計画に位置づけている。**

表 事項別策定自治体数 策定済み1,492市町村の回答

①地域における高齢者の福祉，障害者の福祉，児童の福祉その他の福祉に関し，共通して取り組むべき事項	②地域における福祉サービスの適切な利用の推進に関する事項	③地域における社会福祉を目的とする事業の健全な発達に関する事項	④地域福祉に関する活動への住民参加の促進に関する事項	⑤包括的な支援体制の整備に関する事項
1,465	1,468	1,323	1,456	1,301
98.2％	98.4％	88.7％	97.6％	87.2％

4 × 「調査結果」によると，**計画期間を5年としている市町村が最も多い**（1092市町村，73.2％）。他方，計画期間を3年としている市町村は29市町村（1.9％）である。なお，社会福祉法においては，市町村地域福祉計画，都道府県地域福祉支援計画とも，その計画期間についての定めはない。そのため，計画期間は自治体によって異なる。

5 × 市町村地域福祉計画の**評価実施体制を構築しているのは627市町村で，これは全市町村（1736）の3割強（36.1％）**であり，また計画策定済み市町村（1492）の約4割（42.0％）にあたる。なお，定期的に地域福祉計画の内容を点検しているのは1000市町村（67.0％）で，このうちの627市町村が評価実施体制を構築していることになる。

解答 3

問題 46 地域福祉と包括的支援体制

☑☑☑

事例を読んで，A市社会福祉協議会が開催したボランティア養成講座の評価に関する次の記述のうち，**最も適切なものを1つ**選びなさい。

〔事　例〕

A市社会福祉協議会では，数年間にわたり民間企業との連携によるボランティア活動の活性化を目的として，地域住民向けのボランティア養成講座を開催してきた。ボランティア養成講座は，地元企業や地域住民からの寄付金で運営されており，開催目的に即した効果が得られているかを検証するため，B社会福祉士は，プログラム評価を実施することにした。

1　講座の内容が，計画どおりに実施されたかを検証するために，効率性評価を実施する。

2　講座を開催したことにより民間企業との連携によるボランティア活動が活性化しているかどうかを調べるため，アウトカム評価を行う。

3　講座の運営のために用いた寄付金が結果的に効果的・効率的に執行されたかを明らかにするため，プロセス評価を実施する。

4　講座のカリキュラム内容が，開催目的と見合った内容であったかを検証するため，インパクト評価を実施する。

5　ボランティア活動に対する地域住民の意向を明らかにするために，セオリー評価を行う。

Point　プログラム評価は，社会福祉の領域だけでなく幅広く社会的プログラム全般で用いられる。地域福祉の領域では，包括的支援体制の構築において福祉計画の策定や対人サービスの提供を進める中で，アカウンタビリティ（説明責任）の確保や効果的なプログラムに向けた改善に向けて，プログラム評価が重要視されている。プログラム評価は，成果（アウトカム）に対する総括的評価と，課程（プロセス）に対する形成的評価の2種類に分けることができ，さらにプログラムの何を対象として何を評価するのかで5種類の評価がある。

1　×　講座の内容が計画どおりに実施されたかを検証するには，**プロセス評価を用いる**。プロセス評価は，企画した内容が意図したとおりに実施されているか，プログラムそのものに着目し，その実績を評価するものである。

2　○　講座を開催したことにより民間企業との連携によるボランティア活動が活性化しているかどうかを検証するには，**アウトカム評価を用いる**。アウトカム評価は，プログラムがもたらした効果や成果に着目し，プログラムの貢献度合いを評価するものである。インパクト評価ともいう。

3　×　講座の運営のために用いた寄付金が効果的・効率的に執行されたかを評価するには，**効率性評価を用いる**。効率性評価は，プログラムにかかった費用と獲得した成果の両者に着目し，プログラムが効率的に実施されているかを評価するものである。

4　×　講座のカリキュラム内容が開催目的と合致しているかどうかを検証するには，**セオリー評価を用いる**。セオリー評価は，プログラムの設計に着目し，プログラムの目標設定や内容が根拠に基づき適切にデザインされているかという点や，プログラムの論理的構造を評価するものである。

5　×　ボランティア活動に対する地域住民の意向を明らかにするには，**ニーズ評価を用いる**。ニーズ評価は，プログラムの必要性や妥当性を検証するために対象者のニーズを評価するものである。

解答　2

問題 47 地域福祉と包括的支援体制

日本における世帯や地域社会などの動向に関する次の記述のうち，**最も適切なものを１つ選びなさい。**

1　総務省の「令和２年国勢調査」によると，単独世帯が一般世帯に占める割合は約10％となっている。

2　法務省の「在留外国人統計」によると，2022年（令和４年）12月現在，在留外国人が総人口に占める割合は20％を超えている。

3　総務省の「人口推計」によると，2022年（令和４年）10月現在，15歳から64歳までの生産年齢人口が総人口に占める割合は約30％となっている。

4　内閣官房の「孤独・孤立の実態把握に関する全国調査（令和５年）」によると「孤独であると感じることがある」と回答した者の割合は約40％となっている。

5　厚生労働省の「国民生活基礎調査」によると，2022年（令和４年）現在，生活状況を苦しいと感じている母子世帯が母子世帯全体に占める割合は約50％となっている。

（注）「孤独・孤立の実態把握に関する全国調査（令和５年）」とは，「孤独・孤立の実態把握に関する全国調査（令和５年人々のつながりに関する基礎調査）」のことである。また，「孤独であると感じることがある」と回答した者の割合とは，「しばしばある・常にある」「時々ある」「たまにある」と回答した者の割合の合計である。

Point　官庁統計による日本の世帯や地域社会の状況に関する出題である。地域生活の課題を理解し，福祉計画を作成するためには，地域社会の状況や変化を的確に捉える必要がある。各省庁が実施している調査の結果はホームページで公開されている。人口動態，世帯構成，在日外国人の推移，生活意識の状況など，各省庁のホームページを活用し，確認しておく必要がある。

1 ×　総務省の「令和２年国勢調査」によると，世帯の種類・家族類型別の世帯数は，「単独世帯」（世帯人員が１人の世帯）が2115万1000世帯で，**一般世帯の38.1％を占めている**。2015年（平成27年）と比較して「単独世帯」は14.8％増となっており，一般世帯に占める割合は34.6％から38.1％に上昇している。

2 ×　法務省の「在留外国人統計」によると，2022年（令和４年）末の在留外国人の数は307万5213人で，日本の総人口１億2494万7000人（2022年10月１日時点人口推計（総務省統計局））の**2.46％を占めている**。在留外国人数は，前年と比較して31万4578人，11.4％の増加で過去最高を更新し，初めて300万人を超えた。

3 ×　総務省の「人口推計」によると，2022年（令和４年）10月現在，15～64歳人口は7420万8000人，**総人口に占める割合は59.4％であった**。前年と比較して29万6000人の減少となり，総人口に占める割合は過去最低であった前年と同率となっている。

4 ○　内閣官房の「孤独・孤立の実態把握に関する全国調査（令和５年人々のつながりに関する基礎調査）」によると，孤独であると感じることが「しばしばある・常にある」と回答した人の割合は4.8％，「時々ある」が14.8％，「たまにある」が19.7％であり，**「孤独であると感じることがある」と回答した者の割合は合計で39.3％であった。**

5 ×　厚生労働省の「国民生活基礎調査」によると，2022年（令和４年）現在，生活状況を「大変苦しい」と感じている母子世帯は全体の39.4％，「やや苦しい」が35.9％で，**母子世帯全体に占める割合は合計で75.2％であった。**

解答 4

問題 48 地域福祉と包括的支援体制

包括的支援体制に関する次の記述のうち，**最も適切なものを1つ**選びなさい。

1 重層的支援体制整備事業によって包括的支援体制の整備に取り組んでいる自治体数は，令和5年度の時点で全体の半数を超えている。

2 包括的相談支援事業とは「複数の支援関係機関が有機的な連携の下，世帯が抱える地域生活課題の解決に資する支援を一体的に行う体制を整備する事業」である。

3 アウトリーチ等を通じた継続的支援事業とは「虐待の防止及びその早期発見のための援助を行う事業」である。

4 重層的支援会議とは「自ら支援を求めることが困難な人への支援について，支援を始める前に関係機関が情報を共有し，協議をする場」である。

5 「地域共生社会推進検討会」では，地域づくりに向けた支援において，多様な人や機関がその都度集い，相談，協議し，学び合う場としてのプラットフォームづくりが重要であると指摘した。

(注) 「地域共生社会推進検討会」とは，「地域共生社会に向けた包括的支援と多様な参加・協働の推進に関する検討会」のことである。

Point この問題では，地域共生社会の実現に向けた，包括的・重層的な支援のあり方に関する制度や実態の理解が求められている。要求されている知識の大部分はテキストの範囲内であるが，一部の選択肢には応用的な知識が必要なものも含まれていた。最新の調査結果をもとにした選択肢**1**や，政策議論の過程を示した「最終とりまとめ」の表現を根拠とする選択肢**5**については，判断に悩む受験者も多かったと考えられる。そのため各法律・制度の基本的な内容を押さえ，政策の成立・改正の背景や関連する動向についても理解を深めることで，選択肢の妥当性を確実に判断できるようにしたい。

1 × 厚生労働省の調査結果によると，2023年（令和5年）12月時点で重層的支援体制整備事業を実施している自治体は**189自治体にとどまる**。これは全市区町村の1割強にあたる。

2 × 選択肢の記述は**「多機関協働事業」に関するものである**。包括的相談支援事業とは，本人やその世帯の属性･世代･相談内容にかかわらず包括的に相談を受け止め，地域生活課題を整理し，利用可能な福祉サービスに関する情報提供及び助言，支援関係機関との連絡調整などの支援を行うために，介護保険法や障害者の日常生活及び社会生活を総合的に支援するための法律（障害者総合支援法）に基づく相談支援を一体的に行う事業である。

3 × 選択肢の記述は，**介護保険法に基づく「地域支援事業」のうちの「権利擁護事業」に関するものである**。アウトリーチ等を通じた継続的支援事業とは，複数分野にまたがる複雑化・複合化した課題を抱えているために，必要な支援につながりにくい者などに対し，訪問等により状況を把握した上で相談に応じ，利用可能な福祉サービスに関する情報提供及び助言などを行い，包括的かつ継続的に支援するために必要な支援である。

4 × 重層的支援会議は，多機関協働事業が作成したプラン（参加支援事業，アウトリーチ等継続支援事業が作成したプランも含む）の適切性や，プラン終結時等の評価，社会資源の充足状況の把握と開発に向けた検討などを行う。会議の実施は，プラン策定時，再プラン策定時，支援終結の判断時，支援中断の決定時の四つのタイミングで必須とされている。

5 ○ 選択肢のとおりである。「地域共生社会に向けた包括的支援と多様な参加・協働の推進に関する検討会（地域共生社会推進検討会）」の「最終とりまとめ」では，地域づくりに向けた支援について，①場や居場所の確保支援と，②地域づくりのコーディネート機能の二つのスキームが示され，このうち，「地域づくりのコーディネート機能」には，「個別の活動や人のコーディネート」と「地域のプラットフォーム」の二つの機能を確保することが求められるとしている。

解答 5

問題 49 地域福祉と包括的支援体制

事例を読んで，A市社会福祉協議会の地区担当のB職員（社会福祉士）の今後の対応として，**適切なものを2つ**選びなさい。

〔事 例〕

Cさん（20歳，知的障害）は，特別支援学校を卒業後，市内にある知的障害者通所施設に通っているが，地域の活動にも参加したいと思っている。そこでCさんの両親は，社会福祉協議会が主催する地区の住民懇談会に参加した際に，息子が参加できるような地域活動はないかとBに相談をした。Bは，この地区では高齢化が進み，地域活動の担い手の減少によって継続が困難となっており，商店も人手不足による閉店が増えていると感じている。

1 Cさんから得意なことや，やってみたいことを聞き，この地区の中で活用できる社会資源を探す。
2 地域住民に対して，知的障害者に対するサービスを立ち上げるように促す。
3 Cさんに対して，施設通所を一時休ませて，地域活動に参加するよう助言する。
4 Cさんに対して，商店の後継者となれるように経営の技術を学んでもらう。
5 地域活動や商店の状況を把握し，Cさんのような人々の力を生かせる活動を地域住民と考える。

Point この問題では，障害のある人が本人の人格と個性を尊重され，安心して暮らせる社会を実現するために，社会福祉士が果たすべき役割が問われている。実際の支援では，障害者総合支援法に基づく「地域生活支援事業」や「地域生活支援促進事業」，社会福祉法を根拠とする「包括的支援体制整備事業」や「重層的支援体制整備事業」などの制度に基づきながら，多様な社会資源を用いて支援を展開することが求められる。ただし本問では，社会福祉士としての基本的な姿勢が問われている。本人のストレングスとニードを踏まえた支援とはなにかを軸に考えることで，各選択肢の適否が判断できる。

1 ○ Cさんのストレングスやニードを踏まえ，本人らしく価値を発揮できる環境を整備する取り組みであるため，B職員の対応は適切である。

2 × Cさんは地域活動への参加を希望しているのであり，**利用できるサービスの新設を求めているわけではない**。そのため，本人のニーズに合致しない対応であり，不適切である。

3 × Cさんは**施設への通所と地域の活動の両方に参加することを希望している**。そのため，施設通所を一時休ませるという選択肢は本人のニードに適しておらず，不適切である。

4 × **商店の後継者不足は地域の課題であり，Cさんの個別のニードとは異なる**。将来的に事業を継ぐ可能性はあるかもしれないが，少なくとも現時点でのCさんの希望に沿った対応ではないため，不適切である。

5 ○ 地域アセスメントを実施し，地域の状況を適切に把握した上で，Cさんのニードやストレングスに合致する活動を地域住民とともに考えることは，社会福祉士として適切な対応である。

解答 1 5

問題 50 地域福祉と包括的支援体制

災害時の支援に関する次の記述のうち，**適切なもの**を2つ選びなさい。

1 被災者生活再建支援制度の対象とする自然災害は，市町村において1000世帯以上の住宅全壊被害が発生した場合である。

2 介護保険制度では，全ての介護サービス事業者に対して，業務継続計画（BCP）の策定とその計画に従って必要な措置を講ずることが定められている。

3 災害救助法では，災害ボランティアセンターの設置を市町村社会福祉協議会に義務づけている。

4 厚生労働省の「災害時の福祉支援体制の整備に向けたガイドライン」では，災害派遣福祉チーム（DWAT）の一般避難所への派遣について明記している。

5 内閣府の「福祉避難所の確保・運営ガイドライン」では，指定福祉避難所は受入対象となる者をあらかじめ特定してはならないと定めている。

（注）1 BCPとは，Business Continuity Planのことである。
2 DWATとは，Disaster Welfare Assistance Teamのことである。

Point 近年の日本の災害対策の重要な変化として，これまで被災者保護のための医療を基軸とする応急的な災害救助のあり方が第一に考えられてきたが，復旧・復興期の中長期化する被災者の生活再建のあり方にも焦点があてられてきており，ここに災害発生時における社会福祉支援のあり方及び平時からの支援体制の構築が強く求められていると理解することが望ましい。災害時支援は分野横断的に通底する概念と捉え，知識習得につなげていきたい。

1 × 被災者生活再建支援制度の対象とする自然災害は，**市町村においては10世帯以上の住宅全壊被害が発生した場合**である（被災者生活再建支援法施行令第1条第2号）。被災者生活再建支援制度は，自然災害によりその生活基盤に著しい被害を受けた者に対し，都道府県が相互扶助の観点から拠出した基金を活用して被災者生活再建支援金を支給することにより，その生活の再建を支援し，もって住民の安定と被災地の速やかな復興に資することを目的とする（被災者生活再建支援法第1条）。

2 ○ 2021年（令和3年）の介護報酬改定において，全ての介護サービス事業者に対して，業務継続計画（BCP）の策定とその計画に従って必要な措置を講ずることが義務づけられた。BCPとは，災害などの緊急事態が発生した際に，損害を最小限に抑え，事業の継続や復旧を図るための計画である。

3 × **災害ボランティアセンターの設置にあたっては，災害救助法その他の法令に位置づけがない**ため，これまで公費による財政支援が担保されておらず，社会福祉協議会の自主財源や共同募金の「災害等準備金」に多くを頼ってきた現状がある。社会福祉協議会に設置が義務づけられているわけではない。

4 ○ 選択肢のとおりである。「災害時の福祉支援体制の整備に向けたガイドライン」では，災害派遣福祉チーム（DWAT）の役割について，一般避難所への派遣のほか，福祉避難所等への誘導，災害時要配慮者へのアセスメント，日常生活上の支援，相談支援などが含まれている。

5 × 内閣府の「福祉避難所の確保・運営ガイドライン」では，**指定福祉避難所は受入対象となる者をあらかじめ特定すると定めている**。事前に受入対象者を調整して，人的物的体制の整備を図ることで，災害時の直接の避難等を促進し，要配慮者の支援を強化する。指定福祉避難所の受入対象者を特定し，特定された要配慮者やその家族のみが避難する施設であることを指定の際に公示できる。

解答 2 4

問題 51 地域福祉と包括的支援体制

事例を読んで，A市で重層的支援体制整備事業を所管するB職員（社会福祉士）の対応として，**適切なもの**を2つ選びなさい。

〔事　例〕

就労経験のない若者やその家族から「働きたいと思っても，長年ひきこもっていることもあり，心身の状態に合わせて働ける場所がない」との意見が集まっていた。Bは，本人達の状態に合わせた多様な就労の機会を確保することを目指して，今後の参加支援事業の実施方法について関係者と検討することとした。

1　一般就労が事業の支援目標であるため，ハローワークの求職票の探し方を学ぶプログラムを導入する。

2　参加支援事業の独自性を明確化するため，地域づくり事業や相談支援事業と切り離して取組を進める。

3　本人や家族の支援ニーズを踏まえ，社会参加に向けた取組を検討するための会議を開催する。

4　中小企業や商店街などに働きかけ，短時間就労や就労体験などの支援メニューを創出する。

5　ひきこもりに関する参加支援は，ひきこもり地域支援センターに対応を委ねる。

Point　重層的支援体制整備事業における参加支援事業の実施方法を問う設問である。重層的支援体制整備事業は，地域住民が抱える複雑化・複合化した「狭間のニーズ」に対応するための包括的な支援体制整備を目的に，市町村の任意事業として創設された制度であり，「包括的相談支援事業」「参加支援事業」「地域づくりに向けた事業」の三つの事業を一体的に実施することを必須にしている。制度の理念を理解しつつ，本人が地域とつながりをもち，社会へ参加できるよう，どのような形で対象者に寄り添い支援を行っていけるかを考えることが重要である。

1　×　「参加支援事業」の趣旨は，**本人や家族が地域とつながりをもち，社会へ参加できるようサポートすること**であり，一足飛びに一般就労を目指そうとする考え方は適切とはいえない。生活再建のペースは本人にあわせ，中間的な就労の場の活用も検討しながらスモールステップで進めていくことが望ましい。選択肢にあるハローワークの求職票の探し方を学ぶプログラムの導入は，ひきこもり状態にある本人やその家族の状況に寄り添っているとはいえない。

2　×　重層的支援体制整備事業の趣旨として，**「包括的相談支援事業」「参加支援事業」「地域づくりに向けた事業」の三つの事業を一体的に実施することを必須にしている**。地域づくり事業や相談支援事業と切り離して取組を進めることは，制度の趣旨に照らし合わせると適切ではない。

3　○　参加支援事業の目的の一つは，本人や家族が抱えるニーズや課題などを丁寧に把握し，地域の社会資源との間をコーディネートし，本人と支援メニューのマッチングを行うことである。選択肢にあるとおり，支援関係者で支援会議を開催し，本人や家族のニーズを踏まえた社会参加に向けた取組を検討することは適切といえる。

4　○　生活課題を抱える本人のニーズを把握し，市町村や参加支援事業を行う支援関係機関がその課題を解決しうる地域資源につないだり，サービスを開発するアプローチは適切である。選択肢のように，中小企業や商店街などに働きかけ，短時間就労や就労体験などの支援メニューを創出する取組などは，中間的就労の場という社会資源の開発ともいえ，望ましい働きかけといえる。

5　×　ひきこもりに関する参加支援は専門機関に委ねるという対応は，**重層的支援体制整備事業の趣旨に照らし合わせると適切ではない**。「ひきこもり」への対応に加えて，「働ける場所」の確保についても考えていく必要があり，対象者の生活を分野横断的な連携により支えていく姿勢が重要である。

解答　3　4

障害者福祉

●第 37 回試験問題の特徴

従来の出題傾向を踏襲しつつ，最新の社会情勢や法改正を反映した問題が出題された。特に，障害者の就労支援や権利擁護，地域生活支援に関する内容が重視されている。

旧出題基準と比較して大きな変更はないが，「障害者総合支援法」や「障害者雇用促進法」などの基本的な法制度は引き続き重要であり，合理的配慮や「障害者権利条約」に関する理解も求められる。また，第 36 回以前の試験と比べても傾向は概ね変わらず，特別支援教育や障害者の就労に関する統計データを反映した出題がみられた。

そのほか，社会状況の変化として，障害者の地域生活や就労支援の推進が進んでおり，第 37 回試験でもこれらに関連する問題が出題された。特に，障害者の自立支援に関する知識は，社会福祉士としての役割を果たす上で欠かせないものである。

全体として，第 37 回試験の出題傾向に大きな変化はないが，それ自体が「障害者福祉」が社会福祉士にとって基礎的かつ重要な科目であることを示している。

●受験対策のポイント

障害福祉サービスに関する知識の強化が不可欠である。障害者総合支援法に関する問題は頻繁に出題されるため，法令や過去問を通じて制度の概要を体系的に理解することが求められる。特に，サービスの対象者，支給決定の流れ，自治体の役割などの基本事項を押さえることが重要である。加えて，合理的配慮や就労支援，地域生活支援といった実践的な課題についても，法制度の枠組みとともに学習を進める必要がある。

障害者福祉に関する主な計画としては，「障害者基本計画」と「障害福祉計画」がある。障害者基本計画は第 5 次（2023 年度～2027 年度），障害福祉計画は第 7 期（障害児福祉計画は第 3 期）（2024 年度～2026 年度）として策定されており，いずれも障害者施策の根幹をなす重要な計画である。そのため，計画の目的や基本方針，具体的な施策の方向性を正確に理解することが求められる。特に，過去の計画と比較し，変更点や新たに追加された施策を把握することで，障害者施策の流れを体系的に学ぶことができる。第 37 回試験では出題がなかったものの，これらの計画の概要や重点施策，施策の方向性が問われる可能性が高いため，最新の内容を踏まえた学習が必要である。

最後に，過去問を繰り返し解くことは試験対策の要である。ただ解くだけではなく，選択肢ごとの正誤を論理的に分析し，出題の意図を的確に捉えることが重要である。また，解説を活用しながら知識を整理し，出題傾向やパターンを把握することで，試験本番における対応力を高めることができる。繰り返しの問題を解いてみることを通じて知識を定着させ，正確な判断力を養うことが，合格への近道となる。

問題 52 障害者福祉

「令和4年生活のしづらさなどに関する調査」(厚生労働省),「令和5年度障害者雇用実態調査」(厚生労働省) 及び「令和5年版障害者白書」(厚生労働省) にみられる障害児・者の実態に関する次の記述のうち,**最も適切なもの**を**1つ**選びなさい。

1 2012年 (平成24年) から2022年 (令和4年) の間に,特別支援教育を受ける児童生徒の数は減少した。

2 身体障害者と知的障害者を比較すると,知的障害者の方が身体障害者よりも施設入所者の割合が高い。

3 19歳以上65歳未満の在宅の身体障害者と知的障害者を比較すると,知的障害者の方が身体障害者よりも親との同居率が低い。

4 在宅の身体障害者と知的障害者を比較すると,知的障害者の方が身体障害者よりも65歳以上の者の割合が高い。

5 雇用されている身体障害者と知的障害者を比較すると,知的障害者の方が身体障害者よりも週の所定労働時間が30時間以上である者の割合が高い。

Point 障害児・者の統計データに関する出題は頻出であり,「生活のしづらさなどに関する調査」や「障害者雇用実態調査」などのデータを正しく理解し,適切に判断することが求められる。日頃から調査結果を確認し,障害者の生活や就労の実態を把握することが重要である。特に,一般的なイメージと統計上の実態の違いを意識し,客観的なデータに基づいて考える姿勢が必要である。

1 × 2012年 (平成24年) から2022年 (令和4年) の間に,**特別支援教育を受ける児童生徒の数は増加傾向にある**。義務教育段階の児童生徒数が約1割減少する一方で,特別支援教育を受ける児童生徒数は倍増している。特に,特別支援学級の在籍者数は2.1倍,通級による指導の利用者数は2.5倍に増加している。

2 ○ 身体障害者と知的障害者を比較すると,知的障害者の方が身体障害者よりも施設入所者の割合が高い。身体障害者の施設入所者数は約7.0万人で,全体の1.7%を占めている。一方,知的障害者の施設入所者数は約12.2万人で,全体の14.3%である。

3 × 19歳以上65歳未満の在宅の身体障害者と知的障害者を比較すると,**知的障害者の方が身体障害者よりも親との同居率は高い**。19歳以上65歳未満の在宅の身体障害者手帳所持者における親との同居率は35.9%であるのに対して,療育手帳所持者における親との同居率は68.5%である。

4 × 在宅の身体障害者と知的障害者を比較すると,**知的障害者の方が身体障害者よりも65歳以上の者の割合が低い**。在宅の身体障害者手帳所持者のうち65歳以上の者の割合は71.2%であるのに対して,療育手帳所持者のうち65歳以上の者の割合は14.6%である。

5 × 雇用されている身体障害者と知的障害者を比較すると,知的障害者の方が身体障害者よりも週の所定労働時間が30時間以上である者の割合が低い。週の所定労働時間が30時間以上の者の割合は,身体障害者が75.1%,知的障害者が64.2%である。

解答 2

問題 **53** 障害者福祉

「障害者総合支援法」における基幹相談支援センターに関する次の記述のうち，**最も適切なもの**を**1つ**選びなさい。

1 地域における中核的な役割を担う機関として，総合的・専門的な相談支援や成年後見制度利用支援事業の実施等の業務を行う。

2 障害者を通わせ，創作的活動又は生産活動の機会の提供，社会との交流の促進等の便宜を供与する役割を担う。

3 障害者の職業生活における自立を図るため，就業面及び生活面の一体的な相談を行う。

4 矯正施設を退所した障害者に対し，適切な福祉サービスに結び付けるための特別調整を行う。

5 障害児の発達において中核的な役割を担う機関として，障害児の家族等に対し，相談，助言その他の必要な援助を行う。

（注）「障害者総合支援法」とは，「障害者の日常生活及び社会生活を総合的に支援するための法律」のことである。

Point 障害者支援に関する各機関の役割を正しく理解し，それぞれの支援内容を区別できるかが重要となる。障害者総合支援法や障害者雇用促進法に基づき，相談支援，就労支援，生活支援，地域移行支援などを提供する，多様な支援機関が設置されている。特に，基幹相談支援センター，地域活動支援センター，児童発達支援センター，障害者職業センター，障害者就業・生活支援センターなど，各機関の目的や支援対象を整理し，適切に対応できる知識が求められる。

1 ○ 基幹相談支援センターは，地域における相談支援の中核的な役割を担う機関であり，障害のある人やその家族に対する総合的・専門的な相談支援を提供する。さらに，成年後見制度の利用支援事業の実施，関係機関との連携強化，地域の支援体制の構築などの業務を行う（障害者総合支援法第77条の2）。

2 × 障害者に創作的活動や生産活動の機会を提供し，社会との交流を促進する機関は，**地域活動支援センターである**（障害者総合支援法第5条第27項）。

3 × 障害者の職業生活における自立を支援し，就業面と生活面を一体的に相談支援する機関は，**障害者就業・生活支援センターである**（障害者の雇用の促進等に関する法律第27条）。

4 × 矯正施設（刑務所・少年院・拘置所など）を退所した障害者に対し，福祉サービスへと円滑に結びつける特別調整を行う機関は，**地域生活定着支援センターである**。特に，高齢・重度障害のある人が地域で円滑に生活できるよう，支援計画の作成や関係機関との調整を行う。再犯防止の観点からも重要な役割を果たしている（厚生労働省社会・援護局長通知「「地域生活定着支援センターの事業及び運営に関する指針」について」（平成21年5月27日社援総発第0527001号））。

5 × 障害児の発達において中核的な役割を担う機関として，障害児の家族等に対し，相談，助言その他の必要な援助を行う機関は，**児童発達支援センターである**（児童福祉法第43条）。ここでは，通所支援計画に基づき児童発達支援や放課後等デイサービスなどが提供される。障害児が将来的に自立した生活を送るための基盤を築くことを目的とする。

解答 1

問題 54 障害者福祉

事例を読んで，Aさんの状況にあてはまる，「精神保健福祉法」に基づく入院形態として，**最も適切なものを1つ**選びなさい。

〔事　例〕

統合失調症のAさん（40歳）は，この1週間で絶え間ない幻聴と，常に誰かに監視されているという妄想がひどくなってきた。さらに盗聴器を探して家具を壊すなどの行為が始まったため，同居する母親に付き添われ，かかりつけのB精神科病院を受診した。精神保健指定医であるC医師は診察の結果，入院治療を要すると判断し，Aさんにその旨を説明したが，Aさんはおびえた様子で意味不明な独語を繰り返すのみで，応答は得られなかった。C医師はAさんが入院治療の必要性について納得できるよう丁寧に説明を重ねたが，やはり入院についての同意を得ることはできず，また，症状の緩和も見られなかったため，やむを得ず母親の同意によって即日入院してもらうことになった。

1　措置入院
2　緊急措置入院
3　医療保護入院
4　任意入院
5　応急入院

（注）「精神保健福祉法」とは，「精神保健及び精神障害者福祉に関する法律」のことである。

Point　精神保健福祉法（以下，法）における入院形態を問う問題であるため，まずは，法に規定されている入院形態を理解することが求められる。

1 ×　措置入院は，2人以上の精神保健指定医（以下，指定医）による診察の結果，その診察を受けた者が精神障害者であり，かつ，医療及び保護のために入院させなければその精神障害のために自身を傷つけ又は他人に害を及ぼすおそれがあると認めたときに，都道府県知事が国等の設置した精神科病院又は指定病院に入院させることができるというものである（法第29条第1項・第2項）。措置入院は，**2人以上の指定医の診察結果が一致した場合に採られる入院形態のため，適切ではない。**

2 ×　緊急措置入院は，急速を要し，通常の措置入院の手続きを採ることができない場合において，都道府県知事が，1人の指定医の判断で，72時間を限度として入院措置を採ることができるというものである。Aさんは，自傷他害がひどく目立っている状況とはいえず，**緊急性が高いと判断することは難しいため，緊急措置入院とならない。**

3 ○　医療保護入院は，1人の指定医による診察の結果，医療及び保護のために入院の必要があり，任意入院が行われる状態にないと判定された者について，その家族等のうちいずれかの者の同意があるときは，本人の同意がなくても6か月以内で厚生労働省令で定める期間の範囲内の期間を定め，入院させることができるというものである。

4 ×　任意入院は患者本人の意思による入院形態で，法第20条には「精神科病院の管理者は，精神障害者を入院させる場合においては，本人の同意に基づいて入院が行われるように努めなければならない」と規定されている。Aさんは，医師から入院治療の必要性の説明を受けたが，**入院についての同意を示していないため，適切ではない。**

5 ×　応急入院は，医療及び保護の依頼があった者について，急速を要し，その家族等の同意を得ることができない場合において，1人の指定医の診察の結果，直ちに入院させなければその者の医療及び保護を図る上で著しく支障があり，任意入院が行われる状態にないと判定された者に対して，本人の同意なしで，72時間に限り入院させることができるというものである（法第33条の6第1項）。Aさんは入院の同意を示していないが，**母親は入院の同意を示しているため，適切ではない。**

解答 3

問題 55 障害者福祉

「障害者差別解消法」に関する次の記述のうち，**最も適切なもの**を１つ選びなさい。

1 この法律が施行される前から，障害者基本法に「差別の禁止」の規定があった。

2 民間事業者の合理的配慮の提供は，努力義務である。

3 この法律に基づき，市町村障害者虐待防止センターが設けられている。

4 障害者差別をした事業者には，この法律に基づき科料が科される。

5 この法律に基づく障害者の定義は，障害者基本法に規定されている障害者の定義より狭い。

(注)「障害者差別解消法」とは，「障害を理由とする差別の解消の推進に関する法律」のことである。

Point 障害者差別解消法について，まず法の目的を理解するとともに，なぜその法律が成立したのか，背景を理解することが求められる。併せて，法律で規定されている内容を整理するとともに，差別を解消するための措置について，特に，2021年（令和3年）の法改正の内容（民間事業所における合理的配慮の提供の義務化等）を理解することが重要である。

1 ○ 障害者差別解消法は，2013年（平成25年）に成立し，2016年（平成28年）4月1日から施行されている。障害者差別解消法は，1970年（昭和45年）に制定された障害者基本法の基本理念にのっとり，障害者基本法第4条の「差別の禁止」を具体化するものとして位置づけられている。障害者基本法の第4条として「差別の禁止」の規定が盛り込まれたのは2011年（平成23年）8月5日に公布された改正法によるものであり（公布の日に施行），障害者差別解消法の施行より前である。

2 × 2016年（平成28年）4月から施行されている障害者差別解消法は，施行後3年を経過した場合において，民間事業者による合理的配慮の在り方その他の施行の状況について検討を加え，必要があると認めるときは所要の見直しを行う旨が附則に規定されており，2021年（令和3年）に改正法が成立，2024年（令和6年）4月1日から施行となった。この改正により，従来は，行政機関等に合理的配慮の提供が義務づけられていたものが，**民間事業者に対しても合理的配慮の提供が義務づけられることとなった。**

3 × **市町村障害者虐待防止センターの設置について規定している法律は，障害者虐待の防止，障害者の養護者に対する支援等に関する法律（障害者虐待防止法）である。** 2012年（平成24年）10月1日から施行された障害者虐待防止法の第32条に「市町村障害者虐待防止センター」について規定がある。したがって，障害者虐待防止法と障害者差別解消法のそれぞれの法律で規定されている内容を整理することが必要である。

4 × 障害者差別解消法では，第25条及び第26条に罰則規定が設けられている。第25条では「第19条の規定に違反した者は，1年以下の懲役又は50万円以下の罰金に処する」とされ，第26条では「第12条の規定による報告をせず，又は虚偽の報告をした者は，20万円以下の過料に処する」とされている。第19条は，障害者差別解消支援地域協議会の従事者（従事者であった者を含む）に対する秘密保持義務を定めており，第12条は，合理的配慮の提供等に関して事業者が適切に対応するために必要な指針（対応指針）に定める事項について，主務大臣が事業者に対して求める報告などに関する規定である。したがって，**障害者差別をした事業者に科料が科されるわけではない。**

5 × 障害者差別解消法では，第2条第1号において，障害者を「身体障害，知的障害，精神障害（発達障害を含む。）その他の心身の機能の障害（以下「障害」と総称する。）がある者であって，障害及び社会的障壁により継続的に日常生活又は社会生活に相当な制限を受ける状態にあるものをいう」と，第2号において，社会的障壁を「障害がある者にとって日常生活又は社会生活を営む上で障壁となるような社会における事物，制度，慣行，観念その他一切のものをいう」と規定している。これらは，**障害者基本法に規定されている障害者及び社会的障壁の定義と同じである。**

解答 1

問題 56 障害者福祉

「障害者雇用促進法」に関する次の記述のうち，**最も適切なものを1つ**選びなさい。

1　就労継続支援A型事業は，この法律に基づき就労支援サービスを提供するものである。
2　公共職業安定所（ハローワーク）は，就労を希望した障害者の就職後の助言，指導は行わない。
3　事業主は，障害者である労働者を雇用する事業所において障害者職業生活相談員を外部委託することができる。
4　雇用義務の対象となる障害者であるかどうかの確認は，精神障害者については，精神障害者保健福祉手帳により行う。
5　事業主は，障害者と障害者でない者との機会均等を図るために，過重な負担となるときであっても，合理的配慮を講じなければならない。

（注）「障害者雇用促進法」とは，「障害者の雇用の促進等に関する法律」のことである。

Point 障害者の就労に関する施策は，障害者雇用促進法，障害者総合支援法等複数の法律において多岐に展開されている。本問では，それぞれの制度・政策の根拠となる法律及びその具体的な内容について正確な知識が問われている。特に合理的配慮の提供義務については，障害者差別解消法と比較し整理をする必要がある。

1　×　**就労継続支援A型事業は，障害者総合支援法の訓練等給付費の支給対象サービスに位置づけられる**就労支援サービスである。訓練等給付費の支給対象サービスの中には，就労選択支援（2025年（令和7年）10月1日施行），就労移行支援，就労継続支援（A型・B型），就労定着支援といった就労支援サービスがある。就労継続支援は，通常の事業所に雇用されることが困難である者などを対象に，就労の機会の提供及び生産活動の機会などを提供する事業所であり，A型とB型の違いは，雇用契約を結ぶか（A型）否か（B型）である。

2　×　障害者雇用促進法第17条において，「公共職業安定所は，障害者の職業の安定を図るために必要があると認めるときは，その紹介により就職した障害者その他事業主に雇用されている障害者に対して，その作業の環境に適応させるために必要な助言又は指導を行うことができる」との規定があり，**必要に応じて就職後の助言及び指導は行われる**。

3　×　障害者雇用促進法では，障害者である労働者を5人以上雇用する事業所は，厚生労働省令で定める資格を有する労働者の中から障害者職業生活相談員を選任し，職業生活全般における相談・指導を行わせるよう義務づけている（法第79条第2項）。本法において，外部委託をすることができるとの規定はない。

4　○　雇用義務の対象となる障害者は，「身体障害者，知的障害者又は精神障害者（(中略）精神障害者保健福祉手帳の交付を受けている者に限る。)」と規定している（法第37条第1項）。精神障害者については，精神障害者保健福祉手帳所持者が対象となり，その確認も手帳の所持によって行われる。なお，身体障害者であるかどうかの確認は身体障害者手帳（障害者雇用促進法施行規則第3条），知的障害者の場合は療育手帳又は児童相談所，知的障害者更生相談所等の判定書，地域障害者職業センターの判定書により確認を行う（障害者雇用促進法施行規則第1条の2）。

5　×　障害者雇用促進法では，募集及び採用時には，障害者と障害者でない者との均等な機会を確保するための措置，採用後については障害者と障害者でない者との均等な待遇の確保又は能力の有効な発揮の支障となっている事情を改善するための合理的配慮の提供を義務づけている。しかし，この合理的配慮の提供義務は，事業主に対して「過重な負担」を及ぼすこととなる場合を除くとしている（法第36条の2，第36条の3）。過重な負担とは，実現困難度，費用・負担の程度，企業の財務状況などを総合的に勘案しながら個別に判断されることとなる。

解答 4

問題 57 障害者福祉

事例を読んで，大学の学生支援センターのA相談員（社会福祉士）のBさんへの対応に関する次の記述のうち，**適切なものを2つ**選びなさい。

〔事　例〕

統合失調症の診断を受けた大学3年生のBさんは，周囲から聞こえてくる悪口と薬の副作用に悩み，授業も休みがちである。Bさんは，主治医から「悪口は幻聴である。薬物療法で緩和できる」との説明を受けているものの，不安は消えない。悩んだBさんは，学生支援センターを訪れ「薬の副作用がつらい。今後の就職活動も不安でたまらない。自分と同じ経験をしている学生は他にもいるのか。いるなら話をしてみたい」とAに訴えた。Bさんの不安や焦燥感を受け止めたAは，Bさんにどのように対応すべきかを考えている。

1　主治医に相談するよう伝える。

2　学生支援センターに登録しているピアサポートスタッフの紹介を検討する。

3　地域の指定特定相談支援事業所の相談支援専門員の紹介を検討する。

4　就労移行支援事業所のサービス管理責任者の紹介を検討する。

5　精神障害者保健福祉手帳の取得を勧める。

Point　大学の学生支援センターの相談員の対応を問う事例問題である。このような事例問題は，①対応するのは誰なのか，②どの時点での対応なのかを確認する必要がある。また，本問では「自分と同じ経験をしている学生」という文言から「ピアサポート」を想起すれば，正答に結びつけることができる。

1　○　「幻聴」に悩まされているBさんは，主治医から「薬物療法で緩和できる」と説明を受けているものの，「薬の副作用」という医療に関する別の悩みが生じている。このような**医療にかかわる悩みについては，まずは主治医に相談することが求められ**，相談員はそのための支援を行う。社会福祉士及び介護福祉士法には，「連携」に関する規定があり，「社会福祉士は，その業務を行うに当たっては，（中略）福祉サービス関係者等との連携を保たなければならない」（第47条）とされている。この福祉サービス関係者等には，「医師その他の保健医療サービスを提供する者」（第2条第1項）も含まれている。

2　○　ピアとは，「同じ立場」や「仲間」を指す言葉で，ピアサポートは，同じ立場にある，同じ経験をした人同士の相互支援を意味する。Bさんは「自分と同じ経験をしている学生は他にもいるのか。いるなら話をしてみたい」と話しており，学生センターに登録をしているピアサポートスタッフを紹介することは，まさにBさんのニーズにかなっているといえる。

3　×　指定特定相談支援事業所では，サービス等利用計画の作成を行う「サービス利用支援」及び「継続サービス利用支援」を行う。本事例では，**Bさんの不安や焦燥感に対応することが求められており，Bさんの訴えからは，障害福祉サービスの利用の希望は読み取ることはできない**。現時点で指定特定相談支援事業所の相談支援専門員を紹介することは，適切とはいえない。

4　×　就労移行支援事業所は，障害者総合支援法における就労支援サービスの一つであり，一般企業等への就労を希望する者に，就労に必要な知識及び能力の向上のために必要な訓練，求職活動に関する支援，職場開拓，アフターフォロー等を行う。Bさんは，**就職活動への不安を苦にしているものの，障害者総合支援法上の就労支援サービスの利用を希望しているとまでは読み取ることができない**。

5　×　精神障害者保健福祉手帳は，精神保健福祉法に規定があり，取得することで税金の控除・減免，公共料金等の割引などを受けることができる。しかし，本事例では，**Bさんの不安や焦燥感に対応することが求められており**，この段階で障害者手帳の取得を勧めることは尚早である。

解答　1　2

刑事司法と福祉

●第 37 回試験問題の特徴

出題数は 6 問で，そのうち 3 問が事例問題であった。出題された大項目は，「2　刑事司法」「4　更生保護制度」「5　医療観察制度」「6　犯罪被害者支援」と広範囲にわたった。これまでの試験では出題のなかった刑事手続きを問う事例問題は，内容的に難しく感じられた。**問題 58** と**問題 59** は刑事司法に関する問題であり，**問題 58** は犯罪が成立する要件とその要件の一つとなる責任能力について学んでいれば，解ける問題であった。**問題 59** は道路交通法違反の事例をもとにした刑事手続きを問う問題であったが，刑事手続きの内容を詳しく理解していなければ正解を導くことは難しかったと推測する。**問題 60** と**問題 61** は保護観察制度の基本的知識を問う問題であり，**問題 60** は保護観察における指導監督と補導援護，遵守事項（一般遵守事項と特別遵守事項）の内容を理解していれば，解答を導き出すことができた。**問題 61** は更生保護を担う専門職や団体に関する問題であり，保護観察官や保護司，地方更生保護委員会，保護観察所，更生保護関係団体について理解しておくことが必要である。**問題 62** は医療観察制度に関する問題であり，基本的知識を問う内容であったといえる。**問題 63** は犯罪被害者等基本法について問う問題であったが，法律の概要を理解していれば解答できたと思われる。このほか，第 37 回試験では，「ソーシャルワークの理論と方法」の科目において，特別調整に係る事例問題（**問題 70**）が出題されており，本科目に関連する知識が求められた。

●受験対策のポイント

本科目では，刑事司法及び少年司法と，定番化している更生保護制度，医療観察制度，更生保護の担い手に関する知識や理解が問われる。これらの法律や制度等に関する理解をしっかりしておかなければ太刀打ちできない。ほかの科目の知識からの応用が利きづらい科目であることから，まったく学習することなく試験に臨むと不正解となる可能性が高くなる。全体として，基本的知識を問うものがほとんどであるため，出題範囲に沿って丁寧に学習を進め，過去問を解いてポイントを押さえながら学習することで，点数が取れる科目であるともいえる。3 ～ 5 年間分の過去問に取り組むことで，頻出度が高い項目がみえてくるため，まずは『過去問解説集』を中心に取り組み，選択肢を間違えた問題や福祉領域にはなじみが薄い刑事司法手続き，犯罪被害者支援については『受験ワークブック』などを活用して基本知識を着実に身につけることが必要である。余裕があれば，法務省が公表する『犯罪白書』にも目を通し，近年の動向について把握しておくとよいだろう。

問題 58 刑事司法と福祉

犯罪の成立要件と責任能力に関する次の記述のうち，**最も適切なもの**を１つ選びなさい。

1 正当行為，正当防衛，あるいは緊急避難が認められた場合には，有責性がないものとして，無罪になる。

2 正当防衛とは，正当な侵害に対して，自己または他人の権利を防衛するため，やむを得ずにした行為のことをいう。

3 弁識能力及び制御能力の両方またはいずれかが欠けていれば，心神喪失となり，またどちらかでも能力が著しく減退していれば心神耗弱となる。

4 心神喪失の場合には，刑法上の犯罪が成立せずに無罪となり，心神耗弱の場合には，刑の言渡しが猶予される。

5 16 歳未満の者の行為については，一律に責任能力に欠けるものとされており，犯罪は成立しない。

Point 犯罪の成立要件と責任能力に関する知識を問う問題である。犯罪の成立要件は，①構成要件に該当する行為であること（刑罰法規に該当すること），②違法性を有する行為であること（違法性阻却事由がないこと），③責任能力のある者による行為であること（責任阻却事由がないこと）の三つが必要である。この三つを全て満たすことで犯罪が成立する。構成要件に該当する行為であっても，違法性を有する行為でなければ犯罪にはならないことや，責任無能力である者による行為は処罰されないことを理解しておくことが求められる。

1 × 刑法（以下，法）における正当行為（法第 35 条），正当防衛（法第 36 条第 1 項），緊急避難（法第 37 条第 1 項）は，**違法性阻却事由（刑罰規定の構成要件に該当して，違法性が推定される行為について，その違法性がないとされる事由）**である。違法性阻却事由が認められると，違法性がないものとして，無罪になる。一方で，**責任能力は認められる**ため，有責性がなくなるわけではない。

2 × 正当防衛とは，「**急迫不正の侵害**に対して，自己又は他人の権利を防衛するため，やむを得ずにした行為」をいう（法第 36 条第 1 項）。

3 ○ 心神喪失とは，精神の障害により，**事物の是非善悪を弁識する能力（弁識能力）がないか，あるいはこの弁識に従って行動する能力（制御能力）がない状態**をいう。また，心神耗弱とは，精神の障害により，**弁識能力または制御能力が著しく減退した状態**をいう。

4 × 心神喪失が認められた場合は，責任能力がないとして**無罪**となる（法第 39 条第 1 項）。心神耗弱が認められた場合には，**刑が減軽**される（法第 39 条第 2 項）。

5 × 法では，**14 歳未満**の者に刑罰を科していない。これは「刑事未成年」と呼ばれている。日本における刑事責任年齢は 14 歳以上とされており，14 歳未満の者は**責任無能力**となり，刑罰を科すことができない（法第 41 条）。

解答 3

問題59 刑事司法と福祉

事例を読んで，次のうち，この手続きを表す名称として，**最も適切なものを1つ**選びなさい。

〔事　例〕

Aさん（30歳）は，自動車の大幅な速度超過により，道路交通法違反の罪で検挙された。Aさんの事件は，簡易裁判所が，検察官の請求に基づき，命令により100万円以下の罰金または科料を科することができる手続きで処理されることになった。この手続きがとられるに当たって，Aさんは，被疑者として異議がないことを示していた。

1　起訴猶予
2　微罪処分
3　簡易送致手続
4　交通反則通告制度
5　略式手続

Point 刑事手続きに関する知識を問う問題である。殺人や窃盗など何らかの犯罪が発生した場合，その犯人や犯罪の事実を明らかにし，犯罪をした人には罪の重さに応じた適正な刑罰を科さなければならない。犯罪をした人に科すべき刑罰を定める一連の手続きを「刑事手続き」という。刑罰を科すための具体的な手続きについては，主に刑事訴訟法に規定されていることから，確認しておきたい。

1　×　起訴猶予とは，犯罪を行ったことが確実な場合でも，検察官が，犯人の性格，年齢及び境遇，犯罪の軽重及び情状並びに犯罪後の情況により訴追を必要としないと判断した場合に，**公訴を提起しない手続き**であり，本事例は該当しない（刑事訴訟法第248条）。

2　×　微罪処分とは，検察官があらかじめ指定した犯情の特に軽微な窃盗，詐欺，横領等の成人による事件について，司法警察員が，**検察官に送致しない手続き**であり，本事例は該当しない（刑事訴訟法第246条，犯罪捜査規範第198条）。

3　×　簡易送致手続とは，少年事件について行われるもので，検察官または家庭裁判所があらかじめ指定した事件であり，事実がきわめて軽微で，再犯のおそれがなく，刑事処分または保護処分を必要としないものについて，**家庭裁判所が書類審査だけで審判不開始で終了する手続き**であり，本事例には該当しない（犯罪捜査規範第214条第1項）。

4　×　交通反則通告制度とは，運転者の反則行為（比較的軽微な道路交通法違反行為）について，一定期間内に法律で定める反則金を納付することにより，**刑事裁判や家庭裁判所の審判に付されないものとする事件が処理される制度**で，本事例は該当しない（道路交通法第125条～第132条）。

5　○　略式手続とは，検察官の請求により，簡易裁判所の管轄に属する**100万円以下の罰金または科料に相当する事件**について，被疑者に異議のない場合，正式裁判ではなく，**検察官の提出した書面によって審査する裁判手続き**である。簡易裁判所において略式命令が発せられたあと，略式命令を受けた者は，罰金または科料を納付して手続きを終わらせるか，不服がある場合には，正式裁判を申し立てることができる（刑事訴訟法第461条～第465条）。

解答 5

問題 60 刑事司法と福祉

事例を読んで，刑の全部執行猶予中の保護観察に関する次の記述のうち，**最も適切なものを１つ**選びなさい。

〔事　例〕

Ａさん（30 歳）は，覚醒剤の自己使用により検挙され，懲役* 1 年執行猶予 3 年保護観察付の判決が確定し，保護観察中である。Ａさんには「薬物再乱用防止プログラムを受けること」という特別遵守事項が設定されている。また，Ａさんには担当保護司が指名されている。

1　Ａさんは，一般遵守事項に違反しても，執行猶予が取り消されることはない。
2　Ａさんは，簡易薬物検出検査を受けなければならない。
3　Ａさんに対する不良措置として，保護観察の期間の延長がある。
4　Ａさんの担当保護司は，Ａさんの補導援護はできるが指導監督はできない。
5　Ａさんが特別遵守事項に違反した場合には，保護観察所長が執行猶予を取り消す。

Point 保護観察付全部執行猶予者であるＡさんの事例問題である。保護観察とは，犯罪をした人や非行をした少年を社会の中で更生させるための制度である。「指導監督」と「補導援護」の 2 本の柱からなり，保護観察官と保護司が保護観察を担っている。保護観察の対象者には，守るべき遵守事項があり，すべての対象者に適用される一般遵守事項と，特定の対象者にだけ適用される特別遵守事項がある。これら二つの違いや遵守事項に違反した場合はどうなるのかについて理解しておくことが必要である。

1　×　**保護観察付全部執行猶予者が一般遵守事項に違反した場合**，その情状が重い場合は，保護観察所長が検察官に刑の執行猶予の取消しを申し出て，申出を受けた検察官が裁判所に取消しの請求を行い，**裁判所が認めた場合は執行猶予が取り消される**（刑法第 26 条の 2 第 2 号，更生保護法第 79 条）。

2　○　保護観察所が実施している薬物再乱用防止プログラムは，対象者が依存性薬物の悪影響と依存性を認識し，依存性薬物を乱用するに至った自己の問題性について理解するとともに，再び依存性薬物を乱用しないようにするための方法を習得・実践することを目的としている。全 5 課程の教育課程であるコアプログラムとステップアッププログラムからなり，教育課程と併せて**簡易薬物検出検査を実施**している。

3　×　不良措置とは，保護観察の対象者に遵守事項違反又は再犯等があった場合にとられる措置をいう。**保護観察付全部執行猶予者の不良措置は，刑の執行猶予の取消しであり，保護観察の期間の延長はできない**（刑法第 26 条，第 26 条の 2）。

4　×　担当保護司は，保護観察における**指導監督及び補導援護を実施する**ことになっている（更生保護法第 61 条）。

5　×　保護観察付全部執行猶予者が特別遵守事項に違反した場合は，一般遵守事項の違反と同様に，保護観察所長が検察官に対し刑の執行猶予の取消しの申出をし，申出を受けた検察官が裁判所に執行猶予の取消しを請求すると，**裁判所は対象者または代理人の意見を聴取した上で執行猶予を取り消すか否かを決定する**（刑法第 26 条の 2 第 2 号，更生保護法第 79 条）。

解答 2

＊　2025 年（令和 7 年）6 月 1 日施行の改正刑法により，懲役と禁錮が一元化され，「拘禁刑」となる。

問題 61 刑事司法と福祉

更生保護に関わる人または組織に関する次の記述のうち，**正しいものを2つ**選びなさい。

1 地方更生保護委員会の事務局及び保護観察所に保護観察官を置くこととされている。
2 保護司が備える条件の一つとして「人格及び行動について，社会的信望を有すること」がある。
3 保護司活動の拠点として，各都道府県に1か所ずつ更生保護サポートセンターが設置された。
4 更生保護法人は，厚生労働大臣の許可を受けて設立される。
5 更生保護女性会は，更生保護法の制定に伴い設立された。

Point 大項目「4　更生保護制度」の中項目「4－6）団体・専門職等の役割と連携」からの出題である。旧カリキュラムから更生保護に関わる人または組織（保護観察官，保護司，更生保護施設，更生保護女性会，BBS会，協力雇用主など）に関する問題は頻出であり，次回以降も同様の傾向は続くだろう。参考書などでその概要をつかみ，その上で関連法（更生保護法，保護司法，更生保護事業法など）を把握し，知識を確実なものにしたい。

1 ○ 更生保護法第31条において，**「地方委員会の事務局及び保護観察所に，保護観察官を置く」**と定められている。なお，同条第2項では「保護観察官は，医学，心理学，教育学，社会学その他の更生保護に関する専門的知識に基づき，保護観察，調査，生活環境の調整その他犯罪をした者及び非行のある少年の更生保護並びに犯罪の予防に関する事務に従事する」と定められており，保護観察官に関しても重要項目であるので，その内容を把握しておきたい。

2 ○ 保護司法第3条第1項第1号において，保護司が備える条件の一つとして，**「人格及び行動について，社会的信望を有すること」**と定められている。ほかの条件として「職務の遂行に必要な熱意及び時間的余裕を有すること」（同項第2号），「生活が安定していること」（同項第3号），「健康で活動力を有すること」（同項第4号）が定められている。

3 × 更生保護サポートセンターは，地区保護司会がその地域の関連機関と連携して活動を行うために設置されたものである。法務省によって2008年度（平成20年度）から整備され，2019年度（令和元年度）には**全国886か所ある保護司会のすべてに設置されている。**

4 × 更生保護事業法第10条において，「更生保護法人を設立しようとする者は，法務省令で定めるところにより，**申請書及び定款を法務大臣に提出して，設立の認可を受けなければならない**」と定められている。

5 × 更生保護女性会は，大正末期の少年保護婦人協会が前身となり，**1949年（昭和24年）に更生保護制度が発足したことに伴い，**組織化された。したがって，2007年（平成19年）の更生保護法の制定に伴い設立されたものではない。更生保護女性会は，犯罪をした人や非行のある少年に対する更生支援や地域の犯罪予防活動などを行うボランティア組織であるが，その会員数は近年減少傾向にある。

解答 1 2

問題 62 刑事司法と福祉

事例を読んで，「医療観察法」に基づく地域処遇に関する次の記述のうち，**最も適切なものを1つ選びなさい。**

〔事　例〕

Aさん（30歳）は「医療観察法」に基づく入院決定を受け，指定入院医療機関に入院していたが，その後，退院許可の決定を受け，現在は，地域処遇を受けて指定通院医療機関に通院している。

1　Aさんの精神保健観察は，保護観察所の保護観察官が担当する。
2　Aさんが「精神保健福祉法」に基づく医療保護入院となることはない。
3　Aさんの地域処遇が3年を超えて実施されることはない。
4　Aさんの地域処遇の期間は，保護観察所長の決定により短縮することがある。
5　Aさんの処遇の実施計画は，保護観察所長が関係機関と協議して定める。

（注）1　「医療観察法」とは，「心神喪失等の状態で重大な他害行為を行った者の医療及び観察等に関する法律」のことである。
　　2　「精神保健福祉法」とは，「精神保健及び精神障害者福祉に関する法律」のことである。

Point 大項目「5　医療観察制度」の中項目「5－2）審判・処遇の流れと内容」からの出題である。医療観察法（以下，法）に関する問題は旧カリキュラムから頻出である。本問で焦点が置かれている地域処遇だけでなく，入院又は通院の決定手続きである審判，指定入院医療機関による医療なども含めた法による手続きの流れを把握しておきたい。また，医療観察制度の根拠となる，法の内容も確認しておきたい。

1　×　Aさんの精神保健観察を担当するのは，保護観察所に置かれた**社会復帰調整官**である（法第20条第1項，第2項）。なお，同条第2項において，「社会復帰調整官は精神障害者の保健及び福祉その他のこの法律に基づく対象者の処遇に関する専門的知識に基づき」業務を行うと規定されている。

2　×　法第115条において，「この法律の規定は，第42条第1項第2号又は第51条第1項第2号の決定により入院によらない医療を受けている者について，**精神保健及び精神障害者福祉に関する法律の規定により入院が行われることを妨げない**」と規定されており，**精神保健福祉法に基づく医療保護入院も可能**である。

3　×　法第44条において，「第42条第1項第2号の決定による入院によらない医療を行う期間は，当該決定があった日から起算して3年間とする。ただし，**裁判所は，通じて2年を超えない範囲で，当該期間を延長することができる**」と規定されており，**3年を超えて実施することも可能**である。なお，法第44条の規定は，法第51条第4項で準用されている。

4　×　法第54条において，「**保護観察所の長は**，第42条第1項第2号又は第51条第1項第2号の決定を受けた者について，対象行為を行った際の精神障害を改善し，これに伴って同様の行為を行うことなく，社会に復帰することを促進するためにこの法律による医療を受けさせる必要があると認めることができなくなった場合は，当該決定を受けた者に対して入院によらない医療を行う指定通院医療機関の管理者と協議の上，直ちに，**地方裁判所に対し，この法律による医療の終了の申立てをしなければならない**」と規定されており，**処遇短縮を決定するのは地方裁判所**となる。

5　○　法第104条において，「**保護観察所の長は**，第42条第1項第2号又は第51条第1項第2号の決定があったときは，**当該決定を受けた者に対して入院によらない医療を行う指定通院医療機関の管理者並びに当該決定を受けた者の居住地を管轄する都道府県知事及び市町村長と協議の上，その処遇に関する実施計画を定めなければならない**」と規定されている。

解答 5

問題63 刑事司法と福祉

2004年（平成16年）に制定された犯罪被害者等基本法に関する次の記述のうち，**正しいもの**を**2つ**選びなさい。

1 同法における犯罪被害者等とは，犯罪等により害を被った者及び遺族を除いた家族をいう。
2 同法の目的の一つに，再犯の防止と犯罪による被害を受けることの防止がある。
3 同法に基づき，ストーカー行為を規制するための処罰が整備された。
4 同法の基本的施策の一つに，損害賠償の請求についての援助がある。
5 同法に基づき，政府は犯罪被害者等基本計画を定めなければならない。

Point 大項目「6　犯罪被害者支援」の中項目「6－2）犯罪被害者支援に関する法」からの出題である。新カリキュラムの内容を鑑みると，社会福祉士を目指す人には，犯罪被害者支援の学習を深めることが期待されているといえる。その上で，犯罪被害者等基本法，配偶者からの暴力の防止及び被害者の保護等に関する法律（DV防止法），ストーカー行為等の規制等に関する法律（ストーカー規制法）などの関連法を学ぶことはその基礎となる。今後の試験においても，犯罪被害者支援に関する問題は継続的に出題されると考えられるので，確実に学習しておきたい。

1 × 犯罪被害者等基本法第2条第2項において，「この法律において『犯罪被害者等』とは，**犯罪等により害を被った者及びその家族又は遺族**をいう」と規定されており，**遺族も含まれる**。そして，犯罪等により害を被った者及びその家族又は遺族に対する施策が同法において定められている（同条第3項）。

2 × 犯罪被害者等基本法第1条において，「この法律は，犯罪被害者等のための施策に関し，基本理念を定め，並びに国，地方公共団体及び国民の責務を明らかにするとともに，犯罪被害者等のための施策の基本となる事項を定めること等により，犯罪被害者等のための施策を総合的かつ計画的に推進し，もって**犯罪被害者等の権利利益の保護を図ることを目的とする**」と規定されており，再犯の防止はその目的として明確に規定されていない。再犯の防止が目的の一つと規定されている法律は更生保護法（同法第1条）及び再犯の防止等の推進に関する法律（再犯防止推進法）である（同法第1条）。

3 × **ストーカー行為を規制するための処罰が規定されているのは，ストーカー規制法**であり，同法第18条～第20条において罰則が規定されている。

4 ○ 犯罪被害者等基本法第12条において，「国及び地方公共団体は，犯罪等による被害に係る損害賠償の請求の適切かつ円滑な実現を図るため，**犯罪被害者等の行う損害賠償の請求についての援助**，当該損害賠償の請求についてその被害に係る刑事に関する手続との有機的な連携を図るための制度の拡充等必要な施策を講ずるものとする」と規定されている。

5 ○ 犯罪被害者等基本法第8条第1項において，「政府は，犯罪被害者等のための施策の総合的かつ計画的な推進を図るため，**犯罪被害者等のための施策に関する基本的な計画（以下「犯罪被害者等基本計画」という。）を定めなければならない**」と規定されている。

解答 4 5

ソーシャルワークの基盤と専門職

●第 37 回試験問題の特徴

本科目は，社会福祉士がソーシャルワーク専門職として，その基盤となる法規定や倫理，定義等を学習する科目である。

出題数は 6 問（五肢択一形式が 4 問，五肢択二形式が 2 問）であり，うち 2 問が事例問題であった。出題基準に沿ってみてみると，五つの大項目すべてから出題されており，その出題の傾向は例年と大きな変化はない。社会福祉士の法規定，「ソーシャルワーク専門職のグローバル定義」，ソーシャルワークの形成過程，ソーシャルワークの倫理などはほぼ毎年出題されているが，本年も例外なく出題された。事例問題は，ソーシャルワークの基盤となる考え方への理解が求められるものであったが，そこからさらに一歩深い理解が求められる問題もあった。

問題 64 は，法に定められた社会福祉士の努力規定を問う出題であった。法律上守らなければならないとされる義務と，努力義務との違いに対する理解が求められた。**問題 65** は，グローバル定義の注釈にある「知」への理解が問われた。地域・民族固有の知が必要とされる背景まで含めた理解が求められた。**問題 66** は，社会福祉士の発言の根拠となる考え方を提示した人物が問われており，少し難解であった。表面的な概念の理解だけでなく，その概念を提示した人物とも併せて理解することが求められた。**問題 67** は，スーパービジョンに関する事例問題であった。社会福祉士として，当事者の主体性や尊厳を守ることへの姿勢，職域への理解が必要である。**問題 68** は，アメリカにおけるセツルメントに関する出題であった。セツルメントが社会的な視点を拓いてきたという，歴史の意義をあらためて確認しなければならない。**問題 69** は，倫理原則を問う出題であるが，ドルゴフ（Dolgoff, R.）らによって示された考えを問うものであり，難解であったといえよう。

●受験対策のポイント

本科目は，第一に，社会福祉士に関する法規定を押さえることが必要不可欠である。秘密保持義務など，内容への理解と整理は欠かせない。

第二に，「ソーシャルワーク専門職のグローバル定義」やソーシャルワークの倫理についてもほぼ毎年出題されている。グローバル定義に関しては，その注釈まで含めて学ぶ必要がある。

第三に，ソーシャルワークの形成過程における重要な人物や出来事，特にアメリカのソーシャルワークの展開過程は頻出であり，ぜひ押さえておきたい。『過去問解説集』などを用いてのキーワード整理などは有効であろう。

第四に，ソーシャルワークの基礎的な概念に関する学びは欠かせない。本科目は基礎内容の確認が多いが，基礎となる言葉のもつ意味や関連事項等を理解しておかないと痛い目に遭うため，油断せず取り組むことが必要であろう。

問題 64 ソーシャルワークの基盤と専門職

次の記述のうち，社会福祉士及び介護福祉士法において社会福祉士が努めなければならないと規定されていることとして，**最も適切なものを1つ**選びなさい。

1　社会福祉士の信用を傷つけるような行為をしないこと。
2　福祉サービス関係者等との連携を保つこと。
3　相談援助に関する知識及び技能の向上を行うこと。
4　正当な理由がなく，その業務に関して知り得た人の秘密を漏らさないこと。
5　常にその者の立場に立って誠実にその業務を行うこと。

Point　社会福祉士は，社会福祉士及び介護福祉士法（以下，法）において定められている国家資格である。その資格の性質は，業務独占ではなく名称独占という位置づけにあるが，近年は社会福祉士の資格を有することを条件に雇用する施設・機関も少なくない。本問は，法における努力規定と義務規定の違いを問う問題である。

1　×　法第45条において，**「信用失墜行為の禁止」**が規定されている。社会福祉士への信用は，社会福祉士が行う支援活動に大きく影響するものである。たとえば，社会福祉士への信頼が揺らいでしまうと，適切な支援の妨げとなり，最終的には支援を受ける人たちの不利益となって，権利を守ることが難しくなってしまう。そのため，本規定は社会福祉士が努めることではなく，**義務とされている**。

2　×　法第47条において，福祉サービス関係者等との**「連携」**が規定されている。多様な課題を抱えている人への支援において，社会福祉士はさまざまな関係機関や専門職等と協働していかなければならない。その連携をうまくつくり，課題解決を図ることが社会福祉士の大切な専門性の一つである。そのため，本規定は社会福祉士が努めることではなく，**義務とされている**。

3　○　法第47条の2において，**「資質向上の責務」が努力規定として定められている**。社会を取り巻く状況や環境は目まぐるしく変わっており，社会福祉士に求められる知識や技術等も変わっていく。社会福祉士は，そのことを自覚し，常に新たな状況等に対応していくためにも，**その知識や方法等の向上に努めることが求められている**。

4　×　法第46条において，**「秘密保持義務」**が規定されており，努力規定ではない。業務上知り得たことに関する秘密保持義務は，一人ひとりの生活や人生にもかかわる社会福祉士にとって欠かすことのできない義務である。ただし，たとえば，生命の危険があるなど支援の展開上正当な理由がある場合はその限りではない。秘密保持義務は，**社会福祉士ではなくなったあとも適用される義務**として定められ，罰則規定も設けられている（法第50条）。

5　×　法第44条の2において，**「誠実義務」**が規定されている。社会福祉士は一人ひとりの尊厳を守り，サービス利用者や当事者の自立ある日常生活を支えていくために，自らの業務に誠実であることが規定されている。この規定は，福祉サービスを提供する事業者単位ではなく，**社会福祉士一人ひとりが守らなければならない義務として規定されている**。

解答 3

問題 65 ソーシャルワークの基盤と専門職

「ソーシャルワーク専門職のグローバル定義」(2014 年) におけるソーシャルワークの知 (Knowledge) に関する次の記述のうち，**適切なものを 2 つ**選びなさい。

1　ソーシャルワークの理論的基盤及び研究は，専ら医学の知見に基づいて構成されている。

2　ソーシャルワークの研究と理論の独自性は，閉鎖性と応用性にある。

3　人々と作り上げてきたソーシャルワークの知は，それぞれの国や各地域においても，また国を越えて普遍的に，それぞれの形で，より適切に実践されることになる。

4　ソーシャルワークの知は，西洋の理論や知識を根拠としたものであることが期待されている。

5　多くのソーシャルワーク研究と理論は，サービス利用者との双方向性のある対話的過程を通して共同で作られている。

(注)「ソーシャルワーク専門職のグローバル定義」とは，2014 年 7 月の国際ソーシャルワーカー連盟 (IFSW) と国際ソーシャルワーク学校連盟 (IASSW) の総会・合同会議で採択されたものを指す。

Point　「ソーシャルワーク専門職のグローバル定義」(以下，グローバル定義) は，国や地域を問わず，あらゆる場でのソーシャルワークの基盤となるものである。グローバル定義には，さらなる理解を促す「注釈」があり，「中核となる任務」「原則」「知」「実践」「(IFSW 総会において可決された) 追加動議」からなっている。本問は，その中でもソーシャルワークの「知」への理解を問うものである。

1　× **ソーシャルワークは，複数の学問分野にまたがり，また，その境界を超えた科学的な理論や研究に基づくもの**であって，専ら医学の知見に基づくものではない。ソーシャルワークは，特定の一つの学問，理論を基盤とするものではなく，たとえば，社会学や心理学，教育学，経済学，行政学，人類学などの非常に幅広い諸科学の理論を利用し，問題理解や実践に結びつけていく点に大きな特徴がある。

2　× ソーシャルワークは，上述した選択肢 **1** の解説にもあるように，さまざまな科学の領域，理論等を効果的に活用していく特徴があるため，その研究と理論の独自性の一つは応用性にあることは間違いない。一方で，研究と理論の閉鎖的なスタンスは，多様かつ複雑な課題に立ち向かうソーシャルワークにはなじまない。**課題解決へ寄与するという解放志向性を有する点に，研究と理論の独自性がある**と考えなければならない。

3　○ グローバル定義における「知」の大きな特徴は，**地域・民族固有の知を尊重する**という点にある。それぞれの地域・民族は，価値観や知などを独自に作り出しており，ソーシャルワークの知もまた，たとえば先住民たちと共同で作り出されなければならないものである。そうやって作り出されたものであるからこそ，**その地域等にあった適切かつ普遍的な実践が可能となる**のである。

4　× ソーシャルワークの知の目指すべきところは，**西洋の理論や知識の枠組みを無条件に肯定し，その地域・民族固有の知を一方的に否定することを見直す点**にある。むしろ，これまであまり評価されてこなかった**地域・民族固有の独自の知を再評価**し，**西洋による支配的な状況を克服する**こと，**植民地主義的な考え方や状況を反転させる**ことを目指すのがソーシャルワークの大事な役割として考えられている。

5　○ ソーシャルワークにとって，その研究と理論は，**先住民をはじめとした人たち，それぞれの地域・民族の声を拾い，学ぶ中で，その人たちとともに作り上げていくことが前提**にある。そのため，**さまざまなサービスを利用する当事者とともに，対話を重ねながら研究を進め，理論を作り出していく**ことは，ソーシャルワーク研究と理論の大きな柱として位置づけられなければならない。

解答 3 5

問題66 ソーシャルワークの基盤と専門職

事例を読んで，A社会福祉士の発言の基盤となっている考え方を提示した人物として，**最も適切なものを1つ**選びなさい。

〔事　例〕

地域活動支援センターで指導員として勤務するAが，地域自立支援協議会の実務者会議に出席したところ，管轄地域内における今後の生活支援の方向性を問われた。そのため，日頃の相談支援活動を踏まえて「私は，障害のある方々の様々な活動が価値ある役割として，社会に認められていくための取組を，私たちはこれからも続けていくことが大切だと思います」と発言し，出席者から賛同を得た。

1　バンク-ミケルセン（Bank-Mikkelsen, N.）
2　ニィリエ（Nirje, B.）
3　ソロモン（Solomon, B.）
4　ヴォルフェンスベルガー（Wolfensberger, W.）
5　バンクス（Banks, S.）

Point 本問はノーマライゼーション理念とその周辺理解に関する問題である。ノーマライゼーションとは，すべての人が社会において平等に参加できることを目標に，障害の有無や年齢といった違いを超えて，誰もが権利をもち，必要な支援を受けることを理念とする考え方である。ノーマライゼーションの理解は，近年の社会福祉の現場においても重要視されており，利用者の意向を尊重し，適切な支援を行うための基本的な考え方になる。さらに，日本の地域共生社会の実現を目指す上での基盤ともなっている。

1 ×　バンク-ミケルセンが提唱するノーマライゼーションは，**障害のある人々に障害のない人々と同じ生活条件を提供することを目指す理念**である。この考え方は，障害者が社会の一員として，普通の人々とともに生活する権利をもつことを強調した。後にこのノーマライゼーションの考え方は教育や雇用の分野で重要視されるようになった。

2 ×　ニィリエが提唱するノーマライゼーションは，**障害者がよりノーマルな生活を送るための指針として機能すべきである**とされた。この考え方は，特に障害者が自立して生活し，社会に積極的に参加することを促進した。また，ニィリエが提唱した8原理では，障害者が可能な限り普通の人々と同じように生活することを可能にし，彼らの生活の質を向上させるための概念が示された。

3 ×　ソロモンは，**ソーシャルワークにおいてエンパワメントの考え方を導入し，利用者が自分の能力を発揮できるよう支援する方法を整理**した。ソロモンはノーマライゼーションのあり方自体を提唱した人物ではないが，ノーマライゼーションは社会的統合を促す大きな枠組みを提供し，エンパワメントはその実現のための具体的なプロセスや方法論を提供する関係性にある。

4 ○　ヴォルフェンスベルガーが提唱するノーマライゼーションでは，**障害者は哀れみや保護の対象としてみられるのではなく，障害者や社会的マイノリティが一般市民と平等な立場で参加できる社会を目指すべきである**とされた。本事例に照らし合わせると，A社会福祉士の発言は，「平等な立場で参加できる社会づくりを目指すこと」を強調した内容となっており，ヴォルフェンスベルガーの理念に基づいていると解釈できる。

5 ×　バンクスが提唱するノーマライゼーションでは，**すべての人々が社会で平等に扱われるべきであるという立場が強調された**。これは，すべての人々が社会の一部として認識され，平等な機会を享受できるようにするための枠組みである。バンクスは，社会的な公正を促進し，コミュニティの一体感を形成する重要性を強調した。この考え方によって，支援が必要な個人が，お互いに尊重しあい，共存できる環境づくりを目指した。

解答 4

問題 67 ソーシャルワークの基盤と専門職

事例を読んで，被保護者との関係に苦慮するA現業員に対する査察指導員B（社会福祉士）のスーパービジョンの助言として，**適切なものを2つ**選びなさい。

〔事　例〕

C福祉事務所の査察指導員Bは，生活保護を担当して1年目のAから，単身世帯のDさん（70歳）への対応について相談を受けた。Aによると，Dさんは，Dさんの誤解によるトラブルから近隣とのつきあいはほとんどなく，買い物以外は家に閉じこもっている。私（A）が訪問すると毎回のように「あなたも近所の人たちと同じだ。あなたの話もわからない。福祉は困っている人を助けるためにあるはずだ。なのに，なぜ，もっと自分を助けてくれないのか」と言われる。内容を尋ねるも具体的なことはわからず，どのように応答してよいのか困っているとのことであった。

1 「家庭訪問でのDさんとのやりとりを振り返ってみましょう」
2 「話し相手がいる近隣のサロンを紹介すると伝えてみましょう」
3 「日頃の生活をご近所の方々に尋ねることについてDさんから了解を得てください」
4 「他の事例を適用してDさんへの対応を検討してみましょう」
5 「生活保護担当者としての業務と役割について，一緒に確認してみましょう」

Point 本問は，関係に苦慮する現業員の被保護者へのかかわりに対する，査察指導員によるスーパービジョンのあり方に関する問題である。査察指導員は，現業員への専門的な指導や助言を通じて，業務の進行管理や職員管理を行う必要があり，スーパービジョンにより，生活保護業務の効率化と支援の質向上を図ることができる。生活保護業務では査察指導員と現業員が協力し，効果的な福祉サービスを提供することで，被保護者のニーズに応じた対応が可能となる。

1 ○ スーパービジョンの助言内容として，適切である。**査察指導員の管理的機能として，現業員の業務の進捗や成果を確認し，必要に応じて改善策を査察指導員から提案する**必要がある。そのため，B査察指導員が現場の実態を把握し，A現業員がどのようにケースにアプローチしているかを観察して，フィードバックを行う過程が大切である。

2 × スーパービジョンの助言内容として，適切ではない。Dさんの主訴から，話し相手が必要な状況を設けることや，外出の機会を提案することは，Dさんへの介入方法を考えても，適切ではない。スーパービジョンでは，**現場の実情に基づいた「具体的な指導や助言」を行う**ことで，現業員が抱える特有の問題やニーズに対応しやすくなり，より効果的な支援を提供できるようになる。

3 × スーパービジョンの助言内容として，適切ではない。Dさんは，近所の人たちとの関係性に課題を感じているため，了解を得られる可能性は少なく，A現業員との関係性の悪化も考えられる。B査察指導員はA現業員に対し，**家庭訪問や面接を通じてDさんの生活状況を把握し，Dさん本人と信頼関係を構築する方法を先に助言する**必要がある。

4 × スーパービジョンの助言内容として，適切ではない。事例検討は，個別のケースに対する理解を深め，現業員の相談援助能力を向上させるために不可欠な方法ではある。しかし，事例検討における対応方法が，本事例のケースに即応し，結果として効果的なスーパービジョンに結びつくとは考えにくい。査察指導員は，**現業員が直面する困難な事例や課題に対し「具体的な解決策」を提供し，現業員が自信をもって業務を行えるように支援する**ことが求められる。

5 ○ スーパービジョンの助言内容として，適切である。査察指導員には，単に知識を伝えるだけでなく，**実務における具体的なスキルやマインドを育成する**役割を果たす必要がある。教育的機能を通じて，現業員が自立して業務を行えるようになり，利用者へのサービス向上にもつながる。

解答 1 5

問題 68 ソーシャルワークの基盤と専門職

アメリカにおける初期のセツルメントに関する次の記述のうち，**最も適切なものを1つ**選びなさい。

1 「施与（せよ）ではなく友人を」を掲げて友愛訪問活動を行った。
2 貧困を社会的・経済的な問題として捉えた。
3 ケーススタディを通して貧困状態にある人の救済を行った。
4 援助の効率化を図るために「援助に値する貧民」を選別した。
5 シカゴにはトインビーホールが設立された。

Point 問題文の冒頭に「アメリカにおける」とあるが，本問は地理的な要素よりも，セツルメントに対する基本的な知識を問うている。特に慈善組織協会（Charity Organization Society：以下，COS）との違いについてはよく比較されるところであり，両者の違いを時代背景や国ごとに，人物を含めて整理しておくことが求められる。

1 × これは，スコットランドの**チャルマーズ（Chalmers, T.）の隣友運動**についての記述であり，この流れがのちのCOSの活動に受け継がれていった。

2 ○ 選択肢のとおり。**セツルメントは，貧困の原因を社会的・経済的な問題として捉えた**一方，COSでは貧困の原因を「個人」にあると考えた。

3 × これは，COSについての記述である。**COSは貧困の原因を「個人」にあるとし，個別の救済を進めていった**。この支援がケースワークの起源とされている。

4 × これは，COSについての記述である。**COSは貧困の原因を「個人」にあるとし，貧困者に生活態度の改善を促し，「救済に値する貧困者」と「救済に値しない貧困者」を区別し，前者を対象として救済をした。** COSの活動は基本的に民間の立ち位置なので，後者は「新救貧法」に委ねる形となった。

5 × **シカゴに設立されたのはハルハウス**であり，1889年にジェーン・アダムス（Addams, J.）によって設立された。**トインビーホールは，バーネット（Barnett）夫妻によって，1884年にイギリスのロンドン東地区に設立された**ものである。

解答 2

問題 69 ソーシャルワークの基盤と専門職

ドルゴフ（Dolgoff, R.）らによって提示された倫理原則に関する次の記述のうち，**正しいものを1つ**選びなさい。

1 平等と不平等に関する倫理原則では，同じ環境に置かれている人には誰に対しても同じように対応しなければならない。

2 プライバシーと守秘義務に関する倫理原則では，全ての人が自らのプライバシーと守秘義務を強化しなければならない。

3 自律と自由に関する倫理原則では，全ての人々の生活の質を高めるような選択肢を選ばなければならない。

4 最小限の害に関する倫理原則では，あらゆる人の生活や生命を守らなければならない。

5 誠実と情報の開示に関する倫理原則では，クライエントへの関連の有無に関係なく，全ての情報を伝えなければならない。

（注）「ドルゴフ（Dolgoff, R.）ら」とは，2009年にEthical Decisions for Social Work Practice（8th ed.）を著したドルゴフ，ローウェンバーグ（Loewenberg, F. M.）とハリントン（Harrington, D.）のことである。

Point ドルゴフらによって，倫理的ジレンマにおける倫理原則の優先順位（七つ）が提示された。それらは優先順に，①生命の保護，②平等と不平等（文献によっては「社会正義」と記されている），③自律と自由，④最小限の害，⑤生活の質，⑥プライバシーと守秘義務，⑦誠実と情報の開示となっている。社会福祉士がその実践において，ジレンマに陥った際の指針となる原則である。

1 ○ 平等と不平等に関する倫理原則としては，全てのクライエントに対して差別や権利侵害をすることなく（あるいはそのような状況下にある人へのかかわりも含め），**社会正義に則った行動**が求められる。

2 × プライバシーの侵害は，権利侵害にならないよう，社会福祉士が気をつけなければならない項目であり，守秘義務についても同様である。しかし，危機回避等による例外もあるため，**「全ての人」に対して該当しない場合**もある。

3 × この記述は，**「生活の質」**に関するものである。「自律と自由」については，自己決定も含めて優先されるべき項目である。しかしながら，糖尿病患者の「死んでもいいから好きなだけ食べたい」というような自己決定は，「生命の保護」に抵触してしまうことがある。

4 × この記述は，**「生命の保護」**に関するものである。ドルゴフらの倫理原則で最も優先順位が高い項目である。「最小限の害」については，クライエントの危害を最小限にとどめられるようなかかわりが求められる。

5 × 「誠実と情報の開示」については，「全ての情報を伝えなければならない」のではなく，**クライエントの状況を確認し，その必要に応じた情報開示**が求められる。

解答 1

ソーシャルワークの理論と方法

●第 37 回試験問題の特徴

本科目の出題数は，9問であり，そのうち6問が事例問題であった。事例問題は，専門知識を問うものと事例内容を読み解く力を問うものがある。いずれの出題も総合的な理解が問われる傾向があるため，試験対策では多くの問題を解くことが重要となる。以下に，問題ごとの特徴を述べる。

問題 70 は，保護観察所による特別調整に関する知識が問われた。本出題では制度的な知識が問われたが，事例を発展的に考えた場合，どのような社会資源が活用できるか，今後の支援展開などについて問う出題の可能性も考えられる。**問題 71** は，問題解決アプローチの特徴を問う出題であった。問題解決アプローチを正しく理解していることと同時に他のアプローチの特徴との違いについての理解が必要であった。**問題 72** は，実践モデルやアプローチに関する理解が問われた。実践モデルやアプローチは，他のモデル・アプローチと重なる面もあるため，厳密な線引きは難しいが中心的な特徴をよく理解していることが必要である。**問題 73** は，若年性認知症と診断された人の職場の上司への対応を問う出題であった。認知症に対する医学知識に加え，会社で働くことの心理社会的な課題の理解が必要であった。**問題 74** は，家族と同居生活している高齢者に対する事例において，アセスメントとプラン作成の過程を問う出題であった。**問題 75** は，ソーシャルワークの事後評価を問う出題であった。**問題 76** と **問題 77** は，グループワークの原則と展開過程を問う出題であった。グループワークの原則では，出題のとおりコノプカの原則が問われることが多い。**問題 78** は，スーパービジョンに関する出題であった。スーパービジョンでは，管理，教育，支持の三つの機能の理解が問われることが多い。本出題では，スーパーバイジーによる場面の記述と振り返りを進める展開が問われた。

●受験対策のポイント

本科目は，方法論に関する科目であるものの実践場面ではクライエントの具体的状況の中で支援が展開されるため，領域ごとに関係する制度的知識や社会の仕組みについて，またクライエント理解にかかわる医学知識，心理社会的な状況理解が必要となる。そのため，関連知識を含めて基本的な事項を理解しておくことが重要である。

各出題について，比較的平易な内容も多い。しかし，事例問題など複数の解釈が成り立つ場合は，正答を見つけることに悩むことも考えられる。また，本科目は事例問題としての出題も多いことから，多くの問題を解き，慣れておくことが大切である。

過去の出題傾向では，システム理論，ソーシャルワークの記録，ケアマネジメントについても問われていた。また，新カリキュラムになって，コミュニティワークが出題範囲となったため，これらについてもバランスよく学習を進めてほしい。

問題 70 ソーシャルワークの理論と方法

事例を読んで，保護観察所がAさんの特別調整の協力を求めた機関について，**最も適切なものを1つ**選びなさい。

〔事　例〕

Aさん（84歳）は，来月で6回目の刑期を終える。Aさんは帰る先もなく，頼れる人もいない。Aさんは「帰るところも探せないし，お金もない」と話しており，特別調整を希望している。矯正施設では，福祉専門官がAさんと面談し本人の意向を確かめた結果，特別調整対象者として判断したため，保護観察所に通知した。保護観察所長は，Aさんの状況を確認するために特別調整協力の依頼を求めることにした。

1　地域生活定着支援センター
2　養護老人ホーム
3　更生保護施設
4　障害者支援施設
5　福祉事務所

Point　矯正施設及び保護観察所による特別調整に関する基礎的知識を問う問題である。特別調整とは，高齢又は障害を有することで適当な帰住先がない受刑者及び少年院在院者について，退所後速やかに，適切な福祉サービスを受けられるようにするための特別手続きである。保護観察所では，特別調整を進めるために地域生活定着支援センターに協力を依頼し，連携を図ることとしている。

1　○　地域生活定着支援センターは，地域生活定着促進事業に基づき都道府県に設置されている。特別調整では，保護観察所と連携・協働し，矯正施設退所後の**社会復帰及び地域生活の定着に向けた支援が行われる**。地域生活定着支援センターの主な業務は，①コーディネート業務，②フォローアップ業務，③被疑者等支援業務，④相談支援業務，⑤これらの業務を円滑かつ効果的に実施するための業務となっている。

2　×　養護老人ホームは，老人福祉法に規定された福祉施設である。**65歳以上であって環境上の理由及び経済的理由から居宅での養護を受けることが困難な状況にある人を対象**とし，入所者の自立生活と社会参加に必要な指導及び訓練その他の援助を行うことが目的である。事例のAさんが施設での生活を希望した場合，生活場所として候補になる。

3　×　更生保護施設は，更生保護事業法に規定された施設である。矯正施設退所者，仮釈放者，保護観察にある者などに対する，**更生保護事業の宿泊型保護事業及び通所・訪問型保護事業の被保護者を対象**とし，被保護者を宿泊・通所させ改善更生に必要な保護を行うことが目的である。事例のAさんにおいても，地域の生活場所が見つかるまで一時的に利用することは可能である。

4　×　障害者支援施設は，障害者の日常生活及び社会生活を総合的に支援するための法律（障害者総合支援法）に規定された福祉施設であり，**居宅での生活が難しい障害者を対象**に施設入所支援及び障害福祉サービスが提供される。

5　×　福祉事務所は，社会福祉法に規定された行政機関である。都道府県に設置された福祉事務所では，生活保護法，児童福祉法，母子及び父子並びに寡婦福祉法に定められた援護又は育成の措置に関する事務が行われる。市町村設置の場合は，それら三つの法に加えて老人福祉法，身体障害者福祉法，知的障害者福祉法に定められた事務を行う。事例のAさんにおいては，福祉施設及び福祉サービスの利用に際し，連携が必要な機関となる。

解答 1

問題 71 ソーシャルワークの理論と方法

問題解決アプローチに関する次の記述のうち，**最も適切なもの**を**1つ**選びなさい。

1 クライエントのもつ主体的な意志の力に注目し，支援機関の活用を図る。
2 クライエントの動機づけ，能力，機会を把握して支援を進める。
3 クライエントが直面している危機状況に対して，短期集中的に働きかける。
4 クライエントへの直接的な支援とともに，個人を取り巻く環境に働きかけを行う。
5 クライエントが解決を望む問題について，目標と期限を設定し課題に取り組む。

Point 問題解決アプローチは，1950年代にパールマン（Perlman, H.）の研究から生み出されたアプローチである。パールマンは，自我心理学，教育学者デューイ（Dewey, J.）の哲学，役割概念，機能主義学派のロビンソン（Robinson, V.），タフト（Taft, J.）などの影響を受け，理論から実践につながる体系的なアプローチを提示した。問題解決アプローチでは，問題解決をクライエントの成長プロセスと捉え，自我機能の回復と問題解決への取り組みに対する支援が行われる。クライエントの成長に視点をおくアプローチは，生活モデルとも重なり，その後の多様なソーシャルワークアプローチの基礎として影響することになった。

1 ✕ **機能主義アプローチ**の特徴である。問題解決アプローチは機能主義アプローチからも影響を受けているため，当然問題解決アプローチにも当てはまる特徴ということができる。しかし，問題解決アプローチでは，支援機関の活用に重点を置いていないことから最も適切とはいえない。

2 ○ 問題解決アプローチでは，**クライエントが経験する問題をクライエントが解決できるように支援が行われる**。クライエントに対するアセスメントでは，クライエントの問題解決能力であるワーカビリティを，問題解決への動機づけ，能力，機会の3側面から把握（評価）する。このように問題解決アプローチの特徴が説明されており適切である。

3 ✕ **危機介入アプローチ**の特徴である。クライエントにとって重要な事柄において，失敗や喪失などの問題が起き，クライエントの力で対処することができず圧倒されてしまうことで危機的な状況に陥る場合がある。このような場面ではクライエントがいち早く危機状況から抜け出せるように危機介入が行われる。

4 ✕ クライエントと環境の両面に対する支援や働きかけを行うということは，**生活モデルや生態学的アプローチで強調される**。また，ジェネラリスト・ソーシャルワークでは，ミクロ・メゾ・マクロと直接的な支援から広く環境へのアプローチが展開される。問題解決アプローチも環境への働きかけは行われるものの，それよりもクライエント自身による問題解決の取り組みに重点が置かれることから最も適切とはいえない。

5 ✕ **課題中心アプローチ**の特徴である。課題中心アプローチでは，クライエントが解決したいと考える問題に対して目標と課題を具体的に設定して取り組むこと，短期間で支援が終結できるように計画的に進めることなどが特徴となる。これらの特徴は，問題解決アプローチにも重なる面があるが，対象問題は「クライエントが解決を望む問題」に限定されない。

解答 2

問題 72 ソーシャルワークの理論と方法 ✓✓✓

事例を読んで，この段階のＡ病院のＢ医療ソーシャルワーカー（社会福祉士）が行った実践モデルやアプローチに関して，**最も適切なものを１つ**選びなさい。

〔事　例〕

Ｃさん（46 歳，男性）は夫婦で生まれ故郷に戻り，５年前から喫茶店を営んでいる。１か月前に，脳出血を患い，Ａ病院でリハビリテーションを受け，数週間後に自宅退院を控えている。ＢはＣさんと退院に向けた面談を行った。Ｃさんは「左片麻痺（ひだりかたまひ）があるのは仕方がないとしても，妻もまた一緒にお店をやっていこうと言ってくれているので仕事がしたい。地元の友達も戻ってきたら店に行くよと声をかけてくれているから」と語った。Ｂは「奥様もお友達もＣさんがお店に戻ってこられるのを待っておられるんですね。お店に戻られるまで，どのように暮らしを整えていったら良いか，ご一緒に考えていきましょう」と提案した。

1　行動変容アプローチ
2　治療モデル
3　実存主義アプローチ
4　生活モデル
5　課題中心アプローチ

Point 本事例は，数週間後に自宅退院を控えている段階での退院に向けた面談における医療ソーシャルワーカー（社会福祉士）が行った実践モデルやアプローチに関する問題である。「医療ソーシャルワーカー業務指針」において「退院援助」は，「生活と傷病や障害の状況から退院・退所に伴い生ずる心理的・社会的問題の予防や早期の対応を行うため，社会福祉の専門的知識及び技術に基づき，これらの諸問題を予測し，退院・退所後の選択肢を説明し，相談に応じ，（中略）解決，調整に必要な援助を行う」と示されている。

1 ✕ 行動変容アプローチは，ソーシャルワーカーがクライエントに，意図的に刺激や報酬をもたらすことで，**問題となる行動を減らしたり，望ましい行動を増やしたりする方法**であり，適切でない。

2 ✕ 治療モデルは，人間の病理，欠陥に焦点を当て，**クライエントの問題を診断によって特定し，原因を導き出し，治療する方法**であり，適切でない。

3 ✕ 実存主義アプローチは，クライエントが実存的な苦悩を抱えている状態から抜け出す（疎外からの解放）ために，**他者とのつながりに目を向け，自らの存在意味を把握して自己を安定させる方法**であり，適切でない。

4 ○ 生活モデルは，環境を改善しつつ，人が環境に適応するための**コンピテンス**（人に内在する総合的な対処能力をいい，これによって，生活上の問題や困難を積極的に乗り越えることができる）を向上させることを目指す。Ｂ医療ソーシャルワーカー（社会福祉士）の「お店に戻られるまで，どのように暮らしを整えていったら良いか，ご一緒に考えていきましょう」という提案は，生活に焦点を当てた生活モデルに基づく提案といえる。

5 ✕ 課題中心アプローチは，ターゲット問題（クライエントが解決を望む具体的な問題）を取り上げ，**短期的な時間の中で，具体的な課題を設定して取り組むことで問題を解決する，計画的な方法**であり，適切でない。

解答 4

問題 73　ソーシャルワークの理論と方法

事例を読んで，この時点でAさんを担当する若年性認知症支援コーディネーターが行った支援に関する次の記述のうち，**適切なものを2つ**選びなさい。

〔事　例〕

総合商社に勤務するAさん（44歳）は，半年前から商品の発注ミスや大事な商談の約束を忘れてしまうことが度々あり，B上司と産業医の勧めにより認知症疾患医療センターを受診し，若年性アルツハイマー型認知症と診断された。先日，B上司から，若年性認知症支援コーディネーターに電話相談があった。「Aさんから，認知症だと診断されたと報告を受けた。実は，責任のある仕事を一人で任せることも難しくなった。Aさんが自信なさそうに仕事をしており，時折，休むようになった。落ち込んでいる様子もあり，周りの社員も戸惑っている。私も社員も認知症のことがよくわからないので，今後どのように対応してあげたらよいのか正直わからずに困っている」とのことだった。

1　Aさんの仕事のミスがなくなるように，諦めずに教えてあげてください。
2　Aさんの意向を聴いて，仕事のサポート体制の構築を検討してください。
3　Aさんの家族にはAさんの自尊心を尊重して今の社内での様子を伝えないようにしてください。
4　Aさんの短期記憶を活用できる業務への配置転換を検討してください。
5　認知症の理解を進めるために認知症の学習会を実施する場合は，ご相談ください。

Point　都道府県ごとに配置されている若年性認知症支援コーディネーターは，本人や家族，就労先などの調整役を担い，職場や産業医，地域の当事者団体などと連携しながら，本人の就労継続支援や本人・家族の居場所づくりに尽力している。本事例は，若年性認知症と診断されたAさんが仕事を続けていく際の，本人の悩みや困りごとだけでなく，職場スタッフの苦悩に，若年性認知症支援コーディネーターがどのように対応していくのかを問う問題である。若年性認知症支援コーディネーターは，最初に相談してきたB上司の困りごとやそれにまつわる感情を傾聴するだけでなく，Aさんの最善の利益のために，Aさん自身がこの状況をどのように感じているのか，また，どのようにしていきたいのかを確認することが求められる。

1　×　若年性認知症支援コーディネーターは，Aさんの**「仕事のミス」が起こる理由やその背景を明らかにすることが求められる**。したがって，B上司に「Aさんの仕事のミスがなくなるように，諦めずに教えてあげてください」と助言することは適切ではない。まずはAさん自身の就業能力や残存能力などを評価することが大切である。

2　○　若年性認知症支援コーディネーターには，Aさん本人の希望を尊重した上で，Aさんの担当業務の見直しや配置転換といった社内のサポート体制が構築され，Aさんが就業を続けられるように助言などを行うことが求められる。

3　×　若年性認知症者が就労を継続するには，家族の理解やサポートが不可欠である。そのため，職場内のAさんの様子については，Aさんの**同意を得て，家族と職場が情報共有することが求められる**。したがって，「家族には社内の様子を伝えないようにしてください」という助言は適切ではない。

4　×　「配置転換の検討」を提案するにしても，Aさんの意向や残存能力を評価した上で進める必要がある。したがって，「配置転換」を提案することは，現時点では適切ではない。加えて，「短期記憶障害」が認知症の症状の一つであることから，「短期記憶を活用できる業務への配置転換」を提案することは適切ではない。

5　○　Aさんが就労を継続するには，**職場の上司や同僚が，若年性認知症について理解を深めることが必須となる**。したがって，「認知症の理解を進めるための認知症の学習会」について相談に乗ることは適切である。

解答　2　5

問題 74 ソーシャルワークの理論と方法

事例を読んで，地域包括支援センターのA社会福祉士がこの段階で行う援助に関する次の記述のうち，**最も適切なもの**を**1つ**選びなさい。

〔事　例〕

Bさん（75歳，女性）は，一人暮らしが不安になり，長男家族と同居することになったが，転居後すぐに自宅に閉じこもるようになった。心配した長男が地域包括支援センターを訪ね「以前は，社交的で友人と外出することもあったが，それがなくなり心配」と相談した。Aは，Bさんと数回の面接を行った。Bさんは「長男家族が食事内容を私に合わせて作ってくれるのが，申し訳ない」「人と話すのが好きで，前に住んでいた地域では毎日楽しかった。きっかけがあれば外に出たい」と語った。Bさんは要支援１の認定を受けている。Aは，得られた情報を踏まえてBさんの支援計画を立てようと考えている。

1　Bさんに元の地域に戻ってみても良いのではないかと助言する。
2　Bさんと長男家族との関係修復を行い，閉じこもりを解消する。
3　Bさんの食事は給食サービスを利用し，食事は家族と別にしても良いのではないかと助言する。
4　Bさんの社交性は強みなので，地域の茶話会への参加を促す。
5　代弁者として，Bさんの意向を長男に伝える。

Point　ソーシャルワーク過程における計画策定（プランニング）段階に関する事例問題である。計画の策定とは，事前評価（アセスメント）に基づき，支援目標を設定し，目標達成のための具体的な支援の内容及び方法を考え，利用者とともに計画を立てる段階である。策定にあたり，利用者や利用者を取り巻く環境の状況を的確に把握し，その個別性やストレングス等にも着目する必要がある。また利用者の問題解決のために，地域社会に存在する社会資源を選定し，フォーマル，インフォーマル問わずさまざまなものを活用していくことが重要である。その際，支援者主導で進めていくのではなく，利用者や家族等の意向を確認しながら進めていくことも留意しておく。

1　×　Bさんは，長男家族との同居生活の不適応状態から自宅に閉じこもるようになったとは考えにくく，この段階で元の地域に戻ることは，再び一人暮らしとなり，Bさん自身も**長男家族も再び不安を抱える**ことになってしまう。

2　×　長男家族がBさんに合わせて食事を作ってくれていること，それに対してBさんが申し訳なく思っていることから，Bさんと長男家族との**関係性が悪化しているとは想像できず**，そのことが閉じこもりの原因とは考えにくい。

3　×　Bさんは食事に対して不満を抱いているわけではなく，食事に関することがこの事例の問題点ではない。また，給食サービスを利用し家族と食事を別にすることは，**家族との関係性を弱める**ことにもつながり，この問題を解決することにはならない。

4　○　Bさんが社交的であり友人と外出した経験をもっていることを**ストレングス**と捉え，地域にある茶話会という社会資源を活用することで，閉じこもりの状態を解消することにつながると考えられる。また，Bさん本人もきっかけがあれば外出したいという要望があり，利用者や長男家族の意向に沿った支援でもある。

5　×　Bさんは要支援１の認定を受けているとはいえ，**自分自身の気持ちや意向を相手に言語化し伝えることが可能な状態**である。また事例の内容からは，長男に伝えることができない状況にあるとは考えにくく，Bさんの代弁者になる必要はない。

解答 4

問題 75 ソーシャルワークの理論と方法

ソーシャルワークの事後評価に関する次の記述のうち，**最も適切なもの**を**1つ**選びなさい。

1 クライエントが望んだ場合においてモニタリングの前に行う。

2 クライエントの状況の変化に応じて行う。

3 ワーカーがクライエントのプランニングに至る前に行う。

4 結果評価の他，クライエントの主観的な満足度や支援者の関わり方について行う。

5 クライエントの希望や望みを聞き，エンゲージメントのプロセスに基づいて行う。

Point ソーシャルワーク過程における事後評価（エバリュエーション）段階の時期及び内容に関する問題である。事後評価とは，実際の支援が問題や課題の解決に対して有効であり適切であったのかを，支援過程の最終過程において，クライエントとともに評価する段階である。事後評価においては，クライエントの主観にも着目しながら，さまざまな手法を用いて客観的に判断する必要がある。また支援過程において，クライエントの問題解決への努力や成果を肯定的に評価し，クライエントと支援者がそれらを共有することも重要である。

1 ✕ クライエントが望んだとしても，**支援過程の途中で事後評価を行うことはない**。また，クライエントが支援過程の中で，それまでの支援の効果や適性を確認したいのであれば，モニタリングの中で行うことが望ましい。

2 ✕ クライエントの状態や環境等の変化に応じて行うのは，**事後評価ではなくモニタリングである**。モニタリングの結果，支援の効果や適性に問題があった場合には再アセスメントや計画の見直しが行われる。

3 ✕ プランニングの前に行われるのは，**事後評価ではなくアセスメントである**。アセスメントは事前評価とも呼ばれ，クライエントやそれを取り巻く環境等について情報収集を行い，問題や課題を分析し，解決への方向性を探り，プランニングにつなげる過程である。

4 ○ 事後評価では，支援の効果や適性を判断するだけでなく，**支援過程を振り返りクライエントの努力や気持ちの変化等などの主観にも着目する必要がある**。その振り返りによって，クライエントの自信や，再び問題や課題を抱えた際のクライエント自身による解決にもつながる。また，支援者自身がクライエントとの関わり方について評価することで，次の支援を行う際の方法や手法等の活用にもつながる。

5 ✕ エンゲージメントとは，クライエントの主訴や希望を聞き，**クライエントと契約を結ぶことである**。エンゲージメントは，インテーク段階で行われ事前評価につなげていくのであり，事後評価とは関係ない。

解答 4

問題 76 ソーシャルワークの理論と方法

コノプカ（Konopka, G.）の提唱したグループワークの原則に関する次の記述のうち，**適切なものを2つ**選びなさい。

1　メンバー個々に新しい体験を付与することよりも，過去の体験を重視する。
2　援助者が積極的にプログラムに参加し，メンバーの問題を解決する。
3　グループ活動のルールを決め，メンバーの成長を阻害する場合には制限を設ける。
4　メンバー個人の相違点，及び当該グループが他のグループとは違う特徴をもつグループであることを認識するために個別化を行う。
5　メンバー間の相互作用の中で生じる葛藤は，表面化しないように働きかける。

Point コノプカは，グループワークとは，ソーシャルワークの一方法であり，意図的なグループ体験を通じて，個人の社会的に機能する力を高め，また，個人，集団，地域社会の諸問題に，より効果的に対処し得るよう人々を援助するものであるとし，グループワークにおいてソーシャルワーカーが効果的な援助を展開するための14の原則を提唱した。コノプカの原則は，グループワークの実践において重要な指針となる。

1 × コノプカは，原則10を**「人間関係をもつこと，ものごとを成就することにおいて，多くの新しい体験を与えること」**とした。コノプカは，「個々のメンバーとグループ全体にものごとを成就する体験」という大切な機会を与えることが，ソーシャルワーカーの責任であるとしている。したがって，「過去の体験を重視する」という選択肢の記述は適切でない。

2 × コノプカは，原則8を**「メンバーが問題解決の過程に参加することができるように援助すること」**とした。コノプカは，ソーシャルワーカーは，全能の人となってはならず，グループのために問題を解決することはないと明言し，メンバーが自分たちで解決の道を見出すように力を貸すとしている。したがって，「援助者が積極的にプログラムに参加し，メンバーの問題を解決する」という選択肢の記述は適切でない。

3 ○ コノプカは，原則11を**「制限を，各個人及びグループ全体の状況に対する診断的評価に基づいて，巧みに用いていくこと」**とした。コノプカは，無条件の受容は，メンバーが自分自身を傷つけたり，メンバー同士が互いを傷つけ合ったりすることにつながる恐れがあるため望ましくなく，ソーシャルワーカーが，個人やグループに対する優れた仕事を意図的に進めていくためには，制限は極めて大切であるとしている。したがって，この選択肢の記述は適切である。

4 ○ コノプカは，原則1を**「各個人の相違点を認識し，それにしたがって行動すること」**，原則2を**「多種多様のグループをそれぞれ独自のグループとして認識し，それにしたがって行動すること」**とした。原則1はグループ内における個別化を，原則2はグループの個別化の重要性を説くものであり，グループワークにおける「個別化」の原則を強調している。したがって，この選択肢の記述は適切である。

5 × コノプカは，原則9を**「メンバーが葛藤解決のためのよりよい方法を経験するように援助すること」**とした。個人として体験する葛藤やグループにおける相互作用の中で生じる葛藤に対して，ソーシャルワーカーの援助によって対処できるようになること，例えば，メンバーが葛藤について話し合うことや実際に葛藤を体験することが大切であるとしている。したがって，この選択肢の記述は適切でない。

解答 3 4

問題77 ソーシャルワークの理論と方法

事例を読んで，地域活動支援センターのA社会福祉士がBさんの家族と面談を行った時点で用いた方法として，**最も適切なものを1つ**選びなさい。

〔事　例〕

Aは，複数の利用者家族から子どもの自立と今後についての心配があるという声を聞くことが多くなった。このことから，家族同士が不安を話し合い，将来の子どもの生活について考えるグループワークを行うことにした。Aは，その一環として開催前に参加を決定した利用者家族と個別面談を行った。面談の際，利用者Bさんの母親は「皆さんになじめるか不安です」と話した。AはBさんの母親がグループに期待していることや不安に感じていることを聴いた。

1　スクリーニング
2　波長合わせ
3　アイスブレイク
4　集団規範の形成
5　リーダーシップ

Point 相談援助場面で使用する方法に関する問題である。個別面談やグループワークに関連する技術や方法の名称とどの段階で用いるのか，さらにはその意味を理解しておくことが必要である。

1　×　**スクリーニングとは，クライエントの主訴を把握し，社会福祉士として支援の対象であるかどうかを判断することである。** Bさんの母親はすでにグループワークへの参加が決定しているため，スクリーニング後に行われた面談であることがわかる。

2　○　**波長合わせとは，専門職が，クライエントが何を求めてくるのかに対する理解と，その感情を想像することである。** A社会福祉士がBさんの母親の期待と不安を聴いていることから波長合わせを行っていることがわかる。

3　×　**アイスブレイクとは，初対面の人同士の緊張をほぐし，和やかな雰囲気をつくるための活動である。** この事例はグループワーク開催前に参加を決定した利用者家族との個別面談である。このことからA社会福祉士とBさんの家族が初対面であるとは考えにくく，初対面同士の緊張をほぐす場面ではない。

4　×　**集団規範の形成とは，集団内の大多数のメンバーが共有する判断の枠組みや思考様式をつくり上げることである。** A社会福祉士とBさんの家族との個別面談であることから，集団規範を形成する場面ではない。

5　×　**リーダーシップとは，グループの目的や目標の達成に影響を及ぼす言動のことである。** この事例は個別面談のためリーダーシップを発揮する場面ではない。

解答 2

問題 78 ソーシャルワークの理論と方法

✓✓✓

事例を読んで，A相談支援事業所のB相談支援専門員が新任のC相談支援専門員に行ったスーパービジョンについて，**適切なものを2つ**選びなさい。

〔事　例〕

Bは，一人暮らしのDさん（60歳）からCが不在中に電話を受けた。「担当のCに体調が良くないことを話したら，病院に付き添うから明日一緒に行こうと言ってくれたんですが，先週から保険証（マイナンバーカード）が見あたらなくて病院に行けないんです。明日も無理だと思うので断りたい」というものであった。Dさんを担当しているCに伝えると「Dさんは，昨日会った時にどうして言ってくれなかったんだろう」と落ち込み，どうしたらよいかわからない様子だった。Bは，Cにスーパービジョンを行った。

1 「DさんがCに話せなかったことをCはどう思っていますか」

2 「Dさんの安心のために保険証（マイナンバーカード）を一緒に探してあげてください」

3 「Cのような悩みはよくあることなので，あまり気にしすぎないようにしましょう」

4 「Dさんと約束した時の状況について詳しく聞かせてもらえますか」

5 「私が対応した類似事例を話すので，同じように対応してみましょう」

Point スーパービジョンは，ソーシャルワーカーが支援を振り返り，スーパーバイザー（上司や先輩等）から，スーパーバイジー（新人ソーシャルワーカー）が指導や支援を受け，新しい知識，技術（スキル）・価値を生み出し，専門職としての成長を意図的に働きかける人材育成のプロセスである。さらに，「支援する人」を「支援する」ともいわれ，ソーシャルワーカーなどの専門職が仕事の中で直面する複雑な問題や感情的な負担を軽減するためにも重要であるとされている。スーパービジョンの機能には，管理的機能・教育的機能・支持的機能の三つがあり，それぞれの機能を理解した展開が必要である。

1 ○ スーパーバイザーであるB相談支援専門員は，スーパーバイジーであるC相談支援専門員が自身の支援を振り返る（内省する）過程を通して，自分を客観視（気づく）できるように促す必要がある。そのため，**スーパーバイザーは，スーパーバイジーの考えをまずは聞く必要がある。**

2 × **スーパーバイザーからの一方的な指示**であり，スーパーバイジーはなぜそうしなければならないのかという気づきや成長にはつながっていない。

3 × スーパーバイザーの一方的な解釈ではなく，**スーパーバイジーの意思や考えを聞く必要がある。**

4 ○ スーパーバイザーは，スーパーバイジーとともに不明な情報を明らかにすることができるように，できる限り開かれた質問を通して状況を把握する必要がある。次に肯定的な質問「どうしたら上手くいくと思いますか」，未来型質問「そうするためには，何をしたらよいと思いますか？」を通して，気づきを促す声かけを行う。

5 × **バイステックの7原則**に示されている**「個別化の原則」**に反しており，支援における誤った価値を伝えることになってしまう。

解答 1 4

社会福祉調査の基礎

●第 37 回試験問題の特徴

「社会福祉調査の基礎」は，これまで専門科目におかれていた「社会調査の基礎」が共通科目として再編されたものである。出題基準の大項目のうち，「3　社会福祉調査のデザイン」と「6　ソーシャルワークにおける評価」は新カリキュラムにおいて追加された項目である。第 37 回試験の問題を出題基準に照らし合わせてみると，**問題 79** は「1　社会福祉調査の意義と目的」，**問題 80** は「2　社会福祉調査における倫理と個人情報保護」，**問題 81**，**問題 82** は「4　量的調査の方法」，**問題 83** は「3　社会福祉調査のデザイン」，**問題 84** は「5　質的調査の方法」からの出題である。出題数は 6 問で，うち 2 問が「4　量的調査の方法」から出題されており，旧科目の出題傾向を踏襲した構成となっている。特徴的な点としては，**問題 81**，**問題 82**，**問題 83** にみられるように，これまでの単なる知識を問う問題が減り，知識を使って答えを導き出す問題が増加したことがあげられる。

地域共生社会の実現が目指されるなかで社会福祉専門職には，的確なニーズ把握と根拠に基づいた実践，実践に対する客観的な評価を行える能力が求められている。ソーシャルワーク実践において社会福祉調査の知識と技術がどのように適用されているか，実践場面や状況に関連づけながら理解を深めておく必要がある。

●受験対策のポイント

「社会福祉調査の基礎」の出題基準には，中項目「4－5）量的調査の集計と分析」が含まれるため，文系の学生には苦手意識をもつ者も多い。しかし，過去の出題をみてみると各問題(各選択肢）の内容は基本的な知識を問うものが多く，「基礎」という科目名に相応しい問題となっている。新出題基準となっても，大項目「1　社会福祉調査の意義と目的」「2　社会福祉調査における倫理と個人情報保護」「4　量的調査の方法」「5　質的調査の方法」の内容に大幅な変更はみられないため，『過去問解説集』の解説を精読しながら基本的な知識を押さえておくとよい。新出題基準では事例問題による出題を充実させることが望ましいとされており，**問題 81**，**問題 82**，**問題 83** にみられるように知識を使って答えを導き出す出題が今後も続くと予想される。そのため，過去問で把握した基本用語に具体例を結びつけながら理解を深めておくことが重要となる。また，社会福祉調査と社会福祉の歴史的関係については「社会福祉の原理と政策」や「社会保障」「貧困に対する支援」，ソーシャルワークにおける評価は「地域福祉と包括的支援体制」「ソーシャルワークの理論と方法」と重なる点も多いことから関連づけて押さえておくことが求められる。

問題 79 社会福祉調査の基礎

ブース(Booth, C.)のロンドン調査に関する次の記述のうち，**最も適切なものを1つ**選びなさい。

1 ロンドン市民の人口統計の作成が目的だった。

2 調査対象となった市民の自宅へ調査票を配布する郵送調査だった。

3 当時のロンドン市民の一部を調査対象とする標本調査だった。

4 貧困の主たる原因が，個人的習慣であることを明らかにした。

5 ロンドンの街を経済階層で色分けした貧困地図を作成した。

Point 科学的貧困調査の創始者と称されるブースが実施したロンドン調査に関する問題である。ロンドン調査は，「貧困調査」(1886-1891)，「産業調査」(1891-1897)，「宗教的影響力調査」(1897-1902)によって構成され，その成果は『ロンドン民衆の生活と労働』(全17巻)にまとめられている。ブースはロンドン調査を通して，ロンドン市民の約3分の1が貧困線以下の生活水準にあること，貧困の原因が社会経済的な要因にあること，貧困と密住は相関があることなどを明らかにし，その後のイギリスにおける社会保障制度の発展に影響を与えた。正答を導き出すためには，ブースの功績だけでなく調査の目的や対象，方法などについても確認しておく必要がある。また，ブースに影響を受け，ヨーク市で貧困調査を実施したラウントリー(Rowntree, B. S.)についても併せて整理しておくとよい。

1 × ロンドン調査の目的は，1885年に社会民主連盟が発表した**ロンドン市民の4分の1以上の人が貧困状態にあるとした調査結果を否定すること**であり，ロンドン市民の人口統計の作成を目的としたものではない。実業家であったブースは，社会の生産力の発展が労働者の生活水準の向上につながっていると考えており，自身の考えの正当性を貧困調査により実証しようとしたのである。

2 × ブースは市民の自宅へ調査票を配布する郵送調査ではなく，ロンドン市の人口センサスを使用した職業分類と家族や街区を対象とした**間接的面接法など複数の方法を用いて**市民の生活状況を分類し，「貧困線」という概念を用いてロンドン市民の約3分の1が貧困線以下の生活水準にあることを明らかにした。

3 × ロンドン調査は全ロンドン市民を対象とした**全数調査**である。調査は，東ロンドンからはじまり，その後，中央部，北ロンドン，西ロンドン，南ロンドンと進められ，約100万世帯，総人口約400万人にも及ぶ大規模な調査となった。

4 × ブースは，東ロンドン地区で得られた約4000のケースの分析を行い，貧困の原因は不規則な労働や低賃金などの**雇用の問題**が最も大きな原因であり，次いで疾病や多子などの**環境の問題**であることを明らかにした。当時のイギリスでは，貧困は怠惰や飲酒癖など個人的習慣に原因があると考えられていたため，ロンドン調査の結果は社会における貧困観の変容に大きな影響を与えた。

5 ○ ブースは，調査結果を地図上に示すことでロンドンの**貧困地図**を作成した。貧困地図では経済状況に応じて最下層から富裕層を八つの経済階級に分類し，色分けすることでロンドンにおける貧困の実態を絵画的に表現した。

解答 5

問題 80 社会福祉調査の基礎

調査における倫理に関する次の記述のうち，**最も適切なものを 1 つ**選びなさい。

1 調査者と対象者との利害関係についての検討は不要である。
2 調査の目的や対象等に関する倫理審査は，調査終了後に行う必要がある。
3 対象者本人について調べる場合，対象者の認知機能を考慮することは不要である。
4 調査が対象者に及ぼす心理的な影響については，検討する必要がある。
5 想定していた結果と異なるデータは，削除する必要がある。

Point 社会調査における倫理を問う問題である。学習においては，「人を対象とする生命科学・医学系研究に関する倫理指針ガイダンス」など研究倫理に関するサイトが文部科学省や厚生労働省から示されているので確認する必要がある。また，一般社団法人社会調査協会「倫理規程」なども参考となるので目を通しておくとよい。

1 × 調査者と対象者の関係で，例えば，雇用主と従業員など利害関係の可能性がある場合は対象者が自由に語れないあるいは回答を思うように選択できないなど，予期せざる困難に遭遇する可能性がある。このようなことが起こらないようにするために，また，結果の信頼性を確保するためにも**調査者と対象者の利害関係は検討しなければならない**。

2 × 倫理審査においては，研究責任者は，研究の実施の適否について，倫理審査委員会の意見を聴かなければならないとされている。調査の目的や対象等に関する倫理審査は必ず，**調査開始前**に行う必要がある。

3 × 調査対象者が選択したあるいは表出した回答や語りの信頼性を十分に確保するため，調査者や研究者は**あらかじめ対象者の認知機能を考慮**して行う必要がある。

4 ○ 社会調査協会「倫理規程」では，「社会調査に協力したことによって調査対象者が苦痛や不利益を被ることがないよう，適切な予防策を講じなければならない」（第 5 条）と記載されており，**調査が対象者に及ぼす心理的な影響については，検討する必要がある**。また，前文においても「調査対象者の協力があってはじめて社会調査が成立することを自覚し，調査対象者の立場を尊重しなければならない」とされており，調査途中であっても調査の中断ができることをあらかじめ説明し，書面で同意を得ることが望ましいといえる。

5 × 調査結果は対象者に知らせなければいけないし，公表する義務がある。たとえ，**想定していた結果と異なるデータが抽出されても削除してはいけない**。もし，想定外の結果であったデータを削除してしまうとデータの改ざんや捏造にあたり，倫理違反の可能性が起こり得る。

解答 4

問題 81 社会福祉調査の基礎

A市こども家庭センターでは，担当圏域の地域住民を対象に，児童虐待の発生予防に向けた活動への協力意向について多肢選択法による質問紙調査を実施することにした。その際，用いる質問文として，**最も適切なもの**を1つ選びなさい。

1 「あなたは，児童虐待を防止するための活動や，児童虐待があった家庭を支援するための活動に協力したいと思いますか。あてはまるもの1つを選択してください」
2 「児童虐待を予防するためには地域で協力することが必要不可欠ですが，あなたは，地域での見守り活動に協力したいと思いますか。あてはまるもの1つを選択してください」
3 「あなたは，ネグレクトされている児童の早期発見に向けて，地域でのアセスメント活動に協力したいと思いますか。あてはまるもの1つを選択してください」
4 「あなたは，児童虐待の予防に向けた小学校での取組に協力したいと思いますか。あてはまるもの1つを選択してください」
5 「あなたは，虐待を受けた児童の心理面を支える活動に，地域のニートが協力することについて，どのようにお考えですか。あてはまるもの1つを選択してください」

Point 質問項目の作成における言い回し（ワーディング）に関する問題である。調査においては，調査対象者が質問文の意図を正しく理解できることが重要である。そのため，質問文や用語をわかりやすくする，一つの質問文に複数の質問を含めない（ダブルバーレルの回避），誘導的な表現を含めない，ステレオタイプな言葉を用いない，などの点に留意する必要がある。

1 × **一つの質問文で二つの内容を尋ねるダブルバーレルな質問であり，避けるべきである。**例えば，前者の「児童虐待を防止するための活動」には協力したい一方で，後者の「児童虐待があった家庭を支援するための活動」には協力したくないと考える調査対象者は，適切な選択肢がなく回答の仕方に困ることになる。また，「協力したい」という回答が得られた場合でも，それがどちらの活動についての回答なのか，あるいは両方に対する回答なのかが不明瞭であり，調査の正確性が損なわれる。

2 × 質問文の前半に「児童虐待を予防するためには地域で協力することが必要不可欠」という説明がなされており，地域への協力の意向を増やす方向に回答を誘導してしまうおそれがある。このように，**社会的・規範的な望ましさについての説明が含まれる質問は，回答を誘導する可能性があるため適切ではない。**また，客観性の観点からも「必要不可欠」という断定的な表現は望ましくない。

3 × **「ネグレクト」「アセスメント活動」といった用語は専門的であり，調査対象者である地域住民にとっては理解しにくい可能性が高い。**質問紙調査では，調査対象者が質問の意図や内容を正しく理解できることが重要であるため，より平易な表現を用いることが望ましい。

4 ○ この選択肢には，ほかの選択肢にみられるような，ダブルバーレルの要素，誘導的な表現，専門的で調査対象者には理解しにくい用語，ステレオタイプな表現が含まれておらず，**調査の意図が正しく理解されやすい質問文**となっている。また，質問の内容も「児童虐待の発生予防に向けた活動への協力意向」という調査目的に沿った内容である。

5 × 「ニート」という用語は，多くの人にネガティブなイメージをもたれやすい，ステレオタイプな表現である。そのため，この質問文は，**対象者の回答を否定的な方向に誘導してしまうおそれがある。**また，この調査の目的は「児童虐待の発生予防に向けた活動への協力意向」であるが，この質問文では虐待発生後の児童の心理面への支援について尋ねており，調査目的からそれてしまっている。

解答 4

問題 82 社会福祉調査の基礎

事例を読んで，A市地域包括支援センターが実施する調査票の配布・回収の方法として，**最も適切なもの**を**1つ**選びなさい。

〔事　例〕

A市地域包括支援センターでは，担当圏域における要支援状態の高齢者50名を対象に，高齢者が感じている困りごとの把握を目的とした標本調査を実施することとした。センター長からの「ご家族の困りごとではなく，高齢者ご自身が感じている困りごとの把握が目的である点に注意すること」という指示を踏まえて，調査票の配布・回収方法を検討することとなった。

1　郵送調査
2　留置調査
3　個別面接調査
4　集合調査
5　インターネット調査

Point　ニーズ調査における量的調査の方法に関する問題である。調査対象者である要支援状態の高齢者は，独力で質問紙に回答できない可能性があり，家族のサポートを受けながら回答する状況も想定される。しかし，その場合には家族に遠慮してしまい，自身の困りごとについて本音で回答しにくくなる可能性が懸念される。よって，家族などの第三者の影響を受けにくい調査環境で実施可能な方法を選ぶ必要がある。

1 ✕　郵送調査は，調査対象者のもとへ調査票を郵送し，回答後に返送を求める方法である。しかし，視力の低下などにより調査対象者が独力で質問文を読むことが困難な場合，家族に調査票を読み上げてもらう状況も想定される。このような場合，**家族に気を遣い，困りごとについて本音で回答しにくくなる**可能性がある。また，郵送調査法では調査票に回答した人物を特定することが困難であり，**本来の調査対象者ではない家族などが代わりに回答**した場合にそのデータを除外できないという問題もある。

2 ✕　留置調査は，調査員が調査対象者の自宅を訪問して調査票を渡した後，後日回収する方法である。この方法も郵送調査と同じく，調査対象者が独力で質問文を読むことが困難な場合には家族が調査票を読み上げる可能性があり，**家族に気を遣い本音で回答しにくくなる**可能性が懸念される。また，**本来の調査対象者でない家族などが回答**した場合にデータを除外できないという点も，郵送調査と同様である。

3 ○　個別面接調査は，調査員が調査対象者を訪問し，面接形式で調査票の質問を伝え，得られた回答を調査員が記入する方法である。この方法では，要支援状態であっても会話が可能であれば，家族が同席しない状況で**直接本人から回答を得ることができる**。そのため，家族に知られたくない困りごとについても本音の回答を得られやすい上に，調査対象者以外の回答が含まれてしまう懸念もないという点で，今回の調査において最も適切な方法といえる。

4 ✕　集合調査は，調査対象者を特定の場所に集めて行う方法である。ただし，要支援状態の高齢者には，**移動に困難さをもつ人物もいる**と想定される。また，ほかの調査対象者と同じ空間で調査票への回答を求めるため，周囲に回答を知られてしまうのではないかという思いから，**困りごとについて本音で回答しにくくなる**ことが懸念される。

5 ✕　インターネット調査は，Web上で質問票を提示し，回答を求める方法である。要支援状態の高齢者の多くは，インターネットを利用した調査に慣れていない可能性があり，**回答の不備が発生しやすくなる。**また，**本来の調査対象者でない家族などが回答**した場合にデータを除外できないという問題も残る。

解答 3

問題 83 社会福祉調査の基礎

A介護老人福祉施設では，夜間の睡眠時間を十分に確保できていない利用者Bさんへの対応が課題となっていた。検討の結果，日中の水分摂取量が要因のひとつとして取り上げられ，１か月間データを取って調べることとなった。

Bさんの日中の水分摂取量（ml）と夜間の睡眠時間（分）の関係を見るときに用いる方法として，**最も適切なもの**を**１つ**選びなさい。

1　t 検定
2　カイ２乗検定
3　散布図
4　箱ひげ図
5　度数分布表

Point 調査目的と収集したデータに合致した分析手法を選定する問題である。この問題では，利用者Bさんの日中の水分摂取量（ml）と夜間の睡眠時間（分）との関連を検討する上で適した方法を選択しなければならない。正答を導き出すためには選択肢についての基本的な知識だけでなく，問題文で示された日中の水分摂取量（ml）と夜間の睡眠時間（分）が量的変数か質的変数かを判断する必要がある。日中の水分摂取量（ml）と夜間の睡眠時間（分）はともに量的変数であることから，量的変数間の関係性を把握することに適した方法を選び出せるか，実践場面を想定した理解力が問われた問題である。

1　×　t 検定は，二つのグループ間の平均値の差を検定するための方法である。この場合，二つのグループとは性別（男性・女性）や参加経験（あり・なし）などの質的変数であり，平均値は量的変数となる。**日中の水分摂取量（ml）と夜間の睡眠時間（分）はともに量的変数**であることから，t 検定は適切ではない。

2　×　カイ２乗検定とは独立性の検定とも呼ばれ，二つの質的変数の間に連関があるかを検討するための方法である。**日中の水分摂取量（ml）と夜間の睡眠時間（分）はともに量的変数**であることから，カイ２乗検定は適切ではない。

3　○　散布図とは，二つの量的変数の大きさや量を把握するため，縦軸（Y軸）と横軸（X軸）からなるグラフにデータをプロット（打点）した図であり，相関図とも呼ばれる。**散布図を作成することによって，二つの変数間の関係性を視覚的に把握することができる。**

4　×　箱ひげ図は，量的変数のデータを第１四分位，中央値（第２四分位），第３四分位，外れ値を除いた最小値・最大値の範囲を視覚的に把握するのに適したグラフである。**日中の水分摂取量（ml）と夜間の睡眠時間（分）のそれぞれの分布を把握することはできるが，この二つの変数の関係性を把握することには適していない。**

5　×　度数分布表は，データの各変数に対する選択肢又はカテゴリー等の回答の分布を集計した表である。**データ全体の傾向や特徴の把握を目的に作成するものであり，量的変数間の関係性の把握には適していない。**度数分布表には，度数のほかに相対度数，累積度数，累積相対度数などが示される。

解答 3

問題 84 社会福祉調査の基礎

面接調査において調査者が行ったことに関する次の記述のうち，**最も適切なものを１つ**選びなさい。

1　構造化面接において，調査の質問項目に設定していない内容についても自由に回答するよう対象者に求めた。
2　半構造化面接において，インタビューガイドに設定した質問の順番に従って回答するよう対象者に求めた。
3　非構造化面接において，調査開始前に対象者がテーマを設定するよう依頼した。
4　フォーカスグループインタビューにおいて，司会者として最初に基本的なルールを説明した。
5　面接後の逐語録作成において，録音データを聞き取れない部分は会話の流れから想像して記述した。

Point　質的調査のインタビューの面接法や逐語録に関する出題である。質的調査の面接法は，調査者の事前準備の仕方によって非構造化面接，半構造化面接，構造化面接の３種類に分かれる。出題率が高い問題であるので，これらの面接法の特徴を確認する必要がある。また，グループインタビューの際の要点や音声データを文字に起こした逐語録については，面接法に付随する基本的事項であるので，理解しておきたい。

1　×　**構造化面接では，質問項目に設定している内容について回答する。**構造化面接では，調査者は決められた質問項目を準備しておき，面接ではそれに従って質問し，どの対象者に対しても同じように尋ねる。個別インタビューの中でも最も質問内容の自由度が低く，調査者が想定した質問項目に対する回答しか得られないため，対象者の深層部分を導き出すことはできないというデメリットがある。

2　×　**半構造化面接では，質問の順番を決めることはない。**質問項目はあらかじめ準備しておくが，順番に従って詳細に質問するのではなく，状況を見ながらある程度対象者に自由に語ってもらう。質問内容の自由度は構造化面接と非構造化面接の中間にある。調査者は，決められた質問に加えて臨機応変に新たな質問を加えることもできるので，対象者の深層心理や多様な情報を知ることができる。

3　×　非構造化面接においては，調査開始前に対象者はテーマを設定しない。**テーマを設定するのは調査者である。**個別インタビューにおける面接の方法では，最も自由度の高い面接法である。一つ二つの質問をした後，対象者に自由に語ってもらうが，調査者は問いを具体的に絞り込んでおく必要がある。求められたテーマに沿ってどれだけ語ってもらえるかについては，調査者の主観に委ねられるところもあり，面接の力量や対象者との信頼関係などの影響を受ける。

4　○　**フォーカスグループインタビューでは，調査者は司会者として最初に基本的なルールを説明する。**あらかじめテーマを決めて調査対象者を複数人で構成されるグループとし，司会者が基本的なルールを説明してから座談会形式でインタビューを行う手法である。１グループ当たり10名未満で構成し，インタビュー時間は１時間から２時間ぐらいが適切である。メンバー間の相互作用により，多様な意見が促進されるといったことが期待できる。

5　×　**逐語録作成においては，聞き取れない部分はそのままにし，想像して記述しない。**逐語録はできるだけ正確に音声データを反映したものでないといけないので，聞き取れない箇所は，沈黙も含めてその部分だけ何も記載しないのが望ましい。

解答　4

高齢者福祉

●第 37 回試験問題の特徴

問題数が 10 問から 6 問に変更され，出題基準から削除された介護技術に関連する問題は出題されなかった。一方で，大項目「5　高齢者と家族等の支援における関係機関と専門職の役割」「6　高齢者と家族等に対する支援の実際」からは，社会福祉士としての役割に関する設問として事例問題が多く出題され，6 問中 3 問を占めた。出題基準の大項目「6　高齢者と家族等に対する支援の実際」の中項目や小項目に，高齢者本人とその家族に対する支援の実際や多職種連携，地域生活支援が含まれており，それらが明確に事例問題の出題に反映された。

次に，高齢社会白書から，中項目「2－2）高齢者を取り巻く社会環境」「3－3）高齢者福祉制度の発展過程」に関する知識が問われたことは，第 36 回試験以前の出題傾向と変更がなかった。また，出題基準では介護保険制度が他の法制度と同じ大項目「4　高齢者に対する法制度」の中項目の一つに位置づけられたが，介護保険制度に関する問題が 1 問出題された。これは，出題基準が変わっても，介護保険制度に関する知識は引き続き単独で問われる可能性があることを示している。そして，出題基準に新たに位置づけられた中項目「4－8）育児・介護休業法」からの出題があったことから，今後同様に中項目「4－7）高年齢者雇用安定法」などの知識も問われる可能性があると考えられる。

最後に，事例問題に注目すると，大項目「6　高齢者と家族等に対する支援の実際」に挙げられているとおり，中項目「6－2）高齢者と家族等に対する支援の実際（多職種連携を含む）」としての育児・介護休業法の知識と活用（**問題 88**），多職種連携に必要な他の専門職に関する知識と活用（**問題 89**），介護保険制度の介護予防サービスをコーディネートするための知識と活用（**問題 90**）が問われた。このように，事例について知識をどのように活用するかが問われたことが大きな特徴であるといえる。

●受験対策のポイント

高齢社会白書や法制度の発展過程，介護保険制度に関する問題は，それぞれ 1 問ずつ引き続き出題される可能性が高い。過去問解説集でこれらの出題傾向を確認しておく必要がある。

事例問題は，高齢者福祉に関連する制度，特に出題基準に例示されている制度に関する知識を整理し，実際に社会福祉士としての対応を適切に選択できるような知識を活用する力が求められる。また，連携・協働に関する出題がされたように，法制度や公的サービスの適用にとどまらない高齢者と家族等の支援，地域や多職種連携を想定した出題が今後も予想される。

過去問解説集の事例を「知識の活用」の視点から整理し直すこと，ソーシャルワーク実習やソーシャルワーク演習との循環的な学びを日頃から意識することが高得点につながる。

問題 85 高齢者福祉

「令和６年版高齢社会白書」（内閣府）に示された日本の高齢者を取り巻く社会情勢に関する次の記述のうち，**最も適切なものを１つ**選びなさい。

1 65歳以上人口増大により，死亡数は2006年（平成18年）から2022年（令和4年）まで増加傾向にあるが，2030年（令和12年）以降は減少に転じると見込まれている。

2 65歳以上人口に占める一人暮らしの者の割合は増加傾向にあり，その傾向は，少なくとも2050年（令和32年）までは継続すると見込まれている。

3 2023年（令和5年）現在の高齢化率を都道府県別にみると，最も高いのは島根県であり，最も低いのは埼玉県である。

4 介護保険制度における要介護認定・要支援認定を受けた者は，2021年度（令和3年度）には第一号被保険者の3割を超えている。

5 65歳以上の者について，2023年度（令和5年度）における住宅所有の状況をみると，持家（一戸建て・分譲マンションなどの集合住宅）が5割程度となっている。

Point 「令和６年版高齢社会白書」（内閣府）に基づいて，日本の高齢者を取り巻く社会情勢に関する知識が問われた。主に，「第１章　高齢化の状況」から，幅広く選択肢が作成されている。毎年公表される「高齢社会白書」の第１章の内容をしっかり読み込んで，過去からの数字の変化や将来の見込みなどを知識として知っておく必要がある。

1 ✕ 死亡数は2030年（令和12年）以降も減少に転じるとは見込まれていない。**2040年（令和22年）**まで増加傾向にあり，その後減少傾向に転じることが見込まれている。なお，死亡率は，2025年（令和7年）以降，一貫して上昇傾向になると推計されている。

2 ○ 65歳以上人口に占める一人暮らしの者の割合は，少なくとも**2050年（令和32年）**までは増加傾向が続くと見込まれている。65歳以上の一人暮らしの者の割合は，2020年（令和2年）に男性15.0％，女性22.1％であったものが，2050年（令和32年）には男性26.1％，女性29.3％に増加すると見込まれている。

3 ✕ 2023年（令和5年）現在の高齢化率は，最も高い**秋田県**で39.0％，最も低い**東京都**で22.8％である。今後，高齢化率は，現在最も低い東京都も含めすべての都道府県で上昇することが見込まれている。

4 ✕ 介護保険制度における要介護又は要支援の認定を受けた人は，第一号被保険者の**18.9％**を占めているとされ，３割を超えていない。第一号被保険者のうち，要介護認定を受けた者の割合について，65～74歳では3.0％であるのに対して，75～84歳では12.1％，85歳以上では44.9％となっており，特に75歳以上で要介護の認定を受ける人が多い。

5 ✕ 65歳以上の者の2023年度（令和5年度）における住宅所有の状況は，持家（一戸建て・分譲マンションなどの集合住宅）が**84.5％**を占めている。近年の年代別持家率の推移をみると，64歳以下では減少傾向である一方で，65～69歳及び70～74歳ではおおむね横ばい，75歳以上では上昇傾向となっている。また，使用目的のない空き家は，2018年（平成30年）は348万7000戸で，1998年（平成10年）の182万5000戸と比べると約1.9倍に増加していた。

解答 2

問題 86 高齢者福祉

日本の高齢者福祉制度の発展過程に関する次の記述のうち，**正しいものを1つ**選びなさい。

1 1963年（昭和38年）の老人福祉法の制定によって，デイサービスやショートステイを含む在宅福祉サービスが法定化された。

2 1982年（昭和57年）の老人保健法の制定によって，市町村及び都道府県における老人保健福祉計画の策定義務が法定化された。

3 1997年（平成9年）の介護保険法の制定によって，介護保険の保険者は市町村及び特別区であることが法定化され，併せて広域連合や一部事務組合も保険者になることができるようになった。

4 2005年（平成17年）の「高齢者虐待防止法」の制定によって，使用者（高齢者を雇用する事業主）による虐待が高齢者虐待の定義の一つとして，法定化された。

5 2023年（令和5年）の「認知症基本法」の制定によって，国民に対して，認知症の人を不当に差別する行為を禁止することが法定化された。

（注）1 「高齢者虐待防止法」とは，「高齢者虐待の防止，高齢者の養護者に対する支援等に関する法律」のことである。

2 「認知症基本法」とは，「共生社会の実現を推進するための認知症基本法」のことである。

Point 日本の高齢者福祉制度の発展過程に関する設問である。老人福祉法，老人保健法，介護保険法，高齢者虐待防止法，認知症基本法がそれぞれの項目で取り上げられており，それぞれの法律の制定が「いつ」「何を」法定化したことによって高齢者福祉制度の発展過程に影響を与えたのかに関する知識が問われた。

1 × デイサービスやショートステイを含む在宅福祉サービスが法定化されたのは，**1990年（平成2年）の老人福祉法改正時**である。1963年（昭和38年）の老人福祉法制定によって法定化された在宅福祉サービスは，老人家庭奉仕員派遣制度（ホームヘルプサービス）である。

2 × 市町村及び都道府県において老人保健福祉計画の策定義務が法定化されたのは，**1990年（平成2年）の老人福祉法及び老人保健法の改正時**である。

3 ○ 介護保険の保険者は市町村及び特別区であることが法定化され，併せて広域連合や一部事務組合も保険者になることができるように法定化されたのは，**1997年（平成9年）の介護保険法の制定時**である（介護保険法第3条第1項）。なお，広域連合や一部事務組合が保険者になることができるが，構成する市町村が共同で介護保険事業を運営することを決定し，所定の手続きを経る必要がある。

4 × 2005年（平成17年）に制定された高齢者虐待防止法では，高齢者虐待を**養護者**及び**要介護施設従事者等**によるものであると定義している（同法第2条第3項）。「養護者」とは，高齢者を現に養護する者であって，要介護施設従事者等以外の者（主に家族や親族），「要介護施設従事者等」とは，老人福祉法及び介護保険法に規定する「要介護施設」又は「要介護事業」の業務に従事する者（介護施設の職員など）を指す。一方，2011年（平成23年）に制定された障害者虐待の防止，障害者の養護者に対する支援等に関する法律（障害者虐待防止法）では，使用者（障害者を雇用する事業主）による虐待が，障害者虐待の定義に含まれている。

5 × 認知症基本法において，国民に対する認知症の人を不当に差別する行為の禁止は**法定化されていない**。国民の責務としては，同法第8条において「国民は，共生社会の実現を推進するために必要な認知症に関する正しい知識及び認知症の人に関する正しい理解を深めるとともに，共生社会の実現に寄与するよう努めなければならない」とされている。

解答 3

問題 87 高齢者福祉

介護保険制度の介護報酬などに関する次の記述のうち，**適切なもの**を**2つ**選びなさい。

1 介護サービス事業者は，自己負担分を除いた介護報酬を国民健康保険団体連合会に請求する。

2 介護報酬の額の基準を厚生労働大臣が定めるときには，あらかじめ介護保険審査会の意見を聴かなければならない。

3 介護サービス事業者からの介護報酬の請求などに関する審査の事務は，社会保険診療報酬支払基金が行う。

4 介護保険施設入所者のうち，低所得者など一定の条件に該当する者を対象として，入所中の食費と居住費の負担軽減を図るための補足給付が設定されている。

5 介護報酬の１単位当たりの単価は，介護サービス事業所の所在する地域やサービス種別にかかわらず，全国一律に定められている。

Point 介護保険制度の介護報酬の仕組みと補足給付に関する問題である。介護報酬とは，介護サービス事業者が利用者にサービスを提供したことへの対価として，介護給付費単位数表に基づいて支払われる費用である。介護サービス事業者による介護報酬の請求から審査，支払いまでの流れについて体系的に理解しておくことが求められる。また，本問題では補足給付についても問われていることから，保険給付の種類と内容についても併せて理解しておきたい。

1 ○ 介護サービス事業者は，市町村から委託を受けて介護報酬の審査及び支払いに関する事務を行う**国民健康保険団体連合会**に対し，利用者の自己負担分を除いた介護報酬を請求する（介護保険法第41条第10項ほか)。国民健康保険団体連合会には，介護サービス事業者が提出した介護報酬の請求書（介護給付費請求書等）の審査を行うための介護給付費等審査委員会が置かれている（同法第179条)。

2 × 介護報酬の額の基準を厚生労働大臣が定めるときには，あらかじめ**社会保障審議会（介護給付費分科会）**の意見を聴かなければならない（介護保険法第41条第5項ほか)。社会保障審議会は，厚生労働省に設置された審議会等の一つであり（厚生労働省設置法第6条第1項)，厚生労働大臣の諮問に応じて社会保障に関する重要事項の調査審議を行うことなどを任務としている（同法第7条)。介護保険審査会は都道府県に設置され，保険給付に係る行政処分に対する審査請求の審理，裁決を行う機関である。

3 × 介護サービス事業者からの介護報酬の請求などに関する審査の事務は，**国民健康保険団体連合会**が行う。なお，社会保険診療報酬支払基金（以下，基金）が行う介護保険関係業務は，医療保険者が第2号被保険者から介護保険料を徴収して基金に納付した介護給付費・地域支援事業支援納付金を市町村に介護給付費交付金及び地域支援事業支援交付金として交付することである（介護保険法第160条)。

4 ○ **補足給付**とは，**介護保険施設入所者**（短期入所生活介護・短期入所療養介護及び地域密着型介護老人福祉施設入所者生活介護の利用者を含む）**で，世帯全員が市町村民税非課税である低所得者等の入所中の食費・居住費の負担軽減を図ることを目的とした給付**である。食費・居住費の標準的な費用額（基準費用額）と入所者の所得に応じた負担限度額との差額が特定入所者介護（予防）サービス費として給付される。

5 × 介護報酬の１単位当たりの単価は，**全国一律ではない**。１単位あたりの基本単価は10円であるが，介護サービス事業所の所在する地域による区分（１級地から７級地，およびその他の８区分）とサービスの種類ごとの人件費割合（70％・55％・45％の３区分）を組み合わせて換算された単価（**10円～11.40円**）で計算される。

解答 1 4

問題 88 高齢者福祉

A社員（社会福祉士）は，B社の総務部門に在籍し，企業内での相談支援を担当している。事例を読んで，AによるCさんへの介護休業制度に関する助言として，**最も適切なものを1つ**選びなさい。

〔事　例〕

Cさん（52歳，無期雇用の正社員，入社後1年4か月）は母親（84歳）との二人暮らしである。この母親は，20日前にインフルエンザにかかり5日間入院した後，現在も自宅療養中であるが，退院後は歩行もできず，排せつや食事摂取に常時の介助が必要となった。要介護認定はまだ受けていない。Cさんは10日前から時間単位で年次有給休暇を取得して母親を介護しているが「仕事を辞めるわけにはいかず，母親の今後の介護はどうすべきか」と悩み，直属の上司からAへの相談を勧められた。なお，Cさんは母親以外に介護が必要な家族・親族はいない。

1　現時点でのCさんの母親の状態は，介護休業制度の対象に該当する可能性があると助言した。
2　介護休業を取得するためには，あと2か月の勤務期間が必要と助言した。
3　介護休業を取得する場合，医療保険制度の介護休業給付が受給可能と助言した。
4　介護休暇の取得は，年度あたり14日間が可能なことを助言した。
5　現在の状況では，所定労働時間の短縮の措置を受けることは難しいと助言した。

Point　常時の介助が必要な母親と一緒に暮らしているCさんに対し，A社員（社会福祉士）が行う介護休業制度に関する助言について問う事例問題である。育児休業，介護休業等育児又は家族介護を行う労働者の福祉に関する法律（育児・介護休業法）に規定された介護休業及び介護休暇の目的と内容，利用手続き等について体系的に理解するとともに，初回面接時での適切な対応について理解しておきたい。

1　○　現在のCさんの母親は，まだ要介護認定を受けていないが，歩行もできず，排せつや食事摂取に常時の介助が必要な状態が14日以上続いていることから介護休業制度の対象に該当する可能性がある。なお，労働者が介護休業を取得するためには，母親が要介護状態にあることを明らかにし，かつ，介護休業の開始予定日と終了予定日を明らかにしなければならない（育児・介護休業法第11条第3項）。

2　×　無期雇用労働者（正社員）であるCさんは，事業主に申出を行うことにより，**勤務期間の長さにかかわらず介護休業を取得することができる**。なお，有期雇用労働者については，介護休業の開始予定日から起算して93日経過する日から6か月を経過する日までに労働契約が満了することが明らかでない場合に限り，事業主に申出を行うことにより介護休業を取得することができる（育児・介護休業法第11条第1項）。

3　×　介護休業を取得する場合，**雇用保険制度**の介護休業給付が受給可能である。無期雇用労働者（正社員）であるCさんについては，原則として，介護休業を開始した日より前の2年間に雇用保険の被保険者期間が通算して12か月以上あることが受給要件となる（雇用保険法第61条の4第1項）。

4　×　介護休暇の取得は，年度あたり**最大5日間**（対象家族が2人以上の場合は最大10日間）取得可能である（育児・介護休業法第16条の5第1項）。また，事業主は，労働者からの介護休暇の申出を拒むことができない（同法第16条の6第1項）。

5　×　Cさんは現在，自宅で母親を介護している状況にあることから，事業主に申出を行うことにより**所定労働時間の短縮の措置を受けることが可能である**（育児・介護休業法第23条第3項）。利用期間及び回数については，利用開始日から連続する3年以上の期間で2回以上と規定されている（同法施行規則第74条の2）。

解答　1

問題 89　高齢者福祉

事例を読んで，A介護老人保健施設の支援相談員であるB職員（社会福祉士）が，通所介護事業所のC生活相談員から受けた情報提供の依頼に回答するにあたり，A施設に勤務する他の職員に専門的な意見を求める際，**最も適切な職種**を**1つ**選びなさい。

〔事　例〕

入所後2か月が経過したDさん（81歳，要介護2）は「介護サービスを利用しながら家族と自宅で暮らしたい」と希望しており，施設内で家庭復帰支援に向けたサービス担当者会議が開かれた。Dさんは脳梗塞後遺症で左片麻痺（ひだりかたまひ）があるが，屋内での日常生活動作は補助具などを使っておおむね自立している。しかし，球麻痺によって食事や飲水の際にむせ込むことがある。Bは，数日前にDさんが退所後に利用を希望している通所介護のCに連絡をとった際「Dさんの嚥下（えんげ）に関する訓練の状況や誤嚥を防ぐ適切な方法を知りたい」と情報提供の依頼を受けており，その情報をこのサービス担当者会議の場で取得しようと考えた。

1　看護師
2　介護福祉士
3　薬剤師
4　作業療法士
5　言語聴覚士

Point 高齢者の支援に当たる保健・医療・福祉の，各専門職の役割に関する理解が問われる事例問題である。言語聴覚士の専門性について正しく理解できていれば，比較的平易な問題である。理学療法士，作業療法士，言語聴覚士のリハビリテーション3職種の役割を正しく理解しているかどうかを問う設問は頻出であり，しっかりと確認しておきたい。

1 × 介護老人保健施設で働く看護師は，主に利用者の**健康管理**や医師の指示に基づく**医療行為**，**リハビリテーションの補助**などを行う。入所者の健康状態について全般的に把握しているとは思われるが，嚥下に関する訓練の状況等に関しては，より専門的な知識を有する言語聴覚士が選択肢に含まれているため，最も適切な職種とはいえない。

2 × 介護老人保健施設で働く介護福祉士は，主に**身体介助などの日常生活上のサポート**を行う。日々の食事の状況については最もよく把握していると考えられるが，今回提供依頼があったのは「嚥下に関する**訓練の状況**や誤嚥を防ぐ適切な方法」に関する情報であり，介護福祉士は最も適切な職種とはいえない。

3 × 薬剤師は，介護老人保健施設において入所者が服用する薬の**調剤業務**や**服薬指導**を行う。事例では「嚥下に関する訓練の状況」を含む情報提供を依頼されており，薬剤師は最も適切な職種とはいえない。なお，「**服薬時**の誤嚥を防ぐ適切な方法」に関する情報が必要であれば，薬剤師に意見を求めることもあり得る。

4 × 作業療法士は，介護老人保健施設において身体又は精神に障害のある入所者の在宅復帰に向け，**応用的動作能力**や**社会的適応能力**を回復するためのリハビリテーションを行う。具体的には，調理動作や金銭管理などの**手段的日常生活動作（IADL）**を回復するための生活リハビリテーションを主に担っている。そのため，嚥下に関する訓練は作業療法士の専門であるとはいえず，最も適切な職種とはいえない。

5 ○ 言語聴覚士は，介護老人保健施設において音声機能，言語機能又は聴覚に障害のある者に対して**言語訓練**などを行うほか，医師や歯科医師の指示の下，**嚥下訓練**や人工内耳の調整も行う。「嚥下に関する訓練の状況や誤嚥を防ぐ適切な方法」について意見を求める相手として，最も適切な職種である。

解答 5

問題 90　高齢者福祉

事例を読んで，地域包括支援センターのA社会福祉士が，Bさんとともに利用を検討するサービスのうち，**最も適切なものを1つ**選びなさい。

〔事　例〕

一人暮らしのBさん（80歳）は，心身の不調を感じたため要介護認定を申請した。その結果は要介護及び要支援ともに非該当であったが「基本チェックリスト」により運動機能の低下と閉じこもりの傾向にあることが示され，介護予防・生活支援サービス事業*対象者に該当した。BさんはAと相談した結果「自宅の中だけで過ごすことが多いため，運動や気分転換のために外出の機会をもつ必要があると思う。そうして人と関わる機会が増えれば，今後の生活に向けた意欲も増すかも知れない」と考えるに至った。

1　第1号通所事業（通所型サービス）
2　地域密着型通所介護
3　介護予防通所リハビリテーション
4　小規模多機能型居宅介護
5　居宅介護支援

Point　要介護認定を申請した結果，「非該当（自立）」と判定された人が利用可能なサービスについての知識を問う事例問題である。要介護認定の申請の有無にかかわらず，地域包括支援センターで25項目の基本チェックリストにより，将来要介護状態になるおそれが高いと判定された人（「事業対象者」）は，市町村が実施する介護予防・日常生活支援総合事業の，介護予防・生活支援サービス事業によるサービスを利用することができる。介護予防・生活支援サービス事業には「訪問型サービス」や「通所型サービス」などがある。

1　○　Bさんは要介護及び要支援ともに非該当であるが，基本チェックリストで**介護予防・生活支援サービス事業対象者**に該当している。そのため，同事業の**介護予防ケアマネジメント**を受けて，第1号通所事業（通所型サービス）を利用することが可能である。

2　×　地域密着型通所介護は，**介護給付の地域密着型サービス**に位置づけられている。利用対象者は**要介護1～5**の認定を受けた者であり，非該当と判定されたBさんが利用を検討するサービスとして適切ではない。

3　×　介護予防通所リハビリテーションは，**予防給付の介護予防サービス**に位置づけられている。利用対象者は**要支援1～2**の認定を受けた者であり，適切ではない。

4　×　小規模多機能型居宅介護（介護予防小規模多機能型居宅介護を含む）は，**介護給付及び予防給付の地域密着型サービス**に位置づけられている。利用対象者は**要支援1～要介護5**の認定を受けた者であり，適切ではない。

5　×　居宅介護支援は，**介護給付**に位置づけられている。利用対象者は**要介護1～5**の認定を受けた者であり，適切ではない。要介護認定の結果は非該当であるが，基本チェックリストにより「事業対象者」に該当したBさんは，介護予防・日常生活支援総合事業の**介護予防マネジメント**を受けて，介護予防・生活支援サービス事業のサービス利用を検討することになる。なお，要支援認定を受けた者のケアマネジメントは**介護予防支援**という名称になる（居宅介護支援ではない）。

解答 1

＊　「地域支援事業の実施について」の一部改正について（令和6年8月5日老発第0805第3号）により，地域支援事業実施要綱が一部改正され，2024年（令和6年）4月1日からは，「介護予防・生活支援サービス事業」は「サービス・活動事業」に名称が変更となった。

児童・家庭福祉

●第 37 回試験問題の特徴

第 37 回試験は，新たに施行された法律や事業などについて，児童・家庭福祉の専門職として必要な知識を問い，また，相談事例に適切に対応する技能が備わっていることを確認する問題構成になっていた。問題数は第 36 回までの 7 問から 6 問になり，そのうち事例問題は 3 問であった。内容は 3 問とも自治体の子育て支援に関する相談現場で起こり得る事例であり，その状況を理解した上で適切な対応を求める問題が出題された。また，2022 年（令和 4 年）の児童福祉法改正により新設された「意見表明等支援事業」に関する問題が出題され，専門職として児童の権利にある意見表明権の重要性を認識した上で，支援する仕組みの理解が求められていた。2023 年（令和 5 年）4 月に施行されたこども基本法と，2024 年（令和 6 年）4 月施行の困難な問題を抱える女性への支援に関する法律（女性支援新法）からも出題され，新たに施行された法律に定められた内容を整理して理解していれば解答できたと思われる。今回は，児童相談所や市町村などの行政職員と連携して支援を行う児童福祉施設や女性支援機関などの関係機関における役割や支援の実際などの理解が求められる問題であったことも特徴として挙げられる。

●受験対策のポイント

新カリキュラムに基づく内容は，児童の健全な成長・発達の支援のための基盤となる家族を取り巻く地域資源を充実させ，安心して子育てができるような地域共生社会の実現に向けた支援の理解が必要とされる。そのためには児童や家庭に関するソーシャルワークの専門職として必要不可欠な基本的知識及び技能，知識に裏打ちされた社会福祉士としての専門的技術を培うことが求められる。困難を抱える家族や子どもへのソーシャルワークの実践能力を有する社会福祉士としての視点を考慮して相談援助職が求められる事案への対応も備えておいてほしい。今回，新たに施行された法律や事業から出題があったように，こども家庭庁から配信される最新の法律や法改正の動向を確認して更新しておくことが必要である。あいまいな点や不明な点があった場合，そのつど教科書や過去問解説集などのテキストに戻って確認しておく習慣をつけてほしい。今回は統計調査の問題は取り上げられなかったが，今後も新しく発表された結果は必ず目を通しておきたい。また，児童虐待の増加やドメスティックバイオレンス，ひとり親家庭への支援や離婚後の親権のあり方，社会的養護の動向等新聞やメディアで取り上げられる社会問題は，出題が検討される重要なテーマとして普段から関心をもって情報収集し把握しておくことが必要である。

問題 91 児童・家庭福祉

意見表明等支援事業などに関する次の記述のうち，**適切なもの**を2つ選びなさい。

1 意見表明等支援員は，子どもの未熟さを補い，専門知識に基づいて児童を指導するものである。

2 児童福祉に関する知識等を有する者が，児童の意向などを勘案して，児童相談所等の関係機関と連絡調整を行う。

3 児童養護施設等に入所中の児童，里親委託中の児童，一時保護中の児童は，この事業の対象である。

4 児童相談所の児童福祉司は，意見表明等支援員とは別に，単独で児童の意見を聴取することを控えなければならない。

5 児童養護施設の職員や里親は，児童の最善の利益を考慮して，意見表明等支援員に対して，養育についての自分の意見は述べないことが望ましい。

Point 2022年（令和4年）の児童福祉法の改正により新設された「意見表明等支援事業」に関する問題である。意見表明等支援事業は，施設などに入所している子どもの声を，施設等から独立した立場で聴き取り，これを行政などに伝える事業として2024年（令和6年）4月から施行された。事業を担うのが意見表明等支援員である。事業の仕組みをしっかりと把握しておきたい。

1 ✕ 意見表明等支援員は，子どもの意見・意向を恣意的に解釈したり，未熟さを補うなど児童への指導を行う者ではない。意見表明等支援員は，子どもが誰かに伝えたいことがあるような様子がみられた場合，児童福祉の制度や仕組み等の必要な情報を子どもの年齢や理解度を配慮しながら子どもの立場に立って提供し，処遇に係る意見又は意向について，子どもが伝えたいことを言語化して意見を言えるよう**支援をする者**である。意見形成の段階に至る前段階の支援として，子どもたちが「自分の意見をもってよい」と思える雰囲気づくりや，「自分の意見を話してよい」と思える関係性づくりをすることが必要なことである。

2 ○ 意見表明等支援員は，**児童の意向などを勘案して児童相談所等の関係機関と連絡調整を行い**，必要な支援を行う役割がある。意見表明等支援事業は，児童の福祉に関し知識又は経験を有する者が，意見聴取等の適切な方法により，児童の意見又は意向を把握するとともに，これらの意見又は意向を勘案して児童相談所，都道府県その他関係機関との連絡調整その他の必要な支援を行う事業とされている（児童福祉法第6条の3第17項）。

3 ○ 児童福祉法第33条の3の3に**意見聴取等措置**の対象となる児童として，**児童養護施設等に入所中の児童，里親委託中の児童，一時保護中の児童**が規定されており，この事業の対象者となる。意見表明等支援員は，一時保護所，施設や里親家庭等，児童のいる場所を定期的に訪問したり，児童から電話やSNS等の連絡を受けて求めに応じた訪問型支援も行ったりする。その時，児童がアクセスしやすく，安心感・安全感を得ることができ，秘密を守ってもらえると実感しやすい場所で聴き取るなどの配慮が必要である。

4 ✕ 意見表明等支援員とは別に，児童相談所の児童福祉司が**単独で児童の意見を聴取することを控えなければならないというわけではない**。児童相談所の職員には意見を伝えづらいと感じる児童には，児童が意見等を表明する機会を確保するために，意見表明等支援員が児童の意見を適切に表現できるような支援や，必要に応じて代弁をするということも可能としているものである。

5 ✕ 児童養護施設の職員や里親は，子どもの最善の利益の観点から意見表明等支援員に養育について**意見を述べることが望ましい**。子どもの最善の利益とは子どもに関することが決められ，行われるときは，「その子どもにとって最もよいことは何か」を第一に考えることである。意見表明等支援員は，児童相談所職員や里親・施設職員等の関係者とのコミュニケーションのなかで活動についてわかりやすく説明し，認識を深めてもらうよう常に働きかけることが必要となる。

解答 2 3

問題 92　児童・家庭福祉

事例を読んで，A市子育て支援課が最優先すべき初期対応として，**最も適切なもの**を**1つ**選びなさい。

〔事　例〕

Bさん（3歳）は，保育所を利用しているが，週1回も登園していない。父親は病気がちで仕事が続かず，母親は精神疾患があり自宅で寝ていることが多いため就労が難しく，家族は経済的に困窮している。Bさんはまだ発語がなく，このまま発育が遅れていくことを保育所は懸念している。Bさんがめずらしく登園した日，何日も入浴していないことに気づいた保育所は，Bさんがいる間にA市の虐待通告窓口にもなっている子育て支援課へ連絡し，ネグレクトの懸念を伝えた。

1　保育所に児童相談所へ通告するよう，働きかける。
2　保育所に児童発達支援センターと相談するよう，助言する。
3　緊急の受理会議を行い，Bさんが保育所にいる間に複数の職員で訪問し，児童の状況を把握する。
4　児童相談所へ連絡し，一時保護するように要請する。
5　保育所に父母への生活保護制度の情報提供を依頼する。

Point　自治体の子育て支援課が，虐待の懸念のある児童の通報を受けたときに最優先すべき初期対応を問う問題である。こども家庭庁支援局虐待防止対策課による「子ども虐待対応の手引き」（令和6年4月改正版）によると，初期対応の原則として，①迅速な対応，②子どもの安全確保の優先，③家族の構造的問題としての把握，④十分な情報収集と正確なアセスメントを挙げていることを留意して適切な判断をすることが求められる。

1　×　保育所に児童相談所へ通告するよう働きかけるのは適切ではない。厚生労働省の示す「通告・相談への対応」では，保育所，幼稚園・小学校・中学校等の学校等からの相談・通告があった場合，訪問調査により実態を把握するとされている。保育所ではBさんについてはネグレクトの懸念がある段階なのでA市が最優先すべきことは訪問調査による十分な情報収集と正確なアセスメントである。

2　×　児童発達支援センターへの相談を初期対応として助言することは適切ではない。児童発達支援センターは，障害のある児童を通わせ，高度の専門的な知識及び技術を必要とする児童発達支援を提供する施設である。保育所ではBさんの発語がなく，発達の遅れが懸念されていたが，Bさんに障害があるとは断定できず，ネグレクトされていることに起因する発達の遅れの可能性も考えられるため，現時点では最優先すべき初期対応とはいえない。

3　○　最優先すべき初期対応として**迅速に緊急受理会議をして**，Bさんが保育所にいる間に複数の職員で訪問し児童の状況を把握することは適切である。緊急受理会議の準備の一環として，通告を受けた事例について，過去の通告や援助などを通して児童相談所や市町村に情報が蓄積されているかどうかを確認しておくことが必要である。

4　×　Bさんの状況を把握する前に，初期対応として児童相談所での一時保護を要請することは適切ではない。一時保護の第一の目的は子どもの生命の安全を確保することである。一時保護が必要と判断された場合には，子どもの身柄の保護を優先し，保護した後，早急に保護者等から事情を聴取し，一時保護あるいは入院についての相談，説得を行わなければならない。

5　×　保育所からA市に通告があったばかりの段階で父母に対して生活保護制度の情報提供を保育所に依頼することは適切ではない。Bさんの家族が経済的に困窮していることはネグレクトに影響しているとも考えられるため，状況をみて情報提供としてA市子育て支援課からA市を所管する福祉事務所の生活保護担当に相談できることを助言する。

解答 3

問題 93 児童・家庭福祉

事例を読んで，Aさんの状況を踏まえ，B市子育て支援課がAさん親子の支援のために，この時点で危機介入として速やかに連携すべき機関・施設として，**適切なもの**を**2つ**選びなさい。

〔事　例〕

Aさん（32歳）から，これまでも「夫（35歳）から繰り返し暴言を浴びせられ，時に暴力を振るわれている。どうしたらよいか悩んでいる。夫から逃れたい」という相談を受けてきた。ある日「もう限界です」という訴えがあった。Aさんは，4歳の子を帯同しており，子には母親をかばう様子もみられる。Aさんの家庭は夫の収入によって生計を立てているが，その収入はほとんど夫が管理しており，Aさんは手元に所持金が全くない状況である。Aさんは，子とともに生活したいと望んでいる。B市子育て支援課は緊急受理会議を行った。

1　児童養護施設
2　母子生活支援施設
3　B市の女性相談支援員
4　女性自立支援施設
5　女性相談支援センター

Point 子どもを取り巻く家庭環境の問題として，DVの理解とともに，児童や家庭への支援における各種団体や組織の役割の理解が問われている。売春防止法を前身とし，2022年（令和4年）4月に施行された困難な問題を抱える女性への支援に関する法律（女性支援新法）について整理しておく。さらに，Aさんのニーズを把握し，Aさんの意向を尊重しながら連携先として適切なものを選ぶことが求められる。

1 ×　児童養護施設は児童福祉法第41条に「保護者のない児童，虐待されている児童その他環境上養護を要する児童を入所させて，これを養護し，あわせて退所した者に対する相談その他の自立のための援助を行うことを目的とする」施設であると規定されている。Aさんは**子どもとともに生活したいと望んでおり**，この時点で母子を分離することは適切ではない。

2 ×　母子生活支援施設は，児童福祉法第38条に基づき，母子を保護するとともに，その自立を促進するため，個々の母子の家庭生活及び稼働の状況に応じ，就労，家庭生活及び児童の教育に関する相談及び助言を行う等の支援を行う施設である。「配偶者からの暴力の防止及び被害者の保護等のための施策に関する基本的な方針」ではDV被害者の一時保護を委託できる施設とされており，被害者保護から生活の基盤づくりや，自立支援を行う施設としての役割が期待できるが，**危機介入時点での連携先としては適切ではない**。

3 ○　女性支援新法の制定に伴い，婦人相談員は女性相談支援員と名称を改めている。生活困窮，性暴力・性犯罪被害などを背景に**生活に困難を抱える女性の支援を行う職種である**。危機介入的な支援が必要なAさん親子の相談に応じ，必要な支援を展開することが期待される。

4 ×　女性自立支援施設は，女性支援新法第12条に基づいて都道府県や社会福祉法人などが設置する施設で，婦人保護施設を前身とする。配偶者からの暴力や家庭環境の破綻，生活の困窮などさまざまな事情により日常生活又は社会生活を営む上で困難な問題を抱えている女性を保護し，健康回復の援助や自立支援を行う。同伴児童との入所利用も可能だが，**危機介入時点での連携先としては適切ではない**。

5 ○　女性相談支援センターは女性支援新法第9条に基づく支援機関である。各都道府県に必ず一つ設置されており，同法に基づき，配偶者からの暴力の被害を受けた女性を含め，困難な問題を抱える女性に関するさまざまな相談に応じるものである。売春防止法に定める婦人相談所を前身とする。女性支援新法第9条第3項に基づく**緊急一時保護**も実施しており，Aさん親子を支援する役割が期待される。

解答 3 5

問題 94 児童・家庭福祉

事例を読んで，市で子育て相談を担当するＡ職員（社会福祉士）が保護者に伝える内容に関する次の記述のうち，**最も適切なものを１つ**選びなさい。

〔事　例〕

Ａのもとに保護者から下記の相談があった。

３歳児健診の際に医師から発達に課題があるかもしれないと指摘され，専門医を受診したところ，軽度の発達障害（自閉スペクトラム症）と診断された。しかし両親ともに発達障害や障害児福祉サービスについての知識がなく，不安だとのことだった。両親はともに常勤の会社員で，子どもは現在保育所を利用している。

1　障害児福祉手当の受給が可能である。
2　保育所の利用はできなくなる。
3　児童発達支援の利用が可能である。
4　放課後等デイサービスの利用が可能である。
5　医療型障害児入所施設への入所が可能である。

Point　社会福祉士が，発達障害と診断された子どもの保護者に対して，どのような社会資源が利用可能かを説明する場面である。障害がある子どもやその保護者を対象とする制度についての理解が問われている。障害のある子どもへの支援については，子どもの障害の程度や年齢によっても利用できるサービスが異なるため，整理しておく必要がある。

1　×　障害児福祉手当は，特別児童扶養手当等の支給に関する法律第 17 条に規定されている。身体又は精神に**重度の障害**があるため，日常生活において常時の介護を必要とする，在宅の 20 歳未満の者を対象とする。設問は「軽度の発達障害」とされる子をもつ保護者の相談であり，該当しない。

2　×　発達障害のある子どもの保育所利用は，**地域社会への包摂という視点**から必要で，かつ可能である。集団での生活に困難や不安を抱えている場合に行われる保育所等訪問支援もある。これは児童の発達支援に係る専門員が，障害のある児童が通う保育所等を訪問し，障害のない児童との集団生活に適応することができるよう，その置かれている環境に応じて適切かつ効果的な支援を行うものである。保育所は，障害のある子どもの発達を支援する社会資源の一つとして重要である。

3　○　児童発達支援は，児童福祉法第６条の２の２第２項に規定されている。保育所と併用しての利用も可能となっている。なお，利用にあたっては，市町村の福祉相談窓口などで受給者証を申請する必要がある。

4　×　放課後等デイサービスは，児童福祉法第６条の２の２第３項に規定されている。**小学生・中学生・高校生等（６歳〜18 歳）の障害児**につき，授業の終了後又は休業日に児童発達支援センター等の施設に通わせ，生活能力向上のための必要な支援，社会との交流の促進などを行うものである。

5　×　障害児入所施設は，児童福祉法第 42 条に定められた児童福祉施設である。施設類型として，特に**医療を必要とする入所児**に個々の状況に応じた医療を適宜提供して機能向上や健康の維持増進を図る「医療型障害児入所施設」と，「福祉型障害児入所施設」に区分される。対象は０歳から 18 歳までを原則とし，日常生活に必要な知識や技能の獲得を支援する。

解答 3

問題95 児童・家庭福祉

こども基本法に関する次の記述のうち，**適切なもの**を**2つ**選びなさい。

1 「こども」について，18歳に満たない者と定義されている。

2 「こども施策」には，子育てに伴う喜びを実感できる社会の実現に資するため，就労，結婚，妊娠，出産，育児等の各段階に応じて行われる支援が含まれている。

3 基本理念の一つとして，教育基本法の精神にのっとり教育を受ける機会が等しく与えられることとされている。

4 都道府県は，こども大綱を勘案して，都道府県こども計画を定めなければならない。

5 児童虐待を受けたと思われる児童を発見した者の通告義務が明記されている。

Point この設問は，2022年（令和4年）に制定され，2023年（令和5年）4月に施行されたこども基本法についての知識を問う問題である。こども基本法は，同法に規定するこども施策を社会全体で総合的に推進していくことを目的として制定された。こども基本法の各条文を理解するとともに，規定されている「こども大綱」「こども政策推進会議」「都道府県こども計画」の内容について押さえておきたい。

1 ✕ こども基本法（以下，法）第2条で,「こども」とは，**心身の発達の過程にある者**と規定されている。児童福祉法第4条の「児童」の定義における，「満18歳に満たない者」のように年齢による定義をしていない。

2 ○ 法第2条第2項で「こども施策」として，①新生児期，乳幼児期，学童期及び思春期の各段階を経て，おとなになるまでの心身の発達の過程を通じて切れ目なく行われるこどもの健やかな成長に対する支援，②子育てに伴う喜びを実感できる社会の実現に資するため，**就労，結婚，妊娠，出産，育児等の各段階に応じて行われる支援**，③家庭における養育環境その他のこどもの養育環境の整備が明記されている。

3 ○ 法第3条で六つの基本理念を規定している。

表 こども施策の基本理念

（基本理念）
① 全てのこどもについて，個人として尊重され，その基本的人権が保障されるとともに，差別的取扱いを受けることがないようにすること
② 全てのこどもについて，適切に養育されること，その生活を保障されること，愛され保護されること，その健やかな成長及び発達並びにその自立が図られることその他の福祉に係る権利が等しく保障されるとともに，**教育基本法の精神にのっとり教育を受ける機会が等しく与えられること**
③ 全てのこどもについて，その年齢及び発達の程度に応じて，自己に直接関係する全ての事項に関して意見を表明する機会及び多様な社会的活動に参画する機会が確保されること
④ 全てのこどもについて，その年齢及び発達の程度に応じて，その意見が尊重され，その最善の利益が優先して考慮されること
⑤ こどもの養育については，家庭を基本として行われ，父母その他の保護者が第一義的責任を有するとの認識の下，これらの者に対してこどもの養育に関し十分な支援を行うとともに，家庭での養育が困難なこどもにはできる限り家庭と同様の養育環境を確保することにより，こどもが心身ともに健やかに育成されるようにすること
⑥ 家庭や子育てに夢を持ち，子育てに伴う喜びを実感できる社会環境を整備すること

4 ✕ 法第10条で,「都道府県は，こども大綱を勘案して，当該都道府県におけるこども施策についての計画（都道府県こども計画）を**定めるよう努めるものとする**」とされている。都道府県のこども計画の策定は義務でなく努力義務となっている。

5 ✕ こども基本法には明記されていない。児童虐待に係る通告義務は，**児童虐待の防止等に関する法律（児童虐待防止法）**第6条に明記されている。

解答 2 3

問題 96 児童・家庭福祉

困難な問題を抱える女性への支援に関する法律（女性支援新法）に関する次の記述のうち，**正しいものを１つ**選びなさい。

1 本法成立前までは，配偶者からの暴力の防止及び被害者の保護等に関する法律に婦人相談所や婦人保護施設が規定されていた。

2 本法における困難な問題を抱える女性とは，障害及び社会的障壁により継続的に日常生活または社会生活に相当な制限を受ける状態にある女性を指す。

3 都道府県は，厚生労働大臣が定めた困難な問題を抱える女性への支援のための施策に関する基本的な方針に即して，基本的な計画を定めることができるとされている。

4 都道府県は，女性相談支援センターを設置しなければならない。

5 都道府県は，困難な問題を抱える女性を入所させて，その保護及び支援を目的とする女性自立支援施設を設置しなければならない。

Point この設問は，2022年（令和4年）に制定され，2024年（令和6年）4月に施行された困難な問題を抱える女性への支援に関する法律（女性支援新法）に関する知識を問う問題である。女性支援新法は，生活困窮，性暴力・性犯罪被害，家庭関係破綻など複雑化，多様化，複合化した女性をめぐる課題を支援するための施策を推進し，もって女性の人権が尊重され，安心して，かつ，自立して暮らせる社会の実現に寄与することを目的としている。国や地方公共団体の責務や，「女性相談支援センター」「女性相談支援員」「女性自立支援施設」の内容も理解しておきたい。

1 × 婦人相談所や婦人保護施設は，1956年（昭和31年）に制定された**売春防止法**に規定されていた。女性支援新法（以下，法）の制定により，婦人相談所は女性相談支援センター，婦人保護施設は女性自立支援施設となった。

2 × 法第2条では，困難な問題を抱える女性を，「**性的な被害，家庭の状況，地域社会との関係性その他の様々な事情**により日常生活又は社会生活を円滑に営む上で困難な問題を抱える女性（そのおそれのある女性を含む。）」と明記されている。

3 × 法第8条では，都道府県は，基本方針に即して，当該都道府県における困難な問題を抱える女性への支援のための施策の実施に関する基本的な計画（都道府県基本計画）を**定めなければならない**と明記されている。都道府県の基本計画は任意の策定ではなく，義務となっている。

4 ○ 法第9条では，都道府県は，女性相談支援センターを**設置しなければならない**と明記されている。

5 × 法第12条では，都道府県は，困難な問題を抱える女性を入所させて，その保護を行うとともに，その心身の健康の回復を図るための医学的又は心理学的な援助を行い，及びその自立の促進のためにその生活を支援し，あわせて退所した者について相談その他の援助を行うことを目的とする施設（女性自立支援施設）を**設置することができる**と明記されている。設置義務とはなっていない。

解答 4

貧困に対する支援

●第 37 回試験問題の特徴

共通科目から専門科目に移行し，科目名も「低所得者に対する支援と生活保護制度」から「貧困に対する支援」になった。科目の名称が「制度」から「支援」に変わったこともあって，出題内容は制度の理解を問うものから支援方法を問うものが中心になった印象である。

出題数は 6 問で，一般の問題と事例問題が 3 問ずつであった。第 36 回試験以前と比べると事例問題の比重が大きくなっている点が特徴である。一般の問題は，これまでにも頻出事項であった生活保護の種類と内容（**問題 97**），生活困窮者自立支援法（**問題 99**），生活福祉資金貸付制度（**問題 100**）について，基礎的な理解が問われた。

一方，事例問題は，「社会福祉士国家試験の在り方に関する検討会」が提言したように，科目に関連する基本的な知識を活用して，事例等で与えられた情報の中から，問いに対する状況を理解・解釈して解答させる出題（いわゆるタクソノミーⅡ型・Ⅲ型）となった。**問題 98** では，福祉事務所の現業員の対応について，事例で提供される情報を基にしたクライエントの状況理解と，生活保護の申請にかかる制度的な知識が問われた。**問題 101** は生活困窮者自立相談支援機関における相談支援員の支援について，クライエントの置かれた状況を理解し，多機関連携を意識しながらクライエント主体の支援を考えさせるものであり，複数の制度に関する知識と実践姿勢が問われるものであった。**問題 102** も福祉事務所の現業員による支援について，事例文から必要な支援とその利用条件（制度の知識）と本人の意思を優先する実践姿勢が問われるものであった。

●受験対策のポイント

新出題基準では，生活保護法に並んで生活困窮者自立支援法に関連する制度内容，支援を担う専門職に関する項目が同等の比重になってきている。旧科目でもほぼ毎年出題された生活保護の原理原則，福祉事務所の設置や職員配置，国，都道府県，市町村の役割などは，基礎知識として確実に理解しておきたい。また，生活困窮者自立支援法についても，過去問解説集で過去 3 年間の出題の中から関連する出題を復習し，制度の目的や関連する専門職の働きを整理しておきたい。これらは『最新 社会福祉士養成講座 4　貧困に対する支援』（中央法規出版）第 7 章「貧困に対する支援の実際」の事例を丁寧に学習して，支援場面で求められる制度に関する知識や支援にあたっての留意事項の具体的なイメージをつかむことが有効だろう。

また近年，居住支援が注目されてきている。2025 年度（令和 7 年度）は生活困窮者自立支援法などの改正法の施行が予定されており，今後の出題が予想される。生活保護制度や生活困窮者自立支援制度，ホームレス自立支援制度などにおける居住支援についても『養成講座』で基礎を学習し，法改正の概要については，厚生労働省のホームページ等で確認しておこう。

問題 97 貧困に対する支援

生活保護の種類と内容に関する次の記述のうち，**最も適切なものを１つ**選びなさい。

1 小学生の学校給食費は，生活扶助で行われる。

2 要介護認定を受けた 80 歳の被保護者の住宅改修費のうち介護給付にかかる自己負担分は，介護扶助で行われる。

3 通院のための交通費（移送費）は，生活扶助で行われる。

4 高等学校の教材代や通学のための交通費は，教育扶助で行われる。

5 就職が確定した 40 歳の被保護者が，就職のため直接必要とする衣服類の購入費用は，生活扶助で行われる。

Point 生活保護の種類と内容に関する問題である。旧出題基準でもほぼ毎年出題されてきた頻出事項であり，基本的な知識でもある。八つの扶助の種類と給付内容，給付の方法（現物給付か金銭給付か）を押さえておくことに加え，「保護の補足性の原則」によって他法他施策が優先されることを踏まえた解答が求められた。これまでの出題内容と比べると，やや細かい点に踏み込んでいるように思われる。

1 × 小・中学生の義務教育にかかる学校給食費は，**教育扶助**で行われる。教育扶助は，①義務教育に伴って必要な教科書その他の学用品，②義務教育に伴って必要な通学用品，③学校給食その他義務教育に伴って必要なものの範囲内において行われる（生活保護法（以下，法）第 13 条）。

2 ○ 要介護認定を受けた第一号被保険者の住宅改修費は，介護扶助の対象であるが（法第 15 条の２），介護保険法に基づく介護給付が行われる場合は介護保険法を優先する（**他法他施策優先の原則**）。したがって，住宅改修費のうち介護給付相当分は介護保険が適用され，自己負担分のみ介護扶助が行われる。

3 × 通院のための交通費（移送費）は，**医療扶助**で行われる。医療扶助は，①診察，②薬剤又は治療材料，③医学的処置，手術及びその他の治療並びに施術，④居宅における療養上の管理及びその療養に伴う世話その他の看護，⑤病院又は診療所への入院及びその療養に伴う世話その他の看護，⑥移送の範囲内において行われる（法第 15 条）。

4 × 高等学校の教材代や通学のための交通費は，**生業扶助**で行われる。生業扶助は，①生業に必要な資金，器具又は資料（生業費），②生業に必要な技能の修得（技能修得費），③就労のために必要なもの（就職支度費）の範囲内において行われる（法第 17 条）。高等学校の就学に係る教材代や通学のための交通費は，②技能修得費の高等学校等就学費にあたる。

5 × 日常生活における被服費は生活扶助の対応であるが，就職のために直接必要となる衣服類の購入費用は，**生業扶助**で行われる。就職が確定した被保護者については，就労にふさわしい衣服やかばんなどの身の回りの持ち物等，就職のための支度が必要になると考えられており，生業扶助の就職支度費が支給される。

解答 2

問題 98 貧困に対する支援 ✓✓✓

事例を読んで，Aさんに対する福祉事務所の現業員（社会福祉士）の対応に関する次の記述のうち，**最も適切なものを1つ**選びなさい。

〔事　例〕

ホームレスの男性Aさん（55歳）は8年前にギャンブルが原因で多額の借金をつくり，会社を辞めて，その後就労しないままホームレスとして生活していた。婚姻歴はあるが30歳の時に離婚して子どもは妻が引き取りその後音信はない。最近，体調も悪くなったため生活保護を申請したいと考え福祉事務所に来所した。長年のホームレス生活のため，収入，資産に関する書類は所有していない。

1 居住地がないため居住地を定めてから保護申請するように説明する。

2 稼働年齢層なので就労先を決めてから保護申請するように説明する。

3 ギャンブルによる多額の借金がある場合には保護申請はできないと説明する。

4 収入，資産に関する書類がなくても保護申請は可能だとして，申請手続きについて説明する。

5 保護申請に先立って，子どもへの扶養調査が必要だと説明する。

Point 保護の申請に係る福祉事務所の現業員の対応を問う事例問題であるが，提供された情報を整理して，問いに対応する状況を理解・解釈する力が問われるタクソノミーⅡ型の出題である。居住地のないホームレスの保護申請，申請にあたっての書類提出の必要性，長期間交流のない扶養義務者への扶養調査など，要保護者の保護申請権を侵害しないための正しい理解が求められた。保護の申請にあたっての「要件」と「優先」の違いを正しく理解しておくこともポイントとなった。

1 × ホームレスのように居住地がない場合は，生活保護法（以下，法）第19条第1項第2号に基づき，**現在地を管轄する福祉事務所が保護の実施機関となる**ため，「居住地を定めてから保護申請するように」という説明は適切ではない。また，「ホームレスの自立の支援等に関する基本方針」（令和5年7月）でも，「居住の場所がないことや稼働能力があることのみをもって保護の要件に欠けるということはない」としている。

2 × 稼働年齢層である要保護者の稼働能力の活用は，保護に優先するものであって，保護の申請や利用の要件ではないため，**就労先を決めていなくても保護の申請はできる**。現に最低生活基準を下回る生活実態があれば，保護の申請を受けて保護を開始し，その後，Aさんの能力等に応じた就労支援を実施することが考えられる。

3 × 法第2条の無差別平等の原則により，生活困窮に至った原因を問わず保護は実施されるものであり，**ギャンブルによる多額の借金がある場合でも，それを理由に保護申請は妨げられない**。ただし，最低生活の保障という生活保護制度の趣旨から，保護費の中から借金を返済することは原則認められていない。

4 ○ 保護申請時に世帯の収入や資産に関する書類の提出は義務づけられていない。保護の申請にあたっては，原則として氏名等，保護を受けようとする理由，資産・収入の状況，その他保護の要否，種類，程度及び方法を決定するために必要な事項として定められた事項を記載した申請書の提出が必要であるが，特別の事情があるときはこの限りではないとされている（法第24条第1項）。収入・資産等の状況がわかる書類は，保護申請時の調査において提出が求められる場合がある。

5 × 扶養調査は**保護申請の受理後**に行われるものである。また，Aさんは25年前の離婚以来，子どもとは音信不通状態にある。そのため，Aさんの子どもは，10年以上の音信不通者として要保護者の生活歴等から特別な事情があり明らかに扶養ができない，「扶養義務履行が期待できない者」と認めることができ，扶養調査は行われないと考えられる。「扶養義務履行が期待できない者」の知識は，やや細かすぎると思われるが，本選択肢は保護申請と扶養調査の実施時期の理解で正誤の判断ができるものである。

解答 4

問題 99 貧困に対する支援

生活困窮者自立支援法に関する次の記述のうち，**正しいもの**を**1つ**選びなさい。

1 生活困窮者自立支援法の改正（2018年）により，任意事業に健康管理支援事業が追加された。

2 住居確保給付金の支給審査や支給決定及び支給の業務は，福祉事務所設置自治体が行う。

3 生活困窮者自立支援法では，相談支援とともに飲食物費や光熱水費について金銭給付を行うことを通じて自立を図ることを目的としている。

4 一時生活支援事業は，低所得世帯であって世帯内の高齢者や子どものケアを行っている家族が一時的に休息をとれるようにサポートする事業である。

5 生活困窮者自立支援法は，日本の永住者資格を有する外国籍の人を対象外としている。

Point 生活困窮者自立支援法の制度や事業内容を問う問題である。生活困窮者自立支援法は，生活保護に至っていない生活困窮者に対する第2のセーフティネットを全国的に拡充し，包括的な支援体系を創設し，生活困窮者の自立と尊厳の確保と生活困窮者支援を通じた地域づくりの二つの目標を掲げている。その上で生活困窮者自立支援法における理念や制度体系，対象への理解とともに，各事業の内容，生活保護法や他施策との関連で理解しておくことが重要である。

1 × **健康管理支援事業は，生活困窮者自立支援法の任意事業に追加されていない。**選択肢の健康管理支援事業が生活保護法の被保護者健康管理支援事業を指しているのであれば，2018年（平成30年）の生活保護法改正で創設され，福祉事務所における必須事業として，2021年（令和3年）1月から実施されている。

2 ○ 住居確保給付金[*1]の支給事務（審査，決定，支給）は，福祉事務所設置自治体が行う。相談や受付，受給・中断中の面談等は自立相談支援機関で行う。住居確保給付金は，離職・廃業，休業等による収入減少等により住宅を失う又はその恐れの高い者に対して就職に向けた活動を要件に有期で家賃相当額を支給するものである。

3 × 生活困窮者自立支援法の相談支援を担う自立相談支援事業[*2]では，生活困窮者や家族・関係者からの相談に応じ，包括的・継続的な支援を行う。具体的には総合的なアセスメントや支援プランの作成，モニタリング・プラン評価，他機関との連携等である。**金銭給付を行い自立を図るのは，生活保護法である。**

4 × **一時生活支援事業[*3]には，選択肢にあるような家族のケアをする人々に対する休息等のレスパイトの機能はない。**一時生活支援事業は，不安定な住まい等にある生活困窮者に一時的に宿泊場所や衣類，食事を提供し，安定した生活を営めるよう支援する。

5 × **生活困窮者自立支援法では，日本の永住者資格を有する外国籍の人を対象外とはしていない。**外国籍の人の相談支援には，在留資格，相談者の第一言語（母語），文化や習慣の確認など，「外国人」と一括りにせず，一人ひとりの課題を把握することが重要である。なお，このような相談支援の際には，永住者や定住者等の在留資格によっては生活保護法が準用されることも理解しておく必要がある。

解答 2

生活困窮者自立支援法が2024年（令和6年）4月に改正され，2025年（令和7年）4月1日より，それぞれ以下のとおりとなっている。

＊1 住居確保給付金の対象に，収入が著しく減少し，家計改善のため，転居により家賃負担等を軽減する必要がある生活困窮者が追加された。

＊2 自立相談支援事業において，法律上の定義に「居住の支援」が明記され，住まい・入居後の生活支援の相談に対応することが明確化された。

＊3 「一時生活支援事業」は「居住支援事業」に名称が改められ，都道府県等は同事業のうち必要があると認められるものを行うように努めることとされた（努力義務）。

問題 100 貧困に対する支援

次のうち，生活福祉資金貸付制度の総合支援資金に含まれるものとして，**正しいものを2つ**選びなさい。

1 生活支援費
2 緊急小口資金
3 教育支援費
4 就学支度費
5 一時生活再建費

Point 生活福祉資金貸付制度の種類や内容を問う問題である。生活福祉資金貸付制度は，低所得世帯，障害者世帯，高齢者世帯に対して資金の貸付けと必要な相談支援を行い，経済的自立及び生活意欲の助長促進並びに在宅福祉及び社会参加の促進を図り，安定した生活を送れるようにすることを目的としている。実施主体は都道府県社会福祉協議会である。生活福祉資金貸付制度には，総合支援資金，福祉資金，教育支援資金，不動産担保型生活資金があり，本問では総合支援資金の種類の詳細が問われた。そのため生活福祉資金貸付制度の目的や方法のみならず，各資金の種類も理解しておく必要がある。

1 ○ 生活支援費は**総合支援資金**の一つである。生活支援費は，生活再建までの間に必要な生活費用を貸し付ける。生活支援費の貸付限度額は，単身であれば月15万円以内，二人以上であれば月20万円以内である。貸付期間は原則3か月，最長12か月となっている。なお，保証人は原則必要であるが，保証人なしでも貸付けは可能である。貸付利子は保証人ありの場合は無利子，保証人なしの場合は年1.5％である。

2 × 緊急小口資金は**福祉資金**の一つである。緊急小口資金は，緊急かつ一時的に生計の維持が困難となった場合に少額の費用を貸し付ける。貸付限度額は10万円以内である。貸付利子は無利子，保証人は不要である。福祉資金にはその他に福祉費がある。

3 × 教育支援費は**教育支援資金**の一つである。教育支援費は，低所得世帯に属する者が高等学校，大学又は高等専門学校に修学するために必要な経費を貸し付ける。高校は月3.5万円以内，大学は月6.5万円以内等である。貸付利子は無利子であり，保証人も不要であるものの世帯内での連帯借受人が必要である。

4 × 就学支度費は**教育支援資金**の一つである。就学支度費は低所得世帯に属する者が高等学校，大学又は高等専門学校への入学に際し必要な経費を貸し付ける。貸付限度額は50万円以内である。教育支援費と同様で，貸付利子は無利子であり，保証人も不要であるものの世帯内での連帯借受人が必要である。

5 ○ 一時生活再建費は**総合支援資金**の一つである。一時生活再建費は，就職や転職を前提とした技能習得に要する経費や，滞納している公共料金等の立て替え費用，債務整理をするために必要な経費等のように生活を再建するために一時的に必要かつ日常生活費を賄うことが困難である費用を貸し付ける。貸付限度額は60万円である。生活支援費と同様で，保証人は原則必要であるが，保証人なしでも貸付けは可能である。貸付利子は保証人ありの場合は無利子，保証人なしの場合は年1.5％である。

解答 1 5

問題 101 貧困に対する支援

事例を読んで，生活困窮者自立相談支援機関の相談支援員による支援に関する次の記述のうち，**最も適切なものを1つ**選びなさい。

〔事　例〕

Aさん（25歳）は，両親と3人で暮らしている。高校卒業後，工場に就職したが職場での人間関係がうまくいかず3か月で離職した。その後も短期間での転職を繰り返し，ここ2年ほどは無職である。仕事上の失敗が続いたことから就労への意欲が低下して，引きこもり状態である。そこで，Aさんの状況を見かねた両親は，本人とともに社会福祉協議会に設けられている生活困窮者自立相談支援機関の窓口に行って相談した。Aさんもこのままではいけない，どうにか1歩前に進みたいと意欲を示し，両親からもAさんを支えていきたいとの気持ちが示された。

1　生活保護を受給する可能性を探るため，資力調査を行う。
2　生活保護の受給に先立って，自立支援プログラムを策定し，参加を勧める。
3　Aさんの課題を把握し，自立相談支援機関による支援を継続するか，他機関につなげるかを判断する。
4　ハローワークで求職活動を行うよう，生活困窮者自立支援法に基づく指導・指示を行う。
5　自立生活のためのプラン案を策定するため，支援会議の開催を依頼する。

Point 生活困窮者自立支援法における自立相談支援機関では，ワンストップ型の相談窓口となって本人の状況に応じた自立支援計画を作成し，必要な支援の提供につなげる。この事例の場合，これから自立相談支援機関にてアセスメントを実施しようとする段階であることを踏まえて考えなければならない。なお，自立相談支援機関の運営は，福祉事務所設置自治体，あるいはそこから委託を受けた社会福祉協議会などの社会福祉法人，特定非営利活動法人などが行っている場合が多い。

1　×　Aさんは両親と3人で暮らしており，生活保護を受給することについては明確にしていない。資力調査とは，生活保護を利用する要件である要保護状態にあることを確認するための調査である。生活保護の申請がされてから福祉事務所で実施するものであるため，**自立相談支援機関では行わない**。また，Aさんの意思の確認が取れないうちに行うのは不適切である。

2　×　自立支援プログラムとは，福祉事務所が実施主体となって被保護者の状況を把握した上で自立支援に向けたプログラムを策定し実施するものである。選択肢1と同様に**生活保護の受給を前提とした助言は不適切**である。

3　○　Point で述べたとおり，自立相談支援機関で行うことは，生活困窮者及びその家族その他の関係者からの相談に応じ，アセスメントを実施して本人の状況に応じた自立支援計画を作成し，必要な支援の提供につなげることである。Aさんへの支援として適切である。

4　×　**Aさんの意思を確認する前に，ハローワークで求職活動を行うよう勧めることは不適切**である。また，生活困窮者自立支援法には指導・指示の規定はない。

5　×　自立生活のためのプラン案を策定するのは支援調整会議である。支援会議は2018年（平成30年）の法改正により，生活困窮者に対する自立の支援を図るために**必要な情報の交換を行う**とともに，生活困窮者が地域において日常生活及び社会生活を営むのに必要な**支援体制に関する検討を行う**ものとして設けられた（第9条）。アセスメントがされていない段階では支援会議の開催は依頼しない。

解答 3

問題 102 貧困に対する支援

事例を読んで，退院を控えたAさんに対する福祉事務所の現業員（社会福祉士）の説明に関する次の記述のうち，**適切なもの**を**2つ**選びなさい。

〔事　例〕

Aさん（26歳）は，両親を早くに亡くし，児童養護施設に入所した。退所後は就職した会社の寮に入っていたが病気のため退職し，入院治療となった。収入は途絶え預貯金もなくなったため，生活保護を受けて療養していたところ，医師はそろそろ退院でき，後遺症も残らないという。Aさんは，退院後は地域で生活したいが，仕事や住まいに不安が大きいため，病院のソーシャルワーカーに相談したところ，現業員を交えて3人で話し合いをすることになった。

1 「退院したら治療が必要なくなるので，医療扶助は廃止になります」
2 「アパートを借りる場合には，敷金や礼金が住宅扶助から支給されます」
3 「地域での生活が落ち着いてからハローワークに行ってはどうですか」
4 「退院後，救護施設に入るよう手続きをしておきます」
5 「退院後，しばらくは児童養護施設で生活できるように施設長にお願いしておきます」

Point 生活保護制度利用者の退院時におけるソーシャルワークとそれに伴う支援の知識を問う問題である。退院の際は利用者の次の処遇について検討されなければならないが，利用者の意思を尊重した説明となっているか考える必要がある。

1 ✕ この事例の場合，退院したら治療が必要か不要かは明確ではなく，どちらにしても退院後の生活を検討する段階での説明としては不適切である。生活保護が継続されれば，**退院後の定期的な通院やほかの疾患などで治療が必要な時は，当然医療扶助から給付**される。

2 ○ 住宅扶助は，福祉事務所が認めた場合において，転居にかかる敷金等，契約更新料等が支給される。この事例のような，退院にあたり，**帰住する住居がない場合は，敷金等が必要**とみなされ，住宅扶助が支給される。

3 ○ Aさんは退院にあたり，仕事と住まいに不安が大きいとのことなので，地域での生活が落ち着いてからという助言は適切である。

4 ✕ **救護施設は，身体上又は精神上著しい障害があるために日常生活を営むことが困難な要保護者**を入所させて，生活扶助を行うことを目的とする施設である。Aさんの状況は当てはまらないことと，Aさん自身が地域生活を望んでいることから，救護施設への入所は該当しない。また，Aさんの意向が確認できないうちに施設を勧めることも不適切である。

5 ✕ 「退院後は地域で生活したい」と希望しているAさんに対し，「児童養護施設で生活できるよう」にすることは不適切である。**児童養護施設**は，児童福祉法第41条に定める，保護者のない児童や虐待されている児童などを入所させて養護し，また，退所者に対し相談などの援助を行うことを目的とする施設である。

解答 2 3

保健医療と福祉

●第 37 回試験問題の特徴

日本の保健医療と福祉を取り巻く環境は，医学や医療の進歩に伴い，①疾病構造の変化，②国民医療費の増大，③医療施設の機能分化，④患者の権利や保健医療に係る倫理，④チーム医療，⑤地域医療や地域包括ケアシステムを中心とした医療や他分野における連携・協働など急速に変化している。社会福祉士は，この変化を的確に捉えるとともに，それに対応する専門的な知識や技術の習得が求められる。出題数は 6 問でうち 3 問が事例問題であった。新出題基準では大項目「1　保健医療の動向」として，1）疾病構造の変化，2）医療施設から在宅医療へ，3）保健医療における福祉的課題，大項目「3　保健医療に係る倫理」として，3）倫理的課題が新項目として追加されたが，第 37 回試験の出題はなかった。しかし，感染症の動向や生活習慣病の増加に伴う疾病構造の変化，依存症や自殺企図，虐待防止などの福祉的課題の理解が必要となる。また，インフォームド・コンセントやアドバンス・ディレクティブといった患者の権利を守る仕組みや倫理的課題の理解も求められる。

●受験対策のポイント

本科目は，出題基準から広範にまんべんなく出題されている。出題頻度が高い項目としては，診療報酬制度（第 37 回**問題 105**，第 36 回**問題 72**，第 35 回**問題 72**）や，国民医療費（第 36 回**問題 71**，第 35 回**問題 71**），医療保険制度（第 37 回**問題 103**，**問題 104** ともに事例問題，第 36 回**問題 70**，**問題 74**，第 35 回**問題 70**，**問題 74**，「社会保障」第 35 回**問題 52**）がある。医療保険制度については，保険外併用療養や被保険者や保険料，給付などの詳細な理解が求められる。

大項目「3　保健医療に係る倫理」では，医療倫理の四原則（第 37 回**問題 106**）やアドバンスケアプランニング（第 36 回**問題 76**）について出題されている。また，大項目「4　保健医療領域における専門職の役割と連携」では，保健医療領域における専門職や連携・協働，難病相談支援センターや障害者総合支援法，就労支援（治療と仕事の両立）（第 37 回**問題 103**，**問題 107**）や「医療ソーシャルワーカー業務指針」に基づく MSW の実践事例（第 37 回**問題 108**）が出題されている。

本科目は，出題基準から広範かつ横断的に出題されており，科目単独で学習するより，「医学概論」で現代の医療の動向を，「社会保障」で関連する各種保険制度や診療報酬の基礎を整理し，「地域福祉と包括的支援体制」で地域包括ケアシステムや包括的支援体制，保健医療や福祉に関する財源と計画を理解し，高齢者や障害者，児童，低所得者に対する支援を通して社会資源の理解をするといったように，併せて学習するとよい。

問題 103 保健医療と福祉

✓✓✓

事例を読んで，A医療ソーシャルワーカー（社会福祉士）によるBさんへの説明に関する次の記述のうち，**適切なもの**を2つ選びなさい。

〔事　例〕

C県で暮らすBさん（56歳，会社員）は，1年前より箸が持ちにくい，重いものが持てない等の症状が見られ，1か月前より休職していた。1週間前に自宅の階段から転落し，病院に救急搬送された。大きなケガはなかったものの，両下肢の筋力低下が著しく，歩行が困難となっており，外来の医師より難病の疑いがあるとの説明を受け，D神経内科医師を紹介され受診した。その結果，筋萎縮性側索硬化症（ALS）との診断結果を受けた。今後の療養生活の支援が必要と考えたAは，Bさんへ次のような説明を行った。

1 「難病の治療費については，育成医療が適用されます」
2 「「難病法」による医療費の自己負担は徴収されません」
3 「「難病法」により，医療費は公費優先となります」
4 「一定の条件の下で，「障害者総合支援法」による障害福祉サービスの対象となります」
5 「県内の難病相談支援センターのピアサポーターによる支援があります」

(注) 1 「難病法」とは，「難病の患者に対する医療等に関する法律」のことである。
2 「障害者総合支援法」とは，「障害者の日常生活及び社会生活を総合的に支援するための法律」のことである。

Point 指定難病であるALSの診断を受けた患者の医療費や，療養生活に関する医療ソーシャルワーカーの支援を考える事例問題である。指定難病の医療費助成である特定医療費（指定難病）助成制度の仕組みについての理解が求められる。

1 × 指定難病の治療費については，難病法に基づく**特定医療費（指定難病）助成制度**が適用される。対象は，難病の中でも指定難病に診断され，かつ重症度分類に照らして症状の程度が一定程度以上であること，または重症度分類を満たさないものの医療費総額が一定額を超えて軽症高額該当している場合となる。一方，育成医療は身体に障害のある児童に対し提供される自立支援医療制度の一つである。

2 × 特定医療費（指定難病）助成制度の患者負担割合は**2割**となっている。所得水準に応じた自己負担限度額が設定されており，患者負担（2割分）が自己負担限度額を超えた場合，その超えた部分も公費負担として支給される。

3 × 特定医療費（指定難病）助成制度は**保険優先**の公費負担医療制度である。医療保険が適用された上で患者の一部負担金に対して特定医療費が支給される仕組みである。

4 ○ 難病患者は，**障害者総合支援法に基づく障害福祉サービス等の対象**である。障害者総合支援法における障害者の定義において，難病等は「治療方法が確立していない疾病その他の特殊の疾病であって政令で定めるものによる障害の程度が主務大臣が定める程度である者」とされており，障害者手帳の交付の有無によらない。対象となる疾病については難病法に基づく指定難病の検討を踏まえ，順次拡大している。

5 ○ 難病相談支援センターは，難病患者や家族，関係者からの療養生活に関する相談に応じ，必要な情報の提供及び助言等を行い，難病患者の療養生活の質の維持向上を支援することを目的として，都道府県及び指定都市に設置されている。具体的な事業には，疾病や療養生活等に対する相談事業，難病の治療や制度に関する学習機会としての講演会や研修会の開催，**患者会の支援や患者同士の交流会といったピアサポート事業**，難病患者の適切な就労に向けた就労相談支援等がある。

解答 4 5

問題 104 保健医療と福祉

事例を読んで，受診した病院のA医療ソーシャルワーカー（社会福祉士）による，この段階でのBさんへの説明として，**適切なもの**を**2つ**選びなさい。

〔事　例〕

Bさん（43歳，正社員）は，健康保険の被保険者であり，勤務する会社の倉庫での機械の入出庫や運搬に従事している。昨日，勤務中に会社の倉庫内でうっかり商品の機械を自分の足の上に落としてしまった。病院を受診した結果，左足の指2本を骨折と診断された。

1　高額療養費制度の説明
2　傷病手当金の説明
3　療養補償給付の説明
4　医療保険と労働者災害補償保険の違いの説明
5　公費負担医療制度の説明

Point 業務中に発生した傷病に対する社会保険制度に関する問題である。業務上又は通勤による労働者の負傷，疾病，障害又は死亡等に関しては，医療保険は適用されず，労働者災害補償保険によって補償される。事例問題を通して，医療保険制度と労働者災害補償保険制度に関する基本的な理解が問われており，各制度の目的や対象者に加え，具体的な給付内容についても整理しておくことが望ましい。

1 × 高額療養費制度は，同一月に支払った医療費の自己負担額が上限額を超えた場合に超えた分を支給する医療保険の保険給付である。Bさんの傷病は，勤務中に発生したものであり，業務災害に分類される。業務災害による傷病の治療のための医療費は**労働者災害補償保険**の療養補償給付として補償され，事業主の責任に帰することから**患者負担は生じない**。

2 × 業務災害であるBさんの休業中の補償として**休業補償給付**が支給される。傷病手当金は，健康保険法に基づき，**業務外の事由により被用者保険の被保険者が療養のため就労できない場合に，その所得補償として支給されるもの**であり，業務災害を被ったBさんは対象にならない。

3 ○ **業務災害による傷病の治療のための医療費は，医療保険による療養の給付ではなく，労働者災害補償保険の療養補償給付として補償される**。Bさんは業務災害であるため，医療費に関して療養補償給付の説明を行うことは医療ソーシャルワーカーの対応として適切である。なお，労働災害のうち，通勤中の事故により生じた傷病は通勤災害と呼ばれ，通勤災害による傷病治療の医療費の補償は，療養給付という名称である。

4 ○ 業務上又は通勤による労働者の負傷，疾病，障害又は死亡等に関しては，医療保険は適用されず，労働者災害補償保険によって補償される。Bさんのように**業務災害による傷病治療の場合には，事業主の責任となるため，医療費の自己負担はない等，医療保険による保険給付とは対応が異なる**。そのため，医療保険と労働者災害補償保険の違いについて医療ソーシャルワーカーが説明を行うことは適切な対応である。

5 × **労働者災害補償保険は社会保険制度の一つ**であり，公費負担医療制度ではない。公費負担医療制度には，医療費の全額を公費で賄う公費優先と，まず医療保険が適用され一部負担金を公費で賄う保険優先の二つの仕組みがある。公費優先の医療には，戦傷病者の傷病治療や被爆者の原爆症の治療等，国家責任の観点から全額公費で行われるものが含まれている。保険優先の医療には，障害者総合支援法による自立支援医療や難病法による特定医療費，精神保健及び精神障害者福祉に関する法律（精神保健福祉法）による措置入院などが含まれる。

解答 3 4

問題 105

保健医療と福祉

☑☑☑

診療報酬制度に関する次の記述のうち，**最も適切なものを1つ**選びなさい。

1 介護報酬改定の時期と診療報酬改定の時期が重なることはない。

2 混合診療が行われた場合，診療報酬は減額して支払われる。

3 診療報酬上で，社会福祉士の配置や関与が評価されているものがある。

4 DPC 制度（DPC／PDPS）とは，診療報酬の出来高算定制度のことである。

5 診療報酬の全体の改定率は，社会保険診療報酬支払基金が決定する。

Point 出題頻度も高く，定番化されつつある診療報酬に関する問題である。診療報酬とは，保険医療機関や保険薬局が診療や保健医療サービスに対する対価として医療保険者から受け取る報酬である。公的医療保険の適用となる診療行為の範囲や点数は，「診療報酬の算定方法（平成 20 年 3 月 5 日厚生労働省告示第 59 号）」で定められ，基本的に保険医療機関等に係る療養に要する費用の額は，1 点 10 円とし「診療報酬点数表」に定める点数を乗じて算定している。

1 × 介護報酬の改定は 3 年ごと，診療報酬の改定は 2 年ごとを基本に行われるため，6 年ごとに同時改定が行われる。なお，直近では，2024 年（令和 6 年）に同時改定が行われた。

2 × 混合診療とは，疾病に対する一連の治療過程において，**保険診療**と**保険外診療**を併せて行う診療のことで，原則禁止されている。よって，このように保険診療と保険外診療を併用して行う場合は**自由診療**と整理され，保険診療部分も含め**全額患者自己負担**となる。

3 ○ **入退院支援加算**や**患者サポート体制充実加算**，**施設基準**などにおいて，社会福祉士の配置や関与が評価されているため適切である。診療報酬では，保険診療のみならず，保健医療サービスについても評価している。

4 × DPC 制度（DPC／PDPS）とは，**診断群分類別包括支払制度**のことである。**傷病名**と**診療行為**の組み合わせによって分類された診断群分類ごとに**1日**当たりの入院費を**包括的**に評価し，在院日数に応じて**定額**で支払いを行う仕組みである。なお，診療報酬の支払方法は，個々の診療行為の点数を積み上げて算定する出来高払いを原則としているが，過剰診療のおそれが指摘されており，急性期入院医療については，DPC による包括払いが導入されている。

5 × 診療報酬の全体の改定率は，**内閣**が決定する。また，個々の点数や算定要件の設定などについては，厚生労働省の**社会保障審議会**がまとめた基本方針に基づき，**中央社会保険医療協議会**への諮問・答申を経て，**厚生労働大臣**が行う。なお，社会保険診療報酬支払基金とは，診療報酬の審査や支払いの事務を行う**審査支払機関**である。

解答 3

問題 106 保健医療と福祉

医療倫理の4つの原則に含まれるもののうち，**正しいものを2つ**選びなさい。

1 人間の尊厳
2 多様性の尊重
3 必要即応
4 正義
5 自律尊重

Point 保健医療に係る倫理に関する問題である。医療倫理の四原則とは，1979年にビーチャム（Beauchamp, T. L.）とチルドレス（Childress, J. F.）が提唱した原則で，医療において倫理的な課題に直面した際の医療従事者の行動指針となるものである。このほか，患者の権利やインフォームド・コンセント，アドバンス・ディレクティブといった「自己決定権の尊重」や，高度生殖医療，出生前診断，尊厳死，脳死，臓器移植といった「倫理的課題」に関する理解が求められる。

1 × 人間の尊厳は，**社会福祉士の倫理綱領**の原理の一つで誤りである。人間の尊厳とは，すべての人々を出自，人種，民族，国籍，性別，性自認，性的指向，年齢，身体的精神的状況，宗教的文化的背景，社会的地位，経済状況などの違いにかかわらず，**かけがえのない存在として尊重**することである。このほか，倫理綱領では，**人権**，**社会正義**，**集団的責任**，**多様性の尊重**，**全人的存在**を原理として挙げている。

2 × 多様性の尊重は，**社会福祉士の倫理綱領**の原理の一つであり（選択肢1の解説），**国際ソーシャルワーカー連盟（IFSW）／国際ソーシャルワーク学校連盟（IASSW）によるソーシャルワーク専門職のグローバル定義**におけるソーシャルワークの中核をなす諸原理の一つでもあるため誤りである。多様性の尊重とは，個人，家族，集団，地域社会に存在する**多様性**を認識し，それらを尊重する**社会の実現**を目指すことである。なお，IFSW ソーシャルワーク専門職のグローバル定義では，多様性の尊重のほか，人権，集団的責任，社会正義を，ソーシャルワークの中核をなす諸原理としている。

3 × 必要即応は，**生活保護法第9条に規定される**基本原則の一つで誤りである。生活保護法の必要即応の原則とは，法による保護の決定及び実施については，要保護者の年齢別，性別，健康状態等その個人又は世帯の実際の必要の相違を考慮して，有効かつ適切に行うというものである。このほか，生活保護法の原則では，申請保護の原則（第7条），基準及び程度の原則（第8条），世帯単位の原則（第10条）がある。

4 ○ 正義（justice）は，医療倫理の四原則の一つであり正しい。正義原則とは，患者を平等に扱うべきであるという**「公平性」**と，明確なルールに基づいて意思決定を行うべきであるという**「公正性」**の二つの概念からなる。

5 ○ 自律尊重（respect for autonomy）は，医療倫理の四原則の一つであり正しい。自律尊重原則とは，患者が自ら考えて判断する**自律性**を尊重するということである。このほか，他の人に危害となるようなことをすべきでないとする**無危害原則**（non-maleficence）と，他人に恩恵となることをすべきであるとする**善行原則**（beneficence）を加えて医療倫理の四原則としている。

解答 4 5

問題 107 保健医療と福祉

「事業場における治療と仕事の両立支援のためのガイドライン（2024年（令和6年）3月改訂版）」（厚生労働省）に沿った治療と仕事の両立支援に関する次の記述のうち，**正しいものを1つ**選びなさい。

1 ガイドラインでは，短期で治癒する疾病を対象としている。

2 支援は，事業者からの申し出により開始される。

3 医療機関の裁量で，労働者の疾病の情報を事業者へ提供することができる。

4 職場復帰支援プランは，医療ソーシャルワーカーが単独で策定する。

5 主治医等が就労継続困難と判断した場合，事業者は就業禁止の措置を取る必要がある。

Point 厚生労働省から2024年（令和6年）3月に出された「事業場における治療と仕事の両立支援のためのガイドライン」の内容などを問う問題である。ガイドラインは，事業場が，がん，脳卒中などの疾病を抱える人に対して，適切な就業上の措置や治療に対する配慮を行い，治療と仕事が両立できるようにするため，事業場における取組などをまとめたものである。医療ソーシャルワーカー（社会福祉士）は，疾病を抱えながらも働き続ける人への支援を行うことがあるので，ガイドラインを理解しておきたい。

1 × ガイドラインの対象は，がん，脳卒中，心疾患，糖尿病，肝炎，その他難病など，**反復・継続して治療が必要となる疾病**となっている。そのため，**短期で治癒する疾病は対象としていない**。

2 × 治療と仕事の両立支援は，私傷病である疾病にかかわるものであることから，**労働者本人から支援を求める申し出がなされたことを端緒に取り組む**ことが基本である。本人からの申し出が円滑に行われるように，事業場内のルール作成と周知，労働者や管理職等に対する研修による意識啓発，相談窓口や情報の取扱方法の明確化など，申し出が行いやすい環境を整備することも重要となる。

3 × 治療と仕事の両立支援を行うために必要な症状，治療の状況等の疾病に関する情報は，機微な個人情報となる。そのため，ガイドラインでは，労働安全衛生法に基づく健康診断において把握した場合を除いて，**事業者が本人の同意なく取得してはならない**となっている。

4 × 職場復帰が可能であると判断した場合，事業者は，必要に応じて，労働者が職場復帰するまでの計画（職場復帰支援プラン）を策定することが望ましいとされている。職場復帰支援プランの策定は，産業医等や保健師，看護師等の産業保健スタッフ，主治医と連携して行い，必要に応じて，**主治医と連携している医療ソーシャルワーカー，看護師等や，地域の産業保健総合支援センター，保健所等の保健師，社会保険労務士等の支援を受けることもある**。医療ソーシャルワーカーが単独で策定しない。

5 ○ ガイドラインでは，主治医や産業医等の医師が，労働のため病勢が著しく増悪するおそれがあるとして就業継続は困難であると判断した場合には，事業者は，**労働安全衛生法第68条に基づき，就業禁止の措置を取る必要がある**，となっている。労働安全衛生法第68条では，「病者の就業禁止」を規定している。

解答 5

問題 108 保健医療と福祉

事例を読んで,「医療ソーシャルワーカー業務指針」に基づいた,A医療ソーシャルワーカー（社会福祉士）の実践に関する次の記述のうち,**最も適切なものを1つ**選びなさい。

〔事　例〕

Bさん（38歳,正社員）は,会社のラグビー同好会の練習で受傷し,病院に救急搬送され入院となった。主治医からBさんに,今後車いす生活となること,回復期リハビリテーション病棟へ転院する必要があることが説明された。しかし,経済的不安を抱えたBさんは自宅退院を訴えている。主治医から依頼を受けたAはBさんとインテーク面接を実施することとなった。

1　まずは面接をリハビリ室で行う。
2　守秘義務の観点から面接内容については主治医に報告しない。
3　転院先の選定については,Aが判断する。
4　入院費,生活費などの問題解決について話し合う。
5　自宅への退院支援を行う。

（注）「医療ソーシャルワーカー業務指針」とは,「医療ソーシャルワーカー業務指針（2002年（平成14年））」（厚生労働省健康局長通知）のことである。

Point 「医療ソーシャルワーカー業務指針」（以下,業務指針）を根拠に,支援方法を問う事例問題である。業務指針は,医療ソーシャルワーカーの業務の範囲を明確にしているとともに,業務の方法も記されている。そのため医療ソーシャルワーカー（社会福祉士）にとって,実践の根拠ともなるので理解しておきたい。

1 × 業務指針の「三　業務の方法等」の「（3）プライバシーの保護」では,**「面接や電話は,独立した相談室で行う等第三者に内容が聞こえないようにすること」**としている。そのため面接をリハビリ室で行うのは適切でない。

2 × 本事例は,主治医から依頼を受けて,A医療ソーシャルワーカー（社会福祉士）がインテーク面接を行っている。業務指針の「三　業務の方法等」の「（5）受診・受療援助と医師の指示」では,**「医師に相談し,医師の指示を受けて援助を行うこと」**としている。そのため,主治医に報告しないのは適切でない。

3 × 業務指針の「三　業務の方法等」の「（2）患者の主体性の尊重」では,**「保健医療の場においては,患者が自らの健康を自らが守ろうとする主体性をもって予防や治療及び社会復帰に取り組むことが重要」**としている。そのため転院先の選定について,A医療ソーシャルワーカーが判断することは適切でない。

4 ○ Bさんは,経済的不安を抱えて自宅退院を訴えている。業務指針の「二　業務の範囲」の「（5）経済的問題の解決,調整援助」では,**「患者が医療費,生活費に困っている場合に,社会福祉,社会保険等の機関と連携を図りながら,福祉,保険等関係諸制度を活用できるように援助する」**となっている。そのため,Bさんの入院費,生活費などの問題解決について話し合うのは適切である。

5 × 本事例では,主治医が「回復期リハビリテーション病棟への転院が必要」とBさんに説明している。業務指針の「二　業務の範囲」の「（2）退院援助」では,**「関係機関,関係職種等との連携の下に,退院・退所する患者の生活及び療養の場の確保について話し合いを行うとともに,傷病や障害の状況に応じたサービスの利用の方向性を検討し,これに基づいた援助を行う」**となっている。Bさんについては,退院後の生活について関係機関と話し合っていないので,現時点での自宅への退院支援は適切でない。

解答 4

ソーシャルワークの基盤と専門職（専門）

●第 37 回試験問題の特徴

本科目は，ソーシャルワーク専門職の概念や職域，ジェネラリスト視点，ミクロ・メゾ・マクロレベルのソーシャルワークの理解が求められている。

出題数は6問（五肢択一形式が5問，五肢択二形式が1問）であり，うち2問が事例問題であった。出題内容として，福祉行政等における専門職，総合的かつ包括的な支援と多職種連携の意義と内容などの基礎的なことに加え，前回に引き続き，ミクロ・メゾ・マクロレベルのソーシャルワークへの理解を問う事例問題も出題された。

問題 109 は，専門職化に貢献した人物と内容が問われ，それぞれの人物が示したキーワードと結びつけていくことが求められた。**問題 110** は，認定社会福祉士に関する理解が問われた。社会福祉士の専門職化，職域の拡大を考える上で，大切な資格である。**問題 111** は，主に福祉行政職の任用にかかわる法規定の理解が問われた。それぞれの福祉職がどの法規定に基づくかの確認は連携等を考えていく上でも欠かすことはできない。**問題 112** は，地域における包括的支援のきっかけとなったイギリスのバークレイ報告について問われた。イギリスにおけるほかの報告とも関連させて理解することが必要である。**問題 113** は，事例からミクロ・メゾ・マクロシステムへの実践の理解が問われた。これらのレベルの連関性への理解も必要不可欠である。**問題 114** は，アドボカシーを意図した最初の対応について，本人の意思を尊重するという原則をあらためて確認するものであった。

●受験対策のポイント

本科目の出題基準からは，多様な領域や職域で活動するソーシャルワーク専門職が，ジェネラリストの視点をもち，かつ，その実践がミクロ・メゾ・マクロレベルのシステムを連動させることで成り立っていることへの理解が求められている。そのため，ジェネラリストの視点が意味すること，ミクロ・メゾ・マクロレベルの意味や対象等の基礎的理解は欠かせない。たとえば，課題に応じた連携先の理解や各機関・職種等の役割への理解がなければ，包括的な支援など成立しない。それぞれの福祉職の職域や役割など，『社会福祉士国家試験受験ワークブック』はもちろん，教科書等を見直し，本書『社会福祉士国家試験過去問解説集』を用いて出題傾向を整理することも必要である。

また，前回はメゾレベルでの社会福祉士の対応が問われ，今回に関しても各レベルへの働きかけに対する理解が事例から問われている。『社会福祉士国家試験過去問解説集』にある事例問題を数年分集め，多様な領域での実践に触れることはもちろん，それぞれの事例での社会福祉士の対応が，ミクロ・メゾ・マクロいずれのレベルでの対応なのか，どのように連動しているのかなどを確認していくことはよい学びとなるはずである。

問題 109　ソーシャルワークの基盤と専門職（専門）

専門職化に関する次の記述のうち，グリーンウッド（Greenwood, E.）が述べたものとして，**最も適切なものを1つ**選びなさい。

1　体系的な理論，権威，社会的承認，倫理綱領，専門職文化の5つの属性を示した。
2　公衆の福祉という目的，理論と技術，教育と訓練，テストによる能力証明，専門職団体の組織化，倫理綱領の6つの属性を示した。
3　専門職の目標，知識，及び技術についての認識を示した。
4　専門職の成熟度として，4つの発達段階を示した。
5　他の専門職と比較することによって「準専門職」という概念を確立した。

Point　ソーシャルワーカーの専門性は，その獲得において多くの議論があり，今なお問われる一つの大きなテーマでもある。実際，多くの先人たちがソーシャルワークの専門職化を進めるため，議論を重ねてきた。本問は，その中でもグリーンウッドがソーシャルワークの専門職化の議論の中で何を提示したのか，他の専門職化を検討した人たちとの違いを問う問題である。

1　○　グリーンウッドは，1957年にソーシャルワークの専門職化を検討する中で，専門職の条件として**5つの属性（体系的な理論，権威，社会的承認，倫理綱領，専門職文化）**を示したことで有名である。この点を検討する中で，「ソーシャルワークはすでに専門職である」と結論づけた。

2　×　ソーシャルワーク専門職として，この6つの属性を示したのは，**ミラーソン（Millerson, G.）**である。フレックスナー（Flexner, A.）やグリーンウッドの議論を踏まえ，ソーシャルワークの専門職化の属性を説明することを試みたことで有名である。1967年（昭和42年）の「東京都における社会福祉専門職制度のあり方に関する中間答申」では，このミラーソンの概念が用いられた。

3　×　専門職の目標や知識，技術の観点からの属性認識を示したのは**フレックスナー**である。フレックスナーは，専門職の属性を，「個人的責任を伴う知的な活動であること」「学識に裏付けられたものであること」「実践的な目的を持つものであること」「高度に専門化された教育訓練を通して伝達可能な技術を持っていること」「自主的な組織を構成すること」「利他主義的な動機に基づくこと」の6つを提示した。

4　×　ソーシャルワーク専門職の発達段階を示したのは，**カー-ソンダース（Carr-Saunders, A.）とウィルソン（Wilson, P. A.）**である。弁護士や医師などの発展過程や特徴を調査し，専門職は最初から専門職なのではなく，徐々に発展していくものであることを明らかにし，「可能的専門職」「準専門職」「新専門職」「確立専門職」という4つの発展のプロセスを示した。

5　×　ソーシャルワーク専門職を他の専門職と比較することで，「準専門職」と位置づけたのは，**エツィオーニ（Etzioni, A.）**である。「準専門職」の概念自体を提示したのはカー-ソンダースらであったが，エツィオーニはこの概念を，例えば，専門教育の年限や専門職としての自律性，生死等への関与などからの検討を通じ，さらに明確にしたと考えられている。

解答　1

問題 110 ソーシャルワークの基盤と専門職（専門）

認定社会福祉士に関する次の記述のうち，**正しいものを2つ**選びなさい。

1 地域や外部機関との対応窓口，他職種との連携よりも，所属機関の機能に応じた社会福祉専門職としての高度な支援を行うことが求められる。

2 地域共生社会の実現に向けて求められるより高度な知識や技術等は，認定社会福祉士制度などを通して，継続して学ぶことが望まれる。

3 スーパービジョンの実施にあたっては，スーパーバイザーとスーパーバイジーの両者が，社会福祉士の倫理綱領及び行動規範を遵守しなければならないと定められている。

4 認定社会福祉士を取得するには，社会福祉士として20年以上の相談援助実務経験があることが要件とされている。

5 社会の変化とニーズの多様化・複雑化に対応するため，10年に一度の更新が求められる。

Point 認定社会福祉士とは，倫理綱領に基づき高度な専門知識と熟練した技術を用いて個別支援，他職種連携及び地域福祉の増進を行うことができる能力を有することが認められた者をいう。日本社会福祉士会を事務局とする認定社会福祉士認証・認定機構が，認定及び認定制度の対象となる研修を認証する。社会福祉士の質の向上，ソーシャルワークのさらなる発展を目指すものでもある。本問は，認定社会福祉士及びその要件，認定の仕組みに対する理解を確認する問題である。

1 × 社会福祉士の目的として，個別支援に限らず，**あらゆる領域等における他職種との連携**や，**地域福祉の増進を行う能力や機能を高めていくこと**が求められている。認定社会福祉士は，そういった社会福祉士としての能力や機能を高めていくためのソーシャルワークにおけるキャリアアップとしての資格であり，所属機関の機能に応じた実践に限定されるものではない。

2 ○ 地域共生社会の実現は簡単なものではない。地域社会には異なる考えや文化をもった人たちが混在しており，そこでの対立や葛藤は避けることができない。地域共生社会は，そういった対立や葛藤の先につくられる苦心の策であり，非常に高度な知識や技術等が求められる。それゆえ，**認定社会福祉士制度の研修等を通じ，学び続けていくこと**は必要不可欠と考えなければならない。

3 ○ スーパービジョンの目的は，社会福祉士としてのアイデンティティの確立，専門職としての職責や機能を果たすことができるようになることなどがあり，それは社会福祉士の倫理綱領，行動規範を遵守することができるようになることでもある。実際，認定社会福祉士制度におけるスーパービジョンの実施契約書（案）には，認定社会福祉士制度におけるスーパーバイザーの行動規範の遵守や所属する職能団体等の倫理綱領の遵守などが記載されており，**スーパーバイザーとスーパーバイジーに共通すること**と認識しなければならない。

4 × 認定社会福祉士を取得するには，社会福祉士としての相談援助実務経験が，資格を取得してから**5年以上**あること，かつこの間は原則として社会福祉士制度における指定施設及び職種に準ずる業務等に従事していなければならない。また，資格取得からの実務経験が複数分野にまたがる際には，認定を受ける分野での経験が**2年以上**あることが求められる。その他，ソーシャルワーカー職能団体の正会員であることや，実務経験での「必要な経験」があること，研修の受講などが規定されている。

5 × 専門職として継続的な資質の向上に努めることは大切であり，新たなニーズ等に対応するためには必要不可欠である。認定社会福祉士の有効期間は，認定審査に合格した翌年度から**5年度間**となっている。有効期間終了後は，認定社会福祉士を名乗ることはできなくなり，「効力の停止」期間は5年間とされている。この効力の停止期間内に更新できなかった場合は，認定社会福祉士は「失効」となる。

解答 2 3

問題 111　ソーシャルワークの基盤と専門職（専門）

福祉職の任用または委嘱に関する次の記述のうち，**正しいものを1つ**選びなさい。

1 社会福祉主事は，社会福祉法に規定されている。
2 児童福祉司は，「児童虐待防止法」に規定されている。
3 身体障害者福祉司は，障害者基本法に規定されている。
4 知的障害者福祉司は，「障害者総合支援法」に規定されている。
5 母子・父子自立支援員は，児童福祉法に規定されている。

（注）1 「児童虐待防止法」とは，「児童虐待の防止等に関する法律」のことである。
2 「障害者総合支援法」とは，「障害者の日常生活及び社会生活を総合的に支援するための法律」のことである。

Point 社会福祉主事，児童福祉司，身体障害者福祉司及び知的障害者福祉司の諸資格は，これらに関する法律又はこれに基づく政令等の定めるところにより，それぞれの必須条件を具備するものに与えられる「任用」資格である。任用資格とは，特定の職業ないし職位に任用されるための資格のことである。特定の資格を取得すれば職業・職位として公称できるというものではなく，当該任用資格を取得後，当該職務に任用・任命されて初めて効力を発揮する資格である。一方，母子・父子自立支援員は「委嘱」されて公称できるものである。

1 ○ 社会福祉主事は，**社会福祉法第19条第1項において任用資格**として規定されている。同項では「社会福祉主事は，都道府県知事又は市町村長の補助機関である職員とし，年齢18年以上の者であって，人格が高潔で，思慮が円熟し，社会福祉の増進に熱意があり，かつ，次の各号のいずれかに該当するもののうちから任用しなければならない」（各号標記は省略）とされる。なお，社会福祉主事の年齢は，2022年（令和4年）の民法改正によって成年年齢が18歳以上となったことから，社会福祉主事の「年齢20年以上」は，「年齢18年以上」に変更された。

2 × 児童福祉司は，**児童福祉法第13条第3項において任用資格**として規定されている。児童福祉司は，都道府県・指定都市及び児童相談所設置市において，その設置する児童相談所に配置が義務づけられている。なお，児童福祉司の任用資格として，社会福祉士・精神保健福祉士・こども家庭ソーシャルワーカー等に加えて，保育士・児童指導員等については指定施設において一定の相談援助業務の経験がある場合に任用できる。

3 × 身体障害者福祉司は，**身体障害者福祉法第12条において任用資格**として規定されている。身体障害者福祉司は，都道府県が設置する身体障害者更生相談所において配置が義務づけられているほか，市町村が設置する福祉事務所には，身体障害者福祉司を置くことができる。

4 × 知的障害者福祉司は，**知的障害者福祉法第14条において任用資格**として規定されている。知的障害者福祉司は，都道府県が設置する知的障害者更生相談所において配置が義務づけられているほか，市町村が設置する福祉事務所には，知的障害者福祉司を置くことができる。

5 × 母子・父子自立支援員は，**母子及び父子並びに寡婦福祉法第8条第1項**において，「都道府県知事，市長（特別区の区長を含む。）及び福祉事務所を管理する町村長は，社会的信望があり，かつ，次項に規定する職務を行うに必要な熱意と識見を持っている者のうちから，母子・父子自立支援員を委嘱する」と規定されている。また，同法第10条の2において，都道府県等に人材確保・資質向上のための努力規定が設けられている。

解答 1

問題 112 ソーシャルワークの基盤と専門職（専門）

「バークレイ報告」の内容として，**最も適切なものを1つ**選びなさい。

1 年齢やカテゴリー別の援助ではなく，家族全体を視野に入れた，総合的なアセスメントに基づく家族ソーシャルワークの実施を強調した。

2 地方自治体の議会にソーシャルサービス委員会を設置することが必要であると指摘した。

3 ソーシャルワーカーの任務として，それぞれが責任を持つ地理的範囲やクライエントのためのネットワークを見いだすとともに，必要があれば作り出すことに関心を持たなければならないとされた。

4 地域ケア計画を作成するにあたり，ケースマネジメントの技能を応用し，明確な財源システムを目指すことが期待された。

5 福祉サービスと保健医療改革を一体的に法定化し，継ぎ目のないサービスの提供を目標とした。

(注) 「バークレイ報告」とは，1982年の「Social Workers：Their Role and Tasks」のことである。

Point 本設問はイギリスの社会福祉制度の根幹を形成してきた各種報告や法律に関する設問である。イギリスにおける福祉施策は，日本における社会保障の理念，制度設計に大きな影響を与えてきた。例えば，ニーズに基づく支援や，非営利団体との連携による多様なサービスの提供など，今日の福祉制度における重要な要素が含まれている。こうした諸外国の制度や歴史的背景を学ぶことは，現代の社会福祉に対する理解が深まり，より効果的な実践につながる学びとなる。

1 × 選択肢は，**ワグナー報告**の内容である。本報告は1988年に提出され，主にコミュニティケアに関する評価と提言をまとめている。特に入所施設を選択する際の利用者の自己決定権の強化を強調しており，総合的なアセスメントに基づく家族ソーシャルワークの重要な側面と関連している。ソーシャルワーカーは，家族との関係を維持しながら，利用者の権利を尊重し，意思決定支援を行うことの重要性を掲げている。

2 × 選択肢は，**シーボーム報告**の内容である。本報告は，1968年に提出され，主に地方自治体における社会福祉サービスの向上についてまとめている。地方自治体がソーシャルワークに関連した部門を統合し，単一の部局（ソーシャルサービス委員会）による包括的なアプローチが目指された。

3 ○ バークレイ報告は，1982年に提出され，主に**コミュニティソーシャルワーク**の理念を強調し，地域における支援のあり方と再構築についてまとめている。また，本報告により，地域での生活を支えるための制度や支援が強化されることとなり，ソーシャルワークやコミュニティケアの理論形成にも大きな影響を与え，現在の地域福祉の基盤を形成する上での重要な報告とされている。

4 × 選択肢は，**グリフィス報告**の内容である。本報告は，1988年に提出され，主にコミュニティの活用と在宅ケアの重要性が強調されている。報告では施設から在宅へという方針が示されたことで，地域ケア計画の概念が具現化され，施設の利用から地域コミュニティでの支援へとシフトする動きが加速した。さらに，財源を地方に移転し，専門的なサービスを地域レベルで提供するための明確な財源システムの構築を求めた。

5 × 選択肢は，**国民保健サービス及びコミュニティケア法**の内容である。本法律は，1990年に制定され，イギリスにおける福祉政策の一環として重要な役割を果たしており，その中核をなすのが「継ぎ目のないサービス」の提供である。本法律では，福祉サービスと保健医療サービスが統合され，利用者が福祉・保健医療の両面から途切れることのないケアを受けられる仕組みを築くことを目指している。また，多様な主体がサービスを提供するようになったため，コミュニティケアにケアマネジメントが取り入れられたことも特徴である。

解答 3

問題 113 ソーシャルワークの基盤と専門職（専門）

事例を読んで，A市社会福祉協議会がソーシャルワーク実践の対象としたシステムとして，**最も適切なものを1つ**選びなさい。

〔事　例〕

A市社会福祉協議会では，市内の視覚障害者から，行政機関が発信する生活や災害に関する情報が十分に届いていないため困っているという相談が相次いだ。こうした中，A市社会福祉協議会は行政機関と視覚障害者をつなぐ情報伝達経路が不十分であり，その改善が必要であることをA市に要望した。それを受け，A市は視覚障害者への情報提供支援として，点字や音声による情報提供や広報を開始し，情報が広く行き届くようになった。

1　ミクロシステムのみ
2　メゾシステムのみ
3　マクロシステムのみ
4　ミクロシステムとメゾシステム
5　ミクロシステムとマクロシステム

Point ミクロ・メゾ・マクロにおけるソーシャルワーク実践の対象としたシステムについて問う設問になっている。このようにミクロ・メゾ・マクロがそれぞれ対象としている実践レベルを把握しておくことが重要である。特にメゾシステムとマクロシステムの違いを明確に押さえておくことがポイントである。

1 ✕ 市内在住の**視覚障害者（ミクロシステム）**からの行政サービスに関する苦情相談をA市社会福祉協議会が受け，**A市（マクロシステム）へ改善要求**をしている。ミクロシステムのみとはいえず，適切でない。

2 ✕ メゾレベルの実践は「**クライエントに直接影響するシステムの変容を目指す介入**」（日本ソーシャルワーク教育学校連盟「ソーシャルワーク演習のための教育ガイドライン」2022年）である。本事例におけるメゾシステムとは視覚障害者が生活する地域となる。本事例における，A市（マクロシステム）への改善要求は，「クライエントに直接影響するシステムの変容を目指す介入」とはいえず，最も適切とはいえない。

3 ✕ マクロレベルの実践は「対面での直接サービス提供ではなく，社会問題に対応するための社会計画や地域組織化など，**社会全般の変革や向上を指向しているもの**」（日本ソーシャルワーク教育学校連盟「ソーシャルワーク演習のための教育ガイドライン」2022年）である。本事例では，視覚障害者（ミクロシステム）から個別相談を受けた上で，A市（マクロシステム）への改善要求をしており，ミクロシステムも含まれる。

4 ✕ ミクロレベルの実践は「困難な状況に直面する個人や家族への直接援助」（日本ソーシャルワーク教育学校連盟「ソーシャルワーク演習のための教育ガイドライン」2022年）である。視覚障害者（ミクロシステム）への相談支援が起点となり，選択肢**2**の解説のとおりA市（マクロシステム）への改善要求につながっている。**メゾシステムは対象としていない。**

5 ○ 選択肢**3**の解説で記したとおりで，本事例では，視覚障害者（ミクロシステム）から個別相談を受けた上で，A市（マクロシステム）への改善要求を行っているため，ミクロシステムとマクロシステムが対象となる。

解答 5

問題 114　ソーシャルワークの基盤と専門職（専門）

事例を読んで，A医療ソーシャルワーカー（社会福祉士）のBさんへのアドボカシーを意図した最初の対応として，**最も適切なものを1つ**選びなさい。

〔事　例〕

脳卒中で4か月入院しているBさん（83歳）は，現在は本人の意思を確認することが困難である。看取りの場を検討するにあたり，妻は可能な限り一緒に過ごしたいため，自宅退院を希望している。しかし，医師や看護師は，心臓に持病を持つ妻の自宅での介護は大変ではないかと妻に伝えた。その後，妻は，看取りの場について相談するために，医療相談室に来室した。Aは，Bさんが病気で入院する前に，看取りの場についてBさんと妻で話し合ったことがあるという話を聞いていた。

1　妻に対して，自宅退院に向けて利用可能な介護サービスについて説明する。

2　医師や看護師が心配する介護負担と妻の病状について，妻の考えを確認する。

3　妻の希望は自宅退院であることを，Aから医師と看護師に再度伝える。

4　妻に対して，Bさんはどこで最期を迎えたいと言っておられましたかと尋ねる。

5　妻に対して，看取りの場としての緩和ケア病棟の機能について説明する。

Point　アドボカシーは権利擁護と訳され，ソーシャルワーカーはクライエントの代弁機能等を果たすことも求められている。常にクライエントを中心とした支援のあり方が求められ，その中で「クライエントの最善の利益」とは何かを意識していくことが大切である。本設問において優先されるべきアドボカシーとは，Bさんの意思とはどのようなものかを確認することにある。また，「意思決定支援」とはどのようなものかを併せて確認しておこう。

1　×　選択肢の記述は，Bさんの自宅退院が決まった後になされるものであり，まずは，妻に**Bさんがどのような死生観や終末期への希望をもっていたのかを確認すること**が求められる。

2　×　妻の心身の状態はもちろん大事であるが，この設問では，まずは**Bさんの意思を確認すること**が求められる。

3　×　妻の希望を尊重するだけでなく，Bさん本人の希望を代弁することが求められる。そのため，**Bさんがどうしたいのか，その意思を確認すること**が最優先される。

4　○　病前，Bさんが妻と自身の看取りの場について話し合っていたと聞いていたことから，最初に妻と面接を行い，Bさんの**看取りに対する意思**を確認していくことが重要である。

5　×　Bさんや妻の意向に沿わない緩和ケア病棟の説明を一方的にすることは適切でない。**Bさんがどうしたいのか，その意思を確認すること**が最優先される。

解答 4

ソーシャルワークの理論と方法（専門）

●第 37 回試験問題の特徴

本科目の出題数は，9 問であったが，そのうち 7 問が事例問題であり，実践的な理解を問う傾向であった。出題基準との関連では，ほぼ網羅的に対応した出題であったといってよい。以下に，問題ごとの特徴を述べる。

問題 115 では，バイステック（Biestek, F.）の援助関係の原則に関する理解が問われた。バイステックは，クライエントに共通する基本的ニーズの視点から援助関係の原則を整理しており，その本質を理解することが重要となる。**問題 116** では，一人のクライエントの訴えから実践を発展的に進めていく展開が問われた。**問題 117** では，ソーシャルワーカーの面接技法として，具体的な技法の働きに関する理解が問われた。**問題 118** では，事例検討会における事例分析の視点が問われた。この問題は，参加者の発言から適切なものを選ぶものであり，一見どのような発言もあり得ると想定されるが，ソーシャルワークの視点として何に重点を置くかが問われた。**問題 119** も事例検討に関する問題であった。この問題では，支援に苦慮している後輩に配慮した事例検討を企画することが問われており，スーパービジョン機能の理解も必要であった。**問題 120** では，総合的かつ包括的支援として，地域の課題把握から活動展開のあり方が問われた。**問題 121** では，複合的なニーズをもつ対象の理解と包括的支援のあり方が問われた。**問題 122** では，会議の場面から，司会・進行するための関連技法の理解が問われた。**問題 123** は，末期がん患者に対応する医療ソーシャルワーカーの姿勢を問う問題であった。

●受験対策のポイント

ソーシャルワークにおける総合的かつ包括的な支援の実際として，重度障害者の就労機会の不足，一人暮らし高齢者の地域生活の課題，外国籍住民と地域の関係，孤立化したクライエントのニーズ，末期がん患者が直面する課題といった種々の生活課題が取り上げられた。この出題傾向から，現代の人々が直面するさまざまな課題の理解が必要であるといえる。

ほかにも近年は，性的多様性，ヤングケアラー，不登校などの課題がクローズアップされており，多様なテーマに関心をもつことが受験対策ともなる。また，災害に対するソーシャルワークの重要性も高まっており，災害発生から短期，中期，長期といった時間的スケールから必要な支援を整理しておくことを勧めたい。

一方で，課題に固有性があっても，社会福祉士の専門性として基礎になる点は共通であるため，過去問を活用し多くの問題にチャレンジすることが効果的である。また，受験対策の学習では繰り返し学ぶことが重要である。繰り返しの学習は理解を定着させると同時に，関連事項とのつながりへの理解を促し，知識のネットワークをつくることができる。

問題 115 ソーシャルワークの理論と方法（専門）

バイステック（Biestek, F.）による援助関係の原則に関する次の記述のうち，**適切なものを2つ**選びなさい。

1 非審判的態度の原則とは，問題・課題に対してクライエントが負う責任についてワーカーが承認・非承認を決定することである。

2 自己決定の原則とは，クライエントが問題解決の方向などを自分で決める権利とニードをもっていることをワーカーがしっかりと認識し，クライエントの判断を促し，尊重することである。

3 統制された情緒的関与の原則とは，クライエント自らの情緒的感情を意識化することである。

4 意図的な感情表出の原則とは，クライエントの感情を大切にし，クライエントが特にその否定的感情も自由に表現できるよう，ワーカーが促すことである。

5 秘密保持の原則とは，他の個人の権利が侵害される場合においてもクライエントの秘密は保持されることである。

Point バイステックは，クライエントが共通にもつ基本的ニーズとして，①ケースとしてではなく，一人の個人として対応してほしい（個別化），②どのような感情についても表現することを認めてほしい（意図的な感情表出），③弱さや欠点があっても尊厳のある一人の人間として受け入れてほしい（受容），④表現した感情を共感的に受け止めてほしい（統制された情緒的関与），⑤ワーカーの価値観で非難してほしくない（非審判的態度），⑥自身のことを自分で決めることを尊重してほしい（自己決定），⑦自分の問題を他の人に知られたくない（秘密保持），という七つのニーズがあることを説明した。そして，クライエントとの援助関係の形成において，これらの七つのニーズに応えることがワーカーの行動原理であるとして援助関係の原則を示した。

1 × 非審判的態度とは，**ワーカーや社会一般の価値観からクライエントを一方的に評価・判断しない**との原則である。ワーカーはクライエントの状況を受けとめ理解することが基本となる。クライエントを理解する過程で，ワーカーの価値観と異なることは当然あり得る。その場合，ワーカーは自身の価値観を自覚しつつ，その違いを認める姿勢が求められる。

2 ○ 自己決定を尊重することは，クライエントが責任をもてる人であると認識することでもある。自己決定の原則は，クライエントにとって人生を左右するような重大な事柄だけでなく，日常的な些細な事柄も同様に尊重する姿勢である。また，クライエントの自己決定に対する支援では，適切な情報提供が行われること，クライエントと一緒に考える姿勢も重要となる。

3 × 統制された情緒的関与とは，**ワーカーがクライエントとかかわる際に自身の情緒的な感受性を整える**原則である。ワーカーも一人の人間として不安を抱え，気になることで頭がいっぱいになることもある。しかし，クライエントにかかわる際は，気持ちを切り替えてクライエントの感情を受けとめ，理解し，適切に反応できるようにワーカー自身の情緒的な感受性を整えることが必要となる。

4 ○ クライエントは，自身の抱える問題や直面している状況において，事柄に関係したさまざまな感情をもつ。そのような感情がクライエントのストレスを高め，問題解決を困難にする場合がある。一方で，人前での感情表現が抑制的になることもあるため，表現したいときに自由な表現ができるように支援することが重要である。

5 × 秘密保持の原則は，**クライエントについて不用意に外部に漏らさないようにする**原則である。一方で，個人情報の保護に関する法律（個人情報保護法）の規定にもあるように，クライエント本人や他者の生命，身体，財産などが侵害されるおそれがある場合は，適切な第三者に情報提供することが認められる。インテークなどの契約場面では，このような例外事項があることをあらかじめ伝えることが肝要である。

解答 2 4

問題 116 ソーシャルワークの理論と方法（専門）

事例を読んで，A相談支援事業所のB相談支援専門員（社会福祉士）がCさんや同僚とともに取り組んだ実践として，**適切なものを2つ**選びなさい。

〔事　例〕

Bは，担当するCさん（35歳）から相談を受けた。D市に住むCさんは難病で重度訪問介護を利用しており，自宅から外出することは難しい状態である。Cさんはパソコンスキルには自信があるが，在宅の重度の障害者には就労の機会がほとんどないことをBに訴えた。Bは，同僚とともにCさんと同様の重度の障害がある人達の自宅を訪問して話を聞いた。そして，Cさんらとともに重度障害者の就労の機会を増やしていくことについて行政に協力を呼び掛けた。

1　パーソナライゼーション
2　リファーラル
3　ソーシャルアクション
4　スクリーニング
5　アウトリーチ

Point 本事例は，重度障害者の就労の機会を増やしていくことについて相談支援専門員（社会福祉士）がクライエントや同僚とともに取り組んだ実践に関する問題である。相談支援専門員の役割は，厚生労働省「相談支援業務に関する手引き（令和6年3月）」において，①障害児者の自立の促進と障害者総合支援法の理念である共生社会の実現に向けた支援を実施すること，②ソーシャルワークの担い手としてそのスキル・知識を高め，インフォーマル・サービスを含めた社会資源の改善及び開発，地域のつながりや支援者・住民等との関係構築，生きがいや希望を見出す等の支援を行うこと，③障害者福祉に関する専門的知見や援助技術の習得のみならず，社会経済や雇用情勢など幅広い見識や判断能力を有する地域を基盤としたソーシャルワーカーとして活躍すること，とされている。

1　×　パーソナライゼーションは，アセスメントからプランニングのプロセスを専門職が主導するケアマネジメントシステムから，**本人がコントロールする「本人主導の支援」（self-directed support）システムへと改革していく方法**である。

2　×　リファーラルは，ソーシャルワーカーが所属する機関が，**自機関の機能では必要とされる援助を提供できないとき，より適切な機関へとクライエントを受け渡していく方法**である。

3　○　ソーシャルアクションは，地域住民や専門家との連携や支援の下，**地域問題の解決や地域ニーズの充足を目指して取り組む社会資源の開発方法**である。B相談支援専門員（社会福祉士）の「Cさんらとともに重度障害者の就労の機会を増やしていくことについて行政に協力を呼び掛けた」という実践がソーシャルアクションに該当するため，適切である。

4　×　スクリーニングは，**クライエントの問題が，ソーシャルワーカーが所属する機関のケアマネジメントの対象となるかを判断する方法**であり，適切でない。

5　○　アウトリーチは，顕在化しているクライエントのみならず，**潜在的にニーズをもっている地域住民や地域社会，関係機関に対し，ソーシャルワーカーが積極的にかかわり，働きかける方法**である。B相談支援専門員（社会福祉士）の「同僚とともにCさんと同様の重度の障害がある人達の自宅を訪問して話を聞いた」という実践がアウトリーチに該当するため，適切である。

解答 3 5

問題 117 ソーシャルワークの理論と方法（専門）

ソーシャルワーカーの面接技法に関する次の記述のうち，**最も適切なもの**を**1つ**選びなさい。

1 「明確化」によって，クライエントはワーカーから賞賛されたと理解する。
2 「閉ざされた質問」によって，クライエントは面接における応答の自由度を逆に高める。
3 「共感的応答」によって，クライエントはワーカーの持つ価値認識を理解する。
4 「要約」によって，クライエントは今までの面接で自分の語った内容の整理を行う。
5 「焦点化」によって，クライエントは面接で触れたくないテーマを回避することが可能となる。

Point ソーシャルワーカーは，クライエントとの面接を行う際に，マイクロカウンセリングの面接技法などを活用しながら，クライエントのニーズや問題及びそれらにまつわる感情についての理解を深め，問題解決へのプロセスを進めていく。面接技法の代表的なものとして，「開かれた質問」「閉ざされた質問（閉じられた質問）」「言い換え」「要約」「焦点化」「共感的応答」などがある。ソーシャルワーカーは，これらの面接技法を習得し，場面に応じて活用することが求められる。

1 × 「明確化」とは，クライエントが思うように表現できない考えや気持ちを，**「言い換え」などの技法を使って整理する**ことであり，「明確化」によって，「クライエントがワーカーから賞賛された」と理解するわけではない。

2 × 「閉ざされた質問」とは，「はい・いいえ」もしくは一言で答えられる質問であり，**事実の確認や，クライエントが開かれた質問に答えることが難しい場合などに用いられる**。選択肢の「面接における応答の自由度を（逆に）高める」のは，「**開かれた質問**」である。

3 × 「共感的応答」とは，クライエントの感情を敏感に感じとった上で，どのように感じとったかをクライエントへ伝え返すことである。ソーシャルワーカーの反応によって，**クライエントは自分の感情をより深く認識することができる**。クライエントの話に「共感的応答」を使って意図的に応答することで，ソーシャルワーカーとクライエントは面接の内容を共有し，協働して面接の目的を達成することが可能となる。

4 ○ 選択肢のとおり。「要約」とは，クライエントの話をまとめて伝え返したり，話の流れが混乱した際に整理したり，**複数の考えを整理し確認したりするための技法**である。

5 × クライエントの語りは複雑であり，クライエント自身や援助者，家族，問題，文化，脈絡など，焦点を当てることのできるさまざまな話題や方向性を含んでいる。これらに焦点を当てて聴くこと（焦点化）により，クライエントが**さまざまな側面から物事を語り，新しい視点からそのことを眺めることを可能にする**。

解答 4

問題 118 ソーシャルワークの理論と方法（専門）

事例を読んで，事例分析の視点から見て，クライエントのAさんに関する事例検討会における参加者からの発言のうち，**適切なもの**を**2つ**選びなさい。

〔事　例〕

地域の居宅介護支援事業所がケアマネジャーを対象とした定例の事例検討会を開催した。事例提供者のB居宅介護支援事業所のCケアマネジャーから，一人暮らしのAさん（85歳）の事例が報告された。Cケアマネジャーは A さん宅を訪問した際，近隣住民から「Aさんは約2か月前からゴミ収集のない日にごみ出しをしている」「自分の部屋がわからなくなりマンションの管理人が何度も付き添って帰宅している」という話を聞いていることを参加者に報告し，今後の支援について参加者に意見を求めた。

1 「Aさんについて近隣住民が困っていることをヒアリングしてはどうでしょうか」
2 「Cケアマネジャーは，Aさんの強みや状態をどのように捉えていますか」
3 「まずは，マンションの管理人にAさんの今後についての考えを聞いてみてはいかがでしょうか」
4 「一人暮らしの継続は難しいので，グループホームの利用を促してはどうでしょうか」
5 「Aさん自身は，今の状況についてどのようにお考えなのでしょうか」

Point ケアマネジャー（介護支援専門員）は，要介護者や要支援者の相談に応じ，要介護者が訪問介護やデイサービスなどを受けられるようケアプランを作成し，自治体や関係機関・施設などとの連絡調整を行う。ケアマネジャーを対象とした事例検討会とは，ケアプランの改善やクライエントのQOL（生活の質）の向上を目指すことなどを目的とした専門性を高めるための学びの場である。解決困難な事例であっても，参加者がさまざまな視点から意見を出しあうことで，解決策を見出すことが可能となる。

1 × Cケアマネジャーは，**まずは，クライエントであるAさん本人がどのようなことに困難を感じているのかを聴く**ことが必要である。Aさんの同意なしに近隣住民に困りごとをヒアリングすることは，現段階では適切ではない。

2 ○ 相談業務に携わる専門職は，**クライエントがもつストレングスに注目して支援を行うことが求められる**。したがって，Cケアマネジャーが「Aさんの強みや状態」をどのように捉えているのかを尋ねることは適切である。

3 × Aさんの同意なしに，マンションの管理人からAさんの今後についての考えを尋ねることは，現段階では適切ではない。

4 × Aさんの一人暮らしの継続可能性については，現時点では十分な情報がなく，判断できない。また，**どこで暮らしたいかを決めるのはAさん自身である**ことから，Aさんのグループホーム利用を提案することは現段階では適切ではない。

5 ○ **まずは，クライエントであるAさん本人がどのようなことに困難を感じているのかを聴くことが求められる**。したがって，Cケアマネジャーが現在の状況に対するAさん自身の考えを，事例検討会内で明らかにすることは適切である。

解答 2 5

問題 119 ソーシャルワークの理論と方法（専門）

事例を読んで，A社会福祉士が事例検討を行う際に配慮すべきこととして，**最も適切なものを1つ選びなさい。**

〔事　例〕

B市高齢福祉課のAは，ある日後輩のC相談員（社会福祉士）から「最近複雑な生活課題を持っているクライエントへの対応に苦慮しているので，事例検討の場を設けてほしい」と依頼を受けた。

1　クライエントも含めて参加者を組織する。
2　参加者は，Cと同じ経験年数の者で構成する。
3　時間にとらわれずに，結論が出るまで検討する。
4　Cが事例報告をする際には，資料を活用せず口頭で行う。
5　Cが他の参加者からのコメントに防衛的にならないようにする。

Point 事例検討における参加者や方法，留意点に関する事例問題である。事例検討とは，事例分析をとおして得た知識や理解から，今後の支援の方向性や目標及び支援内容等について検討する場である。事例検討の場では，その事例の当事者やさまざまな立場の関係者が参加し，事例に関する情報を共有しながら，支援における課題や問題点を整理し，支援の方向性について意見交換を行う。事例提供者は，自らの支援実践を振り返り，事例内容をまとめて発表し，参加者からの意見を聞くことで理解や考察を深めたり，新たな視点等を得ることで支援の方向性を見出したりすることが可能となる。一方，事例検討の場を設定し進行する者は，参加者が自由に発言できるように促したり，検討する際の論点がずれた場合に修正したりして全体の運営を担う役割がある。また，事例提供者の心理状態や気持ちを配慮しながら進行していくことにも留意する。

1　×　この事例における事例検討は，クライエントへの対応に苦慮しているC相談員の課題解決のための場である。事例検討において，当事者の参加を必要とする場もあるが，今回の事例では，クライエント本人が参加した場合，意見交換等がしにくくなると考えられ，事例検討の目的を達成することが困難になる。A社会福祉士がクライエント本人の参加を含めた場を設定することは望ましくない。

2　×　C相談員と同じ経験年数の者で構成した場合，その参加者の意見から共感を得ることもできるが，経験年数の多い先輩や違う立場の者の意見からは，新たな視点や気づきなどが得られるため，A社会福祉士は**多様な参加者が集まる場を設定することが望ましい**。

3　×　事例検討の場では，あらかじめ終了時間を決めるなどして，その範囲内において意見交換をすることが必要であり，A社会福祉士が**時間管理をすることも重要である**。

4　×　C相談員は事例提供者として，事例報告をする際に**事前に資料を作成**することが求められる。資料を用いて発表する際も簡潔にわかりやすく説明することで，参加者から理解を得ることができ，より多くの意見を出してもらえることにつながる。

5　○　A社会福祉士は，C相談員が参加者からの意見を素直に受け入れ，事例に関する考察や理解を深め新たな視点や気づきを得られるよう，防衛的にならないように助言・指導することが重要である。

解答　5

問題 120　ソーシャルワークの理論と方法（専門）

事例を読んで，A町社会福祉協議会のB職員（社会福祉士）の総合的かつ包括的支援に基づく次の記述のうち，最初の対応として，**最も適切なもの**を１つ選びなさい。

〔事　例〕

A町では，大規模な工業団地が開発された結果，海外から来た労働者とその家族が増加傾向にある。街中を歩く外国人家族の姿が日常的となった。そのような中，民生委員から，Bに「慣れない文化に戸惑う外国籍家族の存在が顕著であることや，また一方で，在留外国人との交流を望んでいるものの，どのようにすればよいか困惑している地域住民の声が多く聞かれる」と情報提供があった。

1　教育委員会に外国籍の子どもの生活状況の改善策を講じるよう要望する。
2　在留外国人も加え，学校，自治会等がこの問題を共有化するための懇談の場を企画する。
3　外国の文化や習慣について解説した日本人向けパンフレットを作成し，地域住民に配布する。
4　企業の人事担当者に状況を説明し，問題解決を依頼する。
5　外国籍住民と地域住民の交流の場を設け，広く参加を求める。

Point　社会福祉協議会に所属する社会福祉士は，コミュニティソーシャルワーカーとして，総合的かつ包括的支援体制の中で，地域住民が身近な生活課題に気づき，主体的に課題解決・予防ができるように，また，地域住民が相互に助けあう仕組みが機能するように，住民や住民組織などの社会資源を開発・動員・調整しながら，福祉の価値に根差した地域づくりを推進する役割を担う。そのことにより，誰もが安心して暮らすことのできる地域社会の実現を目指す。住民主体による住民参加での課題解決や地域づくりを援助するコミュニティワークは，情報収集（地域の抱える課題・ニーズや資源を把握する），（地域）アセスメント，計画策定，介入（地域組織化や社会資源開発），モニタリング，評価（及び実施計画の更新），終結という展開過程をたどる。

1　×　教育委員会への働きかけは，「介入」段階で活用する手段の一つである。**この段階では，まだ課題やニーズが明確になっていない**。また，この対応は，外国籍の子どもたちに対する学校における支援を強化する点では有効であるが，外国籍家族に対する援助を地域全体の課題として解決する視点や，住民主体の課題解決を促す視点が不足している。

2　○　懇談の場を設けて，外国籍住民，地域住民，関係機関が課題を共有することは，コミュニティワークの展開プロセスにおける「情報収集」及び「アセスメント」段階に該当し，最初の対応として最も適切である。これを機に，外国籍住民，地域住民，関係機関が相互に理解を深めることにつながり，住民の主体的な関与を促し，地域全体で課題の解決に取り組む基盤を築く第一歩となり得る。

3　×　パンフレットの作成は，情報提供という「介入」段階で活用する手段の一つとして考えられるものである。しかし，**この段階ではまだ課題やニーズが明確になっておらず，社会福祉士の一方的な対応である**。住民主体の関与を促す取り組みにはならず，相互交流や協働の促進にはつながらない。

4　×　企業との連携は，「介入」段階で活用する一つの手段となり得るが，**まだ課題やニーズが明確になっていない最初の対応としては適切ではない**。また，企業に課題解決を依存するかたちとなり，住民主体の地域づくりの視点が欠けている。

5　×　交流の場を設けることは，「介入」段階で用いる課題解決のための一つの手段である。この手段をとる以前に外国籍住民，地域住民，関係機関が課題を共有し，ニーズを明確にするプロセスが必要である。**この段階で，慣れない文化に戸惑う外国籍家族とどのようにすればよいか困惑している地域住民とが交流する場を設けると，かえって戸惑いや困惑を増幅させるおそれがある**。そのため，「情報収集」と「アセスメント」段階を経たあとの具体的な「介入」の段階で実施することが望ましい。

解答　2

問題 121　ソーシャルワークの理論と方法（専門）　✓✓✓

事例を読んで，A市福祉なんでも相談窓口担当のB職員（社会福祉士）がこの時点で行う対応として，**適切なものを2つ**選びなさい。

〔事　例〕

Cさん（39歳）は3年前夫と離婚し，当時2歳の長男を連れて，それまで一人暮らしをしていた母親（73歳）と同居を始めた。同居開始時，生活全般を母親が支えてくれていたため，Cさんは仕事に専念でき，長男と過ごす時間も確保できていた。しかし数か月前から，母親の物忘れが目立つようになり，会話も成り立たなくなってきたため，家事等も全てCさんが担うようになった。Cさんは心身ともに疲弊し，A市福祉なんでも相談窓口を訪ねた。Cさんは窓口担当のBとの面接において，これまでの経緯を話した後，このまま3人で暮らしていきたいと言った。

1　Cさんの母親に，サービス付き高齢者向け住宅の情報を提供する。
2　Cさんの不安や焦燥感を軽減するため，ピアサポートの会を紹介する。
3　長男への虐待につながる恐れがあるため，近くの児童相談所に通告する。
4　Cさん家族の対応を検討するため，子育て支援課や地域包括支援センターと連携する。
5　長男の発達を優先し，育児に専念するよう勧める。

Point　面接場面として求められる適切な対応に関する問題である。面接場面を読み解くには，①誰が（相談者），②誰の（クライエント），③どのような相談（主訴）をしているかを理解する必要がある。さらに，選択肢にある対応として挙げられている組織や機関などの役割等を理解しておくことが求められる。

1　×　今回の面接で**Cさんは「このまま3人で暮らしていきたい」と言っている**。このことから，Cさんと母親が離れて暮らすことになるサービス付き高齢者向け住宅の情報を提供することは適切ではない。

2　○　Cさんは母親の物忘れが目立つようになり，会話も成り立たなくなったことで家事等の全てを担うようになっている。このことから**Cさんは将来に対する不安や焦燥感がある**と考えられる。そこで，その不安や焦燥感を軽減する支援の一つとしてピアサポート（当事者同士のサポート）の会を紹介するのは適切である。

3　×　**面接の内容に長男の虐待につながる記述はなく**，母親への対応を求めている場面となっている。そのため，児童相談所に通告することは適切ではない。

4　○　Cさんには子どももいることから，母親だけでなく家族支援として対応することが求められる。そこで，**今後の支援を視野に入れ**，子どもと母親の双方に関係する子育て支援課や地域包括支援センターと連携した対応を検討することは適切である。

5　×　**面接の主訴は「母親への対応」である**ため，長男の発達を優先し，育児に専念することを勧めるのは適切ではない。

解答　2　4

問題 122 ソーシャルワークの理論と方法（専門）

事例を読んで，A市社会福祉協議会のB職員（社会福祉士）の会議における発言として，**適切なものを2つ**選びなさい。

〔事　例〕

Bは自治会役員Cさんから「新型感染症のためここ数年中止していた地域フェスタを再開したい。私としては，子どもをはじめ，高齢者や障害のある人も参加できるようにしたいと考えている。近々，他の自治会役員や関係者も含めて，実行委員会立ち上げのための会議を開催し，その会でご意見をいただきたい」と依頼を受けた。

1 「Cさんを今回の企画・運営のリーダーに指名したいと思います」
2 「社会福祉協議会主催で企画するので，自治会は協力してください」
3 「地域フェスタについて，まずみなさんのお考えをお聞かせください」
4 「今後のスケジュールと協力団体への依頼について，一緒に検討させてください」
5 「子どもがいる家庭を手分けして全戸訪問してください」

Point 社会福祉協議会の役割やコミュニティワークにおける基本的な視点に関する問題である。社会福祉協議会は，社会福祉法第109条，第110条に規定された「地域福祉の推進」を図ることを目的とした民間組織である。市区町村社会福祉協議会は，「地域福祉を推進する中核的な団体として，地域住民及び福祉組織・関係者の協働により地域生活課題の解決に取り組み，誰もが支え合いながら安心して暮らすことができる『ともに生きる豊かな地域社会』づくりを推進することを使命」（全国社会福祉協議会地域推進委員会「市区町村社協経営指針　令和2年7月第2次改定」）としている。さらに，社会福祉協議会の活動原則として，①住民ニーズ基本の原則，②住民活動主体の原則，③民間性の原則，④公私協働の原則，⑤専門性の原則がある（全国社会福祉協議会「新・社会福祉協議会基本要項　平成4年4月」）。

1 × 社会福祉協議会は，**地域住民及び福祉組織・関係者の協働**によって地域生活課題の解決に取り組むことが求められる。したがって，自治会役員Cさんを一方的に指名することは適切ではない。
2 × 住民ニーズ基本の原則，住民活動主体の原則に反するものである。
3 ○ 住民ニーズ基本の原則にあるように，まずは住民の意見を聞いて，その内容を基に企画を進めていく必要がある。
4 ○ 住民活動主体の原則，公私協働の原則，専門性の原則にあるように，住民組織のみに任せるのではなく，活動をサポートする姿勢が求められる。
5 × 今回の地域フェスタは，子どもをはじめ，高齢者や障害のある人も参加できるようにしたいと考えているため，**子どもがいる家庭のみを対象とするのは趣旨に反している**。さらに，**全戸訪問は意見の集約として負担の大きい方法である**。

表　社会福祉協議会の活動原則

原則	内容
①住民ニーズ基本の原則	広く住民の生活実態・福祉課題等の把握に努め，そのニーズに立脚した活動を進める。
②住民活動主体の原則	住民の地域福祉への関心を高め，その自主的な取り組みを基礎とした活動を進める。
③民間性の原則	民間組織としての特性を生かし，住民ニーズ，地域の福祉課題に対応して，開拓性・即応性・柔軟性を発揮した活動を進める。
④公私協働の原則	公私の社会福祉及び保健・医療，教育，労働等の関係機関・団体，住民等の協働と役割分担により，計画的かつ総合的に活動を進める。
⑤専門性の原則	地域福祉の推進組織として，組織化，調査，計画等に関する専門性を発揮した活動を進める。

出典：全国社会福祉協議会「新・社会福祉協議会基本要項　平成4年4月」より作成

解答 3 4

問題 123 ソーシャルワークの理論と方法（専門）

事例を読んで，Aがん拠点病院相談支援センターに勤務するB医療ソーシャルワーカー（社会福祉士）のこの時点での対応として，**適切なもの**を**2つ**選びなさい。

〔事　例〕

大腸がんの治療後，定期受診中だったCさん（44歳，男性）はBのもとを訪れ「先日の受診で異常が指摘され，詳しい検査をしました。本日，がんの再発と転移が判明し，主治医から積極的な治療をするか，あるいは，緩和ケアに切り替えるかという2つの選択があることを伝えられました。今までなんとか乗り越えてきましたがもう限界です。家族になんて話したら良いか」と語った。

1　今後の生活については，家族でよく話し合うことを勧める。

2　Bの過去の経験から，この先の見通しについて説明する。

3　カウンセリングを含め，心理的支援をすぐにでも受けることが可能であることを説明する。

4　病状について再度説明してもらうよう，主治医への連絡が可能であることを説明する。

5　混乱している気持ちを落ち着かせるため，帰宅を促す。

Point　終末期の患者に対するソーシャルワーカーの対応に関する問題である。身体的，精神的，社会的な側面を考慮して，患者とその家族が直面する困難に対処するための重要な支援を担うものである。まずは患者の死に対する恐怖や不安，孤独感，後悔，罪悪感など，さまざまな感情に寄り添い，心理的支援を優先する。さらに，患者がどのような最期を迎えたいかといった希望に基づいた医療やケアを家族が理解できるように，家族のサポートや，医療チームと連携した支援の体制の整備など，バイステックの7原則に基づいた多様な支援の展開を考える必要がある。

1　×　がんの再発と転移が判明し，緩和ケアに切り替えることも提案され、動揺しているであろうCさん本人の**心理的支援を優先する必要がある**。さらに，家族も強い悲しみや不安，恐れを感じることが多いため，ソーシャルワーカーはその感情に寄り添い，支えとなる役割を果たさなければならない。

2　×　**病状などの見通しについて説明するのは医師などの医療職の役割である**。終末期の過程において医療ソーシャルワーカーは，最良のケアとサポートを提供することができるように，患者と家族の尊厳を守りつつ，その意向が優先できるようにする。

3　○　終末期におけるソーシャルワーカーの役割の中で，**心理的支援は非常に重要な要素である**。終末期の患者やその家族は，深い感情的な痛みや心理的なストレスを抱えることが多いため，その心理的な不安をサポートできることを伝える必要がある。

4　○　ソーシャルワーカーは，**医療チームと患者，家族との間のコミュニケーションをスムーズにする役割を担っている**。患者の状態や治療方針について医療従事者が家族に十分に説明できていない場合，ソーシャルワーカーがその情報をわかりやすく伝え，誤解や不安を軽減するためのサポートを行う。

5　×　帰宅したいという本人からの希望がない限り，帰宅が可能かという判断をするのは**ソーシャルワーカーの役割ではない**。

解答 3 4

福祉サービスの組織と経営

●第 37 回試験問題の特徴

本科目は，社会福祉士が福祉サービスを提供する組織において，適切な運営管理を担うために必要な知識を体系的に学ぶ科目である。出題数は6問であり，第37回試験では，福祉サービスを提供する組織（**問題124**，**問題125**），リーダーシップに関する基礎理論（**問題126**），適切な福祉サービスの管理（**問題127**），情報管理（**問題128**），会計管理と財務管理（**問題129**）といった多岐にわたるテーマが取り上げられた。

特筆すべき点として，事例問題が2問出題され，知識の正確な理解に加え，現場における実践的な応用力や判断力が問われる構成となっていた。また，新出題基準において新たに中項目として設定された「1－3）組織間連携と促進」に該当する問題は，明確には出題されなかったものの，広義の組織間連携に関連する「地域における公益的な取組」（**問題125**）などが出題されており，今後の試験では組織間の協働や連携に関する理解が求められる可能性が高い。

●受験対策のポイント

本科目の学習においては，社会福祉法人の設立や運営管理，リーダーシップ理論，財務管理など，実務と直結する多様な知識の習得が求められる。特に，社会福祉法人制度に関する出題が続いており，各種法人の特性や理事会・評議員会の役割についての理解が不可欠である。また，「社会的ルールの遵守」「説明責任の遂行」「多機関協働」などのテーマは，現代の福祉現場における重要な課題であり，今後も継続的に出題されることが予想される。

効果的な学習には，本書『過去問解説集』の活用が不可欠である。単に各設問の正誤を確認するのではなく，その根拠となる法制度や福祉サービスの運営に関する要点を深く掘り下げ，実際の事例と結びつけながら理解を深めることが重要である。たとえば，同じテーマであっても異なる視点から問われることがあり，類似の問題を比較・分析することで，共通点や相違点を整理し，より実践的な理解を促進することができる。

事例問題への対応においては，設問の背景にある法制度や組織運営の枠組みを正確に把握し，事例ごとに求められる適切な判断を論理的に考察することが不可欠である。たとえば，社会福祉法人の設立手続きや評議員会の役割に関する事例が出題された場合には，その目的や法的根拠，運営上のポイントを的確に把握し，根拠に基づいた選択肢を導き出す力を養うことが求められる。さらに，出題傾向の変化にも対応できるよう，複数の事例問題を解きながら，異なる状況における対応方法を整理し，応用力を強化することが望ましい。

問題 124　福祉サービスの組織と経営

✓✓✓

事例を読んで，A特定非営利活動法人がこれから取り組むべきこととして，**最も適切なものを1つ選びなさい。**

〔事　例〕

A特定非営利活動法人は，B県C市において障害福祉事業を実施してきた。地域のニーズにさらに応えることができるよう規模を拡大し，組織を発展させていくため，関係者と協議してA特定非営利活動法人を解散し，社会福祉法人の設立を目指すこととなった。これまでのとおりC市に主たる事務所を置き，C市内でのみ事業を行っていく予定である。なお，C市は指定都市ではない。

1　社会福祉法人の重要事項の議決機関となる評議員会を設置する。

2　社会福祉法人の会員を募り，10名以上の会員名簿を作成する。

3　A特定非営利活動法人の解散を，所轄庁であるC市に届け出る。

4　A特定非営利活動法人の残余財産を，これまでの寄付者個人に分配する。

5　社会福祉法人の設立のため，所轄庁であるB県からの認可を受ける。

Point　特定非営利活動法人から社会福祉法人への移行に関する手続きについて問う問題である。特定非営利活動法人の解散および社会福祉法人設立の手続きに関する知識を整理し，所轄庁の管轄範囲や法人ごとの制度の違いを正確に理解することが重要である。

1　○　社会福祉法人を設立するには，評議員会の設置が必須である（社会福祉法第36条第1項）。また，社会福祉法人を設立しようとする者は，その認可を受ける際に，**「評議員及び評議員会に関する事項」を定めなければならない**と規定されている（同法第31条）。評議員会は法人運営の重要事項を決定する機関であり，適正な運営のために欠かせない。

2　×　社会福祉法人には社員総会が存在せず，設立時に10名以上の会員名簿を作成する必要はない。特定非営利活動法人の設立時には，10名以上の社員の氏名や住所を記載した書面の提出が必要とされている（特定非営利活動促進法（NPO法）第10条第1項第3号）。しかし，この要件は**特定非営利活動法人に適用されるもの**であり，社会福祉法人には適用されない。

3　×　特定非営利活動法人の解散は，所轄庁に届け出る必要がある。特定非営利活動法人の所轄庁は，原則として主たる事務所が所在する**都道府県の知事**が担当し，主たる事務所が政令指定都市の区域内に所在する場合は，その**指定都市の長**が所轄庁となる（NPO法第9条，第31条第3項）。本事例では，C市は指定都市ではないため，所轄庁はB県知事となる。

4　×　特定非営利活動法人の残余財産は，寄付者個人に配分することはできない。解散した特定非営利活動法人の残余財産は，定款で帰属先を定めた場合はその定めた者に帰属するが，**帰属先は特定非営利活動法人，国又は地方公共団体，公益社団法人・公益財団法人，学校法人，社会福祉法人，更生保護法人に限定されている**（NPO法第11条第3項，第32条第1項）。定款に残余財産の帰属先が定められていない場合は，所轄庁の認証を得て国又は地方公共団体に譲渡するか，それ以外の場合は国庫に帰属する（同法第32条第2項・第3項）。

5　×　社会福祉法人を設立するには，所轄庁の認可を受ける必要がある（社会福祉法第31条第1項）。原則として，所轄庁は「その主たる事務所の所在地の都道府県知事」とされるが，例外として，**主たる事務所が市の区域内にあり，その行う事業が当該市の区域を越えないものは，市長が所轄庁となる**（同法第30条第1項第1号）。本事例の法人は，C市に主たる事務所を置き，事業もC市内でのみ行うため，所轄庁はC市の市長である。

解答 1

問題 125 福祉サービスの組織と経営

次の記述のうち，2016 年（平成 28 年）の社会福祉法改正により，新たに社会福祉法人が努めなければならないとされたこととして，**正しいものを 1 つ**選びなさい。

1 福祉サービスの利用者の利益を保護する仕組みを導入すること。
2 地域における公益的な取組を実施すること。
3 従業員の給与基準を定めて公表すること。
4 第一種社会福祉事業を実施すること。
5 第三者評価を受審すること。

Point 2016 年（平成 28 年）の社会福祉法改正における社会福祉法人の新たな責務について問う問題である。2016 年（平成 28 年）改正により新たに努力義務化された事項に着目し，選択肢ごとに「既存の制度か」「改正後に新設されたものか」を正確に判断することが重要である。

1 × **利用者の利益保護は，すでに社会福祉法に規定**されており，2016 年（平成 28 年）の改正以前から制度的に担保されている。福祉サービスは，利用者の尊厳を保持し，自立支援を目的とした良質かつ適切なものでなければならない(法第 3 条)。この理念に基づき，社会福祉事業の経営者には，情報提供(法第 75 条)，契約内容の説明（法第 76 条），苦情の適切な解決（法第 82 条）の責務等が課されている。法改正により，社会福祉法人に新たに福祉サービス利用者の利益を保護する仕組みが義務づけられたわけではない。

2 ○ 2016 年（平成 28 年）の法改正により，社会福祉法人は**地域における公益的な取組**を実施する責務を負うことが明確に規定された（法第 24 条第 2 項）。これは，社会福祉法人の財源の多くが公的資金によって支えられていることを踏まえ，単なる福祉サービスの提供主体にとどまらず，地域社会全体に貢献する役割を果たすことを求めたものである。具体的には，子育て交流広場の設置やふれあい食堂の開設など，多様な公益的活動が想定されている。

3 × 社会福祉法人には，運営の透明性を確保するため，一定の財務情報を公表する義務が課されているが，**従業員の給与基準を定めて公表する努力義務はない**。2016 年（平成 28 年）の法改正により，法人の財務状況の透明性をいっそう高めるため，財務諸表の公表が義務化された（法第 59 条の 2）。この改正により，特に役員報酬の開示義務が強化されたが，従業員の給与基準の公表については設けられていない。

4 × 社会福祉事業のうち，第一種社会福祉事業は，国，地方公共団体又は社会福祉法人が経営することを原則とするとされ（法第 60 条），施設を設置して第一種社会福祉事業を経営しようとするときは，事業の開始前に都道府県知事に届け出なければならず，施設を必要としない第一種社会福祉事業については，事業開始の日から 1 か月以内に都道府県知事に届け出なければならない（法第 62 条及び第 67 条）。**社会福祉法人に第一種社会福祉事業の実施が努力義務として定められているわけではない**。事業の具体的な内容は法人の設立目的や事業計画に応じて決定される。

5 × 社会福祉事業の経営者は，自らその提供する福祉サービスの質の評価を行うことその他の措置を講ずることにより，常に福祉サービスを受ける者の立場に立って良質かつ適切な福祉サービスを提供するよう努めなければならないとされている（法第 78 条第 1 項）。また，「福祉サービス第三者評価事業に関する指針」（厚生労働省）において，福祉サービス第三者評価の受審は，社会福祉事業の経営者が行う福祉サービスの質の向上のための措置の一環であると位置づけられている。しかし，**第三者評価の受審が，社会福祉法人に対する努力義務として課されているわけではない**。

解答 2

問題 126 福祉サービスの組織と経営

リーダーシップに関する次の記述のうち，**最も適切なもの**を１つ選びなさい。

1 リーダーシップの行動理論は，リーダーになる人とならない人の差について，人の身体的特徴や性格の特性との関連で明らかにした。

2 フォロワーシップの理論は，チームメンバーがリーダーに対して異議申し立てなどをせずに全面的に従うことの重要性を示した。

3 リーダーシップのコンティンジェンシー理論は，どのような状況においても普遍的なリーダーシップ行動をとることの有効性を示した。

4 サーバント・リーダーシップの考え方は，リーダーのもとにメンバーを従わせることにより，効果的に組織をコントロールすることの重要性を示した。

5 シェアド・リーダーシップの考え方は，各メンバーが持つ情報・資源・スキルなどを必要な場面で効果的に用いて，一人一人がリーダーシップを発揮することの重要性を示した。

Point リーダーシップに関する問題である。福祉サービス組織におけるリーダーシップのあり方は，交替勤務を前提として，定型化しにくい業務であり，個別ケアを推進していくため，職員一人ひとりの自律と専門性の獲得が重要となり，それらを促すことが求められる。またこれらとともに，福祉サービス組織におけるリーダーシップは，福祉サービスや福祉経営をどのように考えるべきかという視点からも考えていくことが重要である。

1 × リーダーシップ行動理論とは，チームでリーダーの役割を担う個人の感情や行動を科学的に評価し，チームメンバーやチームを取り巻く環境に影響を与えるパターンを見出すもので，**優れたリーダーは資質ではなく行動が優れているとした考え方**であり，PM 理論やマネジリアルグリッド理論などがある。

2 × フォロワーシップ理論とは，自主的にリーダーを補佐し，メンバーに働きかけ，フォロワーの自律性を引き出すリーダーの役割を重視する。リーダーの語るビジョンや実現可能性を評価する能力，リーダーにコミットする能力，相対的にみて評価する能力を持つことによって，間違った判断や意思決定に対して，チームメンバーが**異を唱えることや修正することが期待されている**。

3 × リーダーシップのコンティンジェンシー理論とは，どのような状況にも対応し得るリーダーシップは存在しないという考え方である。「状況適合理論」とも呼ばれ，リーダーが持つ能力に帰属するのではなく，**環境の変化に応じて組織の管理方針を適切に変化させる方針**のことである。

4 × サーバント・リーダーシップの考え方とは，まず**相手に奉仕すること**を基本理念とし，ほかの人の意見に耳を傾けたうえで，フォロワー（部下）が最大限の能力を発揮できるように，組織やチーム全体の進むべき方向を指し示し，導いていくタイプのリーダーのことをいう。

5 ○ シェアド・リーダーシップの考え方のもとでは，**全員がリーダーになる可能性がある**ため，責任感が強くなりモチベーションの向上につながる。そのため，コミュニケーションスキルを駆使し，メンバーの意見やアイデアを尊重しながら，チーム全体の成果を最大化することが求められる。

解答 5

問題 127 福祉サービスの組織と経営

事例を読んで，Aさんが苦情を申し立てることのできる仕組みとして，**最も適切なもの**を**1つ**選びなさい。

〔事　例〕

B障害者支援施設を利用しているAさんは，日頃からC職員の態度が怖いと感じており，そのことについて苦情を申し立てたいと考えている。ただし，事業所の苦情受付担当者がC職員自身であるため，相談しづらい。なお，Aさんは，既に施設の苦情解決にかかわる第三者委員に相談したが，一向に状況が改善していない。

1　障害福祉サービス等情報公表制度
2　運営適正化委員会
3　安全委員会
4　福祉サービス第三者評価事業の評価機関
5　公益通報者保護制度

Point　福祉サービス提供組織は，常にサービスの質の向上が求められており，利用者がより快適なサービスを受けられるようにするには，利用者からの苦情を適切に解決することが求められる。そのためには，サービスを公正かつ適切な方法により評価する方法が重要となる。

1 ✕ 障害福祉サービス等情報公表制度とは，**事業者に対して障害福祉サービスの内容等を都道府県知事等へ報告することを求める**とともに，都道府県知事等が報告された内容を公表するものである。そのため，苦情解決のための仕組みではない。

2 ○ 運営適正化委員会とは，福祉サービスに関する苦情について解決の申出があったとき，その相談に応じ，申出人に必要な助言をし，調査をしたり，苦情解決のあっせんを行うなど，**苦情解決を行う機関**である。

3 ✕ 安全委員会とは，労働安全衛生法に基づき，統括安全衛生責任者，安全管理者，安全に関して経験のある労働者などで構成し，毎月1回以上開催しなければならない。また主な審議内容は，**労働者**の危険防止対策や，安全にかかわる労働災害の原因と再発防止対策，安全に関する規定の作成，安全教育の実施計画である。そのため，苦情解決を行う機関ではない。

4 ✕ 福祉サービス第三者評価事業の評価機関は，職員による自己評価等，当該利用者による利用者調査，訪問調査による評価をもとに，福祉サービス提供組織が実施しているサービス内容等について，公正かつ適切に**評価することが役割である**。よって，苦情解決を行う機関ではない。

5 ✕ 公益通報者保護制度とは，**企業の不祥事などを告発した者を保護する**ため，公益通報者保護法で定められた制度で，福祉サービスにかかわる事業所に働く者は，すべて公益通報者保護制度の対象であり，サービス提供などに関する不祥事などを内部告発した場合に保護される。そのため，苦情解決のための仕組みではない。

解答 2

問題 128 福祉サービスの組織と経営

「個人情報保護法」に基づく，個人情報取扱事業者である福祉サービス提供組織の情報管理に関する次の記述のうち，**最も適切なものを１つ選びなさい。**

1 福祉サービスの利用者名簿を作成し活用している団体のうち，ボランティア団体や任意団体は，個人情報取扱事業者から除外されている。

2 個人情報取扱事業者は，包括的な同意があれば，取得した個人情報の利用目的を事業者の都合のよいように自由に変更することができる。

3 利用者本人の信条に関する情報は，支援のために必要があれば，本人の同意を得ずとも，取得し地域の関係機関と共有できる。

4 要配慮個人情報とは，要配慮者の要介護認定や障害支援区分認定に関する情報を指し，犯罪の経歴は含まないとされている。

5 個人データを第三者提供する際の本人からの同意は，人の生命・身体・財産の保護に必要で本人からの同意取得が困難な場合は，例外的に不要である。

（注）「個人情報保護法」とは，「個人情報の保護に関する法律」のことである。

Point 福祉サービスを提供する社会福祉士にとって，個人情報の取扱いに関する法規とその内容を理解することは重要である。また，その内容は何度か改正が行われており，最新の内容を把握する必要があるが，細かいことではなく，大きな流れとして捉えることが重要である。

1 × 「個人情報取扱事業者」とは，個人情報データベース等（コンピュータ等を用いて特定の個人情報を検索することができるように体系的に構成した，個人情報を含む情報の集合物）を事業の用に供している者をいい，**1件でも個人情報を取り扱えば量に関係なく個人情報取扱事業者となる**（個人情報保護法第16条）。ただし，**国の機関**，**地方公共団体**，**独立行政法人等**，**地方独立行政法人**は除く。

2 × 個人情報取扱事業者は，個人情報の利用目的を変更する場合には，**変更前の利用目的と関連性を有すると合理的に認められる範囲を超えて行ってはならない**とされている（個人情報保護法第17条第2項）。また，個人情報取扱事業者は，あらかじめ本人の同意を得ないで，特定した利用目的の達成に必要な範囲を超えた利用を行ってはならないとされている（同法第18条）。

3 × 利用者本人の信条に関する情報は「要配慮個人情報」に該当する（個人情報保護法第2条第3項）。そして，地域の関係機関と共有する，いわゆる**第三者提供にあたっては，原則として，あらかじめ本人の同意を得る必要がある**（同法第27条）。なお，たとえば，本人の同意を得ることが難しい障害者に障害福祉サービスを提供する場合，成年後見人等の法定代理人が選任されているときは法定代理人から同意を得る必要がある。一方，成年後見人等の法定代理人が選任されていない障害者に障害福祉サービスを提供するために，必要な範囲で要配慮個人情報の提供を受けるときには，人の生命，身体又は財産の保護のために必要がある場合であって，本人の同意を得ることが困難であるときなど（同法第20条第2項）に限り，あらかじめ本人の同意を得ることなく，障害者の親族等から要配慮個人情報を取得することができる。

4 × 「要配慮個人情報」には，選択肢**3**の解説で述べた信条だけでなく，人種，社会的身分，病歴，**犯罪の経歴**，犯罪により害を被った事実，身体障害，知的障害，精神障害などの障害があることを特定させる情報，医師等により行われた健康診断等の結果などが該当する（個人情報保護法第2条第3項，個人情報保護法施行令第2条）。

5 ○ 個人データを第三者提供する場合は，原則，あらかじめ本人の同意を得る必要がある。ただし，**人の生命，身体又は財産の保護のために必要がある場合であって，本人の同意を得ることが困難であるとき**，公衆衛生の向上又は児童の健全な育成の推進のために特に必要がある場合であって，本人の同意を得ることが困難であるときなどは，例外的に同意を得ずに第三者に提供できる（個人情報保護法第27条）。 **解答 5**

問題 129　福祉サービスの組織と経営

社会福祉法人の財務に関する次の記述のうち，**適切なもの**を2つ選びなさい。

1　事業活動計算書は，流動資産と流動負債のバランスを見て財務の健全性をチェックすることができる計算書類である。

2　社会福祉事業のほか，公益事業・収益事業を行う社会福祉法人は，法人全体とともに，事業区分ごとに計算書類を作成する必要がある。

3　資金収支計算書とは，毎年資産額を一定のルールで減額させ，その年のコストとして計上して作成した計算書類である。

4　介護サービスの提供に要した費用は，利用者に代わって国から指定介護サービス事業者に支払われる。

5　貸借対照表は，法人全体や事業区分，拠点区分の会計年度末における財務状況を明らかにする計算書類である。

Point　社会福祉法人の財務の基本について確認する問題である。社会福祉法人会計は，独自のルールとなっており，その基本を理解する必要がある。また，出題についても，旧カリキュラム時代から頻繁に問われており，注意が必要である。

1　×　「事業活動計算書」は，社会福祉法人が**当該会計年度におけるすべての純資産の内容を表示した計算書**である（社会福祉法人会計基準第19条）。流動資産と流動負債のバランスを見て財務の健全性をチェックすることができる計算書は，「資金収支計算書」である。

2　○　社会福祉法人は，①**法人全体の計算書類**の作成とともに，②**法人全体（事業区分別）**，③**事業区分（拠点区分別）**，④**拠点区分（一つの拠点を表示）**のそれぞれの計算書類（「資金収支計算書」「事業活動計算書」「貸借対照表」）を作成する必要がある。

3　×　毎年資産額を一定のルールで減額させ，その年のコストとして計上するのは**減価償却**という。この方法を採用する書類は**事業活動計算書**で，たとえば，訪問介護において自動車を購入した場合，購入した年だけに費用を計上すると多額の支出計上をせざるを得ないことから，一定期間（普通自動車は6年，軽自動車は4年）をかけて総額費用を計上する。

4　×　介護サービスの提供に要した費用は，**利用者負担**と市町村が事業者に支払う**法定代理受領**になっている。

5　○　「貸借対照表」とは，当該会計年度末現在における**すべての資産，負債及び純資産の状態を明瞭に表示するもの**とされている（社会福祉法人会計基準第25条）。貸借対照表の区分は，左側（借方）には「資産の部」，右側（貸方）には「負債の部」及び「純資産の部」が示される。資産の部は会計年度末現在におけるすべての資産が示され，貸方の負債の部と純資産の部については，資産が獲得された原因すなわち「財源」を表している。

解答　2　5

第36回

共通科目

専門科目

1	医学概論 旧人体の構造と機能及び疾病・問題 1

成熟時の発達を 100%としたスキャモン（Scammon, R.）の臓器別発育曲線に関する次の記述のうち，**正しいものを 1 つ選びなさい。**

1 25 歳を 100%として表している図である。
2 身長など一般型は S 字型カーブを示す。
3 リンパ型は 12 歳頃に約 90%となる。
4 神経型は 12 歳頃に最も発達する。
5 生殖型は 12 歳頃に 70%となる。

Point 人が生まれてから，心身がどのように成長し，加齢による影響を受けるのか，心身の成長と発達に関する問題は頻出である。人の成長・発達には，緩やかな順序がある。老年期までのそれぞれのライフステージの生理学的な特徴やよくみられる疾患が生活に与える影響と併せて，理解を深めておきたい。

1 × スキャモンは，**20 歳における成長を 100 %**とし，人体の各器官がどの時期に成長・発達するかについて，四つのパターンに分類し，発育曲線として示した（図参照）。

2 ○ スキャモンの発育曲線によると，「一般型」の器官（呼吸器，循環器，腎臓，全体としての筋や骨など）は，乳幼児期と思春期に著しく発育するため，曲線は**S 字型カーブ**を示す。

3 × 「リンパ型（胸腺，各所のリンパ節など）」は，出生後から成長し，6 歳頃に 100 %，**12 歳頃には 180 %を超え**，その後低下する。

4 × 「神経型（脳髄，脊髄，視覚や聴覚などの感覚器など）」は，6 歳過ぎには 90 %を超え，成人とほぼ同等の状態に到達する。

5 × 「生殖型（睾丸，卵巣，子宮，前立腺など）」は，性ホルモンの分泌が始まり，第二次性徴のみられる思春期に急激に成長し，17 歳頃に 70 %となる。

図 スキャモンの発育曲線

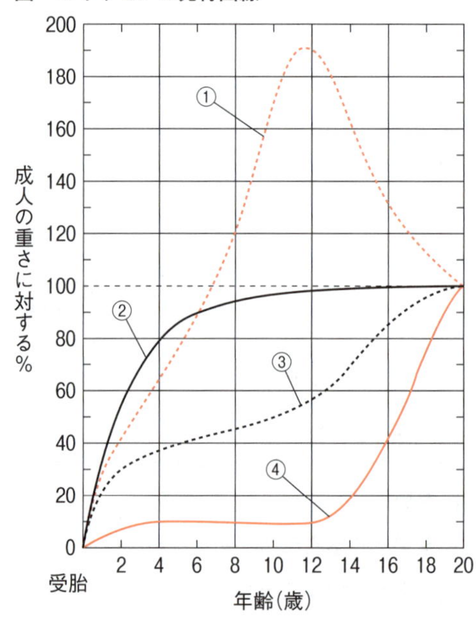

①リンパ型：胸腺，各所のリンパ節など
②神経型：脳髄，脊髄など
③一般型：呼吸器，循環器，腎臓，全体としての筋や骨など
④生殖型：睾丸，卵巣，子宮，前立腺，精嚢など

出典：Harris, J. A., Jacksons, C. M., Paterson, D. G. & Scammon, R.E., *The measurement of man*, Minneapolis, University of Minnesota, 1930.

解答 2

2 医学概論

旧人体の構造と機能及び疾病・問題 2

事例を読んで，国際生活機能分類（ICF）のモデルに基づく記述として，**最も適切なものを 1 つ**選びなさい。

〔事　例〕

A さん（78 歳，男性）は脳梗塞を発症し左片麻痺となった。室内は手すりを伝って歩いている。外出時は車いすが必要で，近隣に住む長女が車いすを押して買物に出かけている。週 1 回のデイサービスでのレクリエーションに参加するのを楽しみにしている。

1　年齢，性別は「心身機能」に分類される。
2　左片麻痺は「個人因子」に分類される。
3　手すりに伝って歩くことは「活動」に分類される。
4　近隣に長女が住んでいるのは「参加」に分類される。
5　デイサービスの利用は「環境因子」に分類される。

Point　人間と障害のとらえ方のモデルである ICF の基本的な考え方や各因子の概要は，頻出の問題である。従来の国際障害分類（ICIDH）が「疾患や障害によって，身体機能がどのように障害されているか」を分類する考え方であったのに対し，ICF は「どのような生活機能をどの程度発揮しているか」を分類する考え方であり，人の生活（の全体像）をとらえる際の共通言語として多職種で共有できるとされる。

1 ×　「心身機能」とは，身体系の生理的機能（心理的機能を含む）を意味する。背景因子の構成要素である「個人因子」は，社会的・文化的に大きな相違があるために，現時点では分類されていない。因子に含まれる項目として，年齢，性別，民族，生活歴，職業，教育歴，行動様式などが例示されている。

2 ×　片麻痺は，生活機能の制限や制約の要因となった疾病，つまり「健康状態」によって生じた身体の状態であり，**「心身機能」に分類される**。A さんの「健康状態」の変化が，生活機能の「心身機能・身体構造」や「活動」「参加」に影響を与えている。健康状態に限らず，生活機能や背景因子の構成要素も含め，相互に作用し合う双方向の関係性にあり，促進または阻害的に影響を及ぼす。

3 ○　手すりという「環境因子」が作用し，A さんの「活動」を「手すりを使いながら歩く」という状態へ促進させたと解釈できる。**「活動」は標準環境における課題の遂行や実行状況**，「参加」は生活・人生場面など現実環境での実行状況とされるが，両者の明確な区別はなく，生活機能はまとめて提示されている。

4 ×　長女は，車いすでの外出を通して A さんの「活動」「参加」を促進させているため，A さんにとっての**「環境因子」に分類される**。「環境因子」は，人々が生活し，人生を送っている物的な環境や社会的環境，人々の社会的な態度によって環境を構成する因子であると定義されている。

5 ×　デイサービスそのものやデイサービスに勤務する職員などは「環境因子」に分類できるが，「デイサービスの利用」は A さんにとって現実環境の中でレクリエーション等へ**「参加」**し，心身を**「活動」**させる状態（実行状況）と分類できる。週 1 回の利用ではあるが，自宅とデイサービス間の移動や人との交流，心身を使う機会は「活動と機能」を促進し，利用の継続が「心身機能」の向上をもたらす可能性も考えられる。

図　ICF の構成要素間の相互作用

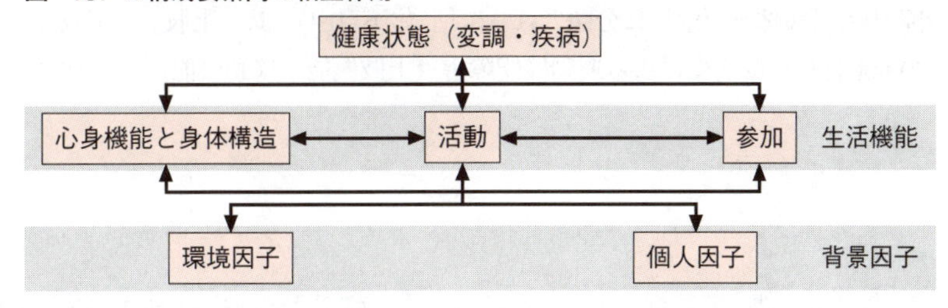

解答 3

3 医学概論

旧 人体の構造と機能及び疾病・問題 3

次のうち，身体障害者手帳の交付対象となる内部障害として，**正しいものを１つ**選びなさい。

1 視覚障害
2 そしゃく機能障害
3 平衡機能障害
4 ヒト免疫不全ウイルスによる免疫機能障害
5 体幹機能障害

Point 身体障害者福祉法に基づく身体障害者手帳の交付対象となる障害について基本的知識を問う問題である。身体障害者手帳の交付対象は，身体障害者福祉法別表に掲げる身体上の障害があるものとされ，別表に定める障害の種類（いずれも，一定以上で永続することが要件）は，①視覚障害，②聴覚又は平衡機能の障害，③音声機能，言語機能又はそしゃく機能の障害，④肢体不自由，⑤心臓，じん臓又は呼吸器の機能の障害，⑥ぼうこう又は直腸の機能の障害，⑦小腸の機能の障害，⑧ヒト免疫不全ウイルスによる免疫の機能の障害，⑨肝臓の機能の障害である。

1 × 視覚障害は単独で**「視覚障害」**に分類される。
2 × そしゃく機能障害は，**「音声機能，言語機能又はそしゃく機能の障害」**に分類される。
3 × 平衡機能障害は，**「聴覚又は平衡機能の障害」**に分類される。
4 ○ ヒト免疫不全ウイルスによる免疫の機能の障害は，身体障害者手帳の交付対象となる内部障害である。なお，身体障害者手帳所持者のうち，内部障害は28.9％*を占める。

表 身体障害者障害程度等級表における内部障害

<table>
<tr><th></th><th>1級</th><th>2級</th><th>3級</th><th>4級</th></tr>
<tr><td>心臓機能障害</td><td rowspan="5">障害により自己の身辺の日常生活活動が極度に制限されるもの</td><td></td><td rowspan="5">障害により家庭内での日常生活活動が著しく制限されるもの</td><td rowspan="7">障害により社会での日常生活活動が著しく制限されるもの</td></tr>
<tr><td>じん臓機能障害</td><td></td></tr>
<tr><td>呼吸器機能障害</td><td></td></tr>
<tr><td>ぼうこう又は直腸の機能障害</td><td></td></tr>
<tr><td>小腸機能障害</td><td></td></tr>
<tr><td>ヒト免疫不全ウイルスによる免疫機能障害</td><td rowspan="2">障害により日常生活がほとんど不可能なもの</td><td>障害により日常生活が極度に制限されるもの</td><td>障害により日常生活が著しく制限されるもの（社会での日常生活活動が著しく制限されるものを除く）</td></tr>
<tr><td>肝臓機能障害</td><td>障害により日常生活活動が極度に制限されるもの</td><td>障害により日常生活活動が著しく制限されるもの（社会での日常生活活動が著しく制限されるものを除く）</td></tr>
</table>

資料：身体障害者福祉法施行規則別表第５号 身体障害者障害程度等級表より抜粋

5 × 体幹機能障害は，**「肢体不自由」**に分類される。「肢体不自由」は，「上肢」，「下肢」，「体幹」の障害，「乳幼児期以前の非進行性の脳病変による運動機能障害（上肢機能・移動機能）」の総称をいう。

解答 4

＊ 「令和４年生活のしづらさなどに関する調査」では，身体障害者手帳所持者のうち，内部障害の割合は32.8％となっている。

4 医学概論

旧人体の構造と機能及び疾病・問題5

自閉スペクトラム症（ASD）に関する次の記述のうち，**最も適切なものを1つ選びなさい。**

1 成人になってから発症する。
2 こだわりは強くない。
3 幻覚がみられる。
4 常同的な行動は認められない。
5 相手の気持ちを理解することが苦手である。

Point 自閉スペクトラム症（Autism Spectrum Disorder : ASD）は，自閉症・アスペルガー症候群・広汎性発達障害などの総称である。コミュニケーションに困難がある，興味や行動に強いこだわりがあるという共通する特徴がある。本問は ASD の特徴や症状について問う代表的な問題である。特に自閉症などの特徴的な症状は頻出の範囲であり，ポイントとなる箇所を理解しておく必要がある。しかし，すべての特徴や症状を暗記していなくても，問題文を読めば正解にたどり着ける場合も多いので，大まかなイメージを押さえておけば対応できる。

1 × 3歳以前の**幼少期で明らかになる場合が多い**。しかし，症状が軽い場合は成人してから診断される場合もある。3歳以前からの症状としては，視線を合わせようとしない，言葉の遅れ，オウム返し，反復性の常同的な行動などがみられる。1000人に2～3人の出現率で，男児が女児よりも3～4倍の頻度で多い。

2 × **強いこだわりをもつ場合が多い**。ASD は，社会性の障害，コミュニケーションの障害，想像性の障害の三つの障害を有する。なかでも想像性の障害では，柔軟な対応や予定変更への対応が困難であったり，自分の考えや習慣に固執する，常同行動など，強いこだわりがみられる。

3 × ASD の症状に**幻覚はない**。幻覚は，感覚様式によって，幻視，幻聴，幻臭，幻触，幻味，体感幻覚などに分類される。幻覚がみられる代表的な疾患として，統合失調症や認知症があげられる。統合失調症では陽性症状としての幻聴を中心とした幻覚，レビー小体型認知症では幻視がみられる場合がある。

4 × **常同的な行動が認められる**。自閉スペクトラム症の三つの障害のうち想像性の障害に該当する。想像性とはさまざまな情報を処理し，現実的に対応する能力を指すが，その障害により状況の変化を極端に嫌い，反復性の常同的行動がみられ，行う順序や特殊な決まったやり方に固執するなど三つの大きな特徴がみられる。

5 ○ 社会性の障害の一つの特徴である。社会性の障害とは，相手の気持ちやその場の状況，自分の言動が相手にどのような影響を与えるかを理解できず，良好な対人関係を築くことが困難な障害である。その他，コミュニケーションの障害による非言語的コミュニケーションの困難さなどもみられる。

解答 5

5 医学概論

㊐人体の構造と機能及び疾病・問題6

次のうち，精神疾患の診断・統計マニュアル（DSM-5）において，発達障害に当たる「神経発達症群／神経発達障害群」に分類されるものとして，**正しいものを1つ**選びなさい。

1 神経性無食欲症
2 統合失調症
3 パニック障害
4 適応障害
5 注意欠如・多動症（ADHD）

Point DSM-5*による精神疾患の分類と疾患名に関する問題である。分類は，神経発達症群／神経発達障害群，統合失調症スペクトラム障害及びほかの精神病性障害群，双極性障害及び関連障害群，抑うつ障害群，不安症群／不安障害群，強迫症及び関連症群など，計22のカテゴリーで構成されている。そのカテゴリーごとに疾患が位置づけられているため，それぞれの分類とリンクしている疾患名を理解していれば正解にたどりつける。問題文には，「発達障害に当たる「神経発達症群／神経発達障害群」に分類される」とあるので，分類名の知識が曖昧でも，発達障害の一つである「注意欠如・多動症（ADHD）」（選択肢**5**）を選択できた受験生が多かったと推測される。このように問題文を正確に読み，ヒントになる点を探すことも攻略の一つのポイントとなる。

1 × 神経性無食欲症は，**食行動障害及び摂食障害群**の分類に該当する。特に思春期の女性に好発し，最近では学童期後期にもみられる。患者本人に肥満などへの恐怖があり，持続したやせ願望をもつ。その根底には，自身のやせを認識できない認知のゆがみが存在する。

2 × 統合失調症は，**統合失調症スペクトラム障害及びほかの精神病性障害群**の分類に該当する。統合失調症は，主に10歳代後半～30歳代前半の思春期，青年期に発症し，人格，知覚，思考，感情，対人関係などに障害をきたす原因不明の疾患である。幻覚，妄想，自我障害などの陽性症状と，感情鈍麻，意欲の低下などの陰性症状がみられ，また近年では認知機能障害も症状の一つとしてあげられる。

3 × パニック障害は，**不安症群／不安障害群**の分類に該当する。特段の理由がなく，突然，急激な不安や恐怖が高まることをパニック発作といい，発症後数分でピークに達する。動悸，発汗，身震い，息苦しさなどが急激に生じる。パニック発作が繰り返し生じる疾患をパニック障害という。

4 × 適応障害は，**心的外傷及びストレス因関連障害群**の分類に該当する。適応障害とは，日常・社会生活上の出来事に関する，あるストレスに対して不適応状態が生じることをいう。症状は，情緒的なものとして抑うつ，不安，混乱，不眠，食欲低下，倦怠感などがあり，身体症状として，易疲労性，頭痛，肩こりなどが出現する。

5 ○ 神経発達症群／神経発達障害群の分類には，注意欠如・多動症（ADHD）のほかに，主に知的能力障害群，コミュニケーション障害群，自閉症スペクトラム障害，限局性学習障害などが分類されている。ADHDは，①不注意，②多動，③衝動性を主症状とする障害である。

解答 5

＊ DSM-5の改訂版であるDSM-5-TRが2022年に米国で発表され，2023年（令和5年）に日本語訳版も公表されている。

6 医学概論

旧 人体の構造と機能及び疾病・問題 4

目の構造と病気に関する次の記述のうち，**最も適切なもの**を **1 つ**選びなさい。

1 眼球の外層にある白目の部分は角膜である。
2 白内障は水晶体が混濁してものが見えにくくなる。
3 緑内障は眼圧が下がって視野障害を来す。
4 加齢黄斑変性症では視力は保たれる。
5 糖尿病性網膜症では失明は起こらない。

Point 目の構造と主要な疾病，それに伴う障害についての基本的知識を問う問題である。

1 × **眼球の白目の部分は，強膜**である。眼球壁の最外層（外膜）は，前方からみて中央の透明な角膜と乳白色の強膜からなっている。

2 ○ 白内障の症状として視力低下，**霧視**，羞明，複視などがある。80 歳代での有病率はほぼ 100 % で，視力改善には，手術が必要になる。

3 × 緑内障は，**眼圧の上昇**や視神経の脆弱性などにより視神経が障害され，それに対応した視野障害をきたす。初期には自覚症状がなく，視野障害を自覚するときは進行していることが多い。放置すると失明に至る。治療法として，眼圧のコントロールのために点眼薬を用いる。

4 × 加齢黄斑変性症は，加齢に伴う黄斑部の変性疾患で，変視症，**視力低下**，中心暗点などの症状が生じる。無治療の場合は，視力予後は不良である。加齢黄斑変性症には滲出型と萎縮型があり，滲出型加齢黄斑変性の治療には，脈絡膜新生血管に対する治療として，抗血管内皮増殖因子薬の硝子体注射が行われる。予防には，禁煙，紫外線予防，バランスのとれた食事が重要となる。

5 × 糖尿病性網膜症は，**放置すると失明に至る**。糖尿病性網膜症の発症は，糖尿病罹患期間に関連し，糖尿病を無治療で放置した場合，7 年から 10 年で約 50 %，15 年から 20 年で約 90 % 発症する。病期により，単純網膜症，増殖前網膜症，増殖網膜症，糖尿病黄斑浮腫に分けられる。

図 眼球の水平断面

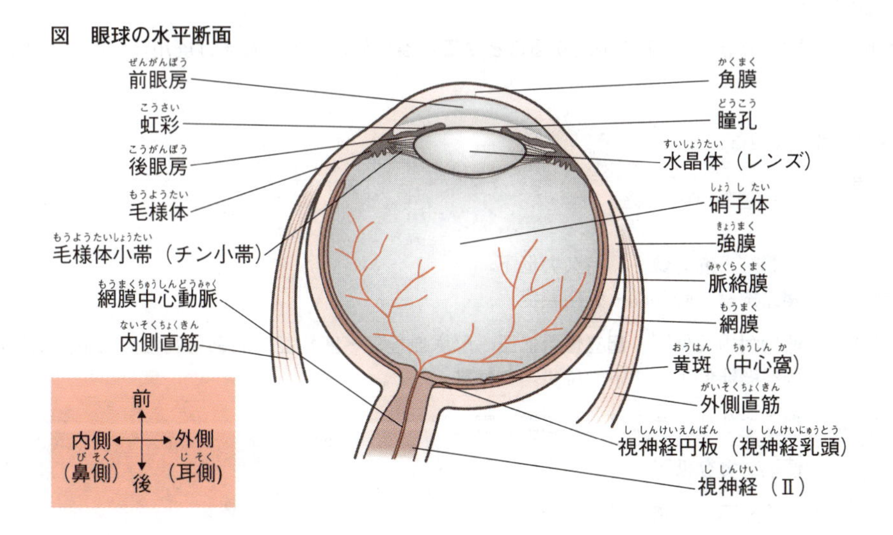

解答 2

7 医学概論

㊐人体の構造と機能及び疾病・問題７

廃用症候群に関する次の記述のうち，**正しいものを１つ選びなさい。**

1　若年者にも生じる。
2　数日間の安静では，筋力低下は起こらない。
3　長期臥床（がしょう）により筋肉量が増加する。
4　骨粗鬆症（こつそしょうしょう）は安静臥床により改善する。
5　予防することはできない。

Point　廃用症候群とは，過度の安静状態（活動低下）や長期臥床が続くことで生理機能の低下に起因する一連の症候である。特に，高齢者が廃用症候群になると改善が困難になる場合が多く，予防が重要である。可能な限り臥床の状態を少なくし，ベッド上での運動，人とのコミュニケーションの促進などが重要となる。廃用症候群で生じる障害は，関節拘縮，筋力低下，筋萎縮などの運動機能低下，心肺機能の低下，起立性低血圧，肺塞栓症，褥瘡，消化器・泌尿器の機能低下，うつ状態などさまざまである。表に廃用症候群で生じる現象を示した。急性期リハビリテーション医療では，不動による運動機能の障害である筋力低下，関節拘縮と心肺機能低下の予防のため，離床可能になれば早期離床を行い，ベッドサイドでの起立，筋力維持と増強訓練を行う。廃用症候群は，予防が非常に重要である。正解に至るキーワードは，不動や身体的不活動の身体への影響やその予防対策である。その理解があれば容易に正解にたどりつける。

1　○　**健康な若年者にも生じる**。高齢者に限らず，過度の安静状態（活動低下）や長期臥床が続くことで生理機能の低下などがみられる。早期離床，筋力維持や増強訓練などが必要である。

2　×　**数日間の安静でも筋力低下は起こる**。安静臥床のままでは，初期に約１～３％／日，10～15％／週の割合で筋力低下がおこり，３～５週間で約50％に低下するといわれている。

3　×　長期臥床による身体的不活動状態では筋萎縮などにより，**筋肉量が減少する**。筋肉量の減少とともに筋力低下も進む。

4　×　安静臥床は，骨粗鬆症に限らず症状を**悪化させる**。不動による骨吸収亢進により続発性骨粗鬆症として骨萎縮が生じる。

5　×　不動や身体的不活動の対策で**予防することができる**。特に，早期離床は廃用症候群の予防のために重要である。

表　廃用症候群で生じる現象

臓器・器官	現象
運動器 　筋 　骨・関節	 筋萎縮・筋力低下，持久力低下 関節拘縮，骨萎縮・骨粗鬆症
心肺・血管機能	運動耐用性低下，起立性低血圧，静脈血栓症・塞栓症，胸郭可動性の低下，肺活量低下，排痰機能低下，沈下性肺炎，無気肺
認知・心理機能	抑うつ状態，せん妄・見当識障害
消化器	便秘，食欲低下
泌尿器	尿路結石・尿路感染症
皮膚	褥瘡
その他	高カルシウム血症，疼痛閾値の低下（末梢神経），その他

解答 1

8 心理学と心理的支援

旧心理学理論と心理的支援・問題8

知覚に関する次の記述のうち，大きさの恒常性の事例として，**最も適切なもの**を**1つ**選びなさい。

1 形と大きさが同じ図形は，空間内でまとまっているように知覚される。
2 電光掲示板で表示されている絵や文字が動いて，大きさが変化して見える。
3 同じ人物が遠くにいる場合と近くにいる場合とでは，距離の違いほどに人の大きさが違って見えない。
4 線遠近法を使った絵画では，奥行きを感じることで書かれている物の大きさの違いが知覚される。
5 月を見ると，建物の上など低い位置にあるときは，天空高くにあるときよりも大きく見える。

Point 感覚・知覚の問題は頻出である。出題にあたっては，事例の提示を伴い内容の理解を問うパターンが多い。恒常性とは感覚受容器（網膜，耳など）に与えられる刺激が変化しても，物のさまざまな特徴が比較的変化せずに保たれる現象を指す。恒常性には，①大きさの恒常性，②形の恒常性，③明るさの恒常性，④色の恒常性，⑤位置の恒常性がある。身近に確認できる現象も多いので，表のように事例とともに覚えておきたい。知覚の恒常性は，感覚受容器を通じて得られた情報だけでなく，知識や記憶に基づいて補正を加えているため生じると考えられる。

1 × **体制化（群化）**の例である。人が物を見るときに意識せず，まとまりをもった物として見ようとすることを指す。その例として，物を見るとき，最も簡潔で秩序のあるまとまりとしてとらえる傾向を指す「プレグナンツの法則」がある。ヴェルトハイマー（Wertheimer, M.）は，①近接（近い要素は関連性が高いように見える），②類同（似た種類の物はひとまとまりに見えやすい），③閉合（互いに閉じ合っている物はひとまとまりに見えやすい），④よい形（円や四角など一定の形はまとまりとして認識されやすい）の四つの法則があるとした。

2 × **錯視**の例である。物理的な刺激と知覚との間に大きな違いがある場合を錯覚と呼び，特に視覚における錯覚は錯視と呼ばれる。電光掲示板は数多くの電球で文字の動きが起こるが，このように実際に起こっていないはずの運動を知覚する現象を仮現運動という。

3 ○ 例えば，4 m離れている友人が2 mまで近づいたとする。4 m先にいる友人と2 m先の友人の網膜像の大きさは2倍違う。しかし見ている人からは友人の大きさはそれほど違いがないように感じる。このことを**大きさの恒常性**と呼ぶ。

4 × **奥行き知覚**の例である。風景画などで遠近感を表現するために書かれた平行線を線遠近といい，この描画法は線遠近法と呼ばれる。日常では道路を知覚する際に用いられている。

5 × **錯視**の例である。この現象は「月の錯視」と呼ばれている。錯視は自然の中でも起きており，月の大きさは変わらないはずだが，低い位置と高い位置では大きさが違って見える。

表　知覚の恒常性と具体例

①大きさの恒常性	例：遠ざかっていく車を見ているとき，目に映る車の像は次第に小さくなっていくが，車の大きさは一定であると感じる。
②形の恒常性	例：十円玉をゆっくり180度回転させると十円玉の像は楕円形に見えるはずだが，十円玉が楕円形になったとは感じない。
③明るさの恒常性	例：白い紙を明所と暗所で見ると，網膜上の明るさは非常に異なっているが，知覚上の明るさの差は小さい。
④色の恒常性	例：照明の色を変えると別の光として明暗が違うと感じるはずだが，照明の色を変えても茶色の猫は茶色系統に見える。
⑤位置の恒常性	例：頭を動かすと見える物の像が大きく変化して見えるが，見えている物の位置は変わらないと感じる。

解答 3

9 心理学と心理的支援

旧心理学理論と心理的支援・問題 9

次の記述のうち，オペラント条件づけの事例として，**最も適切なものを 1 つ**選びなさい。

1 電車に乗っているときに事故にあってしまい，それ以降電車に乗るのが怖くなってしまった。

2 以前に食べたときに体調が悪くなった食品を見ただけで，気分が悪くなってしまった。

3 犬にベルの音を聞かせながら食事を与えていると，ベルの音だけで唾液が分泌するようになった。

4 人に迷惑をかけるいたずらをした子どもを叱ったら，その行動をしなくなった。

5 病院で受けた注射で痛い経験をした子どもが，予防接種のときに医師の白衣を見ただけで怖くなって泣き出した。

Point 学習理論であるオペラント条件づけ（道具的条件づけ）とレスポンデント条件づけ（古典的条件づけ）は，頻出である。具体例とともに出題されることが多いので，多くの具体例に触れておくことが望ましい。オペラント条件づけはスキナー（Skinner, B. F.）が提唱した。オペラントとは「自発的」という意味であり，operate（操作する）を元にしたスキナーの造語である。動物に芸を教える方法はオペラント条件づけによるものであり，私たちにとって身近な学習方法といえる。オペラント条件づけは，自分の意志で行動することがポイントである。自発的な行動に対して強化刺激（餌など）を与えてその行動が起こる頻度を上げる。「強化」とは自発的な行動の頻度が増加することを，「弱化（罰）」とは自発的な行動が減少することを指す（表参照）。一方，レスポンデント条件づけは，反射的行動が重視される。パブロフ（Pavlov, I. P.）の犬の実験で示されたように，刺激（ベル音と餌）を一緒に提示する（対提示）ことにより，反射的行動（唾液の分泌）が増大することを指す。

1 × **レスポンデント条件づけ**の例である。

2 × **レスポンデント条件づけ**の例である。ある食べ物を摂取したことによって体調を崩すと，再びその食べ物を目の当たりにした際，気分が悪くなったり摂取しなくなる条件づけを指し，**味覚嫌悪学習**という。ガルシア（Garcia, J.）がネズミによる実験でも条件づけを確認したことから**ガルシア効果**とも呼ばれている。

3 × **レスポンデント条件づけ**の例である。

4 ○ 「子どもを叱ることでいたずら行動をしなくなった」というのは「**正の弱化（罰）**」にあたる。叱られるので（不快刺激の出現），いたずら行動が減少した（弱化／罰）と説明できる。

5 × **レスポンデント条件づけ**の例である。

表　環境の変化による行動の増減の 4 パターン

		行動	
		増加	減少
刺激	出現	① 正の強化（褒められるのでお手伝いをする頻度が増加した）	③ 正の弱化（罰）（叱られるのでいたずらの頻度が減少した）
	消失	② 負の強化（叱られないように言われたことをする頻度が増加した）	④ 負の弱化（罰）（褒められないので大声を出す頻度が減少した）

解答 4

10 心理学と心理的支援

旧心理学理論と心理的支援・問題10

記憶に関する次の記述のうち，ワーキングメモリー（作動記憶）について，**最も適切なものを1つ選びなさい。**

1 自転車の運転など，一連の動作に関する記憶である。
2 休みの日に外出したなど，個人の経験に関する記憶である。
3 カラスは鳥であるなど，一般的な知識に関する記憶である。
4 感覚器が受け取った情報を，長期間そのまま保持する記憶である。
5 暗算をするときなど，入力された情報とその処理に関する一時的な記憶である。

Point 記憶は，保持される時間や内容など，いくつかの特徴に基づいて分類される。このように分類されるのは，特定の種類の記憶のみが損なわれる事例や，個人ごとにその容量が異なっていると推測される事例があるからである。単に，記憶力がよい・悪いとひとくくりにせず，どういった特徴に対してどういった支援が必要なのかを考えていく必要がある。

1 ✕ 選択肢は**手続き記憶**の説明である。手続き記憶は比較的永続的に保持される長期記憶の中でも，言語的に説明することが難しい非宣言的（非陳述）記憶としてとらえられ，この記憶を利用していても意識にのぼることは少ない。自転車の運転のほかに，楽器の演奏の仕方や泳ぎ方などの技能や習慣が当てはまり，一度獲得されると年齢を重ねても比較的保持されていることが多い。

2 ✕ 選択肢は**エピソード記憶**の説明である。いつ，どこで，誰と，何をしたかといった内容が当てはまる。エピソード記憶も長期記憶の一つであるが，尋ねられれば言葉で説明できることから宣言的（陳述）記憶に分類される。エピソード記憶には，出来事に関する情報だけでなく，その経験に伴う文脈や感情の情報なども含まれ，その個人にとって特に重要な出来事に関するものは自伝的記憶と呼ばれる。

3 ✕ 選択肢は**意味記憶**の説明である。「「覚える」とは，日本語の動詞の一つで，ものごとについて記憶する行為を指す単語」ということを知っている，思い出せるといったように，知識に関する記憶を指す。意味記憶は，長期記憶の中でも宣言的（陳述）記憶に当てはまる。知識を学習する際は，いつ，どこで，といった経験を伴うが，意味記憶の状態ではそれらの情報との結びつきは薄い，又はない。

4 ✕ アトキンソン（Atkinson, R.C.）とシフリン（Shiffrin, R.M.）の多重貯蔵モデルによれば，記憶は保持できる時間に基づき，短い順に感覚記憶，短期記憶，長期記憶と分類される。感覚器が受け取った情報をそのまま保持するという説明は感覚記憶に当てはまるが，**長期間保持できるものではなく，ごく短い時間しか保持できない**。短期記憶は情報に注意を向けていれば保持できるが，注意を向けないと30秒から1分程度で失われてしまう。

5 ○ ワーキングメモリー（作動記憶）は，**情報を一時的に保持することにとどまらず，それを操作して使用するという側面があるととらえられる**記憶である。ワーキングメモリーがどのような記憶であるのかは議論があるが，視空間情報の保持を担う視空間スケッチパッドと聴覚情報の保持を担う音韻ループ，それらの情報を統合するエピソディック・バッファ，それぞれの情報をどのように操作するかを決める中央実行系という要素から成り立つというモデルが古くから検討されている。

解答 5

11 心理学と心理的支援

旧心理学理論と心理的支援・問題 11

職場でうまく適応できない原因に関する相談者の次の発言のうち，ワイナー（Weiner, B.）による原因帰属の理論に基づき，安定し，かつ外的な原因による例として，**最も適切なものを１つ**選びなさい。

1　自分の能力不足が原因だと思います。
2　最近の体調不良が原因です。
3　業務内容が難しかったことが原因です。
4　たまたま運が悪かったのが原因です。
5　自分の努力不足が原因だと感じています。

Point　原因帰属とは，行動や出来事の原因について推測することを指す。ワイナーの原因帰属の理論は，達成動機づけのメカニズムの一部として，先行経験の成否に対して原因を帰属することで決定される期待や感情が，次の行動の動機づけとなるととらえる。原因帰属の過程では，コントロールの位置づけと安定性という二つの次元に基づき，能力，努力，課題の難易度，運の四つのいずれかに帰属すると考える（表参照）。

表　原因帰属の分類

		コントロールの位置づけ	
		内的	外的
安定性	安定的（固定的）	能力	課題の難易度
	不安定的（可変的）	努力	運

出典：稲木哲郎「Weiner の達成動機づけ理論について」『心理学評論』第21巻第２号，pp.110～126，1978年をもとに筆者作成

1　×　能力不足が原因だというとらえ方は，**安定性があり（時間が経過しても変化しにくい），コントロールの位置づけが内的なもの（自分自身に原因があるもの）**とみるものである。職場にうまく適応できないのは，相談者自身のコミュニケーション能力の不足に原因があると考えるような事例が想定される。

2　×　「最近の体調不良」という発言は，不安定的な要因によるものととらえていると推測できるが，その時に偶然生じた可能性（運）や疲労の回復に努めなかったこと（努力）に原因があるととらえているといった可能性が想定でき，この発言のみではいずれか一つに分類するのは難しい。

3　○　業務内容の難しさは課題の難易度に分類でき，**安定的で自身ではコントロールできない外的な要因**が原因ととらえていると推測される。業務内容そのものの難しさのほか，職員や利用者との相性が業務の遂行を困難にした結果，職場にうまく適応できなかったと考える可能性もあるかもしれない。

4　×　運が悪いというとらえ方は，**不安定的で，コントロールの位置づけが外的な要因**が原因であるとみるものである。原因は自分自身になく，今回たまたまうまくいっていないとみるのであれば，次はうまくいくかもしれないと期待し，達成への動機づけが生じるかもしれない。

5　×　努力不足というとらえ方は，**不安定的で（自分自身の）内的な要因**が原因であるととらえたことを踏まえた発言とみることができるだろう。現時点では職場に適応できていなくても，その原因を改善する努力をすれば成功につながると期待して達成への動機づけが高まる可能性もある。

解答 3

12 心理学と心理的支援

旧心理学理論と心理的支援・問題 12

☑☑☑

心的外傷後ストレス障害（PTSD）の症状に関する次の記述のうち，回避症状の事例として，**最も適切なものを1つ**選びなさい。

1　ささいな事でもひどく驚いてしまうようになった。
2　事故が起きたのは全て自分のせいだと考えてしまう。
3　つらかった出来事を急に思い出すことがある。
4　交通事故にあった場所を通らないようにして通勤している。
5　大声を聞くと虐待されていたことを思い出し苦しくなる。

Point　日本は地震，台風による大雨などの天災が多く，また，社会を取り巻く環境の変化から，ストレスの多い社会でもある。過去の出題実績を見ても，ストレスにまつわる問題は頻出である。精神疾患・精神障害の症状は多彩だが，PTSDの症状は比較的限定的で固定的なため，理解しやすい。精神疾患の診断・統計マニュアル（DSM-5）による症状を覚えておくとよい（表参照）。

1　×　選択肢は**覚醒度と反応性の著しい変化**の事例である。過覚醒になり，ささいなことに過剰に反応してしまうという症状である。

2　×　選択肢は**認知と気分の陰性の変化**の事例である。陰性の認知が生じ，物事を悪く受け止めてしまい，自分のせいなどと自責的になってしまう症状である。

3　×　選択肢は**侵入症状**の事例である。トラウマとなった出来事が急に思い出され，苦しい思いをするという症状である。

4　○　選択肢は**回避症状**の事例である。トラウマとなった出来事に関連する場所，人，時間，状況などを避けようとする症状である。

5　×　選択肢は**覚醒度と反応性の著しい変化**の事例である。反応性が高くなっているため，大声を聞くと虐待を想起してしまい，苦しくなるという症状である。

表　PTSDの4大症状

侵入症状	トラウマとなった出来事の記憶が蘇る。不快で苦痛な記憶のため，悪夢を見る場合もあり，また，思い出したときに動揺し，動悸や発汗などの生理状態が伴うことが多い。
回避症状	トラウマとなった出来事を思い出させるようなことを避けようとする。思い出させるような人物，事物，場所，会話，状況などを回避する。
認知と気分の陰性の変化	幸福や愛情などの陽性の気分を感じることができなくなり，物事を悪いほうに認知して，悲しい・苦しい・つらいなどと陰性な気分に陥ってしまう。そして，物事への興味や関心を失ってしまう。
覚醒度と反応性の著しい変化	過覚醒となり，いらいら，びくびくしてしまう。少しの刺激に対して，驚愕反応，集中困難を示す。睡眠障害が現れることもある。

解答 4

13 心理学と心理的支援

旧心理学理論と心理的支援・問題 13

次のうち，小学校就学前の 5 歳児を対象とできる心理検査として，**最も適切なものを 1 つ**選びなさい。

1 矢田部ギルフォード（YG）性格検査
2 田中ビネー知能検査Ⅴ
3 ミネソタ多面人格目録（MMPI）
4 文章完成法テスト（SCT）
5 WAIS-Ⅳ

Point 心理検査の種類，内容，適用年齢については頻出である。これらについては表にまとめておくとよい。適用年齢については，おおまかに「子ども用」と「成人用」を押さえておきたい。心理検査をアルファベット表記したとき，「C」は「子ども（Children）用」，「A」は「成人（Adult）用」を指している場合がある。知能検査や発達検査は子どもに実施される場合が多いが，知的水準や発達水準を知るために成人に実施される場合もある。

表　心理検査の適用（子ども／成人別）

子どもに実施される場合が多い検査	成人に実施される場合が多い検査
矢田部ギルフォード（YG）性格検査 WISC-Ⅳ 知能検査（WISC-Ⅴ知能検査の使用が開始された） 田中ビネー知能検査Ⅴ 文章完成法テスト（SCT） 新版Ｋ式発達検査 DTVP フロスティッグ視知覚発達検査 津守式乳幼児精神発達検査 遠城寺式乳幼児分析的発達検査	ミネソタ多面人格目録（MMPI） WAIS-Ⅳ 知能検査 改訂長谷川式簡易知能評価（HDS-R） ロールシャッハテスト 風景構成法 MAS（顕在性不安尺度） GHQ（精神健康調査票）

1 × YG 性格検査は**小学校低学年から成人**を対象とした性格検査である。小学生用が 96 問，中学生・高校生・成人用が 120 問あり，多くの質問文を読んで回答する検査のため，文字が読めることが適用の要件となる。

2 ○ 田中ビネー知能検査Ⅴは主に子どもを対象とした知能検査である。適用年齢は **2 歳から成人**であるが，知的障害の疑いのある成人にも実施される場合がある。

3 × MMPI は **18 歳以上**を対象とした性格検査である。550 問という多くの質問文を読んで回答する検査のため，文字が読めることが適用の要件となる。なお，2020 年に公刊された MMPI- 3 は 335 項目である。

4 × SCT は**小学生から成人**を対象とした性格検査である。質問に対し，文章を記入して回答する検査のため，文字が書けることが適用の要件となる。

5 × WAIS-Ⅳは**成人**を対象とした知能検査である。ウェクスラー式知能検査成人用（Wechsler Adult Intelligence Scale）は，その頭文字を取り WAIS と呼ばれる。ウェクスラー式知能検査児童用（Wechsler Intelligence Scale for Children）は，その頭文字を取り WISC と呼ばれる。

解答 2

14 心理学と心理的支援

旧心理学理論と心理的支援・問題 14

クライエント中心療法に関する次の記述のうち，**最も適切なものを１つ**選びなさい。

1　クライエントの話を非指示的に傾聴していく。
2　解決に焦点をあわせ，クライエントの強みを発展させる。
3　クライエントの家族関係を変容しようとする。
4　クライエントの意識を無意識化していく。
5　クライエントの認知や行動に焦点を当てていく。

Point　カウンセリングや心理療法にはさまざまなものがあるが，すべてのアプローチの根底に通じるものがクライエント中心療法である。その創始者のロジャーズ（Rogers, C.）が提唱したカウンセラーの三原則は相談業務に非常に有用である。

表　ロジャーズのカウンセラーの三原則

自己一致	カウンセラーがクライエントに対しても自分自身に対しても真摯な態度でいること。クライエントの語り（私的世界）のわからないところを，わかったふりをしてしまっては自己一致しているとはいえない。
無条件の肯定的関心	クライエントの語り（私的世界）を，善悪で判断したり，カウンセラーの好みや信念で判断したりせず，その語りと背景に肯定的な関心をもって聴くこと。
共感的理解	クライエントの語り（私的世界）を，カウンセラーがあたかも自分の体験であるかのように感じ，理解しようとすること。クライエントをかわいそうに思う同情や，体験の共通点や相違点を見つけ出して同じように思う同感とは異なる。

1　○　クライエント中心療法では**非指示が重要である**。クライエント中心療法はクライエントを無条件に受け入れる「支持」を重視する。

2　×　クライエントの問題の解決に焦点を当てるのは**問題解決療法**である。また，クライエントの強みに注目をして発展させるのはストレングス視点である。

3　×　クライエントの家族関係を変容しようとするのは**家族療法**である。家族療法では家族をシステムとしてとらえ，システムとしての家族全体の変容を目指す。

4　×　クライエントの無意識を取り扱うのは**精神分析**である。自由連想というクライエントの語りを解釈し，クライエントの無意識を意識化する。なお，無意識化という概念はない。

5　×　クライエントの認知や行動に焦点を当てるのは**認知行動療法**である。認知行動療法では３コラム法や５コラム法というホームワークを課すなど，指示的である。

解答　1

15 社会学と社会システム

旧 社会理論と社会システム・問題 17

次のうち，人々が社会状況について誤った認識をし，その認識に基づいて行動することで，結果としてその認識どおりの状況が実現してしまうことを指す概念として，**最も適切なもの**を**1つ**選びなさい。

1　予言の自己成就
2　創発特性
3　複雑性の縮減
4　ホメオスタシス
5　逆機能

Point　マートン（Merton, R. K.）による「予言の自己成就」について問われている。状況について誤った信念や思い込みをもち，それに基づく行為によって，その誤った認識どおりの状況が実現してしまったとき，最初の信念や思い込みを真実とみなすことを予言の自己成就という。一方，将来の状況に関する見通しの言明が，その状況に関係する各主体に大きく影響し，行為主体の行動様式を変えさせることによって結果的に最初の言明が裏切られてしまったとき，その言明を自己破壊的予言という。予言の自己成就のほかにも「創発特性」「ホメオスタシス」「逆機能」といったマートンやパーソンズ（Parsons, T.），そしてルーマン（Luhmann, N.）などによる構造－機能分析，機能主義，システム論に関連するキーワードが問われている。

1　○　Point で説明したとおりである。

2　×　創発特性とは，**複数の構成要素からなるものの全体が，それぞれの構成要素にみられなかった特徴を帯びるようになること**である。パーソンズは，諸個人の相互行為を社会システムの構成要素とみなし，社会システムの作動メカニズムを解明しようとする社会システム論を展開したが，社会システムもこの創発特性をもつと説明している。

3　×　「世界の複雑性」は，無限の可能性をもつ一方，私たちの行為を不確定なものにし，また選択不能にしてしまう。ルーマンは，その社会システム論の中で，これを秩序づける「複雑性の縮減」という機能をもったコミュニケーションの連鎖のことをシステムと呼んだ。複雑性の縮減とは，**社会がシステムとして作動することで，可能性が限定されていくこと**を意味している。

4　×　ホメオスタシスとは，アメリカの生物学者キャノン（Cannon, W. B.）が命名した概念で，**生理的条件が身体内外の条件の変化にかかわらず，一定の標準状態を保とうとすること**である。パーソンズは，この概念を社会システムに導入して，社会統制と社会化によって作り出される社会システムの均衡維持傾向をホメオスタシスと呼んだ。

5　×　逆機能とは，**ある全体を構成する諸部分の作用がその全体の維持・存続を脅かすこと**を指す。典型的な例が，マートンらが指摘する「官僚制の逆機能」である。マートンは，官僚制の原則である規則の遵守や厳格な階統制が，急激な環境変化への適応を阻害し非効率な組織行動に帰結するという問題を指摘したが，ほかにもさまざまな研究者が形式主義，繁文縟礼（じょくれい）（規則などが非常に細かく煩わしいこと，形式を重んじるあまり手続きが面倒で非能率的になること），保身主義，セクショナリズム，秘密主義といった負の効果をあげている。

解答 1

16 社会学と社会システム

旧社会理論と社会システム・問題 21

次の記述のうち，囚人のジレンマに関する説明として，**最も適切なものを 1 つ**選びなさい。

1 協力し合うことが互いの利益になるにもかかわらず，非協力への個人的誘因が存在する状況。
2 一人の人間が二つの矛盾した命令を受けて，身動きがとれない状況。
3 相手のことをよく知らない人同士が，お互いの行為をすれ違いなく了解している状況。
4 非協力的行動には罰を，協力的行動には報酬を与えることで，協力的行動が促される状況。
5 公共財の供給に貢献せずに，それを利用するだけの成員が生まれる状況。

Point 囚人のジレンマは，これに陥ると，個人が合理的な選択をしてしまうため，パレート最適（効用の最大化が達成された状態）の状態にたどり着くことができない状況をあらわすゲーム理論のモデルである。社会学においては「ダブルコンティンジェンシー」の好例としても，「社会的ジレンマ」のミクロモデルとしても用いられている。個々人が自分の利益になるような行動を選択すると，全体にとって利益にならない結果が生じ，それが個人にとっても利益にならない状況に帰結することを社会的ジレンマというが，囚人のジレンマはそれをあらわす好例でもある。

1 ○ Point で解説したとおりである。

2 × 選択肢は，ベイトソン（Bateson, G.）のいう**ダブルバインド**（二重拘束）の状況である。たとえば，母親が子どもに対して「愛している」という言葉と同時にこわばった表情を見せたとすると，子どもはそのメッセージ（言葉）とメタメッセージ（表情）が矛盾するコミュニケーション状況におかれて，身動きがとれなくなってしまう。

3 × **囚人のジレンマでは，「相手のことをよく知らない人同士が，お互いの行為をすれ違いなく了解している状況」を想定していない**。囚人のジレンマが想定する状況は，自分と他者の行為の選択がどちらも相手の選択に依存している状況，すなわち，パーソンズ（Parsons, T.）のいう「ダブルコンティンジェンシー」の状況を示すものである。つまり，そこではお互いの行為がすれ違うことが想定されているといえる。

4 × 選択肢は，**選択的誘因**を指している。「フリーライダー問題」を解決し，公共財が維持管理できる社会秩序を維持するためには，①フリーライダーの特定と監視が可能な「コミュニティの規模（構成人数）」の小ささ，②権力や法律（罰則）の威圧を前提にした強制，③社会貢献度（協力行動のレベル）に応じた選択的誘因，のいずれかの条件が整うことが必要だとオルソン（Olson, M. L.）は述べている。

5 × 選択肢は，オルソンのいう**フリーライダー問題**を指している。フリーライダーとは，非協力を選択し，あるいはコストを負担せずに利益のみを得ようとする人，「ただ乗りする人」のことである。オルソンは，フリーライダー問題を，近代市民社会の秩序を壊してしまうリスク要因としてとらえている。

図 囚人のジレンマ

AとBという共犯の二人が捕まって，それぞれ別々の独房に入れられる。
①A・Bとも黙秘→刑期はそれぞれ１年
②A・Bとも自白→刑期はそれぞれ２年
③一方が自白し，もう一方が黙秘→自白した者は釈放，黙秘した者は刑期３年
という状況の場合，パレート最適は，①の二人とも黙秘して刑期１年になる状況である。仮に，Bが黙秘した場合，Aは自白したほうが得をする。逆にBが自白した場合，Aも自白してしまったほうが得をする。つまりどちらの場合でも，Aは自白を選ぶ方が合理的となる。

		囚人B	
		黙秘する	自白する
囚人A	黙秘する	A：刑期１年 B：刑期１年	A：刑期３年 B：釈放
	自白する	A：釈放 B：刑期３年	A：刑期２年 B：刑期２年

二人とも黙秘するのがパレート最適なのに，個人の合理的な判断の結果，パレート最適の状態にたどり着けない。

解答 1

17 社会学と社会システム

旧社会理論と社会システム・問題 16

次の記述のうち，ウェルマン（Wellman, B.）のコミュニティ解放論の説明として，**最も適切なものを1つ**選びなさい。

1 特定の関心に基づくアソシエーションが，地域を基盤としたコミュニティにおいて多様に展開しているとした。

2 現代社会ではコミュニティが地域という空間に限定されない形で展開されるとした。

3 人口の量と密度と異質性から都市に特徴的な生活様式を捉えた。

4 都市の発展過程は，住民階層の違いに基づいて中心部から同心円状に拡大するとした。

5 アメリカの94のコミュニティの定義を収集・分析し，コミュニティ概念の共通性を見いだした。

Point ウェルマンは，都市化に伴い，従来のコミュニティは解体・喪失するか否かという問いを「コミュニティ問題」と呼び，その問いに対する答えとして，都市化によって人々の絆は地域から喪失してしまったという見解（コミュニティ喪失論）と，都市化にかかわらず人々の絆は変わらず地域の中に存続しているのだという見解（コミュニティ存続論）の二つがあることを指摘した。その上でウェルマンは，これら二つの見解に対して，交通・通信手段が飛躍的に発展した現在，人と人との親密な絆は，必ずしも地域に限定されることはなく，空間的な制約から解放され，分散的なネットワークの形をとって広域的に存在しうると主張した。このようなウェルマンの考えを「コミュニティ解放論」という。

1 ✕ 「特定の関心に基づくアソシエーションが，地域を基盤としたコミュニティにおいて多様に展開している」としたのは，**マッキーヴァー（MacIver, R. M.）**の議論である。マッキーヴァーは，人間生活における関心が包括的なものなのかそれとも特定のものなのか，また，その発生が自然的か，それとも人為的かという2点を基準に，社会集団をコミュニティとアソシエーションに分類した。

2 ○ コミュニティ解放論については，Point で示したとおりである。

3 ✕ 「人口の量と密度と異質性から都市に特徴的な生活様式を捉えた」のは，**ワース（Wirth, L.）のアーバニズム理論**である。ワースは都市に特徴的な生活様式をアーバニズムと呼ぶ。都市は人口集合体の大きさ，高い人口密度，人口の異質性によって特徴づけられるが，この都市の生態学的特徴が第一次的関係に対する第二次的関係の優位，親族や近隣の弱体化，匿名性や無関心といったように都市生活者の結びつきを弱めることになるとした。

4 ✕ 「都市の発展過程は，住民階層の違いに基づいて中心部から同心円状に拡大する」としたのは，**バージェス（Burgess, E. W.）の同心円地帯理論**である。土地利用と居住者の階層を手がかりにすると，都市の発展過程は，会社や官公庁などの中枢機関が集中している都心の「中央ビジネス地区」から，小さな工場が入りくみ移民労働者などの居住地となっている「遷移地帯」「労働者住宅地帯」，中流階級の高級アパートや独立家屋の専用区域である「住宅地帯」，郊外の「通勤者地帯」といったように同心円状に広がるという都市構造モデルを提示した。

5 ✕ 「アメリカの94のコミュニティの定義を収集・分析し，コミュニティ概念の共通性を見いだした」のは，ヒラリー（Hillery, G. A.）である。ヒラリーによれば，その94通りの定義の中での共通項は「人々の相互作用の存在」と「地域的空間の限定性」，そして「共通の絆」の3点である。

解答 2

18 社会学と社会システム
旧 社会理論と社会システム・問題 20

☑☑☑

次のうち，信頼，規範，ネットワークなどによる人々のつながりの豊かさを表すために，パットナム（Putnam, R.）によって提唱された概念として，**正しいものを 1 つ**選びなさい。

1 ハビトゥス
2 ソーシャルキャピタル（社会関係資本）
3 文化資本
4 機械的連帯
5 外集団

Point ソーシャルキャピタル（社会関係資本）とは，人と人との社会関係の中に埋め込まれ，一定の条件下で人々に何らかの効用をもたらす「資本」へと転化する構造的特性を指す概念であり，その代表的な定義がパットナムによるものである。パットナムは，社会関係資本を，「人々の協調行動を促進することによって社会の効率性を高めることができる信頼，規範，ネットワーク」であると定義している。パットナムは，社会関係資本を同一集団内の効用のみを高める結合型（ボンディング型）と，異なる集団間において効用を高め合う橋渡し型（ブリッジ型）とに分類している。前者は，たとえば，家族内やエスニックグループ内部でのつながりで，所属するメンバー間の信頼や結束を大きくし，メンバーの帰属意識を強化するが，同時に異質な者，新参者に対する寛容性を減退させ，排他的な社会を生み出す原因ともなる。それに対して，後者は，たとえば，同僚の知人，父親の友人といったように，グループの枠組みを超えた弱いつながりを特徴とするが，その弱いつながりが異質的な資源へのアクセスの途を開くことに資する。

1 × **ブルデュー（Bourdieu, P.）**は，過去の経験によって形成され身についた「知覚・思考・行為の図式」をハビトゥスと呼んだ。子どもたちは，成長のプロセスにおいてそれぞれの家庭の中で特定の階層的な刻印を帯びたハビトゥス，たとえばふるまいや言葉遣い，あるいは音楽や読書・服装・食事の好みとしてあらわれるものを身につけていき，そのハビトゥスは文化資本として文化的再生産をうながすのである。

2 ○ Point で解説したとおりである。

3 × 文化資本とは，家庭環境や学校教育などを通じて個人に蓄積されていき，さまざまな社会的行動で有利／不利を生み出していく**「有形・無形の領有物」**である。ブルデューは文化資本を書物や絵画などの「客体化された文化資本」，学歴や資格などの「制度化された文化資本」，そして教養や趣味，ふるまいなどの「身体化された文化資本」の三つに分類している。

4 × **デュルケム（Durkheim, É.）**は，著書『社会分業論』において，近代化を機械的連帯から有機的連帯へと変化していく過程とみた。機械的連帯とは，相互に類似した同質なメンバーが機械的に結びついている社会の結合形態を指す。デュルケムは，分業の発達によって，機械的連帯が，独立した人格をもった異質のメンバーが自らの意志で結びつく有機的連帯へと転化するとした。

5 × **サムナー（Sumner, W. G.）**によれば，内集団とは，メンバーが親密な社会関係を継続することにより互いを「われわれ（we-group）」として同一視することができ，献身や愛情の対象となるような集団である。これに対して外集団とは，「彼ら（they-group）」として個人の前に立ち現れ，競争関係や対立関係にある人々の集団を指す。

解答 2

19 社会学と社会システム

旧社会理論と社会システム・問題15

✓✓✓

持続可能な開発目標（SDGs）に関する次の記述のうち，**最も適切なものを1つ**選びなさい。

1 1989年にアメリカのオレゴン州で策定された，行政評価のための指標である。

2 生活に関する八つの活動領域から構成された指標である。

3 貧困に終止符を打つとともに，気候変動への具体的な対策を求めている。

4 1995年より毎年各国の指数が公表されている。

5 貨幣換算した共通の尺度によって，一律に各指標を測定する。

Point 持続可能な開発目標（Sustainable Development Goals：SDGs）とは，2015年9月に開催された国連持続可能な開発サミットで「持続可能な開発のための2030年アジェンダ」の中核として採択された国際目標である。「環境」「社会」「経済」の三つの側面からとらえられる17の目標，目標を達成するための169のターゲットから構成されており，国連の全加盟国は2016年から2030年までの間に達成を目指す。

1 ✕ 1989年にアメリカのオレゴン州で策定されたのは，オレゴン州政府の長期総合計画「オレゴン・シャインズ」であり，その達成度を評価するための指標として1991年に策定されたのが「オレゴン・ベンチマークス」である。政策ごとの具体的な指標（ベンチマーク）によって，設定した目標と実際の成果を比較し，政策の効果や達成度を客観的に評価する「ベンチマーク評価」の先駆けとして知られている。

2 ✕ SDGsは，「環境」「社会」「経済」の3側面からとらえられる17の目標から構成されている。

3 ○ SDGsの17の目標のうち，目標1は「貧困をなくそう」であり，「あらゆる場所のあらゆる形態の貧困を終わらせる」ためのターゲットが定められている。また，目標13の「気候変動に具体的な対策を」では，「気候変動及びその影響を軽減するための緊急対策を講じる」ことに資するターゲットが定められている。

4 ✕ SDGsは，2016年から2030年までの目標であり，その達成状況は，2016年から166か国を評価対象に，国ごとにスコアが算出され，そのランキングが「持続可能な開発報告書」で示されている。2023年は，日本は166か国中21位と次第に順位を下げており，SDGsの進捗状況は停滞しているといえる。また，世界全体でも決して順調に進捗しているとはいえず，とりわけサハラ以南のアフリカなど南半球に位置するエリアにおいては，ほとんどの指数で「達成にはほど遠い」状況にある。

5 ✕ 貨幣換算した共通の尺度によって，一律に各指標が測定されているわけではない。たとえば，目標1の「貧困をなくそう」では，「1.1　2030年までに，現在1日1.25ドル未満で生活する人々と定義されている極度の貧困をあらゆる場所で終わらせる。」「1.2　2030年までに，各国定義によるあらゆる次元の貧困状態にある，すべての年齢の男性，女性，子どもの割合を半減させる。」など，目標を達成するための五つのターゲットと，ターゲットを実施する二つの手段が示されており，貨幣換算された尺度で一律に指標が測定されているわけではないことがわかる。

解答 3

20 社会学と社会システム
旧社会理論と社会システム・問題18

「第16回出生動向基本調査結果の概要（2022年（令和4年））」（国立社会保障・人口問題研究所）に関する次の記述のうち，**最も適切なものを1つ**選びなさい。

1 「いずれ結婚するつもり」と回答した未婚者の割合が，これまでの出生動向基本調査の中で最も高かった。

2 第1子の妊娠が分かった時に就業していた妻が，子どもが1歳になった時も就業していたことを示す「就業継続率」は，2015年（平成27年）の調査の時よりも低下した。

3 「結婚したら子どもを持つべき」との考えに賛成する未婚者の割合は，2015年（平成27年）の調査の時よりも上昇した。

4 未婚男性がパートナーとなる女性に望む生き方として，結婚し，子どもをもつが，仕事も続ける「両立コース」が最も多く選択された。

5 子どもを追加する予定がほぼない結婚持続期間15～19年の夫婦の平均出生子ども数（完結出生子ども数）は，2015年（平成27年）の調査の時よりも上昇した。

Point 「第16回出生動向基本調査」（2021年（令和3年），国立社会保障・人口問題研究所）の結果をとりまとめた「第16回出生動向基本調査結果の概要（2022年（令和4年））」からの出題である。出生動向基本調査（結婚と出産に関する全国調査）は，国内の結婚，出産，子育ての現状と課題を調べるために，国立社会保障・人口問題研究所が5年ごとに実施している全国標本調査で，夫婦調査・独身者調査を同時に実施し，それぞれについての政策的な課題を社会科学的な立場から探ることを主な目的としている。「出生動向基本調査」の報告書及び結果の概要，統計表等は，国立社会保障・人口問題研究所のwebページから閲覧することができる（https://www.ipss.go.jp/site-ad/index_Japanese/shussho-index.htm）。

1 × 「いずれ結婚するつもり」と回答した18～34歳の未婚者の割合は，**男性81.4％，女性84.3％で，前回調査（2015年（平成27年））の85.7％，89.3％からそれぞれ減少**しており，調査が現行の形式となった1982年（昭和57年）以降最も低い数字となった。その一方で，「一生結婚するつもりはない」と答えた未婚者の割合は，男性で17.3％，女性で14.6％と現行の調査形式では最も高かった。

2 × 就業継続率は，前回調査（第1子の出生年が2010～2014年（平成22～26年））では57.7％だったが，今回調査（第1子の出生年が2015～2019年（平成27～令和元年））では**69.5％と大きく上昇**した。育児休業を利用して就業継続をした妻は55.1％で，これも前回調査の43.0％を大きく上回っている。

3 × 「結婚したら子どもを持つべき」という考え方を支持する未婚者の割合は，**男性55.0％，女性36.6％と，前回調査時の男性75.4％，女性67.4％から大幅に低下**した。また，「どんな社会においても，女らしさや男らしさはある程度必要だ」という考え方に賛成する独身者の割合も前回調査の男性84.4％，女性82.5％から，今回調査では男性68.3％，女性55.9％と大幅に低下し，家族に関する価値観の大きな変化がうかがえる。

4 ○ 未婚男性がパートナーとなる女性に望む生き方として，**「両立コース」は39.4％と最も多く選択されている**。次いで，結婚し子どもをもつが，結婚あるいは出産の機会にいったん退職し，子育て後に再び仕事をもつ「再就職コース」が29.0％と多くなっている。女性自身が理想とするライフコースも，男性と同様，多い順に「両立コース」34.0％，「再就職コース」26.1％となっている。

5 × 夫婦の最終的な出生子ども数である「完結出生子ども数」は，**今回調査では1.90人と，前回調査時の1.94人を下回り最低値を更新**した。また，結婚持続期間15～19年の夫婦の出生子ども数の分布をみると，2005年（平成17年）の第13回調査以降，「子ども1人の夫婦」が緩やかに増加し，今回調査では19.7％を占めた。その一方で，「子ども2人の夫婦」の割合は減少しており，今回調査では50.8％になっている。

解答 4

21 社会学と社会システム

旧社会理論と社会システム・問題 19

✓✓✓

次の記述のうち，ライフサイクルについての説明として，**最も適切なものを１つ**選びなさい。

1 個人の発達の諸段階であり，生物学的，心理学的，社会学的，経済学的な現象がそれに伴って起きることを示す概念である。

2 生活を構成する諸要素間の相対的に安定したパターンを指す概念である。

3 社会的存在としての人間の一生を，生まれた時代や様々な出来事に関連付けて捉える概念である。

4 個人の人生の横断面に見られる生活の様式や構造，価値観を捉えるための概念である。

5 人間の出生から死に至るプロセスに着目し，標準的な段階を設定して人間の一生の規則性を捉える概念である。

Point ライフサイクル（生命周期）は，誕生から死まで，人の一生の過程が世代ごとに繰り返されることを表す概念である。ライフサイクル研究の出発点となったのは，イギリス・ヨーク市における労働者生活を貧困問題に焦点をおいて研究したラウントリー（Rowntree, B. S.）である。ライフサイクル研究においては，その主体が個人であれ家族であれ，段階（ライフステージ）をどう区切るかが重要な問題となり，各段階にはそれぞれ達成すべき課題があるとされる。家族を主体とする家族周期の段階設定には，家族生活を５年あるいは 10 年といったように一定の期間で区切って観察する等間隔整理法，結婚や子どもの出生など家族生活について変化をもたらす出来事についてコーホート（出生を同じくする統計的な集団）ごとに発生年齢の平均値などで家族のライフサイクルを描くイベント年齢比較法，家族生活に観察される主要な出来事を基準に家族生活をいくつかの段階に区切っていく段階設定法などがある。

1 ✕ 「個人の発達の諸段階」を表し，「生物学的，心理学的，社会学的，経済学的な現象がそれに伴って起きることを示す概念」は，**ライフステージ**である。ライフサイクルは，人間の出生から死に至る時間的経過やプロセスを指すが，ライフステージは，その中で設定される各段階，たとえば，乳幼児期，少年期，青年期，成人期，壮年期，高齢期といった段階を表す概念である。

2 ✕ 「生活を構成する諸要素間の相対的に安定したパターンを指す概念」は，**生活構造**である。生活を構成する要素としては時間や家計，社会関係などが想定されている。

3 ✕ 「社会的存在としての人間の一生を，生まれた時代や様々な出来事に関連付けて捉える概念」は，**ライフコース**である。平均寿命が 80 年を超え，とりわけ人生の後半のあり方が多様になっている今日，ライフサイクルのように人生が規則的に推移していくという観点から実態を捉えることが困難になってきた。そこで，段階設定をすることなく，各人の多様な人生やその発展過程，すなわち「個人の人生航路」に着目して，時間的経過の中での役割変遷，人生において経験する出来事（ライフイベント）の時期，離婚や事故，大病などの特異な出来事の影響，そして歴史的な事件とのかかわりあいなどを分析しながら，個人のそれぞれの人生を捉えなおそうとするライフコースという発想が登場した。

4 ✕ 「個人の人生の横断面に見られる生活の様式や構造，価値観を捉えるための概念」は，**ライフスタイル**である。ライフスタイルは，個人の生活様式に対する選択性という視点が強調されているという点で，当該社会に広く見られる行為の様式を指す生活様式（way of life）と異なる。

5 ○ Point で説明したように，ライフサイクル研究においては，ライフサイクルの各段階にそれぞれ達成すべき発達課題，標準的な段階が想定されている。

解答 5

22 社会福祉の原理と政策

旧現代社会と福祉・問題 26

次のうち，日本における第 1 次ベビーブーム期の出生者が後期高齢者になるために，国が示した，医療や介護等の供給体制を整備する目途となる年次として，**最も適切なもの**を **1 つ**選びなさい。

1 1973 年（昭和 48 年）
2 1990 年（平成 2 年）
3 2000 年（平成 12 年）
4 2025 年（令和 7 年）
5 2035 年（令和 17 年）

Point 日本の福祉政策の発展過程についての理解が求められる問題である。第二次世界大戦後の戦後社会福祉の成立から 1970～80 年代の高度経済成長の終焉に伴う緊縮財政への移行と少子高齢化への対応，1990 年代から 2000 年代以降の緊縮財政下における人々の働き方や暮らし方の変化に対応するために，どのような福祉政策が推進されてきたかを理解しておく必要がある。

1 × 1973 年（昭和 48 年）は「活力ある社会福祉の実現」を目指して，経済社会基本計画が策定された年である。同計画は，戦後経済政策の流れを変え，活力のある福祉社会の建設を推進していく必要性をうたったものである。同年は**「福祉元年」**と呼ばれ，年金水準の引き上げとともに，物価スライド，賃金スライドの導入がなされた。また，高額療養費制度と老人医療費支給制度も導入され，社会保障の大幅な充実が図られた。

2 × 1990 年（平成 2 年）は，住民に身近な市町村を中心とした福祉行政を推進するために，老人福祉法等の一部を改正する法律が制定された年である。同法律では，市町村の役割の重視，在宅福祉の充実，民間福祉サービスの健全育成，保健・医療・福祉の連携強化などを目指し，**福祉関係八法**と呼ばれる，老人福祉法，身体障害者福祉法，精神薄弱者福祉法（現・知的障害者福祉法），児童福祉法，母子及び寡婦福祉法（現・母子及び父子並びに寡婦福祉法），社会福祉事業法（現・社会福祉法），老人保健法（現・高齢者の医療の確保に関する法律），社会福祉・医療事業団法（2003 年（平成 15 年）10 月 1 日に廃止）が改正された。

3 × 2000 年（平成 12 年）は，社会福祉の増進のための社会福祉事業法等の一部を改正する等の法律が制定された年である。社会福祉事業法が社会福祉法に題名改正され，サービス利用者とサービス提供者の関係が対等になるように図る**利用契約制度**，契約締結が困難な人々を支援するための**地域福祉権利擁護事業**（現・**日常生活自立支援事業**）の導入，苦情解決のための**運営適正化委員会**の設置，選択の自由を促進するための多様な事業主体の参入促進，地域福祉の推進，サービスの質の向上などの仕組みが導入された。

4 ○ 第 1 次ベビーブーム期の出生者は**団塊の世代**と呼ばれ，団塊の世代がすべて 75 歳以上の後期高齢者となるのが 2025 年（令和 7 年）である。2025 年（令和 7 年）以降は，生産年齢人口の減少の加速，地域による高齢化の状況の差異，医療・介護の複合ニーズを有する患者・利用者の増加等の課題に対応していく必要があるとされる。とりわけ，病床の機能分化・連携，在宅医療・介護の推進，医療・介護従事者の確保・勤務環境の改善といった効率的かつ質の高い医療提供体制の構築と**地域包括ケアシステム**の構築が急務の課題とされている。

5 × 2035 年（令和 17 年）は，総人口の減少と高齢化率の上昇が続き，国民の 3 人に 1 人が 65 歳以上になることが予想されている。2035 年（令和 17 年）に向けた主な課題として，保健医療ニーズの増大，社会環境・価値の多様化，格差の増大などがあげられている。厚生労働省は，これらの課題に対応するために**「保健医療 2035」**を提言し，保健医療が，住まい，地域づくり，働き方と調和しながら「社会システム」として機能するため，これまでの保健医療制度を規定してきた価値規範や原理を根本的に転換しなければならないことを指摘している。

解答 4

23 社会福祉の原理と政策

旧 現代社会と福祉・問題 23

次のうち，1930 年代のアメリカにおけるニューディール政策での取組として，**正しいものを 1 つ選びなさい。**

1 社会保障法の制定
2 公民権法の制定
3 メディケア（高齢者等の医療保険）の導入
4 ADA（障害を持つアメリカ人法）の制定
5 TANF（貧困家族一時扶助）の導入

（注）「障害を持つアメリカ人法」とは,「障害に基づく差別の明確かつ包括的な禁止について定める法律」のことである。

Point アメリカで策定された法や制度を問う問題である。当時の社会情勢を受けてどのような法律や制度が定められてきたのか，またその内容についても理解しておくことが求められる。なお，ニューディール政策とは，フランクリン・ルーズベルト（Roosevelt, F.）大統領が 1929 年の大恐慌による不況を克服するために 1933 年から 1939 年にかけて実施した一連の社会経済政策を指す。

1 ○ 社会保障法は，**ニューディール政策の一環として 1935 年に制定**されたものである。同法は，① 2 種類の社会保険（連邦直営方式の老齢年金と連邦が補助する州営失業保険），②高齢者，母子世帯，視覚障害者に対する 3 種類の特別扶助，③母子保健サービス，肢体不自由児サービスなどの社会福祉サービスの三つの柱で構成されている。

2 × 公民権法（1964 年）は，投票権法（1965 年）と並び, 1950 年代後半から始まった黒人に対する政治的・経済的・社会的な差別の撤廃を求める公民権運動の成果として成立した。公民権法では，**人種，皮膚の色，宗教，性又は出身国を理由とする雇用の全局面における差別を禁止**した。

3 × メディケア（高齢者等の医療保険）とは，**1965 年に誕生した 65 歳以上の高齢者及び障害者を対象とした公的医療保険制度**のことである。低所得者を対象とするメディケイドと共に成立した。アメリカには，日本における国民皆保険のような社会保障制度がなく，公的医療保険はメディケアとメディケイドに限られる。

4 × ADA（障害を持つアメリカ人法）は，**障害に基づく差別を禁止する 1990 年に制定**された法である。ADA 法には，雇用上の差別の禁止，公的サービスや公共交通機関によるサービスの提供上の差別の禁止，民間企業によって運営される公共性のある施設及びサービスにおける差別の禁止が盛り込まれている。

5 × TANF（貧困家族一時扶助）は，福祉政策の対象者を削減し財政負担を軽減させることを目標に，従来の AFDC（Aid to Families with Dependent Children：要扶養児童家庭扶助）に代わって **1996 年に導入された公的扶助**の一つである。TANF は，ワークフェアの源流とされている。

解答 1

24 社会福祉の原理と政策

旧現代社会と福祉・問題 22

福祉における政府と民間の役割に関する次の記述のうち，**最も適切なもの**を**1つ**選びなさい。

1 平行棒理論とは，救済に値する貧民は救貧行政が扱い，救済に値しない貧民は民間慈善事業が扱うべきだとする考え方を指す。

2 繰り出し梯子（はしご）理論とは，ナショナルミニマムが保障された社会では，民間慈善事業が不要になるとの考え方を指す。

3 社会市場のもとでは，ニーズと資源との調整は，価格メカニズムにより行われ，そこに政府が関与することはない。

4 準市場のもとでは，サービスの供給に当たり，競争や選択の要素を取り入れつつ，人々の購買力の違いによる不平等を緩和するための施策が講じられることがある。

5 ニュー・パブリック・マネジメント（NPM）とは，福祉サービスの供給に参入した民間企業の経営効率化のために，その経営に行政職員を参画させる取組を指す。

Point 福祉供給における政府（公）と民間（私）の役割，責任の範囲や，政府と民間の関係性を問う公私関係論に関する問題，効率性や公平性を両立させるための方法を問う問題である。普遍主義と選別主義，資力調査やスティグマなどの用語の意味も正しく理解しておくことが求められる。

1 × 平行棒理論とは，福祉供給における**政府（公）と民間の役割は異なり，互いに平行棒のように交わることはない**とする考え方である。イギリスでは，民間のCOS（慈善組織協会）が「価値ある貧民」を対象に救済し，公の救貧当局が労役場（ワークハウス）を中心に「価値なき貧民」対策を行った歴史がある。

2 × 繰り出し梯子理論とは，福祉供給における**政府（公）と民間の役割は異なるものの，連続した関係にある**とする考え方である。政府（公）の福祉供給が土台にあり，民間はその土台から繰り出された梯子のように，公の活動を先導する実験的，試行的な役割を果たすと考えられている。

3 × ティトマス（Titmuss, R. M.）は，**社会市場をニーズと資源とのマッチングが行われる経済市場と異なる領域**と位置づけ，社会市場の作動原理は，貨幣的裏づけとは無関係な「必要」と「贈与」であるとした。したがって，ニーズと資源の調整が価格メカニズムにより行われるということはない。

4 ○ 準市場は，**市場における競争や選択という要素を取り入れながら，人々の購買力の違いから生じる不平等を回避する形で，公共サービスを提供する仕組み**である。準市場とすることで，サービス供給主体を競争させ，サービスの質の向上につなげることができる。

5 × ニュー・パブリック・マネジメント（New Public Management：NPM）とは，**行政の活動に民間企業の経営理念や手法を取り入れる新たな行政管理論**を指す。たとえば，公共施設の建設・維持管理・運営に民間の資金や経営の仕方，技術的な力を活用することなどが当てはまる。

解答 4

25 社会福祉の原理と政策

旧現代社会と福祉・問題 29

所得の再分配に関する次の記述のうち，**最も適切なもの**を **1 つ**選びなさい。

1 市場での所得分配によって生じる格差を是正する機能を有しうる。
2 現物給付を通して所得が再分配されることはない。
3 同一の所得階層内部での所得の移転を，垂直的な所得再分配という。
4 積立方式による公的年金では，世代間の所得再分配が行われる。
5 高所得者から低所得者への所得の移転を，水平的な所得再分配という。

Point この問題では，社会保険制度と公的扶助制度の背景にある，所得の再分配という考え方について問われている。また，給付・財政方式の種類についても整理しておく。「所得の再分配」（再び配り直す）の前に，市場における経済活動を通じた「所得分配」（分けて配る）という領域があり，そこで格差が発生する。その後，市場において生じたさまざまな格差を是正するために所得の再分配が行われている。もし所得再分配政策が行われなくなったとしたら，どのような問題が発生するだろうか。また，各種の所得再分配政策によっていかなる効果が期待できるのか。いかなる方法が誰の必要をどの程度充足するものなのか，といった制度と供給方法の背景にある思想・哲学・理論までを理解しておくとよいだろう。

1 ○ 所得の再分配には，市場における**所得分配で生じた格差を是正する**ことが期待されている。

2 × 現物給付の「現物」にはクーポンや引換券，福祉用具や介護サービス等も含まれる。したがって，**使用目的が制限されたクーポン等の現物給付によって所得が再分配される**こともありうる。

3 × 同一の所得階層内部での所得の移転は，**水平的な所得再分配**である。垂直的な所得再分配とは，高所得層から税や保険料等を徴収し，低所得層へ配り直すといった所得移転である。

4 × **世代間の所得再分配が行われるのは賦課方式**である。賦課方式では，現役世代が納めた保険料を，そのときの年金受給者に対する支払いにあてる。積立方式とは，保険料を積み立て，市場で運用して将来の給付の財源にするものである。

5 × 高所得者から低所得者への所得の移転は，**垂直的な所得再分配**である。水平的な所得再分配とは，同一の所得階層内部で行われる所得の移転のことである。

解答 1

26 社会福祉の原理と政策
㊐現代社会と福祉・問題 25

次の記述のうち，ブラッドショー（Bradshaw, J.）のニード類型を踏まえたニードの説明として，**最も適切なものを 1 つ**選びなさい。

1 クライエントがニードを表明しなければ，ニードのアセスメントを行うことはできない。
2 社会規範に照らしてニードの有無が判断されることはない。
3 クライエントと専門職との間で，ニードの有無の判断が食い違うことはない。
4 他人と比較してニードの有無が判断されることはない。
5 クライエントがニードを自覚しなければ，クライエントからのニードは表明されない。

Point ブラッドショーのニード類型についての知識を問う問題である。①フェルトニード，②表明されたニード，③規範的なニード，④比較ニードの四つのニード類型について，正確な知識を身につけておくことが必要である。また，ブラッドショーのニード類型とあわせて主観的ニードと客観的ニードの概念も理解しておくとよい。

1 ✕ クライエントがニードを表明せずとも，ニードをアセスメントすることは可能である。ブラッドショーは，クライエントやその家族が自らの感覚や直感に基づいて主観的に判定されるニードを**フェルトニード**と呼んだ。クライエントがニードを表明しなくとも，規範的なニード，比較ニードが判定可能である。

2 ✕ ニードの有無は，社会規範に照らして判断されうる。ブラッドショーは，社会規範や社会通念，専門性に基づいて客観的に判定されるニードを**規範的なニード**と呼んだ。

3 ✕ クライエントと専門職の間で，ニードの有無の判断は必ずしも一致しない。専門職が判定する規範的なニードは，社会規範や社会通念，専門性に基づいており，フェルトニードは，クライエントの感覚や直感に基づいて判定される。人々の社会通念に関する認識の相違や，専門職のクライエント理解の状況，専門職の専門的な価値観とクライエントの個人的な価値観の相違などによって，**フェルトニードと規範的ニードに齟齬（そご）が生じる**ことがある。

4 ✕ 個人のほか，国や地域レベルで比較を行い，ニードの有無を判断することもある。ブラッドショーは，サービスを利用している人々と同じ特性をもちながら，サービスを利用していない，若しくはサービスを利用できない人々がいる場合，その人々には**比較ニード**があるとした。

5 ○ ブラッドショーは，クライエントがニードを自覚している状態を，**フェルトニード**があるとし，フェルトニードがクライエントの何らかの言動に現れた場合に，**表明されたニード**があるとみなしている。したがって，クライエントがニードを自覚しない限りは，ニードの表明はなされない。

解答 5

27 社会福祉の原理と政策

旧 現代社会と福祉・問題 24

日本の貧困に関する次の記述のうち，**最も適切なものを 1 つ**選びなさい。

1 日本の 2010 年代における「貧困率」は，経済協力開発機構（OECD）加盟国の平均を大きく下回っている。

2 「2019 年国民生活基礎調査の概況」（厚生労働省）によれば，子どもがいる現役世帯の世帯員の「貧困率」は，「大人が二人以上」の世帯員よりも「大人が一人」の世帯員の方が高い。

3 「2019 年国民生活基礎調査の概況」（厚生労働省）によれば，子どもの「貧困率」は 10%を下回っている。

4 「平成 29 年版厚生労働白書」によれば，高齢者の「貧困率」は，子どもの「貧困率」に比べて低い。

5 2018 年（平成 30 年）の時点で，生活保護世帯に属する子どもの大学進学率は 60%を超えている。

（注） ここでいう「貧困率」とは，等価可処分所得が中央値の半分に満たない世帯員の割合（相対的貧困率）を指す。

Point 日本の貧困の実態を問う問題である。国民生活基礎調査や厚生労働白書の内容はほかの科目も含めて頻出なので確認しておきたい。貧困率はもちろん，不登校児童・生徒の数，ひきこもりの数，ヤングケアラーの割合など，社会が取り組むべき課題のデータは押さえておくことが望ましい。

1 × **日本の相対的貧困率やジニ係数は OECD 平均よりも高い水準で**，所得格差が顕在化している。なお，日本の 2010 年代における「貧困率」は 15～16％である（2012 年（平成 24 年）16.1％，2015 年（平成 27 年）15.7％，2018 年（平成 30 年）15.4％）。

2 ○ 「子どもがいる現役世帯」（世帯主が 18 歳以上 65 歳未満で子どもがいる世帯）の世帯員の貧困率は 12.6％である。そのうち **「大人が一人」の世帯員では 48.1％，「大人が二人以上」の世帯員では 10.7％**で，「大人が二人以上」の世帯員よりも「大人が一人」の世帯員の方が貧困率は高い。

3 × **「子どもの貧困率」（17 歳以下）は 13.5％**で，10％よりも高い（2018 年（平成 30 年））。なお，同年の貧困線に満たない世帯員の割合を示す「相対的貧困率」は 15.4％で，2015 年（平成 27 年）に比べ，－0.3 ポイントとなっている。

4 × 2015 年（平成 27 年）における**子どもの「貧困率」は 13.9％**であるが，**高齢者の「貧困率」は 19.6％**であり，高齢者の「貧困率」の方が子どもよりも高くなっている。

5 × 生活保護世帯に属する子どもの大学等進学率は，2018 年（平成 30 年）時点で 36.0％である。このうち，**大学・短大進学率をみると 19.9％**である。

解答 2

28 社会福祉の原理と政策

旧現代社会と福祉・問題 27

次のうち，「外国人との共生社会の実現に向けたロードマップ」で示された内容として，**最も適切なものを 1 つ**選びなさい。

1 在留外国人の出身国籍が多様化する傾向が止まり，南米諸国出身の日系人が在留者の大部分を占めるようになった。

2 日本社会に活力を取り込むために，高度で専門的な技術・知識を有する者以外の外国人材の受入れを抑制する。

3 外国人との共生社会は，一人ひとりの外国人が日本社会に適応するための努力をすれば実現可能である。

4 外国人が安全に安心して暮らせるように，外国人に対する情報発信や相談体制を強化する。

5 共生社会の実現のために，在留外国人には納税及び社会保険への加入の義務を免除する。

（注）「外国人との共生社会の実現に向けたロードマップ」とは，外国人材の受入れ・共生に関する関係閣僚会議が 2022 年（令和 4 年）6 月 14 日に策定した文書のことである。

Point 「外国人との共生社会の実現に向けたロードマップ」（以下，ロードマップ）には，①安全・安心な社会，②多様性に富んだ活力ある社会，③個人の尊厳と人権を尊重した社会，という日本が目指すべき共生社会の三つのビジョンが示されている。また，それを達成するために①円滑なコミュニケーションと社会参加のための日本語教育等の取組み，②外国人に対する情報発信・外国人向けの相談体制の強化，③ライフステージ・ライフサイクルに応じた支援，④共生社会の基盤整備に向けた取組みといった四つの重点項目が示されている。重点項目に係る具体的な取組みについても一読して概要を理解しておくとよい。

1 × ロードマップによれば，在留外国人の国籍は多様化している。近年は，南米諸国出身の日系人等に加えて，**アジア諸国出身の外国人が大幅に増加**しており，出身国籍や出身地域の多様化が進んでいる。なお，2022 年（令和 4 年）12 月末現在における在留外国人数は約 308 万人であり，30 年前と比較すると約 2.33 倍に増加しており，過去最高を更新している*。

2 × ロードマップでは，日本社会に活力を取り込むために，高度で専門的な技術と知識を有する人々以外の受入れを抑制するとは示されていない。ロードマップで示されている目指すべき共生社会は，これまでの専門的な技術・知識を有する者を受け入れて日本社会に活力を取り込むという視点を超えたものであり，さまざまな背景を有する外国人を含むすべての人々が社会に参加し，能力を最大限に発揮することが可能となる**多様性に富んだ活力のある社会**である。

3 × 外国人との共生社会は，外国人が日本社会に適応するための努力をすることで実現可能になるものではない。ロードマップには，**国**，**地方公共団体**，**民間支援団体**などの関係する機関が連携・協力し，外国人が直面している状況やニーズを把握して，外国人の立場に寄り添った支援をしていくことの必要性が述べられている。

4 ○ ロードマップでは，日本で生活するにあたり，日本語を理解して使用する能力や日本の税，社会保障制度に関する理解が十分でない外国人の存在について言及されている。その上で，外国人が，それらの能力の習得や理解を深めることが十分にできるように，**日本語を習得する機会の提供**や，**日本の税**，**社会保障制度**などに関する情報提供に係る取組みを充実させていく必要性が述べられている。

5 × ロードマップには，共生社会の実現のために，**在留外国人の納税と社会保険加入義務を免除するという記載はない**。在留外国人の納税と社会保険加入義務に関してロードマップで示されている内容は，納税などの公的義務を履行することと，社会の構成員として責任をもった行動をとることへの期待である。

解答 4

＊ 2024 年（令和 6 年）6 月末現在における在留外国人数は約 359 万人であり，過去最高をさらに更新している。

29 社会福祉の原理と政策
旧現代社会と福祉・問題 28

✓✓✓

次のうち，エスピン-アンデルセン（Esping-Andersen, G.）の福祉レジーム論に関する記述として，**最も適切なものを1つ**選びなさい。

1 福祉レジームは，残余的モデルと制度的モデルの2つの類型からなる。
2 市場や家族の有する福祉機能は，福祉レジームの分析対象とはされない。
3 スウェーデンとドイツは同一の福祉レジームに属する。
4 各国の社会保障支出の大小といった量的差異に限定した分析を行っている。
5 福祉レジームの分析に当たり，脱商品化という概念を用いる。

Point エスピン - アンデルセンは，福祉レジーム論の立場から福祉国家の質的な差異に注目することで，各国の政治体制や福祉政治，制度編成などの影響を考慮した新たな類型を見出した。福祉レジーム論には，福祉トライアングル論（「国家，市場，家族」の3つからなる）と福祉ダイヤモンド論（「国家，市場，家族，共同体」の4つからなる）という考え方がある。アンデルセンは，福祉国家における労働市場から退出した後の生活保障制度の有無を脱商品化指標とし，女性の家計からの自立性を表す指標を脱家族化指標とした。また，職種や社会的階層に応じて給付やサービスに差があること（階層化指標）を見ることで福祉国家が社会的階層化の形成に影響していることを示唆した。なお，ティトマス（Titmuss, R. M.）もまた福祉国家（社会福祉政策）の質的な差異に着目し，残余的福祉モデルと産業的業績達成モデル，制度的再分配モデルの3つに類型化している。

1 ✕ エスピン-アンデルセンが，福祉レジーム論において提示した類型は，**自由主義レジーム**，**保守主義レジーム**，**社会民主主義レジーム**という**3つの類型**である。

2 ✕ 福祉レジーム論においては，**市場や家族の有する機能も分析対象とする**。自由主義レジームでは，福祉政策の形成において自由主義ブルジョアジーの影響力が強く，そのため市場原理や個人責任が重視される。また保守主義レジームでは性別役割分業などの伝統的な家族の役割が強調される。

3 ✕ スウェーデンなどの北欧諸国は，脱商品化の高い福祉政策が形成されているため**社会民主主義レジーム**の類型に位置づけられる。それに対して，ドイツなどの大陸ヨーロッパ諸国は伝統的な家族を重視する傾向があるため脱商品化の程度が中位に抑えられた**保守主義レジーム**に位置づけられる。

4 ✕ 福祉レジーム論では，福祉とかかわる制度整備の水準やその支出規模などの量的差異ではなく，**各国の福祉をめぐるイデオロギーや政治体制などの質的差異に着目し分析**する。国家間の量的差異を基準とした研究を行ったのはウィレンスキー（Wilensky, H. L.）である。

5 ○ 脱商品化とは，人々が市場から離れても，国の福祉政策によってどの程度の所得が保障され，生活を維持することができるのかを示す指標である。

解答 5

30 社会福祉の原理と政策

旧現代社会と福祉・問題 30

☑☑☑

次のうち，社会福祉法に設置根拠をもつものとして，**正しいものを2つ**選びなさい。

1 地域包括支援センター
2 母子家庭等就業・自立支援センター
3 福祉に関する事務所（福祉事務所）
4 運営適正化委員会
5 要保護児童対策地域協議会

Point 福祉にかかわる機関，施設について，根拠となる法律，通知を整理すると，役割・業務をとらえやすくなる。社会福祉法は，第1条に「社会福祉を目的とする事業の全分野における共通的基本事項を定め」ることが示されていることから，分野・対象を限定しない機関，施設について規定していると考えるとよい。ほかには，社会福祉法人（第6章）や社会福祉連携推進法人（第11章），社会福祉事業（第7章）に関する規定や社会福祉事業等に従事する者の確保の促進（第9章）や地域福祉の推進（第10章）について定められている。

1 × 地域包括支援センターは，**介護保険法**第115条の46第1項に「地域住民の心身の健康の保持及び生活の安定のために必要な援助を行うことにより，その保健医療の向上及び福祉の増進を包括的に支援することを目的とする施設」と規定されており，**市町村**が設置できる（包括的支援事業の実施を委託された者も設置できる）。

2 × 母子家庭等就業・自立支援センターは，**母子家庭等就業・自立支援事業実施要綱**に基づき，母子家庭の母等に対して，就業相談，就業支援講習会の実施，就業情報の提供などの就業支援サービスと，養育費の取り決めなどの専門的な相談を行う機関である。**都道府県・指定都市・中核市**が実施主体である。

3 ○ 福祉に関する事務所（福祉事務所）は，**社会福祉法**第14条に基づき設置されている。「都道府県の設置する福祉に関する事務所」は，生活保護法，児童福祉法及び母子及び父子並びに寡婦福祉法に定める援護又は育成の措置に関する事務，「市町村の設置する福祉に関する事務所」は，生活保護法，児童福祉法，母子及び父子並びに寡婦福祉法，老人福祉法，身体障害者福祉法及び知的障害者福祉法に定める援護，育成又は更生の措置に関する事務をつかさどると規定されている。都道府県と市は義務設置，町村は任意設置である。

4 ○ 運営適正化委員会は，**社会福祉法**第83条に基づき，「都道府県の区域内において，福祉サービス利用援助事業の適正な運営を確保するとともに，福祉サービスに関する利用者等からの苦情を適切に解決するため」に都道府県社会福祉協議会に設置されている。

5 × 要保護児童対策地域協議会は，**児童福祉法**第25条の2に基づき設置される，「要保護児童の適切な保護又は要支援児童若しくは特定妊婦への適切な支援を図るため」の協議会である。地方公共団体が単独又は共同で設置するように努めなければならないと規定されている。

解答 3 4

31 社会福祉の原理と政策
旧 現代社会と福祉・問題 31

居住支援に関する次の記述のうち，**最も適切なものを１つ選びなさい。**

1　住宅確保要配慮者居住支援協議会は，住宅確保要配慮者に対して家賃の貸付けを行っている。
2　住居確保給付金は，収入が一定水準を下回る被用者に限定して，家賃を支給するものである。
3　シルバーハウジングにおけるライフサポートアドバイザーは，身体介護を行うために配置されている。
4　「住宅セーフティネット法」は，住宅確保要配慮者が住宅を購入するための費用負担についても定めている。
5　地方公共団体は，公営住宅法に基づき，住宅に困窮する低額所得者を対象とする公営住宅を供給している。
(注)「住宅セーフティネット法」とは，「住宅確保要配慮者に対する賃貸住宅の供給の促進に関する法律」のことである。

Point 住宅セーフティネット制度は，「公営住宅については大幅な増加が見込めない状況にあることから」（国土交通省ホームページ），2017 年（平成 29 年）より始まった。その内容は，①住宅確保要配慮者の入居を拒まない賃貸住宅（セーフティネット登録住宅）の登録制度，②登録住宅の改修や入居者への経済的な支援，③住宅確保要配慮者に対する居住支援である。また住宅確保要配慮者は，低所得，子どもを養育中，高齢，障害といった理由で賃貸住宅の契約が難しい者とされている。このほか，住宅確保要配慮者居住支援法人が，①住宅セーフティネット法に基づく登録を行った住宅への入居者の家賃債務の保証，②賃貸住宅に円滑に入居できるよう住宅確保要配慮者への情報提供，相談などの援助，③賃貸住宅に入居する住宅確保要配慮者の生活の安定及び向上に関する情報の提供，相談などの援助を行うことを規定している。

1　×　住宅確保要配慮者居住支援協議会は，住宅セーフティネット法第 51 条第 1 項[*1]に基づき，地方公共団体，住宅確保要配慮者居住支援法人などの居住支援団体，宅地建物取引業者などの不動産関連団体が組織し，住宅確保要配慮者，賃貸住宅の賃貸人に対する**情報の提供などを行う**とされ，家賃の貸し付けは行っていない。2024 年（令和 6 年）1 月時点で，136 の協議会（都道府県が設置した 47 団体を含む）がある[*2]。

2　×　住居確保給付金は，**離職・廃業，もしくは給与等が離職・廃業に近い状況の場合**に支給される家賃を原則 3 か月まで給付する制度であり，被用者である必要はない。生活困窮者自立支援法第 3 条第 3 項に規定されている。

3　×　シルバーハウジングにおけるライフサポートアドバイザーは，**「日常の生活指導，安否確認，緊急時における連絡」**を行うものであり，介護は行わない。シルバーハウジングは，60 歳以上の単身世帯，夫婦の一方が 60 歳以上の場合などに入居できる地方公共団体，都市再生機構，住宅供給公社が供給するバリアフリーの賃貸住宅である。

4　×　「住宅セーフティネット法」はその正式名称にもあるように，「住宅確保要配慮者に対する賃貸住宅の供給の促進」を目的としており（同法第 1 条），**住宅を購入するための費用補助に関する規定はない。**

5　○　公営住宅法では，「地方公共団体は，常にその区域内の住宅事情に留意し，低額所得者の住宅不足を緩和するため必要があると認めるときは，公営住宅の供給を行わなければならない」とし，地方公共団体による公営住宅の供給について定めている（同法第 3 条）。また，その入居者資格として，「現に住宅に困窮していることが明らかであること」のほか，世帯構成などに応じ収入の上限額を定めることとしている（同法第 23 条）。

解答 5

＊1　2024 年（令和 6 年）6 月 5 日公布の改正により，第 81 条第 1 項となる（公布の日から起算して 1 年 6 か月を超えない範囲内において政令で定める日施行）。
＊2　2024 年（令和 6 年）9 月末時点で，145 協議会（都道府県が設置した 47 団体を含む）が設置されている。

32 社会保障

旧社会保障・問題 49

「国立社会保障・人口問題研究所の人口推計」に関する次の記述のうち，**正しいものを1つ**選びなさい。

1 2020年から2045年にかけて，0～14歳人口は増加する。
2 2020年から2045年にかけて，高齢化率は上昇する。
3 2020年から2045年にかけて，15～64歳人口は増加する。
4 65歳以上人口は，2045年には5,000万人を超えている。
5 2020年から2045年にかけて，総人口は半減する。

（注）「国立社会保障・人口問題研究所の人口推計」とは，「日本の将来推計人口（令和5年推計）」の出生中位（死亡中位）の仮定の場合を指す。

Point 人口動態に関するデータは，社会保障における頻出テーマの一つである。中でも，「日本の将来推計人口」は，人口動態の基本となるデータなので，この機会に主な内容を把握しておくとよい。「日本の将来推計人口（令和5年推計）」のデータは，国立社会保障・人口問題研究所のホームページから取得できる（データには「報告書」とその「概要版」とがあるが，学習には「概要版」を参照するとよい）。

1 × 0～14歳人口（年少人口）は，2020年（令和2年）から2045年にかけて**減少**し，その後2053年には1,000万人を割るものと推計されている。

2 ○ 高齢化率（65歳人口の総人口に占める割合）は，2020年（令和2年）現在で28.6％（3.5人に1人）となっている。これが**2038年に33.9％**（3人に1人）の水準に達し，**2070年には38.7％**（2.6人に1人）となると推計されている。

3 × 出生中位推計によれば，15～64歳人口（生産年齢人口）は，2020年（令和2年）現在の7,509万人から，2032年，2043年，2062年にはそれぞれ7,000万人，6,000万人，5,000万人を割り，2070年には4,535万人まで**減少**すると推計されている。

4 × 65歳以上人口（高齢者数）は，2020年（令和2年）現在の3,603万人から，2032年には3,704万人，第二次ベビーブーム世代（1971年（昭和46年）～1974年（昭和49年）生まれ）が65歳以上人口に入った後の2043年に3,953万人でピークを迎えた後は減少に転じ，2070年には3,367万人となると推計されている。いずれにしても，**推計上，今後65歳以上人口が5,000万人を超えることはない**。

5 × 2020年(令和2年)の日本の総人口は，同年の国勢調査によれば1億2,615万人であった。総人口は，これ以後長期の人口減少過程に入り，2045年の1億880万人を経て，2056年には1億人を割って9,965万人となり，2070年には8,700万人になるものと推計されている。2020年（令和2年）から2045年にかけて，**総人口が半減するということはない**。

解答 2

33 社会保障

旧社会保障・問題 51

社会保険の負担に関する次の記述のうち，**最も適切なものを１つ**選びなさい。

1 国民年金の第１号被保険者の月々の保険料は，その月の収入に応じて決まる。

2 介護保険の保険料は，都道府県ごとに決められる。

3 後期高齢者医療の保険料は，全国一律である。

4 障害基礎年金を受給しているときは，国民年金保険料を納付することを要しない。

5 国民健康保険の保険料は，世帯所得にかかわらず，定額である。

Point 各種社会保険の保険料の仕組みについて理解を問う問題である。保険料の算定方法は制度ごとに異なっており，同じ制度であっても被保険者の種類によって異なることがある。減免の仕組みを含め，保険料にかかわる制度設計についての理解が求められる。

1 × 20歳以上60歳未満の自営業者や農業者，学生，無業者などが国民年金第１号被保険者に該当し，その保険料は，**収入にかかわらず毎月定額**となっている。

2 × 介護保険の第１号被保険者の保険料は，**市町村**が介護保険事業に要する費用額を算定した上で定める。また，第２号被保険者の保険料は，被保険者が加入する医療保険の保険料とともに徴収され，その額は被保険者の**標準報酬月額等**をもとに算出される。

3 × 後期高齢者医療の保険料は，条例により後期高齢者医療広域連合が決定する。その額は，被保険者の所得に応じて算出される所得割額と，被保険者の全員が同じように負担する被保険者均等割額の合計であり，**個人単位で計算される**。

4 ○ **障害基礎年金又は障害厚生年金（障害等級１級・２級に限る）を受けている者は，国民年金保険料の法定免除制度の対象となる**。なお，法定免除の対象には生活保護の生活扶助受給者等も含まれる。

5 × 国民健康保険の保険料は，３通りの課税方式のうちのいずれかの方式により市町村ごとに決められる。その課税方式は，４方式（所得割総額，資産割総額，被保険者均等割総額，世帯別平等割総額），３方式（所得割総額，被保険者均等割総額，世帯別平等割総額），２方式（所得割総額，被保険者均等割総額）であり，いずれの方式にも**所得に応じて賦課される所得割が含まれている**。

解答 4

34 社会保障

旧社会保障・問題52

✓✓✓

事例を読んで，Hさんに支給される社会保障給付として，**最も適切なもの**を**1つ**選びなさい。

〔事　例〕

Hさん（45歳）は，妻と中学生の子との3人家族だったが，先日，妻が業務上の事故によって死亡した。Hさんは，数年前に，持病のためそれまで勤めていた会社を退職し，それ以来，無職，無収入のまま民間企業で働く妻の健康保険の被扶養者になっていた。

1　国民年金法に基づく死亡一時金
2　厚生年金保険法に基づく遺族厚生年金
3　国民年金法に基づく遺族基礎年金
4　健康保険法に基づく埋葬料
5　労働者災害補償保険法に基づく傷病補償年金

Point　配偶者の死亡に対して適用される社会保障給付について理解を問う問題である。遺族の範囲，死亡した者との関係（夫か妻か），子どもの年齢，死亡の理由（業務上の災害）などにより適用される制度が異なることを理解していることが求められる。

1 ✕　国民年金法に基づく死亡一時金は，死亡日の前日において**第1号被保険者**（自営業者等）として保険料を36か月以上納めた者が老齢基礎年金又は障害基礎年金を受けることなく死亡した場合，その死亡した者と生計をともにしていた遺族に支給される（国民年金法第52条の2第1項）。

2 ✕　厚生年金保険法に基づく遺族厚生年金は，第2号被保険者が死亡した当時，死亡した者によって生計を維持されていた遺族が対象となるが，夫や父母，祖父母が遺族となる場合は死亡当時，**55歳以上**でなければならない（同法第59条第1項第1号）。Hさんは45歳であるため，支給要件に該当しない。

3 ○　国民年金法に基づく遺族基礎年金は，被保険者が死亡した当時，**死亡した者によって生計を維持されていた配偶者又は子ども**が対象となる。配偶者は18歳になった年度の3月31日までにある，若しくは20歳未満で障害年金の障害等級1級または2級の状態にある子どもと生計をともにしていることが要件となる（同法第37条の2第1項）。本事例の状況と支給要件は一致する。

4 ✕　健康保険法に基づく埋葬料の保険給付は，業務上の死亡等に適用される労働者災害補償保険法により同様の保険給付（葬祭料）が支給される場合には支給されない（同法第55条第1項，労働者災害補償保険法第12条の8）。本事例においては，妻は「業務上の事故によって死亡した」とあるため，健康保険法に基づく埋葬料の支給要件に該当しない。

5 ✕　労働者災害補償保険法に基づく傷病補償年金は，**業務災害による傷病が1年6か月を経過しても治らず，かつその傷病による障害の程度が厚生労働省令で定める傷病等級に該当する場合に支給される**（同法第12条の8）。本事例のような業務上の事故によって死亡した場合に遺族に対して支払われるものではない。

解答 3

35 社会保障

旧社会保障・問題 50

出産・育児に係る社会保障の給付等に関する次の記述のうち，**最も適切なものを1つ選びなさい。**

1 「産前産後期間」の間は，国民年金保険料を納付することを要しない。

2 出産育児一時金は，産前産後休業中の所得保障のために支給される。

3 育児休業給付金は，最長で子が３歳に達するまで支給される。

4 児童手当の費用は，国と地方自治体が折半して負担する。

5 児童扶養手当の月額は，第１子の額よりも，第２子以降の加算額の方が高い。

（注）「産前産後期間」とは，国民年金の第１号被保険者の出産予定日又は出産日が属する月の前月から４か月間（多胎妊娠の場合は，出産予定日又は出産日が属する月の３月前から６か月間）を指す。

Point 本問が「社会保障」で出題されたことにやや戸惑った受験生がいたかもしれないが，問われているのは年金，医療保険制度，雇用保険制度，社会手当制度など，社会保障制度の基本的な内容である。それぞれの受給要件や対象者，給付内容を的確に把握し，実践に適用できるようにしておきたい。

1 ○ 国民年金第１号被保険者の女性は，産前産後期間中，国民年金保険料の納付が免除される。この場合，保険料が免除された期間についても保険料を納付したものとして老齢基礎年金の受給額に反映される。

2 × 出産育児一時金は，医療保険の被用者保険（健康保険・船員保険）の被保険者・被扶養者，国民健康保険の被保険者が出産した場合に支給される（被扶養者には「家族出産育児一時金」として支給）。なお，国民健康保険の被保険者が出産した場合の出産育児一時金の支給は，市町村及び組合が条例又は規約で定めている場合に行われる。産前産後休業中の所得保障のために支給されるのは，**出産手当金**であり，産前産後休業を取得している間，賃金が支払われなかった場合に支給される。

3 × 育児休業給付金は，育児休業，介護休業等育児又は家族介護を行う労働者の福祉に関する法律（育児介護休業法）に基づき育児休業を取得している労働者に対し，雇用保険法に基づき支給されるものであり，育児休業の取得期間に応じて，最長で子が**２歳**に達するまで支給される。

4 × 児童手当の費用は，**国と地方自治体（都道府県・市区町村）が２：１の割合で負担する。**被用者の３歳未満の子（所得制限未満）については事業主の負担がある。なお，公務員分については所属庁の負担となる*1。

5 × 第１子の額のほうが第２子以降の加算額より高い。児童扶養手当の支給額は，第１子（本体額）の全部支給額が４万4140円（2023年度（令和５年度）月額。以下同じ），一部支給額が４万4130円～１万410円，第２子加算額の全部支給額が１万420円，一部支給額が１万410円～5210円となっている*2。

＊1　2024年（令和６年）の児童手当法の改正により，2024年（令和６年）10月より，児童手当の費用負担は，下図のとおりとなっている。

図　児童手当の費用負担

	被用者			非被用者			公務員
3歳未満	支援納付金（※）3／5	事業主 2／5		支援納付金 3／5	国 4／15	地方 2／15	所属庁 10／10
3歳以降	支援納付金 1／3	国 4／9	地方 2／9	支援納付金 1／3	国 4／9	地方 2／9	所属庁 10／10

※子ども・子育て支援納付金の収納が満年度化するまでの間，つなぎとして子ども・子育て支援特例公債を発行。

資料：こども家庭庁ホームページ

＊2　2024年度（令和６年度）の支給額（月額）は，第１子の全部支給額が４万5500円，一部支給額が４万5490円～１万740円，第２子の全部支給額が１万750円，一部支給額が１万740円～5380円である。

解答 1

36 社会保障

旧社会保障・問題 54

事例を読んで，障害者の所得保障制度に関する次の記述のうち，**最も適切なもの**を**１つ**選びなさい。

〔事　例〕

Ｊさんは，以前休日にオートバイを運転して行楽に出かける途中，誤ってガードレールに衝突する自損事故を起こし，それが原因で，その時から障害基礎年金の１級相当の障害者となった。現在は30歳で，自宅で電動車いすを利用して暮らしている。

1　Ｊさんの障害の原因となった事故が17歳の時のものである場合は，20歳以降に障害基礎年金を受給できるが，Ｊさんの所得によっては，その一部又は全部が停止される可能性がある。

2　Ｊさんの障害の原因となった事故が25歳の時のものであった場合は，年金制度への加入歴が定められた期間に満たないので，障害基礎年金を受給できない。

3　Ｊさんの障害の原因となった事故が雇用労働者であった時のものである場合は，労働者災害補償保険の障害補償給付を受けられる。

4　Ｊさんに未成年の子がある場合は，Ｊさんは特別障害者手当を受給できる。

5　Ｊさんが障害の原因となった事故を起こした時に，健康保険の被保険者であった場合は，給与の全額に相当する傷病手当金を継続して受給することができる。

Point 事例問題を解くポイントは，事例中に記載されている年齢，健康状態，原因等の設定を十分に把握することである。また，給付対象や給付内容などの基礎理解も必要である。本事例では，「休日の事故」「障害基礎年金１級相当」「現在は30歳」というのが把握すべきポイントであり，国民年金，労働者災害補償保険，医療保険，社会手当に関する理解が求められている。

1　○　20歳になる前に傷病を負った場合の障害基礎年金については，年金の加入を要件としていないことから，年金の支給に関して制限や調整が行われる場合がある。事故が17歳の時であればこの条件に該当するため，**Ｊさん本人の所得によっては，障害基礎年金の一部又は全部が支給停止になる**場合がある。なお，前年の本人の所得が，472万1000円を超える場合には全額が支給停止となり，370万4000円を超える場合には２分の１が支給停止となる。

2　×　老齢基礎年金であれば10年以上の受給資格期間が必要であるが，**障害基礎年金にそのような期間の定めはない**。障害基礎年金の受給要件の一つは，初診日の前日に初診日がある月の前々月までの被保険者期間で，国民年金の保険料納付済期間と保険料免除期間を合わせた期間が３分の２以上あることである。ただし，初診日が2026年（令和８年）４月１日前にあるときは，初診日において65歳未満であれば，初診日の前日において，初診日がある月の前々月までの直近１年間に保険料の未納がなければよいことになっている。

3　×　Ｊさんが雇用労働者（サラリーマン等）であった場合，業務中や通勤中の事故であれば労働者災害補償保険の障害補償給付を受給することができる。しかし，雇用労働者の時の事故であったとしても，本事例のように**休日の事故であった場合は労働者災害補償保険の対象とならない**。

4　×　特別障害者手当は，**精神又は身体に著しく重度の障害を有するため，日常生活において常時特別の介護を必要とする状態にある在宅の20歳以上の者に支給される**社会手当である。Ｊさんが特別障害者手当を受給できる可能性はあるが，本選択肢にあるような未成年の子がいることが支給要件となっているわけではない。

5　×　事故発生当時に健康保険の被保険者であった場合，傷病手当金を受給することは可能であるが，その受給額は給与の全額ではなく**標準報酬日額の３分の２**に相当する金額である（健康保険法第99条第２項）。また，傷病手当金を受給できる期間は通算して**１年６か月**が限度であり（同条第４項），それ以上の期間にわたって継続して受給できるものではない。

解答　1

37 社会保障

旧社会保障・問題 55

老齢基礎年金に関する次の記述のうち，**最も適切なものを 1 つ**選びなさい。

1 老齢基礎年金は，受給者の選択により 55 歳から繰り上げ受給をすることができる。
2 老齢基礎年金は，保険料納付済期間が 25 年以上なければ，受給することができない。
3 老齢基礎年金と老齢厚生年金は，どちらか一方しか受給することができない。
4 老齢基礎年金は，支給開始時に決められた額が死亡時まで変わらずに支給される。
5 老齢基礎年金の年金額の算定には，保険料免除を受けた期間の月数が反映される。

Point 老齢基礎年金と老齢厚生年金について，制度の違い，関係性，近年の制度改正を問う設問である。年金制度にかかわる基礎理解はもちろん，近年行われた制度改正に関する出題にもしっかりと対応できるよう準備しておきたい。

1 ✕ 老齢基礎年金は，原則 65 歳から受け取ることができるが，受給者の希望によって受給を早める繰り上げ受給と，受給を遅らせる繰り下げ受給を選択することができる。ただし，**繰り上げ受給は最大で 60 歳**までであるため，55 歳まで繰り上げることはできない。特に，繰り下げ受給については大きな制度変更があったため重要である。以前の繰り下げ受給は 70 歳が上限であったが，2022 年（令和 4 年）4 月より上限が引き上げられ，75 歳までの繰り下げが可能となった（1952 年（昭和 27 年）4 月 2 日以降生まれに限る）。

2 ✕ **保険料納付済期間を 25 年以上とする規定はない**。保険料納付済期間と保険料免除期間などを合算した期間を「受給資格期間」と呼び，老齢基礎年金では，その期間に関する条件が設けられている。受給資格期間は，2017 年（平成 29 年）7 月までは 25 年以上必要であったが，2017 年（平成 29 年）8 月以降は 10 年に短縮された。

3 ✕ 老齢基礎年金と老齢厚生年金は**併せて受給することが可能である**。障害基礎年金と障害厚生年金，遺族基礎年金と遺族厚生年金など，支給事由（老齢，障害，遺族）を同じくする場合は併せて受給することができる。他方，支給事由が異なる場合は，原則としていずれか一つの年金を選択することになるが，特例的に支給事由が異なる二つ以上の年金を受けられる場合もある。

4 ✕ 老齢基礎年金を含む国民年金や厚生年金の年金額は，物価変動率や名目手取り賃金変動率に応じて，**毎年度改定を行う**仕組みとなっている。そのため，固定された額が変わらず継続するものではない。

5 ○ 保険料の免除には，申請免除（低所得），法定免除（生活保護の生活扶助受給者，障害基礎年金受給者等），産前産後期間の免除などがある。これらの場合，保険料の免除を受けた期間も老齢基礎年金額の算定に反映される。それに対し，保険料納付猶予制度や学生納付特例制度については，納付が猶予された期間の保険料を後から追納しない限り，老齢基礎年金額の算定に反映されない。

解答 5

38 社会保障

旧社会保障・問題 53

労働保険に関する次の記述のうち，**最も適切なものを 1 つ**選びなさい。

1 労働者災害補償保険の療養補償給付を受ける場合，自己負担は原則 1 割である。
2 労働者災害補償保険は，政府が管掌する。
3 日雇労働者は，雇用保険の適用除外とされている。
4 雇用保険の失業等給付の保険料は，その全額を事業主が負担する。
5 教育訓練給付は，雇用保険の被保険者ではなくなった者には支給されない。

Point 雇用保険制度と労働者災害補償保険制度の基礎的知識を問う設問である。社会保険制度に関する出題は，目的，適用事業所，適用される労働者，保険料，保険給付と幅広い。ただし，雇用保険や労働者災害補償保険に関する出題は，医療保険，介護保険，年金保険と比べて難易度は低めであり，基礎的知識があれば正答を導ける可能性が高い。過去問をベースに勉強しておけば対応可能な問題が多いのでしっかりと準備しておきたい。

1 × 労働者災害補償保険の療養補償給付は，業務上の負傷や疾病によって医療機関を受診する際の医療費に対する給付である。医療保険の療養の給付は自己負担が 3 割（6 歳以上 70 歳未満の場合）であるが，労働者災害補償保険の療養補償給付においては，**自己負担はなく，無料で治療や投薬を受けることができる**。なお，参考書や公的機関ホームページでは，「療養（補償）給付」と記載されていることがあるが，業務災害（業務中）の場合は「療養補償給付」，通勤災害（通勤中）の場合は「療養給付」との意味である。

2 ○ 労働者災害補償保険法第 2 条において，**労働者災害補償保険は，政府が管掌する**ことが定められている。なお，社会保険の管掌（保険者）については，年金保険（国民年金，厚生年金），雇用保険，労働者災害補償保険の三つは政府（国），介護保険は市町村（及び特別区）と理解しておけばよい。医療保険については，加入する保険の種類によって保険者が異なる。

3 × **日雇労働者も雇用保険の対象**となる。雇用保険における日雇労働者とは，①日々雇用される者，若しくは② 30 日以内の期間を定めて雇用される者である（雇用保険法第 42 条）。

4 × **失業等給付の保険料は労使折半**である。雇用保険料については二つに分けて理解しておく必要がある。一つは失業等給付と育児休業給付に関する保険料であり，もう一つは雇用保険二事業の保険料である。失業等給付と育児休業給付の保険料は労使折半であり，2023 年度（令和 5 年度）の保険料率は，事業主 0.6％，被保険者 0.6％である（一般の事業）*。雇用保険二事業の保険料は事業主のみが負担し，被保険者の負担はない。

5 × 教育訓練給付（一般教育訓練給付金）とは，労働者の主体的な能力開発やキャリア形成を支援し，雇用の安定と就職の促進を図ることを目的として，受講費用の一部が支給されるものであり，その対象は，①雇用保険の被保険者（在職者）と②**雇用保険の被保険者であった者**（被保険者資格を喪失した日から受講開始日までが 1 年以内）である。

解答 2

＊ 2024 年度（令和 6 年度）の保険料率は，事業主 0.6％，被保険者 0.6％である（一般の事業）。

39 権利擁護を支える法制度

旧権利擁護と成年後見制度・問題 77

次のうち，日本国憲法における社会権として，**正しいもの**を2つ選びなさい。

1 財産権
2 肖像権
3 教育を受ける権利
4 団体交渉権
5 自己決定権

Point 日本国憲法（以下，憲法）における社会権に関する知識を問う設問であり，五つの選択肢から二つを選択するものである。落ち着いて設問をよく読んで，一つしか解答しないようなミスは絶対に避けなければならない。「社会権」には，さまざまな解釈があるが，国が国民個々人の生存に責任を負う（いわゆる福祉国家）場合，国民が国に対し社会保障施策等を要求し得る基本的権利を指すことが多い。憲法では，第25条に「生存権」，第26条に「教育を受ける権利」，第28条に労働三権（団結権・団体交渉権・団体行動権）が規定されている。社会権は，社会福祉士等のソーシャルワーカーがクライエントを支援するための前提となる法律知識であるため，テキストによる基本的理解が大切である。

1 × 財産権は，社会権ではない。財産権は，**経済的自由権**の一つであり，財産的価値を有する権利の総称である。

2 × 肖像権は，社会権ではない。肖像権は，**幸福追求権**の一つであり，例えば本人の了解なしに勝手に写真を撮られたり，その写真がインターネット上に無断で公表されたりすることを防ぐためのものである。

3 ○ 教育を受ける権利は，**社会権**の一つであり，憲法第26条第1項において「すべて国民は，法律の定めるところにより，その能力に応じて，ひとしく教育を受ける権利を有する」と規定されている。

4 ○ 団体交渉権は，**社会権**の一つであり，憲法第28条において「勤労者の団結する権利及び団体交渉その他の団体行動をする権利は，これを保障する」と規定されている。労働者は，使用者に対してどうしても弱い立場にあるため，労働者と使用者が対等の立場で交渉できるようにするためのものである。ちなみに，この権利をより具体化した法律として，労働基準法・労働組合法・労働関係調整法のいわゆる「労働三法」が設けられている。

5 × 自己決定権は，社会権ではない。自己決定権は，**幸福追求権**の一つであり，個人の意思（意志）により自分自身の生き方に関する事象について，自らが自由に決定することができる権利をいう。これは，ソーシャルワークにおいても重要な権利である。医療の世界では，インフォームド・コンセントという患者に対する病状の説明と，治療方針に関する患者の同意が基本的な約束事となっている。また，ソーシャルワークにおいても，クライエントを代弁するというアドボカシーの考え方を具現化するために，クライエントの自己決定を尊重するという姿勢が求められる。

解答 3 4

40 権利擁護を支える法制度

旧 権利擁護と成年後見制度・問題 78

事例を読んで，Hの相続における法定相続分に関する次の記述のうち，**正しいものを1つ**選びなさい。

〔事　例〕

Hは，多額の財産を遺して死亡した。Hの相続人は，配偶者J，子のK・L・M，Hよりも先に死亡した子Aの子（Hの孫）であるB・Cの計6人である。なお，Lは養子であり，Mは非嫡出子である。Hは生前にMを認知している。

1　配偶者Jの法定相続分は3分の1である。
2　子Kの法定相続分は6分の1である。
3　養子Lの法定相続分は7分の1である。
4　非嫡出子Mの法定相続分は8分の1である。
5　孫Bの法定相続分は7分の1である。

Point　相続における法定相続分に関する設問である。相続とは，「人の死亡を契機として財産が移転すること」をいい，日本では民法において相続権のある親族について規定している。相続権の第1順位は配偶者及び子である。子がいない場合は第2順位として父母が相続人となり，子も父母もいない場合は第3順位として兄弟姉妹が相続権を有することとなる。なお，子が死亡している場合には孫が，兄弟姉妹が死亡している場合は，その子である甥姪が代襲相続人となることが規定されている。民法上の相続の内容を正しく理解しておく必要がある。

1　×　「配偶者の法定相続分」は3分の1ではなく，**2分の1**である。

2　×　子Kは実子で，Hの子ども4人のうちの1人である。配偶者が2分の1を相続し，残りの2分の1を4人で配分するため，子Kの法定相続分は，6分の1ではなく，**8分の1**となる。

3　×　養子縁組が成立している場合，法律上は実子とみなされるため，養子と実子は同一の権利を有する。そのため，養子Lの法定相続分は実子と同様の**8分の1**となる。

4　○　**父親に認知された非嫡出子の法定相続分は，嫡出子と同じである。**父親が認知しなければ，父親と非嫡出子との間に法律上の親子関係は生じない。非嫡出子の親権は，原則として母親が単独で行使することになる。非嫡出子は，原則として母の氏を称するが，家庭裁判所の許可を得て父の氏へ変更することが認められる。非嫡出子は，氏を称する側の親の戸籍に入ることになる。ただし，父親が非嫡出子を認知した場合，父親の財産を相続することが可能になる。したがって，本事例の場合は，正しい記述となる。

5　×　子が死亡している場合は，孫が代襲相続人となる。そのため，Hよりも先に亡くなっている子Aの子（Hの孫）であるBとCが代襲相続人となり，本来Aが相続する財産を相続することとなる。BとCの2人で折半することとなるため，孫Bの法定相続分は，8分の1の半分の**16分の1**となる。

解答 4

41 権利擁護を支える法制度

旧 権利擁護と成年後見制度・問題 79

遺言に関する次の記述のうち，**最も適切なものを1つ**選びなさい。

1 成年被後見人は，事理弁識能力が一時回復した時であっても遺言をすることができない。

2 自筆証書遺言を発見した相続人は，家庭裁判所の検認を請求しなければならない。

3 公正証書によって遺言をするには，遺言者がその全文を自書しなければならない。

4 自筆証書によって遺言をするには，証人2人以上の立会いがなければならない。

5 遺言に相続人の遺留分を侵害する内容がある場合は，その相続人の請求によって遺言自体が無効となる。

Point 遺言に関する設問である。遺言とは，「満15歳に達した者が，自分（被相続人）の相続財産を誰にどのように取得させるかを生前に定めることができる」制度である。遺言は，法律によって定められた事項を記載し，遺言書を作成することにより周知される。遺言には，自分で内容を記入する「自筆証書遺言」と，公証役場で証人2人の立会いのもとで作成する「公正証書遺言」がある。遺言では法定相続人のみならず，誰に対して財産を取得させるのか，個人法人問わず自由に決めることができ，これを「遺贈」という。

1 × **医師2人以上の立会いがあれば，遺言をすることは可能である。**民法（以下，法）第973条において，「成年被後見人が事理を弁識する能力を一時回復した時において遺言をするには，医師2人以上の立会いがなければならない」と規定されている。

2 ○ 選択肢のとおり。法第1004条に「遺言書の保管者は，相続の開始を知った後，遅滞なく，これを家庭裁判所に提出して，その検認を請求しなければならない。遺言書の保管者がない場合において，相続人が遺言書を発見した後も，同様とする」と規定されている。

3 × 遺言者が全文を自書することが必要となるのは，**自筆証書遺言**である。公正証書遺言については，公証役場において遺言者が公証人に遺言の内容を伝え，公証人が筆記した遺言の内容を遺言者及び証人に読み上げ，筆記の内容が正確であれば署名捺印をすることにより成立する（法第969条）。

4 × 証人2人以上の立会いが必要なのは**公正証書遺言**であり，自筆証書遺言には該当しない。

5 × 遺留分とは，遺言によっても奪うことのできない遺産の一定割合の留保分をいう。遺留分権利者が，遺言でその権利が侵害されている場合，権利を取得する者に対して**遺留分を請求することができる**（法第1046条）。しかし，**遺言自体が無効となるわけではない**。また，これは自らの権利が侵害されていることを知ってから1年以内に行使しなければならない。

解答 2

42 権利擁護を支える法制度

旧権利擁護と成年後見制度・問題 83

成年被後見人Ｊさんへの成年後見人による意思決定支援に関する次の記述のうち，「意思決定支援を踏まえた後見事務のガイドライン」に沿った支援として，**最も適切なものを１つ**選びなさい。

1　Ｊさんには意思決定能力がないものとして支援を行う。

2　Ｊさんが自ら意思決定できるよう，実行可能なあらゆる支援を行う。

3　一見して不合理にみえる意思決定をＪさんが行っていた場合には，意思決定能力がないものとみなして支援を行う。

4　本人にとって見過ごすことのできない重大な影響を生ずる場合にも，Ｊさんにより表明された意思があればそのとおり行動する。

5　やむを得ずＪさんの代行決定を行う場合には，成年後見人にとっての最善の利益に基づく方針を採る。

（注）「意思決定支援を踏まえた後見事務のガイドライン」とは，2020 年（令和２年）に，最高裁判所，厚生労働省等により構成される意思決定支援ワーキング・グループが策定したものである。

Point 意思決定支援は，2017 年（平成 29 年）に閣議決定された「成年後見制度利用促進基本計画」の基本的な柱の一つである。最高裁判所，厚生労働省，専門職団体により策定された「意思決定支援を踏まえた後見事務のガイドライン」は，成年後見制度において成年被後見人等の本人の意思を尊重する支援を行うための着眼点や留意点について整理されたものである。このガイドラインに基づき，意思決定支援の意義や要点について十分に整理し，理解しておくことが必要である。

1　×　「意思決定支援を踏まえた後見事務のガイドライン」（以下，ガイドライン）における「意思決定支援及び代行決定のプロセスの原則」の第１に，「**全ての人は意思決定能力があることが推定される**」と示されている。事理弁識能力を常に欠く対象である成年被後見人であっても，この原則は貫かれる。

2　○　「本人が自ら意思決定できるよう，**実行可能なあらゆる支援を尽くさなければ**，代行決定に移ってはならない」と，ガイドラインの「意思決定支援及び代行決定のプロセスの原則」の第２に示されている。

3　×　「一見すると不合理にみえる意思決定でも，**それだけで本人に意思決定能力がないと判断してはならない**」とガイドラインの「意思決定支援及び代行決定のプロセスの原則」の第３に示されている。

4　×　「本人により表明された意思等が本人にとって見過ごすことのできない重大な影響を生ずる場合には，後見人等は本人の信条・価値観・選好を最大限尊重した，**本人にとっての最善の利益に基づく方針を採らなければならない**」と，ガイドラインの「意思決定支援及び代行決定のプロセスの原則」の第５に示されている。

5　×　やむを得ず代行決定を行う場合，まずは，**明確な根拠に基づき合理的に推定される本人の意思（推定意思）に基づき行動しなければならない**（ガイドライン「意思決定支援及び代行決定のプロセスの原則」の第４）。本人の意思推定すら困難な場合は，成年後見人には，**成年被後見人**にとっての最善の利益に基づく方針を採ることが求められる（ガイドライン「意思決定支援及び代行決定のプロセスの原則」の第５）。

解答 2

43 権利擁護を支える法制度

旧権利擁護と成年後見制度・問題 80

✓✓✓

事例を読んで，Dさんについての後見開始の審判をEさんが申し立てた主な理由として，**最も適切なものを１つ選びなさい。**

〔事　例〕

Dさん（80歳）は，子のEさんが所有する建物に居住していたが，認知症のため，現在は指定介護老人福祉施設に入所している。Dさんの年金だけでは施設利用料の支払いが不足するので，不足分はEさんの預金口座から引き落とされている。施設で安定した生活を営んでいるものの医師からは白内障の手術を勧められている。近時，Dさんの弟であるFさんが多額の財産を遺して亡くなり，Dさんは，Dさんの他の兄弟とともにFさんの財産を相続することとなった。Eさんは，家庭裁判所に対しDさんについて後見を開始する旨の審判を申し立てた。

1　Dさんの手術についての同意
2　Dさんが入所する指定介護老人福祉施設との入所契約の解約
3　Dさんが参加するFさんについての遺産分割協議
4　Dさんが入所前に居住していたEさん所有の建物の売却
5　Dさんの利用料不足分を支払っているEさんの預金の払戻し

Point 成年後見制度利用の申立て理由に関する設問である。成年後見人等は本人の「最善の利益」を求めるものであり，申立て理由もこの理念に基づくものでなければならない。ちなみに，毎年，最高裁判所事務総局家庭局が集計する「成年後見関係事件の概況」に，主な申立ての動機別件数と割合が明記されている。2024年（令和６年）１月から12月の１年間では「預貯金等の管理・解約」が３万8561件（全体の約92.7％）と最も多く，次いで，「身上保護」が３万599件（約73.5％），「介護保険契約」が１万8623件（約44.7％），「不動産の処分」が１万4990件（約36％），「相続手続」が１万855件（約26.1％）の順となっている。

1　×　**手術についての同意は，成年後見人等の権限にはない**とされており，申立ての理由とはならない。

2　×　Dさんは，白内障の手術の必要性，施設利用料の支払い等について検討しなければならない状況であるものの，指定介護老人福祉施設で安定した生活を送っているとあり，居住環境の変化が本人の心身及び生活に影響を与えることも考えられる。成年後見人は，成年被後見人の生活，療養看護及び財産の管理に関する事項を行うにあたっては，**成年被後見人の意思を尊重し，かつ，その心身の状態及び生活の状況に配慮しなければならず**（民法（以下，法）第858条），入所契約の解約を理由に申立てをすることは適切でない。

3　○　Dさんは弟であるFさんの相続人であり，ほかの兄弟との遺産分割協議において，不利益にならないためにも申立ては必要である。また，相続した財産を，施設の利用料等の支払いにあてることも検討する必要があると考えられる。

4　×　Eさん所有の建物の売却については，Dさんの**成年後見人等の権限の及ぶ範囲ではない**ため，申立ての理由とはならない。Dさん所有の建物である場合は，本人の最善の利益のためであれば，家庭裁判所の許可を得た上で成年後見人が売却等ができるとされている（法第859条の３）。

5　×　Eさんの預金の払戻しについては，Dさんの**成年後見人等の権限の及ぶ範囲ではない**ため，申立ての理由とはならない。Dさんが弟Fさんの財産を相続した際には，これまで施設利用料の不足分を支払ってくれていたEさんに返金することは可能である。

解答 3

44 権利擁護を支える法制度

旧権利擁護と成年後見制度・問題 81

✓ ✓ ✓

事例を読んで，Gさんの成年後見監督人に関する次の記述のうち，**最も適切なものを1つ**選びなさい。

〔事　例〕

知的障害のあるGさん（30歳）は，兄であるHさんが成年後見人に選任され支援を受けていた。しかし，数年後にGさんとHさんの関係が悪化したため，成年後見監督人が選任されることとなった。

1　Gさんは，成年後見監督人の選任請求を家庭裁判所に行うことができない。
2　Hさんの妻は，Hさんの成年後見監督人になることができる。
3　GさんとHさんに利益相反関係が生じた際，成年後見監督人はGさんを代理することができない。
4　成年後見監督人は，Hさんが成年後見人を辞任した場合，成年後見人を引き継がなければならない。
5　成年後見監督人は，GさんとHさんの関係がさらに悪化し，Hさんが後見業務を放置した場合，Hさんの解任請求を家庭裁判所に行うことができる。

Point　成年後見監督人に関する設問である。成年後見監督人は必ず選任されるものではなく，成年後見人等の行う後見等の事務を監督するために必要があると認められる場合に，家庭裁判所が選任することとなっている。最高裁判所事務総局家庭局が集計する「成年後見関係事件の概況」に，成年後見監督人等が選任された事件数が明記されている。2024年（令和6年）1月から12月の1年間において，認容で終局した後見開始，保佐開始及び補助開始事件（3万8788件）のうち，成年後見監督人，保佐監督人及び補助監督人が選任されたものは1321件であり，これは全体の約3.4％である。また，選任された成年後見監督人等の内訳は，弁護士が748件，司法書士が423件，社会福祉士が11件，社会福祉協議会が103件，その他が36件となっている。

1　✕　成年被後見人であるGさんも，家庭裁判所に対して，成年後見監督人の選任請求をすることができる。民法（以下，法）第849条において，「家庭裁判所は，必要があると認めるときは，**被後見人，その親族若しくは後見人の請求により又は職権で，後見監督人を選任することができる**」と規定されている。

2　✕　Gさんの成年後見人であるHさんの妻は，Hさんの成年後見監督人になることはできない。法第850条において，「**後見人の配偶者，直系血族及び兄弟姉妹は，後見監督人となることができない**」と規定されている。さらに，法第847条において，「未成年者」「家庭裁判所で免ぜられた法定代理人，保佐人又は補助人」「破産者」「被後見人に対して訴訟をし，又はした者並びにその配偶者及び直系血族」「行方の知れない者」は後見人になることができないと規定されており，この条文は，成年後見監督人等の欠格事由にも準用される。

3　✕　成年後見監督人はGさんを代理することができる。法第851条第4号に，後見監督人の職務として「**後見人又はその代表する者と被後見人との利益が相反する行為について被後見人を代表する**こと」と規定されている。

4　✕　成年後見監督人は，成年後見人が辞任した場合，成年後見人を引き継ぐとはされていない。法第851条第2号に，後見監督人の職務として「後見人が欠けた場合に，遅滞なくその選任を家庭裁判所に請求すること」と規定されており，速やかに，**次の成年後見人の選任を家庭裁判所に請求しなければならない**とされている。

5　○　選択肢のとおり。法第846条に「後見人に不正な行為，著しい不行跡その他後見の任務に適しない事由があるときは，家庭裁判所は，後見監督人，被後見人若しくはその親族若しくは検察官の請求により又は職権で，これを解任することができる」と規定されている。

解答 5

45 権利擁護を支える法制度

⑱権利擁護と成年後見制度・問題 82

次のうち,「成年後見関係事件の概況(令和4年1月〜12月)」(最高裁判所事務総局家庭局)に示された「成年後見人等」に選任された最も多い者として,**正しいものを1つ**選びなさい。

1 親族
2 弁護士
3 司法書士
4 社会福祉士
5 市民後見人

(注)「成年後見人等」とは,成年後見人,保佐人及び補助人のことである。

Point 最高裁判所事務総局家庭局は,毎年全国の成年後見制度の利用実績をまとめ,「成年後見関係事件の概況」として公表している。本調査結果をもとにした成年後見制度の現状と傾向は,「権利擁護を支える法制度」の頻出問題になっている。成年後見人等の選任対象をはじめとした成年後見制度の利用に関する主な特徴や傾向などは,最新の「成年後見関係事件の概況」*を参照し,その要点を理解しておくことが必要である。

1 × 禁治産制度から成年後見制度へと移行した2000年(平成12年)当初は親族が最も多かったが,徐々に**親族以外と割合が逆転している**。成年後見人等と本人との関係についてみると,関係別件数(合計)3万9564件のうち,親族は7560件(19.1%)となっており,親族以外の3万2004件(80.9%)とは大きな差がある。

2 × 成年後見人等は,親族以外に専門職や法人などの多様な主体によって担われている。弁護士は,国民の人権擁護を担う専門職である。弁護士が選任された件数は8682件で,**「親族以外」のうち,2番目に多い**。

3 ○ 弁護士とともに司法分野の専門職である司法書士は,全国各地で広く成年後見人等の担い手として活躍している。司法書士が選任された件数は1万1764件で,**「親族以外」のうち,最も多い**。

4 × 社会福祉士は,ソーシャルワークの専門性により国民の人権を守る専門職として,弁護士,司法書士とともに成年後見人等を担っている。社会福祉士が選任された件数は5849件で,司法書士,弁護士に続いて**3番目に多い**。

5 × 市民後見人は,専門職の資格をもたない親族以外の成年後見人等として全国で養成が進められている。成年後見人等の人材不足を補う存在として注目されているが,実際に**成年後見人等に選任される事件はまだ少なく**,その数は271件である。

表 成年後見人等と本人との関係別件数とその内訳

区分		件数
親族		7,560件
親族以外		32,004件
内訳	弁護士	8,682件
	司法書士	11,764件
	社会福祉士	5,849件
	市民後見人	271件
	その他	5,438件

解答 3

* 「成年後見関係事件の概況(令和6年1月〜12月)」が公表されている。

46 地域福祉と包括的支援体制

旧地域福祉の理論と方法・問題 32

社会福祉協議会の歴史に関する次の記述のうち，**正しいものを1つ**選びなさい。

1 1951年（昭和26年）に制定された社会福祉事業法で，市町村社会福祉協議会が法制化された。

2 1962年（昭和37年）に社会福祉協議会基本要項が策定され，在宅福祉サービスを市町村社会福祉協議会の事業として積極的に位置づける方針が示された。

3 1983年（昭和58年）に社会福祉事業法が一部改正され，都道府県社会福祉協議会を実施主体とする地域福祉権利擁護事業が開始された。

4 1992年（平成4年）に新・社会福祉協議会基本要項が策定され，社会福祉協議会の活動原則として住民主体の原則が初めて位置づけられた。

5 2000年（平成12年）に社会福祉法へ改正されたことにより，市町村社会福祉協議会の目的は地域福祉の推進にあることが明文化された。

Point 社会福祉協議会（以下，社協）に求められる機能や役割は，社会情勢や歴史的展開とともに変化がみられる。社協に関しては，国家試験に繰り返し出題されているため，社協の動きを時系列で整理し，社協活動の位置づけや社協に求められる役割の推移を確認しておくとよい。

1 × 市町村社会福祉協議会（以下，市町村社協）が法制化されたのは，**1983年（昭和58年）に社会福祉事業法が改正されたとき**である。当時，福祉ニーズの増大と多様化に対応するため，地域社会を基盤とする福祉サービスにおける市町村社協の果たす役割の重要性が認識された。そこで法改正により市町村社協の法的位置づけを明確にすることが図られた。1951年（昭和26年）に制定された社会福祉事業法では，都道府県社会福祉協議会（以下，都道府県社協）と社会福祉協議会連合会（全国社会福祉協議会）を規定するにとどまっていた。

2 × 市町村社協の事業として在宅福祉サービスの推進を提言したのは，1979年（昭和54年）に，全国社会福祉協議会が設置した在宅福祉サービスの在り方に関する研究委員会による**「在宅福祉サービスの戦略」**である。「在宅福祉サービスの戦略」では，地域福祉活動を①在宅福祉サービス，②環境改善サービス，③組織化活動に分類し，そのうち在宅福祉サービスについては三つの側面（予防的福祉サービス，専門的ケア・サービス，在宅ケア・サービス）を示し，社協がその中核を担うことを示した。

3 × 地域福祉権利擁護事業は，**2000年（平成12年）の社会福祉事業法等の改正**で都道府県社協による福祉サービス利用援助事業が規定されたことに伴い，第二種社会福祉事業として開始された。背景には，介護保険制度の導入や社会福祉法の施行により，福祉サービスが措置から利用者と提供者との間の契約による利用へと移行する中で，利用者の利益保護の仕組みが求められたことにある。1999年（平成11年）の民法の改正により翌2000年（平成12年）4月から成年後見制度が施行され，それを補完するものとして始まった。

4 × 社協の活動原則として住民主体の原則を初めて位置づけたのは，**1962年（昭和37年）の「社会福祉協議会基本要項」**である。「社会福祉協議会基本要項」では，「社会福祉協議会は一定の地域社会において，住民が主体となり，社会福祉，保健衛生その他生活の改善向上に関連のある公私関係者の参加，協力を得て，地域の実情に応じ，住民の福祉を増進することを目的とする民間の自主的な組織である」と明記された。1992年（平成4年）の「新・社会福祉協議会基本要項」では，新たな社会的要請に対応するため，住民ニーズ基本の原則，住民活動主体の原則を継承しながら，民間性の原則，公私協働の原則，専門性の原則などの活動原則が確認されている。

5 ○ 2000年（平成12年）の社会福祉事業法の社会福祉法への改正により，市町村社協は地域福祉を推進する中核的な団体として規定された。社会福祉活動において住民参加の重要性が高まる中で，住民に身近で地域福祉の直接的な担い手である市町村社協を社協の基礎的な単位として位置づけることとなった。

解答 5

47 地域福祉と包括的支援体制

⑬地域福祉の理論と方法・問題 36

地域福祉に係る組織，団体に関する現行法上の規定の内容として，**最も適切なものを１つ**選びなさい。

1 特定非営利活動促進法において，特定非営利活動法人は，内閣府の認可により設立される。

2 民生委員法において，民生委員協議会は，民生委員の職務に関して，関係各庁に意見を具申することができる。

3 社会福祉法において，社会福祉法人は，社会福祉事業以外の事業を実施してはならない。

4 保護司法において，保護司会連合会は，市町村ごとに組織されなければならない。

5 社会福祉法において，市町村社会福祉協議会の役員には，関係行政庁の職員が５分の１以上就任しなければならない。

Point 地域福祉に係る組織，団体に関する現行法上の規定に関する問題である。近年，地域共生社会の実現に向けて，多様な社会資源や担い手の役割に対する期待が高まっており，それぞれの根拠となる法律を正しくおさえておくことが必要である。また，あわせて国，都道府県，市町村それぞれの役割と所管を整理して理解することが求められる。

1 × 特定非営利活動法人を設立しようとする者は，**所轄庁の認証を受けなければならない**（特定非営利活動促進法（NPO 法）第 10 条第 1 項）。所轄庁とは，特定非営利活動法人（NPO 法人）の認証権及び監督権をもつ行政機関である。NPO 法第 9 条において，所轄庁は原則として NPO 法人の主たる事務所が所在する**都道府県の知事**となり，その事務所が一の指定都市の区域内のみに所在する場合は，当該**指定都市の長**となることが規定されている。

2 ○ 民生委員法第 24 条第 2 項において，「民生委員協議会は，民生委員の職務に関して必要と認める意見を**関係各庁に具申することができる**」と規定されている。現状の施策やサービスのみでは解決が難しい問題が生じた際，民生委員協議会は，必要な施策の充実や解決策を，所轄する自治体・実施機関等に対し住民に代わって代弁する機能を有している。

3 × 社会福祉法第 26 条第 1 項において，「社会福祉法人は，その経営する社会福祉事業に支障がない限り，公益を目的とする事業（以下「公益事業」という。）又はその収益を社会福祉事業若しくは公益事業（中略）の経営に充てることを目的とする事業（以下「収益事業」という。）を行うことができる」と規定されていることから，社会福祉法人は，**社会福祉事業以外の事業として，「公益事業」や「収益事業」を行うことができる**。「公益事業」とは，公益を目的とする事業で社会福祉事業以外の事業（社会福祉とまったく関係のないものを行うことは認められない）をいい，具体的には居宅介護支援事業，介護老人保健施設，有料老人ホームを経営する事業等をいい，「収益事業」とは，その収益を法人が行う社会福祉事業又は公益事業の財源に充てるために行われる事業で，法人所有の不動産を活用して行う貸ビル，駐車場の経営等をいう。

4 × 保護司法第 14 条第 1 項において，「保護司会は，都道府県ごとに保護司会連合会を組織する。ただし，北海道にあっては，法務大臣が定める区域ごとに組織するものとする」と規定されており，保護司会連合会は，**市町村ごとに組織されるものではない**。

5 × 社会福祉法第 109 条第 5 項において，「関係行政庁の職員は，市町村社会福祉協議会及び地区社会福祉協議会の役員となることができる。ただし，**役員の総数の 5 分の 1 を超えてはならない**」と規定されている。

解答 2

48 地域福祉と包括的支援体制

旧 福祉行財政と福祉計画・問題 44

地方公共団体の事務に関する次の記述のうち，**正しいもの**を**1つ**選びなさい。

1 地方公共団体の事務は，自治事務，法定受託事務，団体委任事務，機関委任事務の 4 つに分類される。

2 児童扶養手当の給付事務は，自治事務である。

3 社会福祉法人の認可事務は，法定受託事務である。

4 生活保護の決定事務は，団体委任事務である。

5 児童福祉施設の監査事務は，機関委任事務である。

Point 1999 年（平成 11 年）に制定された地方分権の推進を図るための関係法律の整備等に関する法律（地方分権一括法）によって創設された「法定受託事務」と「自治事務」にあたる事務を問う問題である。「法定受託事務」は，法律又はこれに基づく政令により処理することとされる事務のうち，国が本来果たすべき役割に係る事務について，都道府県，市町村又は特別区が受託する第 1 号法定受託事務と，都道府県が本来果たすべき役割に係る事務について，市町村又は特別区が受託する第 2 号法定受託事務がある。法定受託事務には，是正の指示や代執行等，都道府県や市町村に対する国の強い関与や，市町村に対する都道府県の強い関与が認められている。「自治事務」は，地方公共団体の処理する事務のうち，法定受託事務を除いたもののことである。国の関与は是正の要求まで，都道府県の関与は是正の勧告までとされている。「機関委任事務」と「団体委任事務」は，地方分権一括法によって廃止，再編された地方公共団体の事務である。このことを知っていれば，選択肢は二つに絞ることができる。

1 × 現行の地方公共団体の事務は，**自治事務と法定受託事務の 2 つに分類される**（地方自治法第 2 条第 8 項及び第 9 項）。団体委任事務と機関委任事務は，1999 年（平成 11 年）に制定された地方分権一括法によって廃止，再編され，自治事務と法定受託事務が創設された。

2 × **児童扶養手当の給付事務は，第 1 号法定受託事務である**（地方自治法別表 1）。児童扶養手当と同様，子育ての経済的支援策である児童手当及び特別児童扶養手当の給付事務も第 1 号法定受託事務である。

3 ○ **社会福祉法人の認可事務は，第 1 号法定受託事務である**（地方自治法別表 1）。なお，地方自治法第 245 条の 9 第 1 項及び第 3 項に基づいて，都道府県及び市（特別区を含む）が法定受託事務を処理する際によるべき基準として厚生労働省が発出している「社会福祉法人の認可について（通知）」には，社会福祉法人の審査基準として，「社会福祉法人の行う事業」「法人の資産」「法人の組織運営」「法人の認可申請等の手続」について示されている。

4 × **生活保護の決定事務は，法定受託事務である。**生活保護法第 19 条第 1 項から第 5 項に規定される生活保護の決定及び実施については，第 1 号法定受託事務として地方自治法別表 1 に記載されている。なお，生活保護法第 27 条の 2 に規定される自立助長に向けた相談・助言は自治事務である。

5 × **児童福祉施設の監査事務は，自治事務である。**児童福祉施設の監査事務は，地方分権一括法により，機関委任事務から都道府県，指定都市，中核市及び児童相談所設置市の自治事務となった。2000 年（平成 12 年）に厚生省児童家庭局長より発出された「児童福祉行政指導監査の実施について（通知）」の別紙「児童福祉行政指導監査実施要綱」において，指導監査の実施方法などが示されている。なお，同要綱において，「児童福祉施設」は，助産施設，乳児院，母子生活支援施設，保育所，児童厚生施設，児童養護施設，児童心理治療施設，児童自立支援施設，児童家庭支援センター，小規模住居型児童養育事業を行う者，児童自立生活援助事業を行う者及び里親とされている。

解答 3

49 地域福祉と包括的支援体制

㊐福祉行財政と福祉計画・問題 43

次のうち，入所の仕組みを利用契約制度と措置制度に分けた場合，措置制度に分類されている施設として，**適切なものを2つ**選びなさい。

1 軽費老人ホーム

2 老人短期入所施設

3 障害者支援施設

4 児童養護施設

5 救護施設

Point 2000 年（平成 12 年）に介護保険制度が施行されるまでは，福祉サービスは措置制度により行われていた。措置とは，自治体が公的責任のもと必要なサービスを行政処分として決定し，その具体的支援を施設等に委託して行うものである。介護保険制度施行後は基本的に契約制度に転換しているが，やむを得ない事由等により公の責任のもとで入所する仕組みを採っている施設もある。各種法令に基づいて，入所の仕組みを確認しておく必要がある。

1 ✕ 軽費老人ホームへの入所は，**当該施設との契約によって行われる**。軽費老人ホームは，「無料又は低額な料金で，老人を入所させ，食事の提供その他日常生活上必要な便宜を供与することを目的とする施設」（老人福祉法第 20 条の 6）である。

2 ✕ 老人短期入所施設への入所は，**介護保険法の規定による短期入所生活介護に係る居宅介護サービス費若しくは介護予防短期入所生活介護に係る介護予防サービス費の支給に係る者が当該施設と契約することによって行われる**。老人短期入所施設は一般にショートステイといわれ，在宅の要介護者に対し，短期間入所や養護を行う施設である。老人短期入所施設は，措置による入所が行われる場合もある（老人福祉法第 10 条の 4 第 1 項第 3 号）。

3 ✕ 障害者支援施設への入所は，障害者総合支援法に基づき市町村の**介護給付費等を支給する旨の決定を受けた後，当該施設と契約することによって行われる**。障害者支援施設は，障害者に対し，施設入所支援を行うとともに，生活介護，自立訓練，就労移行支援などの施設入所支援以外の施設障害福祉サービスを行う施設である（障害者総合支援法第 5 条第 11 項）。

4 ○ 児童養護施設への入所は，子どもを守るべき保護者が子どもを守ることが難しい状況になったときなどに，子どもを公の責任のもとで保護する観点から，都道府県による**措置を基本としている**。児童養護施設は「保護者のない児童（乳児を除く。ただし，安定した生活環境の確保その他の理由により特に必要のある場合には，乳児を含む。），虐待されている児童その他環境上養護を要する児童を入所させて，これを養護し，あわせて退所した者に対する相談その他の自立のための援助を行うことを目的とする施設」（児童福祉法第 41 条）である。

5 ○ 救護施設への入所は，**保護の実施機関（都道府県知事，市長及び福祉事務所を設置する町村長）による措置によって行われる**。救護施設は，「身体上又は精神上著しい障害があるために日常生活を営むことが困難な要保護者を入所させて，生活扶助を行うことを目的とする施設」（生活保護法第 38 条第 2 項）である。現在は多くの施設で，生活扶助を行うとともに当該入所者の自立支援も行っている。

解答 4 5

50 地域福祉と包括的支援体制

旧福祉行財政と福祉計画・問題 46

社会福祉に係る法定の機関に関する次の記述のうち，**最も適切なものを 1 つ**選びなさい。

1 都道府県は，児童相談所を設置しなければならない。
2 都道府県は，発達障害者支援センターを設置しなければならない。
3 市町村は，保健所を設置しなければならない。
4 市町村は，地方社会福祉審議会を設置しなければならない。
5 市町村は，身体障害者更生相談所を設置しなければならない。

Point 社会福祉に係る各種行政機関・施設の設置主体，設置義務について問う問題である。設置主体や設置義務は，各機関・施設の設置を定めた法律に記載されている。条文を確認し，表にまとめると覚えやすい。設置主体，設置義務に加え，配置職員を問う問題も出題されるため，併せて学習しておきたい。

1 ○ 都道府県は，児童相談所を**設置しなければならない**。児童相談所は，都道府県，指定都市に設置義務がある（児童福祉法第 12 条第 1 項，第 59 条の 4 第 1 項，地方自治法施行令第 174 条の 26 第 1 項）。2004 年（平成 16 年）の児童福祉法の改正により，2006 年（平成 18 年）4 月からは，中核市程度の人口規模（30 万人以上）を有する市を念頭に，政令で指定する市（児童相談所設置市）も，児童相談所を設置することができるとされた。さらに，2016 年（平成 28 年）の児童福祉法の改正によって，特別区も児童相談所が設置できるようになった。

2 × 都道府県は発達障害者支援センターを**設置することができる**。発達障害者支援法第 14 条に規定される発達障害者支援センターは，都道府県のほか，指定都市も設置することができる（地方自治法施行令第 174 条の 36 第 1 項）。また，社会福祉法人その他の政令で定める法人に委託することもできる。発達障害者支援センターには医師，相談支援専門員が配置され，自閉症，アスペルガー症候群その他の広汎性発達障害，学習障害，注意欠陥多動性障害等のある発達障害児・者及びその疑いのある者又はその家族等に対し，相談支援，発達支援，就労支援等を実施している。

3 × **市町村には，保健所を設置する義務はない**。保健所の設置は，地域保健法第 5 条に規定され，都道府県，指定都市，中核市その他の政令で定める市又は特別区が設置することとされている。保健所は，地域保健に関する思想の普及及び向上，栄養の改善及び食品衛生，母性及び乳幼児並びに老人の保健，歯科保健，精神保健，治療方法が確立していない疾病その他の特殊の疾病により長期に療養を必要とする者の保健，感染症その他の疾病の予防，地域住民の健康の保持及び増進等に関する事項について企画，調整，指導及びこれらに必要な事業を行う（地域保健法第 6 条）。

4 × **市町村には，地方社会福祉審議会を設置する義務はない**。地方社会福祉審議会の設置は，社会福祉法第 7 条に規定され，児童福祉及び精神障害者福祉に関する事項を除いた社会福祉に関する事項について調査審議するため，都道府県，指定都市，中核市が設置することとされている。地方社会福祉審議会は，都道府県の場合は都道府県知事，指定都市，中核市の場合はそれぞれの市の長の監督に属し，その諮問に答え，又は関係行政庁に意見具申を行う合議制の付属機関である。なお，児童福祉に関する事項については，児童福祉法第 8 条に規定される児童福祉審議会において調査審議される。児童福祉審議会は都道府県に設置義務（地方社会福祉審議会において児童福祉に関する調査審議をしている場合は除く）があり（同条第 1 項），市町村は児童福祉審議会を設置することができる（同条第 3 項）。

5 × **市町村には，身体障害者更生相談所を設置する義務はない**。身体障害者福祉法第 11 条に規定される身体障害者更生相談所は，都道府県が設置することとされている。指定都市は任意で設置することができる（地方自治法施行令第 174 条の 28 第 2 項）。身体障害者更生相談所では，市町村（その設置する福祉事務所を含む）等に対する専門的な技術的援助及び助言，情報提供，市町村間の連絡調整，医学的，心理学的及び職能的判定並びに補装具の処方及び適合判定等の業務を行っている。

解答 1

51 地域福祉と包括的支援体制

旧 地域福祉の理論と方法・問題 38

地域福祉の財源に関する次の記述のうち，**最も適切なもの**を**1つ**選びなさい。

1 市区町村社会福祉協議会の平均財源構成比（2019 年（平成 31 年））をみると，会費・共同募金配分金・寄付金を合計した財源の比率が最も高い。

2 共同募金は，社会福祉を目的とする事業を経営する者以外にも配分できる。

3 社会福祉法人による地域における公益的な取組とは，地元企業に投資し，法人の自主財源を増やしていくことである。

4 個人又は法人が認定特定非営利活動法人に寄付をした場合は，税制上の優遇措置の対象となる。

5 フィランソロピーとは，SNS などを通じて，自らの活動を不特定多数に発信し寄附金を募る仕組みである。

Point 本問では，見慣れないデータについて問われているほか，地域福祉の財源という名目で幅広い分野にかかわる知識が要求された。特に選択肢**1**については，目にする機会がきわめて少ないものであり，この知識を数値単位まで正しく理解している必要はない。そういった意味で，正解の選択肢は明確であるものの難易度が高めであったと思われる。

1 ✕ 「社会福祉協議会の組織・事業・活動について」（全国社会福祉協議会，2021 年）によると，2019 年度（令和元年度）の市区町村社会福祉協議会の収益においては，会費の占める割合が 1.7％，共同募金配分金の占める割合が 0.5％，寄付金の占める割合が 1.0％と，いずれも僅かな割合となっている。これに対し，**最も大きな財源は介護保険事業収益であり，その割合は 34.7％**となっている。

2 ✕ 共同募金は，都道府県の区域を単位として行われ，その区域内において社会福祉事業，更生保護事業その他の**社会福祉を目的とする事業を経営する者（国及び地方公共団体を除く）に配分される**（社会福祉法第 112 条）。あらかじめ地域の福祉団体等から助成の申請を受け付け，その申請をもとに助成計画を立案して配分される。

3 ✕ 社会福祉法第 24 条第 2 項に規定される，社会福祉法人が行う公益事業（地域における公益的な取組）は，①**社会福祉事業又は公益事業を行うに当たって提供される「福祉サービス」**であること，②**「日常生活又は社会生活上の支援を必要とする者」に対する福祉サービス**であること，そして③**無料又は低額な料金で提供される**こと，の三つの要件を満たすものであると定義される。厚生労働省は，「社会福祉法人の生活困窮者に対する「地域における公益的な取組」好事例集」（厚生労働省，2022 年）をまとめ，全国で行われる「公益的な取組」のなかでも特に先進的な事例を紹介している。

4 ○ 2011 年（平成 23 年）の特定非営利活動促進法（NPO 法）の改正により，個人又は法人が認定特定非営利活動法人等に寄付をした場合は，税制上の優遇措置を受けることができることとなった（2012 年（平成 24 年）4 月 1 日施行）。具体的には以下の場合に優遇措置を受けることができる。

- 個人が認定・特例認定特定非営利活動法人に寄附した場合
- 個人が相続又は遺贈により取得した財産を認定特定非営利活動法人に寄附した場合
- 法人が認定・特例認定特定非営利活動法人に寄附した場合
- 認定特定非営利活動法人自身に対する税の優遇措置（みなし寄附金制度）
- 現物寄附のみなし譲渡所得税等の非課税特例の拡充

5 ✕ フィランソロピー（philanthoropy）とは，**企業が本業以外の活動として行う社会貢献活動**のことである。選択肢にある，SNS などを通じて寄附金を募る仕組みは，クラウドファンディング（crowdfunding）を指すものである。

解答 4

52 地域福祉と包括的支援体制

旧福祉行財政と福祉計画・問題45

「令和5年版地方財政白書（令和3年度決算）」（総務省）に示された民生費に関する次の記述のうち，**正しいものを1つ**選びなさい。

1 歳出純計決算額は，前年度に比べて減少した。
2 目的別歳出の割合は，都道府県では社会福祉費よりも災害救助費の方が高い。
3 目的別歳出の割合は，市町村では児童福祉費よりも老人福祉費の方が高い。
4 性質別歳出の割合は，都道府県では繰出金よりも人件費の方が高い。
5 性質別歳出の割合は，市町村では補助費等よりも扶助費の方が高い。

Point 地方公共団体の民生費の歳出純計決算額，目的別歳出の構成割合，性質別歳出の構成割合を問う問題である。地方公共団体の目的別歳出，性質別歳出，民生費の目的別歳出，性質別歳出に関する問題は，科目「福祉行財政と福祉計画」における「福祉財政」の問題として頻回に出題されている。そのため，必ず最新の「地方財政白書」（総務省）を確認しておくこと。解答にあたっては，問われているのは，都道府県についてなのか，市町村についてなのか，目的別歳出についてなのか，性質別歳出についてなのかを読み間違えないよう注意することが必要である。

1 × **2021年度（令和3年度）の民生費の歳出純計決算額は，前年度に比べて増加した。**2020年度（令和2年度）の民生費の歳出純計決算額は28兆6942億円で，目的別歳出純計決算額に占める構成割合は22.9％であった。2021年度（令和3年度）の民生費の歳出純計決算額は31兆3130億円で，2020年度（令和2年度）より9.1％増加しており，目的別歳出純計決算額に占める構成割合は25.4％であった。前年度に比べて増加した理由は，子育て世帯等臨時特別支援事業等の新型コロナウイルス感染症対策に係る事業費が増加したことなどによる。

2 × **民生費の目的別歳出の割合は，都道府県では災害救助費よりも社会福祉費の方が高い。**社会福祉費の割合は36.4％で，都道府県における民生費の目的別歳出で最も割合の高い老人福祉費(38.5％)の次に高い。以下，高い順に児童福祉費（22.2％），生活保護費（2.5％），災害救助費（0.5％）と続いている。都道府県において老人福祉費の割合が高い理由は，都道府県は，後期高齢者医療事業会計，介護保険事業会計，国民健康保険事業会計への負担金を拠出しているためである。

3 × **目的別歳出の割合は，市町村では老人福祉費よりも児童福祉費の方が高い。**市町村における民生費の目的別歳出の割合では児童福祉費が最も高く42.2％を占める。次いで，社会福祉費（27.1％），老人福祉費（16.1％），生活保護費（14.4％），災害救助費（0.1％）と続く。市町村では，児童福祉に関する事務を主に行っているため，児童福祉費の割合が最も高い。

4 × **性質別歳出の割合は，都道府県では人件費より繰出金の方が高い。**都道府県における民生費の性質別歳出の割合では補助費等が最も高く76.6％を占めている。次いで，扶助費が8.9％，繰出金が7.6％，人件費は2.5％である。都道府県における補助費等の主なものは市町村（一部事務組合など）や法人等に対する負担金・補助金及び交付金（一般的な補助金）である。都道府県における民生費の目的別歳出で最も割合が高いのは老人福祉費であるが，その95.4％が補助費等である。

5 ○ **民生費の性質別歳出の割合は，市町村では補助費等（4.2％）よりも扶助費（64.7％）の方が高い。**市町村における民生費の性質別歳出の割合は，扶助費が最も高く，次いで繰出金が18.0％，人件費が7.5％である。市町村における扶助費の割合が高い理由は，各福祉法に基づく福祉サービスの主な実施主体が市町村であるためである。また繰出金とは，一般会計と特別会計，又は特別会計間で支出される経費を指し，例えば，地方公共団体の一般会計から，介護保険事業会計・国民健康保険事業会計・地方公営企業会計などに対して繰り出される負担金などを指す。

解答 5

53 地域福祉と包括的支援体制

旧福祉行財政と福祉計画・問題 42

次のうち，法律で規定されている福祉計画の記述として，**最も適切なものを1つ**選びなさい。

1 市町村障害者計画は，市町村が各年度における指定障害福祉サービスの種類ごとの必要な量の見込みについて定める計画である。

2 都道府県子ども・若者計画は，都道府県が子どもの貧困対策について定める計画である。

3 都道府県老人福祉計画は，都道府県が介護保険事業に係る保険給付の円滑な実施の支援について定める計画である。

4 市町村地域福祉計画は，市町村が地域福祉の推進について市町村社会福祉協議会の地域福祉活動計画と一体的に定める計画である。

5 市町村子ども・子育て支援事業計画は，市町村が教育・保育及び地域子ども・子育て支援事業の提供体制の確保について定める計画である。

Point 法律で規定されている福祉計画に関する問題である。障害者基本法や障害者の日常生活及び社会生活を総合的に支援するための法律（障害者総合支援法），子ども・若者育成支援推進法，介護保険法，老人福祉法，社会福祉法，子ども・子育て支援法などに規定されている福祉計画に関する規定を理解し，その概要等について押さえておくことが必要である。

1 × 市町村が「各年度における指定障害福祉サービスの種類ごとの必要な量の見込み」について定める計画は，**障害者総合支援法第 88 条に規定されている市町村障害福祉計画**である。市町村障害者計画は，当該市町村における障害者の状況等を踏まえて策定される，「当該市町村における障害者のための施策に関する基本的な計画」である（障害者基本法第 11 条第 3 項）。

2 × 都道府県が子どもの貧困対策について定める計画は，**こどもの貧困の解消に向けた対策の推進に関する法律に規定される都道府県計画**である。都道府県子ども・若者計画は，子ども・若者育成支援推進法で規定されている計画で，同法第 9 条第 1 項には「都道府県は，子ども・若者育成支援推進大綱を勘案して，当該都道府県の区域内における子ども・若者育成支援についての計画（以下この条において「都道府県子ども・若者計画」という。）を定めるよう努めるものとする」と規定されている。この中の「子ども・若者育成支援推進大綱」（令和 3 年 4 月子ども・若者育成支援推進本部）には，「全ての子供・若者の健やかな育成」や「困難を有する子供・若者やその家族の支援」「創造的な未来を切り拓く子供・若者の応援」「子供・若者の成長のための社会環境の整備」などの全体的な子ども・若者育成支援の基本方針が示されている。

3 × 都道府県が「介護保険事業に係る保険給付の円滑な実施の支援」について定める計画は，**介護保険法第 118 条に規定されている都道府県介護保険事業支援計画**である。都道府県老人福祉計画は，各市町村を通ずる広域的な見地から定められる「老人福祉事業の供給体制の確保に関する計画」（老人福祉法第 20 条の 9 第 1 項）であり，「当該都道府県が定める区域ごとの当該区域における養護老人ホーム及び特別養護老人ホームの必要入所定員総数その他老人福祉事業の量の目標」（同条第 2 項）などを定めるものである。

4 × 市町村地域福祉計画は「地域における高齢者の福祉，障害者の福祉，児童の福祉その他の福祉に関し，共通して取り組むべき事項」や「地域における福祉サービスの適切な利用の推進に関する事項」「地域における社会福祉を目的とする事業の健全な発達に関する事項」「地域福祉に関する活動への住民の参加の促進に関する事項」などを一体的に定める旨が規定されている（社会福祉法第 107 条第 1 項）が，**市町村社会福祉協議会の地域福祉活動計画と一体的に定める計画であるという規定は法律にはない。**

5 ○ 子ども・子育て支援法第 61 条第 1 項には「市町村は，基本指針に即して，5 年を一期とする教育・保育及び地域子ども・子育て支援事業の提供体制の確保その他この法律に基づく業務の円滑な実施に関する計画（以下「市町村子ども・子育て支援事業計画」という。）を定めるものとする」と規定されている。

解答 5

54 地域福祉と包括的支援体制

旧 福祉行財政と福祉計画・問題 47

次のうち，現行法上，計画期間が3年を1期とすると規定されている計画として，**正しいものを1つ**選びなさい。

1　市町村こども計画

2　市町村介護保険事業計画

3　市町村障害者計画

4　市町村健康増進計画

5　市町村地域福祉計画

Point　法律に定められる「計画」に関する問題である。本問は「計画期間」に関するものであるが，そのほかそれぞれの計画の「策定主体」「策定義務等」(「定めるものとする」等とする策定義務，「定めるよう努めなければならない」等とする努力義務，「定めることができる」等とする任意規定) などについても確認しておいてほしい。

1　×　根拠法であるこども基本法には，市町村こども計画の**計画期間についての定めはない**。なお，市町村は，こども施策を総合的に推進するために政府が定めるこども大綱（同法第9条第1項。都道府県こども計画が定められているときは，こども大綱及び都道府県こども計画（同法第10条第1項））を勘案して，当該市町村におけるこども施策についての計画である市町村こども計画を定めるよう努めるものとされている（同条第2項）。

2　○　市町村は，基本指針に即して，**3年を1期とする**当該市町村が行う介護保険事業に係る保険給付の円滑な実施に関する計画である市町村介護保険事業計画を定めるものとするとされている（介護保険法第117条第1項）。なお，基本指針は，厚生労働大臣が定めるものとされている（同法第116条第1項）。

3　×　根拠法である障害者基本法には，市町村障害者計画の**計画期間についての定めはない**。なお，市町村は，障害者の自立及び社会参加の支援等のための施策の総合的かつ計画的な推進を図るため，政府による障害者基本計画（同法第11条第1項）と都道府県障害者計画（同条第2項）を基本とするとともに，当該市町村における障害者の状況等を踏まえ，市町村障害者計画を策定しなければならない（同条第3項）。

4　×　根拠法である健康増進法には，市町村健康増進計画の**計画期間についての定めはない**。なお，市町村は，厚生労働大臣が定める，国民の健康の増進の総合的な推進を図るための基本的な方針である基本指針（同法第7条第1項）と，都道府県健康増進計画（同法第8条第1項）を勘案して，当該市町村の住民の健康の増進の推進に関する施策についての計画である市町村健康増進計画を定めるよう努めるものとされている（同条第2項）。

5　×　根拠法である社会福祉法には，市町村地域福祉計画の**計画期間についての定めはない**。ただし，市町村は，地域福祉の推進に関する事項を定める市町村地域福祉計画（同法第107条第1項）について，定期的に，その策定した市町村地域福祉計画について，調査，分析及び評価を行うよう努めるとともに，必要があると認めるときは，当該市町村地域福祉計画を変更するものとするとされている（同条第3項）。

解答 2

55 地域福祉と包括的支援体制

旧 地域福祉の理論と方法・問題 34

次の記述のうち，市町村地域福祉計画に関する社会福祉法の規定として，**正しいものを1つ選び**なさい。

1 社会福祉を目的とする事業に従事する者の確保又は資質の向上に関する事項について定める。

2 福祉サービスの適切な利用の推進及び社会福祉を目的とする事業の健全な発達のための基盤整備に関する事項について定める。

3 地域における高齢者の福祉，障害者の福祉，児童の福祉その他の福祉に関し，共通して取り組むべき事項について定める。

4 市町村地域福祉計画を定め，または変更しようとするときは，あらかじめ，都道府県の意見を聞かなければならない。

5 市町村地域福祉計画の公表に当たって，市町村はその内容等について，都道府県の承認を受けなければならない。

Point 地域福祉計画には，市町村地域福祉計画及び都道府県地域福祉支援計画がある。2000年（平成12年）に社会福祉事業法が社会福祉法（以下，法）に改正された際、法制化された。2018年（平成30年）の法の一部改正により，市町村及び都道府県による計画の策定が任意から努力義務となるとともに、計画に盛り込むべき事項に「地域における高齢者の福祉，障害者の福祉，児童の福祉その他の福祉に関し，共通して取り組むべき事項」が追加され，さらに2020年（令和2年）の改正では「包括的な支援体制の整備に関する事項」が追加されている。地域福祉計画では「総合化」と「住民参加」が重要なコンセプトである。国家試験に繰り返し出題されているので，法の地域福祉計画の条文を確実に覚えておく必要がある。

1 × 「社会福祉を目的とする事業に従事する者の確保又は資質の向上に関する事項」（法第108条第1項第3号）は，市町村地域福祉計画ではなく，**都道府県地域福祉支援計画に定める事項である。**

2 × 「福祉サービスの適切な利用の推進及び社会福祉を目的とする事業の健全な発達のための基盤整備に関する事項」（法第108条第1項第4号）は，市町村地域福祉計画ではなく，**都道府県地域福祉支援計画に定める事項であり**，都道府県に対して広域的な視点で市町村における包括的な支援体制の整備を促進する役割を求めている。

3 ○ 市町村は，市町村地域福祉計画において，「地域における高齢者の福祉，障害者の福祉，児童の福祉その他の福祉に関し，共通して取り組むべき事項」（法第107条第1項第1号）を盛り込むことが規定されており，市町村地域福祉計画は，各分野別計画の，いわば「上位計画」として位置づけられている。

4 × 市町村地域福祉計画を策定または変更しようとするときに，意見を聞かなければならないのは，都道府県ではない。「市町村は，市町村地域福祉計画を策定し，又は変更しようとするときは，あらかじめ，**地域住民等の意見を反映させるよう努める**とともに，その内容を公表するよう努めるものとする」（法第107条第2項）と規定されている。市町村地域福祉計画は，地域福祉推進の主体である地域住民等の参加を得て地域の生活課題を明らかにし，必要なサービスを計画的に整備するものである。計画策定や変更の過程に地域住民が参加できる機会を確保することが求められる。

5 × 市町村地域福祉計画の公表に当たって，市町村は，**都道府県の承認を受けなければならないという規定はない。**地域福祉の推進は，地域住民の生活課題に近い市町村が中心となるべきもので，都道府県は市町村の自主的な地域福祉計画の推進を支援する立場にある。地域福祉計画の策定意義を失わせるような詳細な規制等は置かないことが適当とされている（地域共生社会の実現に向けた地域福祉の推進について（平成29年12月12日子発1212第1号・社援発1212第2号・老発1212第1号））。

解答 3

56 地域福祉と包括的支援体制

旧地域福祉の理論と方法・問題 39

事例を読んで，N市において地域福祉計画の策定を担当しているD職員（社会福祉士）が策定委員会での意見を踏まえて提案したニーズ把握の方法として，**最も適切なものを1つ**選びなさい。

〔事　例〕

地域福祉計画の改定時期を迎えたN市では，その見直しに向け策定委員会で協議を行った。委員の一人から，「子育て世代に向けた施策や活動が十分ではない」という提起があった。また，これに呼応して，「子育て世代といっても，様々な環境で子育てをしている人がいる」「まずは子育て中の人の生の声を実際に聞いた方がよい」といった意見に賛同が集まった。Dは，こうした声を踏まえて，どのように多様な子育て世代のニーズを把握すれば良いかについて考え，最も有効と思われる方法を策定委員会に提案した。

1　N市の子育て支援課の職員（社会福祉士）を対象とした個別インタビュー
2　子育て中の親のうち，世代や環境等の異なる親たちを対象としたグループインタビュー
3　利用者支援事業の相談記録を対象とした質的な分析
4　特定の小学校に通う子どもの保護者を対象とした座談会
5　保育所を利用している全世帯を対象としたアンケート調査

Point　地域福祉計画の策定におけるニーズ把握の方法に関する出題である。計画を策定する際には地域のニーズを把握したうえで，地域福祉を推進するための目標が示される。調査方法に関する学習はもちろんのこと，実際に市町村が策定した地域福祉計画の内容を確認し，理解を深めるとよい。

1　×　「子育て世代に向けた施策や活動」を推進するためには，子育てをしている人たちの声を聞き，子育ての実態や課題を明らかにすることが不可欠である。当事者のみならず子育て支援課の職員（社会福祉士）から話を聞き，様々な角度から子育てに関する施策や活動を検討することもいずれは必要となってくるが，策定委員会において「まずは子育て中の人の生の声を実際に聞いた方がよい」という意見が出されたことからも，**当事者である子育て中の人から話を聞くことが求められる**。

2　○　事例では，「様々な環境で子育てをしている人がいる」ことについて意見が出されている。したがって，特定の世代あるいは特定の環境に偏ることなく，**幅広い世代や様々な環境で子育てをしている人たちからの声を集めることが望ましい**。また，**グループインタビュー**のメリットとして，一度に複数の意見を聞くことができることに加え，ほかの参加者の意見を聞きながら自らの体験（あるいは意見）と比較したりエピソードを思い出したりというように，他者からの刺激を相互に受けながら議論を展開できる点があげられるため，とりわけ有効な方法であるということができる。

3　×　目的が「利用者支援事業」を利用する「相談者」のニーズ把握であれば，相談記録の質的な分析を行うことも一つの方法である。事例では**「様々な環境で子育てをしている人」の「生の声」を聞くことが課題**となっているため，最も有効な方法とはいえない。

4　×　選択肢のように，特定の小学校に通う子どもの保護者を対象に座談会を開催した場合，**N市全域の子育てニーズを把握するというよりも，その小学校がある地区の課題を把握するということになる**。また，座談会では，出席者のニーズを満遍なく把握するために，できるだけ全員が発言できるよう留意する必要がある。

5　×　事例では「様々な環境で子育てをしている人がいる」ことが話題になっている。子育て中の親のすべてが保育所を利用しているとは限らないことから，**特定の属性をもつ対象に絞ってアンケート調査を実施することはふさわしくない**。例えば，子育て中の親を対象にアンケート調査を実施する際に，保育所を利用しているかどうかの選択肢を設ければ，保育所を利用している親と利用していない親双方のニーズを区別することができる。

解答 2

57 地域福祉と包括的支援体制

旧 福祉行財政と福祉計画・問題 48

次のうち，福祉計画を策定する際に用いられるパブリックコメントに関する記述として，**最も適切なものを1つ**選びなさい。

1 行政機関が計画の素案を公表して広く意見や情報を募集する機会を設けることにより，人々の意見を計画に反映させる。
2 特定のニーズに対応するサービスの種類と必要量を客観的に算出することにより，サービスの整備目標を算出する。
3 専門家等に対して同じ内容のアンケート調査を繰り返し実施することにより，意見を集約していく。
4 集団のメンバーが互いの知恵や発想を自由に出し合うことにより，独創的なアイデアを生み出す。
5 意見やアイデアを記したカードをグループ化していくことにより，様々な情報を分類･整理していく。

Point パブリックコメント，ニーズ推計，デルファイ法，ブレインストーミング，KJ 法に関する問題である。いずれも，福祉計画を策定するにあたって用いられる技法である。新出題基準の科目「地域福祉と包括的支援体制」「社会福祉調査の基礎」「ソーシャルワークの理論と方法」でも扱う内容なので，併せて学習してほしい。

1 ○ **パブリックコメント**とは，行政機関が計画の素案をホームページ等で公開し，それに対する意見を広く国民や住民から集約することで，そうした意見を計画に反映させる仕組みである。パブリックコメントは「意見公募手続」として，行政手続法第 39 条第 1 項に「命令等制定機関は，命令等を定めようとする場合には，当該命令等の案（命令等で定めようとする内容を示すものをいう。以下同じ。）及びこれに関連する資料をあらかじめ公示し，意見（情報を含む。以下同じ。）の提出先及び意見の提出のための期間（以下「意見提出期間」という。）を定めて広く一般の意見を求めなければならない」と規定されている。行政計画等に関し広く意見を募り考慮に入れることにより，行政運営の公正さや透明性を確保するねらいがある。

2 × 選択肢は**ニーズ推計**の説明である。ニーズ推計とは，統計調査法を用いて利用者や地域住民のニーズを推計する方法・技術である。基本的にはニーズをサービスに変換し，そのサービスを資源へ変換し，さらにその資源とニーズの適合状況を評価するという三つの要素で構成されている。具体的には，①利用者や地域住民のニーズ状況の把握，②ニーズの類型化と出現率の推計，③ニーズ類型に対応するサービスの種類と必要量の算出，④サービス資源の整備目標の設定という一連の過程で成り立っている。福祉関係八法改正（1990 年）で法定化された老人保健福祉計画で取り入れられたほか，介護保険事業計画などでも活用されている技法である。

3 × 選択肢は**デルファイ法**の説明である。デルファイ（DELPHI）法とは，様々な専門家の意見を集約し，一定の合意を得ようとする技法で，「アンケート収斂法」ともいわれる。特定の被調査者に対し，一定期間をおいてアンケート調査を繰り返す方法で，パネル調査の一種である。

4 × 選択肢は**ブレインストーミング**の説明である。ブレインストーミングとは，小集団のメンバーがあるテーマをめぐって自由にアイデアや情報を出し合い，新たな独創的なアイデアを創造していく議論の技法であり，①批判禁止，②自由奔放，③多量提案，④結合改善の四つが基本的なルールとなる。

5 × 選択肢は**KJ 法**の説明である。KJ 法とは，現地調査（フィールドワーク）によって得られた様々な情報を分類・整理・統合するために，川喜田二郎によって開発された技法である。KJ 法は，地域社会の福祉ニーズの分類や解決すべき問題の整理，新しいアイデアの発想などに役立つため，福祉計画の領域でも用いられている。

解答 1

58 地域福祉と包括的支援体制

旧地域福祉の理論と方法・問題 40

事例を読んで，包括的な支援体制の構築に向けて，社会福祉協議会のＥ職員（社会福祉士）が行う支援の方針として，**適切なもの**を2つ選びなさい。

〔事　例〕

Ｐ地区では，Ｑ国の外国人居住者が増加している。Ｆさんは，Ｑ国の外国人居住者のまとめ役を担っており，Ｅのところに相談に訪れた。Ｆさんは，日常会話程度の日本語は話せるが，日本の慣習に不慣れなために，過去に近隣住民とトラブルが生じてしまい，地域で気軽に相談できる日本人がいない。Ｆさんを含めて，Ｐ地区で暮らす外国人の多くが，地域活動にはあまり参加していない状態で，地域から孤立しているようである。Ｅは，このような外国人居住者の社会的孤立の問題を解決するための対策を検討した。

1　Ｆさんらを講師として招き，地域で暮らす外国人居住者の暮らしや文化について，近隣住民が学ぶ機会を設ける。
2　日本語が上達できるよう，Ｆさんに日本語の学習教材を提供する。
3　外国人居住者が主体的に参加できるように，これまでの地域活動のあり方を見直す。
4　近隣住民と再びトラブルが生じることを避けるため，自治会長に外国人居住者に対する生活指導を依頼する。
5　外国人居住者に日本の文化や慣習を遵守させるため，地域のルールを作成する。

Point 地域共生社会の実現に向け，多様な文化的背景をもつ外国人に対する支援が課題となってきている。外国人が抱える課題は，教育，労働，医療，社会保障など複数の領域にわたり，多様で複雑である。支援にあたっては，単に情報提供だけに留まらず，異なる文化が背景にあることを理解しつつ，関係機関などにはたらきかけ，継続的に行う必要がある。地域をともにつくるという考え方がポイントとなる。

1　○　地域における外国人居住者とのトラブルの解決には，**異文化理解が重要になる**。外国人居住者に問題があると考えるのではなく，その人の国の暮らしや文化を理解するとともに，日本（あるいは当該地域）の文化とどのような違いがあるのかについて理解することが求められる。また，その際に，外国人居住者が講師の役割を担い，参加者である地域住民と交流する機会を設けられるような場を設定することが大切である。

2　×　近隣住民とのトラブルの解決には，相互理解が不可欠である。したがって，Ｆさんの日本語が上達すればトラブルが解決するとは限らない。Ｆさん**個人の言葉の問題としてとらえるのではなく**，他の外国人居住者も暮らす**Ｐ地区全体の課題であるととらえ**，地域住民との相互理解が図れるよう対応することが求められる。

3　○　事例から，Ｑ国の外国人居住者と地域住民の相互交流の機会が少ないことが考えられる。また，自治会活動や避難訓練等の地域活動に参加できていないかもしれない。すなわちＱ国の外国人居住者が地域から排除されがちな存在になっているのではないかと考えられる。したがって，これまでの地域活動のあり方を見直し，彼らが参加できる機会を設けることが大切である。

4　×　地域共生社会を目指した地域づくりを推進する中で，相互理解の機会を設定することなく，「生活指導」を行うということは一方的な対応であり，「ともに」**暮らしやすい地域づくりをするという趣旨にそぐわない**。

5　×　外国人居住者に対し日本の文化や慣習を「遵守させる」という姿勢ではなく，外国の文化を理解するとともに，日本（あるいは当該地域）の文化や慣習を説明するという姿勢を大切にし，**相互理解を深めるアプローチが大切である**。

解答　1　3

59 地域福祉と包括的支援体制

旧 地域福祉の理論と方法・問題 33

地域福祉に関連する法律，事業に規定されている対象に関する次の記述のうち，**正しいものを1つ選びなさい。**

1 ひきこもり支援推進事業の対象となるひきこもり状態にある者のひきこもりとは，「ひきこもりの評価・支援に関するガイドライン」によれば，原則的には2年以上家庭にとどまり続けていることをいう。

2 ヤングケアラー支援体制強化事業におけるヤングケアラーとは，家族への世話などを日常的に行っている18歳から39歳までの者をいう。

3 生活福祉資金の貸付対象における低所得世帯とは，資金の貸付けにあわせて必要な支援を受けることにより独立自活できると認められる世帯であって，必要な資金の融通を他から受けることが困難である者をいう。

4 生活困窮者自立支援法における生活困窮者とは，最低限度の生活を維持できていない者をいう。

5 日常生活自立支援事業の対象者とは，本事業の契約内容について理解できない者のうち，成年後見制度を利用していない者をいう。

（注）「ひきこもりの評価・支援に関するガイドライン」とは，厚生労働科学研究費補助金こころの健康科学研究事業（厚生労働省）においてまとめられたものである。

Point 地域福祉に関連する法律，事業に規定されている対象者の定義に関する出題である。ひきこもり，ヤングケアラー，低所得世帯，生活困窮者，権利擁護の対象者の定義を確認しておく必要がある。

1 × ひきこもりとは，**6か月以上家庭にとどまり続けている状態**を指す。「ひきこもりの評価・支援に関するガイドライン」では，「ひきこもり」を「様々な要因の結果として社会的参加（義務教育を含む就学，非常勤職を含む就労，家庭外での交遊など）を回避し，原則的には6ヵ月以上にわたって概ね家庭にとどまり続けている状態（他者と交わらない形での外出をしていてもよい）を指す現象概念である」と定義している。

2 × ヤングケアラーは，**家族への世話などを日常的に行っている18歳未満の者**を指す。ヤングケアラーに関する法令上の規定はないが，厚生労働省子ども家庭局長通知「ヤングケアラー支援体制強化事業実施要綱」の中で，「ヤングケアラーとは，一般に本来大人が担うと想定されている家事や家族の世話などを日常的に行っている児童（18歳未満の者）をいう」と明記される。ただし，同要綱では，支援が年齢により途切れてしまうことのないよう，18歳を超えた大学生であっても家庭の状況により通学することが困難な場合などは，適切な支援を行うことが重要であるとしている。

3 ○ 生活福祉資金の貸付けの対象となる低所得世帯は，資金の貸付けにあわせて必要な支援を受けることにより独力自活できると認められる世帯であって，必要な資金を他から借り受けることが困難な世帯を指す。生活福祉資金貸付の対象世帯は，低所得世帯に加え，障害者世帯（身体障害者手帳，療育手帳，精神障害者保健福祉手帳の交付を受けた者の属する世帯），高齢者世帯（65歳以上の高齢者の属する世帯）がある。

4 × 生活困窮者は，**最低限度の生活を維持することができなくなるおそれのある者をいう**。生活困窮者自立支援法第3条第1項では，生活困窮者を「就労の状況，心身の状況，地域社会との関係性その他の事情により，現に経済的に困窮し，最低限度の生活を維持することができなくなるおそれのある者をいう」と規定している。

5 × 日常生活自立支援事業の対象者は，**本事業の契約内容を判断できる能力を有していること**が前提である。2015年（平成27年）の「日常生活自立支援事業実施要領」のなかで，対象者を「判断能力が不十分な者（認知症高齢者，知的障害者，精神障害者等であって，日常生活を営むのに必要なサービスを利用するための情報の入手，理解，判断，意思表示を本人のみでは適切に行うことが困難な者をいう。）であること」かつ「本事業の契約の内容について判断し得る能力を有していると認められる者であること」のいずれにも該当する者と規定した。

解答 3

60 地域福祉と包括的支援体制

旧地域福祉の理論と方法・問題 37

事例を読んで，生活困窮者自立相談支援事業のＢ相談支援員（社会福祉士）の支援方針として，**最も適切なものを１つ**選びなさい。

〔事　例〕

Ｃさん（60 歳）は，一人暮らしで猫を多頭飼育している。以前は近所付き合いがあったが今はなく，家はいわゆるごみ屋敷の状態である。Ｂ相談支援員は，近隣住民から苦情が出ていると民生委員から相談を受けた。そこでＢがＣさん宅を複数回訪問すると，Ｃさんは猫を可愛がっており，餌代がかかるため，自身の食事代を切り詰めて生活していることが分かった。Ｃさんは，今の生活で困っていることは特になく，近隣の苦情にどのように対応すればよいか分からない，と言っている。

1　Ｃさんの衛生環境改善のため，市の清掃局にごみを強制的に回収してもらうことにする。
2　Ｃさんの健康のため，保健所に連絡をして猫を引き取ってもらうことにする。
3　Ｃさんの地域とのつながりを回復するため，苦情を言う住民も含めて，今後の関わり方を検討することにする。
4　Ｃさんの主体性を尊重するため，Ｃさんに積極的に関わることを控えることにする。
5　Ｃさんと地域とのコンフリクトを避けるため，引っ越しのあっせんを行うことにする。

Point 生活困窮者自立相談支援事業は「生活困窮者の自立と尊厳の保持」と「生活困窮者支援を通じた地域づくり」を目標としている。「生活困窮者の自立と尊厳の保持」では，本人の自己選択，自己決定を基本とし，本人の意欲や思いを重視する支援が重要であるとされており，それらが失われた状態にあるときには，それを取り戻すことができるよう支援することが求められている。「生活困窮者支援を通じた地域づくり」では，既存の社会資源の活用や新たな社会資源の開発・創造を通じて，本人が社会とのつながりを感じられるような地域や場をつくることが求められている。Ｃさんが自身の意欲や思いをもって生活を営めるような社会をつくるにはどうしたらよいかを考えれば，正解を選ぶことは容易だろう。

1　×　第三者からみて衛生環境に問題がある場合でも，本人はそれをごみだと認識していない場合もある。また衛生環境の保持が難しくなってしまった原因を突き止めなければ，ごみを撤去したとしても再び同じ状況に陥ってしまうかもしれない。したがって，**ごみを強制的に回収してもらうことは不適切である。**

2　×　多頭飼育崩壊の状態がみられた場合であっても，強制的にＣさんと猫を引き離すことは本人の自己選択，自己決定の原則に反する。この場合においても，なぜ飼育が困難な状況に陥ってしまったのかを明らかにすると同時に，動物愛護の観点からみて**飼育環境の改善が必要であることをＣさんに理解してもらう**必要がある。

3　○　Ｃさんが現在の居所で暮らし続けるためには，**近隣住民の理解・支援も重要となる。**ごみ屋敷問題をＣさん個人の問題として帰責せず，だれにでも起こりうる問題として理解してもらうために，「苦情」という形で意見を伝えてきた住民とも対話を重ね，Ｃさんに対する支援をともに考えていく取組みは有効である。

4　×　積極的な支援はパターナリスティックな介入に陥る可能性もあるが，社会とのつながりを回復し，そのつながりの中でＣさんが本人らしい生活を主体的に営めるよう，**積極的に関わることは可能である。**

5　×　**Ｃさんの居住・移転の自由が最優先で保障される必要があり，**コンフリクトの回避を目的とした引っ越しをあっせんすることは不適切である。ただしＣさんに対する支援として，引っ越しが本人の生活向上に資する選択肢であり，本人もそれを望んでいる場合には，住宅確保のための諸制度を活用し，自治体や不動産事業者，居住支援協議会等と連携して，住まいの確保を行うことも重要なソーシャルワークである。

解答 3

61 地域福祉と包括的支援体制

旧地域福祉の理論と方法・問題 35

社会福祉法に規定されている市町村による重層的支援体制整備事業に関する次の記述のうち，**正しいものを 1 つ**選びなさい。

1 重層的支援体制整備事業は，地域生活課題の解決に資する包括的な支援体制を整備するための事業である。

2 重層的支援体制整備事業は，市町村の必須事業である。

3 市町村は，重層的支援体制整備事業の実施にあたって，包括的相談支援事業，参加支援事業，地域づくり事業のいずれか一つを選択して，実施することができる。

4 重層的支援体制整備事業のうち，包括的相談支援事業は，住宅確保要配慮者に対する居住支援を行う事業である。

5 市町村は，重層的支援体制整備事業実施計画を策定しなければならない。

Point 「地域共生社会」の実現に向けた，2020 年（令和 2 年）の社会福祉法の改正によって創設された重層的支援体制整備事業に関する設問である。重層的支援体制整備事業の特徴は，介護，障害，子育て，生活困窮といった分野ごとの縦割りの相談体制では解決につながらないような複雑化・複合化する地域住民の生活上のニーズに対応するため，「属性を問わない相談支援」「参加支援」「地域づくりに向けた支援」の三つの支援体制を一体的に実施することとしている点にある。

1 ○ 重層的支援体制整備事業は，その制度の設計において「市町村において，すべての地域住民を対象とする包括的支援の体制整備を行う事業」をコンセプトとしており，事業実施主体である市町村，地域住民や地域の支援関係機関等が役割分担と協働を進めながら，**地域生活課題の解決に向けた包括的な支援体制を構築していくための事業である。**

2 × 重層的支援体制整備事業の実施にあたっては，「市町村は，地域生活課題の解決に資する包括的な支援体制を整備するため，(中略) 重層的支援体制整備事業を行うことができる」とされている（社会福祉法（以下，法）第 106 条の 4 第 1 項)。重層的支援体制整備事業は，事業実施主体である市町村と，地域住民や地域の支援関係機関等が，自分たちの地域の実情に合わせた支援体制の構築や，そのための各機関の役割分担と協働のあり方などについての議論を進めていけるような設計となっていることからも，実施を希望する市町村の手上げに基づく**任意事業**である。

3 × 重層的支援体制整備事業では，市町村全体の支援関係機関・地域の関係者が断らず受け止め，つながり続ける支援体制を構築することをコンセプトとしているため,「属性を問わない相談支援」「参加支援」「地域づくりに向けた支援」の三つの支援体制を**一体的かつ重層的に整備する**こととしている。

4 × 住宅確保要配慮者に対する居住支援については，**住宅確保要配慮者に対する賃貸住宅の供給の促進に関する法律（住宅セーフティネット法）**に基づき，住宅確保要配慮者の入居を拒まない賃貸住宅の登録制度，登録住宅の改修や入居者に対する経済的支援などの施策がとられている*。

5 × 重層的支援体制整備事業実施計画の策定は，**重層的支援体制整備事業を実施しようとする市町村の努力義務**である（法第 106 条の 5 第 1 項)。重層的支援体制整備事業実施計画は，その策定過程において，市町村が地域住民や支援関係機関その他の関係者との意見交換等を通じ，事業の理念や実施に向けた方向性についての共通認識を醸成するよう努めるものとされている。

解答 1

＊ 2024 年（令和 6 年）の社会福祉法の改正により，重層的支援体制整備事業における居住支援の強化が図られることとなり，市町村は，住宅セーフティネット法に規定する支援協議会等と緊密に連携しつつ，必要な支援を行うよう努めることとなった（2025 年（令和 7 年）4 月 1 日施行)。

62 地域福祉と包括的支援体制

旧 地域福祉の理論と方法・問題 41

事例を読んで，A市社会福祉協議会のG生活支援コーディネーター（社会福祉士）が提案する支援策等として，**適切なもの**を2つ選びなさい。

〔事　例〕

A市のUボランティアグループのメンバーから地域の空き家を活用した活動をしたいという相談があった。そこでGが「協議体」の会議で地区の民生委員に相談すると，その地区では外出せずに閉じこもりがちな高齢者が多いということであった。Gはグループのメンバーと相談し，そのような高齢者が自由に話のできる場にすることを目標に，週2回，通いの場を開設した。1年後，メンバーからは「顔馴染みの参加者は多くなったが，地域で孤立した高齢者が来ていない」という声が上がった。

1　地域で孤立していると思われる高齢者が，通いの場になにを望んでいるかについて，地区の民生委員に聞き取り調査への協力を依頼する。

2　通いの場に参加している高齢者に対して，活動の満足度を調査する。

3　孤立した高齢者のための通いの場にするためにはなにが必要かについて「協議体」で議論する。

4　孤立した高齢者が参加するという目標を，現在の活動に合ったものに見直す。

5　孤立している高齢者向けに健康体操等の体を動かすプログラムを取り入れる。

（注）　ここでいう「協議体」とは，介護保険制度の生活支援・介護予防サービスの体制整備に向けて，市町村が資源開発を推進するために設置するものである。

Point　生活支援コーディネーターは主に高齢者を対象とし，地域で社会資源の開発やネットワーク構築を実践しながら生活支援や介護予防サービスの体制整備を目指す。事例では，生活支援コーディネーターが地域福祉推進の担い手でもある民生委員から地域の情報を収集し，ボランティアグループの活動を活発にするために通いの場を開設するというように，社会資源を活用・開発する状況を読み取ることができる。なお，社会資源には，専門職や地域住民等の人材，施設・機関，ボランティア団体，サービス，情報，ネットワーク，財源などが含まれる。

1　○　事例は，閉じこもりがちな高齢者が多いことから通いの場を開設した結果，参加者は増えた一方で地域で孤立している高齢者の課題が解決されていないということを示している。民生委員は地域住民に身近な存在であり，閉じこもりがちな高齢者の状況を把握している可能性があることから，民生委員に聞き取り調査の協力を依頼することは適切である。

2　×　A市の事例では，閉じこもりがちな高齢者の参加を期待して通いの場を開設したにもかかわらず，彼らの利用がないという点が課題になっている。したがって，通いの場に参加している高齢者に対して満足度を調査するのではなく，地域で孤立している高齢者に対して，**参加していない理由やどのような機会を望んでいるのかについて，ニーズを把握する**ことが大切である。

3　○　協議体では，生活支援コーディネーターと生活支援・介護予防サービスの提供主体等によりネットワークを構築し，定期的な情報共有や地域課題の提起が行われる。生活支援コーディネーターには，地域の関係機関と連携し，情報を共有するとともに課題解決に向けたアプローチをすることが求められる。

4　×　地域で孤立している高齢者が自由に利用できるよう設置された場所が機能していない（参加してほしい人が利用していない）ということは，場の設定を見直す等の改善が必要になることが予測される。選択肢は，**すでに通いの場に参加している顔馴染みの高齢者たちに向けた見直しになっており，設置の趣旨から外れてしまう。**

5　×　地域で孤立している高齢者が通いの場に何を望んでいるのか，**そのニーズをいまだに把握していない状況で健康体操等のプログラムを取り入れることは，適切であるとはいえない。**

解答　1　3

63

障害者福祉

旧障害者に対する支援と障害者自立支援制度・問題 56

障害者等の法律上の定義に関する次の記述のうち，**最も適切なものを 1 つ選びなさい。**

1 「障害者虐待防止法」における障害者とは，心身の機能の障害がある者であって，虐待を受けたものをいう。

2 「障害者総合支援法」における障害者の定義では，難病等により一定の障害がある者を含む。

3 知的障害者福祉法における知的障害者とは，知的障害がある者であって，都道府県知事から療育手帳の交付を受けたものをいう。

4 発達障害者支援法における発達障害者とは，発達障害がある者であって，教育支援を必要とするものをいう。

5 児童福祉法における障害児の定義では，障害がある者のうち，20 歳未満の者をいう。

(注) 1 「障害者虐待防止法」とは，「障害者虐待の防止，障害者の養護者に対する支援等に関する法律」のことである。

2 「障害者総合支援法」とは，「障害者の日常生活及び社会生活を総合的に支援するための法律」のことである。

Point 障害児者の定義を正確に理解することは，法律の適用や支援策の実施において極めて重要である。障害者虐待防止法や障害者総合支援法，児童福祉法など，それぞれの法律において定義が異なるため，これらを注意深く読み解き，定義の違いを把握することが求められる。

1 × 障害者虐待防止法における障害者とは,「障害者基本法第 2 条第 1 号に規定する障害者をいう」と定義されており (同法第 2 条第 1 項), 障害者基本法第 2 条第 1 号において, 障害者とは,「身体障害, 知的障害, 精神障害 (発達障害を含む。) その他の**心身の機能の障害がある者であって，障害及び社会的障壁により継続的に日常生活又は社会生活に相当な制限を受ける状態にあるもの**をいう」と定義されている。

2 ○ 障害者総合支援法において，障害者とは，「身体障害者福祉法第 4 条に規定する身体障害者，知的障害者福祉法にいう知的障害者のうち 18 歳以上である者及び精神保健及び精神障害者福祉に関する法律第 5 条第 1 項に規定する精神障害者（発達障害者支援法第 2 条第 2 項に規定する発達障害者を含み，知的障害者福祉法にいう知的障害者を除く。）のうち 18 歳以上である者並びに**治療方法が確立していない疾病その他の特殊の疾病であって政令で定めるものによる障害の程度が主務大臣が定める程度である者であって 18 歳以上であるもの**をいう」と定義されている（同法第 4 条第 1 項）。

3 × **知的障害者福祉法では，知的障害者を定義していない。**また，療育手帳は，厚生省（当時）が 1973 年 (昭和 48 年) に発出した**通知「療育手帳制度について」がガイドラインとなっており**，この通知に基づき，各都道府県や指定都市が独自に判定基準や交付方法を定めて実施している。

4 × 発達障害者支援法において，発達障害者とは，「**発達障害がある者であって発達障害及び社会的障壁により日常生活又は社会生活に制限を受けるもの**をいう」と定義されている（同法第 2 条第 2 項）。なお，発達障害は，「自閉症，アスペルガー症候群その他の広汎性発達障害，学習障害，注意欠陥多動性障害その他これに類する脳機能の障害であってその症状が通常低年齢において発現するものとして政令で定めるものをいう」と定義されている（同法第 2 条第 1 項）。

5 × 障害児とは，「身体に障害のある児童，知的障害のある児童，精神に障害のある児童（発達障害者支援法第 2 条第 2 項に規定する発達障害児を含む。）又は治療方法が確立していない疾病その他の特殊の疾病であって障害者の日常生活及び社会生活を総合的に支援するための法律第 4 条第 1 項の政令で定めるものによる障害の程度が同項の主務大臣が定める程度である児童をいう」と定義されており（児童福祉法第 4 条第 2 項），また，同法において，**児童とは，「満 18 歳に満たない者」をいう**と定義されている（同条第 1 項）。

解答 2

64 障害者福祉

旧障害者に対する支援と障害者自立支援制度・問題 57

障害者福祉制度の発展過程に関する次の記述のうち，**最も適切なもの**を１つ選びなさい。

1 1949 年（昭和 24 年）に制定された身体障害者福祉法では，障害者福祉の対象が生活困窮者に限定された。

2 1987 年（昭和 62 年）に精神衛生法が精神保健法に改正され，保護者制度が廃止された。

3 2004 年（平成 16 年）に改正された障害者基本法では，障害者に対する差別の禁止が基本理念として明文化された。

4 2005 年（平成 17 年）に制定された障害者自立支援法では，利用者負担は所得に応じた応能負担が原則となった。

5 2011 年（平成 23 年）に障害者基本法が改正され，法律名が心身障害者対策基本法に改められた。

Point 障害者福祉制度の発展過程を問う本問題を解くにあたっては，歴史的な変遷を理解し，現行制度の基礎となっている理念や目的を把握することが重要となる。特に，障害者基本法は，障害者関連の諸法律の中心的な役割を果たしていることから，障害者基本法の理解を深めることは，障害者福祉制度全体の枠組みを把握する上で不可欠である。

1 ✕ 1949 年（昭和 24 年）に制定された身体障害者福祉法の，制定時における身体障害者の定義は，「別表に掲げる**身体上の障害のため職業能力が損傷されている 18 歳以上の者であって，都道府県知事から身体障害者手帳の交付を受けたもの**をいう」と規定されており（同法第 4 条），生活困窮者に限定されているわけではない。

2 ✕ 保護者制度は，**2013 年（平成 25 年）の精神保健福祉法の改正に伴い廃止された**。1987 年（昭和 62 年）の精神衛生法の改正ではない。保護者制度の廃止により，医療保護入院の要件が、精神保健指定医 1 名の診断及び家族等のうちいずれかの者の同意に変更され，また，医療保護入院者の退院を促進するため，病院の管理者には退院後生活環境相談員の設置等の義務が新たに課された（2014 年（平成 26 年）4 月 1 日施行）。なお，2022 年（令和 4 年）の改正により，家族等が同意又は不同意の意思表示を行わない場合に，市町村長の同意により医療保護入院を行うことができることとなった（2024 年（令和 6 年）4 月 1 日施行）。

3 ○ 2004 年（平成 16 年）に改正された障害者基本法では，障害者に対する差別の禁止が基本理念として明文化された。具体的には，「何人も，障害者に対して，障害を理由として，差別することその他の権利利益を侵害する行為をしてはならない」と規定された（同法第 4 条第 1 項）。

4 ✕ 2005 年（平成 17 年）に制定された障害者自立支援法では，利用者負担は**サービスの利用に応じた応益負担が原則**であった。その後，利用者の負担上限月額が大幅に引き下げられたため，実質的には利用者の能力に応じた負担となっていた。こうしたことを受け，2010 年（平成 22 年）に同法が改正され，「応能負担」の原則が採用された。

5 ✕ **1993 年（平成 5 年）に心身障害者対策基本法が改正され，法律名が障害者基本法に改められた**。これにより，従来の心身障害者に加え，精神障害により長期にわたり日常生活又は社会生活に相当な制限を受ける者についても，新たに「障害者」として位置づけられることとなった。なお，2011 年（平成 23 年）の改正では，「障害者」の定義に「社会的障壁」が新たに加えられ，社会モデルの考え方が条文上に明記されることとなった。

解答 3

65 障害者福祉

旧障害者に対する支援と障害者自立支援制度・問題 59

「障害者総合支援法」による自立支援医療に関する次の記述のうち，**正しいものを1つ**選びなさい。

1 自立支援医療の種類には，更生医療が含まれる。
2 自立支援医療の種類にかかわらず，支給認定は都道府県が行う。
3 利用者の自己負担割合は，原則として3割である。
4 精神通院医療では，精神障害者保健福祉手帳の所持者以外は支給対象とならない。
5 利用者は，自立支援医療を利用する場合には，自由に医療機関を選択できる。

Point 自立支援医療の目的と対象及び利用者負担について理解しておくことが求められる。自立支援医療は，心身の障害を除去，軽減するための医療について，医療費の自己負担額を軽減する公費負担医療制度である。年齢と障害の種類によって使えるものが異なるため，必ず，年齢と対象者をセットで理解することが求められる。利用者負担は，応能負担（所得に応じて，1か月あたりの負担額を設定）である。

1 ○ 自立支援医療の種類には，①**更生医療**（18歳以上の身体障害者手帳の交付を受けた者），②**育成医療**（18歳未満の身体に障害を有する児童），③**精神通院医療**（精神疾患を有する者で，通院による継続的な治療が必要な者）の三つがある。

2 × 障害者総合支援法（以下，法）第52条第1項において「自立支援医療費の支給を受けようとする障害者又は障害児の保護者は，市町村等の自立支援医療費を支給する旨の認定（以下「支給認定」という。）を受けなければならない」と規定されており，**更生医療と育成医療については，市町村が支給認定を行う**こととなっている一方で，**精神通院医療については，都道府県・指定都市が支給認定を行う**（障害者総合支援法施行令第3条）。

3 × 自立支援医療の利用者負担については，**応能負担**（所得に応じて1か月あたりの負担額を設定）の仕組みをとっている。したがって，原則3割負担ではなく，**世帯の所得状況等に応じて負担上限月額が決まる**。ただし，自己負担限度額が自立支援医療に要した費用の1割に相当する額を超えるときは，1割に相当する額を負担することとなる。なお，一定所得以上の世帯は自立支援医療の対象にならない。また，費用が高額な治療を長期間にわたり続けなければならず（これを「重度かつ継続」という），市町村民税課税世帯である場合，別に負担上限月額が定められている。

4 × 精神通院医療は，**精神障害者保健福祉手帳の所持の要件は規定されていない**。あくまでも，通院による精神医療を継続的に要する病状にある者がその対象となる。したがって，入院医療に係る費用は対象から外れることとなる。また，再発予防のため，なお通院治療を続ける必要がある場合も支給対象となる。

5 × 法第54条第2項において「市町村等は，支給認定をしたときは，主務省令で定めるところにより，都道府県知事が指定する医療機関（以下「指定自立支援医療機関」という。）の中から，**当該支給認定に係る障害者等が自立支援医療を受けるものを定める**ものとする」と規定されており，自立支援医療を利用する場合には，利用者が自由に医療機関を選択できるわけではない。また，市町村等は，支給認定をしたときは，支給認定を受けた障害者又は障害児の保護者に支給認定の有効期間，指定自立支援医療機関の名称等を記載した自立支援医療受給者証を交付しなければならない。

解答 1

66 障害者福祉

旧障害者に対する支援と障害者自立支援制度・問題 61

「障害者総合支援法」における障害支援区分に関する次の記述のうち，**最も適切なもの**を**１つ**選びなさい。

1 障害支援区分に係る一次判定の認定調査の項目は全国一律ではなく，市町村独自の項目を追加してもよい。

2 障害支援区分の認定は，都道府県が行うものとされている。

3 市町村は，認定調査を医療機関に委託しなければならない。

4 障害支援区分として，区分１から区分６までがある。

5 就労継続支援Ａ型に係る支給決定においては，障害支援区分の認定を必要とする。

Point 障害者総合支援法（以下，法）におけるサービス利用に係る手続きに関する問題である。申請から支給決定までの流れについて押さえておく必要がある。市町村は，サービスの利用の申請をした者（利用者）に，指定特定相談支援事業者が作成するサービス等利用計画案の提出を求め，これを勘案して支給決定を行うなど，介護給付と訓練等給付の支給プロセスの違いについて理解しておきたい。

1 × **一次判定（コンピュータ判定）では，全国一律の項目を使用する。**障害支援区分が公正・中立・客観的な指標であるために，一次判定は全国一律の項目によるコンピュータ判定とし，複数の有識者からなる市町村審査会による，障害者個別の状況を踏まえた総合的な判定を二次判定で行うというプロセスを経ることで質を担保している。一次判定では，認定調査の結果及び医師意見書の一部項目を踏まえ，一次判定用ソフトを活用して判定処理を行う。

2 × **障害支援区分の認定を行うのは，市町村である。**市町村は，支給決定の申請があったときは，「政令で定めるところにより，市町村審査会が行う当該申請に係る障害者等の障害支援区分に関する審査及び判定の結果に基づき，障害支援区分の認定を行うものとする」（法第 21 条第１項）と規定されている。

3 × 支給決定にあたり，市町村に申請がなされると，市町村による認定調査が行われる（法第 20 条第２項）。この場合において，市町村は，当該調査を指定一般相談支援事業者等に委託することができる（同項後段）。**医療機関に委託しなければならないという規定はない。**

4 ○ 障害支援区分とは，「障害の多様な特性や心身の状態に応じて必要とされる標準的な支援の度合いを表す６段階の区分（区分１～６：区分６の方が必要とされる支援の度合いが高い）」である（「障害福祉サービスの利用について」全国社会福祉協議会）。

5 × 訓練等給付対象である就労継続支援Ａ型に係る支給決定では，**障害支援区分の認定は行わない。**障害福祉サービスを利用しようとする場合，当該サービスが介護給付の対象なのか，訓練等給付の対象なのかで利用手続きが異なる。介護給付では利用に際してサービスごとに定められた区分以上の障害支援区分の認定が必要となるが，訓練等給付については原則として障害支援区分の認定は不要である。ただし，同行援護は介護給付の対象であるが，同行援護アセスメント調査票の基準を用いるため，障害支援区分の認定は，原則不要である。また，訓練等給付の対象である共同生活援助（グループホーム）のうち，入浴，排せつ又は食事等の介護を伴うものについては，障害支援区分の認定が必要となる。

解答 4

67 障害者福祉

旧就労支援サービス・問題 144

「障害者雇用促進法」に定める常用雇用労働者数 100 人以下の一般事業主に関する次の記述のうち，**最も適切なものを 1 つ**選びなさい。

1 障害者雇用納付金を徴収されない。

2 報奨金の支給対象とならない。

3 障害者に対する合理的配慮提供義務を負わない。

4 重度身体障害者及び重度知的障害者を雇用した場合，実雇用率の算定に際し 1 人をもって 3 人雇用したものとみなされる。

5 法定雇用率未達成の場合に，「対象障害者の雇入れに関する計画」の作成を命じられることはない。

（注）「障害者雇用促進法」とは，「障害者の雇用の促進等に関する法律」のことである。

Point 旧出題基準の「就労支援サービス」における障害者雇用にかかわる内容は，新出題基準では「障害者福祉」で取り扱われることになった。障害者に対する就労支援は，障害者の日常生活及び社会生活を総合的に支援するための法律（障害者総合支援法）と障害者雇用促進法に基づき行われているため，障害者総合支援法における就労支援サービスと障害者雇用促進法における雇用の仕組みを併せて学習することで，引き続き就労支援に関する領域に対応することができるようになる。法定雇用率は，障害者雇用納付金制度において企業が納付したり給付を受けたりする基準として運用されている。障害者雇用納付金制度は，障害者の雇用に伴う事業主の経済的負担の調整を図るとともに，全体として障害者の雇用水準を引き上げることを目的としている。雇用率未達成の事業主から納付金を徴収し，法定雇用率を達成している常用雇用労働者数が 100 人を超える事業主には調整金，常用雇用労働者数が 100 人以下で障害者を 4％又は 6 人のいずれか多い数を超えて雇用する事業主に報奨金が支給される。また，納付金を徴収する対象となるのは，常用雇用労働者数が 100 人を超える企業であり，100 人以下の企業からは徴収していない。

1 ○ 常用雇用労働者数が 100 人以下の企業は，障害者雇用納付金を徴収されない。

2 × 常用雇用労働者数が 100 人以下で，障害者を 4％又は 6 人のいずれか多い数を超えて雇用する事業主に**報奨金が支給される**。

3 × 障害者に対する合理的配慮の提供義務は**企業規模にかかわらず適用される**（障害者雇用促進法（以下，法）第 36 条の 2 ～ 4）。

4 × 重度身体障害者，重度知的障害者は 1 人を **2 人**としてカウントする。

5 × 厚生労働大臣は，法定雇用率未達成である企業に対して，**対象障害者の雇入れに関する計画の作成を命じることができる**（法第 46 条）。法の規定では，企業の規模に関する条件はない。

解答 1

68 障害者福祉

旧障害者に対する支援と障害者自立支援制度・問題 58

「障害者総合支援法」における指定特定相談支援事業所の相談支援専門員の役割に関する次の記述のうち，**最も適切なもの**を**1つ**選びなさい。

1 障害福祉サービスを利用する障害者等に対して，サービス等利用計画案を作成する。

2 障害福祉サービスを利用する障害者等に対して個別支援計画を作成し，従業者に対して，技術指導，助言を行う。

3 障害福祉サービスを利用する障害者等に対して，居宅において入浴，排せつ又は食事の介護等を行う。

4 一般就労を希望する障害者に対して，就業面と生活面の一体的な相談，支援を行う。

5 障害福祉サービスを利用する障害者等に対して，支給決定を行う。

Point 本問は，障害者総合支援法（以下，法）における指定特定相談支援事業所の相談支援専門員の役割を問う問題である。まず，「特定相談支援事業」ではどういうサービスを提供するのかを押さえる。あわせて，相談支援専門員の業務範囲をしっかりと理解することで解答ができる基本的な問題である。

1 ○ 法第5条第18項において，「この法律において「相談支援」とは，基本相談支援，地域相談支援及び計画相談支援をいい，（中略）「計画相談支援」とは，サービス利用支援及び継続サービス利用支援をいい，（中略）「特定相談支援事業」とは，基本相談及び計画相談支援のいずれも行う事業をいう」と規定されている。障害福祉サービスを利用する障害者は，サービス等利用計画案を支給決定機関である市町村に提出しなければならない。サービス等利用計画案を作成するのが，指定特定相談支援事業所の相談支援専門員の役割である。ただし，障害者自身が作成するサービス等利用計画（セルフプラン）の提出も認められている。

2 × 選択肢は，**サービス管理責任者の役割**である。障害福祉サービス事業所（居宅介護，重度訪問介護，行動援護，同行援護及び重度障害者等包括支援に係る事業所は除く）にはサービス管理責任者が必須配置である。サービス管理責任者は，障害福祉サービスを提供する事業所で利用者の自己決定権を尊重した上で，個別支援計画を作成し，事業所内の職員と連携を図るとともに，関係機関との連絡・調整を行う職種である。なお，児童福祉法に規定されている事業所の場合は，児童発達支援管理責任者が置かれる。

3 × 障害福祉サービスのうち，居宅において入浴，排せつ又は食事の介護等を行うのは，法第5条第2項に規定されている**居宅介護**である。**居宅介護の提供にあたる従業者は，介護福祉士等である。**

4 × 一般就労を希望する障害者に対して，就業面と生活面の一体的な相談，支援を行うのは，障害者の雇用の促進等に関する法律（障害者雇用促進法）に規定されている**障害者就業・生活支援センター**である。障害者就業・生活支援センターには就業支援担当者と生活支援担当者が配置され，一般就労を目指す障害者に就業面と生活面の一体的な支援を行っている。なお，障害者総合支援法に基づき，一般就労を希望する障害者に提供されるサービスには，就労移行支援がある。

5 × **支給決定は，障害者又は障害児の保護者の居住地の市町村が行う**（法第19条第2項）。支給決定を受けようとする障害者又は障害児の保護者は，市町村に申請しなければならない（法第20条第1項）。

解答 1

69 障害者福祉

旧障害者に対する支援と障害者自立支援制度・問題 60

事例を読んで，V相談支援事業所のK相談支援専門員がこの段階で紹介する障害福祉サービスとして，**最も適切なものを1つ選びなさい。**

〔事　例〕

Lさん（30歳，統合失調症）は，週1回の精神科デイケアを利用している。Lさんは，過去に何度かアルバイトをしたことはあるが，症状の再燃により，短期間で辞めていた。最近になって，症状が改善し，生活リズムも安定したことから，将来を見据えて一般就労を希望するようになった。ただし，自分の能力や適性がわからないため，不安が強い。Lさんの相談を受けたK相談支援専門員は，障害福祉サービスを紹介することにした。

1　就労継続支援A型
2　就労継続支援B型
3　就労移行支援
4　就労定着支援
5　職場適応援助者（ジョブコーチ）

Point 事例問題では，利用者の主訴を明確にとらえ，必要とするサービスや支援者と結びつけることが求められる。本事例の対象者は，精神科デイケアを利用している30歳の統合失調症のあるLさんで，V相談支援事業所のK相談支援専門員が，Lさんにふさわしい障害福祉サービスを紹介する場面である。Lさんの年齢，障害，これまでの状況と現在の生活及び本人の希望を踏まえて障害福祉サービスと結びつけることが問われている。

1 ×　就労継続支援A型は，**一般企業等への就労が困難な人を対象とするサービス**である。障害福祉サービスの利用者であると同時に，雇用契約を結ぶ労働者であるという二面性をもつ。Lさんは，「自分の能力や適性がわからないため，不安が強い」ものの，一般就労を希望している。したがって，この状況で就労継続支援A型を紹介することは，Lさんのニーズを満たしているとはいえず，適切でない。

2 ×　就労継続支援B型は，**一般企業等への就労が困難な人を対象**に，働く場を提供するとともに知識や能力の向上のために必要な訓練を行うサービスである。「一般就労を希望」しているLさんは「自分の能力や適性がわからないため，不安が強い」状況ではあるが，「症状が改善し，生活リズムも安定」しているため，一般企業等への就労が困難であると判断することは現状ではできない。そのため，就労継続支援B型を紹介することは適切でない。

3 ○　就労移行支援は，**一般企業等への就労を希望する人を対象**に，一定期間，就労に必要な知識，能力の向上のために必要な訓練を行うサービスである。Lさんは「一般就労を希望」しているが，「自分の能力や適性がわからないため，不安が強い」状況である。就労に必要な訓練を受けながら，自身に合った職種を探すことが，Lさんの課題解決につながるため，就労移行支援を紹介することは適切である。

4 ×　就労定着支援は，就労に向けた一定の支援を受けて**通常の事業所に新たに雇用された障害者を対象**として，就業に伴う生活面の課題に対応できるよう，事業所，家族等との連絡調整等の支援を行うサービスである。Lさんは，まだ就労に向けた支援を受けておらず，新たに雇用された状況ではないため，就労定着支援の対象にはならない。

5 ×　職場適応援助者（ジョブコーチ）は，**企業に雇用される障害者の職場適応**に向けて，障害者や事業主に対して，雇用の前後を通じて，障害特性を踏まえた専門的な援助を行う専門職である。Lさんは，まだ就労先が決まっておらず，この状況では，職場適応援助者（ジョブコーチ）を紹介してもLさんの主訴は解決しない。

解答 3

70 障害者福祉

旧障害者に対する支援と障害者自立支援制度・問題 62

事例を読んで，M相談支援専門員（社会福祉士）がこの段階で行う支援として，**適切なものを2つ**選びなさい。

〔事　例〕

軽度の知的障害があるAさん（22歳）は，両親と実家で暮らしている。特別支援学校高等部を卒業後，地元企業に就職したが職場に馴染(なじ)めず3か月で辞めてしまい，その後，自宅に引きこもっている。最近，Aさんは学校時代の友人が就労継続支援B型を利用していると聞き，福祉的就労に関心を持ち始めた。Aさんと両親は，市の相談窓口で紹介されたW基幹相談支援事業所に行き，今後についてM相談支援専門員に相談した。

1　友人と自分を比べると焦りが生じるため，自身の将来に集中するように助言する。
2　一般企業で働いた経験があるので，再度，一般就労を目指すよう励ます。
3　地域にある就労継続支援B型の体験利用をすぐに申し込むよう促す。
4　Aさん自身がどのような形の就労を望んでいるかAさんの話を十分に聞く。
5　Aさんの日常生活の状況や就労の希望について，両親にも確認する。

Point　基幹相談支援センターの相談支援専門員の対応に関する事例問題である。本問を解く前提として，障害福祉領域における就労支援のあり方及び相談支援体制について理解しておくことが求められる。これらは，国家試験において事例問題だけでなく知識を問う問題でも頻出のテーマである。それらを理解した上で，本事例における相談支援専門員の対応について検討する。市の相談窓口で紹介された基幹相談支援事業所におけるインテーク場面であることも踏まえて検討していくことが求められる。

1 ✕　Aさんは，一度は一般就労したものの3か月で退職し自宅に引きこもりの状態であったが，友人の話を聞き，一歩を踏み出そうとし始めているところである。**友人の話を聞き，前向きになっている**この状況はAさんにとって好ましい状況といえる。そのため，選択肢にあるように友人との比較がAさんの焦りの原因となると決めつけ，自身の将来に集中するように助言することは，相談支援専門員のかかわりとして適切ではない。

2 ✕　Aさんにとって地元企業に就職したものの職場に馴染めず辞めてしまったことは，つらい経験であったと考えられ，そのために引きこもり状態になってしまったと推察される。友人の話を聞き，福祉的就労に関心を持ち始めたAさんの前向きな姿勢を否定し，**現段階でつらい経験であった一般就労を再度目指すように励ますことは，本人の思いに寄り添った支援とはいえない。**

3 ✕　Aさんは友人が就労継続支援B型を利用していると聞き，福祉的就労に関心を持ち始めたばかりの段階にすぎない。まずは，Aさんの今の思いを丁寧に聴き取り，Aさんの思いを汲むことが重要である。その上で，就労継続支援B型を利用したいという希望があった場合であってもすぐに体験利用等に結びつけるのではなく，**さまざまな事業所の紹介や見学等を通じてAさんに合った事業所をともに探すといった丁寧なかかわりが望ましい。**

4 ○　Aさんは，福祉的就労に関心を持ったとあるものの，そのきっかけは友人が就労継続支援B型を利用しているという情報のみである。まずはAさん自身がどのような就労形態を望んでいるのかについて丁寧に聴き取りを行う必要がある。相談支援を行う上で，本人の希望を聞くことは大前提であり，本人の意思不在の状態で進めることはあってはならない。

5 ○　まずはAさん本人の意思を尊重することを前提として，ともに暮らす両親から現在のAさんの生活状況を聞くことは有益である。また，両親が就労についてどのような意向であるかを確認することも，その後の支援に齟齬を生じさせないためにも有益であるといえる。

解答　4　5

71 障害者福祉

旧就労支援サービス・問題 143

次の記述のうち，就労定着支援に関する説明として，**最も適切なものを１つ選びなさい。**

1 特別支援学校を卒業したばかりの新卒者の職場定着を支援する。
2 支援は，障害者が通常の事業所に雇用される前から開始される。
3 支援は，最大６か月間提供される。
4 支援の内容には，生産活動の機会の提供を通じて，知識及び能力の向上のために必要な訓練を供与することが含まれる。
5 支援の内容には，障害者が雇用されたことに伴い生じる日常生活又は社会生活を営む上での問題に関する相談，助言が含まれる。

Point 就労移行支援等を利用し，一般就労する障害者が増加する中，在職中の生活にかかわる支援のニーズが増大すると考えられている。「就労定着支援」は，そうした就労に伴う生活面の課題に対応できるよう，事業所や家族との連絡調整等の支援を一定期間行うサービスとして，2018 年（平成 30 年）の障害者の日常生活及び社会生活を総合的に支援するための法律の改正により創設された。就労移行支援事業所や生活介護事業所等は，利用者が一般就労した後に 6 か月間の職場定着支援を実施する努力義務がある。その期間を経過した後も在職中の生活にかかわる支援を必要とする場合に，就労定着支援としてサービスを利用することになる。

図　サービスの利用開始時期と定着支援のイメージ

	就職	利用開始	
就労移行支援 就労継続 A 型 就労継続 B 型	（努力）義務による職場定着支援（６月間）	就労定着支援期間 最大３年間	障害者就業・生活支援センター等による定着支援
生活介護 自立支援	努力義務による職場定着支援（６月間）	就労定着支援期間 最大３年間	障害者就業・生活支援センター等による定着支援

出典：社会保障審議会障害者部会（第87回）資料１「新サービスの基準について」p.8，2017年

1 ✕ 就労定着支援の対象者は，**生活介護，自立訓練，就労移行支援及び就労継続支援を利用し一般就労した障害者**である（障害者の日常生活及び社会生活を総合的に支援するための法律（以下，法）第５条第 15 項，同法施行規則第６条の 10 の２）。

2 ✕ 障害者本人の就労支援サービスは雇用前から始まっているものの，**就労定着支援が開始されるのは雇用後である。**就労に向けての支援を受けた障害者が一般就労した後，６か月間の定着支援期間（事業所の努力義務）を経て支援を受けることができる。

3 ✕ 支援期間は最大**３年間**である（障害者総合支援法施行規則第６条の 10 の３）。

4 ✕ 選択肢は，**就労移行支援**に関する説明である。就労定着支援とは，就労の継続を図るために必要な当該事業所の事業主，障害福祉サービス事業を行う者，医療機関その他の者との連絡調整その他の主務省令で定める便宜を供与することとされている（法第５条第 15 項）。

5 ○ 就労定着支援にあたっては，選択肢に示された支援のほか，障害者が新たに雇用された通常の事業所での就労の継続を図るために必要な当該事業所の事業主，障害福祉サービス事業者，医療機関その他の者との連絡調整が行われる。

解答 5

72 刑事司法と福祉

旧更生保護制度・問題 150

刑の一部の執行猶予制度に関する次の記述のうち，**正しいものを1つ**選びなさい。

1 本制度の導入により，検察官による起訴猶予の処分は廃止された。
2 本制度の導入により，執行する刑の全てを猶予する制度は廃止された。
3 本制度の導入により，釈放後の生活環境の調整をする制度は廃止された。
4 本制度の刑の一部の執行猶予期間は，刑期とともに判決時に言い渡される。
5 本制度において，保護観察が付されることはない。

Point 刑の一部の執行猶予制度の概要と同制度の導入による司法手続きについての知識を問う問題である。刑の一部の執行猶予制度とは，裁判所が3年以下の刑期の懲役刑又は禁錮刑*を言い渡す場合にその刑の一部について，1年から5年の間で執行を猶予することができるとする制度である。刑の一部の執行猶予については刑法第27条の2から第27条の7の内容を正確に理解し，更生保護法等関連する法律についても確認しておくことが求められる。

1 × 刑事訴訟法第248条により，犯人の性格，年齢及び境遇，犯罪の軽重及び情状並びに犯罪後の情況により訴追を必要としないときは，**公訴を提起しないことができる**と規定されている。

2 × 刑法第25条（刑の全部の執行猶予）により，これまでに懲役刑や禁錮刑*に処せられたことがないなど一定の条件を満たす場合に，3年以下の懲役又は禁錮*あるいは50万円以下の罰金の言い渡しを受けた者が，情状により，裁判が確定した日から1年以上5年以下の期間，**その刑の全部の執行を猶予することができる**と規定されている。

3 × 更生保護法第82条（収容中の者に対する生活環境の調整）において，保護観察所の長は，刑の執行のため刑事施設に収容されている者又は刑若しくは保護処分の執行のため少年院に収容されている者について，その社会復帰を円滑にするため必要があると認めるときは，その者の家族その他の関係人を訪問して協力を求めることその他の方法により，**釈放後の住居，就業先その他の生活環境の調整を行うことが規定されている**。

4 ○ 刑の一部の執行猶予が認められた場合は，**刑期とともにその刑の一部である執行を猶予する期間の判決が言い渡される**。一部執行猶予が認められなかった期間については実刑となって刑務所に収監されることになる。

5 × 刑法第27条の3（刑の一部の執行猶予中の保護観察）において，猶予の期間中保護観察に付することができると規定されている。

解答 4

＊ 2025年（令和7年）6月1日施行の改正刑法により，懲役と禁錮が一元化され，「拘禁刑」となる。

73 刑事司法と福祉

⑮更生保護制度・問題 147

☑☑☑

事例を読んで，この場合の仮釈放の手続きに関する次の記述のうち，**最も適切なもの**を**1つ**選びなさい。

〔事　例〕

裁判所の判決で3年の懲役刑を言い渡されて，刑事施設に収容されていたＪさんは，仮釈放の審理の対象となった。

1　仮釈放の要件として，刑の執行から最短でも2年を経過している必要がある。

2　仮釈放の要件として，改悛(かいしゅん)の状があることがある。

3　仮釈放を許す処分を決定するのは，地方裁判所の裁判官である。

4　仮釈放の対象となるのは，初めて刑事施設に入った者に限られる。

5　仮釈放の期間中，Ｊさんの希望により，保護観察が付される。

Point　仮釈放の手続きに関する知識について，事例に即して問う問題である。司法福祉領域においてソーシャルワーカーとして勤務する上で，仮釈放に関する知識の定着が求められよう。なお，試験範囲としても，仮釈放の対象・基準・期間・決定プロセス等は頻出項目であり，刑法及び更生保護法等の関連条文に基づいて，その内容を理解するとよいだろう。

1　✕　刑法第28条において，「懲役又は禁錮*に処せられた者に改悛の状があるときは，**有期刑についてはその刑期の3分の1**を，無期刑については10年を経過した後，行政官庁の処分によって仮に釈放することができる」と規定されている。Ｊさんは3年の懲役刑*のため，仮釈放の要件として，刑の執行から**1年**の経過が必要となる。

2　〇　刑法第28条において，**改悛の状が仮釈放の要件**として求められる。なお，改悛の状は，①悔悟の情がある，②改善更生の意欲がある，③再犯のおそれがない，④保護観察に付することが改善更生のために相当であると認めるとき，⑤社会の感情が仮釈放を是認すること，以上の5点が認められることをもって，それがあると判断される（犯罪をした者及び非行のある少年に対する社会内における処遇に関する規則第28条）。

3　✕　更生保護法第16条第1項において，仮釈放許可の審理を担当する機関として**地方更生保護委員会**が定められている。そのため，仮釈放を許す処分を決定するのも地方更生保護委員会である。

4　✕　刑法第28条において，仮釈放の対象は**「懲役又は禁錮*に処せられた者」**とされており，初めて刑事施設に入った者に限定されるわけではない。

5　✕　更生保護法第40条において**「仮釈放を許された者は，仮釈放の期間中，保護観察に付する」**と規定されている。そのため，その対象者の希望によって保護観察に付されるわけではない。

解答 2

＊　2025年（令和7年）6月1日施行の改正刑法により，懲役と禁錮が一元化され，「拘禁刑」となる。

74 刑事司法と福祉

旧更生保護制度・問題 148

保護司に関する次の記述のうち，**正しいものを１つ**選びなさい。

1 法務大臣から委嘱される。
2 検察官の指揮監督を受ける。
3 保護観察における指導監督の権限はない。
4 担当する事件内容によっては給与が支給される。
5 刑事施設収容中の者との面会は禁じられている。

Point 保護司は日本の更生保護制度の中核を担う存在の一つである。しかし，近年ではその数の減少が目立つ。また，保護観察対象者がもつ多様なニーズへの対応において困難に直面することが増えている。そのような課題に取り組む上で，保護司に対する周囲の理解を深めることが求められよう。なお，試験範囲としても，保護司の役割・処遇内容・現状等は頻出項目であり，保護司法や更生保護法等の関連条文を確認しながら，知識の定着を図ることが求められる。

1 ○ 保護司は，①人格及び行動について，**社会的信望**を有すること，②職務の遂行に必要な**熱意及び時間的余裕**を有すること，③**生活**が安定していること，④**健康で活動力**を有することという条件すべてを具備する者のうちから，法務大臣が委嘱するとされている（**保護司法第３条**）。

2 × 更生保護法第 32 条において，「保護司は，保護観察官で十分でないところを補い，**地方委員会又は保護観察所の長の指揮監督を受けて**，保護司法の定めるところに従い，それぞれ地方委員会又は保護観察所の所掌事務に従事するものとする」と規定されている。検察官からの指揮監督は受けない。

3 × 更生保護法第 61 条において，「**保護観察における指導監督**及び補導援護は，保護観察対象者の特性，とるべき措置の内容その他の事情を勘案し，**保護観察官**又は**保護司**をして行わせるものとする」と規定されている。そのため，保護司は指導監督の権限をもっている。

4 × 保護司法第 11 条第 1 項において，**「保護司には，給与を支給しない」**と規定されている。なお，同条第 2 項において，「保護司は，法務省令の定めるところにより，予算の範囲内において，その職務を行うために要する費用の全部又は一部の支給を受けることができる」と規定されていることにも注意したい。

5 × 保護司は更生保護法第 61 条に基づいて**補導援護**を行うが，その内容の一つに**「生活環境を改善し，及び調整すること」**（同法第 58 条第 5 号）がある。例えば，刑事施設収容中の者の改善更生を目的とした，退所後の生活環境調整の一環として収容中の面会が必要となる。保護司がその面会を禁じられていることはない。

表 保護司の主な活動

保護観察	更生保護の中心となる活動で，犯罪や非行をした人に対し，遵守事項を守るよう指導するとともに，生活上の助言や就労の援助などを行う。
生活環境の調整	少年院や刑務所に収容されている人が，釈放後に速やかに社会復帰を果たせるよう，釈放後の帰住先の調査，引受人との話し合い，就職の確保などを行って，必要な受入態勢を整える。
犯罪予防活動	犯罪や非行をした人の改善更生について地域社会の理解を求めるとともに，犯罪予防活動を促進する。

解答 1

75 刑事司法と福祉

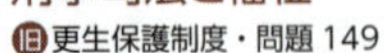

旧 更生保護制度・問題 149

事例を読んで，社会復帰調整官の対応として，**最も適切なもの**を**1つ**選びなさい。

〔事　例〕

精神保健観察中のKさんは，地域生活を送っている中で家族関係が悪化し，仕事にも行けなくなってきた。保護観察所は，関係機関の担当者とともにケア会議を開催し，Kさんの状態の情報共有と今後の処遇について話し合った。

1　Kさんが継続的に医療を受けるよう，保護司に指導を指示する。
2　指定通院医療機関への通院状況を確認する。
3　精神保健観察の期間延長を決定する。
4　指定入院医療機関に入院させることを決定する。
5　今回作成する処遇の実施計画の内容をKさんに秘匿することを決定する。

Point 保護観察所に配置される社会復帰調整官による精神保健観察についての知識を問う問題である。精神保健観察の目的を理解し，社会復帰調整官の業務，保護観察所の長によって行われる申立ての内容，地方裁判所によって決定されることなどについて整理しておきたい。

1　×　**精神保健観察における保護司の関与は認められていない**。精神保健観察は，社会復帰調整官が対象者の通院状況や生活状況を見守り，必要な助言指導等を行う（心神喪失等の状態で重大な他害行為を行った者の医療及び観察等に関する法律（以下，法）第106条）。

2　○　社会復帰調整官は精神保健観察として，**対象者が必要な医療を受けているかを把握することが業務となっている**ことから，まずはKさんの指定通院医療機関への通院状況を確認し，通院状況に応じて必要な対応をとることが最も適切である。

3　×　精神保健観察の期間延長は**地方裁判所**が決定する。地方裁判所は，通院決定又は退院許可決定がなされた日から起算して3年を経過する時点で，なお本制度による処遇が必要と認められる場合に，2年を超えない範囲で延長することが可能である（法第56条）。

4　×　指定入院医療機関への入院決定は**地方裁判所**が行う。Kさんの社会復帰を促進するために入院をさせて医療を受けさせる必要があると認めるに至った場合は，保護観察所の長が指定通院医療機関の管理者と協議の上，地方裁判所に対して入院の申立てを行う（法第59条，第61条）。なお，事例からKさんの病状の悪化やKさん自身が入院を希望している様子は読み取れず，指定入院機関への入院の決定は時期尚早であるといえる。

5　×　処遇の実施計画には，処遇の目標，本人の希望，通院による治療の方法や回数，社会復帰調整官の見守りの方法や回数，地域の支援者が援助する方法や回数，緊急時の対応などケア会議で話し合った内容が記載される（法第104条）。その内容については，**本人への十分な説明と理解が求められるもの**であり，秘匿することは適切でない。

解答 2

76 ソーシャルワークの基盤と専門職

旧相談援助の基盤と専門職・問題 91

社会福祉士及び介護福祉士法における社会福祉士の義務等に関連する次の記述のうち，**正しいものを1つ**選びなさい。

1　後継者の育成に努めなければならない。

2　秘密保持義務として，その業務に関して知り得た人の秘密は，いかなる理由があっても開示してはならない。

3　社会福祉士の信用を傷つけるような行為を禁じている。

4　社会福祉士ではなくとも，その名称を使用できる。

5　誠実義務の対象は，福祉サービスを提供する事業者とされている。

Point　社会福祉士は，社会福祉士及び介護福祉士法において定められている国家資格である。その資格の性質は，業務独占ではなく名称独占という位置づけにあるが，近年は社会福祉士の資格を有することを条件に雇用する施設・機関も少なくない。本問は，国家資格としての社会福祉士の法規定の中で，社会福祉士の負う義務等についての理解を確認する問題である。

1 × 社会福祉士及び介護福祉士法（以下，法）において，第 47 条の 2 に社会福祉士本人の資質向上の義務は規定されているが，**後継者の育成の規定はない**。あらゆる専門職において，新たな有資格者の育成，経験のある者からの技術継承などによる後継者育成は必要不可欠であり，社会福祉士も例外ではない。例えば，都道府県ごとの社会福祉士会などでは，年齢を超えた交流はもちろん，近年では試験対策講座なども行われ，後継者育成に関する活動が展開されてきている。

2 × 業務上知り得たことに関する秘密保持義務は，一人ひとりの生活や人生にもかかわる社会福祉士にとって欠かすことのできない義務である。法第 46 条には，「正当な理由がなく、その業務に関して知り得た人の秘密を漏らしてはならない」とあるが，**例えば，生命の危険があるなど支援の展開上正当な理由がある場合はその限りではない**。秘密保持義務は，社会福祉士ではなくなった後も適用される義務として定められている。

3 ○ 法第 45 条において，**信用失墜行為は禁じられている**。社会福祉士は，定められた機械的な業務を行う専門職ではなく，さまざまな状況にある人々に寄り添い，共に状況等の改善，さらには社会変革を図る専門職である。それゆえ，サービス利用者や当事者からの信頼，社会からの信頼は欠くことができない。一人ひとりの社会福祉士に，その自覚をもった行動が求められていることを忘れてはならない。

4 × 法第 48 条に，「**社会福祉士でない者は，社会福祉士という名称を使用してはならない**」と規定されている。また，この規定に違反した場合，30 万円以下の罰金に処せられると法第 53 条に規定されている。その他，秘密保持義務の違反に対して，懲役*や罰金などの罰則が規定されている一方で，信用失墜行為の違反に関しての罰則規定は設けられていない。

5 × 法第 44 条の 2 において，社会福祉士は一人ひとりの尊厳を保持し，サービス利用者や当事者の自立した日常生活を支えていくために，自らの業務に誠実であることが規定されている。この規定は，福祉サービスを提供する事業者単位ではなく，**個々の社会福祉士が守らなければならない義務**である。

解答 3

＊ 2025 年（令和 7 年）6 月 1 日施行の改正刑法により，懲役と禁錮が一元化され，「拘禁刑」となる。

77 ソーシャルワークの基盤と専門職

旧 相談援助の基盤と専門職・問題 93

「ソーシャルワーク専門職のグローバル定義」(2014 年) に関する次の記述のうち，**最も適切なものを 1 つ選びなさい。**

1 人間尊重，人間の社会性，変化の可能性の 3 つの価値を前提とした活動である。
2 人，問題，場所，過程を構成要素とする。
3 価値の体系，知識の体系，調整活動のレパートリーを本質的な要素とする。
4 ソーシャルワーク実践は，価値，目的，サンクション，知識及び方法の集合体である。
5 社会変革と社会開発，社会的結束，および人々のエンパワメントと解放を促進する。

(注)「ソーシャルワーク専門職のグローバル定義」とは，2014 年 7 月の国際ソーシャルワーカー連盟(IFSW) と国際ソーシャルワーク学校連盟 (IASSW) の総会・合同会議で採択されたものを指す。

Point 「ソーシャルワーク専門職のグローバル定義」(以下，定義) は，2014 年 7 月，メルボルンにおける国際ソーシャルワーカー連盟 (IFSW) 及び国際ソーシャルワーク学校連盟 (IASSW) の総会・合同会議において採択された。本定義には，定義に用いられる中核概念を説明し，ソーシャルワーク専門職の中核となる，任務・原則・知・実践について詳述するものである「注釈」がつけられている。なお，日本語訳は，2015 年 (平成 27 年) に社会福祉専門職団体協議会 (現・日本ソーシャルワーカー連盟) と日本社会福祉教育学校連盟 (現・日本ソーシャルワーク教育学校連盟) が協働で行ったものである。

ソーシャルワーク専門職のグローバル定義 (日本語版)

ソーシャルワークは，社会変革と社会開発，社会的結束，および人々のエンパワメントと解放を促進する，実践に基づいた専門職であり学問である。社会正義，人権，集団的責任，および多様性尊重の諸原理は，ソーシャルワークの中核をなす。ソーシャルワークの理論，社会科学，人文学，および地域・民族固有の知を基盤として，ソーシャルワークは，生活課題に取り組みウェルビーイングを高めるよう，人々やさまざまな構造に働きかける。この定義は，各国および世界の各地域で展開してもよい。

1 × 定義にはこのような記述はない。**ソーシャルワークの 3 つの価値前提**として「人間尊重」「人間の社会性」「変化の可能性」を示したのは，**ブトゥリム (Butrym, Z.)** である。

2 × 定義にはこのような記述はない。**パールマン (Perlman, H.)** は，著書『ソーシャル・ケースワーク』において，**ケースワークに共通する構成要素**として「人 (Person)」「問題 (Problem)」「場所 (Place)」「過程 (Process)」の四つをあげた。この構成要素は「四つの P」と呼ばれる。

3 × 定義にはこのような記述はない。**バートレット (Bartlett, H.)** は，著書『社会福祉実践の共通基盤』において，**ソーシャルワーク実践の共通基盤**として，「価値の体系」「知識の体系」「調整活動のレパートリー」が本質的な要素であると述べた。

4 × 定義にはこのような記述はない。**全米ソーシャルワーカー協会**は，1958 年にソーシャルワーク実践の基礎的定義において，**ソーシャルワーク**とは「価値」「目的」「サンクション」「知識」「方法」の諸要素から構成され，その全体がソーシャルワーク実践であると示した。

5 ○ 定義に示されているように，ソーシャルワークは，**社会変革と社会開発**，**社会的結束**，および**人々のエンパワメントと解放を促進する**，実践に基づいた専門職であり学問である。

解答 5

78 ソーシャルワークの基盤と専門職

旧相談援助の基盤と専門職・問題 94

障害者の自立生活運動に関する次の記述のうち，**適切なもの**を2つ選びなさい。

1 当事者が人の手を借りずに，可能な限り自分のことは自分ですることを提起している。

2 ピアカウンセリングを重視している。

3 施設において，管理的な保護のもとでの生活ができることを支持している。

4 当事者の自己決定権の行使を提起している。

5 危険に挑む選択に対して，指導し，抑止することを重視している。

Point 自立生活（Independent Living）運動（IL 運動）は，1962 年アメリカで大学に入学したロバーツ（Roberts, E.）が，重度障害のある自身の体験をもとに必要な障害学生支援をつくり出したことに始まる。IL 運動は，公民権運動や，ノーマライゼーションとともに全米に広がり，障害者の自己決定と選択権が最大限に尊重されている限り，たとえ全面的な介助を受けていても人格的には自立していると考え，自己決定を自立の中心的な価値として位置づけた。日本では 1970 年代から 1980 年代にかけて展開された。

1 × IL 運動の主張は，「重度の障害があっても，自分の人生を自立して生きる」ことにあり，当事者が自立的な生活を送るために必要な社会体制や意識の変革を求める社会運動である。自立生活の思想においては，**支援を受けることは障害当事者の主体性を損なうものではなく**，当事者自身が自立のための道を探り，必要なサービスを利用する考え方（自己決定）が基本となっている。

2 ○ ピアカウンセリングは，IL 運動で始められた取り組みであり，同じ背景をもつ仲間（ピア）が相互に平等な立場で話を聞き合い，きめ細やかなサポートによって地域での自立生活を実現する支援をすることである。**ピアカウンセリングの大きな目的は「障害者の自立」**である。なお，当事者自身がカウンセラーとなって当事者に対して行うもののみをピアカウンセリングという。

3 × IL 運動の主張は，介護を提供する側の都合で施設に収容され，管理的な保護のもとで送る生活を拒否することで，「重度の障害があっても自分の人生を自立して生きる」ことである。彼らが提唱した自立生活支援サービスの原則は，①障害者のニーズを知るのは障害者自身である，②障害者のニーズは多様なサービスを統合的に提供することで効果的となる，③**障害者はできるだけ地域社会に統合されるべきである**，の三つである。

4 ○ IL 運動で強調された考えは，「障害者の自己決定権と選択権が最大限に尊重されていれば，自立はあり得る」という障害者の新しい自立観である。これは，専門職が中心となっていた援助において，**自ら決定することが「自立」である**という概念をつくり出し，この考えが世界中の障害者の自立観を大きく変化させることになった。

5 × 専門家は障害者を守るために，危険だから外出させないなど，障害者の行動を制限しがちである。それに対して IL 運動では，障害者自身がリスクをおかす権利を主張し，専門家の保護管理の枠を超えて，**障害者自身が主体的に自己決定権を行使**できるよう訴えた。

解答 2 4

79 ソーシャルワークの基盤と専門職

旧相談援助の基盤と専門職・問題 95

ソーシャルワークを発展させた人物に関する次の記述のうち，**最も適切なもの**を**1つ**選びなさい。

1 レヴィ（Levy, C.）は，倫理とは，人間関係とその交互作用に対して価値が適用されたものであるとした。

2 トール（Towle, C.）は，ジェネラリストの観点からソーシャルワークの統合化を図り，ジェネラリスト・ソーシャルワークを提唱した。

3 アプテカー（Aptekar, H.）は，相互連結理論アプローチを提唱し，それぞれの理論は相互に影響を及ぼし合い，結びついていると論じた。

4 ジョンソン（Johnson, L.）は，社会的目標を達成するために不可欠な要素として，4つの基本的ニーズを提示した。

5 ターナー（Turner, F.）は，機能主義の立場に立ちつつ，診断主義の理論を積極的に取り入れ，ケースワークとカウンセリングを区別した。

Point ソーシャルワークの発展を検証するにあたっては，発展に寄与した人物の足取りとともに，ソーシャルワークはどのような独自性や固有性を提示し，問題解決に有効な専門性を発揮してきたのかを検証する必要がある。本問は，ソーシャルワークの理論と実践を結びつけるための探究を目的とする問題である。

1 ○ レヴィは，著書『ソーシャルワーク倫理の指針』において，**人間関係と人間交互作用に価値が適用されたものが倫理**であると規定し，倫理も選択されたものであるが，人間関係における行動に直接影響を及ぼす点に特色があると述べている。

2 × 選択肢は，**ジョンソン**の記述である。ジェネラリスト・ソーシャルワークとは，おおむね1990年代以降に確立した現代ソーシャルワーク理論の構造と機能の体系である。ジョンソンは，ソーシャルワーク理論であるジェネラリスト・ソーシャルワークの内容を体系的に示し，**ストレングスとエコシステムの視点を重視**した理論と実践を提唱した。

3 × 選択肢は，**ターナー**の記述である。ターナーは，ソーシャルワーカーがクライエントに最善の援助をするためには，クライエントの複雑・多様な問題状況に対して介入レパートリーが多様に用意されていることが必要であると論じ，**ソーシャルワーク実践に効用がある諸理論は相互に影響を及ぼし合い，結びついている**という相互連結理論アプローチを提唱した。

4 × 選択肢は，**トール**の記述である。トールは，社会的目標を達成するために不可欠な4つの基本的ニーズとして，**①身体的福祉－食物・居住・ヘルスケア，②情緒と知性の成長の機会，③他者との関係，④精神的な要求への対応**に焦点を当てるとともに，ケースワークと公的扶助の関係について論じた。

5 × 選択肢は，**アプテカー**の記述である。アプテカーは，ケースワークに内在する力動性の概念によって，診断主義と機能主義の両者の統合を試みた。また，カウンセリングには具体的なサービスは伴わず，一方のケースワークの展開には具体的なサービスが伴うと整理し，ケースワークとカウンセリングを具体的なサービスの有無によって区別した。

解答 1

80 ソーシャルワークの基盤と専門職

㊐相談援助の理論と方法・問題 112

「個人情報保護法」に関する次の記述のうち，**正しいものを１つ**選びなさい。

1　個人情報取扱事業者には，国の機関は除外されている。

2　本人の生命の保護に必要がある場合であっても，本人の同意を得ることが困難であるときは，個人情報を第三者に提供してはならない。

3　オンラインによる個人情報の提供は，ウイルスや不正アクセス等のリスクを伴うため禁止されている。

4　クレジットカード番号は，個人識別符号に含まれる。

5　事業者は，サービス利用者から本人のサービス記録の開示を求められた場合でも，これに応じる義務はない。

(注)「個人情報保護法」とは，「個人情報の保護に関する法律」のことである。

Point　個人情報保護法における個人情報の取り扱いや個人識別符号について問う問題である。個人情報保護法は，個人情報の取り扱いについて具体的に示した法律である。特に，利用者の個人情報の取り扱いに関する条文について理解する必要がある。

1　○　個人情報保護法（以下，法）では，個人情報取扱事業者を，「個人情報データベース等を事業の用に供している者をいう」と規定している。ただし，国の機関，地方公共団体，独立行政法人等，地方独立行政法人を除いている（法第 16 条）。

2　×　本人の生命の保護に必要がある場合で，本人の同意を得ることが困難なときは，**同意を得ずに第三者へ個人情報を提供することができる**。法第 27 条において，個人情報取扱事業者は，「あらかじめ本人の同意を得ないで，個人データを第三者に提供してはならない」とされている。ただし，「人の生命，身体又は財産の保護のために必要がある場合であって，本人の同意を得ることが困難であるとき」「公衆衛生の向上又は児童の健全な育成の推進のために特に必要がある場合であって，本人の同意を得ることが困難であるとき」などは本人の同意は不要である。

3　×　**オンラインによる個人情報の提供を禁止する規定はない**。しかし，「個人情報の保護に関する法律についてのガイドライン（通則編）」に，第三者提供に関するフローや講ずべき安全管理措置の内容が詳細に示されている。

4　×　クレジットカード番号は，**個人識別符号には含まれない**。クレジットカードや携帯電話番号は，さまざまな契約形態や運用実態があり，**およそいかなる場合にも個人を識別できるとは限らない**ためである。ただし，氏名等の他の情報と容易に照合することができ，特定の個人を識別することができる場合には，個人情報に該当するので注意が必要である。

5　×　事業者が，サービス利用者から記録の開示を求められた場合，**原則として応じる必要がある**。法第 33 条において「本人は，個人情報取扱事業者に対し，当該本人が識別される保有個人データの電磁的記録の提供による方法その他の個人情報保護委員会規則で定める方法による開示を請求することができる」と規定されている。ただし，①「本人又は第三者の生命，身体，財産その他の権利利益を害するおそれがある場合」，②「当該個人情報取扱事業者の業務の適正な実施に著しい支障を及ぼすおそれがある場合」，③「他の法令に違反することとなる場合」の三つのいずれかに該当する場合は，全部又は一部を開示しないことができる。

解答　1

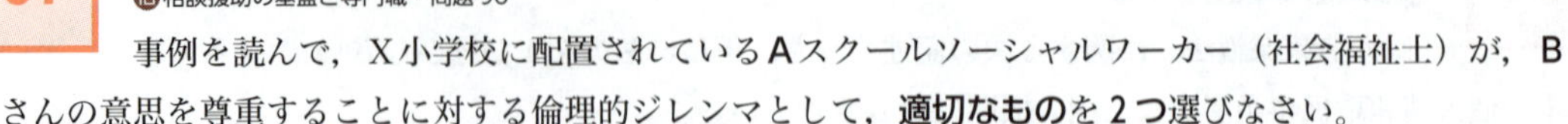

81 ソーシャルワークの基盤と専門職

旧相談援助の基盤と専門職・問題 96

事例を読んで，X小学校に配置されているAスクールソーシャルワーカー（社会福祉士）が，Bさんの意思を尊重することに対する倫理的ジレンマとして，**適切なもの**を**2つ**選びなさい。

〔事　例〕

Aは，2学期に入ったある日，暗い顔をしているBさん（小学5年生）に声をかけた。Bさんは，初めは何も語らなかったが，一部の同級生からいじめを受けていることを少しずつ話し出した。そして，「今話していることが知られたら，ますますいじめられるようになり，学校にいづらくなる。いじめられていることは，自分が我慢すればよいので，他の人には言わないで欲しい」と思いつめたような表情で話した。

1　クライエントの保護に関する責任
2　別の小学校に配置されているスクールソーシャルワーカーに報告する責任
3　学校に報告する責任
4　保護者会に報告する責任
5　いじめている子の保護者に対する責任

Point ソーシャルワーク実践において相反する複数の倫理的根拠が存在し，どれも重要だと考えられる場合，ソーシャルワーカーがどう対応すればよいか葛藤することを「倫理的ジレンマ」という。本問は，クライエントの自己決定の尊重について，スクールソーシャルワーカーの倫理的ジレンマを問う問題である。

1　○　Bさんの「自分が我慢すればよいので，他の人には言わないで欲しい」という言葉を自己決定の尊重や秘密保持の視点で受け入れることは，Bさんの生命や健康を大きく損なってしまい，クライエントの保護が果たせなくなる可能性が大きいと推察される。**スクールソーシャルワーカーは**Bさんの自己決定の尊重や秘密保持とBさんの保護に対する責任という**倫理的ジレンマに陥る**。

2　×　Bさんへの支援が始まる前の段階において，**他校のスクールソーシャルワーカーに報告する責任は生じない**ため，倫理的ジレンマは生じない。Bさんのその後の支援の展開について相談するということはあるかもしれないが，秘密保持の視点から，同じ専門職とはいえ，この段階での第三者への情報提供等は慎重に行うべきである。

3　○　Bさんの言葉をそのまま受け入れることは，組織・職場に対する倫理責任（最良の実践を行う責務）に反することとなり，「いじめ」という学校内の問題に対して向き合わないこととなる。**スクールソーシャルワーカーは**クライエントに対する責任と組織・職場に対する倫理責任という**倫理的ジレンマに陥る**。

4　×　支援が始まる前の段階であるため，**現時点で保護者会に報告する責任は求められない**。そのため倫理的ジレンマは生じない。

5　×　支援が始まる前の段階であるため，**いじめている子の保護者に対する責任は求められない**。そのため，倫理的ジレンマは生じない。

解答 1 3

82 ソーシャルワークの理論と方法

㊐相談援助の理論と方法・問題 98

ソーシャルワーク実践におけるシステム理論の考え方に関する次の記述のうち，**最も適切なものを1つ**選びなさい。

1 ピンカス（Pincus, A.）とミナハン（Minahan, A.）の実践モデルにおけるターゲットシステムは，目標達成のために，ソーシャルワーカーと協力していく人々を指す。

2 開放システムの変容の最終状態は，初期条件によって一義的に決定される。

3 システムには，他の要素から正負のフィードバックを受けることで，自己を変化・維持させようとする仕組みがある。

4 クライエントの生活上の問題に関し，問題を生じさせている原因と結果の因果関係に着目する。

5 家族の問題に対して，課題を個々の家族員の次元で捉え，個々人に焦点を当てたサービスを提供する。

Point ソーシャルワーク実践におけるシステム理論の考え方は，クライエント本人を含め，家族や集団，地域などの理解とソーシャルワーク実践の展開に活かされている。クライエント理解にあたっては，クライエントと家族の相互作用による影響や相互の役割関係，家族規範（ルール），家族システムの境界（開放の調整機能）などを確認する。また，クライエントの職場や学校内，さらに地域や周辺社会をシステムと捉えて理解する。ソーシャルワーク実践の展開では，ほかのスタッフや関係機関との連携，チームアプローチ体制をつくるためにシステム理論が活かされている。また，ピンカスとミナハンは，ソーシャルワーク実践を，①クライエント・システム，②チェンジ・エージェント・システム，③ターゲットシステム，④アクション・システム，の四つのシステムとして捉える実践モデルを提唱した。システム理論はジェネラリスト・ソーシャルワークの基盤となっているなど，ソーシャルワークにおいて重要な理論である。

1 × ターゲットシステムとは，**クライエントの目標達成に向けて，ソーシャルワーカーが影響を及ぼす必要のある対象（システム）**のことである。目標達成に向けて協力関係を結ぶ対象（システム）は，アクション・システムである。例えば，会社での業務内容が過重であったことが原因でうつ病になったクライエントへの支援で，会社の部署に業務内容の見直しを求める場合，その部署がターゲットシステムである。また，会社の産業医と連携を行う場合，その産業医はアクション・システムとなる。

2 × 変容の最終状態が，初期条件によって一義的に決定するのは，**閉鎖システム**である。閉鎖システムの例として，電池式の時計があげられる。電池容量が初期条件となり，時計が動く期間と最終的に時計が止まることが決まる。なお，**人や社会において閉鎖システムは存在しない**と考えられる。

3 ○ 選択肢のとおり。システムの特性として，他の要素からフィードバックを受け，維持（形態維持），若しくは変化（形態発生）するという機能がある。例えば，家族システムにおいて，働き手のけがにより収入額が減少した際に家族の工夫によって支出額を抑える調整が行われるのは形態維持の機能である。ほかのメンバーが新たに仕事を始めるなど家族システムを大きく変化させるのは形態発生の機能である。

4 × 問題を生じさせている原因と結果のように直線的な因果関係に着目する考え方は，**直線思考**と呼ばれ，システム理論の考え方ではない。

5 × **システム理論では，家族の問題に対して，家族間の相互作用によって結果的に問題が生じていると捉える**。課題を個々の家族員の次元で捉えることにとどまる考え方は，システム理論の考え方ではない。

解答 3

83 ソーシャルワークの理論と方法

旧 相談援助の基盤と専門職・問題 97

次の事例の場面において，複数のシステムの相互作用をもたらすシュワルツ（Schwartz, W.）の媒介機能を意図した支援として，**最も適切なもの**を**1つ**選びなさい。

〔事　例〕

自閉傾向のあるCさん（10歳）の母親が，市の子育て支援課の窓口に久しぶりに相談に来た。D相談員（社会福祉士）がCさんについて，この間の様子を聞いたところ，言語的なコミュニケーションは少ないが，最近は絵を描くことが好きになってきたとのことであった。

1 次回面接では親子で来所することと，Cさんの描いた絵を持ってくるよう依頼した。

2 親子で共通する話題や目的をつくるために，市主催のアートコンクールに出展する絵を描くよう勧めた。

3 絵によるコミュニケーションカードを親子で作成し，日常生活で使うよう勧めた。

4 市内にある大きな文房具店を紹介し，親子で一緒に絵を描く道具を見に行くことを勧めた。

5 障害児と親が活発に参加している絵画サークルに親子で参加し，児童や親達と交流することを勧めた。

Point シュワルツのグループワークにおける「相互作用（媒介）モデル」の理解がポイントとなる。シュワルツは，ソーシャルワーカーを「相互作用者」と表現しており，ソーシャルワーカーの媒介機能とはクライエントとシステムの双方にはたらきかけることで，両者の相互作用を促進させることであるとしている。それを踏まえて，選択肢をよく読んでいくことが求められる。

1 ✕ クライエントとシステムの相互作用にはたらきかけるのではなく，**支援者である相談員が直接はたらきかけようとしている**ため，媒介機能を意図した支援にはあたらない。

2 ✕ 相談員としての媒介機能には，出展する絵を描くよう勧めるというCさん親子へのはたらきかけだけではなく，**主催側の市へCさんのような児童の描く絵に対する理解を深めてもらえるようはたらきかけることが必要**となる。

3 ✕ コミュニケーションカードの作成は，家庭で行う取組みとしては有効であるものの，ほかのシステムとのかかわりをもてず，Cさんの自立支援につながらないため，媒介機能を意図した支援にはあたらない。

4 ✕ 絵を描く道具を見に行ったり，それを購入したりした後の支援をどう進めるかという視点が抜けている。絵を描くための準備を踏まえて**どういうシステムにはたらきかけるかが重要**となる。

5 ○ Cさんの成長に対してその後のビジョンを描き，他の障害児やその親と絵画サークルへの参加を通じてかかわることでCさんのさらなる成長が見込めることを期待して交流することを勧めている。Cさん親子と絵画サークルをつなぐ，**媒介機能を意図した支援**を提供している。

解答 5

84 ソーシャルワークの理論と方法

旧 相談援助の理論と方法・問題 99

ソーシャルワークの実践モデルに関する次の記述のうち，**最も適切なもの**を**1つ**選びなさい。

1 生活モデルは，問題を抱えるクライエントの人格に焦点を絞り，問題の原因究明を重視する。
2 生活モデルは，人と環境の交互作用に焦点を当て，人の生活を全体的視点から捉える。
3 治療モデルは，人が疎外される背景にある社会の抑圧構造に注目する。
4 治療モデルは，問題を抱えるクライエントのもつ強さ，資源に焦点を当てる。
5 ストレングスモデルは，クライエントの病理を正確に捉えることを重視する。

Point ソーシャルワークの実践モデルは，クライエントや支援対象に対する基本的な捉え方であり，ソーシャルワーク実践の基本的な考え方で，治療モデル，生活モデル，ストレングスモデルの順に発展してきた。治療モデル（医学モデル）は，リッチモンド（Richmond, M.）がソーシャル・ケースワークを理論化するために医学をモデルとしたことから名づけられた。特に精神分析の影響を強く受け，クライエントの精神面の課題に治療的な姿勢でかかわることが特徴である。生活モデルは，クライエントを治療対象とみるのではなく，主体的な生活者と捉えてクライエントと環境との最適化を目指すモデルで，ジャーメイン（Germain, C.）によって生態学を支柱とした体系化が行われた。ストレングスモデル（ストレングス視点）は，クライエントの「強さ」や「能力」に焦点を当てるモデルで，サリーベイ（Saleebey, D.）やラップ（Rapp, C.）の研究によるものが著名である。この考え方は，治療モデルや生活モデルにも活かされている。

1 × 生活モデルでは，問題の原因究明を重視するのではなく，**クライエントと環境の関係や交互作用の影響，またその全体に注目する**。

2 ○ 選択肢のとおり。生活モデルでは，クライエントの問題へのコンピテンス（対処能力）を高めること，およびクライエントのニーズに対する環境の応答力を高めることが行われる。

3 × 治療モデルにおいて，社会の抑圧構造など環境側の原因を考えることはない。治療モデルでは，**クライエントが抱える問題に焦点を当て，治療的な支援が行われる**。例えば，人前で話すことが苦手で克服したいと思っているクライエントに，話し方の訓練やリラックスできる方法を提供するなどである。

4 × 治療モデルでは，第一に治療を必要とする状況と捉え，問題の原因を明らかにして治療することに重点がおかれるため適切ではない。ただし，クライエントの強さや資源を大切にする視点はある。

5 × アセスメントを行い病理を正しく捉えることは，ストレングスモデルでも想定されるが，「重視する」という部分が誤りである。ストレングスモデルは，クライエントやその環境がもつ強さ，資源に焦点を当てる。例えば，クライエントが自身の病気を治療しようとしている場合，クライエントの病気に向き合おうとする姿勢，それを支える家族や友人といった資源に注目する。

解答 2

85

ソーシャルワークの理論と方法

㊐相談援助の理論と方法・問題 100

ソーシャルワークのアプローチに関する次の記述のうち，**最も適切なものを 1 つ**選びなさい。

1 機能的アプローチでは，4つのPを実践の構成要素として，クライエントのコンピテンス，動機づけとワーカビリティを高めることを目指す。

2 問題解決アプローチでは，女性にとっての差別や抑圧などの社会的現実を顕在化させ，個人のエンパワメントと社会的抑圧の根絶を目指す。

3 ユニタリーアプローチでは，ソーシャルワーカーが所属する機関の機能と専門職の役割機能の活用を重視し，クライエントのもつ意志の力を十分に発揮できるよう促すことを目指す。

4 実存主義アプローチでは，クライエントが自我に囚われた状態から抜け出すために，他者とのつながりを形成することで，自らの生きる意味を把握し，疎外からの解放を目指す。

5 フェミニストアプローチでは，システム理論に基づいて問題を定義し，ソーシャルワーカーのクライエントに対する教育的役割を重視し，段階的に目的を達成することを目指す。

Point ソーシャルワークは，社会学や心理学，精神医学などさまざまな学問から理論を取り入れ，またその時代の社会的背景にも影響を受けながら，多くのアプローチが成立し発展してきた。現代のソーシャルワークは，それらのアプローチを反映することで形成されているため，各アプローチを学ぶことがソーシャルワークの理解を深めることになる。

1 × 選択肢は，**問題解決アプローチ**の説明である。問題解決アプローチを提唱したパールマン（Perlman, H. H.）は，援助を必要とする個人（Person）が，社会的機能における問題（Problem）に，より効果的に対処できるように支援する福祉機関（Place）によって用いられる過程（Process）としてソーシャルケースワークを説明した。この説明要素は**4つのP**として表現されている。

2 × 選択肢は，**フェミニストアプローチ**の説明である。1960 年代のアメリカで，人種差別の撤廃を求める公民権運動に続き，福祉権運動，フェミニズム（女性運動）の気運が高まった。いずれも社会の主流や構造的な抑圧に声を上げ，当事者をエンパワメントする活動であるが，こうした背景からフェミニストアプローチが始まった。その実践は，個人に対する権利擁護とエンパワメントを進め，社会全体に向けて政治的な発信を行い，差別的な制度や仕組みの改善を求める幅広い活動である。

3 × 選択肢は，**機能的（機能主義）アプローチ**の説明である。ランク（Rank, O.）の意志心理学を中心理論としており，クライエントの問題解決に向け，受容と共感を基本とした側面的支援から福祉機関の機能（制度やサービスなど）をクライエントの意志によって主体的に活用できるように支援が行われる。

4 ○ 選択肢のとおり。実存主義アプローチは，実存主義哲学を基盤とした人間理解と援助観が特徴である。人は，主体的な個として選択の自由をもっている。しかし，生きる上で経験する苦悩や認めたくない現実をしばしば防衛的に避ける傾向があり，自由な選択が制限されている場合もある。実存主義アプローチでは，現実に目を向け，自己の存在や生きる意味を考えられるように支援が行われる。また，今・ここでの体験を重視し，他者との出会い，対話などが大切にされる。

5 × システム理論に基づいて問題を定義し，段階的に目的を達成することを目指すのは，**ユニタリーアプローチ**である。ただし，ユニタリーアプローチは，**クライエントに対する「教育的役割を重視」するわけではない**。ユニタリー（一元的）アプローチとは，それまで，ケースワーク，グループワーク，コミュニティオーガニゼーションと方法が分かれていたソーシャルワークをシステム理論を基盤として統合し，共通の目的，概念，戦略，行動などから再構成したアプローチである。強調している点は，クライエントが問題解決能力を高められるように，クライエントの参加を促進し，あらゆる場面において，知識（理論）と創意に基づく効果的な実践を行うことである。

解答 4

86 ソーシャルワークの理論と方法
旧相談援助の理論と方法・問題 101

事例を読んで，就労継続支援B型事業所のE職員（社会福祉士）が，クライエントに危険が及ぶような行動を減らすために，行動変容アプローチを応用して行う対応として，**最も適切なものを1つ**選びなさい。

〔事　例〕

知的障害があるFさん（20歳）は，作業中に興味があるものが目に入ると勢いよく外に飛び出してしまうことや，作業時間中でも床に寝転がること等の行動が度々あった。寝転がっているところに起き上がるよう声かけを行うと，引っ張り合いになっていた。Fさんのこれらの行動は，職員や仲間からの注目・関心を集めていた。そこで，Eは，Fさんが席に座って作業を継続することを目標行動にして支援を開始した。

1　Fさんが何かに気を取られて席を立つたびに，報酬を与える。
2　支援を始めて1か月後に，目標行動の変化を評価しベースラインをつける。
3　不適切行動のモデリングとして，職員が寝転がって見せる。
4　作業が継続できるたびにベルを鳴らし，ベルの音と作業を条件づける。
5　寝転がる前の先行条件，寝転がった後の結果といった行動の仕組みを分析する。

Point 本問題は，クライエントに危険が及ぶような行動を減らすために，行動変容アプローチを応用して行う対応を問うものである。行動変容アプローチは，行動療法の知見をソーシャルワークに導入・援用したものである。いわゆる学習理論を基盤にしているが，レスポンデント条件づけやオペラント条件づけ，社会的学習理論，さらには，思念や信念といった認知的側面を強調した認知行動療法による知見が折衷・統合的に導入されている。

1 ✕ 報酬や罰を与え，自発される行動の結果を操作し，行動の頻度を変化（促進・抑制）させることをオペラント条件づけというが，本事例は，Fさんが席に座って作業を継続することを目標行動にしている。したがって，Fさんが何かに気を取られて席を立つたびに，報酬を与えることは，**席を立つという行動を促進する**ことになるため，適切でない。

2 ✕ 行動変容アプローチの展開は，基本的にはソーシャルワークの展開過程（課題解決の過程）と同様だが，アセスメントの着眼点やその方法，目標設定や介入技法，また評価方法に特徴がある。特徴の一つがベースライン測定である。ベースライン測定とは，その行動が通常ではどれくらいの頻度で起こるのか測定することで，**アセスメントの際に行われる**ため，適切でない。

3 ✕ モデリング（観察学習）とは，人は，他者を観察・模倣することで行動を学習し，それが定着するという社会的学習理論に基づき，**学習すべき行動を示す**具体的方法である。本事例では，「席に座って作業を継続すること」が目標行動であるため，適切でない。

4 ✕ 行動変容アプローチは，行動の消去あるいは強化により，**適応行動を増やし，問題行動を減少させる**。「作業が継続できるたびにベルを鳴らす」のは，行動を消去あるいは強化する報酬・刺激としてふさわしいとはいえず，適切でない。

5 ○ 行動変容アプローチでは，アセスメントの際，その行動が起こる仕組みを分析する。これを機能分析という。機能分析にあたっては，**①先行条件**（その行動が起こる前はどのような状況であったのか），**②行動**（どのような行動が起こったのか），**③結果**（どのような結果になったのか）を検討する。機能分析の結果を踏まえ，介入技法を選択し，選択された介入技法をどのように用いるか，計画を立案することになる。したがって，選択肢は支援を開始する際の対応として適切である。

解答 5

87 ソーシャルワークの理論と方法

旧 相談援助の理論と方法・問題 115

✓✓✓

事例を読んで，Aスクールソーシャルワーカー（社会福祉士）の解決志向アプローチに基づく問いかけとして，**適切なもの**を**2つ**選びなさい。

〔事　例〕

Bさん（高校1年生）は，父親，弟（小学4年生），妹（小学1年生）の4人家族である。父親は長距離トラックの運転手で，Bさんは長女として家事と弟妹の世話を引き受けている。ある日，Aスクールソーシャルワーカーに，「家族のためにやれることをやるのは当然だし，喜んでもらえるのもうれしい。でも毎日勉強とバイトと家事で精一杯。これ以上はもう無理かも…」とつぶやいた。AはこれまでのBさんの頑張りをねぎらいながら，以下の問いかけをした。

1 「もし奇跡が起こって何もかもうまくいくとしたら，どうなると思いますか？」
2 「最悪な状況を0，何もかも解決したのが10なら，今は何点になりますか？」
3 「Bさんが『もう無理かも』と思ったのは，どのようなときですか？」
4 「Bさんが想像する，最悪の事態はどのようなものでしょうか？」
5 「今，Bさんが抱える状況の根本の原因は何だと思いますか？」

Point 解決志向アプローチに基づく問いかけについて問う問題である。解決志向アプローチはバーグ（Berg, I. K.）とシェザー（Shazer, S. D.）によって提唱されたソーシャルワークのアプローチである。クライエントが抱える問題やその原因，改善すべき点を追究するのではなく，解決に役立つ「リソース＝資源（能力，強さ，可能性等）」に焦点をあて，それを有効に活用することに注目したものである。こうしたソーシャルワークのアプローチの理論的な理解に加え，実践での対応方法を覚えておくとよい。

1 ○ 「奇跡が起こって何もかもうまくいくこと」を考えさせる問いかけで，解決志向アプローチにおけるミラクル・クエスチョンに該当する。**未来の解決場面を想起させ，人等への新たな意味づけや行為選択の可能性を広げる**ものとなっている。

2 ○ 「解決を想定した場合の今」を考えさせる問いかけで，最悪な状態を0，何もかも解決した状態を10などと**数値化・点数化することによって，問題の達成度を自覚させる**。これは，解決志向アプローチにおけるスケーリング・クエスチョンである。

3 × 「『もう無理かも』と思ったとき」を考えさせる問いかけである。解決志向アプローチでは「あなたはもっとよくなれる」「あなたは変わることができる」というように，**問題解決に向けた肯定的な言葉を伝えることで，よい変化を起こそうとする**。解決志向アプローチには，クライエントが問題を抱えて解決不能と思っている場合，意識化されていない過去の対処能力を有するできごとを浮上させ，その解決法を現在の問題解決に利用するエクセプション・クエスチョンがある。

4 × 「最悪の事態」を考えるよう問いかけている。選択肢3の解説に示したように，解決志向アプローチでは，**問題解決に向けた肯定的な言葉を伝えることで，よい変化を起こそうとする**。解決志向アプローチには，クライエントを尊重して質問することで，これまで解決の糸口がなかなか見出せないとき，気づかなかった具体的な問題解決の対処法を引き出すためのコーピング・クエスチョンがある。

5 × 「根本の原因」を考えるよう問いかけている。解決志向アプローチでは問題の原因を追究しない。**問題の起こっていない例外を見出すことで解決の手がかりを探る**アプローチである。

解答 1 2

88 ソーシャルワークの理論と方法

旧 相談援助の理論と方法・問題 102

事例を読んで，乳児院のG家庭支援専門相談員（社会福祉士）が活用するアセスメントツールに関する次の記述のうち，**最も適切なものを1つ**選びなさい。

〔事　例〕

一人暮らしのHさんは，慢性疾患による入退院を繰り返しながら出産したが，直後に長期の入院治療が必要となり，息子は乳児院に入所となった。Hさんは2か月前に退院し，職場にも復帰したので，息子と一緒に暮らしたいとGに相談した。ただ，「職場の同僚ともうまくいかず，助けてくれる人もいないので，一人で不安だ」とも話した。そこでGは，引き取りに向けて支援するため，アセスメントツールを活用することにした。

1　同僚との関係を整理するために，ジェノグラムを作成する。
2　息子の発育状況を整理するために，エコマップを作成する。
3　周囲からのサポートを整理するために，エコマップを作成する。
4　自宅周辺の生活環境を整理するために，ソシオグラムを作成する。
5　Hさんの病状を整理するために，ソシオグラムを作成する。

Point アセスメントツールに関する問題である。アセスメントとは，支援の開始にあたって事前評価を行う段階をいい，ソーシャルワーカーは，クライエントの状況を把握するために情報収集と分析を行う。情報収集はクライエント本人と家族，関係者，コミュニティなどから行い，それらを総合的に検討してサービス内容を判断する。アセスメントは，支援プロセスの進行やクライエントの変化に伴って展開する動的なプロセスであり，必要に応じて図式によるマッピング技法を使用する。

1 ✕　ジェノグラムは，**クライエントを含む複数世代（3世代以上）の家族の関係性を図式化したもの**である。同僚との関係を整理するには不適切である。

2 ✕　息子の発育状況を整理するには，ジェノグラムに家族内の特定の関心事や問題状況を書き入れた**ファミリーマップ**を作成することが適切である。

3 ○　周囲からのサポートを整理するには，クライエントと家族，周囲の人々，社会資源などとのかかわりを円や線，矢印を用いて表すエコマップを作成することが適切である。

4 ✕　自宅周辺の生活環境を整理するには，**地域アセスメント**を行うことが適切である。

5 ✕　ソシオグラムは，**小集団における人間関係の構造，関係のパターンを図式化したもの**である。Hさんの病状を整理するには不適切である。

解答 3

89 ソーシャルワークの理論と方法

旧 相談援助の理論と方法・問題107

次の記述のうち，ケアマネジメントの一連の過程における再アセスメントに関するものとして，**最も適切なものを1つ**選びなさい。

1 サービスを新たに開始するために，クライエントの望む生活に向けた目標を設定し，その実現に向けて支援内容を決定した。

2 クライエントの生活状況の変化によるサービス内容の見直しのために，新たに情報収集し，課題の分析を行った。

3 クライエントの課題が解決したため，ケアマネジメントを終了することを確認した。

4 クライエントになる可能性のある人の自宅やその地域を訪問し，ニーズを把握した。

5 サービスの終結をした者から，新たにサービス利用の申し出があったため，情報の収集を行った。

Point ケアマネジメントの一連の過程における再アセスメントの概要について問う問題である。ケアマネジメントとは，クライエントの状態像やおかれている状況を把握した上で，地域における長期的なケアを必要とする複雑なニーズを満たすことを目的として，各種のサービス（社会資源）を調整・統合する方法である。クライエントの状況変化に合わせて，提供するサービス（社会資源）を変更していく一連の支援は，一定のプロセスをもとに展開していく。ケアマネジメントの展開過程は，ソーシャルワークの展開過程と基本的に同様で，①インテーク，②アセスメント，③ケアプランの作成，④ケアプランの実施，⑤モニタリング，⑥再アセスメント，⑦終結，と循環的に展開していく。試験対策にあたっては，各過程における業務の内容や具体的な方法，それぞれの展開過程における特徴や留意事項などを理解することが重要である。

1 × **ケアプランの作成**の説明である。ケアプランの作成とは，情報収集やアセスメントで得られた情報をもとに，明らかになった生活課題を解決するため，利用するサービスの種類や支援内容などの具体的な計画を策定することである。

2 ○ 適切である。再アセスメントとは，モニタリングの過程において，ニーズと実施しているサービス内容に不適合がある場合，ケアプランの見直しを図るために，新たに情報を収集して，課題の分析を行うことである。

3 × **終結**の説明である。終結とは，提供したサービス内容が適切であり，クライエントの課題が解決された場合に，再アセスメントが行われず，ケースが終結に向かうことである。

4 × **アウトリーチ**の説明である。アウトリーチとは，相談援助機関に持ち込まれる相談を待つのではなく，クライエントの生活する地域社会に出向き，ケアマネジメントの対象となるかどうかを検討し，必要に応じて相談援助を展開することである。ケアマネジメントの一連の過程の前に行われ，問題が顕在化しているクライエントだけでなく，潜在的なニーズをもっている人も対象となる。

5 × サービスを新たに開始するための情報収集は，**アセスメント**である。

解答 2

90 ソーシャルワークの理論と方法

旧相談援助の理論と方法・問題 103

ソーシャルワークのプランニングにおける，目標の設定とクライエントの意欲に関する次の記述のうち，**最も適切なもの**を**1つ**選びなさい。

1 ソーシャルワーカーが，独自の判断で高い目標を設定すると，クライエントの意欲は高まる。

2 クライエントが自分でもできそうだと思う目標を段階的に設定すると，クライエントの意欲は低下する。

3 クライエントが具体的に何をすべきかがわかる目標を設定すると，クライエントの意欲が高まる。

4 クライエントにとって興味がある目標を設定すると，クライエントの意欲は低下する。

5 最終的に実現したい生活像とは切り離して目標を設定すると，クライエントの意欲が高まる。

Point ソーシャルワークのプランニングにおける，目標の設定とクライエントの意欲に関する問題である。プランニングとは，クライエントの援助計画の策定のために，具体的にサービスを検討する段階をいい，ソーシャルワーカーは，アセスメントに基づいて，クライエントと協働して援助計画を作成する。援助計画は，解決可能な課題を重視し，起こり得るリスクへの対応を踏まえて策定する。プランニングにあたっては，クライエントが有意義な自己決定をできるよう，クライエントの意思や感情を尊重しなければならない。

1 × ソーシャルワーカーは，アセスメントに基づき，**クライエントと協働して目標を設定する**ことが求められているため，適切でない。

2 × クライエントが自分でもできそうだと思う目標を段階的に設定すると，**クライエントの意欲が高まる**ため，適切でない。

3 ○ プランニングは，具体的にサービスを検討する段階である。クライエントが具体的に何をすべきかがわかる目標を設定することは，**クライエントの意欲が高まる**ことになるため，適切である。

4 × クライエントにとって興味がある目標を設定すると，**クライエントの意欲が高まる**ため，適切でない。

5 × 最終的に実現したい生活像とは切り離して目標を設定すると，**クライエントの意欲は低下する**ため，適切でない。

解答 3

91 ソーシャルワークの理論と方法

旧 相談援助の理論と方法・問題 104

次の事例は，在宅療養支援におけるモニタリングの段階に関するものである。この段階における J医療ソーシャルワーカー（社会福祉士）の対応として，**適切なもの**を2つ選びなさい。

〔事　例〕

Kさん（60歳）は，呼吸器機能に障害があり病院に入院していたが，退院後には自宅で在宅酸素療法を行うことになった。Kさんとその夫は，在宅療養支援診療所のJと話し合いながら，訪問診療，訪問看護，訪問介護等を導入して自宅療養体制を整えた。療養開始後1か月が経ち，Jはモニタリングを行うことにした。

1　Kさんに「自宅での療養で困っていることはありますか」と聞き，新たな要望やニーズの有無を確認する。

2　Kさんの夫に「病気になる前はどのように暮らしていましたか」と聞き，Kさんの生活歴を確認する。

3　訪問介護員に「医療上，何かすべきことはありますか」と医療的ケアの課題を確認する。

4　主治医に「入院前の病状はいかがでしたか」と過去の治療状況を確認する。

5　訪問看護師に「サービス実施状況はどうですか」と経過や課題を確認する。

Point 呼吸器機能に障害のあるKさんが退院した後の自宅療養体制の経過を観察し，モニタリングする段階におけるソーシャルワーカーの機能について問う問題である。モニタリングの段階では，クライエントや家族にとっての不都合やサービス提供に関する支障が確認された場合には，再アセスメントを行い，支援計画を見直す。モニタリングでは，クライエントとその家族だけではなく，サービスを提供する側の専門職も対象となる。J医療ソーシャルワーカーには，クライエントのニーズや意見を代弁し擁護するアドボカシー機能を発揮し，クライエントやその家族及び他の専門職と協働して課題に取り組めるようなパートナーシップの構築が求められる。

1 ○ **モニタリング**では，KさんやKさんの家族との面接や家庭訪問などを通して十分な聞き取りを行い，サービス実施の状況を把握した上で，新たな要望やニーズを確認することが求められる。

2 × 生活歴の確認は，**アセスメント**の段階で行われる。アセスメントの段階では，Kさんの退院後の支援計画を立てるために，Kさんの生活歴（心身の状態，自宅家屋の状況，経済的状況，家族及び地域との関係など）を査定することが求められる。Kさんだけでなく，Kさんにとって重要な他者であるKさんの夫の生活歴に関する情報を集めることも求められる。

3 × 選択肢は，**アセスメント**の段階に関する記述である。ただし，医療的ケアの課題については訪問介護員ではなく，**医師**に確認すべきである。

4 × 過去の治療状況の確認は，**アセスメント**の段階で行われる。Kさんの退院後の支援計画を立てるために，入院前のKさんの病状や過去の治療状況を医師に尋ねることは，自宅療養体制を整えるために不可欠である。

5 ○ **モニタリング**では，カンファレンス等で訪問看護師とともに介入後の経過を確認し，KさんとKさんを取り巻く環境に関する情報を共有することが求められる。

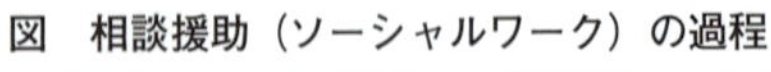
図　相談援助（ソーシャルワーク）の過程

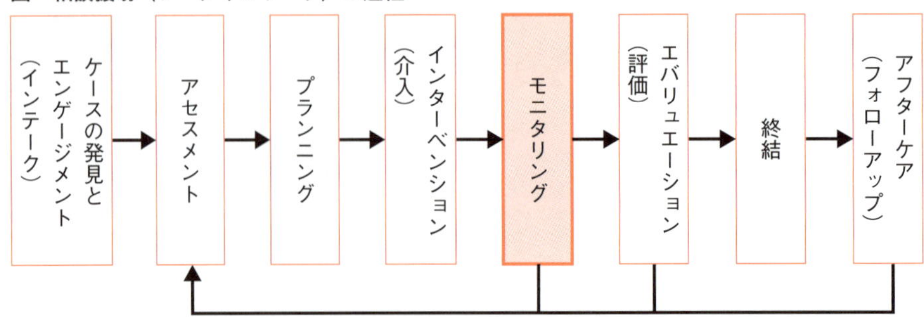

解答 1 5

92 ソーシャルワークの理論と方法

旧相談援助の理論と方法・問題 105

ソーシャルワークの過程におけるアフターケアに関する次の記述のうち，**最も適切なものを1つ**選びなさい。

1 ソーシャルワーカーや支援チームの状況変化に応じて行う。
2 クライエントとの間に信頼関係を形成することが目的となる。
3 アセスメントの精度を高めることが目的である。
4 問題の新たな発生や再発が起きていないか確認をする。
5 支援計画が十分に実施されたかを評価する。

Point 相談援助の過程の一つである「アフターケア（フォローアップ）」に関する問題である。相談援助の終結後の段階であり，クライエントの心配ごとや気がかりを受け止め，必要な情報や助言などを提供する段階である。クライエントにとっては，自分のことを気にかけてくれている誰かとつながっていることを再認識できる機会であり，相談援助終了後の不安を和らげるきっかけとなる。ソーシャルワーカーにとっては，クライエントの生活課題の再燃や新たな課題を早期に発見し，予防的な介入を可能にする機会となる。

1 × 選択肢は，**モニタリング**に関する記述である。モニタリングの対象には，クライエントだけではなく，支援を提供する側の専門職も含まれる。**サービス提供が問題なく実施されているか，新たな問題が発生していないかなどを，カンファレンスなどを通じて確認し，必要に応じて支援計画を再考する**ことが求められる。

2 × 選択肢は，**エンゲージメント（インテーク）**に関する記述である。エンゲージメントでは，クライエントが安心して自分の悩みを話すことができ，「話を聞いてもらえてよかった」と感じられることが重要である。クライエントとソーシャルワーカーの信頼関係は，ソーシャルワーカーがクライエントのおかれた状況に関心をもち，傾聴し受容していることを，言語だけではなく，非言語コミュニケーション（アイコンタクト，声のトーン，うなずきなど）を使って伝えることでより強く形成されていく。

3 × アフターケア（フォローアップ）は，**援助終了後のクライエントの不安を和らげるために行う**のであり，アセスメントの精度を高めるために行うのではない。

4 ○ アフターケアは，**相談援助が終結した後も援助の効果が継続しているか，また，終結後の状況がどのようになっているかを確認するために行われる。**

5 × 選択肢は，**エバリュエーション（評価）**に関する記述である。この段階では，ソーシャルワーカーとクライエントの双方が介入とその結果を評価し，ソーシャルワーク実践がどのような生活課題を変化させ，あるいは変化させなかったのかを振り返る。

図 相談援助（ソーシャルワーク）の過程

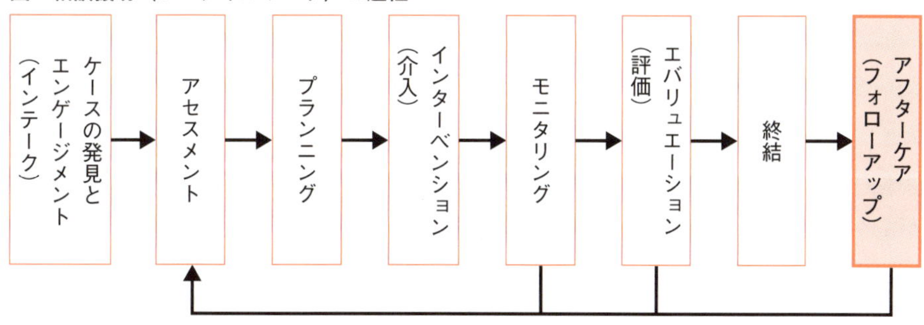

解答 4

93 ソーシャルワークの理論と方法

旧 相談援助の理論と方法・問題 111

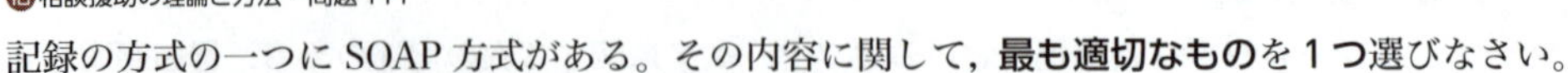

記録の方式の一つに SOAP 方式がある。その内容に関して，**最も適切なもの**を **1 つ**選びなさい。

1 Sは，客観的情報であり，利用者の行動を観察した内容を記述する。

2 Oは，主観的情報であり，利用者の語った内容を記述する。

3 Aは，支援計画であり，他機関や他専門職からの情報を記述する。

4 Pは，プロセスであり，利用者の言葉や他機関からの情報に関する判断を記述する。

5 SOAP 記録は，問題と援助者の思考が明確になる問題志向型記録の一つである。

Point SOAP 方式の記録法の概要について問う問題である。SOAP は Subjective（主観的情報），Objective（客観的情報），Assessment（アセスメント），Plan（計画）から構成される。主観的情報，客観的情報を分けて書くことで，誰が読んでも理解しやすいというメリットがある。

1 × Sは，**主観的情報**であり，**利用者の語った内容**である。例えば「今はつらいです」などである。

2 × Oは，**客観的情報**であり，**利用者の行動や，支援者が観察した内容**である。例えば「終始，小さい声で話していた」などである。

3 × Aは，**アセスメント**であり，**主観的情報（S）や客観的情報（O）から分析，判断した内容**である。例えば「クライエントは，現状についてつらい状況であると考えており，気力がない様子。無理せず小さなことから解決を図ることが必要」などである。

4 × Pは，**計画**であり，**対応方法や支援方法に関する内容**である。例えば「短期目標として，ピアサポーターの会に参加する。そのために，まずはピアサポーターの方に会ってみる」などである。

5 ○ SOAP 方式は，問題と援助者の思考が明確になる問題志向型記録の一つである。簡潔でわかりやすく，他職種にも理解しやすいというメリットがある。その一方で，スーパービジョンで使用する際には，逐語記録に比べて簡素すぎるといったデメリットもある。

解答 5

94 ソーシャルワークの理論と方法

旧 相談援助の理論と方法・問題 109

グループワークに関する次の記述のうち，**最も適切なもの**を**1つ**選びなさい。

1 グループの発達過程は，メンバー間の関係の変化に影響を受ける。
2 波長合わせとは，メンバー間の親しい接触を通して，お互いに刺激し，影響し合うことである。
3 グループメンバー間の暗黙の葛藤に対しては，それが表面化しないように働きかける。
4 プログラム活動では，全員が同じ動きを行うことを優先するように求める。
5 終結期には，メンバー間の感情の表出や分かち合いを避ける。

Point ソーシャルワークにおけるグループワークの概要について問う問題である。グループワークでは，集団を意図的に形成し，そこで生じるグループダイナミクス（集団力学）を活用しながら，一人ひとりのメンバーに対する援助を行う。グループワークの展開過程は，主に「準備期」「開始期」「作業期」「終結・移行期」の四つから構成されている。それぞれの展開過程における特徴を理解し，ソーシャルワーカーの援助方法や行動，キー概念等について熟知しておくことが重要である。また，コノプカ（Konopka, G.）の提唱したグループワークの14の基本原則に加え，グループワークの定義についても理解しておきたい。

1 ○ グループの発達過程とは，グループの誕生から終結に至る，力動的関係の過程を示すもので，メンバー間の関係の変化に影響を受けやすい。

2 × 波長合わせとは，**ソーシャルワーカーが事前にメンバーの生活状況・感情・ニーズなどを調査し，理解しておくこと**をいう。波長合わせをすることで，メンバーの反応にソーシャルワーカーがどのように対応するか，グループワークをいかに展開していくかを準備することが可能となる。

3 × グループメンバー間の暗黙の葛藤に対して，**表面化を避ける必要はない**。グループワークの実践原則の一つである「葛藤解決の原則」では，メンバー自身やグループの中で生じた対立や緊張，不安などの葛藤は，メンバー同士で互いに解決・緩和していくこととされている。

4 × メンバーはそれぞれの目標をもつため，**全員が同じ動きを行う必要はない**。プログラム活動は，メンバーそれぞれの目標とグループ全体の目標の双方を達成できるかどうかを基準に選択する。ただし，プログラム活動は援助目標達成の「手段」であり，「目的」ではない。

5 × 終結期には，メンバーは，グループの解散や，ほかのメンバーとの離別から，寂しさや喪失感を覚える。ソーシャルワーカーは，**メンバーの抱える複雑な気持ちを受容し，分かち合えるように援助する**ことが重要である。

解答 1

95 ソーシャルワークの理論と方法

旧相談援助の理論と方法・問題117

事例を読んで，ひきこもり地域支援センターのＦ職員（社会福祉士）による，グループワークのこの段階における関わりとして，**最も適切なもの**を**１つ**選びなさい。

〔事　例〕

Ｆは，ひきこもり地域支援センターが１か月前に開設した，ひきこもり状態にある人たちのための居場所であるカフェで，グループへの支援を行っている。Ｆは２年前から根気強く訪問していたＧさん(38歳，男性）にもこのグループへ参加しないかと声をかけたところ，「どんなメンバーで，どんなことをしているのか」と興味を示し，久しぶりに外出し，カフェに初めて姿を見せた。Ｇさんは対人関係のつまずきからひきこもり状態となった経緯があり，人見知りがある。

1　人見知りが激しいことを知っているので，他のメンバーに対応を委ねる。
2　関係づくりができていることを活かしたいので，Ｇさんと二人で会話を続ける。
3　以前から参加している他のメンバーと話せるように橋渡しをする。
4　メンバー同士の関係を活用し，Ｇさんの長いひきこもり体験をメンバー間で分かち合うよう促す。
5　Ｇさんの過去の対人関係をメンバー間で振り返り，気持ちの分かち合いを促す。

Point グループワークの展開過程は，シュワルツ（Schwartz, W.）が相互作用モデルのなかで提示した四つの過程（準備期，開始期，作業期，終結・移行期）に沿って説明することができる。事例は「開始期」にあたり，開始期におけるソーシャルワーカーの関わりを問う問題である。開始期では，メンバーとワーカーの間に援助関係を形成し，それぞれの役割及びグループワークの目的やルールを明確にする。さらに，コノプカ（Konopka, G.）やトレッカー（Trecker, H. B.）のグループワークの原則についても理解しておく必要がある。

1　×　開始期では，まずは**ソーシャルワーカーであるＦとの援助関係を樹立する**ことが望ましい。したがって，他のメンバーに対応を委ねるのは適切でない。

2　×　開始期では，**メンバー間によい関係が生まれるように支援する**ことが求められる。Ｇさんと二人で会話を続けるのは適切でない。

3　○　**メンバー相互の交流が促進されるように促す**ことが求められる。

4　×　選択肢は**作業期**における内容である。Ｇさんは初めてカフェに来たので，まずはメンバーとワーカーの間に援助関係を樹立することが求められる。

5　×　選択肢は**終結期**の内容である。終結期は，メンバーが次の段階に移行できるように援助する段階で，ワーカーはメンバーとともにこのグループワークで得られた成果や個々の変化について振り返り評価する。

表　コノプカによるグループワークの原則

原則	
メンバーの個別化	グループの個別化
メンバーの受容	ワーカーとメンバーの援助関係の構築
メンバー間の協力関係の促進	グループ過程の変更
参加の原則	問題解決過程へのメンバー自身の取り組み
葛藤解決の原則	経験の原則
制限の原則	プログラムの活用
継続的評価	グループワーカーの自己活用

出典：筆者作成

解答 3

96 ソーシャルワークの理論と方法

旧 相談援助の理論と方法・問題 108

ロスマン（Rothman, J.）が1960年代に提唱したコミュニティ・オーガニゼーション実践のモデルに関する次の記述のうち，**最も適切なものを1つ**選びなさい。

1 組織化モデルとは，住民の地域生活支援を目標として，当事者の個別支援と連動させて，地域の生活基盤の整備に向けた地域支援を展開する方法である。

2 小地域開発モデルとは，不利な立場に置かれた人々が直面する状況を自らの力では変革できない時に，同じ問題意識を共有する人々と連帯し，権力構造に対して政治的に働きかける方法である。

3 社会計画モデルとは，住民や当事者が求めるサービスや資源の提供を達成するために地域のニーズを調査して，サービス提供機関間の調整を図る方法である。

4 ソーシャルアクションモデルとは，地域が求める目標を達成するために，サービス提供機関が地域の資源を利用して活動を推進する方法である。

5 統合モデルとは，地方自治体による政策実践と，福祉施設等における運営管理実践を一体のものとして，地域を変革することを主たる目標とする方法である。

Point ロスマン（Rothman, J.）が1960年代に提唱したコミュニティ・オーガニゼーション実践のモデルについて問う問題である。1960年代以降にアメリカで顕在化した貧困問題に対し，その解決を目指す取り組みが行われた。中でも，コミュニティ・オーガニゼーションのアプローチを整理・分析し，類型化した「小地域開発モデル」「社会計画モデル」「ソーシャルアクションモデル」の三つのモデルに対する理解が必要である。

1 × 選択肢は，ロス（Ross, M.G.）による**地域組織化説**の説明である。地域組織化説では，問題解決そのものではなくプロセスを重視して，問題を解決しようと行動を起こすことが重要であるという理論が展開されている。

2 × 選択肢は，**ソーシャルアクションモデル**の説明である。小地域開発モデルは，地域住民が参加して，地域社会を組織化することで地域の課題を解決するモデルである。地域住民の参加や地域への帰属意識を養う過程を重要視しており，民主的な手続きや土着のリーダーシップの開発などが強調されている。

3 ○ 適切である。地域計画モデルともいい，主に行政機関や地域の保健福祉協議会，及び専門職が用いる手法である。プランナーとして中立的な立場に立ち，地域の問題について情報を収集・分析し，合理的な取り組み方を決めて実施するモデルである。

4 × 選択肢は，**社会計画モデル**の説明である。ソーシャルアクションモデルとは，地域社会の中で不利な立場に置かれた人々が直面する状況を自らの力では変革できない時に，同じ問題意識を共有する人々と連帯し，権力構造に対して政治的に働きかける方法である。また，地域社会の不平等を改善するために，制度の改善や廃止を実施し，地域社会における権力構造の再編を援助する。

5 × 選択肢は，**小地域開発モデル**の説明である。統合（生活機能）モデルとは，人間の状況を全体的に理解することを目指す国際生活機能分類（ICF）の考えに基づき，医学モデルと社会モデルを統合した総合的アプローチのことである。なお，本来は健康に関する分類であったICFは，健康分野や分類以外のさまざまな領域で用いられるようになっている。

解答 3

97 ソーシャルワークの理論と方法

スーパービジョンに関する次の記述のうち，**最も適切なものを1つ**選びなさい。

1 スーパーバイジーは，スーパーバイザーより知識も技量も高い。

2 スーパービジョンの契約は，スーパービジョンの展開過程の終結段階で行われる。

3 スーパービジョンにおける管理的機能では，スーパーバイジーの業務遂行の適切さを確認する。

4 パラレルプロセスは，スーパーバイジーが過去の特定の人間関係をスーパーバイザーとの関係の中に投影することである。

5 スーパーバイザーは，クライエントに最良のサービスを直接提供する。

Point スーパービジョンの概要について問う問題である。スーパービジョンについては，カデューシン（Kadushin, A.）の定義が有名である。カデューシンは，「スーパーバイザーは，有資格のソーシャルワーカーで，担当しているスーパーバイジーの業務遂行を指揮，調整，強化，評価する権限を委任されている。この責務を遂行するために，スーパーバイザーは，スーパーバイジーと肯定的な関係をもった中で管理的・教育的・支持的な機能を果たす。スーパーバイザーの最終的な目的は，機関の方針と手続きに沿って，質，量ともに最良のサービスを利用者に提供することである」としている。スーパービジョンの目的，意義，機能を深く理解することが求められる。

1 × スーパーバイザーは，上司若しくは指導する立場であり，スーパーバイジーは，部下若しくは指導を受ける立場である。そのため，**スーパーバイザーの方が知識も技量も高い**。

2 × スーパービジョンの契約は，スーパービジョンの展開過程の**初期段階**で行われる。

3 ○ 管理的機能には，スーパーバイジーの業務遂行の適切さの確認のほか，部署の統括，適正な人員配置，組織の変革などがある。その他，専門職としての知識・技術・価値・倫理を習得させる**教育的機能**，職場のストレスや悩みに対するサポートを行い，自己覚知を促す**支持的機能**の計三つの機能がある。

4 × パラレルプロセスとは，**スーパーバイジーとクライエントの関係，スーパーバイジーとスーパーバイザーの関係が似た状況になること**である。過去の特定の人間関係をスーパーバイザーとの関係の中に投影することではない。

5 × スーパーバイザーは，スーパーバイジーにスーパービジョンをすることによって，**クライエントに最良のサービスを間接的に提供する**。

解答 3

98 社会福祉調査の基礎

旧社会調査の基礎・問題 84

次のうち，統計法における基幹統計調査として，**正しいものを1つ**選びなさい。

1 社会福祉施設等調査
2 福祉行政報告例
3 介護サービス施設・事業所調査
4 労働安全衛生調査
5 国民生活基礎調査

Point 統計法における基幹統計調査について問う問題である。基幹統計とは，国勢統計，国民経済計算，その他国の行政機関が作成する統計のうち総務大臣が指定する特に重要な統計であり，基幹統計を中心に公的統計の体系的整備が図られている。2022年（令和4年）1月1日現在，基幹統計の数は，統計法第5条に規定されている国勢調査，第6条に規定されている国民経済計算と，総務大臣による指定を受けた51統計を合わせた53統計となっている*。国の行政機関により行われる統計調査は，基幹統計を作成するために行われる基幹統計調査と，それ以外の一般統計調査に大別される。基幹統計調査は，その重要性から正確な報告を法的に確保するため，第13条（報告義務）において，基幹統計調査の報告（回答）を求められた者が，報告を拒んだり虚偽の報告をしたりすることを禁止している。また，公的統計制度に対する信用を確保するため，第17条（基幹統計調査と誤認させる調査の禁止）において，基幹統計調査と紛らわしい表示や説明をして情報を得る行為（いわゆる「かたり調査」）を禁止しているなど，一般統計調査にはない特別な規定が定められている。統計法の学習にあたっては，総務省ホームページにある「統計法（平成19年法律第53号）の主なポイント」を参考に，統計法の目的，基幹統計調査，統計データの利用促進，統計調査の被調査者の秘密の保護，統計委員会の設置などについてまとめておくとよい。

1 × 社会福祉施設等調査は，統計法に基づく**一般統計調査**に分類される。全国の社会福祉施設等の数，在所者，従事者の状況等を把握し，社会福祉行政推進のための基礎資料を得ることを目的とした調査である。

2 × 福祉行政報告例は，統計法に基づく**一般統計調査**に分類される。社会福祉関係諸法規の施行に伴う各都道府県，指定都市及び中核市における行政の実態を数量的に把握して，国及び地方公共団体の社会福祉行政運営のための基礎資料を得ることを目的とした調査である。

3 × 介護サービス施設・事業所調査は，統計法に基づく**一般統計調査**に分類される。全国の介護サービスの提供体制，提供内容等を把握することにより，介護サービスの提供面に着目した基盤整備に関する基礎資料を得ることを目的とした調査である。

4 × 労働安全衛生調査は，統計法に基づく**一般統計調査**に分類される。事業所が行っている安全衛生管理，労働災害防止活動及びそこで働く労働者の仕事や職業生活における不安やストレス，受動喫煙等の実態について把握し，今後の労働安全衛生行政を推進するための基礎資料を得ることを目的とした調査である。

5 ○ 国民生活基礎調査は，統計法に基づく**基幹統計調査**に分類される。保健，医療，福祉，年金，所得等国民生活の基礎的事項を調査し，厚生労働行政の企画及び運営に必要な基礎資料を得るとともに，各種調査の調査客体を抽出するための親標本を設定することを目的とした調査である。

解答 5

＊ 2025年（令和7年）1月21日現在，54統計である。

99 社会福祉調査の基礎

旧社会調査の基礎・問題 85

社会調査における倫理に関する次の記述のうち，**最も適切なもの**を **1 つ**選びなさい。

1　社会調査の対象者の抽出では，住民基本台帳から制約なく個人情報を閲覧できる。
2　調査の協力は自由意志であるので，対象者への調査に関する説明は不要である。
3　社会調査では，対象者に調査協力の謝礼を渡すことが不可欠である。
4　調査前に対象者の協力同意書があっても，調査の途中又は調査後の対象者からのデータ削除要請に応じることが求められる。
5　仮説に反した調査結果が出た場合，調査結果の公表を差し控える必要がある。

Point 社会調査における倫理を問う出題である。現行の出題基準の「社会調査における倫理」と「社会調査における個人情報保護」は新出題基準では統合され，「社会福祉調査における倫理と個人情報保護」として出題される。本問や第 34 回試験**問題 84** のように，正答を導き出す際に倫理と個人情報保護の双方の知識を必要とする選択肢も多いことから，一体的な学習が必要となる。学習にあたっては，過去問を振り返るとともに，「個人情報の保護に関する法律」（個人情報保護法）や一般社団法人社会調査協会の「倫理規程」，一般社団法人日本社会福祉学会の「研究倫理規程」，一般社団法人日本社会学会の「日本社会学会倫理綱領にもとづく研究指針」などを確認しておくとよい。

1　×　住民基本台帳は個人情報保護の観点から原則非公開となっているが，国又は地方公共団体の機関が法令で定める事務の遂行のために閲覧する場合のほか，統計調査，世論調査，学術研究その他の調査研究のうち，総務大臣が定める基準に照らして公益性が高いと認められるもの等であって，市町村長が認めた場合に限り，その活動に必要な限度において，住民基本台帳の一部（住所，氏名，生年月日，性別）の写しを閲覧することができる（住民基本台帳法第 11 条，第 11 条の 2）。

2　×　社会調査を行う場合には，すべての調査対象者に対し，調査の目的や収集データのまとめ方，結果の利用方法，結果の公表方法，得られた個人情報の管理方法などについて**あらかじめ書面あるいは口頭で説明し，同意を得なければならない**。調査への参加，不参加については，適切な説明を受けたうえで調査対象者が自由意志に基づき判断することになる。

3　×　**調査対象者に対する謝礼は必ずしも必要ではない**。謝礼を提示することにより調査結果に偏り（バイアス）が生じる可能性なども考慮し，謝礼を渡す場合には過大な金銭・物品等の提供とならないよう妥当な経費を慎重に検討しなければならない。

4　○　調査前に対象者から調査協力への同意を得ていた場合であっても，対象者からデータ削除の要請があった場合には，その要請に応じなければならない。一般社団法人社会調査協会の「倫理規程」において，「調査対象者から要請があった場合には，当該部分の記録を破棄または削除しなければならない」と定められている（第 8 条）。調査への協力は自由意志に基づくものであり，調査への参加，不参加，途中辞退についても対象者の意志が尊重される。調査者は，対象者に対し**いつでも調査への協力を拒否する権利があること，協力を拒否したことで不利益を被ることがないこと**を事前に伝えておかなければならない。

5　×　調査対象者には調査結果について知る権利がある。そのため，調査により得られたデータはどのような結果であろうとも公正に扱い，適切に公表しなければならない。また，仮説を支持するように調査結果を取り扱う行為はデータの捏造・改ざんにあたるため，固く禁じられている。

解答 4

100 社会福祉調査の基礎

旧社会調査の基礎・問題 86

次の事例を読んで，S県が実施した標本調査の母集団として，**最も適切なもの**を**1つ**選びなさい。

〔事　例〕

S県内の高校に在籍している全ての生徒のうち，日常的に家族の世話や介護等を担っている高校生が，どのくらい存在するかを調べるために，標本調査を実施した。

1　全国の高校に在籍する全生徒
2　全国の高校に在籍する全生徒のうち，日常的に家族の世話や介護等を担っている者
3　S県内の高校に在籍する全生徒
4　S県内の高校に在籍する全生徒のうち，日常的に家族の世話や介護等を担っている者
5　S県内の高校に在籍する全生徒のうち，標本となった者

Point 母集団と標本の対応関係についての問題である。母集団とは，性質を調べたい集団全体を意味する。母集団に含まれる対象者の全員に調査を行うことが困難な場合，母集団から抽出した一部の対象者を標本として調査し，そこで得られた結果を利用して母集団の性質を推計するのが標本調査である。このとき，標本が母集団の性質を偏りなく反映していること（標本の代表性）が，調査の精度を高める上で重要となる。

1 × 全国の高校に在籍する全生徒には，S県内の高校に在籍する生徒だけでなく，S県以外の高校に在籍する生徒も含まれると考えられる。しかし，この調査ではS県内の高校に在籍する生徒のみから標本が抽出されているため，**得られた結果から推計される性質をS県以外の高校も含まれる全国の生徒にまで適用するのは，標本の代表性の観点から妥当ではない**。仮に，選択肢のように全国の高校に在籍する全生徒を母集団とするなら，S県に限らず全国の高校に在籍している生徒から無作為に標本を抽出して調査を行うことが，標本の代表性の観点からは妥当な手続きといえる。

2 × 事例の標本調査は，S県内の高校に在籍している全生徒のうち，日常的に家族の世話や介護等を担っている高校生がどれぐらい存在するかを推計するものである。選択肢1の解説のとおり，その**推計の範囲をS県以外の高校も含まれる全国の高校の生徒にまで拡張して適用することは妥当ではない**。

3 ○ 標本は，母集団に含まれる対象者の一部を抽出したものである。すなわち，**標本の抽出元となった集団を母集団と考える**ことができる。この事例では，選択肢にある「S県内の高校に在籍する全生徒」という集団から標本の抽出が行われているため，この抽出元の集団を母集団とみなすことができる。

4 × S県内の高校に在籍する全生徒に対して調査を行った場合，その回答方法が「はい／いいえ」から選択する形式であれば，日常的に家族の世話や介護等を担っている者と，そうでない者の2種類に分類される。よって，この選択肢にある「S県内の高校に在籍する全生徒のうち，日常的に家族の世話や介護等を担っている者」とは，**母集団のうち特定の回答を行った者からなる部分集合にすぎず，母集団そのものではない**。

5 × 母集団に含まれる対象者全体から，一部の対象者を標本として抽出し，調査を行う手法が標本調査である。よって，選択肢にある**「標本となった者」は母集団の部分集合であり，母集団そのものではない**。なお，母集団に含まれる対象者全体からデータを集めようとする調査は，全数調査あるいは悉皆調査と呼ばれ，標本を抽出する過程が含まれない。

解答 3

101 社会福祉調査の基礎

旧社会調査の基礎・問題 90

社会調査における記録の方法とデータ収集法に関する次の記述のうち，**適切なもの**を2つ選びなさい。

1　質的調査で対象者を選定するときには，無作為抽出法を行うことが不可欠である。
2　アクションリサーチでは，量的調査でデータを収集することがある。
3　ドキュメント分析の対象となるデータには，手紙や日記などの私的文章も含まれる。
4　質的調査のデータとしては，画像や映像の使用を避ける方が望ましい。
5　フィールドノーツは，調査者の解釈を含めずに作成する必要がある。

Point　社会調査の記録の方法やデータ収集法に関する問題である。データの抽出法として対象者の選定，データの収集法，取り扱うデータの内容，面接時の注意事項などを押さえておくとよい。

1　×　**質的調査で対象者を選定するときには，無作為抽出法は行わない**。無作為抽出法とは，標本から得た記述統計量が母集団の性質を偏りなく表すように考えられた抽出法で，量的調査で用いる。質的調査では，研究目的に合った対象者を意図的に選定するので，選定の仕方により調査結果が大きく左右される可能性が高い。選定の例として，必要とするサンプル数を集団に割り当てる割当法や，友人・知り合いなどにテーマに沿った人物を紹介してもらうスノーボール法などがあるが，いずれにせよ調査課題に適合する事例を慎重に選定しなければならない。

2　○　**アクションリサーチでは，量的調査でデータを収集することがある**。アクションリサーチとは，社会のある問題を方向づけたり，変革を試みることを目的とし，参加者のエンパワメントや相互のやり取りを強調した研究であり，実践である。データの収集の方法としては，観察法や面接法などの質的調査，質問紙調査などの量的調査など，多くの方法がある。実際の調査にあたっては，調査者と対象者（参加者）との信頼や協力体制が十分に必要となる。

3　○　**ドキュメント分析の対象となるデータには，私的文章も含まれる**。ドキュメントとは，第三者によって記録され，保存された質的データを指す。ドキュメント分析とは，ドキュメントから社会的な事実を読み取り，考察を深める手法である。ドキュメント分析は，新聞記事，雑誌記事，議事録，書籍や日記，手紙などの私的文章を扱うデータもその対象となる。ただし，これらは第三者によって取られたデータであるので，調査者と対象者との間の意識の伝わり方や相互作用は非常に少なくなる。

4　×　**質的調査のデータには，画像や映像なども含まれる**。質的調査では，面接法以外に観察法もあり，人間や動物の行動を自然的・実験的に観察，記録する方法がある。その際，ビデオ機器などを用いて記録することから，質的調査のデータは画像，映像，音声など多岐にわたる。

5　×　**フィールドノーツには，調査者の意識や主観的な解釈が含まれる**。フィールドノーツは調査者が調査地で実施した観察のメモやインタビューなどを記録したものである。特にインタビュー時に調査者が感じた対象者の視線や態度，あるいは考えた事柄などを記載したメモは，後の分析に役立つ重要な資料となる。

解答 2 3

102 社会福祉調査の基礎

旧社会調査の基礎・問題 87

次のうち，質問への回答を他計式で記入する社会調査として，**適切なもの**を**2つ**選びなさい。

1 郵送調査
2 留置調査
3 個別面接調査
4 集合調査
5 オペレーターによる電話調査

Point 質問への回答の記入者に関する出題である。他計式は調査対象者から聞き取った回答を調査員が間接記入する方法であるのに対し，自計式は調査対象者が回答を直接記入する方法である。他計式では調査員による回答の聞き取り過程が調査に含まれるため，そのような過程を含むことが容易かどうかという視点で，調査方法が自計式と他計式のいずれかを見分けることが可能である。

1 ✕ 郵送調査では，調査用紙と依頼文を調査対象者に郵送で配布し，回答を記入し返送してもらうという手続きが採用される。調査対象者自身が回答を記入することを前提とするため，**自計式**の社会調査に該当する。ただし，記入者が本当に調査対象者本人であるかどうかについて確認が取れないため，調査対象者以外の人物が回答を記入する可能性は否定できない。

2 ✕ 留置調査では，調査用紙を調査対象者に配布して回答を依頼し，後日回収されるまで調査用紙が調査対象者のところで留め置かれるという手続きが採用される。調査用紙の配布・回収は，その両方を調査者が訪問して行う方法と，配布と回収の一方を訪問により行い，もう一方を郵送により行う方法に分類できる。どちらの場合でも，調査対象者自身が回答を記入することを前提とするため，**自計式**の社会調査に該当する。ただし，調査員は調査用紙の配布や回収を目的として調査対象者を訪問するものの，調査員の目の前で回答の記入を求めるわけではないため，郵送調査と同様に調査対象者以外の人物が回答を記入する可能性は否定できない。

3 ○ 個別面接調査は，あらかじめ研修を受けた調査員が調査対象者の自宅や職場を訪問し，個別に面接しながら質問を行い，得られた回答を調査員が調査用紙に記入して持ち帰る方法である。調査対象者の回答を，調査員が聞き取って調査用紙に記入することを前提としているため，**他計式**の社会調査に該当する。

4 ✕ 集合調査は，調査対象者を一定の場所に集める，あるいは，調査対象者が一定の場所に集まる機会を利用して，一斉に調査用紙を配布し，その場で回答を記入してもらい，回収する方法である。調査対象者自身が調査用紙に回答を記入するため，**自計式**の社会調査に該当する。集合調査の例としては，大学の授業前後に受講生に質問紙を配布し，その場で回答を得て回収する方法などがあげられる。

5 ○ オペレーターによる電話調査は，調査員が調査対象者に電話を通じて調査の依頼と質問を行い，得られた回答を調査員が調査用紙に記入するため，**他計式**の社会調査に該当する。なお，オペレーターの代わりに自動音声による質問を用いた電話調査では，調査対象者が電話機の番号入力により回答を行うために，他計式の社会調査には該当しなくなる。

解答 3 5

103 社会福祉調査の基礎

旧社会調査の基礎・問題 88

尺度に関する次の記述のうち，**最も適切なものを 1 つ**選びなさい。

1 比例尺度では，平均値を算出することができる。

2 順序尺度で測定した 1 と 2 の差と，3 と 4 の差の等間隔性は担保されている。

3 名義尺度で測定した変数は，中央値を求めることができる。

4 間隔尺度では，測定値の間隔が数値として意味をもつことはない。

5 名義尺度，間隔尺度，順序尺度，比例尺度の順で，尺度としての水準が高い。

Point 4 種類の尺度と，利用可能な記述統計量の対応関係についての問題である。尺度としての水準は担保される性質の数が増えるほど高くなるため，4 種類の尺度のそれぞれが担保する性質を知ることが重要である。また，水準が低い尺度でも利用可能な記述統計量は，より水準が高い尺度においても利用可能なことを意識すると，各尺度で利用可能な記述統計量の種類を整理しやすくなる。

1 ○ 比例尺度は比率尺度又は比尺度とも呼ばれ，測定値の等間隔性が担保されている。例えば，5 人と 7 人の差の 2 人は，100 人と 102 人の差の 2 人と数量的に等しいといえるように，数値の間隔が数量的な意味を備えている。この性質により，データに加法・減法を適用することができ，代表値として**平均値を算出する**ことができる。なお，比例尺度と同様に等間隔性が担保される間隔尺度でも，同じように平均値を求めることができる。

2 × 順序尺度は序数尺度とも呼ばれ，**測定値の順序性は担保されるが，等間隔性は担保されない**。順序尺度の例として，アンケートでの「非常に悪い／やや悪い／どちらともいえない／やや良い／非常に良い」のような選択肢があげられる。この選択肢にそれぞれ 1，2，3，4，5 の数値を割り当てることで，良さの程度の順番を数値で表すことができる。しかし，1 の「非常に悪い」と 2 の「やや悪い」の差，そして 3 の「どちらともいえない」と 4 の「やや良い」の差が数量的に等しいことは担保されないという点で，間隔尺度や比例尺度のような等間隔性が担保されているとはいえない。

3 × 名義尺度とは，カテゴリーの分類におけるラベルとして便宜的に数値を用いている尺度であり，数値を四則演算や順位づけに用いることはできない。そのため，算出の過程で各回答者の測定値を順位に基づき並べる必要がある**中央値は，名義尺度では求めることはできない**。

4 × 間隔尺度は距離尺度とも呼ばれ，**測定値の間隔が数値としての意味をもつ**。間隔尺度には，摂氏温度や偏差値などが該当する。例えば，摂氏 10 度と摂氏 15 度の温度差と，摂氏 3 度と摂氏 8 度の温度差は，どちらも等しく 5 度差であることが数量的に担保されるという点で，測定値の等間隔性が担保されない名義尺度や順序尺度とは異なっている。

5 × **尺度としての水準は，比例尺度，間隔尺度，順序尺度，名義尺度の順に高い**。尺度としての水準は，担保される性質の数が多いほど水準も高いとされる。名義尺度では，数値はカテゴリーの分類におけるラベルとして用いられており，データの異同を示す性質をもつ。この名義尺度の性質に加えて，数値の大小関係の順序性も担保されるのが順序尺度である。さらに，順序尺度の性質に加え，等間隔性も担保されるのが間隔尺度である。最後に，間隔尺度の性質に加え，数値の 0 に大きさがないことを意味する原点としての性質をもたせているのが比例尺度である。

解答 1

104 社会福祉調査の基礎

旧社会調査の基礎・問題 89

調査手法としての面接法に関する次の記述のうち，**最も適切なものを1つ**選びなさい。

1 構造化面接では，対象者に語りたいことを自由に話してもらうことが重要である。

2 非構造化面接では，調査者は事前に 10 項目以上の質問項目と質問の順番を設定し，その順番どおりに質問していく必要がある。

3 半構造化面接では，インタビューのおおむね半分程度の時間を，質問内容や質問の順番などが詳細に決められた質問紙によって面接が進められる。

4 面接調査では，表情や身振りといった非言語表現も重視する。

5 グループ・インタビューの調査者は，対象者同士の会話を促さないようにする。

Point 質的調査としての面接法に関する問題である。面接は，個別インタビューとグループ・インタビューに分けることができる。面接法は，調査者の事前準備の仕方によって非構造化面接，半構造化面接，構造化面接の 3 種類に分かれる。その違いを問う出題が近年多くみられるので，具体的な違いを確認する必要がある。

1 ✕ **構造化面接では，対象者に自由に話してもらうことはしない。**構造化面接では，調査者はあらかじめ質問項目や順序を決めておいて，どの対象者に対しても同じように尋ねる。個別インタビューの中では最も質問内容の自由度が低く，対象者の話の流れを重視して自由に語ってもらうことがないため，対象者の深層部分を導き出すことはできないというデメリットがある。

2 ✕ **非構造化面接では，質問項目の数や順番を決めることはない。**質問項目は詳細に決めることはせず，対象者にテーマについて自由に語ってもらうことで，自然と想定外のデータが得られることがある。対象者の様子に合わせて質問するので，求められたテーマについてどれだけ語ってもらえるかは，調査者の面接の力量や調査者との信頼関係などに影響される。

3 ✕ **半構造化面接では，あらかじめ決められた質問紙によって面接が進められることはない。**半構造化インタビューとも呼ばれ，個別インタビューの中では，最も自由度の低い構造化面接と最も自由度の高い非構造化面接の中間にあたる。調査者はある程度の質問項目を一定数つくっておくが，対象者の自然で自由な語りが重視されるので，質問項目の追加なども臨機応変に行う必要がある。また，それによって，さまざまな情報を得ることができる。

4 ○ **面接調査では，非言語表現も重視する必要がある。**面接調査に臨む場合，対象者の方言，言い間違いだけでなく，沈黙や苦笑，笑顔，不安な様子，緊張感，ジェスチャーなどの非言語表現も，後の逐語録を分析する過程において非常に重要な要素となる。そのため，これらも面接時に記録しておく必要がある。

5 ✕ **グループ・インタビューの調査者は，対象者同士の会話を促す必要がある。**個別インタビューでは思い浮かばなくて語れなかった対象者も，グループ・インタビューでは他のメンバーの発言を聞いて自分の意見を話せることがある。このことは比較的短い時間で，相互作用によって語りを促進し，詳細なデータを多く得ることができるというメリットとなるが，自然な状況でのアプローチができないというデメリットもある。また，語りを促進するため，調査者（ファシリテーター）は，話の流れを見極め，発言のないメンバーに発言を促す必要があり，調査者にはある程度熟練した技量が求められる。

解答 4

105 高齢者福祉

旧 高齢者に対する支援と介護保険制度・問題 126

☑☑☑

「令和５年版高齢社会白書」（内閣府）に示された日本の高齢者を取り巻く社会情勢に関する次の記述のうち，**正しいものを１つ**選びなさい。

1 人口の高齢化率は，2022 年（令和４年）10 月１日現在で，約 16％となっている。

2 高齢化率の「倍加年数」をアジア諸国で比較すると，韓国は日本よりも短い年数となっている。

3 総人口に占める 75 歳以上の人口の割合は，2070 年（令和 52 年）に約 40％に達すると推計されている。

4 2022 年（令和４年）の労働力人口総数に占める 65 歳以上の者の割合は，2013 年（平成 25 年）以降の 10 年間でみると，漸減傾向にある。

5 2021 年（令和３年）の 65 歳以上の者の死因別の死亡率をみると，悪性新生物よりも肺炎の方が高くなっている。

（注）「倍加年数」とは，人口の高齢化率が７％から 14％に達するまでに要した年数のことである。

Point 「令和５年版高齢社会白書」（内閣府）[*1] に基づいて，日本の高齢者を取り巻く社会情勢に関する知識が問われた。主に，「第１章　高齢化の状況」から，幅広く選択肢が作成されている。第１章の内容をしっかり読み込んで，数字の変化や国際比較における順位などを知識として学んでおく必要がある。

1 ✕ 人口の高齢化率（65 歳以上人口の総人口に占める割合）は，2022 年（令和４年）10 月１日現在で **29.0％**である[*2]。なお，男性では 25.9％なのに対して，女性では 32.0％であり，男性に比べて女性の方が，高齢化率が約６％高い。

2 ○ 高齢化率の「倍加年数」は，**日本が 24 年**であったのに対して，**韓国は 18 年**と短い年数となっている。中国は 22 年，シンガポールは 15 年となっており，今後，ほかの一部の国でも日本を上回るスピードで高齢化が進むと考えられている。

3 ✕ 75 歳以上人口は，2070 年（令和 52 年）には **25.1％**となると推計されている。なお，75 歳以上人口が総人口に占める割合が出題された背景の一つとして，「高齢者」とは誰を指すのかに関する議論があるだろう。高齢者の定義と区分に関して日本老年学会・日本老年医学会「高齢者に関する定義検討ワーキンググループ報告書」（平成 29 年３月）[*3]において，特に 65～74 歳では心身の健康が保たれており，活発な社会活動が可能な人が大多数を占めていることや各種の意識調査で従来の 65 歳以上を高齢者とすることに否定的な意見が強くなっていることから，75 歳以上を高齢者の新たな定義とすることが提案されていることが，コラムで紹介されている。

4 ✕ 2022 年（令和４年）までの労働力人口総数に占める 65 歳以上の者の割合をみてみると，長期的には**上昇傾向**にある[*4]。2022 年（令和４年）の労働力人口総数に占める 65 歳以上の者の割合は 13.4％となっている。

5 ✕ 2021 年（令和３年）の 65 歳以上の者の死因別の死亡率をみると，**悪性新生物**（がん）が最も高くなっている[*5]。肺炎や脳血管疾患は減少傾向であり，老衰は上昇傾向がみられる。一方，悪性新生物（がん）と心疾患（高血圧性を除く）は横ばいとなっており，順位に変動はない。

解答 2

＊1 「令和６年版高齢社会白書」（内閣府）（以下，「６年版」）が公表されている。
＊2 「６年版」によると，2023 年（令和５年）10 月１日現在の高齢化率は 29.1％である。
＊3 日本老年学会「高齢者および高齢社会に関する検討ワーキンググループ報告書 2024」（2024 年（令和６年）６月）が公表されている。
＊4 「６年版」によると，2023 年（令和５年）も，13.4％である。
＊5 「６年版」によると，2023 年（令和５年）も，悪性新生物（がん）が最も高くなっており，順位の変動はない。

106 高齢者福祉

㊐高齢者に対する支援と介護保険制度・問題 127

✓✓✓

第二次世界大戦後の日本における高齢者保健福祉制度の展開過程に関する次の記述のうち，**最も適切なものを1つ**選びなさい。

1 1950年（昭和25年）の生活保護法では，常時介護を必要とする老人の家庭を訪問する老人家庭奉仕員が規定された。

2 1963年（昭和38年）の老人福祉法では，養護老人ホーム，特別養護老人ホーム，軽費老人ホームを含む，老人福祉施設が規定された。

3 1982年（昭和57年）の老人保健法では，70歳以上の高齢者にかかる医療費のうち，その自己負担分を無料化する老人医療費支給制度が規定された。

4 1997年（平成9年）の介護保険法では，要介護認定を受け，要介護と判定された高齢者等は，原則3割の利用者負担で，介護サービスを利用できることが規定された。

5 2000年（平成12年）の社会福祉法の改正では，高齢者保健福祉推進十か年戦略（ゴールドプラン）が策定されたことを受け，地域包括ケアシステムが規定された。

Point 1950年（昭和25年）から2000年（平成12年）における，日本の高齢者保健福祉制度の展開過程として，老人福祉法をはじめとする法律の規定に関する知識が問われた。

1 ✕ 老人家庭奉仕員は，1963年（昭和38年）の**老人福祉法**で規定された。長野県や大阪市，名古屋市等でいわゆる「家庭奉仕員」の派遣事業が開始され，それらの成果が中央官庁に報告されたことで，1962年（昭和37年）に厚生省「老人家庭奉仕事業実施要綱（昭和37年4月20日厚生省事務次官通知）」が発出され，家庭奉仕員制度は国庫補助事業となって高齢者福祉政策としての制度設計がなされた。その翌年，1963年（昭和38年）の老人福祉法制定により法的根拠を得た（佐草智久「日本のホームヘルプにおける家庭奉仕員制度と家政婦制度の関係――両者の担い手の実態の動向と対象領域の変化を中心に――」「社会福祉学」第58巻第1号，1～12頁，2017年）。当初，派遣対象は生活保護世帯に限られ，その後，それに準ずる低所得世帯へと拡大されたが，利用には経済的要件が設定されていた。

2 ○ 1963年（昭和38年）に制定された老人福祉法では，養護老人ホーム，特別養護老人ホーム，軽費老人ホームを含む，**老人福祉施設**が規定された。特別養護老人ホームは心身の障害が入所要件であり，経済的援助とは切り離して位置づけたことに大きな意義があったが，実際には自己負担額が応能負担であり，介護保険制度が始まるまで中高所得者層は実質上利用が困難となっていた。養護老人ホーム，特別養護老人ホームは措置制度の対象であり，軽費老人ホームは安価な住居として契約によって入所が決まる仕組みがとられた。

3 ✕ 老人医療費支給制度は1973年（昭和48年）に**老人福祉法**に基づき開始された。1982年（昭和57年）に老人保健法が制定されたことで，原則70歳以上の医療については老人保健法によって運営されることとなり，定額の自己負担が導入された。

4 ✕ 1997年（平成9年）の介護保険法では，**原則1割の利用者負担**で介護サービスを利用できることが規定された。2014年（平成26年）の改正では，一定額以上の所得がある高齢者のサービス利用自己負担を2割負担に引き上げられ，2017年（平成29年）の改正では，2割負担のうち，特に所得の高い層の負担割合が3割になった。

5 ✕ 地域包括ケアシステムは，2014年（平成26年）の地域における医療及び介護の総合的な確保の促進に関する法律で「地域の実情に応じて，高齢者が，可能な限り，住み慣れた地域でその有する能力に応じ自立した日常生活を営むことができるよう，医療，介護，介護予防，住まい及び自立した日常生活の支援が包括的に確保される体制」と定義された。

解答 2

107 高齢者福祉

⑱高齢者に対する支援と介護保険制度・問題 130

☑☑☑

介護保険法に定める福祉用具貸与の種目として，**最も適切なもの**を**1つ**選びなさい。

1 腰掛便座
2 移動用リフトの吊り具の部分
3 認知症老人徘徊感知機器
4 簡易浴槽
5 入浴補助用具

Point 介護保険における「福祉用具貸与」と「特定福祉用具販売」の種目に関する理解が問われている。「福祉用具貸与」には 13 種目あり，「特定福祉用具販売」は 6 種目ある（表参照）*。介護保険の給付による福祉用具の利用は貸与を原則としているが，他人が使用したものを再利用することに心理的抵抗感が伴うものと，使用によってもとの形態・品質が変化し，再利用できないものは販売の対象となる。具体的には，直接肌に触れるため，衛生上貸与に適さない，排泄や入浴にかかわる用具が特定福祉用具販売に分類されていることを知っておけば，それほど迷うことなく正答を選ぶことができる。同じく要介護者の生活環境整備にかかわる「住宅改修」と併せて，しっかりと学んでおきたい。

1 × 腰掛便座（いわゆるポータブルトイレ）は**特定福祉用具販売**の対象品目の一つである。

2 × 移動用リフトの吊り具の部分（要介護者の身体を包んで持ち上げるスリングシートなど）は，**特定福祉用具販売**の対象である。なお，**移動用リフトの本体部分は福祉用具貸与の対象**である。

3 ○ 認知症老人徘徊感知機器は，**福祉用具貸与**の対象品目の一つである。ただし，要支援者・要介護 1 の者（軽度者）は原則給付の対象外とされる品目である。

4 × 簡易浴槽は**特定福祉用具販売**の対象品目の一つである。

5 × 入浴補助用具は**特定福祉用具販売**の対象品目の一つである。なお，入浴補助用具には，入浴用いす，浴槽用手すり，浴槽内いす，入浴台，浴室内すのこ，浴槽内すのこ，入浴用介助ベルトの 7 種類があげられている。

表 介護保険法における福祉用具貸与及び特定福祉用具販売

【福祉用具貸与】13種目	【特定福祉用具販売】6 種目*
①車いす ②車いす付属品 ③特殊寝台 ④特殊寝台付属品 ⑤床ずれ防止用具 ⑥体位変換器 ⑦認知症老人徘徊感知機器 ⑧移動用リフト（吊り具の部分を除く） ⑨自動排泄処理装置（尿のみ自動的に吸引するものは除く） ⑩手すり ⑪スロープ ⑫歩行器 ⑬歩行補助つえ ※①～⑨は要支援者・要介護 1 の者（軽度者）は原則として給付の対象外。⑨は要介護 2・3 の者も原則対象外。	①腰掛便座 ②自動排泄処理装置の交換可能部分 ③排泄予測支援機器 ④入浴補助用具 ⑤簡易浴槽 ⑥移動用リフトの吊り具の部分

解答 3

＊ 2024 年（令和 6 年）4 月より，福祉用具貸与と特定福祉用具販売の選択制が導入された。スロープ，歩行器，歩行補助つえがその対象となり，特定福祉用具は 9 種目となった。

108 高齢者福祉

旧高齢者に対する支援と介護保険制度・問題 131

介護保険制度における厚生労働大臣の役割に関する次の記述のうち，**正しいもの**を**1つ**選びなさい。

1 要介護認定の審査及び判定に関する基準を定める。

2 要介護者等に対する介護給付費の支給決定を行う。

3 介護支援専門員実務研修を実施する。

4 介護給付等費用適正化事業を実施する。

5 財政安定化基金を設置する。

Point 介護保険制度は，保険者である市町村（特別区を含む，以下同じ）を国（厚生労働省），都道府県，医療保険者，年金保険者が重層的に支え合う仕組みとなっている。本問題では，厚生労働大臣の役割について問われているが，都道府県や市町村，医療保険者，年金保険者，さらには国民健康保険団体連合会の役割も含めて理解しておきたい。

1 ○ 要介護認定の審査及び判定に関する基準の設定は**厚生労働大臣**の役割である（「要介護認定等に係る介護認定審査会による審査及び判定の基準等に関する省令」（平成 11 年厚生省令第 58 号））。同省令では，要介護認定等基準時間に基づく要介護及び要支援の状態区分を定めるとともに，介護認定審査会による審査及び判定は，被保険者がどの状態区分に該当するかについて行うものとすると規定されている。

2 × 要介護者等に対する介護給付費の支給決定は**市町村**の役割である（介護保険法（以下，法）第 40 条，第 41 条第 2 項ほか）。なお，市町村は，介護保険施設・サービス事業者等からの介護給付費の請求に関する審査及び支払いに関する事務を国民健康保険団体連合会に委託することができる（法第 41 条第 10 項ほか）。また，委託先となる国民健康保険団体連合会には，介護保険施設・サービス事業者等から提出された介護給付費請求書の審査を行うための介護給付費等審査委員会が置かれている（法第 179 条）。

3 × 介護支援専門員実務研修の実施は**都道府県知事**の役割である。本研修は，都道府県知事が厚生労働省令で定めるところにより行うものであり（法第 69 条の 2 第 1 項），介護支援専門員として必要な居宅サービス計画，施設サービス計画，介護予防サービス計画に関する専門的知識及び技術を修得させることを主な目的としている（介護保険法施行規則第 113 条の 4 第 1 項，第 2 項）。

4 × 介護給付等費用適正化事業は**市町村**の役割である。介護給付を必要とする受給者を適切に認定し，受給者が真に必要とする過不足のないサービスを事業者が適切に提供するよう促すことを目的としている。本事業では，「要介護認定の適正化」「ケアプラン等の点検」「医療情報との突合・縦覧点検」が主要 3 事業とされている（「介護給付適正化の計画策定に関する指針について」（令和 5 年 9 月 12 日老介発 0912 第 1 号厚生労働省老健局介護保険計画課長））。

5 × 財政安定化基金の設置は**都道府県**の役割である。都道府県は，介護保険の財政の安定化に資する事業に必要な費用にあてるために財政安定化基金を設置している（法第 147 条）。財政安定化基金の財源は，国，都道府県，市町村がそれぞれ 3 分の 1 ずつ負担しており，保険料収納額の低下や介護給付費の増加等によって市町村の介護保険財政に不足が生じると見込まれる場合に交付又は貸付が行われる。

解答 1

109 高齢者福祉

旧高齢者に対する支援と介護保険制度・問題 135

「高齢者虐待防止法」に関する次の記述のうち，**最も適切なものを1つ選びなさい。**

1 この法律における高齢者とは，65 歳以上で介護保険制度における要介護認定・要支援認定を受けた者と定義されている。

2 この法律では，セルフネグレクト（自己放任）の状態も高齢者虐待に該当することが定義されている。

3 この法律における高齢者虐待の定義には，保険医療機関における医療専門職による虐待が含まれている。

4 この法律では，市町村が養護者による虐待を受けた高齢者の居所等への立入調査を行う場合，所轄の警察署長に援助を求めることができると規定されている。

5 この法律は，市町村に対し，高齢者虐待の防止・高齢者とその養護者に対する支援のため，司法書士若しくは弁護士の確保に関する義務を課している。

（注）「高齢者虐待防止法」とは，「高齢者虐待の防止，高齢者の養護者に対する支援等に関する法律」のことである。

Point 高齢者虐待防止法に関する問題である。同法に規定された高齢者の定義，養護者及び養介護施設従事者等による高齢者虐待の定義，国と都道府県・市町村の責務，国民の責務，高齢者虐待にかかる通報等，養護者による高齢者虐待に関しては市町村による立入調査や養護者への支援等について理解しておきたい。

1 × 高齢者とは「**65 歳以上の者**」と定義されている（高齢者虐待防止法第 2 条第 1 項）。介護保険制度における要介護認定・要支援認定を受けた者に限定されていない。なお，65 歳未満の者であっても，養介護施設への入所や養介護事業にかかるサービスの提供を受ける障害者については，同法における高齢者とみなして養介護施設従事者等による高齢者虐待に関する規定が適用される（同法第 2 条第 6 項）。

2 × セルフネグレクト（自己放任）の状態は**高齢者虐待の定義に含まれていない**。なお，厚生労働省は，市町村に対してセルフネグレクトの状態にある高齢者に対応できる関係部署・機関との連携構築に努めるように明示している（厚生労働省通知「市町村や地域包括支援センターにおける高齢者の「セルフ・ネグレクト」及び消費者被害への対応について」（平成 27 年 7 月 10 日老推発 0710 第 2 号））。

3 × **保険医療機関における医療専門職による虐待は含まれていない**。養介護施設従事者等による高齢者虐待の定義には，「養介護施設」として規定された老人福祉法上の老人福祉施設及び有料老人ホーム，介護保険法上の地域密着型介護老人福祉施設及び介護保険施設，地域包括支援センター，また「養介護事業」として規定された老人福祉法上の老人居宅生活支援事業，介護保険法上の居宅サービス事業，地域密着型サービス事業等に従事する者による虐待が含まれている（高齢者虐待防止法第 2 条第 5 項）。

4 ○ 市町村が立入調査を行う場合，**所轄の警察署長に援助を求めることができる**。市町村長は，養護者による高齢者虐待により生命又は身体に重大な危険が生じているおそれがあると認める高齢者の住所又は居所へ地域包括支援センターの職員等が立ち入り，調査又は質問等の職務を執行するにあたり，必要があると認めるときは所轄の警察署長に対し援助を求めることができる（高齢者虐待防止法第 12 条第 1 項）。また，市町村長は，高齢者の生命又は身体の安全の確保に万全を期する観点から，必要に応じ適切に警察署長に対し援助を求めなければならないとされている（同条第 2 項）。

5 × **司法書士若しくは弁護士の確保に関する義務は課されていない**。ただし，市町村は，養護者による高齢者虐待の防止，養護者による高齢者虐待を受けた高齢者の保護及び養護者に対する支援を適切に実施するために，これらの事務に**専門的に従事する職員**を確保するよう努めなければならないとされている（高齢者虐待防止法第 15 条）。

解答 4

110 高齢者福祉

旧高齢者に対する支援と介護保険制度・問題 128

事例を読んで，地域包括支援センターの社会福祉士によるＪさんの長女への助言として，**適切なものを2つ**選びなさい。

〔事　例〕

自宅で一人暮らしのＪさん（82歳，男性）は，脳梗塞の後遺症により軽い左片麻痺（ひだりかたまひ）があり，要支援１の認定を受けているが介護保険サービスは利用していない。２か月前に買物に行こうとして玄関先で転倒し，軽傷ですんだものの，それ以来自宅から出ようとしなくなった。近隣に住んでいる長女は，週に２，３度自宅を訪れ，買物や掃除・洗濯を手伝ってきた。しかし，「父は一人で大丈夫というが，むせることもあり食事量が減ってきて心配です。父はどのようなサービスが利用できますか」と地域包括支援センターに相談に来た。

1　看護小規模多機能型居宅介護の利用
2　介護老人福祉施設への入所
3　介護予防通所リハビリテーションの利用
4　短期入所生活介護の利用
5　管理栄養士による介護予防居宅療養管理指導の利用

Point 「要支援１」の認定を受けている高齢者が利用できるサービスに関する理解を問う問題である。ソーシャルワーカーとして実際に相談支援の現場に立ったときに起こり得るシチュエーションであり，各サービスの利用対象をしっかりと理解しておきたい。

1 ✕ 看護小規模多機能型居宅介護は，**要介護**の利用者を対象としたサービスであり，要支援者は利用することができない。「訪問看護」と「小規模多機能型居宅介護」を組み合わせたサービスで，「通い」「泊まり」「訪問介護」「訪問看護」のサービスを提供する。介護保険では**地域密着型サービス**の一つに位置づけられている。

2 ✕ 介護老人福祉施設（特別養護老人ホーム）への新規入所は，2014年（平成26年）の介護保険法改正により，原則として**要介護３以上の者**が対象となっている。虐待等が深刻なケースでは要支援・要介護認定の状況にかかわらず，老人福祉法の措置入所規定が適用されて入所可能な場合もあるが，本事例ではあてはまらない。

3 ○ 介護予防通所リハビリテーションは，介護保険の**予防給付**によるサービスに位置づけられており，要支援１の認定を受けている者が利用可能である。なお，通所系のサービスでは地域支援事業の介護予防・生活支援サービス事業*に基づく「通所型サービス」も要支援者が利用可能なサービスである。

4 ✕ 短期入所生活介護は，**要介護**の利用者を対象としたサービスである。要支援者が利用可能な短期入所サービスとしては，予防給付の「介護予防短期入所生活介護」及び「介護予防短期入所療養介護」がある。

5 ○ 介護予防居宅療養管理指導は，要支援の認定を受けた者が利用可能な**予防給付**の訪問サービスに位置づけられている。居宅療養管理指導とは，医師，歯科医師，薬剤師，**管理栄養士**，歯科衛生士等が，通院が困難な利用者の居宅を訪問して，心身の状況，おかれている環境等を把握し，それらを踏まえて療養上の管理及び指導を行うサービスである（なお，歯科衛生士による療養上の管理及び指導については，保健師，看護師，准看護師も担うことができる）。介護予防居宅療養管理指導は，介護予防を目的として要支援者を対象とした同様のサービスである。

解答 3 5

＊「「地域支援事業の実施について」の一部改正について」（令和６年８月５日老発0805第３号）により，地域支援事業実施要綱が一部改正され，2024年（令和６年）４月１日からは，「介護予防・生活支援サービス事業」は「サービス・活動事業」に名称が変更となった。

111 高齢者福祉

⑮高齢者に対する支援と介護保険制度・問題 133

☑☑☑

介護福祉士に関する次の記述のうち，**正しいものを1つ**選びなさい。

1　介護福祉士の法律上の定義には，介護者に対して介護に関する指導を行うことを業とすることが含まれている。

2　介護福祉士が介護保険制度における訪問介護員として従事する際には，その資格とは別に，政令で定める研修を修了していることがその要件となる。

3　介護福祉士は，医師の指示のもと，所定の条件下であれば，医療的ケアの一つとして脱水症状に対する点滴を実施することができる。

4　介護福祉士は業務独占資格の一つであり，法令で定める専門的な介護業務については，他の者が行うことは禁じられている。

5　認定介護福祉士を認定する仕組みは，2005年（平成17年）に制定された介護保険法等の一部を改正する法律において法定化され，その翌年から施行された。

Point　介護福祉士の定義と資格，業務内容，義務等に関する問題である。社会福祉士及び介護福祉士法，同法施行令・施行規則における介護福祉士に関する規定について理解しておくことが求められる。また，介護福祉士のキャリアアップのための仕組みとしての認定介護福祉士の役割や活躍の場，養成研修の受講要件と内容，登録手続き等についても併せて理解しておきたい。

1　○　介護福祉士は，介護福祉士登録簿に厚生労働省令で定める事項の登録を受け，介護福祉士の名称を用いて，専門的知識及び技術をもって，身体上又は精神上の障害があることにより日常生活を営むのに支障がある者につき心身の状況に応じた介護（医師の指示の下に行われる喀痰（かくたん）吸引等を含む）を行い，並びにその者及びその**介護者に対して介護に関する指導を行うこと**を業とする者であると定義されている（社会福祉士及び介護福祉士法第2条第2項，第42条）。

2　×　介護福祉士有資格者の場合，政令で定める研修の修了は要件とされていない。介護保険制度における訪問介護の従事者である訪問介護員は，「**介護福祉士**その他政令で定める者」と規定されている（介護保険法第8条第2項）。なお，政令で定める者の研修については，都道府県知事又は都道府県知事が指定する事業者が行う介護員養成研修（介護職員初任者研修・生活援助従事者研修）として実施されている（同法施行令第3条第1項第1号，同法施行規則第22条の23）。

3　×　介護福祉士に脱水症状に関する点滴の実施は認められていない。介護福祉士が医師の指示の下に行うことができる医療的ケア（行為）の内容については，2011年（平成23年）の社会福祉士及び介護福祉士法改正により，**口腔内の喀痰吸引，鼻腔内の喀痰吸引，気管カニューレ内部の喀痰吸引，胃ろう又は腸ろうによる経管栄養，経鼻経管栄養**の5種類が規定されている（社会福祉士及び介護福祉士法施行規則第1条）。

4　×　介護福祉士は業務独占資格ではなく，**名称独占資格**である。介護福祉士でない者は，介護福祉士という名称を使用してはならないという「名称の使用制限」が定められている（社会福祉士及び介護福祉士法第48条第2項）。また，同規定に違反した場合は「30万円以下の罰金に処する」との罰則規定が設けられている（同法第53条第1項第3号）。

5　×　認定介護福祉士を認定する仕組みは，2015年（平成27年）12月に設立された一般社団法人認定介護福祉士認証・認定機構が2016年（平成28年）より運用している。介護福祉士の専門性の向上，キャリアアップ等を目的としている。介護福祉士の上位資格として位置づけられるが，介護福祉士が国家資格であるのに対し，認定介護福祉士は**民間資格**となる。なお，一般社団法人認定介護福祉士認証・認定機構は2022年（令和4年）に解散され，日本介護福祉士会内に認定介護福祉士認証・認定機構が設置されている。

解答 1

112 高齢者福祉

旧高齢者に対する支援と介護保険制度・問題 132

事例を読んで，病院のＫ医療ソーシャルワーカー（社会福祉士）が，この時点でＬさんへの支援のために検討すべきこととして，**最も適切なものを１つ**選びなさい。

〔事　例〕

Ｋは，変形性膝関節症で外来通院中のＬさん（82 歳，女性，独居，要支援２）から相談を受けた。Ｌさんは屋外の歩行が不自由で杖を使っているが，介護サービス等は利用していない。Ｌさんは，数年ぶりに趣味の歌舞伎鑑賞に出かけようと思い，介護保険制度のサービス利用について市役所に問い合わせたところ「本市では趣味のための移動支援は実施していない」と説明されたと言う。Ｌさんは転倒の心配もあり，歌舞伎鑑賞には見守り支援を利用したいと言っている。

1　Ｌさんの支援を在宅医療・介護連携推進事業の担当者に依頼する。
2　市役所の対応に関して，都道府県国民健康保険団体連合会へ苦情の申し立てを行うよう，Ｌさんに提案・助言を行う。
3　Ｌさんの歩行機能の改善を図るため，地域介護予防活動支援事業の利用を勧める。
4　Ｌさんの疑問や不安に対応してもらえるよう，介護サービス相談員と連携を図る。
5　Ｌさんの居住地を担当する「生活支援コーディネーター（第２層）」に連絡を取り，Ｌさんが利用できる，制度外の外出時の見守り支援策について相談・調整を図る。

（注）「生活支援コーディネーター（第２層）」は，中学校区域を基本とする日常生活圏域で業務に当たる職員である。

Point 介護サービス等を利用していない要支援者の外出に伴う見守り支援の実現に向けて，社会福祉士がどのような社会資源（関係機関・団体，人）と連絡調整を図るのかについて問う事例問題である。介護保険制度内外のサービスや支援の種類と目的，内容，利用手続き等について体系的な理解が求められる。

1　×　在宅医療・介護連携推進事業は，地域支援事業における包括的支援事業（社会保障充実分）の一つである。同事業の内容は，医療に関する専門的知識を有する者が，介護サービス事業者や在宅医療を提供する医療機関その他の関係者の連携を推進するために，「**地域の医療・介護の資源の把握**」「**在宅医療・介護連携の課題の抽出と対応策の検討**」などを行うことであり，外出時の見守り支援を目的とするものではない。

2　×　介護保険法に規定された都道府県国民健康保険団体連合会の主な業務は，介護サービス費の請求に関する審査及び支払い，**サービス事業者・施設等に対する利用者や家族からの苦情に対応**し，必要な指導及び助言等を行うことであり，市町村の対応に関する苦情を申し立てる機関としては不適切である。

3　×　地域介護予防活動支援事業は，地域支援事業における介護予防・日常生活支援総合事業に位置づけられた一般介護予防事業の一つである。同事業の内容は，**介護予防のための住民主体の活動を育成し，支援すること**であり，外出時の見守り支援を行うものではない。

4　×　介護サービス相談員の役割は，**介護サービスを提供する施設・事業所**を訪問して，利用者の疑問や不満，不安等を聴き，施設・事業者との橋渡し役となって介護サービスの質の向上につなげることであり，外出時の見守り支援を行うものではない。

5　○　生活支援コーディネーターは，地域支援事業における包括的支援事業（社会保障充実分）に位置づけられた生活支援体制整備事業に従事する者である。主な業務は，被保険者が要介護状態等となることへの予防や要介護状態の軽減又は悪化の防止にかかる体制の整備，地域での自立した日常生活の支援のための**地域の多様な社会資源とのネットワークを構築すること**である。つまり，本事例のようにＬさんが利用できる外出時の見守り支援策について，制度外の支援の担い手（団体・個人等）と相談・調整を図ることも生活支援コーディネーターの役割である。

解答 5

113 高齢者福祉

旧高齢者に対する支援と介護保険制度・問題 134

事例を読んで，地域包括支援センターのM職員（社会福祉士）が訪問・相談を行った時点での対応として，**適切なものを2つ**選びなさい。

〔事　例〕

Q市に住むAさん（85 歳，女性，要介護３）は長男（56 歳）と二人暮らしである。Aさんは５年前から物忘れが進み，排せつには介助を要し，日常的に長男が介護をしている。また，短期入所生活介護を２か月に１回利用している。今朝，長男から「気分が落ち込んでしまいここ３日ほどは眠れない」「当分は母の介護ができそうにない」と沈んだ声で地域包括支援センターに電話相談があった。これまでにもこのような相談が度々あり，それを受け，M職員がすぐに訪問・相談を行った。

1　Aさんの要介護状態の改善を図る必要があるため，介護予防ケアマネジメントの実施を検討する。

2　総合相談支援業務として，長男の状態について同センターの保健師と相談し，気分の落ち込みや睡眠の問題に対応できる専門機関を探す。

3　権利擁護業務として，Aさんへの虐待リスクがあることについて，市に通報する。

4　包括的・継続的ケアマネジメント支援業務として，Aさんを担当する居宅介護支援事業所の介護支援専門員とともに，早急に今後の対応を検討する。

5　Aさんと長男が住む地域の課題を検討するため，地域ケア会議で報告する。

Point 地域包括支援センターの対応に関する事例問題である。要介護状態にある高齢者本人だけではなく，介護を担う家族への支援を含んだ設問となっている。包括的支援事業の内容，職員の役割，地域の関係機関との連携について理解した上で，訪問・相談を行った時点での適切な対応を選ぶ必要がある。

1　×　Aさんは，すでに**要介護３の認定**を受けており，介護予防ケアマネジメントの対象とはならない。地域包括支援センターが実施する介護予防ケアマネジメント（第１号介護予防支援事業）は，介護予防・日常生活支援総合事業において，居宅要支援被保険者や基本チェックリストにより支援が必要とされた者等に対して，必要なサービスが包括的かつ効率的に提供されるよう必要な援助を行う事業である（介護保険法（以下，法）第 115 条の 45 第１項第１号ニ，第 115 条の 46 第１項）。

2　○　長男は，気分の落ち込みや睡眠の問題のためにAさんの介護を担うのが難しい状態にあり，その状態に対応できる専門機関を探すことは適切である。総合相談支援業務は，**被保険者の心身の状況，居宅における生活の実態その他の必要な実情の把握**，情報提供，連絡調整等，総合的な支援を行う事業である（法第 115 条の 45 第２項第１号，第 115 条の 46 第１項）。

3　×　Aさんと長男の状況に対応しなければ，虐待に発展する可能性は否定できないが，現時点で**虐待リスクがあるとは読み取れない**ため，市に通報する必要はない。権利擁護業務は，被保険者に対する虐待の防止，その早期発見，被保険者の権利擁護のため必要な援助を行う事業である（法第 115 条の 45 第２項第２号，第 115 条の 46 第１項）。

4　○　長男の介護の負担を軽減するためには，Aさんが利用する介護保険サービスの見直しや，Aさんを取り巻く環境の改善は有効であるため，介護支援専門員とその後の対応を検討することは適切である。包括的・継続的ケアマネジメント支援業務は，**被保険者の居宅サービス計画・施設サービス計画の検証や定期的な協議**等を通じ，地域において自立した日常生活を営むことができるよう，包括的かつ継続的な支援を行う事業である（法第 115 条の 45 第２項第３号，第 115 条の 46 第１項）。

5　×　地域ケア会議は，個別事例の検討のほか，地域課題の把握，地域のネットワークづくりや社会資源開発等，地域のケア機能の向上を推進する会議である（法第 115 条の 48 第１項）。Aさんと長男への**支援は急を要しており**，現時点では，地域ケア会議での報告よりもAさんと長男への支援を優先するべきである。

解答 2 4

114 高齢者福祉
旧 高齢者に対する支援と介護保険制度・問題 129

移動の介護に関する次の記述のうち，**最も適切なものを 1 つ**選びなさい。

1 片麻痺がある人が杖(つえ)歩行を行う場合，杖は麻痺側に持つ。
2 左片麻痺者が階段を上る時は，杖の次に左足を上げる。
3 視覚障害者の歩行介助を行う場合，介助者は視覚障害者の後方を歩く。
4 片麻痺がある人のベッドから車いすへの移乗では，車いすを要介護者の健側に置く。
5 車いすで大きな段差を下るときは，前向きで降りる。

Point 「移動の介護」というテーマで片麻痺(かたまひ)がある人への介助，視覚障害者の歩行介助，車いすでの介助といったさまざまな場面から出題されている。「介護の技法」の基本を学習していれば，比較的容易に解ける問題である。なお，第 37 回試験より「介護の技法」は出題基準から外れているが，ソーシャルワーカーが現場で働く際に必要な知識の一つであることに違いはなく，可能な範囲で学習しておくことが望ましい。

1 ✕ 片麻痺がある人が杖歩行を行う場合，杖は**健側**に持つ。平地での杖歩行は「**杖（健側の手）→患側の足→健側の足**」の順番で前に出すことで，支持基底面を広くとった状態で安定して進むことができる。その際，介助者は杖を持っていない側（患側）のやや後方に位置して，必要に応じて手や腰を支えながら介助を行う。

2 ✕ 片麻痺がある人が杖を持って階段を上る時は，平地の時と違い「**杖→健側の足→患側の足**」の順番になる。左片麻痺者の場合は「杖→右足→左足」の順番となる。杖と健側の足でしっかりと踏ん張って，患側の足を引き上げるような形で上っていく。なお，階段を下る時は平地と同じ「杖→患側の足→健側の足」の順番である。

3 ✕ 視覚障害者の歩行介助では，介助者は視覚障害者の**前方**を歩く。周囲の人や物にぶつからないよう介助者が視覚障害者の前に立って誘導する必要がある。この時，視覚障害者が介助者の肘の上（誘導者の背が低い場合は肩の上）を軽く持ち，介助者は視覚障害者の半歩前を歩くようにする。

4 ○ 片麻痺がある人の移乗の介助では，**移乗する先のものが健側**に来るように配置する。ベッドから車いすの移乗では，車いすを健側に置く。片麻痺の障害の程度にもよるが，ある程度自分で動ける場合は健側の手で車いすの遠いほうのアームレストを，障害が重い場合は健側の手で介助者の肩を持ってもらう。その後，どちらの場合も健側の足で踏ん張るような形で立ち上がってもらい，車いすに移るようにする。こうすることで，片麻痺がある人自身の力を使って移乗することができる。

5 ✕ 車いすで大きな段差を下るときは，介助者がしっかりと支えながら，**後ろ向き**で降りる。大きな段差など傾斜が急な場所で前向きに降りようとすると，車いすから利用者が落ちそうになったり，車いすごと傾斜を転げ落ちたりする可能性があり，危険である。

解答 4

115 児童・家庭福祉

旧児童や家庭に対する支援と児童・家庭福祉制度・問題 136

子ども・家庭の生活実態に関する次の記述のうち，**正しいものを1つ**選びなさい。

1 「令和4年版男女共同参画白書」（内閣府）によると，子供がいる世帯の妻の就業状態は，パートタイム労働よりフルタイム労働の割合が高くなっている。

2 「令和4年版犯罪白書」（法務省）によると，少年の刑法犯等検挙人員は令和3年には戦後最大となった。

3 「令和3年度児童生徒の問題行動・不登校等生徒指導上の諸課題に関する調査結果について」（文部科学省）によると，いじめの認知（発生）件数は，令和2年度に比べ減少した。

4 「令和3年度全国ひとり親世帯等調査結果の概要」（厚生労働省）によると，母子家庭の世帯の平均年間収入は，同年の国民生活基礎調査による児童のいる世帯の平均所得の約8割である。

5 「令和3年度ヤングケアラーの実態に関する調査研究」の小学校調査によると，「ヤングケアラーと思われる子どもの状況」（複数回答）では，「家族の通訳をしている（日本語や手話など）」に比べて，「家族の代わりに，幼いきょうだいの世話をしている」が多い。

（注）「令和3年度ヤングケアラーの実態に関する調査研究」とは，株式会社日本総合研究所が，令和3年度子ども・子育て支援推進調査研究事業（厚生労働省）として実施したものである。

Point 子どもや若者とその家庭の生活実態に関する基本的な知識を問う問題である。女性の就労と育児の両立，少年非行，いじめ，ひとり親家庭の貧困，ヤングケアラーといった最近の社会課題に関する理解度を測ることのできる設問となっている。最新の各種統計資料を確認し，傾向を把握しておくことが求められる。

1 × 「子供がいる世帯」の，妻の就業状態別割合については，妻がパートタイム労働（週35時間未満就業）がすべての年齢階級（25～34歳，35～44歳，45～54歳，55～64歳）で約40～45％を占め，妻がフルタイム労働（週35時間以上就業）が約20～30％である（2021年（令和3年））。なお，2005年（平成17年）時点では，非労働力人口（専業主婦世帯）が全体に占める割合が最も高かったが，2021年（令和3年）ではどの年齢階級においても減少している。

2 × 少年による刑法犯等検挙人員の変遷には，昭和期においては第一の波（1951年（昭和26年）），第二の波（1964年（昭和39年）），第三の波（1983年（昭和58年））という三つの大きな波がみられた。平成期以降においては一時的な増加はあったものの全体としては減少傾向にあり，2021年（令和3年）は**戦後最少を更新する**2万9802人であった。

3 × 小・中・高・特別支援学校におけるいじめの認知件数は，2020年度（令和2年度）の51万7163件に対して61万5351件と**増加している**。また，いじめ防止対策推進法第28条第1項に規定する重大事態の発生件数も増加している。

4 × 母子世帯数は119万5000世帯である。また，母子家庭の世帯の平均年間収入は373万円で，これは，国民生活基礎調査による児童のいる世帯の平均所得（813万5000円）を100％として比較すると，**約45.9％**となっている。

5 ○ 小学校調査では，ヤングケアラーと思われる子どもの状況について**「家族の代わりに，幼いきょうだいの世話をしている」が最も割合が高く**，79.8％となっている。次いで，「家族の通訳をしている（日本語や手話など）」が22.5％，「障がいや病気のある家族に代わり，家事（買い物，料理，洗濯，掃除など）をしている」が19.1％となっている。

解答 5

116 児童・家庭福祉

旧 児童や家庭に対する支援と児童・家庭福祉制度・問題 141

特別養子縁組の制度に関する次の記述のうち，**最も適切なものを 1 つ**選びなさい。

1 配偶者のない者でも養親となることができる。
2 養子となることができる子の年齢上限は，6 歳である。
3 養親には離縁請求権はない。
4 特別養子縁組の成立には，実親の同意は原則として必要ではない。
5 特別養子縁組は，都道府県が養親となる者の請求により成立させることができる。

Point 要保護児童に恒久的な養育環境を提供する特別養子縁組の制度に関する知識を問う問題である。2019 年（令和元年）に改正された民法の規定についても整理し，理解することが求められる。併せて，関連する普通養子縁組や里親制度との違いについても押さえておきたい。

1 × 民法（以下，法）第 817 条の 3 で，「養親となる者は，**配偶者のある者でなければならない**」とされている。特別養子縁組では配偶者とともに縁組をする必要がある。

2 × 2019 年（令和元年）の法の改正で年齢上限が引き上げられた。法第 817 条の 5 で，特別養子縁組の請求では，**養子となる者は原則 15 歳未満**であることとされている。なお，例外として，15 歳に達する前から養親候補者が引き続き養育し，やむを得ない事由により 15 歳までに請求できなかった場合には，18 歳未満であれば請求できる。また，請求時に養子が 15 歳を超えた場合には，養子の同意が必要となる。

3 ○ **養親による離縁請求は認められていない**。法第 817 条の 10 で，「家庭裁判所は，養子，実父母又は検察官の請求により，特別養子縁組の当事者を離縁させることができる」とされている。その要件は，①養親による虐待，悪意の遺棄その他養子の利益を著しく害する事由があること，②実父母が相当の監護をすることができること，③養子の利益のために特に必要があると認めるときの三つを満たしている必要がある。

4 × 法第 817 条の 6 で，「特別養子縁組の成立には，**養子となる者の父母の同意がなければならない**」とされている。ただし，「父母がその意思を表示することができない場合又は父母による虐待，悪意の遺棄その他養子となる者の利益を著しく害する事由がある場合は，この限りでない」とされ，例外規定はあるが，実親の同意を必要としている。

5 × 法第 817 条の 2 で，**家庭裁判所**が養親となる者の請求により，特別養子縁組を成立させることができるとされている。

解答 3

117 児童・家庭福祉

旧児童や家庭に対する支援と児童・家庭福祉制度・問題 137

児童福祉法の総則規定に関する次の記述のうち，**最も適切なもの**を１つ選びなさい。

1　全て国民は，児童の年齢及び発達の程度に応じて，その意見が尊重されるよう努めなければならない。
2　全て保護者は，その養育する児童の福祉を等しく保障される権利を有する。
3　国は，児童を育成する第一義的責任がある。
4　全て国民は，児童の最善の利益を実現しなければならない。
5　全て児童は，家庭で育てられなければならない。

Point 児童福祉法（以下，法）の総則規定の内容について問う問題である。法の総則は 2016 年（平成 28 年）の法改正で大きな改正が行われた。この改正の趣旨は，「全ての児童が健全に育成されるよう，児童虐待について発生予防から自立支援までの一連の対策の更なる強化等を図るため，児童福祉法の理念を明確化するとともに，母子健康包括支援センターの全国展開，市町村及び児童相談所の体制の強化，里親委託の推進等の措置を講ずる」とされており，児童の権利に関する条約の理念が総則に盛り込まれた。

1　○　法第２条において，「全て国民は，児童が良好な環境において生まれ，かつ，社会のあらゆる分野において，**児童の年齢及び発達の程度に応じて，その意見が尊重され**，その最善の利益が優先して考慮され，心身ともに健やかに育成されるよう努めなければならない」とされている。

2　×　法第１条において，すべての児童は，福祉を等しく保障される権利を有するとされている。なお，法第２条第２項において，児童の保護者は，児童を心身ともに健やかに育成することについて第一義的責任を負うことが明記されている。また，第３項には国及び地方公共団体は，児童の保護者とともに，児童を心身ともに健やかに育成する責任を負うとされている。

3　×　児童を心身ともに健やかに育成することについての第一義的責任は，選択肢**2**の解説のとおり，児童の保護者に課せられたものである。

4　×　「最善の利益」については「実現しなければならない」という表現ではなく，法第２条第１項において，すべての国民は，**児童の最善の利益が優先して考慮されるよう努めなければならない**と明記されている。

5　×　法第３条の２において，「国及び地方公共団体は，児童が家庭において心身ともに健やかに養育されるよう，児童の保護者を支援しなければならない」と実家庭での養育が原則であることが示されている。ただし，児童を家庭において養育することが困難であり又は適当でない場合においては，児童が「**家庭における養育環境と同様の養育環境**」（養子縁組や里親）において継続的に養育されるよう措置を講じなければならないとしている。児童を「家庭における養育環境と同様の養育環境」で養育することが適当でない場合は，「**できる限り良好な家庭的環境**」（小規模グループケアを提供する児童養護施設等）において養育されるよう，必要な措置を講じなければならないとしている。

解答　1

118 児童・家庭福祉

旧児童や家庭に対する支援と児童・家庭福祉制度・問題139

児童扶養手当に関する次の記述のうち，**最も適切なもの**を**1つ**選びなさい。

1 生活保護を受給していることが支給要件である。

2 児童扶養手当法における児童とは，障害がない子どもの場合，18歳到達後の最初の3月31日までの間にある者をいう。

3 児童扶養手当は児童手当と併給できない。

4 支給額は，世帯の収入にかかわらず一定である。

5 父子世帯は，支給対象外となる。

Point 児童扶養手当は，父母の離婚などで，父又は母と生計を同じくしていない児童が育成される家庭（ひとり親）の生活の安定と自立の促進に寄与し，児童の福祉の増進を図ることを目的として支給される手当である。本問では，児童扶養手当の基本的理解が問われている。児童扶養手当以外に児童手当，特別児童扶養手当という名称の似ている手当があるが，別の法律に基づいた制度なのでそれぞれの目的や手当の内容をきちんと把握しておきたい。

1 ✕ 生活保護は児童扶養手当受給のための**支給要件とはならない**。生活保護はさまざまな理由により生活に困窮している人々に対して，憲法が定める健康で文化的な最低限度の生活を営む権利を守り，生活の保障と就労による自立支援を行うことを目的としている制度である。児童扶養手当と生活保護は異なる法律に基づく制度であるが，児童扶養手当を受給しながら生活保護を受ける場合，受給できる生活保護費は児童扶養手当を引いた金額になる。

2 ○ 障害がない児童の児童扶養手当の支給は，**18歳に達する日以後の最初の3月31日までの間**と規定されている。児童扶養手当はその児童を監護している父又は母，若しくは，父又は母にかわってその児童を養育している者に支給される。児童の心身に一定の障害があるときは20歳未満まで児童扶養手当が支給される。なお，精神又は身体に障害を有する児童を養育する場合，特別児童扶養手当も受給することができる。

3 ✕ 児童扶養手当と児童手当は**併給される**。児童手当は児童手当法に基づく別の制度であり，父母その他の保護者が子育てについての第一義的責任を有するという基本的認識の下，児童を養育している者に支給することにより，家庭等における生活の安定に寄与するとともに，次代の社会を担う児童の健やかな成長に資することを目的としている。

4 ✕ 支給額は，**世帯の収入にかかわらず一定ではない**。児童扶養手当支給の請求者及び請求者と生計を同じくする扶養義務者等の前年の所得が定められた限度額以上のときは，手当の全部又は一部が支給停止となる。例えば，扶養親族である子どもが1人の場合，全部支給となる収入額の目安は年収160万円である。年収160万円以上365万円未満であれば，一部支給が認められる*。ただし災害により住宅・家財などに一定以上の損害があったとき，所得制限を解除し，全部支給となる特例措置を受けられる場合がある。

5 ✕ 2010年（平成22年）8月から**父子世帯の父も児童扶養手当の支給対象**となった。以前は，父子世帯は母子世帯より年間平均収入が高く，金銭的に余裕があると考えられ，支給対象ではなかった。しかし，不況によるリストラ，育児のために残業ができないなどの理由での収入の減少や正規雇用されないケースも増え，また，親族や地域とのつながりが希薄な父の場合，児童の養育に困難が大きいことなどの実態が明らかになり，父子世帯も支給対象となった。

解答 2

* 改正により，2024年（令和6年）11月分から所得制限限度額が引き上げられ，全部支給は年収190万円，一部支給は年収190万円以上385万円未満となった。

119 児童・家庭福祉

旧児童や家庭に対する支援と児童・家庭福祉制度・問題 140

次の記述のうち，次世代育成支援対策推進法に関して，**最も適切なもの**を**1つ**選びなさい。

1　少子化に対処するための施策を総合的に推進するために，全ての児童が医療を無償で受けることができる社会の実現を目的としている。

2　都道府県及び市町村には，10 年を 1 期とする次世代育成支援のための地域における行動計画を策定することが義務づけられている。

3　政府には，少子化に対処するための施策を指針として，総合的かつ長期的な労働力確保のための施策の大綱を策定することが義務づけられている。

4　常時雇用する労働者の数が 100 名を超える事業主（国及び地方公共団体を除く）は，一般事業主行動計画を策定しなければならない。

5　都道府県を基盤とした一元的な保育の給付について規定されている。

Point　次世代育成支援対策推進法は，日本の急速な少子化の進行，家庭や地域を取り巻く環境の変化にかんがみ，次世代育成支援対策を迅速かつ重点的に推進し，次代の社会を担う子どもが健やかに生まれ育成される社会の形成に資することを目的とする法律である。同法に基づき，企業は「一般事業主行動計画」を策定し，行動計画に定めた目標を達成したなどの基準を満たした企業は，申請して厚生労働大臣の認定（くるみん認定）を受けることができる。

1　×　次世代育成支援対策推進法（以下，法）では，全ての児童が医療を無償で受けることを目指すことは**目的には入っていない**。なお，児童への医療費助成は，各自治体が定めた年齢の子どもにかかる医療費を援助する子ども医療費助成制度がある。対象となる子どもの年齢は自治体ごとに定められており，2023 年（令和 5 年）のこども家庭庁の調査によると，都道府県別では就学前までを対象としているところが最も多く，市区町村別では高校卒業年齢（18 歳年度末）が最多という結果だった。

2　×　都道府県及び市町村の事務及び事業に関し，法第 8 条・第 9 条において**5 年を 1 期**とする行動計画を策定することができるとされており，義務ではない。なお，依然として少子化が進み続け子どもが健やかに生まれ育成される社会が実現したとはいえず，次世代育成支援対策の取り組みをさらに充実させるために，法は 2015 年（平成 27 年）までの時限立法であったが改正され，有効期限が 10 年延長された。

3　×　法第 7 条において，政府には，次世代育成支援の総合的かつ効果的な推進を図るため，行動計画策定指針を定めることが義務づけられているが，選択肢の「大綱」については規定がない。

4　○　法第 12 条第 1 項において，常時雇用する労働者の数が 100 名を超える事業主は，**一般事業主行動計画を策定し，厚生労働大臣にその旨を届け出なければならない**とされている。常時雇用する労働者の数が 100 名以下の事業主は一般事業主行動計画を策定するよう努めなければならないとされている。

5　×　都道府県を基盤とした一元的な保育の給付については，**法に規定されていない**。なお，法第 9 条で行動計画の策定において都道府県は，地域における子育ての支援，保護を要する子どもの養育環境の整備，母性並びに乳児及び幼児の健康の確保及び増進，子どもの心身の健やかな成長に資する教育環境の整備，子どもを育成する家庭に適した良質な住宅及び良好な居住環境の確保，職業生活と家庭生活との両立の推進その他の次世代育成支援対策の実施に関する計画を策定することができるとされている。

解答 4

120 児童・家庭福祉

旧児童や家庭に対する支援と児童・家庭福祉制度・問題 138

事例を読んで，R市子育て支援課のB相談員（社会福祉士）がR市で利用可能なサービスの中から紹介するものとして，**最も適切なもの**を**1つ**選びなさい。

〔事　例〕

Cさん（2歳）の母親であるDさんは，他の子どもと比べてCさんの言葉が遅れていると気に病むようになり，外に出かけにくくなった。心配したCさんの祖母がDさんと共にR市子育て支援課に相談に来た。Bは，2人の話を聞き，どのようなサービスが利用可能かを一緒に検討することにした。

1　保育所への入所
2　母子健康包括支援センター（子育て世代包括支援センター）の利用
3　児童館の利用
4　子育て援助活動支援事業（ファミリー・サポート・センター事業）の利用
5　児童相談所の利用

Point　市町村における子育て支援のサービスについて問う問題である。市町村については，児童福祉法第3条の3に，「児童が心身ともに健やかに育成されるよう，基礎的な地方公共団体として」業務を適切に行わなければならないと規定されており，児童の身近な場所における児童の福祉に関する支援にかかる業務を適切に行うことが期待されている。事例の場合は，母であるDさんが感じた2歳のCさんにみられる発達の遅れについての相談がしたいというニーズに応える選択肢を選ぶことが求められる。

1　×　保育所は，児童福祉法（以下，法）第39条第1項に規定される保育を必要とする乳児・幼児を日々保護者の下から通わせて保育を行うことを目的とする施設である。祖母と母親のニーズはCさんを日中預けることではなく，**言葉の遅れを相談すること**にあるため，適切ではない。

2　○　母子健康包括支援センター（子育て世代包括支援センター）は，妊産婦及び乳幼児の実情を把握し，**妊娠・出産・子育てに関する各種の相談に応じ**，必要に応じて支援プランの策定や，地域の保健医療又は福祉に関する機関との連絡調整をし，母子保健施策と子育て支援施策との一体的な提供を行う市町村の施設である。母子保健に関する専門知識のある保健師等による訪問や育児相談などが行われている施設で，Cさんの発達を相談するのに適している。なお，同センターは2024年（令和6年）4月より，法に基づくこども家庭センターに統合された。

3　×　児童館は，法第40条に定められた「児童に健全な遊びを与えて，その健康を増進し，又は情操をゆたかにすることを目的とする」児童福祉施設である。言葉の遅れについて相談できる施設ではない。

4　×　子育て援助活動支援事業（ファミリー・サポート・センター事業）は，子育て中の労働者や主婦等を会員として，児童の預かりの援助を受けたい者と当該援助を行いたい者との相互援助活動に関する連絡，調整等を行う事業である。**Dさんのニーズは Cさんを預けることではない**ため，適切ではない。

5　×　児童相談所は，都道府県等に設置され，**市町村相互の連絡調整や広域的な見地から実情把握を行う機関**であるため，言葉の遅れを相談するのに適切とはいえない。

解答 2

121 児童・家庭福祉

旧 児童や家庭に対する支援と児童・家庭福祉制度・問題 142

事例を読んで，この時点でのＵ児童養護施設のＥ家庭支援専門相談員（社会福祉士）の対応について，**最も適切なものを１つ選びなさい。**

〔事　例〕

Ｆさん（40歳代，男性）は，息子Ｇさん（８歳）と父子家庭で生活していた。Ｇさんが３歳の時に，Ｆさんによる妻への暴力が原因で離婚した。Ｆさんは，行儀が悪いと言ってはＧさんを殴る，蹴る等の行為が日常的にみられた。額にひどいあざがあるような状態でＧさんが登校したことから，学校が通告し，ＧさんはＵ児童養護施設に措置された。入所後，家庭支援専門相談員であるＥがＦさんに対応している。Ｆさんは Ｅと会う度に，「自分の子どもなのだから，息子を返して欲しい」と訴えていた。Ｇさんとの面会交流が進んだ現在では，「返してもらうにはどうしたらよいのか」と発言している。

1　Ｆさんに二度と叩（たた）かないことを約束すれば，家庭復帰できると伝える。
2　Ｆさんが反省しているとわかったので，家庭復帰できると伝える。
3　Ｆさんに「なぜ叩いたのですか」と問い反省を求める。
4　Ｆさんが体罰によらない子育てができるよう一緒に考える。
5　Ｆさんは暴力による方法しか知らないのだから，家庭復帰は諦めるようにと伝える。

Point 児童養護施設の家庭支援専門相談員（ファミリーソーシャルワーカー）による保護者対応について問う問題である。家庭支援専門相談員は，児童相談所と連携しながら，家庭復帰に向けた環境調整や保護者への相談援助を実施している。保護者の思いを十分に受け止め，ラポール（信頼関係）の形成を目指しながら，虐待が再度起きないようにするにはどうすればよいのかを一緒に考える姿勢が求められる。

1　×　**Ｆさんの発言だけで家庭復帰を判断することは適切ではない。**Ｆさんが Ｇさんに対して暴力をふるった背景を把握した上で，家庭復帰へ向けた準備を進めることが求められる。

2　×　Ｆさんが反省していることは家庭復帰に向けて前進はしているが，選択肢１の解説のとおり，Ｆさんの発言だけで判断するのは適切ではない。体罰による子育てを行わないためにどうすればよいのかを具体的に確認できていない現状である。

3　×　Ｆさんに対して，家庭支援専門相談員が審判的な態度で臨むことにより**ラポール（信頼関係）の形成が難しくなるので適切ではない。**

4　○　Ｇさんの家庭復帰に向けてＦさんの思いに寄り添った対応である。

5　×　Ｆさんの思いを受容せずに，ラポール（信頼関係）の形成を一緒に取り組もうとしていないので適切ではない。

解答　4

122 貧困に対する支援

旧 低所得者に対する支援と生活保護制度・問題 63

生活保護法に関する次の記述のうち，**正しいもの**を2つ選びなさい。

1 保護が実施機関の職権によって開始されることはない。
2 保護は，生活困窮に陥った原因に基づいて決定される。
3 最低限度の生活を保障することを目的としている。
4 自立の見込みがあることを要件として，保護を受けることができる。
5 自立を助長することを目的としている。

Point 生活保護法の基本原理・基本原則に関する出題である。ほぼ毎年出題されている頻出事項である。同法第１条から第４条は，同法の解釈・運用の際の基準となる生活保護の基本原理を示すものである。また，第７条から第10条は，基本原理に基づいて生活保護の理念を具体化するための基本原則として位置づけられている。条文に基づく出題が多いため，第１条から第10条は，特に丁寧に読み返しておこう。

1 × 保護は，要保護者，扶養義務者，その他の同居の親族の申請に基づいて開始される（生活保護法（以下，法）第７条）が，**要保護者が急迫した状況にあるときは**，保護の申請がなくても，**実施機関によって必要な保護を行うことができる**（同条ただし書）。同条は現行法の特徴の一つである「申請保護の原則」を規定したものであるが，ただし書はその例外として，職権による保護を認めている。

2 × **保護は法律の定める要件を満たす限り，無差別平等に受けることができる**（法第２条）。これは，「**無差別平等の原理**」と呼ばれ，生活困窮者の信条，性別，社会的身分等による差別的・優先的扱いをしないということと併せて，生活困窮に陥った原因による差別も否定するものである。

3 ○ 法は，国による**最低限度の生活の保障と生活困窮者の自立の助長**を目的としている（法第１条）。同条は，四つの保護の原理の一つ「国家責任の原理」を規定したものであり，日本国憲法第25条の生存権の理念に基づいて，国民に最低限度の生活を保障することが国の責任であることを明示している。

4 × 保護は，生活に困窮する者が，**利用し得る資産，能力その他あらゆるものを，最低限度の生活の維持のために活用することを要件**として行われる（法第４条第１項）のであって，自立の見込みがあることを要件としているのではない。これは，「補足性の原理」と呼ばれるものである。さらに，法第８条第１項で，保護は，厚生労働大臣の定める基準により測定した要保護者の需要を基とし，そのうち，その者の金銭又は物品で満たすことのできない不足分を補う程度において行うものとされている。資力調査によって，最低生活基準を下回る困窮状態にあることが保護開始の条件となる。

5 ○ 法第１条に規定されている法の目的の一つである。生活保護は，生活に困窮する者に対して経済的な給付をしながら，**自立を助長すること**を目的としている。そのために，法第27条で保護の実施機関が生活の維持，向上その他保護の目的達成に必要な指導や指示をすることができることを規定している。法第27条に定める指導・指示を直接行うのが現業員（ケースワーカー）である。

解答 3 5

123 貧困に対する支援

旧低所得者に対する支援と生活保護制度・問題 64

事例を読んで，生活保護法の定める内容に関する次の記述のうち，**最も適切なものを 1 つ**選びなさい。

〔事　例〕

単身で 2 LDK の賃貸マンション暮らしの B さん（44 歳）は，建設業に従事していたが半年前に自宅で骨折をして仕事を続けられなくなり，退職した。B さんには遠く離れた故郷に父親（75 歳）がいるが，父親も生活に余裕がない。B さんは生活費が底をつき，生活保護を受給し，リハビリに励むこととなった。その後 B さんはリハビリが終わり，医師から軽労働なら就労できる状態だと診断された。求職活動をしたものの，年齢や技能の関係で仕事は見つかっていない。そこで B さんは今よりもう少し安い家賃のアパートに移ろうかと考えている。

1　就労に必要な技能修得の費用が生業扶助から支給される。
2　アパートに転居する際の敷金が生活扶助から支給される。
3　父親から仕送りを受けると，その金額の多寡にかかわらず保護は廃止される。
4　医師から就労できる状態だと診断された時点で，保護は廃止される。
5　父親は後期高齢者であるため，B さんを扶養する義務はない。

Point　事例としてはやや長文で，生活保護の原理の一つである「補足性の原理」を多角的に検討させる選択肢や，保護（扶助）の種類や内容の基礎的な知識を問う選択肢が並んだ。制度に関する知識をもとに状況に合わせて総合的に判断することが求められる複合問題である。基本的な知識を活用した解釈力や応用力，与えられた情報の中から問いに対応する状況を理解・解釈する力が求められる問題である。

1　○　就労に必要な技能修得の費用は，**技能修得費**として**生業扶助**から支給される（生活保護法（以下，法）第 17 条）。技能修得費は，生業に就くために必要な技能の修得のための授業料，教科書・教材費などが対象であり，高等学校等就学費も含まれる。生業扶助にはほかに，生業費，就職支度費がある。生業扶助の給付は，収入を増加させ，またはその自立を助長することのできる見込みのある場合に限られる。

2　×　転居する際の敷金は，**住宅扶助**から支給される（法第 14 条）。住宅扶助では，借家や貸間の家賃，間代，地代に当てる費用など住宅の確保のための費用と，住宅の維持のために必要な住宅の補修費などの住宅維持費が給付される。原則として金銭給付で，世帯主（事例の場合は B さん）に支給される。

3　×　仕送りを受けたとしても，**収入認定された金額が最低生活基準額を下回る場合，保護は廃止されない**。基準額に対する不足分を補う部分が保護の対象となる（法第 8 条第 1 項）。また，父親は B さんの扶養義務者であり，父親による扶養は保護に優先して行われるが（法第 4 条第 2 項），扶養義務者による扶養を受けることが保護の要件ではなく，逆に扶養を受けていることだけを理由として保護廃止となることもない。

4　×　「補足性の原理」（法第 4 条第 1 項）により，就労能力があれば就労して生活費を得ることが求められるが，**就労できる状態という診断だけで保護は廃止されない**。労働能力があって適切な就労先があるのに就労しようとしない場合は，保護の要件を欠くものとして保護が廃止されることもあるが，就労能力があって求職活動をしていても適切な就職先がない場合などは，受給できる。B さんの状況は，後者に該当する。

5　×　法第 4 条第 2 項で民法に定める扶養義務者による扶養が保護に優先して行われるとされているため，父親には扶養義務がある。民法では，**扶養義務者には年齢の制限が設けられていないため，後期高齢者であっても扶養義務者であることには変わりがない**。ただし，成人の B さんに対する父親の扶養義務は生活扶助義務であり，父親は通常どおりの生活を前提として，その余力の範囲内で B さんを扶養する義務を負う。

解答 1

124 貧困に対する支援
旧低所得者に対する支援と生活保護制度・問題65

生活保護の種類と内容に関する次の記述のうち，**正しいものを1つ**選びなさい。

1 生活扶助の第1類の経費は，世帯共通の費用とされている。
2 住宅扶助には，住宅の補修その他住宅の維持のために必要な経費が含まれる。
3 介護扶助には，介護保険の保険料が含まれる。
4 医療扶助によって，入院中の被保護者に対して入院患者日用品費が支給される。
5 出産扶助は，原則として現物給付によって行われる。

Point 生活保護の種類と内容を問う問題である。生活保護には生活扶助，教育扶助，住宅扶助，医療扶助，介護扶助，出産扶助，生業扶助，葬祭扶助の8種類がある。これらの扶助は，「併給」（二つ以上の扶助），もしくは「単給」（一つだけの扶助）として行われる。特に本問では，生活扶助の基準生活費の第1類費，第2類費，入院患者日用品費，介護保険料加算などの各種加算，それぞれの扶助の実施方法（金銭給付・現物給付）等が出題されており，扶助に関する確実な知識が必要である。なお，金銭給付とは金銭（現金）で支給されることであり，現物給付とは物品や診療・治療等の行為，施設利用等で支給されることである。

1 × 生活扶助の第1類の経費は，**個人単位**で消費する飲食物費・被服費等であり，年齢別，居住地域別で設定されている。世帯共通の費用は生活扶助の第2類の経費であり，光熱水費や家具什器費等，世帯単位で必要な経費が世帯人員別に設定されている。生活扶助は，八つの扶助の中でも最も基本的な扶助であり，日常生活の需要を満たすための給付が中心に行われる。

2 ○ 住宅扶助には，住宅の補修その他住宅の維持のために必要な経費が含まれる。住宅扶助の対象は，**住居や補修その他住宅の維持に必要なもの**とされており，家賃や間代，地代等の費用と住宅の補修・維持に必要な費用とされている。なお，住宅扶助は原則，金銭給付であり，世帯主，またはこれに準ずる者に交付される。

3 × 介護保険の保険料は，**生活扶助の介護保険料加算**に含まれる。介護保険料加算とは，介護保険第1号被保険者で普通徴収の方法によって保険料を納付する義務を負う者に加算される。生活扶助には，介護保険料加算のほか，妊産婦加算，障害者加算，介護施設入所者加算，在宅患者加算，放射線障害者加算，児童養育加算，母子加算があり，特別な需要を充足するために設けられている。

4 × 入院患者日用品費は，被保護者が病院又は診療所に入院している場合，**生活扶助**として支給される。入院する被保護者に対して身の回り品等の日常生活費を補填するものとして支給される。

5 × 出産扶助は，原則，**金銭給付**である。ただし，これによることができないとき，これによることが適当でないとき，その他保護の目的を達成するために必要があるときは現物給付される（生活保護法第35条）。出産扶助は，分娩の介助，分娩前及び後の処置，ガーゼ等の衛生材料の費用の範囲内において行われる（同法第16条）。

解答 2

125 貧困に対する支援

旧 低所得者に対する支援と生活保護制度・問題 66

生活保護制度における都道府県及び都道府県知事の役割や権限に関する次の記述のうち，**正しいものを1つ**選びなさい。

1 都道府県は，福祉事務所を任意に設置できる。
2 都道府県知事は，地域の実情を踏まえて生活保護法上の保護基準を変更することができる。
3 都道府県は，町村が福祉事務所を設置する場合，その保護費の一部を負担する。
4 都道府県知事は，保護施設の設備及び運営について，基準を定めるよう努めることとされている。
5 都道府県知事は，生活保護法に定めるその職権の一部を，その管理に属する行政庁に委任することができる。

Point 生活保護制度における都道府県及び都道府県知事の役割や権限を問う問題である。生活保護の実施責任は国にあるが，具体的な保護の決定・実施に関する事務は，法定受託事務として，都道府県知事，市長，福祉事務所を設置する町村長に委託されている。また，保護の実施機関である都道府県知事，市長，福祉事務所を設置する町村長は，保護の決定及び実施に関する事務の全部または一部を委任できるとされ，福祉事務所がこれを実施している。特に，本問は，都道府県の役割や権限とともに，国や市町村，社会福祉法における「福祉に関する事務所」（福祉事務所），福祉事務所を設置していない町村の役割や権限のほか，生活保護の財源等まで幅広く問われており，広範な知識が必要とされている。また，国や都道府県，市町村の役割については，生活困窮者自立支援法やホームレスの自立の支援等に関する特別措置法，こどもの貧困の解消に向けた対策の推進に関する法律等とともに理解しておくことも求められる。

1 × 都道府県及び市（特別区を含む）は，条例で，**福祉事務所（福祉に関する事務所）を設置しなければならない**とされ，福祉事務所の設置が義務づけられている（社会福祉法第14条第1項）。福祉事務所を任意に設置できるのは，町村である（同条第3項）。なお福祉事務所を設置していない町村長は，生活保護の実施機関とならず，その役割は都道府県知事が担うことになる。

2 × 生活保護法における保護基準は，**厚生労働大臣**が定めることになっている（同法第8条「基準及び程度の原則」）。

3 × 町村が福祉事務所を設置する場合，都道府県が保護費の一部を負担することはない。町村が福祉事務所を設置する場合，**福祉事務所を設置した町村がその保護費を支弁しなければならない**（生活保護法第70条）。なお，国は，市町村及び都道府県が支弁した保護費の4分の3を負担しなければならないとされている。保護施設事務費，委託事務費，就労自立給付金費及び進学・就職準備給付金費についても同様である（同法第75条）。

4 × **保護施設の設備及び運営について，都道府県は条例で基準を定めなければならない**（生活保護法第39条第1項）。条例を定めるにあたっては，配置する職員及びその員数，居室床面積等は厚生労働省令に定める基準に従い，利用定員は厚生労働省令に定める基準を標準として定めるものとし，その他事項については厚生労働省令に定める基準を参酌するものとされている（同法第39条第2項）。

5 ○ 都道府県知事は，職権の委任として「**この法律に定めるその職権の一部を，その管理に属する行政庁に委任することができる**」とされる（生活保護法第20条）。保護の実施など，都道府県の役割にかかわることから，同法第19条の保護の実施機関とともに理解しておく必要がある。

解答 5

126 貧困に対する支援

旧低所得者に対する支援と生活保護制度・問題 67

事例を読んで，Cさんが生活福祉資金貸付制度を利用する場合の内容に関する次の記述のうち，**最も適切なものを1つ**選びなさい。

〔事　例〕

Cさん（50 歳）は，R市で一人暮らしをしていたが，会社が倒産し，無職となった。雇用保険（基本手当）の給付を受けていたが，受給期間終了後も再就職先が見つからず，生活が苦しくなったので生活福祉資金貸付制度の総合支援資金を利用したいと思い，R市の社会福祉協議会に相談に訪れた。

1　貸付を受けるためには，連帯保証人が必須となる。
2　貸付金の償還が免除されることはない。
3　離職理由によって，最終貸付日から返済が開始されるまでの据置期間が異なる。
4　借入れの申込み先は，R市の福祉事務所である。
5　資金の貸付けを受ける場合には，必要な相談支援を受けることが求められる。

Point　本事例は，生活福祉資金貸付制度の総合支援資金の利用に関する問題である。生活福祉資金貸付制度の総合支援資金とは，減収や失業等により，生活に困窮している世帯において継続的な相談支援と併せて，生活費や一時的な資金の貸付を行い，生活の再建を支援する資金である。生活福祉資金貸付制度の資金の種類と内容，実施主体，貸付対象，申込みから資金の交付までの手続き，償還等の基本的知識や支援の実際を学んでおく必要がある。これらとともに生活困窮者自立支援法との連携についても理解しておくことが望ましい。

1　×　生活福祉資金貸付制度の総合支援資金は，原則として連帯保証人を立てるものとなっているが，**連帯保証人を立てない場合でも貸付は可能**である（「生活福祉資金貸付制度要綱」（以下，要綱）第8の1）。緊急小口資金又は要保護世帯向け不動産担保型生活資金の貸付には，連帯保証人を必要としない（要綱第8の2）。

2　×　貸付金の償還が免除されないということはない。借受人の死亡やその他やむを得ない事由により貸付元利金を償還することができなくなったと認められるときは，**償還未済額の全部又は一部の償還が免除される**場合がある（要綱第 15）。

3　×　離職理由によって，据置期間が異なるということはない。**据置期間は，資金の種類によって異なり**，総合支援資金の生活支援費の場合，最終貸付日から6か月以内である（要綱第6）。

4　×　**生活福祉資金貸付制度の相談や借入れの申込み先は，市町村社会福祉協議会**である。そのため，CさんはR市の福祉事務所ではなく，相談に訪れた社会福祉協議会で申込みが可能である。実施主体は都道府県社会福祉協議会であり，その業務の一部が市町村社会福祉協議会に委託されている（要綱第2）。また 2020 年（令和2年）の改正で，特に必要と認められるときは，厚生労働大臣が定める者に委託することができるようになった。

5　○　Cさんは貸付けを受ける際に相談支援を受けることが求められる。総合支援資金では，失業者や日常生活全般に困難を抱えている者に対して，生活の立て直しのために**継続的な相談支援（就労支援，家計相談支援等）**とともに，生活費及び一時的な資金の貸付けを行う（要綱第4）。なお，総合支援資金と緊急小口資金の貸付けにあたっては，就職が内定している者等を除いて，生活困窮者自立支援法における自立相談支援事業の利用が要件となっている。

解答 5

127 貧困に対する支援

旧 低所得者に対する支援と生活保護制度・問題 69

「ホームレスの実態に関する全国調査」(厚生労働省) に関する次の記述のうち, **正しいものを 1 つ選びなさい。**

1 概数調査によれば, 全国のホームレス数は 2022 年に比べて増加している。
2 概数調査によれば, 性別人数では男性より女性が多数を占めている。
3 生活実態調査によれば, ホームレスの平均年齢は 2016 年調査に比べて低下している。
4 生活実態調査によれば, 路上生活期間「10 年以上」は 2016 年調査に比べて増加している。
5 生活実態調査によれば,「生活保護を利用したことがある」と回答した人は全体の約 7 割程度である。

(注) 「ホームレスの実態に関する全国調査」(厚生労働省) とは,「ホームレスの実態に関する全国調査 (概数調査)」(2023 年 (令和 5 年)) 及び「ホームレスの実態に関する全国調査 (生活実態調査)」(2021 年 (令和 3 年)) を指している。

Point 2002 年 (平成 14 年) の「ホームレスの自立の支援等に関する特別措置法」において,「国は, ホームレスの自立の支援等に関する施策の策定及び実施に資するため, 地方公共団体の協力を得て, ホームレスの実態に関する全国調査を行わなければならない」(同法第 14 条) と定められている。概数調査は, ホームレスの数を把握するために, 年 1 回, すべての市町村を対象にして目視調査により実施され, 生活実態調査は, ホームレスの生活実態について把握するために, おおむね 5 年ごとに, 一定のホームレス数の報告があった市を抽出し個別面接調査により実施している。2021 年 (令和 3 年) の生活実態調査では, ホームレスの現状について, その高齢化や路上 (野宿) 生活期間の長期化が一層進んでいる状況がみられた。厚生労働省のホームページに概数調査とともに, 調査結果が掲載されているので確認されたい。

1 × 概数調査によれば, 2023 年 (令和 5 年) の全国のホームレス数は合計 3065 人であり, 2022 年 (令和 4 年) の 3448 人と比べて 383 人**減少**している。調査が開始されてから全国のホームレス数は, 減少傾向にある*1。

2 × 2023 年 (令和 5 年) の全国のホームレス数は, **男性が 2788 人, 女性が 167 人**, 不明が 110 人となっており, 男性が 9 割以上を占めている*2。

3 × ホームレスの平均年齢は, 2003 年調査では 55.9 歳, 2007 年調査では 57.5 歳, 2012 年調査では 59.3 歳, 2016 年調査では 61.5 歳, 2021 年調査では 63.6 歳と, **高齢化が進んでいる**。

4 ○ 路上生活期間が「10 年以上」のホームレスの割合は, 2003 年調査では 6.7 %, 2007 年調査では 15.6 %, 2012 年調査では 26.0 %, 2016 年調査では 34.6 %, 2021 年調査では 40.0 % と, 調査開始以降, **路上生活期間の長期化**が進んでいる。

5 × 生活実態調査では, 福祉制度の周知・利用について尋ねており,「生活保護制度を利用したことがある」と回答したのは 32.7 %, 全体の**約 3 割**程度であった。

解答 4

＊1 2024 年 (令和 6 年) の全国のホームレス数は, 2820 人である。
＊2 2024 年 (令和 6 年) の全国のホームレス数は, 男性が 2575 人, 女性が 172 人, 不明が 73 人である。

128 貧困に対する支援

旧低所得者に対する支援と生活保護制度・問題 68

事例を読んで，生活困窮者自立相談支援機関のD相談支援員（社会福祉士）が提案する自立支援計画案の内容に関する次の記述のうち，**最も適切なものを1つ**選びなさい。

〔事　例〕

Eさん（50歳）は，実家で両親と3人暮らしである。両親はともに80代で，実家は持ち家だが他に資産はなく，一家は両親の老齢基礎年金で生活している。Eさんは大学卒業後，出身地の会社に就職したが人間関係がこじれて5年前に退職し，その後は定職に就かず，実家でひきこもり状態である。Eさんの状況を両親が心配し，またEさん自身もこの状況をどうにかしたいと考えて，Eさんは両親とともに生活困窮者自立相談支援機関に来所した。D相談支援員は，アセスメントを経て，Eさんに今後の支援内容を提案した。

1 社会福祉協議会での被保護者就労支援事業の利用
2 公共職業安定所（ハローワーク）での生活困窮者就労準備支援事業の利用
3 認定事業者での生活困窮者就労訓練の利用
4 地域若者サポートステーションでの「求職者支援制度」の利用
5 生活保護法に基づく授産施設の利用

（注）「求職者支援制度」とは，職業訓練の実施等による特定求職者の就職に関する法律（求職者支援法）に基づく制度のことである。

Point 生活困窮者自立支援法の自立相談支援事業における相談支援業務に関する問題である。本事例の場合，生活保護世帯ではないこと，アセスメントを経た後の支援内容について問われており，生活困窮者自立支援制度以外の制度が適切であれば，すでに他機関に移行しているはずであることを踏まえて考えなければならない。

1 × 被保護者就労支援事業とは，被保護者の就労の支援に関する問題につき，被保護者からの相談に応じ，必要な情報の提供及び助言を行う事業である。対象は生活保護制度の**被保護者**であるため，Eさんは事業の対象者に該当しない。

2 × 生活困窮者就労準備支援事業とは，直ちに一般就労への移行が困難な生活困窮者に対して，一定の期間内に限り，就労に必要な知識及び就労に向けて生活習慣の獲得などの基礎的な能力の向上を図るために必要な訓練を行うものである。実施主体は**都道府県，市，福祉事務所を設置する町村**であり，ハローワークでは行われない。

3 ○ 選択肢は，生活困窮者自立支援法における**認定就労訓練事業**といわれるもので，いわゆる**「中間的就労」**である。一般就労が可能と認められるが，直ちに一般就労が困難な生活困窮者に対し，認定された事業所での支援付きの就労の機会の提供，就労に必要な知識及び能力の向上のために必要な訓練などを行うもので，Eさんの支援として適切である。

4 × 求職者支援制度は，求職者支援法に基づく制度で，対象者は，ハローワークにおける求職者であり，雇用保険制度が受給できない者である。求職者支援制度は，ハローワークが中心となって実施されている。また，**地域若者サポートステーション（サポステ）は，対象者が15～49歳まで**であるため，Eさんは年齢から該当しない。

5 × 生活保護法に定められる**授産施設**は，「身体上若しくは精神上の理由又は世帯の事情により就業能力の限られている要保護者に対して，就労又は技能の修得のために必要な機会及び便宜を与えて，その自立を助長することを目的とする施設」と定義される（生活保護法第38条第5項）。生活保護法に基づく授産施設の利用は福祉事務所が決定する。生活困窮者自立相談支援機関が行うことではない。

解答 3

129 貧困に対する支援

旧就労支援サービス・問題 145

次の記述のうち，公共職業安定所（ハローワーク）が実施する業務として，**最も適切なものを1つ選びなさい。**

1 労災保険給付の支給
2 無料職業紹介事業の許可
3 有料の職業紹介
4 生活保護における生業扶助の支給
5 障害者雇用に関する技術的助言・指導

Point 公共職業安定所（ハローワーク）の業務や役割に関する設問である。ハローワークは，厚生労働省都道府県労働局が所管する行政組織であり，求職者や求人事業主等に対して，さまざまなサービスを無償で提供する総合的雇用サービス機関である。職業相談・職業紹介や，雇用保険の適用・給付事務及び雇用促進のための助成金支給等の支援を実施している。労働基準監督署との機能の違いのほか，障害者雇用分野や福祉事務所との連携など業務は多岐にわたるため，多分野と関連させて理解をしておく必要がある。

1 × 選択肢は，**労働基準監督署**の業務・役割である。厚生労働省都道府県労働局の所管組織には，労働基準監督署と公共職業安定所（ハローワーク）があるが，労働基準法等に定められた労働条件が遵守されているかの監督，賃金制度の改善，労働時間の短縮，労働災害の防止に向けた対策のほか，労働保険の給付を行う業務は，労働基準監督署が担っている。

2 × 無料職業紹介事業を行う場合は，事業主管轄の都道府県労働局を経て，**厚生労働大臣**の許可を受けなければならない（職業安定法（以下，法）第 33 条）。

3 × 法第 8 条において，「公共職業安定所は，職業紹介，職業指導，雇用保険その他この法律の目的を達成するために必要な業務を行い，無料で公共に奉仕する機関とする」と定められている。つまり，公共職業安定所（ハローワーク）が実施する職業紹介は，**無料**で行われる。

4 × 生活保護受給者に対する扶助の支給は**福祉事務所**の役割である。なお，就職活動等に伴う支弁が生業扶助で行われるという点は正しい。

5 ○ 公共職業安定所（ハローワーク）では，企業就労を目指す障害者に対する職業紹介や職業相談等の個別支援のほか，障害者を雇用する事業主に対する助成金の活用や技術的助言等の支援なども行っており，**求職者・求人者双方に向けた雇用支援**を実施している。

解答 5

130 貧困に対する支援

旧就労支援サービス・問題 146

事例を読んで，公共職業安定所（ハローワーク）の職員が行う対応として，**最も適切なものを1つ**選びなさい。

〔事　例〕

民間企業で10年間働いてきたHさん（33歳）は，新たな職務に強いストレスを感じるようになり，出勤できなくなった。医師からうつ病との診断を受け，6か月間休職したが，症状が改善せず退職した。退職から1年が経ち，まだ，うつの症状は残っており，就業面，生活面での不安を感じるものの，金銭面の問題から，とにかく働かなければならないと焦りを感じ，公共職業安定所（ハローワーク）を訪問した。

1 一般就労の経験があるHさんは，問題なく一般就労が可能であると判断し，一般企業からの求人情報を提供する。
2 Hさんの希望は就職であることから，適応訓練についてはあっせんしない。
3 Hさんの確実な就職のため，一般企業ではなく特例子会社の求人を紹介する。
4 本人の了解を得て，障害者就業・生活支援センターを紹介するなど関係機関と連携する。
5 一般就労には週の所定労働時間が20時間以上であることが求められる旨を説明する。

Point 職業相談に訪れた求職者への，公共職業安定所（ハローワーク）の職員の対応に関する設問である。在職中にうつ病の診断を受け，退職から1年が経過しても症状が残っている中で復職することは容易ではない。病状に伴う就業面・生活面の不安と，金銭面の課題について整理しつつ，いつ・どのように就職活動を開始するかを相談できる支援者の存在が必要であろう。

1 × 一般就労の経験があるとはいえ，症状が残っている現状において，Hさんが問題なく一般就労が可能であると判断することはできない。まずは，**Hさんの病状や求職希望要件に関してアセスメントを行うと同時に，求職活動が可能か否か主治医の意見を確認する必要がある**ため，現時点で求人情報を提供するのは適切でない。

2 × 適応訓練とは，企業等において実際の業務を行うことで，業務内容や職場環境に適応しやすくすることを目的に実施するものであり，訓練終了後は訓練先の企業に雇用されることもある。働かなければと焦りを覚えているHさんにとって，前職における新たな職務へのストレスがうつ病発症の原因となっているため，職務や職場への適応を高めることを目指す**適応訓練は有益な支援の一つといえる**。そのため，本人にあっせんしない理由は見当たらない。

3 × 退職から1年を経ても症状が残っているHさんの状態を考慮すると，**求人紹介の段階にあるかの判断は難しい**。また，障害者雇用の選択肢もあるが，**Hさん自身が希望するかは不透明**であるため，特例子会社の求人を紹介するのは適切でない。

4 ○ 就業面・生活面の課題を，病状が安定していないHさんが単独で解決することは困難であると考えられる。また，金銭面の課題が就職活動を焦らせているが，まずは就職活動に向かうための生活基盤を整える必要があり，その点においては公共職業安定所（ハローワーク）だけでの支援は難しい。さらに，障害者雇用を視野に入れた支援が有効な可能性もあるため，**本人の了解のもと，支援機関の紹介を行いつつ，就労と生活の両面からサポート体制を構築する**ことは適切である。

5 × 週所定労働時間20時間以上*の一般就労が求められるのは，**障害者を雇用した企業の実雇用率に算定可能な場合**である。**Hさんが障害者雇用を希望しているかどうかは現時点では不明**であり，一般就労に求められる週の所定労働時間について説明するのは時期尚早である。

解答 4

＊ 2024年度（令和6年度）からは，週所定労働時間10時間以上20時間未満の重度身体障害者，重度知的障害者についても，1人を0.5人としてカウントすることとなった。

131 保健医療と福祉

旧保健医療サービス・問題 70

公的医療保険における一部負担金に関する次の記述のうち，**正しいものを 1 つ**選びなさい。

1 療養の給付に要した費用の一部負担金の割合は，一律 3 割である。

2 被用者保険に加入中の生活保護の被保護者は，一部負担金のみが医療扶助の対象となる。

3 正常な分娩（ぶんべん）による出産費用の一部負担金の割合は，3 割である。

4 1 か月の医療費の一部負担金が限度額を超えた場合，保険外併用療養費制度により払戻しが行われる。

5 入院時の食事提供の費用は，全額自己負担である。

Point 医療保険制度における一部負担金について問う問題である。患者は，医療機関や薬局の窓口で，医療サービスを受ける対価として一部負担金を支払うこととなっている。その負担額は医療費の一定割合とされ，年齢区分や所得水準によって割合が異なっている。一部負担金のほか，一部負担金に対する軽減制度の一つである高額療養費制度についても併せて学習しておくことが望ましい。

1 ✕ 療養の給付は，医療保険加入者が保険医療機関等で保険診療を受けた際に，一部負担金を除いて現物給付される保険給付を指す。療養の給付に要した自己負担の額は医療費の一定割合（定率負担）とされており，**年齢区分や所得水準により一部負担金の割合は異なる**。たとえば，義務教育就学前は 2 割負担，義務教育就学後から 70 歳未満は 3 割負担となっている。また 70 歳以上 75 歳未満では一般所得者等が 2 割負担であるが，現役並み所得者は 3 割負担となっている。さらに 75 歳以上では，一般所得者等が 1 割負担，一定以上所得者が 2 割負担，現役並み所得者が 3 割負担と，3 区分が設定されている。

2 ○ 被保護者が国民健康保険や後期高齢者医療制度の被保険者であった場合，保護を受けるとその資格を喪失し，医療費全体が医療扶助の対象となる。一方，**被用者保険の場合は，被保険者資格は失われず，一部負担金のみが医療扶助の対象となる（保険優先）**。また，被保護者がほかの公費負担医療を受けることができる場合，ほかの制度が優先適用（他法優先）され，患者負担の部分が医療扶助の対象となる。

3 ✕ 医療保険の対象となる給付は，疾病等に対する有効性・安全性が認められる治療に限られており，**治療でないもの（正常な妊娠・分娩の費用，健康診断，予防接種，美容整形など）は医療保険の給付対象とならない**。また先進医療など有効性・安全性が確認されていないもの，入院時室料差額（差額ベッド代）や金歯など個人の快適さの追求や選択によるものも対象とならない。

4 ✕ 1 か月に支払う医療費の一部負担金が自己負担限度額を超えた場合に，**保険者が払い戻す給付制度は高額療養費制度**である。高額療養費制度には，さらに負担を軽減する仕組みとして多数回該当や世帯合算が設けられている。なお，保険外併用療養費制度は，保険医療機関等で提供される評価療養や選定療養，患者申出療養について，保険外診療であっても保険診療との併用を例外的に認める制度である。

5 ✕ 入院時食事療養費は，医療給付のなかの療養費として位置づけられ，療養の給付と併せて**入院時に食事療養を受けた場合に給付される医療保険の保険給付**である。ただし，標準負担額として 1 食単位の自己負担が設定されている。

図 保険診療を受けたときの一部負担金の割合

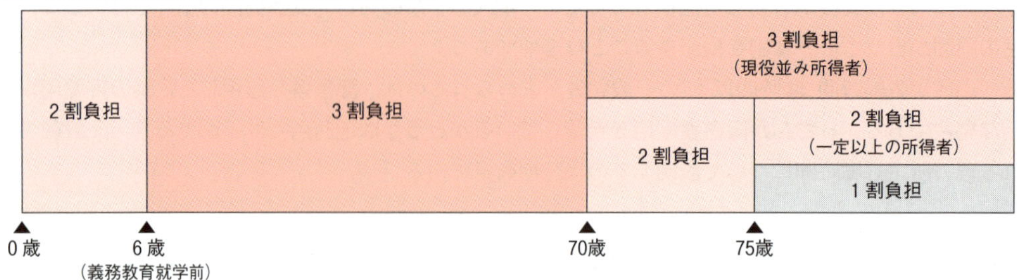

解答 2

132 保健医療と福祉

旧 保健医療サービス・問題 71

「令和2（2020）年度国民医療費の概況」（厚生労働省）に示された日本の医療費に関する次の記述のうち，**正しいものを1つ**選びなさい。

1 国民医療費の総額は40兆円を超えている。
2 人口一人当たりの国民医療費は60万円を超えている。
3 国民医療費に占める薬局調剤医療費の割合は，入院医療費の割合よりも高い。
4 国民医療費の財源に占める公費の割合は，保険料の割合よりも高い。
5 国民医療費に占める歯科診療医療費の割合は，入院外医療費の割合より高い。

Point 国民医療費については，ほぼ毎年出題される頻出問題である。厚生労働省ホームページに掲載されている国民医療費の概況「結果の概要」などを基に，国民医療費の総額や年次推移をはじめ，基礎的な内容を整理した上で，人口一人当たりの国民医療費，制度区分別・財源別・診療種類別・年齢階級別・傷病分類別医療費の動向や傾向についても整理しておく必要がある。ただし，精緻な数値のみにとらわれすぎず，傾向を把握するところから学習するとよい。

1 ○ 2020年度（令和2年度）の国民医療費は**42兆9665億円**であり，40兆円を超えている*1。前年度の2019年度（令和元年度）の44兆3895億円に比べると1兆4230億円（3.2％）減少しているが，基本的な経年変化は増加傾向にある。

2 × 人口一人当たりの国民医療費は**34万600円**であり，60万円は超えていない*2。ただし，年齢階級別にみると，65歳未満は18万3500円，65歳以上は73万3700円，75歳以上では90万2000円となっている。

3 × 診療種類別国民医療費のうち最も大きな割合を占めるのは，**医科診療医療費であり，構成割合は71.6％**となっている。医科診療医療費の内訳は，**入院医療費が38.0％**，入院外医療費が33.6％となっている。**薬局調剤医療費の割合は17.8％**であり，入院医療費よりも割合は低い*3。

4 × 財源別国民医療費では，財源に占める**公費の割合は38.4％，保険料は49.5％**となっており，保険料の割合が最も高くなっている*4。なお，保険料の内訳としては，事業主が21.3％，被保険者が28.2％という構成割合になっている。

5 × 診療種類別国民医療費のうち**歯科診療医療費の構成割合は7.0％**であり，**入院外医療費の構成割合33.6％**と比べると，歯科診療医療費の割合のほうが低い*5。

解答 1

＊1 2022年度（令和4年度）の国民医療費は46兆6967億円である。
＊2 2022年度（令和4年度）の人口一人当たりの国民医療費は37万3700円である。
＊3 2022年度（令和4年度）の入院医療費は17兆3524億円（37.2%），薬局調剤医療費は7兆9903億円（17.1%）である。
＊4 2022年度（令和4年度）の財源別国民医療費では，公費は17兆6837億円（37.9%），保険料は23兆3506億円（50.0%）である。
＊5 2022年度（令和4年度）の歯科診療医療費は3兆2275億円（6.9%），入院外医療費は16兆4731億円（35.3%）である。

133 保健医療と福祉

旧 保健医療サービス・問題 74

訪問看護に関する次の記述のうち，**最も適切なもの**を１つ選びなさい。

1　訪問看護は，看護師の指示で訪問看護サービスを開始する。

2　訪問看護ステーションには，栄養士を配置しなければならない。

3　訪問看護の対象は，65 歳以上の者に限定されている。

4　訪問看護ステーションの管理者は，医師でなければならない。

5　訪問看護は，居宅において看護師等により行われる療養上の世話又は必要な診療の補助を行う。

Point 訪問看護について問う問題である。利用者は医療保険又は介護保険を利用してサービスを受けることになる。訪問看護の人員や運営に関する基準と合わせて，医療保険に基づく場合と介護保険に基づく場合の違いについても確認しておきたい。

1 ×　訪問看護の提供には，**主治医**が発行する「訪問看護指示書」が必要になる。看護師ではなく，主治医の指示で訪問看護サービスは開始される。訪問看護事業者は，訪問看護の提供の開始に際し，主治の医師による指示を文書で受けなければならないとされている（指定訪問看護の事業の人員及び運営に関する基準（以下，運営基準）第 16 条第 2 項）。

2 ×　**栄養士の配置は必要としていない**。訪問看護ステーションは，保健師，助産師，看護師，准看護師といった看護職員について，事業所に必要な員数を配置することになっている。また，訪問看護ステーションの実情に応じて，理学療法士，作業療法士，言語聴覚士を配置することができる（運営基準第 2 条）。

3 ×　医療保険に基づく訪問看護の対象者は「**疾病**又は**負傷**により，居宅において継続して療養を受ける状態にある者」であり（健康保険法第 88 条），**年齢の要件は定められていない**。一方，介護保険に基づく訪問看護の対象者は「居宅要介護者」である（介護保険法第 8 条第 4 項）。居宅要介護者とは，居宅において介護を受ける，要介護状態にある **65** 歳以上の者（第 1 号被保険者）と **40** 歳以上 **65** 歳未満の者（第 2 号被保険者）である。いずれの場合も，対象者は **65** 歳以上の者に限定されているわけではない。

4 ×　訪問看護ステーションの管理者は，**保健師**，**助産師**，**看護師**でなければならない。運営基準第 3 条第 2 項では「ただし，やむを得ない理由がある場合は，この限りでない」としており，医師である必要はないが，訪問看護ステーションの管理者は，適切な訪問看護を行うために必要な知識及び技能を有する者でなければならないとしている（運営基準第 3 条第 3 項）。

5 ○　訪問看護は，居宅要介護者の居宅において**看護師**その他厚生労働省令で定める者により行われる療養上の世話又は必要な診療の補助をいう（介護保険法第 8 条第 4 項）。

解答 5

134 保健医療と福祉

旧保健医療サービス・問題72

診療報酬に関する次の記述のうち，**最も適切なもの**を**1つ**選びなさい。

1 診療報酬の請求は，各月分について行わなければならない。
2 請求された診療報酬は，中央社会保険医療協議会が審査する。
3 医療機関が診療報酬を請求してから報酬を受け取るまで約6か月掛かる。
4 診療報酬点数表には，医科，歯科，高齢の点数表がある。
5 診療報酬点数は，1点の単価が1円とされている。

Point 診療報酬制度については，出題頻度が高い項目である。保険医療機関（以下，医療機関）は，保険診療などの保健医療サービスの提供に要した費用を定められた方法に従って算定し，患者から徴収する一部負担金等の額を控除して，医療保険者（以下，保険者）に請求し，支払いを受ける。ただし，保険者は，診療報酬の審査や支払いの事務を審査支払機関に委託しているため，医療機関は診療報酬請求書を審査支払機関に直接送付している。

1 ○ 保険診療を行った医療機関は，**診療を行った月ごとに，当該月の診療報酬明細書（レセプト）と診療報酬請求書（その月のレセプトを集計した1枚の書類）を翌月の10日**までに審査支払機関に提出することとなっている。

2 × 医療機関が請求する診療報酬は，保険者から審査支払事務の委託を受けた**社会保険診療報酬支払基金**や**国民健康保険団体連合会**といった審査支払機関によって審査される。なお，中央社会保険医療協議会とは，医療保険の診療報酬の改定及び療養担当規則の改定に関して，厚生労働大臣の諮問を受けて審議，答申するほか，自ら建議することを任務とする厚生労働大臣の諮問機関である（社会保険医療協議会法第1条，第2条）。

3 × 医療機関は診療報酬を請求した**翌々月**の原則21日に報酬を受け取ることとなっているため約**2か月**掛かる。その流れは，医療機関が診療報酬を請求したのち，審査支払機関の審査・チェックを受け，レセプト内容が適切であった場合，保険者に送付され，送付された保険者は請求金額を審査支払機関に支払い，審査支払機関はこれを医療機関に支払う。

4 × 医療保険で使われる技術やサービスの料金を定める診療報酬点数表は，**医科**，**歯科**，**調剤**の3種類が設けられている。よって，高齢というのは誤りである。なお，2006年（平成18年）3月まではこの3種類に加えて老人診療報酬が存在した。また，保険適用医療の料金表には，点数表のほかに，保険適用医薬品の銘柄と単価を定めた**薬価基準**や特定保健医療材料の価格を定めた**材料価格基準**がある。

5 × 診療報酬の点数は，1点の単価が**10円**で，全国一律となっている。なお，介護保険の介護報酬は，人件費など地域の事情に応じて金額が異なっている。

解答 1

135

保健医療と福祉

旧 保健医療サービス・問題 73

医療法に基づく医療計画に関する次の記述のうち，**正しいものを1つ**選びなさい。

1 国が，地域の実情に合わせて策定することになっている。

2 医療提供体制の確保を図るためのものである。

3 医療圏は，一次医療圏と二次医療圏の２つから構成されている。

4 病院の定義や人員，設備の基準を定めることになっている。

5 ２年ごとに見直される。

Point 医療法に基づく医療計画に関する問題である。医療計画や医療法については，出題頻度の高い項目である。医療計画は，医療法によって作成が定められており，地域の事情に応じた医療提供体制の確保を図るために都道府県が作成する計画のことで，原則６年ごとに改定される。

1 × 医療法に規定される医療計画は，**都道府県**が策定義務を負っており，都道府県における医療提供体制の確保を図るために定めるものである。また，2025 年（令和７年）に向け，病床の機能分化と連携を推進することを目的として，同年の医療需要と病床の必要量について医療機能（高度急性期，急性期，回復期，慢性期の四つの病床の機能区分）ごとに推計した地域医療構想も，都道府県が策定し，医療計画の中に位置づけられる。

2 ○ 医療計画は，**地域の事情に応じた医療提供体制の確保**を図るため策定されるもので，医療圏の設定をはじめ，５疾病６事業に関する事項，病床規制，地域医療構想など，多岐にわたる。なお，５疾病とは，**がん，脳卒中，心筋梗塞等の心血管疾患，糖尿病，精神疾患**の五つの疾患で，６事業とは，**救急医療，災害医療，新興感染症発生・まん延時における医療，へき地医療，周産期医療，小児医療**の六つの医療の領域である。

3 × 医療計画で示される医療圏は，①日常的な疾病や外傷などの診療，疾病の予防や健康管理などの**プライマリケアを提供する一次医療圏**，②高度・特殊な専門医療以外の**一般の入院医療を一体の区域として提供する二次医療圏**，③**高度・特殊な専門医療を提供する三次医療圏**の３つから構成されている。区域については，一次医療圏は市町村が単位となり，二次医療圏は都道府県内に複数設定され，三次医療圏は都道府県の区域を単位としている（北海道のみ６医療圏域）。

4 × 病院や診療所の定義，開設の許可や届出，病院の人員や整備の基準などを規定するのは**医療法**である。よって，医療計画で定めるというのは誤りである。なお，医療計画では，病床規制として，それぞれの医療圏における病床数が一定の基準を超えないようにする制度がある。

5 × 医療法に基づく医療計画については，原則**６年**ごとに改定される。医療計画制度は，1985 年（昭和60 年）の第一次医療法改正時に導入され，2024 年度（令和６年度）からの６年間は第８次医療計画となる。なお，連想される知識として，原則２年ごとに改定されるのは，**診療報酬**である。

解答 2

136 保健医療と福祉

旧保健医療サービス・問題 76

「人生の最終段階における医療・ケアの決定プロセスに関するガイドライン（2018 年（平成 30 年）改訂版）」（厚生労働省）に沿った対応の方針として，**最も適切なもの**を **1 つ**選びなさい。

〔事　例〕

Gさん（72 歳）は，妻（70 歳）と二人暮らし。10 年前より筋萎縮性側索硬化症（ALS）と診断を受け，在宅で療養を続けてきた。診断を受けた当初，「人工呼吸器は装着せずに，自宅で自然な状態で最期を迎えたい」と言っていた。1 か月前から言語の表出，自発呼吸が困難となり，人工呼吸器の装着について検討することとなった。

1　診断を受けた当初のGさんの意思を優先する。
2　Gさんに代わって，妻の判断を優先する。
3　Gさん，家族，医療・ケアチームによる話し合いの場を設定する。
4　家庭裁判所に判断を求める。
5　医師の医学的判断により決定する。

Point　「人生の最終段階における医療・ケアの決定プロセスに関するガイドライン」に沿った終末期の対応方針について問う事例問題である。高齢多死社会を迎えている日本において，在宅医療・介護の場で活用できるガイドラインとして，2018 年（平成 30 年）に改訂された。アドバンス・ケア・プランニング（ACP）の概念を盛り込み，医療・介護現場で普及していくことを目的としている。ガイドラインの内容は確認しておきたい。

1　×　ガイドラインでは，人生の最終段階において，**本人の意思は変化しうるものである**ことを踏まえ，本人との話し合いが繰り返し行われることが重要としている。そのため，診断を受けた当初のGさんの意思は変化している可能性もあり，それを優先するのは不適切である。

2　×　ガイドラインでは，**本人による意思決定を基本**としている。本人が意思を表出できなくなった場合においても，家族等が本人の意思を推定できる場合には，その推定意思を尊重し，**本人にとっての最善の方針をとることを基本**としている。そのため，Gさんに代わって妻の判断を優先することは不適切である。

3　○　ガイドラインでは，医療・ケアを受ける本人が多職種の医療・介護従事者から構成される**医療・ケアチームと十分な話し合いを行い**，本人による意思決定を基本として医療・ケアを進めていくことが必要としている。また，本人が自らの意思を伝えられない状態になる可能性があることから，**家族等の信頼できる者も含めて，本人との話し合いが繰り返し行われることが重要**としている。そのため，Gさん，家族，医療・ケアチームによる話し合いの場を設定するのは適切である。

4　×　家庭裁判所は，**離婚**や**相続**などに関する家庭内の紛争及び非行を犯した少年の事件を専門的に取り扱う裁判所である。人生の最終段階における医療・ケアの決定プロセスと直接的なかかわりがあるとはいえず，家庭裁判所に判断を求めることは適切でない。家庭裁判所は，家庭内の紛争を扱うほか，**後見**（**保佐**，**補助**）**開始**の審判を行うことができる。

5　×　ガイドラインでは，方針の決定には，本人の状態に応じた専門的な医学的検討を経て，**医師等の医療従事者から適切な情報の提供と説明がなされることが必要**とされている。そのため医師の医学的判断により決定することは不適切である。意思決定は本人が行うことが基本である。

解答 3

137 保健医療と福祉

旧保健医療サービス・問題 75

次の事例を読んで，医療ソーシャルワーカー（社会福祉士）が紹介した現時点で利用可能な制度として，**適切なものを2つ**選びなさい。

〔事　例〕

入院中のFさん（39歳，会社員）は，大学卒業後から継続して協会けんぽ（全国健康保険協会管掌健康保険）の被保険者であり，同じ会社の正社員である妻35歳と息子7歳との3人暮らしである。20代より生活習慣病を患い，保健指導と治療がなされたが行動変容は難しかった。Fさんは，3日前に糖尿病性腎症による人工透析導入のため入院することとなった。医師からは，約1か月間の入院となり，退院後は週に3日の継続的な透析治療が必要との説明を受けた。Fさんは，仕事は継続したいが，医療費や入院期間中の収入面の不安を訴えたことから，医師より医療ソーシャルワーカーを紹介された。

1　生活保護制度
2　労働者災害補償保険制度
3　高額療養費制度
4　傷病手当金制度
5　雇用保険制度

Point　生活習慣病が悪化し入院が必要となった患者の，仕事の継続や収入面での課題に対する医療ソーシャルワーカーの対応を考える事例問題である。患者の現状に対して，どの制度が当てはまるかという知識が必要となるため，それぞれの制度の目的や対象者等の理解が求められる。医療制度だけではなく，生活保護制度や社会保険制度等についても合わせて確認しておきたい。

1　×　生活保護制度は，困窮の程度に応じて必要な保護を行い，最低限度の生活の保障と自立を助長することを目的としている（生活保護法第1条）。Fさんは入院することとなったが，それまで会社員として勤務しており，また妻も同じ会社の正社員であることから，現時点で**生活困窮に陥っている状態ではない**ため，生活保護制度の対象とはならない。

2　×　労働者災害補償保険制度とは，**業務上又は通勤による**労働者の負傷，疾病，障害，死亡等に関して保険給付を行う制度である（労働者災害補償保険法第1条）。Fさんは生活習慣病から糖尿病性腎症を発症しており，**業務上による疾病ではない**ことから対象とはならない。

3　○　高額療養費制度は，1か月で支払う医療費が上限額を超えた場合に，超えた分を支給する保険給付である。Fさんは医師から継続的な透析治療が必要と説明を受けており，透析治療の医療費は高額となるため，医療ソーシャルワーカーが紹介する制度としては適切である。

4　○　健康保険法に基づく傷病手当金制度は，被保険者が**病気**や**けが**による療養のため就労することができず給料が支給されない場合，本人と家族の**生活を保障するための保険給付**である。Fさんの場合，医師から約1か月間の入院が必要と言われており，その間は休職することになり会社から給料が支給されないことから，医療ソーシャルワーカーが紹介する制度としては適切である。

5　×　雇用保険制度は，労働者の職業の安定に資するため，**失業の予防**，**雇用状態の是正**，**雇用機会の増大**，**労働者の能力の開発及び向上**を目的とした制度である（雇用保険法第1条）。Fさんの主訴は，仕事を継続したいということと，医療費や入院期間中の収入面に不安があることであるため，現時点で雇用保険制度の対象とはならない。

解答　3　4

138 ソーシャルワークの基盤と専門職（専門）

旧 相談援助の基盤と専門職・問題 92

次の事例を読んで，福祉事務所に勤務するK職員（社会福祉士）が取り組む様々な対応のうち，メゾレベルの対応として，**適切なものを2つ**選びなさい。

〔事　例〕

L民生委員は，Mさん（45 歳）の件で市の福祉事務所を訪れ，Kに相談をした。Mさんは勤め先を3年前に人員整理で解雇されてからは仕事をせず，親が残してくれた自宅で一人，昼夜逆転の生活をしているとのことであった。現時点では，Mさんには緊急の要保護性は感じられないが，仕事をしておらず，生活費が底をつく心配がある。Mさんは「今すぐに仕事をする自信はないが，今後に備えて相談をしたい」と望んでおり，Mさんの了解のもとに相談に訪れたとのことであった。

1　中高年を対象とする就労支援制度の課題を，所属機関を通して国に提示する。
2　相談意欲のあるMさんと相談援助の関係を樹立する。
3　Mさんに対して，生活費を確保するために，不動産担保型生活資金を検討するよう勧める。
4　市内の事業所に対して，Mさんのような中高年者が利用可能な自立相談支援に関する事業の実施状況の情報を収集する。
5　L民生委員からの情報をもとに，同様の事例に関する今後の支援について，所内で検討する。

Point ソーシャルワークは，ミクロ・メゾ・マクロレベルでの実践を循環・連動させていく技術の総称でもある。ミクロレベルは主に個人や家族など，メゾレベルは組織や関係機関など，そしてマクロレベルは地域や社会へのはたらきかけを意味している。本問は，地域にいる孤立した人やひきこもりの人への支援から，メゾレベルへのはたらきかけの理解を問う問題である。

1 × 社会制度そのもののもつ限界から生活課題や困難さが引き起こされるという視点は重要である。その場合，社会福祉士は社会制度の改善を目指した問題提起やはたらきかけをしなければならない。選択肢にある**国へのはたらきかけは，マクロレベルでの実践**である。仮にメゾレベルでの実践を問うのであれば，所属機関での検討や，同じ課題を認識する関係機関とのネットワーク形成などのはたらきかけが想定され，そこからマクロレベルの実践へと連動していくことを考えなくてはならない。

2 × 利用者・当事者との関係形成は，社会福祉士にとっての支援の基盤となる。信頼関係がなければ共に課題解決を図っていくことは困難ともいえる。**当事者である個人や家族へのはたらきかけは，ミクロレベルでの実践**である。相談支援を充実させるためには，生活を少しでもよくしていく変化のつながりが必要であり，そのつながりをつくる関係機関へのはたらきかけこそがメゾレベルでの実践と考えなければならない。

3 × ソーシャルワークにおいて，**本人へのはたらきかけはミクロレベルでの実践**とみなされる。ミクロレベルでの実践においては，ケア（ケース）マネジメントなどの技術が用いられ，課題を解決するための社会制度まで含めた社会資源との結びつきを，本人の意思等を確認しながら共に進めていくことなどが行われる。

4 ○ 同様のケースに関する情報収集は重要であり，そのために**関係機関等へはたらきかけることはメゾレベルでの実践**である。こういった情報収集そのものが実践における連携構築の機会ともなり，社会福祉士の相談支援の質を向上させていくことにつながるといえる。その意味で，メゾレベルでの実践は，ミクロレベルでの実践の質を向上させていくものとして考えることができる。

5 ○ 地域には類似する事例が存在すると想定される。それゆえ，同様の事例に対する今後の対応を組織内で検討することは，支援の質を向上させ，さらに地域における予防的な取り組みを考えていく上で必要不可欠である。今後の支援の検討を**組織にはたらきかけることは，メゾレベルでの実践**であり，こうしたメゾレベルでの実践が，支援の質の向上と予防的取り組みにもつながる。

解答 4 5

139 ソーシャルワークの理論と方法（専門）

旧相談援助の理論と方法・問題 106

ソーシャルワークの援助関係に関する次の記述のうち，**最も適切なもの**を1つ選びなさい。

1 共感的理解とは，クライエントの世界を，あたかもソーシャルワーカーも体験したかのように理解することである。
2 目的志向性とは，クライエントを意図的に導くことにより，ソーシャルワーカーの自己覚知を促進することである。
3 パターナリズムとは，ソーシャルワーカーの権威と自由裁量を否定し，対等な立場を重視した援助関係のことである。
4 受容とは，クライエントの逸脱した態度や行動に対しても，同調した上で，それを許容することである。
5 ソーシャルワーカーの自己開示とは，クライエントの行動や感情における矛盾を指摘することである。

Point クライエントとソーシャルワーカーの間で結ばれる専門的援助関係とは，自然発生的なものではなく，目的をもった意図的な情動および相互作用を伴う関係である。専門的援助関係を構築する際には，権威性や上下関係にとらわれることなく，対等な関係を構築することが求められる。援助者の温もりのある対応が，クライエントの不安や脅威を軽減し，クライエントが自身の問題に直面することを促す。この援助関係を通して，クライエントは受容されていると感じ，自らが抱える課題や否定的感情に向き合うことができる。援助者は，バイステック（Biestek, F. P.）が提唱した7原則（①個別化，②意図的な感情表出，③統制された情緒的関与，④非審判的態度，⑤受容，⑥自己決定，⑦秘密保持）を意識し，クライエントとの信頼関係の醸成に努めるべきである。

1 ○ クライエントが専門的な相談援助を利用する際には，さまざまな困難に直面し，葛藤や混乱を抱えていることが多い。そのような**感情を，援助者が自ら体験したように「理解しようとしている」ことをクライエントが実感する**ことで，クライエントは感情的混乱から抜け出し，専門的援助を利用するための動機づけが高まっていく。

2 × 専門的援助関係がもつ目的志向性とは，ソーシャルワーカーの自己覚知を促すことではなく，クライエントの自己決定を尊重し，クライエントの最善の利益に根差した問題解決を行うことである。

3 × パターナリズムとは，クライエントの自己決定よりも援助者の裁量を優先する態度をとり，援助者が主導権を握った上で主たる判断などを行うことである。**問題の原因の特定とその除去に焦点をあてた概念**で，医学モデルと深い関連がある。ソーシャルワーカーは，クライエントとの対等性を保持し，問題解決に向けたクライエントの自己決定を尊重する価値及び態度を身につけるべきである。

4 × 受容とは，クライエントがそうせざるを得なかった状況や，そのような状況にまつわる感情を**「あるがままの現実」として受け止めること**である。クライエントの常軌を逸した態度や行動に同調し，それを許容することではない。

5 × 選択肢の記述は，対決である。自己開示とは，アイビィ（Ivey, A. E.）が提唱した**マイクロカウンセリング技法の一つであり，援助者が自身の考えや経験などをクライエントに伝える**技術である。自己開示を適切に用いることで，クライエントとの対等な関係が構築され，信頼関係を深めることができる。

解答 1

140 ソーシャルワークの理論と方法（専門）

旧 相談援助の理論と方法・問題 118

ソーシャルワークの面接技術に関する次の記述のうち，**最も適切なもの**を**1つ**選びなさい。

1 明確化によって，クライエントに特別な行動をするように伝えて，課題解決を促す。
2 言い換えによって，クライエントの話す内容や感情を別の言葉で表現し，気づきを促す。
3 閉じられた質問によって，クライエントが自由に話すのを促す。
4 要約によって，より多くの情報を収集するために，クライエントの自己開示を促す。
5 問題への直面化によって，クライエントとの信頼関係を構築する。

Point ソーシャルワークにおいて，面接は欠かすことのできない援助方法である。面接は単なる会話ではなく，目的をもって行われる意図的なコミュニケーションである。面接の特徴や目的を意識したうえで，基本となるコミュニケーション，具体的な技法について理解することが求められる。

1 × 明確化とは，**クライエントがうまく言葉で表現できないことをワーカーが言語化して伝える**技法である。

2 ○ 言い換えとは，**クライエントが話した内容をソーシャルワーカーが自身の言葉で言い換えてクライエントに伝えることで，クライエントの気づきを促す**技法である。

3 × 閉じられた質問とは，**「はい」「いいえ」で答えられる質問**や，**年齢や住所などの限定した回答を求める質問**である。クライエントが自由に話すことを促す質問は，開かれた質問である。

4 × 要約とは，**クライエントの話の重要部分を繰り返し，短縮し，具体化する**技法である。クライエントがまとまりなく話したり，混乱したりしているような場合に用いることが多く，問題を焦点づけたり，内容を整理したりするのに役立つ。

5 × 直面化とは，クライエントの言葉や感情と行動の不一致などの矛盾を指摘し，クライエントに自分自身が葛藤状態にあることを気づかせ，**現在の課題を明確にして向き合えるように支援する**技法である。

解答 2

141 ソーシャルワークの理論と方法（専門）

旧 相談援助の理論と方法・問題 113

事例分析の対象を手段的事例と固有事例に分けたとき，手段的事例の例として，**最も適切なものを1つ**選びなさい。

1 ソーシャルワーカーが担当しているクライエントの支援において，今後の方向性を考えるために，クライエントと共に事例分析をした。

2 新人のソーシャルワーカーが担当しているクライエントの支援過程について，指導的立場のソーシャルワーカーと一緒に，事例分析をした。

3 ソーシャルワーカーが担当している事例で，支援結果が良好なものがあったので，その要因を明らかにするため，事例分析をした。

4 ソーシャルワーカーが担当している事例で，複雑な問題を抱え支援が困難なクライエントがおり，事例分析をした。

5 ソーシャルワーカーが担当している地区で，高齢者から振り込め詐欺に関する相談が頻繁にあるため，研修を目的とした事例分析をした。

Point 事例分析の対象となる手段的事例と固有事例について問う問題である。手段的事例とは，関心のある社会問題や現象に対して，事例を通して分析を行うものである。テーマ（例えば虐待，自立生活，要介護状態など）を先に決め，テーマに関する問題や現象を経験している人や家族を事例として選ぶ。事例の選択にあたっては，問題や現象を明確にするために代表的あるいは典型的な事例を選ぶこともあれば，幅やばらつきを見るために逸脱した事例を選ぶこともある。固有事例とは，事例そのものが興味深く，その事例について詳しく調べたいときに行うものである。めったにない出来事や珍しい経験をしている人や家族が対象となることが多い。

1 ✕ **クライエントの支援の方向性を考える**ことが目的であるため，固有事例である。手段的事例と固有事例を区分するにあたり，クライエントと共に事例分析をするかどうかは問われない。

2 ✕ **クライエントの支援過程に対するスーパービジョン**として行うもので，固有事例である。

3 ✕ **良好な支援結果の要因分析**として行うもので，固有事例である。事例分析では，支援結果が良好な場合であっても分析の対象として選定することがある。

4 ✕ **複雑な問題が背景にあり，支援が困難なクライエントの支援**として行うもので，固有事例である。

5 ○ 振り込め詐欺をテーマに，研修を行うことを目的としているため，手段的事例である。

解答 5

142 ソーシャルワークの理論と方法（専門）

旧 相談援助の理論と方法・問題116

事例を読んで，Y地域包括支援センターのC社会福祉士が参加している認知症初期集中支援チームの対応として，**最も適切なもの**を**1つ**選びなさい。

〔事　例〕

Y地域包括支援センターに「夫の物忘れがひどく，指摘するとすぐに怒りだすことと，時折暴力を振るうことで困っている」とDさん（72歳）から電話相談があった。その後，Dさんが来所して夫の日常の様子を詳しく話した。夫に病院で受診をしてもらおうとしたが，「俺はどこも悪くないから病院には行かない」と拒否され，困っているという。そこでCは，認知症初期集中支援チームにおける対応が必要と考え，ケース会議の開催を要請した。

1　夫を刺激しないように，認知症サポーターとCが自宅を訪問する。

2　Dさんが一人の時間を持てるように自宅を訪問し，夫の利用可能な認知症カフェの案内を手渡す。

3　夫の状態について，認知症サポート医から専門的知見による助言を求める。

4　夫の生活の様子を聞くために，介護福祉士とCが自宅を訪問する。

5　Dさんへの暴力回避のために，保健所の職員とCが自宅を訪問する。

Point 認知症初期集中支援チームは，複数の専門職が，家族の訴え等により認知症が疑われる人や認知症の人及びその家族を訪問し，アセスメント，家族支援などの初期の支援を包括的，集中的（おおむね6か月）に行い，自立生活のサポートを行う。認知症初期集中支援チームのメンバーとして，専門医，保健師・看護師，社会福祉士・介護福祉士などが想定されている。それぞれの専門職の役割と早期診断・早期対応に向けた支援体制の構築について理解する必要がある。

1 ×　Dさんから電話相談があり，ケース会議の開催を要請した現時点では，Dさんの夫とDさんを取り巻く状況等について情報を収集することが適切である。認知症サポーターとは，認知症を正しく理解し，認知症の人やその家族を自分のできる範囲で温かく見守り，支えていく人のことである。市町村等が開講している「認知症サポーター養成講座」を受講することで，認知症サポーターになることができる。**認知症サポーターとの訪問は，Dさんが夫の認知症の症状を理解し，支援方針等が決まってからが望ましい**ため，認知症初期集中支援チームの対応として適切ではない。

2 ×　Dさんから電話相談があり，ケース会議の開催を要請した現時点では，Dさんの夫とDさんを取り巻く状況等について情報を収集することが適切である。**認知症カフェの案内を手渡すことは，認知症初期集中支援チームの対応としては時期尚早**である。

3 ○　まずは，Dさんが夫の状態について理解するために，認知症サポート医などの専門医による専門的知見に基づく助言を求めることが望ましい。

4 ×　介護福祉士によるケアを行うためには，Dさんが夫の認知症の症状について理解する必要がある。そのため，**介護福祉士との訪問は，認知症初期集中支援チームの対応によって支援方針等が決まった後が適切**である。

5 ×　暴力を回避するためには，Dさんが夫の認知症の症状について理解する必要がある。**保健所の職員との訪問は，認知症初期集中支援チームの対応によって支援方針等が決まった後が適切**である。

解答 3

143 ソーシャルワークの理論と方法（専門）

旧 相談援助の理論と方法・問題 114

事例を読んで，N市社会福祉協議会のM職員（社会福祉士）の対応として，**適切なものを2つ**選びなさい。

〔事　例〕

N市社会福祉協議会は，N市から避難行動要支援者への支援に関して委託事業を受けている。Mは，その事業のコーディネート役を担当しており，N市が海岸線の近くにあり，高台が少ないことから，大地震の際の津波などによる被害を心配している。Mは，日頃から「備えあれば憂いなし」と周りの職員たちに言い，避難行動要支援者を中心にした，平常時からのネットワーキングがN市には必要と考えて，支援活動をしている。

1　近隣の住民に声をかけ，避難行動要支援者と一緒に避難訓練を行う。
2　災害発生に備えて，避難行動要支援者名簿を地域の全戸に配布する。
3　自力で避難できるよう，避難行動要支援者を個別に訪問して指導する。
4　避難支援等関係者よりも，避難行動要支援者の安全確保を最優先するよう関係者に指示する。
5　避難支援等関係機関と一緒に福祉避難所を確認する機会をもつ。

Point 避難行動要支援者（市町村に居住する要配慮者のうち，災害が発生し，又は災害が発生するおそれがある場合に自ら避難することが困難な者であって，その円滑かつ迅速な避難の確保を図るため，特に支援を要する者）に対する支援におけるソーシャルワーカーの対応について問う問題である。ソーシャルワーカーには，地域支援の一環として防災に取り組むことが求められている。東日本大震災での教訓を踏まえ，2013年（平成25年）の災害対策基本法改正で，市町村に避難行動要支援者名簿を活用した実効性のある避難支援を行うことが義務づけられた。内閣府（防災担当）が同年8月に公表した「避難行動要支援者の避難行動支援に関する取組指針」を確認しておくとよい。

1　○　市町村は，さまざまな災害や考えうる被害を想定し，避難行動要支援者への確実な情報伝達や物資の提供等の実施方法等に関する訓練を実施する。地域住民のほか，民生委員や消防団，自主防災組織，自治会，福祉事業者，ボランティアや地域企業の従業員など，さまざまな分野の関係者，関係機関の協力を得られるようはたらきかけながら避難行動要支援者とともに避難訓練を行う。

2　×　市町村には，避難行動要支援者名簿の作成が義務づけられている（災害対策基本法（以下，法）第49条の10）。避難行動要支援者名簿は，災害の発生に備え，避難支援等の実施に必要な範囲で，消防機関等の**避難支援等関係者**に名簿情報を提供する（法第49条の11）とされている。

3　×　自力避難をうながすよう**「指導」するのは適切でない**。名簿情報を広く避難支援等関係者に提供することを丁寧に説明し，意思確認を行うにあたり，個別で訪問することが望ましい。自力で避難できるように，障害の区分等に配慮した上で，防災無線や広報車，携帯端末の緊急速報メールなど多様な手段を用いて情報伝達を行うことが求められる。

4　×　**避難支援等関係者本人又はその家族等の生命及び身体の安全を守ることが大前提**である。そのため，市町村等は，避難支援等関係者が，地域の実情や災害の状況に応じて，可能な範囲で避難支援等を行えるよう，避難支援等関係者の安全確保に十分に配慮しなければならない（法第50条第2項）。

5　○　地域の特性や実情を踏まえつつ，防災や福祉，保健，医療等の各分野間の関係者・関係機関が連携して，情報伝達や避難支援が実際に機能するか点検するなど，適切な取り組みを行う。

解答 1 5

144 福祉サービスの組織と経営
旧福祉サービスの組織と経営・問題 119

社会福祉法人に関する次の記述のうち，**正しいものを2つ**選びなさい。

1 主たる事務所の所在地において設立の登記をすることによって成立する。
2 収支計算書の公表は任意である。
3 他の社会福祉法人と合併することはできない。
4 評議員，評議員会，理事，理事会，監事を設置することが義務づけられている。
5 評議員は無報酬でなければならない。

Point 社会福祉法人に関する知識を問う問題である。社会福祉法人制度の概要を押さえておくことが必要である。

1 ○ 社会福祉法人は，**「主たる事務所の所在地において設立の登記をすることによって成立する」**と規定されている（社会福祉法第 34 条）。社会福祉法人は，その設立，従たる事務所の新設，事務所の移転その他登記事項の変更，解散，合併，清算人の就任又はその変更及び清算の結了の各場合に，登記をしなければならない（同法第 29 条）。認可申請の手続きは，設立代表者が，定款，事業計画，予算書，各種書類等を整え，厚生労働大臣，都道府県知事又は市長に提出する。所轄庁の認可がおりた後は，速やかに所管の登記所に登記することにより，法人が成立する。なお，定款の附則に定める役員が法人の設立当初の役員となり，代表権を有する理事（理事長又は会長）のみを登記する。

2 × **収支計算書の公表は義務**である（社会福祉法第 59 条の 2 第 1 項）。すべての社会福祉法人に，計算書類等のインターネット上での公表が義務づけられている（同法施行規則第 10 条第 1 項）。また，社会福祉法人は，計算書類等を定時評議員会の日の 2 週間前の日から 5 年間，その主たる事務所に備え置かなければならないとされており（同法第 45 条の 32 第 1 項），誰でもこれらの書類の閲覧を請求することができる（同条第 4 項）。

3 × **「社会福祉法人は，他の社会福祉法人と合併することができる」**と規定されている（社会福祉法第 48 条）。なお，この場合，合併をする社会福祉法人は，合併契約を締結しなければならない。社会福祉法人が吸収合併をする場合には，吸収合併契約において，吸収合併後存続する社会福祉法人及び吸収合併により消滅する社会福祉法人の名称及び住所その他厚生労働省令で定める事項を定めなければならない（同法第 49 条）。一方，同じ公益法人である医療法人や特定非営利活動法人，学校法人などと合併することはできない。

4 ○ **「社会福祉法人は，評議員，評議員会，理事，理事会及び監事を置かなければならない」**と規定されている（社会福祉法第 36 条第 1 項）。社会福祉法人の経営組織は，業務執行の決定機関である理事会，法人運営にかかわる重要事項の議決機関である評議員会，及び理事の職務執行を監査する監事（一定規模以上の法人が必置となる会計監査人）によって運営されている。

5 × **評議員に報酬を支払うことは可能**である。評議員の報酬等の額は，定款で定めなければならないと規定されている（社会福祉法第 45 条の 8 第 4 項，一般社団法人及び一般財団法人に関する法律第 196 条）。社会福祉法人は，理事，監事及び評議員に対する報酬等について，厚生労働省令で定めるところにより，民間事業者の役員の報酬等及び従業員の給与，当該社会福祉法人の経理の状況その他の事情を考慮して，不当に高額なものとならないような支給の基準を定めなければならないと規定されている（社会福祉法第 45 条の 35 第 1 項）。

解答 1 4

145 福祉サービスの組織と経営

旧 福祉サービスの組織と経営・問題 120

経営の基礎理論に関する次の記述のうち，**最も適切なもの**を**1つ**選びなさい。

1 バーナード（Barnard, C.）によれば，非公式組織とは，意識的で，計画的で，目的をもつような人々相互間の協働である。

2 テイラー（Taylor, F.）は科学的管理法を提唱し，作業現場の管理について，合理的な規則と手続きによる管理の重要性を強調した。

3 ハインリッヒ（Heinrich, H.）は，軽微な事故への対策を実施しても，重大な事故を未然に防ぐことはできないことを明らかにした。

4 アッシュ（Asch, S.）は，個人として正しい判断ができていれば，多数派の力には負けることはないという現象を明らかにした。

5 メイヨー（Mayo, G.）とレスリスバーガー（Roethlisberger, F.）は，組織における経済的合理性を追求する，経済人モデルを提唱した。

Point 経営の基礎理論に関する知識を問う問題である。組織論を提唱した主要人物を押さえておくことが必要である。

1 ✕ 選択肢は，公式組織の説明である。近代管理論の父といわれるバーナードは，公式組織が成立するための条件として，組織の三要素である共通目的（組織目的），協働意欲（貢献意欲），コミュニケーション（伝達）を提示した。共通目的とは，組織内のすべてのメンバーが共有する，達成すべき目標や目指すべき方向性のことである。協働意欲とは，組織内の個々のメンバーが共通の目標達成のために協力し合う意志をもつことを指す。コミュニケーションとは，組織内の情報交換，意見の共有，意思疎通のプロセスを指す。バーナードは，組織を公式組織と非公式組織に分け，公式組織を「二人以上の人々の意識的に調整された諸活動もしくは諸力の体系」と定義した。

2 ○ 科学的管理法は，テイラーにより提唱され，**作業現場を合理的な規則と手続きによって科学的に管理する手法**である。手続きの標準化と計画化を行い，それに基づいて労働者の活動を統制して経済的効率を最大にするのが，科学的管理のねらいである。科学的管理法には，課業管理（1日の標準化した仕事量，成功に対する高い報酬，失敗に対するペナルティ），作業の標準化（標準条件），作業管理に最適な組織形態（職能的組織）の三つの原則がある。

3 ✕ ハインリッヒは，**軽微な事故への対応を確実に実施することにより，重大事故の発生を未然に防止することができる**ことを示した。ハインリッヒの法則とは，1件の重大事故の背景には，重大事故に至らなかった29件の軽微な事故が隠されており，さらにその背後には事故寸前だった300件の危険な状態が隠れているというものである。「1：29：300の法則」とも呼ばれている。

4 ✕ アッシュは，**個人では正しい判断が下せても，多数派の力によって自分の考え方を変えてしまう現象（集団圧力）**を提唱した。アッシュが行った実験によると，一人でも自分の味方がいれば，集団圧力とそれに対する同調を免れることができるとしている。同調圧力は，情報的影響（多数派の意見が正解に近いと思い込む）と規範的影響（周りに認められたい欲求）の二つの理由によって引き起こされる。同調は，集団の大きさ，多数派の全員一致，集団凝集性の高さによって加速される。

5 ✕ メイヨーとレスリスバーガーによって行われたホーソン実験では，人間は感情的な社会人であるため，休憩時間や賃金などの物理的作業条件を重視する経済的動機よりも，**人間関係を通じたモラール（集団の士気）などの感情的な側面を重視する社会的動機**が生産性に影響を与えることが明らかにされた。組織における経済的合理性を追求する，経済人モデルを提唱したのは，古典的経済学の創始者である**アダム・スミス（Smith, A.）**や，組織理論における**ヴェーバー（Weber, M.）**などである。

解答 2

146 福祉サービスの組織と経営

旧 福祉サービスの組織と経営・問題 121

集団やチームに関する次の記述のうち，**最も適切なもの**を１つ選びなさい。

1 集団浅慮とは，集団を構成する個々のメンバーが，個人で考えるよりも多面的な検討を行うことができるようになる現象のことである。

2 集団の規範とは，メンバーが誰かの努力や成果にただ乗りして，自分自身は力を出し切らないことである。

3 集団の凝集性は，集団を構成するメンバーを離散させ，個々人に分離させる傾向をもつ。

4 チームの生産性は，チームメンバー間で信頼や尊敬の念が育まれていると低くなる。

5 集団内のコンフリクトには，集団に悪影響を及ぼす非生産的コンフリクトと，集団に好影響を及ぼす生産的コンフリクトの両方の側面がある。

Point 集団の力学に関する問題である。福祉組織の業務はチームで行われることが多い。一方，集団で物事を進めていくことは，プラスにはたらくこともあればマイナスにはたらくこともある。このような集団の中で起きるさまざまな現象を理解することが重要である。

1 × 集団浅慮とは，**集団になることによって，かえって深く考えずに決定がされてしまうこと**をいう。その理由として，自分たちが誤った決定をすることなどはあり得ないという自信過剰，集団外部のことに耳を傾けないという閉鎖性，皆が一丸となって決めているという同調への圧力の存在などがある。

2 × 選択肢は，フリーライダーの説明である。集団の規範とは，**集団内で共有されている行動基準のこと**である。また，その集団内の常識といえるものでもあり，何をなすべきか，また何をなすべきでないかをメンバーに教えてくれるものである。

3 × 集団の凝集性とは**集団の結束力のこと**であり，公式組織にとってよい作用をもたらす正の側面もあるが，同時に**集団内の団結の度合いが高まり**，集団のコンフリクトが発生するような負の側面もある。

4 × チームとは，自分自身の業務遂行のみならず，集団の業績に共同責任を負う。また，メンバー間の相互作用と協調を通じてプラスのシナジー効果を生み出すため，**チームメンバー間で信頼や尊敬の念が育まれていると生産性は高くなる**。

5 ○ コンフリクトとは，複数人が集まったときに生じる，さまざまな軋轢，対立，闘争などのことである。**コンフリクトには，集団に悪影響を及ぼす非生産的コンフリクトと，集団の創造性や関心を刺激し，集団の意思決定の質を高める生産的コンフリクトの両方の側面がある**。集団の発展をもたらすためには，集団内において有益なコンフリクトを意図的に発生させ，対話を通じて対処することが重要となる。

解答 5

147 福祉サービスの組織と経営

旧福祉サービスの組織と経営・問題 123

福祉サービス提供組織の運営に関する次の記述のうち，**適切なもの**を**2つ**選びなさい。

1　アカウンタビリティとは，ステークホルダーに対する説明責任を指す。

2　社会福祉法人における評議員会とは，法人の日常的な業務執行の決定などを行う機関である。

3　社会福祉法人の監事には，法人の評議員会の業務執行を監査し，その内容について監査報告書を作成する役割がある。

4　コンプライアンスとは，組織が法令や組織内外のルールを守ることにより，社会的責任を果たすことをいう。

5　社会福祉法人における理事会とは，定款の変更や役員の選任などの体制の決定を行う機関である。

Point　福祉サービス提供組織が，収入や利益を確保し，事業を継続・発展させ，社会に貢献するには，ルールや規則を守ること（コンプライアンス）とともに，それを監督・チェックする仕組み（ガバナンス）が重要となる。コンプライアンスを達成するにはガバナンスが，ガバナンスを徹底するにはコンプライアンスがそれぞれ必須となる。また，社会福祉法人においてはコンプライアンス遂行のための仕組みである理事会や監事，評議員の役割が重要となる。

1　○　**アカウンタビリティとは，説明責任のこと**である。社会福祉法人の経営・会計においても，利用者だけではなく，国民や企業等のステークホルダーに対して説明責任を果たさなければならない。

2　×　**社会福祉法人の評議員会は，運営に係る重要事項の議決機関**である。理事・監事・会計監査人の選任や解任，理事・監事の報酬等の決議，役員報酬等基準の承認，計算書類の承認，定款の変更，解散の決議，合併及び社会福祉充実計画の承認，その他定款で定めた事項について行う。

3　×　**社会福祉法人の監事は，理事の職務執行の監査，監査報告の作成，計算書類等の監査を行う役員**である。また，評議員会において選任・解任される。監事の役割を踏まえ，理事または当該社会福祉法人の職員を兼ねることはできない。

4　○　コンプライアンスとは，法令違反等の不祥事を起こさないこと自体ではなく，そのような事態が発生することを防止することによって，**ステークホルダーから法人への信頼が損なわれ，ひいては法人価値が毀損することを防止し，社会的責任を果たすこと**である。また，コンプライアンスは，組織の自主的な取り組みに任されるため，活動内容や方法は組織ごとに異なる。

5　×　**社会福祉法人における理事会とは，業務執行の決定機関**であり，評議員会の日時及び場所並びに議題・議案の決定，理事長及び業務執行理事の選定及び解職，重要な役割を担う職員の選任及び解任，コンプライアンスの体制の整備などの決議事項を行う。なお，**定款の変更や役員の選任などの体制の決定を行うのは，評議員会である。**

解答　1　4

148 福祉サービスの組織と経営

旧福祉サービスの組織と経営・問題 122

福祉サービス提供組織の財源に関する次の記述のうち，**最も適切なものを1つ**選びなさい。

1 障害福祉サービスを行う事業者の収入の総額は，市町村からの補助金の総額に等しい。
2 介護保険事業を行う事業者の収入の総額は，利用者が自己負担する利用料の総額に等しい。
3 ファンドレイジングとは，事業や活動を行うために必要な資金を様々な方法を使って調達することを指す。
4 社会福祉法人が解散する場合，定款の定めにかかわらず，その法人に対して寄付を行ってきた個人は，寄付した割合に応じて残余財産の分配を受けることができる。
5 特定非営利活動法人は，特定非営利活動に係る事業に支障がない限り，事業によって得られた利益を自由に分配することができる。

Point 福祉サービス提供組織の財源は，大別して公費として支弁されるもの（措置費，介護報酬，障害福祉サービス費，保育委託費，施設型給付・地域型給付）と，利用者個人から支弁されるもの（利用者負担金，利用料），市民等から提供されるもの（寄付金，現物贈与）に区分される。

1 × 障害福祉サービスを行う事業者の収入の総額は，**介護給付費や訓練等給付費及び利用者負担の総額に等しい**。なお，介護給付費とは，居宅介護，重度訪問介護，同行援護，行動援護，療養介護，生活介護，短期入所，施設入所支援等であり，訓練等給付費とは，自立訓練，就労移行支援，就労継続支援（A型・B型），就労定着支援，自立生活援助，共同生活援助等のことである。

2 × 介護保険事業を行う事業者の収入の総額は，**介護報酬と利用者が自己負担する利用料の総額に等しい**。なお，介護報酬とは，事業者が利用者に介護サービスを提供した場合に，その対価として事業者に支払われる報酬のことである。また利用者が自己負担する利用料は，利用者の収入により1割から3割の負担率となっている。

3 ○ ファンドレイジングとは，主に民間非営利組織の資金集めについて使われる用語である。日本では公益法人，特定非営利活動法人，社会福祉法人などが，**活動のための資金を個人，法人，政府などから集める行為**のことである。単なる資金調達ではなく，解決したい社会課題や理想的な社会の姿を目指す活動に共感してもらい，その解決への参加を促進して社会をよりよくしていくための手段の一つとされている。

4 × 社会福祉法人の事業のために寄付された土地等の財産は，その社会福祉法人の所有となり，その寄付者に株式会社の株主のような出資持分は認められていない。そのため，解散する場合には，**残余財産の分配を受けることはできない**。

5 × 特定非営利活動法人は特定非営利活動に係る事業に支障がない限り，収益事業や公益事業を行うことができる。しかし，これらによって得られた利益については，**自由に分配することはできず，当該特定非営利活動に係る事業のために使用しなければならない**。

解答 3

149 福祉サービスの組織と経営

旧福祉サービスの組織と経営・問題124

事例を読んで，H施設管理者が実施した人材育成の手法について，**最も適切なもの**を**1つ**選びなさい。

〔事　例〕

Z高齢者介護施設は，定期的に職場内において勉強会を実施している。このほど，Z施設が立地するP県主催の「高齢者虐待の防止について」という研修会の通知が届いた。Z施設のH施設管理者は，職員数名をこの研修会に参加させ，新たな知見を得てもらうこととした。

1　コーチング

2　OFF-JT

3　ジョブ（職務）ローテーション

4　OJT

5　目標管理制度

Point　高齢者介護施設において，人材育成は重要である。人材育成を含めた，人事・労務管理の手法はさまざまであり，昨今現場で取り入れられている手法に関する問題は，毎年1問は出題されている。最低限，選択肢で取り上げられている手法を理解し，整理しておくことが必要である。

1　×　コーチングは，上司や先輩などが部下につき，さまざまな事象（例えば介護サービスの振り返りなど）について検討させ，ヒントを与えながらその気づきを自ら発見させ，個々の目標を達成させるための方法である。

2　○　OFF-JT（Off the Job Training）は，職員の勤続年数や能力に応じ，出張命令により**職務から離れた場所で研修に参加させ，専門的な知識や技術などを習得させる方法**である。修了者は，後日復命書の提出や施設内での伝達研修を行い，得た知識や技術をほかの職員に共有する。

3　×　ジョブ（職務）ローテーションとは，**数年かけ職員を複数の部署や職務に転換させることで，本人の成長を促す方法**である。例えば，高齢者福祉や障害者福祉など複数の分野を担う法人の場合，将来の法人事務長や統括施設長を務めてもらうため，一定期間ずつ，法人内の高齢者福祉施設や障害者福祉施設の特定の職務に就かせる場合が想定される。

4　×　OJT（On the Job Training）とは，**普段の業務を通じて行う**，個別指導としての業務上の指導やスーパービジョン，集団指導としてのケースカンファレンスや施設内研修等が該当する。施設外の研修として，OFF-JTがあるが，職員にとってどちらが適切か勤続年数や勤務状況等を加味して適切に判断する必要がある。

5　×　目標管理制度は，**職員と上司が面談した上で年度毎に達成すべき目標を設定させ，各年度の中間と年度末に面談して設定した目標の達成度や課題等を確認してもらう仕組み**である。目標は，職員が勝手に設定するのではなく，あらかじめ所属部署や組織としての目標が設定されていることが前提である。面談を通じて一人ひとりに求められるレベルが明らかとなった上での設定になることから，個々の動機づけにもつながる。

解答　2

150 福祉サービスの組織と経営

旧福祉サービスの組織と経営・問題 125

「育児・介護休業法」に関する次の記述のうち，**最も適切なものを1つ**選びなさい。

1 子の養育及び家族の介護を容易にするため，所定労働時間等に関し事業主が講ずべき措置を定めている。

2 育児休業とは，産後8週までの女性に対し，使用者が休業を与えるものである。

3 対象家族に無職かつ健康な同居者がいる場合は，介護休業を取得することができない。

4 期間を定めて雇用される者は，雇用の期間にかかわらず介護休業を取得することができない。

5 対象家族一人について，介護休業を分割して取得することはできない。

（注）「育児・介護休業法」とは，「育児休業，介護休業等育児又は家族介護を行う労働者の福祉に関する法律」のことである。

Point 育児・介護休業法は，1992年（平成4年）の育児休業法施行から始まり，1995年（平成7年）に少子高齢化を背景に現在の法律名になった後，幾度となく改正が行われている。育児・介護休業法は事業所・施設の労務管理において切っても切り離せない法律であることを前提に，その内容を整理する必要がある。

1 ○ 育児・介護休業法は，第1条において，「育児休業及び介護休業に関する制度並びに子の看護休暇及び介護休暇に関する制度を設けるとともに，子の養育及び家族の介護を容易にするため所定労働時間等に関し事業主が講ずべき措置を定める」と規定している。

2 × 育児・介護休業法では，労働基準法で定められている産前産後休業（産前6週間産後8週間の産休）に加え休業を保障するもので，**原則，子どもが1歳になるまでの間に取得することができる**。ただし，保育所に申込みをしているものの入所できない場合（1歳6か月まで可能）や再度の申請を行うことで，最長2歳まで延長して取得することが可能である。

3 × 介護休業は，労働者が，要介護状態（負傷，疾病または身体上もしくは精神上の障害により，2週間以上の期間にわたり常時介護を必要とする状態）にある対象家族を介護するための休業である。介護休業は，「日々雇用される者」は対象とされず，また，対象家族について，①3回の介護休業をした場合，②介護休業をした日数が93日に達している場合，申し出ることができないとされている。対象家族について，**就業の有無，同居の有無は要件とされていない**。

4 × 育児・介護休業法第11条第1項において，「期間を定めて雇用される者にあっては，第3項に規定する介護休業開始予定日から起算して93日を経過する日から6月を経過する日までに，その労働契約が満了することが明らかでない者に限り，当該申出をすることができる」と規定されており，**一定の条件を満たせば取得することができる**。

5 × 介護休業は，対象家族（配偶者（事実婚を含む），父母，子，配偶者の父母，祖父母，兄弟姉妹，孫）1人につき**3回まで**，**通算93日まで**の取得が可能である。したがって，**分割取得も可能**であり，93日間まとめて取得することも可能である。

解答 1

第35回

共通科目

専門科目

1 医学概論

㊐人体の構造と機能及び疾病・問題 1

思春期に伴う心身の変化に関する次の記述のうち，**正しいものを 1 つ**選びなさい。

1 この時期の心理的特徴として，自意識に乏しいことが特徴である。

2 女子では，初経から始まり，次いで乳房や骨盤の発育がみられる。

3 男子は，女子よりも早い時期から思春期が始まる。

4 身体の変化は緩徐な変化が多い。

5 第二次性徴という身体的な変化が始まる。

Point 思春期は，学童後期（9～12 歳の小学校中・高学年の時期）から始まり，青年前期（中学生から高校生の時期）までの生物学的・精神的・社会的に成熟する時期とされる。人間の心身の発達について，ハヴィガースト（Havighurst, R. J.）らの発達理論や，各段階において達成や獲得が期待される発達課題，特徴的な疾病や障害など，総合的に理解しておく必要がある。

1 ✕ 思春期は抽象的な思考が発達し，首尾一貫した考え方や，社会の存在を認識し個人と社会との関係性の理解ができるようになり，**自意識が高まる時期**である。しかし，創造性の高い活動に目覚め，自己表現を始める一方，概念的で理想主義的な思考を好み，自意識と社会の実態との違いに葛藤し，自己嫌悪や劣等感を抱きやすい。また，青年期の発達課題である「自己同一性」の獲得に向けた準備を始める時期でもあることから，自分が存在する意味や役割，価値などを考え，アイデンティティの確立に向けた模索を始める。身体の成長に心の成熟が追いつかず，子ども扱いされることへの反抗や思いどおりにいかないことの多さによるストレスなどから，親や教師に対する反抗期（第二次）が出現する。

2 ✕ 性ホルモンの分泌により，女子では乳房が膨らみ，男子はひげが生え，声変わりするなど，性的機能が成熟する。一般的に，**女子の第二次性徴は，乳房の発達に始まり，陰毛発生，身長増加，初経発来で完成する**とされる。

3 ✕ 思春期の発現や成長速度には個人差があるが，一般的に男子は性ホルモンの分泌の上昇が女子より約 2 年遅れて起きるため，**女子のほうが早く思春期を迎え**，身長や体重の増加が始まる。

4 ✕ **人間の身体が著しく成長する時期は 2 回**あるとされ，1 回目は乳（幼）児期，2 回目は思春期である。新生児が 1 歳になる頃には，出生時と比較して，身長は約 1.5 倍，体重は約 3 倍になる。また，思春期では，身長が 1 年に 10 cm 伸びる場合もある。

5 ○ 第二次性徴とは，**思春期になって出現する性器以外の身体の各部分の特徴のことをいう**。なお，第一次性徴とは，男子には陰茎や陰嚢（いんのう），女子には子宮や卵巣があるなど，性別を判別する基準となる生物学的な特徴のことを指す。

解答 5

2 医学概論

旧人体の構造と機能及び疾病・問題 2

国際生活機能分類（ICF）に関する次の記述のうち，**正しいもの**を**1つ**選びなさい。

1 対象は障害のある人に限定されている。
2 「社会的不利」はICFの構成要素の一つである。
3 「活動」とは，生活・人生場面への関わりのことである。
4 仕事上の仲間は「環境因子」の一つである。
5 その人の住居は「個人因子」の一つである。

Point 2001年にWHO総会で採択されたICFに関する設問である。ICFは「健康の構成要素に関する分類」を「生活機能」の概念を用いて提示した。支援者にとっては，専門性や立場にかかわらず，支援の対象となる人や障害に対して共通の考え方や視点をもたらし，深い理解と実践を促す共通言語の役割をも担う。ICFを理解する際には，ICFの考え方のもととなった「医学モデル」「社会モデル」についても理解を深めておきたい。

1 × 生活機能の制限や制約等を引き起こす要因の一つの「健康状態」は，疾患や外傷に加え，妊娠や加齢，ストレス状態などを含む広い概念となった。これは，ICFが生活機能上の問題は誰にでも起こり得るものであるという考えに基づき，**すべての人に関するモデル**として作成されたことを意味する。

2 × 「社会的不利」は，**医学モデル及び国際障害分類（ICIDH）**の構成要素の一つである。医学モデルは，障害を「疾病・変調→機能障害→能力障害→社会的不利」ととらえる。「社会的不利」は「機能障害や能力障害の結果としてその個人に生じた社会生活上の不利益」と定義され，ICFでは**参加制約**が同等の内容となる。

3 × 「活動」は，**標準環境における課題の遂行や実行状況**である。生活機能の3レベルは，「心身機能と身体構造：心身系の生理的機能，身体の解剖部分」「活動：課題や行為の個人による遂行」「参加：生活・人生場面へのかかわり」と定義される。

4 ○ 環境因子は，**「人々が生活し，人生を送っている物的な環境や社会的環境，人々の社会的な態度による環境を構成する因子」**と定義される。仕事上の仲間は，本人の生活機能に促進的・阻害的に影響を及ぼす社会的環境の一つと考えられる。

5 × その人の住居は，**環境因子のうち，物的な環境**に含まれる。なお，その人固有の特徴である個人因子は非常に多様であり，分類は今後の課題とされ，年齢，性別，民族，生活歴，価値観等が例示されている。

図 ICFの構成要素間の相互作用

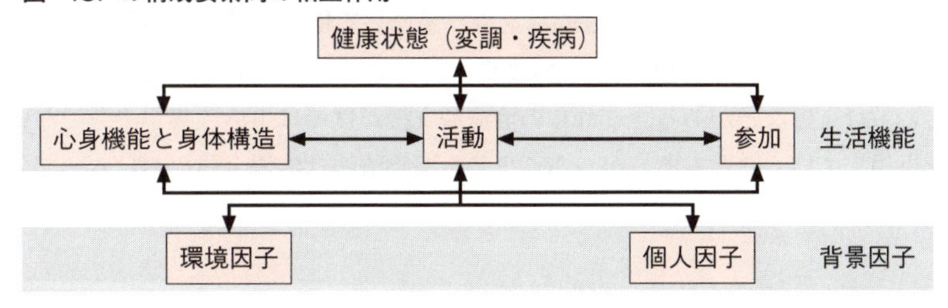

解答 4

3 医学概論

旧人体の構造と機能及び疾病・問題7

注意欠如・多動症（ADHD）に関する次の記述のうち，**最も適切なものを1つ**選びなさい。

1 学童期の有病率はおよそ20％とされている。
2 多動性の症状は，青年期及び成人期には改善することが多い。
3 学校での症状が主であり，家庭では症状がみられないことが多い。
4 精神疾患の診断・統計マニュアル（DSM-5*1）では，4歳以前に症状があることを診断基準としている。
5 治療としては，薬物療法が第一選択となることが多い。

Point 発達障害とは，認知・言語・情緒・行動などの発達に問題があり，何らかの支援や援助がないと日常生活を送る上で支障がある場合をいう。今回の試験では，注意欠如・多動症（ADHD）の特徴を問う問題であった。発達障害に限らず，「障害の概要」の分野では，関連する法律やDSM-5，ICD-10（-11）などを含めて理解しておく必要がある。

1 × **ADHDの学童期の有病率はおよそ7％程度とされている**。アメリカでも同様の有病率であり，性別では男児が高い。厚生労働省によると，ADHDの有病率は報告による差異はあるが，学齢期の小児の3～7％程度と考えられるとしている。ADHDをもつ小児は家庭や学校生活でさまざまな困難をきたすため，環境や行動への介入や薬物療法が試みられており，治療は人格形成の途上にある子どものこころの発達を支援する上で重要であるとしている。

2 ○ 多動性の症状は成長とともに目立たなくなり，**青年期の頃までに落ち着いてくることが多い**。一方，衝動性は生活環境や個人の性格などに影響され，青年期や成人期の状況はさまざまである。また，不注意は成人後もしばしばみられることが多く，このような問題によりストレスや自己否定を抱え，適応障害やうつ病，パニック障害などの二次障害を発症するケースも少なくない。

3 × ADHDの症状は学校だけでなく，**家庭においてもみられる**。一般的に，3歳前後から不注意（注意の持続が著しく困難で注意力が散漫であるなど）や多動（落ち着きがなく，じっとしていることがないなど），衝動性（我慢ができない，規則を衝動的にやぶるなど）の症状がみられる。小学校入学後に集団生活が始まると，他児からの刺激や学校生活におけるルールへの忍耐が必要となり症状が目立つようになるが，学校での症状が主であるわけではない。

4 × DSM-5では，**12歳までに症状が現れるとされている**。診断にあたっては，不注意，多動，衝動性などの症状に加えて，DSM-5では12歳前に少なくともいくつかの症状がみられる（ICD-10では，7歳未満の早期発症*2），6か月以上の持続，複数の場面で観察されるなどが基準とされる。

5 × **一般的にADHDの治療は，心理社会的な治療が優先して検討される**。心理社会的な治療には，小集団での社会生活技能訓練（SST），本人と親へのカウンセリング，ペアレントトレーニング，学校等における環境調整を含む教育支援などがある。これらの治療や支援だけでは生活改善が十分でない場合，必要に応じて薬物療法を併用していくこともあるが，あくまでも薬物療法は治療全体における一部分である。

解答 2

＊1 DSM-5の改訂版であるDSM-5-TRが2022年に米国で発表され，2023年（令和5年）に日本語訳版も公表されている。
＊2 ICD-11では，DSM-5と同じく「12歳以前に症状が求められること」とし，年齢が引き上げられた。

4 医学概論

旧人体の構造と機能及び疾病・問題3

次のうち，疾病の予防に関する記述として，**正しいものを1つ**選びなさい。

1 特定健康診査は一次予防である。
2 糖尿病予防教室は一次予防である。
3 ワクチン接種は二次予防である。
4 リハビリテーションは二次予防である。
5 胃がんの手術は三次予防である。

Point 予防医学における，一次予防（健康増進と特異的予防），二次予防（早期発見と早期治療），三次予防（機能喪失防止，アフターケアと社会復帰の促進）についての基本的知識を問う問題である。

1 × 特定健康診査は，生活習慣病の予防のために，対象者（40～74歳までの公的医療保険加入者）にメタボリックシンドロームに着目した健康診査を行うものである。これは**疾病の早期発見である二次予防に該当する**。

2 ○ 糖尿病予防教室は，糖尿病発症予防のために生活習慣の見直しと改善を目的とするものである。これは**健康増進である一次予防に該当する**。

3 × ワクチン接種は，特定の感染症による健康障害を防ぐために行われる。これは**特異的予防である一次予防に該当する**。

4 × リハビリテーションは，疾病や障害による機能喪失防止を目的として行われる。これは**三次予防に該当する**。

5 × 胃がんの手術は，適切な医学的診断により必要性のある場合に治療として行われ，胃がんの放置による重篤化や合併症を防ぐことを目的とする。これは**早期治療であるため，二次予防に該当する**。

表 一次予防・二次予防・三次予防の概念

	一次予防	二次予防	三次予防
	健康な段階で行う予防	疾病の早期発見・早期治療	疾病の悪化防止と社会復帰
対策	❶ 健康増進 ・健康教室・衛生教育 （生活習慣病予防教室，高血圧予防教室，生活指導，行動の変容） ・食生活改善 （栄養所要量・減塩指導） ・健康相談・性教育 （遺伝相談・結婚相談） ・体力増進 ❷ 特異的予防 ・予防接種の活用 ・環境衛生の改善 ・職業病の予防	❶ 早期発見 ・スクリーニング ・サーベイランス ・検診 （がん検診，定期検診，人間ドック，じん肺検診など） ❷ 早期治療 ・適切な治療 ・合併症の予防	❶ 機能喪失防止 ・リハビリテーション （理学療法・作業療法） ・腎疾患患者の人工透析 ❷ アフターケア ・疾病・障害の再発・転移の防止 ❸ 社会復帰の促進 ・職場での適正な配置 ・雇用促進

解答 2

5 医学概論

旧 人体の構造と機能及び疾病・問題 4

次のうち，2021年（令和3年）における，がん（悪性新生物）の主な部位別にみた死亡数で女性の第1位として，**正しいものを1つ**選びなさい。

1 大腸がん
2 胃がん
3 膵臓（すいぞう）がん
4 乳がん
5 肺がん

Point 人口動態統計を基とした，日本の死因の第1位を占めるがん（悪性新生物）の部位別死亡数についての知識を問う問題である。2021年（令和3年）の悪性新生物による死亡数は，38万1505人である。主な死因別の人口10万人あたりの死亡率の年次推移をみると，悪性新生物は一貫して上昇しており，2021年(令和3年)の全死亡者に占める割合は26.5%となっている[*1]。男性と女性の別に分けた場合では，部位別の死亡数と死亡率の傾向が異なることに注意する必要がある（下図参照）。

1 ○ 女性の大腸がんによる死亡数は，2万4337人であり，主な部位別では第1位である[*2]。
2 × 女性の胃がんによる死亡数は，1万4428人であり，主な部位別では第5位である。
3 × 女性の膵臓がんによる死亡数は，1万9245人であり，主な部位別では第3位である。
4 × 女性の乳がんによる死亡数は，1万4803人であり，主な部位別では第4位である。
5 × 女性の肺がんによる死亡数は，2万2933人であり，主な部位別では第2位である。

図 悪性新生物＜腫瘍＞の主な部位別にみた死亡率（人口10万対）の年次推移

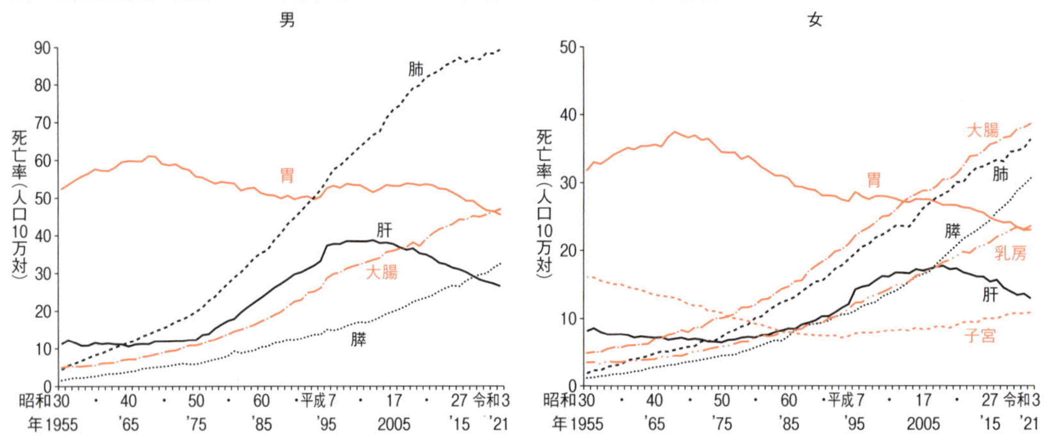

注1：大腸の悪性新生物＜腫瘍＞は，結腸の悪性新生物＜腫瘍＞と直腸S状結腸移行部及び直腸の悪性新生物＜腫瘍＞を示す。ただし，昭和42年までは直腸肛門部の悪性新生物を含む。
注2：平成6年以前の子宮の悪性新生物＜腫瘍＞は，胎盤を含む。
出典：厚生労働省「令和3年（2021）人口動態統計月報年計（概数）の概況」

解答 1

＊1 「令和5年（2023）人口動態統計」では，悪性新生物による死亡数は38万2492人，全死亡者に占める割合は24.3%となっている。
＊2 「令和5年（2023）人口動態統計」においても，女性では大腸がん（死亡数2万5195人，死亡率（人口10万対）40.4）が最も多い。

6 医学概論

旧人体の構造と機能及び疾病・問題 5

パーキンソン病の原因と症状に関する次の記述のうち，**正しいものを 2 つ**選びなさい。

1 小脳の異常である。
2 脳内のドーパミンが増加して発症する。
3 安静時に震えが起こる。
4 筋固縮がみられる。
5 大股で歩行する。

Point 神経疾患と難病に関する原因や症状について問う代表的な問題である。特にパーキンソン病や脊髄小脳変性症，筋萎縮性側索硬化症などは頻出であり，症状や診断基準，病型の分類などポイントとなるところを理解しておく必要がある。しかし，すべての原因や症状を暗記していなくても，問題文を読めば正解にたどり着ける場合も多いので，疾患の大まかなイメージを押さえておけば対応できる。本問では，パーキンソン病の四大症状に該当する安静時振戦と筋固縮を選択しやすかったと考えられる。

1 × パーキンソン病の主な原因は，**脳内のドーパミン神経細胞の減少による黒質の変性である**。小脳の異常に関連する神経疾患の例としては，**脊髄小脳変性症**があげられる。脊髄小脳変性症は小脳の神経変性疾患であり，症状は運動失調が中心で歩行障害から始まる。歩行障害のイメージから，パーキンソン病の原因が小脳にあると勘違いしてしまう可能性があるので注意が必要である。

2 × パーキンソン病は，**脳内のドーパミンが減少して発症する**。脳の深部には大脳基底核があり，構成要素として黒質や線条体などがある。通常，黒質からドーパミンが線条体に送られ，大脳皮質を経て全身の随意運動を調節しているが，パーキンソン病ではその黒質が変性してしまい，ドーパミン神経細胞が減少してドーパミンが欠乏する。これによって運動制御が障害され，スムーズな運動ができなくなる。

3 ○ **安静時に震え（安静時振戦）が起こるのは，パーキンソン病の四大症状の一つであり，初発症状として特徴的である**。なお，パーキンソン病とよく間違えられる症状としては**本態性振戦**（老人性振戦）があり，頭部を左右に振る振戦と上肢の前方挙上時の振戦などがある。軽微なものであれば放置してよいが，症状が強い場合は薬物治療を行う場合がある。

4 ○ **手足が硬くなる筋固縮（筋強剛）はパーキンソン病の四大症状の一つである**。黒質の変性による大脳基底核における運動制御機構の障害により筋緊張が亢進され，筋の収縮・弛緩の調節がうまくいかなくなる症状である。関節が他動的な動作に対して一様もしくは断続的な抵抗を示す。

5 × パーキンソン病にみられる運動症状の一つが**歩行障害**である。よくみられる症状として，**すくみ足**(歩こうとしても一歩目が出ない)，**小刻み歩行**（前かがみで床をこするようにチョコチョコ歩く），**加速歩行**（歩くうちに徐々に前のめりになり止まれなくなる）などがある。これらは無動や姿勢保持障害に伴い，歩行時にみられるものである。なお，高齢者は一般的に歩行が小刻みになる傾向があるが，これは正常の歩幅を小さくしたものであり，後方から歩行を観察すると足底を見ることができる点でパーキンソン病とは異なる。

解答 3 4

7 医学概論

旧 人体の構造と機能及び疾病・問題6

事例を読んで，Aさんの症状として，**最も適切なもの**を1つ選びなさい。

〔事　例〕

Aさん（55歳）は，出勤途中に突然歩けなくなり，救急病院に運ばれた。脳梗塞と診断され，治療とリハビリテーションを受けたが，左の上下肢に運動麻痺（まひ）が残った。左足の感覚が鈍く，足が床についているかどうか分かりにくい。歩行障害があり，室内は杖（つえ）歩行又は伝い歩きをしている。呂律が回らないことがあるが，会話，読み書き，計算は可能である。食事は右手で箸を持って問題なく食べることができる。尿便意はあるが，自分でトイレに行くのが難しいため，間に合わず失禁することがある。

1　失語症
2　対麻痺
3　感覚障害
4　嚥下（えんげ）障害
5　腎臓機能障害

Point 脳梗塞の発症と後遺症として現れる麻痺や障害に関する事例問題である。脳血管疾患は三大疾病の一つであり，悪性新生物，急性心筋梗塞とともに日本人の死亡原因の上位を占めている。障害される部位ごとにみられる症状を関連づけて理解し，さらに原因となる生活習慣などもイメージしておくことが重要である。事例問題を解く際は，どのような原因で，誰がどのような問題を抱えているか，問題文に線を引くなどしながらキーワードを拾っていくことが正解にたどり着くための一つのよい方法である。以下，今回の問題文から抽出したキーワードの例を下線で示した。

Aさん（55歳）は，出勤途中に突然歩けなくなり，救急病院に運ばれた。脳梗塞と診断され，治療とリハビリテーションを受けたが，左の上下肢に運動麻痺が残った。左足の感覚が鈍く，足が床についているかどうか分かりにくい。歩行障害があり，室内は杖歩行又は伝い歩きをしている。呂律が回らないことがあるが，会話，読み書き，計算は可能である。食事は右手で箸を持って問題なく食べることができる。尿便意はあるが，自分でトイレに行くのが難しいため，間に合わず失禁することがある。

1　×　脳梗塞の後遺症として失語症は考えられるが，Aさんは**「会話，読み書き，計算は可能である」ため失語症には該当しない**。失語症には，大脳皮質にある言語野のウェルニッケ野の損傷で感覚性失語が起こり，流暢（りゅうちょう）な発話はあるが，聞く・読むなどの理解面に障害が現れるウェルニッケ失語，言語野のブローカ野の損傷で運動性失語が起こり，聴覚的理解はあるが，発話に困難さがみられるブローカ失語などがある。

2　×　「左の上下肢に運動麻痺が残った」とあり，Aさんは**片麻痺の可能性が高い**。運動麻痺は，単麻痺（上下肢のうち一肢だけの麻痺），片麻痺（身体の同側の上下肢に麻痺），対麻痺（両下肢の麻痺），四肢麻痺（両側上下肢の麻痺）に分類されている。事例では，左側上下肢の運動麻痺であるため対麻痺ではない。

3　○　「左足の感覚が鈍く」とあり，Aさんの状況から感覚障害が該当するといえる。**感覚障害は，しびれ，感触，温度，痛みの感覚が鈍くなる障害である**。特に，温度や痛みを感じないと，けがや熱，低体温に気づくことが遅れてしまい，命を脅かされる可能性もある。日常生活においては重要な感覚であり，脳梗塞の治療とともに早期からのリハビリテーションが重要である。

4　×　Aさんは**「食事は右手で箸を持って問題なく食べることができる」ため嚥下障害の可能性はない**。嚥下障害は，**食べ物をうまく飲み込めず，むせる，つかえるなどの症状**があり，高齢者や口腔機能麻痺のある人に多く認められる。誤嚥により肺炎を繰り返したり，窒息を起こしたりする場合もある。

5　×　「尿便意はある」「失禁することがある」とあることから，腎臓機能に障害はみられない。失禁は，**歩行障害によりトイレに間に合わなかったことが原因**であり，腎臓機能障害によるものではない。

解答 3

8 心理学と心理的支援

旧心理学理論と心理的支援・問題8

次の記述のうち，内発的動機づけとして，**最も適切なものを1つ**選びなさい。

1 大学の入試の要件となっているため，英語外部検定を受検した。
2 叱責されないように，勉強に取り掛かった。
3 授業中，寒いので，窓を閉めた。
4 お腹が減ったので，席を立って食事に行った。
5 投資に偶然興味を持ったので，勉強した。

Point 動機づけ（motivation）とは人間の行動のもととなるものであり，一般的な「やる気」や「意欲」とほぼ同じ意味で使われる。動機づけの源であり，行動を引き起こす内的な要因を欲求という。内発的動機づけとは，自分自身の興味や関心，好奇心などにより行動が引き起こされること（楽しいから勉強するなど）であり，一方，外発的動機づけとは，賞賛や罰，金銭など，外部からのはたらきかけにより行動が引き起こされること（おこづかいがもらえるから勉強するなど）である。動機づけは誰でも体験しているものなので，自分自身について，内発的動機づけ，外発的動機づけにあたる行動を整理しておくとよい。下表のように，動機づけに関連するアンダーマイニング効果やエンハンシング効果も，具体例とともに覚えておこう。

表　アンダーマイニング効果とエンハンシング効果

アンダーマイニング効果	内発的動機づけが高い人が，外的報酬を得ることで内発的動機づけが低くなること 例：楽しいから勉強していたが，おこづかいをもらうようになったらやる気をなくしてしまった
エンハンシング効果	内発的動機づけが低い人が，外的報酬を得ることで内発的動機づけが高まること 例：友達に会えるからという理由で勉強会に参加していたが，徐々に勉強が楽しくなりもっと知識を増やしたいと思うようになった

1 ✕ 選択肢は，**外発的動機づけ**による行動である。英語外部検定を受検したのは，大学の入試要件になっていることから引き起こされた行動である。

2 ✕ 選択肢は，**外発的動機づけ**による行動である。叱責されるという外部からの罰を避けるため，勉強に取り掛かるという行動が引き起こされたと考えられる。

3 ✕ 選択肢は，**生理的欲求**による行動である。食欲や睡眠欲などの人間にとって生存に不可欠な基本的欲求のことを，生理的欲求という。寒さから身を守ろうとすることは生命の維持にかかわるため，生理的欲求に当てはまる。マズロー（Maslow, A.）は人間の欲求を低次から高次の順序で分類し，欲求の種類を5段階の階層で表した**欲求階層説**を提唱した。下から第1層「生理的欲求」，第2層「安全・安定の欲求」，第3層「所属・愛情の欲求」，第4層「承認・尊重の欲求」，第5層「自己実現の欲求」となっている。

4 ✕ 選択肢は，**生理的欲求**による行動である。お腹が減り食欲を満たそうとする行動は，選択肢**3**の解説にあるように，生命の維持に必要な生理的欲求に基づく行動である。

5 ○ 選択肢は，**内発的動機づけ**による行動である。投資に偶然興味を持ち，勉強することは，自分自身の興味や関心から引き起こされる行動である。

解答 5

9 心理学と心理的支援

旧心理学理論と心理的支援・問題 9

✓ ✓ ✓

次の記述のうち，性格特性の５因子モデル（ビッグファイブ）の１つである外向性の特徴として，**最も適切なもの**を１つ選びなさい。

1 ささいなことで落ち込みやすい。

2 新しいことに好奇心を持ちやすい。

3 他者に対して親切である。

4 他者との交流を好む。

5 責任感があり勤勉である。

Point ５因子モデルはビッグファイブとも呼ばれ，パーソナリティを五つの特性（因子）で説明しようとする考え方である。ゴールドバーグ（Goldberg, L.），コスタ（Costa, P. T.）とマックレー（McCrae, R. R.）によって提唱された。パーソナリティの理論として代表的なものに類型論と特性論があるが，５因子モデルは特性論の一つである。特性論とは，パーソナリティをいくつかの特性に分け，その特性が量的にどのくらい入っているかによってパーソナリティをとらえようとするものである。下表のように五つの特性とその内容について整理しておくとよい。

1 ✕ 選択肢は，**神経症傾向**の特徴である。高い場合は情緒の不安定さを表し，低い場合は情緒の安定を表す。

2 ✕ 選択肢は，**開放性**の特徴である。高い場合は新しいことへの積極性を表し，低い場合は変化を好まないことを表す。

3 ✕ 選択肢は，**協調性**の特徴である。高い場合は他者との協調性や思いやりがあり，低い場合は疑い深く自己中心的であることを表す。

4 ○ **外向性**が高い場合は積極的，活動的であり，低い場合は内向的であることを表す。

5 ✕ 選択肢は，**誠実性**の特徴である。高い場合は物事に計画的，誠実に取り組み，低い場合は責任感が弱いことを表す。

表 ５因子モデル

神経症傾向（Neuroticism）	落ち込みやすいなど感情面・情緒面で不安定な傾向
外向性（Extraversion）	興味関心が外界に向けられる傾向
開放性（Openness）	知的、美的、文化的に新しい経験に開放的な傾向
協調性（Agreeableness）	バランスを取り協調的な行動を取る傾向
誠実性（Conscientiousness）	責任感があり勤勉で真面目な傾向

解答 4

10 心理学と心理的支援

旧心理学理論と心理的支援・問題 10

集団における行動に関する次の記述のうち，傍観者効果の事例として，**最も適切なものを 1 つ**選びなさい。

1　作業をするときに見学者がいることで，一人で行うよりも作業がはかどった。

2　革新的な提案をチームで議論したが，現状を維持して様子を見ようという結論になってしまった。

3　路上でケガをしたために援助を必要とする人の周囲に大勢の人が集まったが，誰も手助けしようとしなかった。

4　チームで倉庫の片付けに取り組んだが，一人ひとりが少しずつ手抜きをした結果，時間までに作業が完了せず，残業になってしまった。

5　リーダーがチームの目標達成を重視しすぎることで，チームの友好的な雰囲気が損なわれ，チームワークに関心がないメンバーが増えてしまった。

Point　人の行動は他者の存在によって変化する。傍観者効果だけでなく，選択肢に示された集団における行動は，必ずしも生じてしまうわけではない。しかし，自分自身を含め，人は他者が存在するときにそのような行動を起こしやすい傾向があると知っておくことは，対人援助や多職種連携の円滑な遂行において重要である。

1　×　一人で行うよりも，見学（観察）する他者がいることで作業がはかどる現象は，**観察者効果**として知られる。労働環境を調査している調査者の存在を，期待されていることの表れだと労働者自身が認知したことで作業効率や成績が上がったという実験が有名である（**ホーソン効果**）。なお，単に観察者効果という場合，成績が上がるなど肯定的な影響を指すことが多いが，観察者が存在することで成績が下がるなど否定的な影響が生じる場合もある。

2　×　選択肢は，**現状維持バイアス**の説明である。人は変化することでより良い結果が得られる可能性よりも，変化によって損をする可能性を重大に見積もる傾向がある。その結果，リスクを負って良い結果を追い求めるよりも，生じ得る損失を少しでも避けるために現状を維持しようとする（損失回避性）。このバイアスは，今の自分自身がもっているものを価値の高いものだと感じたり，それを手放すことに**心理的なリアクタンス（抵抗）**を感じたりすることで生じると説明される（保有効果）。

3　○　緊急的な援助を必要とする場面であっても，周囲に人（傍観者）が多いほど，自分は手助けしなくとも誰かが助けてくれるだろうと思い込み，援助行動が抑制されてしまうことを**傍観者効果**という。傍観者効果は，手助けしない他者と同じ行動をすることで責任を取らずに済むと考えたり（**責任の拡散**），誰も手助けしていないのだから重大な事態ではないだろうと誤って判断したりしてしまうこと（**多元的無知**）などによって生じると考えられる。

4　×　ある作業に一人で取り組むよりも，複数人で取り組んだほうが一人当たりの成績や効率が悪くなることを**社会的手抜き**という。社会的手抜きは，作業による成果と個人の努力の対応関係が明確でなかったり，作業をしても個人として評価されにくいと認識したりする場合に生じやすい。このような状況で，一人が行う作業量は，その作業にかかわる人数に反比例するといわれる。

5　×　選択肢は，三隅二不二（みすみじゅうじ）による**PM 理論の「Pm 型」リーダーシップ**の説明である。三隅はリーダーシップを，計画立案や的確な指示などができる**目標達成機能**（performance）と，部下の立場を鑑み，集団を友好的な雰囲気にする**集団維持機能**（maintenance）の二次元からとらえ，両次元が高い者が最も望ましいリーダーであるとした。選択肢のような Pm 型のリーダーのもとでは，部下の意欲や満足感が低下しやすく，短期的には成果を得ても，中長期的には目標が達成できない可能性がある。

解答 3

11 心理学と心理的支援

旧心理学理論と心理的支援・問題 11

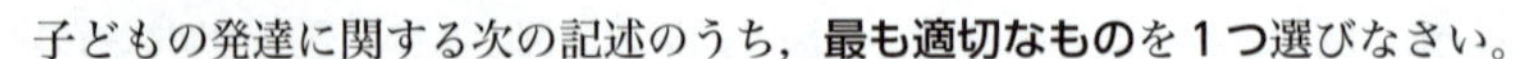

子どもの発達に関する次の記述のうち，**最も適切なもの**を**1つ**選びなさい。

1 共同注意とは，他者との友情を構築することを示す。

2 初語を発する時期になると，喃語（なんご）が生起する。

3 社会的参照は，新奇な対象に会った際に，養育者などの表情を手掛かりにして行動を決める現象である。

4 アニミズムとは，自分や他者の行動を予測し，説明する力を指す。

5 物体が隠れていても存在し続けるという「対象の永続性」は，3歳以降に理解できるようになる。

Point 子どもの発達には，身体的な成長だけなく，世界をどのようにとらえるか（知覚・認知），世界とどのようにかかわるか（運動），言葉をどのように獲得するか（言語），他者とどのようにかかわるか（社会）など，多様な心理的側面の発達も含まれる。一つひとつは独立した事象にみえるが，ある発達的側面が別の発達的側面にも影響し得ることを意識しながら学習することが重要である。

1 × **共同注意**とは，周囲の大人と子ども自身が同じ対象に注意を向けることを指す。この現象は，生後3，4か月頃から「その兆候が」みられ始めるが，当初は他者がなぜその対象に注意を向けているのかという意図は理解していないと考えられる。生後9か月を過ぎると，次第に，他者が注意を向けていることには意図があること，そして，自身と相手がともにその対象に注意を向けていること（**三項関係**）を理解するようになる。

2 × **初語**とは，子どもが初めて発する意味のある言葉（単語）を指す。平均的には1歳から1歳半頃に出ることが多い。一方，**喃語**は，初語が出現する前の生後6か月頃からみられる，音節（母音や，子音と母音の組み合わせ）からなる意味をもたない発話を指す。はじめは「マ・マ・マ…」のように同じ音節が続くものが多いが，次第に「バ・ブ…」など複数の音が組み合わされ，実際の言語に近い発話となっていく。

3 ○ **社会的参照**とは，子どもが自身だけで状況を判断できないときに，他者の表情や反応を通じて行動を決定していくことを指す。社会的参照の前段階として**共同注意**があると考えられ，共同注意を通じて他者と意思を疎通することにより，自己と他者，そして対象の**三項関係**を理解するようになる。

4 × **アニミズム**とは，生物，無生物にかかわらず対象には魂がある（宿る）という考え方である。**ピアジェ（Piaget, J.）**の認知発達理論では，**前操作期**にみられる特徴として取り上げられることが多い。例えば，動物のぬいぐるみや人形に話しかけたり，ごっこ遊びをするといった行動にみることができる。

5 × ピアジェの認知発達理論では，**「対象の永続性」は感覚運動期（0〜2歳頃）の中盤（おおよそ9か月）以降に獲得される**といわれる。しかし，その後の研究では，早ければ生後3か月半程度でみられるという報告もある。この現象の背景には，単に隠された場所に存在するという知識だけでなく，空間認識における因果関係の知識もかかわる。対象の永続性を理解すると，物体の変化や物体間の関係についても次第に予測できるようになる。

解答 3

12 心理学と心理的支援

Ⓑ心理学理論と心理的支援・問題 12

次の記述のうち，問題焦点型ストレス対処法（コーピング）の事例として，**最も適切なものを 1 つ**選びなさい。

1 介護ストレスを解消してもらおうと，介護者に気晴らしを勧めた。
2 困難事例に対応できなかったので，専門書を読んで解決方法を勉強した。
3 仕事がうまくはかどらなかったので，週末は映画を観てリラックスした。
4 育児に悩む母親が，友人に話を聞いてもらえて気分がすっきりしたと話した。
5 面接がうまくいかなかったので，職場の同僚に相談し，ねぎらってもらった。

Point ストレス対処法（コーピング）には，大きく分けて問題焦点型コーピングと情動焦点型コーピングがある。できるだけ多くの具体的なストレス場面の事例を想定し，それぞれのコーピングの事例を考えておくとよい。

表 心理社会的ストレスモデル

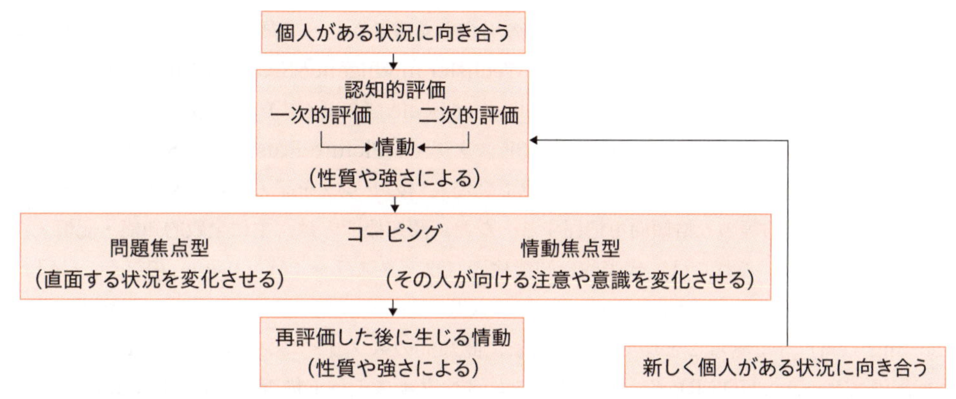

出典：Folkman, S., Lazarus, R. S., 'Coping as a mediator of emotion', *Journal of Personality and Social Psychology*, 54, p. 467, Figure1, 1988.

1 ✕ 選択肢の事例は，**情動焦点型コーピング**である。「気晴らし」は情動焦点型コーピングを行うにあたっての代表的な発想である。他方，介護ストレスに対して，例えば「介護を家族で分担する」「デイサービスを利用して介護の時間を減らす」等は，問題そのものを解決すべく対処しているため，問題焦点型コーピングといえる。

2 ○ 選択肢の事例は，**問題焦点型コーピング**である。「困難事例に対応できなかった」という問題そのものを解決すべく，直接的に問題に向き合い対処している。

3 ✕ 選択肢の事例は，**情動焦点型コーピング**である。「リラックス」は情動焦点型コーピングを行うにあたっての代表的な発想である。他方，仕事がはかどらないことに対して，例えば「仕事の量を減らす」「上司や同僚に仕事の取り組み方を教えてもらう」等は，問題そのものを解決すべく対処しているため，問題焦点型コーピングといえる。

4 ✕ 選択肢の事例は，**情動焦点型コーピング**である。「友人に話を聞いてもらう」は，「気晴らし」に該当する。他方，育児の悩みに対して，例えば「地域の相談機関に相談する」「友人に育児のコツを教えてもらう」等は，問題焦点型コーピングといえる。

5 ✕ 選択肢の事例は，**情動焦点型コーピング**である。「相談し，ねぎらってもらう」のは，「リラックス」や「気晴らし」に該当する。他方，面接がうまくいかなかったことに対して，「うまくいかなかった原因を調べて改善する」「面接のトレーニングを受ける」等は，問題焦点型コーピングといえる。

解答 2

13 心理学と心理的支援

旧心理学理論と心理的支援・問題 13

心理検査に関する次の記述のうち，**最も適切なもの**を１つ選びなさい。

1　乳幼児の知能を測定するため，WPPSI を実施した。

2　頭部外傷後の認知機能を測定するため，PF スタディを実施した。

3　投影法による人格検査を依頼されたので，東大式エゴグラムを実施した。

4　児童の発達を測定するため，内田クレペリン精神作業検査を実施した。

5　成人の記憶能力を把握するため，バウムテストを実施した。

Point　心理検査に関する問題は頻出である。検査名，検査の方法（質問紙法や投影法等），対象，適用年齢，何を調べるのか（知能や発達や人格等）が問われる。社会福祉士や精神保健福祉士は，検査の具体的な実施方法や解釈方法まで理解する必要はないが，その検査から何がわかるのかを知っておく必要がある。また，検査の略称だけでなく，正式名称を知っておくと検査内容の理解が深まる。

1　○　WPPSI（Wechsler Preschool and Primary Scale of Intelligence：ウィプシ）は**乳幼児の知能検査である**。対象年齢は，２歳６か月～３歳 11 か月の場合と４歳０か月～７歳３か月の場合がある。ウェクスラー式知能検査には，**児童を対象とした WISC**（Wechsler Intelligence Scale for Children：ウィスク）と，**成人を対象とした WAIS**（Wechsler Adult Intelligence Scale：ウェイス）がある。

2　×　PF スタディは**認知機能の検査ではない**。PF スタディ（Picture Frustration Study：絵画欲求不満テスト）は，欲求不満場面が描かれたイラストを見て登場人物のセリフを記入する投影法の人格検査であり，自責的・他責的・無責的等の人格傾向を把握する。なお，認知機能とは，主に全般的知能・記憶・注意・概念理解等のことである。これらは，代表的な知能検査（ウェクスラー：Wechsler）のほか，CAT（標準注意検査法：Clinical Assessment for Attention），WCST（ウィスコンシンカード分類検査：Wisconsin Card Sorting Test）等で測ることができる。また，認知症のスクリーニング検査としては，改訂長谷川式簡易知能評価スケール（HDS-R）や，MMSE（ミニメンタルステート検査：Mini Mental State Examination）等がある。

3　×　東大式エゴグラムは**質問紙法による性格検査である**。バーン（Berne, E.）が提唱した交流分析理論をもとに，CP（批判的な親），NP（養育的な親），A（大人），FC（自由な子ども），AC（順応した子ども）という五つの自我の状態から性格特性と行動パターンを把握する。

4　×　内田クレペリン精神作業検査は**性格や職業適性等を把握する作業検査法である**。足し算の作業をさせ，全体の作業量や導き出される作業曲線から性格や特性を把握する。なお，児童の発達を測定する検査には，新版K式発達検査や田中ビネー知能検査などがあり，認知・言語・社会性・運動等のさまざまな観点から発達を測定する。

5　×　バウムテストは**投影法による人格検査である**。バウムテストは描画法であり，被検査者に１本の実のなる木を自由に書いてもらうことで人格を把握する。なお，成人の記憶能力を把握する検査には，WMS-R（Wechsler Memory Scale-Revised：ウェクスラー記憶検査），三宅式記銘力検査，ベントン視覚記銘検査などがある。

解答　1

14 心理学と心理的支援

旧心理学理論と心理的支援・問題 14

心理療法に関する次の記述のうち，**最も適切なもの**を**1つ**選びなさい。

1 ブリーフセラピーは，クライエントの過去に焦点を当てて解決を目指していく。

2 社会生活技能訓練（SST）は，クライエントが役割を演じることを通して，対人関係で必要な技能の習得を目指していく。

3 来談者中心療法は，クライエントに指示を与えながら傾聴を続けていく。

4 精神分析療法は，学習理論に基づいて不適応行動の改善を行っていく。

5 森田療法は，クライエントが抑圧している過去の変容を目指していく。

Point 心理療法に関する問題は頻出である。詳細に理解する必要はなく，誰が創始者であるか，その心理療法が何を目的として，どのような人を対象としているか，どのような概念（キーワード）や技法を用いて展開するのかという概要を把握するとよい。

1 × ブリーフセラピーは，**クライエントの現在と未来に焦点を当てて解決を目指していく**。ブリーフセラピーは，エリクソン（Erickson, M. H.）やヘイリー（Haley, J. D.）が発展させたもので，個人の病理よりもコミュニケーションやシステムに着目し，過去よりも現在から未来を志向して，短期間で問題の解決を図る。過去に焦点を当てるのは，精神分析療法の考え方に近い。

2 ○ 社会生活技能訓練（ソーシャルスキルズトレーニング：SST）は行動療法の一つであり，統合失調症や発達障害等により社会生活の営みや対人関係が難しくなっている人に，**ロールプレイなどの技法を用いて，対人関係のスキルや必要な生活技能を少しずつ身につけるための訓練を行う**。

3 × 来談者中心療法では，**原則としてクライエントに指示は与えない**。ロジャース（Rogers, C. R.）の提唱した来談者中心療法は，**共感的理解**や**傾聴**を用いながらクライエントを無条件に肯定するため，支持的アプローチ（非指示的アプローチ）とも呼ばれる。

4 × 精神分析療法は，学習理論に基づかない。精神分析療法では，**意識**や**無意識**等の心的世界と，**自我（エゴ）**や**超自我（スーパー・エゴ）**，**エス（イド）**等の心的構造を想定し，**防衛機制のはたらきを分析して解釈を行う**。学習理論に基づく心理療法は，行動療法，認知療法，認知行動療法等であり，行動や認知を変えるために具体的な指示を与え，不適応行動や認知の歪みの改善を図る。

5 × 選択肢は，精神分析療法に関する記述である。森田正馬（もりたまさたけ）が創始した**森田療法**は，抑うつ，不安，統合失調症，依存症等を対象とし，**不安や欲求などの「とらわれ」から脱し，「あるがまま」の心の姿勢を目指す**。過程として，①臥褥（がじょく）期，②軽作業期，③重作業期，④生活訓練期がある。森田療法は入院して行われることが多かったが，近年では外来でも行われている。

解答 2

15 社会学と社会システム

旧社会理論と社会システム・問題 15

次の記述のうち，ヴェーバー（Weber, M.）の合法的支配における法の位置づけとして，**最も適切なものを 1 つ選びなさい。**

1 法は，被支配者を従わせ，超人的な支配者の権力を貫徹するための道具である。
2 法は，伝統的に継承されてきた支配体制を正当化するための道具である。
3 法は，支配者の恣意的な判断により定められる。
4 法は，神意や事物の本性によって導き出される。
5 法は，万民が服さなければならないものであり，支配者も例外ではない。

Point ヴェーバーによれば，支配の形態は，「伝統的支配」「カリスマ的支配」「合法的支配」の三つに分類される。合法的（依法的）支配とは，形式的に正しい手続を経て定められた法規，すなわちフォーマルな合理的規則に基づく支配である。合法的支配のもとでは，支配者も被支配者も，合理的規則の定める権限の範囲内で没主観的，形式主義的に行動するという点にその特徴がみられ，その典型は「官僚制」による支配である。官僚制（近代官僚制）とは，権限の原則，一元的かつ明確な指揮命令系統，公私の分離，高度に専門化された活動，規則に基づく職務遂行等を特徴とする近代組織の編成原理である。官僚制は頻出テーマなので，その特徴や「官僚制の逆機能」についても確認しておく必要がある。また，「支配の諸類型」も頻出テーマとなっている。

1 × 「合法的支配」における法は，「被支配者を従わせ，超人的な支配者の権力を貫徹するための道具」として位置づけられてはいない。支配者個人の「超人的な」人格や資質，能力によって被支配者を従わせるのは**「カリスマ的支配」**である。カリスマ的支配は，支配者の非日常的な資質や卓越した呪術的能力，英雄性，弁舌能力などに対する被支配者の情緒的な帰依に基づく支配であり，その典型が預言者による支配や軍事的英雄による支配である。

2 × 「合法的支配」における法は，「伝統的に継承されてきた支配体制を正当化するための道具」として位置づけられてはいない。伝統的に継承されてきた秩序や支配権力の正統性を根拠として被支配者を従わせるのは**「伝統的支配」**である。伝統的支配は，昔から存在し妥当であると考えられてきた伝統と，首長もしくは「ヘル（支配者）」などその伝統によって権威を与えられた者に対する正統性の信念に基づく支配であって，長老制や家父長制，スルタン制などがその例としてあげられる。

3 × 「合法的支配」における法は，「支配者の恣意的な判断により定められる」のではない。Point で述べたように，**形式的に正しい手続によって定められる**という点にその特徴がある。

4 × 「合法的支配」における法は，「神意や事物の本性によって導き出される」のではない。Point で述べたように，**法は形式的に正しい手続によって導き出される。**

5 ○ 形式的に正しい手続によって制定された法には万民が服さなければならず，**支配者といえどもその例外とはならない。**

解答 5

16 社会学と社会システム

旧社会理論と社会システム・問題 20

次の記述のうち，ハーディン（Hardin, G.）が提起した「共有地の悲劇」に関する説明として，**最も適切なもの**を**1つ**選びなさい。

1 協力してお互いに利益を得るか，相手を裏切って自分だけの利益を得るか，選択しなければならない状況を指す。

2 財やサービスの対価を払うことなく，利益のみを享受する成員が生まれる状況を指す。

3 協力的行動を行うと報酬を得るが，非協力的行動を行うと罰を受ける状況を指す。

4 それぞれの個人が合理的な判断の下で自己利益を追求した結果，全体としては誰にとっても不利益な結果を招いてしまう状況を指す。

5 本来，社会で広く共有されるべき公共財へのアクセスが，特定の成員に限られている状況を指す。

Point 個々人が自分の利益になるような行動を選択すると，全体にとって利益にならない結果が生じ，それが個人にとっても利益にならない状況に帰結することを社会的ジレンマという。生態学者ハーディンは，社会的ジレンマを「共有地の悲劇」というエピソードで表している。牧草地が誰でも利用できる共有地である場合，牛飼いたちは肥育する牛の数を増やして自己の利益を増大させようとし，結果として放牧された牛の数が牧草地の収容限界を超えて，牧草が枯渇してしまったというエピソードである。「共有地の悲劇」「囚人のジレンマ」「フリーライダー」など，社会的ジレンマと関連するキーワードが毎年のように出題されているため，注意が必要である。

1 ✕ 選択肢は，**「囚人のジレンマ」**に関する記述である。囚人のジレンマは「共有地の悲劇」と同じく社会的ジレンマの例であり，これに陥ると，個人が合理的な選択をしてしまうためパレート最適（効用の最大化が達成された状態）にたどり着くことができないとされている。囚人のジレンマは**「ゲーム理論」**のモデルとしてもよく用いられている。

2 ✕ 選択肢は，**「フリーライダー問題」**に関する記述である。オルソン（Olson, M. L.）によれば，フリーライダーとは，非協力を選択し，あるいはコストを負担せずに利益のみを得ようとする人，いわば「ただ乗りする人」のことである。オルソンはフリーライダー問題を，**近代市民社会の秩序を壊してしまうリスク要因**としてとらえている。

3 ✕ 選択肢は，**「選択的誘因」**に関する記述である。「フリーライダー問題」を解決し，公共財が維持管理できる社会秩序として，オルソンは，①フリーライダーの特定と監視が可能なコミュニティの規模（構成人数）の小ささ，②権力や法律（罰則）の威圧を前提とした強制，③社会貢献度（協力行動のレベル）に応じた「選択的誘因」のいずれかの条件が整うことが必要だと述べている。

4 ○ Point で解説したとおりである。「共有地の悲劇」は，今日，再生産可能な資源（例えば，漁業資源）の枯渇を予防し，持続可能な活用条件を求めるシミュレーションに用いられている。

5 ✕ 「共有地の悲劇」の「共有地」はオープンアクセスであること，すなわち**誰もが利用できることが想定されている**。誰でもアクセスできる共有地であるからこそ，牛飼いは牛を増やし続け，結果として，資源である牧草地は荒れ果て，すべての牛飼いが被害を被ることになってしまうのである。

解答 4

17 社会学と社会システム

旧社会理論と社会システム・問題16

社会変動の理論に関する次の記述のうち，**最も適切なものを1つ**選びなさい。

1 ルーマン（Luhmann, N.）は，社会の発展に伴い，軍事型社会から産業型社会へ移行すると主張した。

2 テンニース（Tonnies, F.）は，自然的な本質意志に基づくゲマインシャフトから人為的な選択意志に基づくゲゼルシャフトへ移行すると主張した。

3 デュルケム（Durkheim, E.）は，産業化の進展に伴い，工業社会の次の発展段階として脱工業社会が到来すると主張した。

4 スペンサー（Spencer, H.）は，近代社会では適応，目標達成，統合，潜在的パターン維持の四つの機能に対応した下位システムが分出すると主張した。

5 パーソンズ（Parsons, T.）は，同質的な個人が並列する機械的連帯から，異質な個人の分業による有機的な連帯へと変化していくと主張した。

Point 社会変動論，とりわけ古典的な近代化についての学説を問う問題である。近代化についての古典的な社会学者の学説には，「社会学の父」とよばれるコント（Comte, A.）の「三段階の法則」（人間の精神が神学的，形而上学的，実証的段階と発展するにつれて，社会組織も軍事型，法律型，産業型へ進化する），スペンサーの「軍事型社会から産業型社会へ」，テンニースの「ゲマインシャフトからゲゼルシャフトへ」，デュルケムの「機械的連帯から有機的連帯へ」，ヴェーバー（Weber, M.）の近代化の本質を合理化の過程＝「呪術からの解放」としてとらえる視点などがある。

1 × 社会有機体説の立場から，「社会の発展に伴い，軍事型社会から産業型社会へ移行する」と主張したのは，**スペンサー**である。ルーマンは，社会分化の形式が**環節的分化，階層的分化，機能的分化の三つの段階**を経てきたことを指摘し，機能的分化が対応する近代社会の特徴を，政治，法，科学，経済等が自律的に機能している点に見出した。

2 ○ テンニースは，社会集団を，本質意志に基づいて形成された**「ゲマインシャフト」**と，選択意志に基づいて形成された**「ゲゼルシャフト」**に分類し，近代化とともに人々の生活が**「ゲマインシャフトからゲゼルシャフトへ」と移行していく**ことを批判的にとらえた。

3 × 産業化の進展に伴い，工業社会の次の発展段階として脱工業社会が到来すると主張したのは，**ベル（Bell, D.）ら**である。**脱工業社会**は，工業化の次の発展段階のことで，財貨の生産を中心とする経済からサービスを中心とする経済への移行，専門職や技術職の職業的な優位性，社会制度における理論的知識の重視などを特徴とする社会である。

4 × 「近代社会では適応，目標達成，統合，潜在的パターン維持の四つの機能に対応した下位システムが分出する」と主張したのは，**パーソンズ**である。パーソンズは，システムの存続にとって欠くことのできない四つの機能を**「機能的要件（機能的命令）」**と呼んだ。社会システムが外的環境へ適応する機能である「適応（Adaptation）」，社会システムの目標を達成する機能である「目標達成（Goal-attainment）」，社会システムを構成する要素間のまとまりを保持する機能である「統合（Integration）」，社会システムの安定的維持とともにシステム内部に生じる緊張を軽減する機能である「潜在的パターンの維持と緊張処理（Latent-pattern Maintenance and Tension-management）」があり，そのようなシステム・モデルを，四つの機能の頭文字をとって**「AGIL図式」**と呼ぶ。

5 × 「同質的な個人が並列する機械的連帯から，異質な個人の分業による有機的な連帯へと変化していくと主張した」のは，**デュルケム**である。デュルケムは，『社会分業論』において，近代社会になるにつれて人々の連帯が「機械的連帯から有機的連帯へ」変化することを，「環節的構造の社会から機能的に高度に分化した社会へ」という歴史的趨勢と関連づけて考察している。

解答 2

18 社会学と社会システム

旧社会理論と社会システム・問題 21

次の記述のうち，ラベリング論の説明として，**最も適切なもの**を **1 つ**選びなさい。

1　社会がある行為を逸脱とみなし統制しようとすることによって，逸脱が生じると考える立場である。
2　非行少年が遵法的な世界と非行的な世界の間で揺れ動き漂っている中で，逸脱が生じると考える立場である。
3　地域社会の規範や共同体意識が弛緩（しかん）することから，非行や犯罪などの逸脱が生じると考える立場である。
4　下位集団における逸脱文化の学習によって，逸脱が生じると考える立場である。
5　個人の生得的な資質によって，非行や犯罪などの逸脱が生じると考える立場である。

Point 1960 年代に展開されたベッカー（Becker, H. S.）らの主張は，「ラベリング理論（labeling theory）」と呼ばれている。ラベリング理論は，逸脱行為（犯罪・非行）の発生を「ラベリング（ラベル貼り）」という視点から説明するものであり，社会がある行為を逸脱として定義して統制しようとすることで逸脱が生み出されてしまうという考え方である。人に「逸脱者」のラベルが貼られるのは，その人が犯した逸脱行動のゆえにというより，社会的マジョリティによって定められた同調・逸脱についてのルールが恣意的に適用されたためであり，よって，このラベルは社会的弱者に対して適用されやすい。

1　○　選択肢のとおりである。ラベリング理論では，一度他者によって逸脱者のラベルを貼られてしまうと，その人は逸脱者として処遇され続け，やがて**逸脱的アイデンティティと逸脱的ライフスタイルを確立する**と説明される。

2　×　選択肢は，マッツァ（Matza, D.）による**「ドリフト（漂流）理論」**に関する記述である。マッツァは，非行少年の多くが，ほとんどの時間において遵法的な行動をとり，ある年齢になると外部から強制されなくとも自然に非行から引退することなどから，非行状態とは一種の通過儀礼であり，少年たちは遵法と違法の境界を漂流しているととらえるべきだと考えた。

3　×　選択肢は，**社会統制論**や**アノミー論**に関する記述である。社会統制論は，人々を社会規範に従わせるはたらき（社会統制）が弱くなったことにより犯罪や非行が生み出されると考える立場である。また，アノミーはデュルケム（Durkheim, É.）の『自殺論』における「アノミー的自殺」以降，社会的な規範が解体された状態を指す概念として用いられている。デュルケムは，社会規範が方向づけていた目的や志向が見失われることによって引き起こされる自殺を**アノミー的自殺**と呼んだ。

4　×　選択肢は，**文化学習理論**に関する記述である。文化学習理論を代表するものに，サザーランド（Sutherland, E. H.）が唱えた「分化的接触論（differential association）」がある。分化的接触論では，犯罪は他者から学習されるものであるととらえ，犯罪者と接触する機会と通常者から隔絶される機会の大小によって人は犯罪者になると考える。

5　×　ラベリング理論では，「個人の生得的な資質によって，非行や犯罪などの逸脱が生じると考える立場」はとらない。逸脱が生得的なものであると考えるのは，例えば，犯罪者の生物学的性質（身体的，精神的特徴）を明らかにしようとしたロンブローゾ（Lombroso, C.）の「生来性犯罪者説」など，古典的な逸脱理論である。

解答 1

19 社会学と社会システム

旧社会理論と社会システム・問題 17

「令和 4 年版男女共同参画白書」(内閣府)に示された近年の家族の動向に関する次の記述のうち，**最も適切なものを 1 つ選びなさい。**

1　2020 年（令和 2 年）において，全婚姻件数における再婚件数の割合は 40％を超えている。

2　家事，育児における配偶者間の負担割合について，「配偶者と半分ずつ分担したい」（外部サービスを利用しながら分担するを含む）と希望する 18～39 歳の男性の割合は，70％を超えている。

3　20 代の男性，女性ともに 50％以上が，「配偶者はいないが恋人はいる」と回答している。

4　2021 年（令和 3 年）において，妻が 25～34 歳の「夫婦と子供から成る世帯」のうち，妻が専業主婦である世帯の割合は，50％を超えている。

5　子供がいる現役世帯のうち，「大人が一人」の世帯の世帯員の 2018 年（平成 30 年）における相対的貧困率は，30％を下回っている。

Point　『令和 4 年版 男女共同参画白書』（内閣府）では，現代日本における家族の現状が，恋愛観や結婚観，婚姻や離婚，事実婚，夫婦の所得や働き方，家事や介護，虐待，近所との付き合い等，豊富なデータによって多面的に示されており，「人生 100 年時代における結婚と家族～家族の姿の変化と課題にどう向き合うか～」として特集されている。

1　×　全婚姻件数における再婚件数の割合は，1970 年代以降増大傾向にあるが，2020 年（令和 2 年）では 26.4％であり，**40％を超えていない**。再婚件数は，2020 年（令和 2 年）に 13 万 9000 件と，婚姻の約 4 件に 1 件が再婚となっている。

2　○　家事に関して，男女とも，若い世代ほど「配偶者と半分ずつ分担したい」と希望する割合が高い傾向にある。**特に 20～30 代の男性で「配偶者と半分ずつ分担したい」と希望する割合は高く**，「外部サービスを利用しながら分担する」を含めれば，18～29 歳で 76.1％，30～39 歳で 74.2％が家事，育児を「配偶者と半分ずつ分担したい」と回答している。

3　×　「配偶者はいないが恋人はいる」と回答したのは，20 代女性で 27.3％，20 代男性で 19.1％となっており，**50％を超えていない**。なお，20 代の男性，女性ともに 50％以上が「配偶者，恋人はいない」と回答している（女性 51.4％，男性 65.8％）。

4　×　2021 年（令和 3 年）において，妻が 25～34 歳の「夫婦と子供から成る世帯」のうち，妻が専業主婦である世帯の割合は 33.8％であり，**50％を超えていない**。2005 年（平成 17 年）では，妻が 25～34 歳の「夫婦と子供から成る世帯」のうち，妻が専業主婦である世帯の割合は，63.9％であったことから，この年齢層における専業主婦の割合が大幅に減少し，代わりにパートタイム労働に従事する者が増えていることがわかる。

5　×　子供がいる現役世帯のうち，「大人が一人」の世帯の世帯員の相対的貧困率（貧困線に満たない世帯員の割合）は 48.1％であり，**30％を下回ってはいない**。大人が一人の世帯（ひとり親世帯）の等価可処分所得（世帯の収入から税金・社会保険料等を除いた，いわゆる手取り収入を世帯人員の平方根で割って調整した所得）の分布をみると，2018 年（平成 30 年）では，ひとり親世帯の多くは貧困線（等価可処分所得の中央値の半分，2018 年（平成 30 年）は 127 万円）近くに分布している。

解答 2

20 社会学と社会システム

旧就労支援サービス・問題 143

福祉と就労などに関する次の記述のうち，**最も適切なもの**を**1つ**選びなさい。

1 ワークフェアとは，柔軟な労働市場を前提とし，他の労働市場に移動可能な就労支援プログラムを提供するシステムである。

2 ベーシックインカムとは，権利に基づく福祉給付を得るときに，就労という義務を課す政策である。

3 アクティベーションとは，福祉と就労を切り離し，国民に対して最低限の所得保障給付を行う政策である。

4 ディーセント・ワークとは，働きがいのある，人間らしい仕事のことをいう。

5 アウトソーシングとは，職場や地域における性別役割分担を見直そうとする考え方である。

Point 福祉と就労に関する考え方は，欧米先進諸国で議論された貧困対策や失業者対策に関する制度のあり方から造語され，日本でも紹介されてきた。各国の経済成長や産業構造の変化により，失業者や低所得者を対象とする社会政策が方向転換を迫られる中で，救貧的な福祉政策と労働政策との融合や積極的な移行が図られる際の基本的視座を表す概念として位置づけられている。「福祉から就労へ（Welfare to Work）」の視点は，日本においても障害者に対する就労支援の重点施策に位置づけられており，福祉政策と労働政策との関係性に関する概念は重要な意味をもつ。

1 × ワークフェアとは，生活保護や医療費補助などの**福祉（Welfare）の受給者に対して一定の就労を義務づけ，給付を労働の対価とする**という考え方であり，就労を通じて将来の経済的自立の基盤を身につけさせようという福祉改革や公的扶助改革の理念を示す用語である。選択肢は，**アクティベーション**に関する記述である。

2 × ベーシックインカムとは，**福祉と就労とを切り離し，就労の有無を問わずすべての個人に対して最低限の所得保障給付を行う政策**である。選択肢は，**ワークフェア**に関する記述である。

3 × アクティベーションとは，**労働市場から遠ざかっている人々（「不活発（inactive）」とみなされる人々）に対して，職業訓練や教育プログラムへの参加を促し労働市場へ参入させる制度設計**を指す。積極的労働市場政策とも表現され，就業率の向上など労働市場の活発化を目標の一つとするという特徴がある。選択肢は，**ベーシックインカム**に関する記述である。

4 ○ ディーセント・ワークとは，**"働きがいのある，人間らしい仕事"**と訳され，1999 年に国際労働機関（ILO）が活動目標として提唱した考え方である。具体的には，「自由，公平，安全と人間としての尊厳を条件とした，すべての人のための生産的な仕事」を指すとしている。

5 × アウトソーシングとは，**組織内部が担う業務を外部に委託する考え方**である。「外部委託」と訳され，専門性の高い別の外部組織に業務を委託する経営手法を指す。選択肢にある性別役割分担は，性別を理由として役割を分ける考え方のことであり，セクシュアルハラスメントや男女の働き方の地域差にかかわる認識として指摘されている。

解答 4

21 社会学と社会システム

旧就労支援サービス・問題 144

有期雇用労働者などの保護を定める労働法規に関する次の記述のうち，**最も適切なものを 1 つ選**びなさい。

1 「パートタイム・有期雇用労働法」では，事業主は，通常の労働者と短時間・有期雇用労働者との間で不合理な待遇差を設けないよう努めなければならないと定められている。

2 「パートタイム・有期雇用労働法」では，事業主は，短時間・有期雇用労働者からの求めに応じ，通常の労働者との待遇差の内容や理由などについて説明しなければならないと定められている。

3 労働契約法では，有期労働契約による労働者について，その契約期間が満了するまでの間において，やむを得ない理由がなくても解雇できると定められている。

4 労働契約法では，有期労働契約が反復更新されて通算 3 年を超えたときには，労働者からの申込みにより，当該契約は無期労働契約に転換されると定められている。

5 短時間・有期雇用労働者は，労働者災害補償保険法の適用対象とはならない。

(注) 「パートタイム・有期雇用労働法」とは，「短時間労働者及び有期雇用労働者の雇用管理の改善等に関する法律」のことである。

Point パートタイム労働者や有期雇用労働者が同一企業内における通常の労働者との間で不合理な待遇の差を受けず，どのような雇用形態を選択しても待遇に納得して働き続けることができるよう，「働き方改革を推進するための関係法律の整備に関する法律（働き方改革関連法）」が 2018 年（平成 30 年）に公布された。労働基準法が改正され，フレックスタイム制の拡充や時間外労働の上限規制が強化されたほか，労働安全衛生法改正により産業医や産業保健機能を強化するなど，労働者の多様な働き方を実現するためのさまざまな法改正に基づく改革を推進している。パートタイム・有期雇用労働法は，2020 年（令和 2 年）4 月から施行され，2021 年（令和 3 年）4 月からは中小企業にも適用されている。同法は，不合理な待遇差の禁止（同一労働同一賃金）や労働者に対する待遇に関する説明義務の強化，行政による事業主への助言・指導等や裁判外紛争解決手続きの整備等を通して，公正な待遇の実現を目的としている。

1 × パートタイム・有期雇用労働法第 8 条において，「不合理な待遇の禁止」として，事業主は，短時間・有期雇用労働者の基本給や賞与等について，通常の労働者の待遇と**不合理な差を設けてはならない**と定められている。

2 ○ パートタイム・有期雇用労働法第 14 条第 2 項において，事業主は，短時間・有期雇用労働者から求めがあったときは，通常の労働者との間の待遇の相違の内容及び理由などを説明しなければならないと定められている。また，同法第 6 条においては「労働条件に関する文書の交付等」として，事業主は，短時間・有期雇用労働者を雇い入れたときは，速やかに，労働条件に関する事項を文書の交付等により明示しなければならないとされている。

3 × 労働契約法第 17 条第 1 項において，**使用者は，有期労働契約について，やむを得ない事由がある場合でなければ，その契約期間が満了するまでの間において，労働者を解雇することができない**と定められている。

4 × 労働契約法第 18 条第 1 項において，有期労働契約が反復更新された期間が**通算 5 年**を超える労働者が申込みをした場合，無期労働契約に転換されると定められている。

5 × **労働者災害補償保険法は，時間・日数・期間を問わずすべての労働者に適用される。**労働時間や労働契約期間によって適用されない場合があるのは雇用保険である。

解答 2

22 社会学と社会システム

旧 社会理論と社会システム・問題 18

次の記述のうち，人々の生活を捉えるための概念の説明として，**最も適切なものを 1 つ**選びなさい。

1　生活時間とは，個々人の人生の横断面に見られる生活の様式や構造，価値観を捉える概念である。
2　ライフステージとは，生活主体の主観的状態に注目し，多面的，多角的に生活の豊かさを評価しようとする概念である。
3　生活の質とは，時間的周期で繰り返される労働，休養，休暇がどのように配分されているかに注目する概念である。
4　家族周期とは，結婚，子どもの出生，配偶者の死亡といったライフイベントの時間的展開の規則性を説明する概念である。
5　ライフスタイルとは，出生から死に至るまでの人の生涯の諸段階を示す概念である。

Point　旧大項目「生活の理解」の「生活の捉え方」に関する基礎的な概念について問われている。ほかにもライフサイクル，ライフコース，ライフイベント，コーホート等がこの範囲における基礎的な概念として挙げられる。『過去問解説集』や『ワークブック』などでの学習を進めつつ，テキストや参考書をもとに基礎的な概念や基本用語の意味について調べておくと知識が定着するだろう。

1　×　選択肢は，**ライフスタイル**に関する記述である。なお，ライフスタイルに関する社会学的な研究は，社会階層や社会的地位などとの関係性に着目するものが多い。
2　×　選択肢は，**生活の質**に関する記述である。消費・労働・家族・余暇・地域等の視点をもって多面的・多角的に生活を捉えつつ，生活主体の主観を重視した上で，その生活の豊かさをくみ取ろうとした概念ともいえる。
3　×　選択肢は，**生活時間**に関する記述である。なお，生活時間に関する社会調査の代表例としては，NHK放送文化研究所によって行われている「国民生活時間調査」，総務省統計局によって行われている「社会生活基本調査」が挙げられる。
4　○　選択肢のとおり，**家族周期は家族の生活周期（ライフサイクル）を指す概念である**。家族周期の段階として，新婚期・育児期・教育期・子独立期・子独立後夫婦期・老夫婦期・単身期などが挙げられる。
5　×　選択肢は，**ライフステージ**に関する記述である。ライフステージとして，幼年期・少年期・青年期・壮年期・中年期・高年期などが挙げられる。

解答 4

23 社会学と社会システム

旧社会理論と社会システム・問題 19

社会的役割に関する次の記述のうち，**最も適切なものを１つ**選びなさい。

1 役割距離とは，個人が他者からの期待を自らに取り入れ，行為を形成することを指す。

2 役割取得とは，個人が他者との相互行為の中で相手の期待に変容をもたらすことで，既存の役割期待を超えた新たな行為が展開することを指す。

3 役割葛藤とは，個人が複数の役割を担うことで，役割の間に矛盾が生じ，個人の心理的緊張を引き起こすことを指す。

4 役割期待とは，個人が他者からの期待と少しずらした形で行為をすることで，自己の主体性を表現することを指す。

5 役割形成とは，個人が社会的地位に応じた役割を果たすことを他者から期待されることを指す。

Point 旧大項目「人と社会の関係」の「社会的役割」に関する問題は頻出である。これまでの出題傾向と同様に，本問も基礎的な概念を問うものであった。ほかにも，役割分化・役割演技・役割猶予・役割交換等がこの範囲における基礎的な概念に挙げられる。これらの用語の意味や内容について理解を深めておきたい。

1 × 選択肢は，**役割取得**に関する記述である。ミード（Mead, G. H.）が提示した概念であり，人間の自我形成と自我の主体性の問題にかかわるものとされる。

2 × 選択肢は，**役割形成**に関する記述である。ターナー（Turner, R. H.）が提示した概念であり，役割取得過程における役割遂行者の解釈や認識の変更などに着目したものである。

3 ○ 選択肢のとおり。他者からある個人に**複数の役割期待を寄せられ，その役割期待が相互に矛盾や対立する場合に生じる葛藤状況**である。

4 × 選択肢は，**役割距離**に関する記述である。ゴッフマン（Goffman, E.）が提示した概念であり，役割期待から主観的に距離を保ち，自己の主体性や自律性を維持することに着目したものである。

5 × 選択肢は，**役割期待**に関する記述である。社会における相互行為場面において，個人が社会的地位に応じた役割を果たすことが期待され，それがその社会における秩序をもたらす要件になるとされる。

解答 3

24 社会福祉の原理と政策

旧現代社会と福祉・問題 25

近代日本において活躍した福祉の先駆者に関する次の記述のうち，**最も適切なもの**を**1つ**選びなさい。

1 石井十次は岡山孤児院を設立した。
2 山室軍平は家庭学校を設立した。
3 留岡幸助は救世軍日本支部を設立した。
4 野口幽香は滝乃川（たきのがわ）学園を設立した。
5 石井亮一（りょういち）は二葉幼稚園を設立した。

Point 1880年代後半は，産業化に伴って，低賃金・長時間労働などの労働問題が顕在化し，貧困が社会問題となった時期である。このような社会情勢下においても国家は公的な救貧制度の整備に消極的であったため，出題された福祉の先駆者たちの慈善事業活動が大きな役割を果たしたという背景を理解しておくとよい。

1 ○ 1887年（明治20年）に石井十次が設立した**岡山孤児院**では，イギリスで孤児院を運営したミュラー（Muller, G.）の影響を受け，**無制限収容**が実施された。また，イギリスのバーナード（Barnardo, T.）が実施した「ヴィレッジ・ホーム」にならい，**小舎制**も採用した。岡山孤児院では，家族ごとの個性を尊重する家族制度や，乳幼児や病児を，近隣の農家へ里子に出す委託制度などを取り入れる等の多彩な処遇がなされた。

2 ✕ 山室軍平は**救世軍日本支部**における活動を展開し，釈放者の保護，廃娼運動，婦人保護，無料宿泊所や労働紹介所の設置等，多岐にわたる活動を行った。

3 ✕ 留岡幸助が設立したのは**家庭学校**である。留岡は，監獄の教誨師（きょうかいし）を務めながら犯罪の芽は幼少期に形成されることを学び，1899年（明治32年）に東京巣鴨に不良化した少年たちの教育をするための家庭学校を設立した。家庭学校では，小舎制処遇で自立のための労作教育が行われ，家庭的愛情が重視された。1914年（大正3年）には，北海道遠軽町に分院の北海道家庭学校が開設された。

4 ✕ 野口幽香が設立したのは**二葉幼稚園**である。野口は，森島美根とともに幼稚園を貧困家庭の子弟教育にまで拡大することを目指し，1900年（明治33年）に番町教会の援助を受け，二葉幼稚園を設立した。二葉幼稚園では，子どもの自立性を重視し，自然に接するというドイツのフレーベル（Frobel, F.）の理念に基づいた教育が実施された。なお，二葉幼稚園は現在の社会福祉法人二葉保育園（東京都）の前身である。

5 ✕ 石井亮一が設立したのは**滝乃川学園**である。石井は，1891年（明治24年）の濃尾大地震の被災児・者の救済活動に尽力し，同年に聖三一孤女学院を設立した。聖三一孤女学院は，1897年（明治30年）に滝乃川学園に改称され，知的障害児教育を目的とする特殊教育部が設置された。滝乃川学園は日本で最初の知的障害児施設となり，小舎制のもとでの家庭的処遇や専門的療育が進められた。

解答 1

25 社会福祉の原理と政策

旧現代社会と福祉・問題 26

☑☑☑

福祉六法の制定時点の対象に関する次の記述のうち，**最も適切なもの**を１つ選びなさい。

1 児童福祉法（1947 年（昭和 22 年））は，戦災によって保護者等を失った満 18 歳未満の者（戦災孤児）にその対象を限定していた。

2 身体障害者福祉法（1949 年（昭和 24 年））は，障害の種別を問わず全ての障害者を対象とし，その福祉の施策の基本となる事項を規定する法律と位置づけられていた。

3 （新）生活保護法（1950 年（昭和 25 年））は，素行不良な者等を保護の対象から除外する欠格条項を有していた。

4 老人福祉法（1963 年（昭和 38 年））は，介護を必要とする老人にその対象を限定していた。

5 母子福祉法（1964 年（昭和 39 年））は，妻と離死別した夫が児童を扶養している家庭（父子家庭）を，その対象外としていた。

Point 福祉六法に関する知識を問う問題である。まずは，終戦直後から「生活保護法」「児童福祉法」「身体障害者福祉法」の福祉三法体制確立までの戦後改革の流れをつかんでおきたい。その上で，1955 年（昭和 30 年）頃からの高度経済成長がもたらした産業化，核家族化の進行，高齢化等の社会問題の対応として「精神薄弱者福祉法（現・知的障害者福祉法）」「老人福祉法」「母子福祉法（現・母子及び父子並びに寡婦福祉法）」の三法が加えられ，福祉六法体制が確立した経緯を理解するとよい。

1 ✕ 児童福祉法の対象は，戦災孤児ではなく**児童一般**である。終戦直後の日本政府は，戦災孤児や浮浪児対策として，児童保護施設への強制収容を行っていたが，児童が保護施設から脱走するなど抜本的な解決には至らず，児童を健全に育成していく政策が必要とされた。中央社会事業委員会は，日本政府から児童保護法要綱案の諮問を受け，1947 年（昭和 22 年）に児童一般を対象とした児童福祉法案を答申し，同年 11 月に児童福祉法が成立した。

2 ✕ 身体障害者福祉法の対象範囲から精神障害，知的障害，結核などは除外された。1948 年（昭和 23 年）に厚生省に設置された身体障害者福祉法制定推進委員会において，障害の種別ではなく，能力障害をもつ者すべてを法律の対象にすべきであるとの意見が存在したが，判定基準設定の困難性と予算上の制約などの理由から，同法の対象となる身体障害者の範囲は，**視覚障害**，**聴力障害**，**言語機能障害**，**肢体不自由**，**中枢神経機能障害**の五つに限定された。

3 ✕ （新）生活保護法では**欠格条項が廃止されている**。（新）生活保護法は，日本国憲法第 25 条の生存権の理念に基づき，保護請求権の明記，保護の補足性の規定，扶助の種類に教育と住宅を加えるなどの改正が行われた。さらに，保護の実施主体を社会福祉主事（ケースワーカー）とし，民生委員は補助機関から協力機関に改められた。

4 ✕ 老人福祉法の対象は**老人一般**であり，介護を必要とする老人に対象を限定したものではない。同法は，所得保障，雇用，税制，住宅などの広範な老人福祉施策に関する基本理念と，国による老人福祉推進の責務，保健・福祉サービスなどについて規定した法律である。同法の制定により，戦後，生活保護法に位置づけられていた高齢者福祉サービスは同法へ移行され，特別養護老人ホームや養護老人ホームといった施設サービスや家庭奉仕員の派遣などの在宅サービスが法律に規定されることとなった。

5 ○ 母子福祉法は，**母子家庭**の生活の安定と向上を図る基本法として制定された。しかし，同法が対象とする児童は 20 歳未満であり，子どもが 20 歳になった母子家庭は法律の対象外であった。法的な支援を失った寡婦の自立は困難であったことから，寡婦に対する総合的な福祉施策が必要となり，同法は 1981 年（昭和 56 年）に「母子及び寡婦福祉法」に名称変更がなされた。さらに，2014 年（平成 26 年）には「母子及び父子並びに寡婦福祉法」へ名称変更がなされ，**寡婦と父子家庭も法律の対象に加えられた**。

解答 5

26 社会福祉の原理と政策

旧現代社会と福祉・問題 23

福祉に関わる思想や運動についての次の記述のうち，**最も適切なものを 1 つ**選びなさい。

1 バーリン（Berlin, I.）のいう積極的自由とは，自らの行為を妨げる干渉などから解放されることで実現する自由を意味する。

2 ポジティブ・ウェルフェアは，人々の福祉を増進するために，女性参政権の実現を中心的な要求として掲げる思想である。

3 1960 年代のアメリカにおける福祉権運動の主たる担い手は，就労支援プログラムの拡充を求める失業中の白人男性たちであった。

4 フェビアン社会主義は，ウェッブ夫妻（Webb, S. & B.）などのフェビアン協会への参加者が唱えた思想であり，イギリス福祉国家の形成に影響を与えた。

5 コミュニタリアニズムは，家族や地域共同体の衰退を踏まえ，これらの機能を市場と福祉国家とによって積極的に代替するべきだとする思想である。

Point 福祉に関わる思想や運動についての用語の意味・内容を問う問題である。現代に影響する思想や概念が含まれていることから，その意味を正しく理解することが望まれる。また，本問で問われている用語以外に，「公民権運動」や「自立生活運動（IL 運動）」なども学習しておきたい。

1 × 選択肢は，**消極的自由**の説明である。イギリスの哲学者バーリンは，『自由論』において**積極的自由**と**消極的自由**を提唱した。消極的自由とは，「～からの自由」を意味する。一方，積極的自由とは，「～への自由」であり，自らが主体的に決定し自律的に行動することを意味する。

2 × ポジティブ・ウェルフェアとは，イギリスの社会学者ギデンズ（Giddens, A.）が提唱した概念である。広く国民全体の可能性を引き出すという考え方に基づく社会保障で，**金銭給付よりも教育や職業訓練によって人的資本に投資することを重視した新たな福祉国家の方向性を示した考えである。**

3 × 福祉権運動の主たる担い手は，失業中の白人男性たちではなく，**黒人の公的扶助受給者**である。福祉権運動は，1960 年代後半に黒人の**公民権運動**の影響を強く受けて誕生した公的扶助受給者を主体とする権利要求運動である。この運動では，厳格な受給要件の緩和や人権を脅かすような諸規則の改善を求めた。

4 ○ フェビアン社会主義とは，社会福祉の充実による漸進的な社会変革を積み重ねる思想や運動を指す。フェビアン協会の中心人物だったウェッブ夫妻は，『産業民主制論』の中で，国家が国民に対して最低限度（最低水準）の生活を保障するという**ナショナル・ミニマム**を提唱している。

5 × コミュニタリアニズムは共同体主義ともいい，**歴史的に形成されてきた共同体（コミュニティ）の中で培われた価値を重視する思想である。**共同体には，地域社会や家族，親族関係などさまざまなものが含まれる。

解答 4

27 社会福祉の原理と政策

旧現代社会と福祉・問題 27

福祉のニーズとその充足に関する次の記述のうち，**最も適切なものを１つ**選びなさい。

1 ジャッジ（Judge, K.）は，福祉ニーズを充足する資源が不足する場合に，市場メカニズムを活用して両者の調整を行うことを割当（ラショニング）と呼んだ。

2 「ウルフェンデン報告（Wolfenden Report）」は，福祉ニーズを充足する部門を，インフォーマル，ボランタリー，法定（公定）の三つに分類した。

3 三浦文夫は，日本における社会福祉の発展の中で，非貨幣的ニーズが貨幣的ニーズと並んで，あるいはそれに代わって，社会福祉の主要な課題になると述べた。

4 ブラッドショー（Bradshaw, J.）は，サービスの必要性を個人が自覚したニーズの類型として，「規範的ニード」を挙げた。

5 フレイザー（Fraser, N.）は，ニーズの中身が，当事者によってではなく，専門職によって客観的に決定されている状況を，「必要解釈の政治」と呼んだ。

（注）「ウルフェンデン報告」とは，1978 年にイギリスのウルフェンデン委員会が発表した報告書「The Future of Voluntary Organisations」のことである。

Point ニーズに関する学説は頻出であるため，正確に理解しておくことが必須である。普遍主義，選別主義などの資源配分にかかわる立場や，現金給付や現物給付，バウチャーなどのニーズを充足するための資源配分の手段についても関連づけて学習しておくことが必要である。

1 × 割当（ラショニング）とは，福祉ニーズが充足されない状況であり，市場メカニズムの活用が困難な状況で用いられる資源配分の方法である。割当には資格要件の設定，抽選や順番，ランクづけなどがあり，これらを用いることで少ない福祉資源を**福祉ニーズの優先度の高い人々に的確に配分することが可能となる**。

2 × 「ウルフェンデン報告」は，福祉ニーズを充足する部門を**インフォーマル，ボランタリー，法定（公定），民間営利の四つ**に分類している。同報告は，**「福祉多元主義」**を最初に提唱したものであり，福祉供給における四つの主体の最適な役割分担を志向するものである。

3 ○ 三浦文夫は，従来の福祉ニーズは経済的困窮と結びついた貨幣的ニーズが中心であったが，国民の生活水準の向上に伴う生活構造の変化により，**非貨幣的ニーズ**が広がったととらえた。加えて三浦は，非貨幣的ニーズに対応するためには，公的サービス中心の体制から，市場の導入などのサービス供給体制の多様化が必要であることを指摘した。

4 × ブラッドショーのニード概念の類型によれば，サービスの必要性を個人が自覚したニーズは**「フェルトニード」**に分類される。ほかの類型として，専門家や行政職員等が客観的に評価する「規範的ニード」，個人が実際に支援を求めた場合の「表明されたニード」，支援を受けているほかの個人との比較によって明らかとなる「比較ニード」がある。

5 × フレイザーは，当事者ではなく，専門家が客観的にニーズを判定する状況を**「必要充足の政治」**と呼んだ。フレイザーは，多くのニーズの判定が，専門家による客観的基準でなされてきた状況に対する当事者たちの異議申立てに着目し，その状況を「必要充足の政治」から「必要解釈の政治」へ，と呼んだ。「必要解釈の政治」とは，誰がニーズを解釈するのかという問いのことである。

解答 3

28 社会福祉の原理と政策

旧現代社会と福祉・問題 29

日本における人口の動向に関する次の記述のうち，**正しいものを 1 つ**選びなさい。

1 第二次世界大戦後，1940 年代後半，1970 年代前半，2000 年代後半の 3 回のベビーブームを経験した。

2 15～64 歳の生産年齢人口は，高度経済成長期から 1990 年代後半まで減少を続け，以後は横ばいで推移している。

3 「『日本の将来推計人口』における中位推計」では，65 歳以上の老年人口は 2025 年頃に最も多くなり，以後は緩やかに減少すると予想されている。

4 「2021 年の人口推計」において，前年に比べて日本人人口が減少した一方，外国人人口が増加したため，総人口は増加した。

5 1970 年代後半以降，合計特殊出生率は人口置換水準を下回っている。

(注) 1 「『日本の将来推計人口』における中位推計」とは，国立社会保障・人口問題研究所「日本の将来推計人口（平成 29 年推計）」における，出生中位（死亡中位）の推計値を指す。

2 「2021 年の人口推計」とは，総務省「人口推計 2021 年（令和 3 年）10 月 1 日現在」における推計値を指す。

Point ケア供給の仕組みや社会福祉制度に影響を及ぼしてきた構造的背景の一つである，日本の人口の動向についての設問である。かつて「少子化」と「高齢化」は分けて考えられがちであったが，人口問題の観点から「少子高齢化問題」と呼ばれるようになった。三世代同居の世帯のなかで完結していた育児や家事，介護等のケア体制は，都市化・工業化・核家族化といったほかの構造変動の影響を受け終焉した。やがて新たなケア供給の仕組みが構想され，社会保障や福祉サービスとして制度化される。このように，構造的背景にある変動を一連のものとしてとらえる視点が問われている。

1 × 厚生労働省「人口動態統計」によると，第二次世界大戦後のベビーブームとして，第 1 次ベビーブーム（1947 年（昭和 22 年）から 1949 年（昭和 24 年））と，第 2 次ベビーブーム（1971 年（昭和 46 年）から 1974 年（昭和 49 年））とが認められるものの，**それ以降，ベビーブームは生じていない**。第 1 次ベビーブームで生まれた世代は「団塊の世代」，第 2 次ベビーブームで生まれた世代は「団塊ジュニア」と呼ばれる。

2 × 15～64 歳の生産年齢人口は，高度経済成長期に増加を続け，1970 年代以降は横ばいで推移していたが，**1990 年代後半以降は減少し続けている**。

3 × 「『日本の将来推計人口』における中位推計」では，65 歳以上の**老年人口は 2042 年*1 をピークに，以降は緩やかに減少すると予想されている**。

4 × 「2021 年の人口推計」では，**日本人人口と外国人人口がともに減少した*2** こと，総人口が 2020 年（令和 2 年）に比べ 64 万 4000 人減少し*3，1950 年（昭和 25 年）以降**過去最大の減少幅となった**ことが明示されている。

5 ○ 選択肢のとおり。人口置換水準とは，人口の増減が均衡した状態となる合計特殊出生率のことである。また，合計特殊出生率が人口置換水準を相当期間下回っている状況のことを少子化という。日本では**第 2 次ベビーブームである 1974 年（昭和 49 年）以降，合計特殊出生率が人口置換水準を下回っており，少子化が進んでいる**。

解答 5

＊1 「日本の将来推計人口（令和 5 年推計）」では，2043 年とされている。

＊2 「人口推計（2023 年（令和 5 年）10 月 1 日現在）」では，2022 年（令和 4 年）に比べて日本人人口が減少した一方，外国人人口は増加した。

＊3 「人口推計（2023 年（令和 5 年）10 月 1 日現在）」では，2022 年（令和 4 年）に比べて総人口が 59 万 5000 人減少した。

29 社会福祉の原理と政策

旧現代社会と福祉・問題 24

☑☑☑

福祉政策に関する次の記述のうち，**最も適切なもの**を**1つ**選びなさい。

1 アダム・スミス（Smith, A.）は，充実した福祉政策を行う「大きな政府」からなる国家を主張した。

2 マルサス（Malthus, T.）は，欠乏・疾病・無知・不潔・無為の「五つの巨悪（巨人）」を克服するために，包括的な社会保障制度の整備を主張した。

3 ケインズ（Keynes, J.）は，不況により失業が増加した場合に，公共事業により雇用を創出することを主張した。

4 フリードマン（Friedman, M.）は，福祉国家による市場への介入を通して人々の自由が実現されると主張した。

5 ロールズ（Rawls, J.）は，国家の役割を外交や国防等に限定し，困窮者の救済を慈善事業に委ねることを主張した。

Point 福祉政策や福祉国家にかかる学説とその提唱者を問う問題である。福祉国家のあり方や福祉国家の構成要素にかかる学説については過去にも出題されている。ハイエク（Hayek, F. A.）の自由主義と国家の論考や，ギデンズ（Giddens, A.）の「第三の道」についても目を向けておきたい。

1 × アダム・スミスは，**『国富論』**の中で，市場の原理を「見えざる手」にたとえ，**市場は政府が介入するのではなく，自由に任せておけばよいと考えた（自由放任主義）**。「大きな政府」とは，政府が経済活動に積極的に介入することで国民の生活を安定させ，所得格差を是正しようとする考えである。

2 × 「五つの巨悪（巨人）」を克服するために社会保障制度の整備を主張したのは，**ベヴァリッジ（Beveridge, W.）**である。ベヴァリッジは，『社会保険および関連するサービス』と題した報告書（**ベヴァリッジ報告**）において，貧困に関する五つの原因を解決するため，社会保険を中心に公的扶助と任意保険で補うという社会保障制度により，社会福祉国家の確立の必要性を説いた。

3 ○ ケインズは，資本主義経済では完全雇用が実現できず，失業者が出ることが問題であると考え，不況対策として**政府による公共事業を増やすべきである**と主張した。国が資金を集め，その資金を使って「公共事業」を行うことで景気がよくなり，税収が増えたときにその借金を返せばよいと考えた。

4 × 福祉国家による市場への介入を通して人々の自由が実現されるというのは，社会民主主義的な政策の考え方である。フリードマンは，**政府による介入がなく，市場に任せておくのが，経済にとって一番よいとする「新自由主義」の立場から，市場原理の重要性を説いた**。そのため，社会保障や福祉は市場に委ねるという考えをもち，政府が関与すべきは国防と中央銀行の貨幣供給量（マネタリズム）であると論じた。

5 × 国家の役割を外交，国防，国内の治安維持等に限定し，そうした国家を夜警国家と名づけたのは，ラッサール（Lassalle, F.）である。ロールズは，**『正義論』**を著し，社会における経済的不平等は，「公正な機会均等の条件のもと，すべての人に開かれている職務･地位に付随し生じるものであること（機会均等原理）」「最も恵まれない人々の最大の利益になるものであること（格差原理）」という二つの条件が満たされる場合に許容されるとした。政府の役割は，市場では対応できない社会的ニーズに対するサービスの供給や，租税政策による財産の広範な分散だとしている。

解答 3

30 社会福祉の原理と政策

旧現代社会と福祉・問題 22

次の記述のうち，近年の政府による福祉改革の基調となっている「地域共生社会」の目指すものに関する内容として，**最も適切なものを1つ**選びなさい。

1 老親と子の同居を我が国の「福祉における含み資産」とし，その活用のために高齢者への所得保障と，同居を可能にする住宅等の諸条件の整備を図ること。

2 「地方にできることは地方に」という理念のもと，国庫補助負担金改革，税源移譲，地方交付税の見直しを一体のものとして進めること。

3 普遍性・公平性・総合性・権利性・有効性の五つの原則のもと，社会保障制度を整合性のとれたものにしていくこと。

4 行政がその職権により福祉サービスの対象者や必要性を判断し，サービスの種類やその提供者を決定の上，提供すること。

5 制度・分野ごとの縦割りや，支え手・受け手という関係を超えて，地域住民や地域の多様な主体が我が事として参画すること等で，住民一人ひとりの暮らしと生きがい，地域をともに創っていくこと。

Point 「地域共生社会」の内容を問う問題である。厚生労働省によると，「地域共生社会」とは，制度・分野ごとの縦割りや「支え手」「受け手」という関係を超えて，地域住民や地域の多様な主体が参画し，人と人，人と資源が世代や分野を超えてつながることで，住民一人ひとりの暮らしと生きがい，地域をともに創っていく社会を指している。

1 × 老親と子の同居を「福祉における含み資産」と位置づけたのは，**『厚生白書（昭和53年版）』**である。地域共生社会では，市町村が既存の相談支援等の取組みを活かしつつ，地域住民の抱える課題の解決のための包括的な支援体制の整備を行うことが盛り込まれている。

2 × 選択肢は，**国から地方への税源移譲（「三位一体の改革」）**の内容である。「三位一体の改革」とは，「地方にできることは地方に」という理念のもと，地方の権限・責任を拡大して，地方分権をいっそう推進することを目指した取組みである。

3 × 選択肢は，**1995年（平成7年）の社会保障制度審議会「社会保障体制の再構築（勧告）―安心して暮らせる21世紀の社会をめざして―」（95年勧告）**の内容である。同勧告では，「広く国民に健やかで安心できる生活を保障する」という社会保障制度の新しい理念を実現するために，制度のよって立つ原則（普遍性・公平性・総合性・権利性・有効性）を明確にした。

4 × 選択肢は，**措置制度**についての説明である。なお，1990年代後半から行われた社会福祉基礎構造改革により，福祉サービスの利用は**措置から契約へ**という流れに変わった。

5 ○ 2016年（平成28年）6月に閣議決定された**「ニッポン一億総活躍プラン」**では，地域共生社会を「**子供・高齢者・障害者など全ての人々が地域，暮らし，生きがいを共に創り，高め合うことができる**」社会と位置づけている。

解答 5

31 社会福祉の原理と政策
㊐現代社会と福祉・問題 28

生活困窮者自立支援法の目的規定に関する次の記述のうち，**正しいものを１つ**選びなさい。

1 生活困窮者に対する自立の支援に関する措置を講ずることにより，生活困窮者の自立の促進を図ること。

2 すべての国民に対し，その困窮の程度に応じ，最低限度の生活を営めるよう必要な保護を講ずることにより，生活困窮者の自立の促進を図ること。

3 尊厳を保持し，能力に応じ自立した日常生活を営めるよう，必要な保健医療及び福祉サービスに係る給付を行い，生活困窮者の自立の促進を図ること。

4 能力に応じた教育を受ける機会を保障する措置を講ずることにより，生活困窮者の自立の促進を図ること。

5 社会，経済，文化その他あらゆる分野の活動に参加する機会が確保されるよう施策を講ずることにより，生活困窮者の自立の促進を図ること。

Point 生活困窮者自立支援法を含む日本のセーフティネットの全体像に関する知識が問われている。セーフティネットにかかる法制度には必ず目的があり，それに即して対象となる者が設定されている。法律の「目的」が何を目指し，誰を「対象」として捕捉し，どのような資源を供給しているのかといった目的と対象規定を押さえておくことで，セーフティネットの全体像が見えてくる。同時に，いわゆる「制度の狭間」に置かれた人々の状態についての理解も深まるだろう。

1 ○ 生活困窮者自立支援法第１条に，「この法律は，生活困窮者自立相談支援事業の実施，生活困窮者住居確保給付金の支給その他の**生活困窮者に対する自立の支援に関する措置を講ずることにより，生活困窮者の自立の促進を図ることを目的**とする」と明文化されている。

2 × 選択肢は，**生活保護法**の目的規定である。生活保護法第１条では，「すべての国民に対し，その困窮の程度に応じ，必要な保護を行い，その最低限度の生活を保障するとともに，その自立を助長することを目的とする」としている。

3 × 選択肢は，**介護保険法**の目的規定である。介護保険法第１条では，「尊厳を保持し，その有する能力に応じ自立した日常生活を営むことができるよう，必要な保健医療サービス及び福祉サービスに係る給付を行う」としている。

4 × 教育基本法及び児童の権利に関する条約等の教育に関する条約の趣旨をふまえ，「能力に応じた教育を受ける機会が確保されるよう」にすることが明記されているのは，**義務教育の段階における普通教育に相当する教育の機会の確保等に関する法律**第３条第４号である。なお，この法律には，「生活困窮者の自立の促進を図ること」は定められていない。

5 × 選択肢は，**障害者基本法**の目的規定である。障害者基本法第３条第１号では，「社会，経済，文化その他あらゆる分野の活動に参加する機会が確保される」とあり，地域社会における共生等を図ることとされている。

解答 1

32 社会福祉の原理と政策

旧現代社会と福祉・問題 31

男女雇用機会均等政策に関する次の記述のうち，**最も適切なものを 1 つ**選びなさい。

1 常時雇用する労働者数が 101 人以上の事業主は，女性の活躍に関する一般事業主行動計画を策定することが望ましいとされている。

2 セクシュアルハラスメントを防止するために，事業主には雇用管理上の措置義務が課されている。

3 総合職の労働者を募集・採用する場合は，理由のいかんを問わず，全国転勤を要件とすることは差し支えないとされている。

4 育児休業を取得できるのは，期間の定めのない労働契約を結んだフルタイム勤務の労働者に限られている。

5 女性労働者が出産した場合，その配偶者である男性労働者は育児休業を取得することが義務づけられている。

Point 男女雇用機会均等政策にかかわる法律には，雇用の分野における男女の均等な機会及び待遇の確保等に関する法律（男女雇用機会均等法）のほか，育児休業，介護休業等育児又は家族介護を行う労働者の福祉に関する法律（育児・介護休業法）などがある。男女雇用機会均等法は，女子に対するあらゆる形態の差別の撤廃に関する条約（女子差別撤廃条約）を批准するため，1972 年（昭和 47 年）に成立・施行された勤労婦人福祉法を改正したものである。

1 × **常時雇用する労働者数が 101 人以上の事業主は，一般事業主行動計画を定めなければならない。**女性の職業生活における活躍の推進に関する法律（女性活躍推進法）に基づく一般事業主行動計画では，①女性労働者に対する職業生活に関する機会の提供，②職業生活と家庭生活との両立に資する雇用環境の整備について定めることとされている。当初，常時雇用する労働者数が 301 人以上の事業主に策定義務があったが，2022 年（令和 4 年）4 月に 101 人以上の事業主に拡大された。

2 ○ セクシュアルハラスメントに対する雇用管理上の措置義務については，**男女雇用機会均等法第 11 条において定められており，具体的には厚生労働大臣の指針として 10 項目が定められている。**また，同法第 11 条の 3 では，妊娠・出産等に関するハラスメント（いわゆるマタハラ）について定められている。パワーハラスメントについては，労働施策の総合的な推進並びに労働者の雇用の安定及び職業生活の充実等に関する法律（労働施策総合推進法）において，「職場における優越的な関係を背景とした言動に起因する問題に関して事業主の講ずべき措置」として規定されている。

3 × 男女雇用機会均等法では，2014 年（平成 26 年）4 月より，**すべての労働者の募集，採用，昇進，職種の変更をする際に，合理的な理由なく転勤要件を設けることを，「間接差別」として禁止している。**

4 × 育児休業の対象者は**日々雇用の者を除く労働者**であり，期間の定めのない労働契約を結んだフルタイム勤務の労働者に限られているわけではない。有期契約労働者の場合は，子が 1 歳 6 か月に達する日までに労働契約が満了することが明らかでないことが取得の条件となる。また，労使協定により育児休業の対象外となる場合がある。

5 × **男女ともに育児休業の取得は義務づけられていない。**育児休業は，原則 1 歳未満の子を養育する労働者が事業主に申し出ることによって取得することができる。2022 年（令和 4 年）10 月より，2 回に分割して休業できるようになった。認可保育所に入所できない場合などは，1 歳 6 か月又は 2 歳まで延長することができる。なお，2010 年（平成 22 年）6 月 30 日より，両親ともに育児休業をする場合，「パパ・ママ育休プラス」として，1 歳 2 か月まで取得できるようになった。さらに，2022 年（令和 4 年）10 月より，男性の育児休業取得を促進するため，出生時育児休業（産後パパ育休）制度が創設された。育児休業とは別に，原則として出生後 8 週間以内に 4 週間まで，2 回に分割して休業できるようになった。

解答 2

33 社会福祉の原理と政策

旧現代社会と福祉・問題 30

☑☑☑

福祉サービスの利用に関する次の記述のうち，**最も適切なものを1つ**選びなさい。

1 社会福祉法は，社会福祉事業の経営者に対し，常に，その提供する福祉サービスの利用者等からの苦情の適切な解決に努めなければならないと規定している。

2 社会福祉法は，社会福祉事業の経営者が，福祉サービスの利用契約の成立時に，利用者へのサービスの内容や金額等の告知を，書面の代わりに口頭で行っても差し支えないと規定している。

3 福祉サービスを真に必要とする人に，資力調査を用いて選別主義的に提供すると，利用者へのスティグマの付与を回避できる。

4 福祉サービス利用援助事業に基づく福祉サービスの利用援助のために，家庭裁判所は補助人・保佐人・後見人を選任しなければならない。

5 福祉サービスの利用者は，自らの健康状態や財力等の情報を有するため，サービスの提供者に比べて相対的に優位な立場で契約を結ぶことができる。

Point 福祉サービスの利用に関する問題である。社会福祉基礎構造改革に基づく契約制度の導入によって「福祉サービスの利用者の利益の保護」（社会福祉法第1条）が必要となり，運営適正化委員会による苦情解決や福祉サービス利用援助事業（日常生活自立支援事業）が制度化された。

1 ○ 社会福祉法（以下，法）第82条において，**「社会福祉事業の経営者は，常に，その提供する福祉サービスについて，利用者等からの苦情の適切な解決に努めなければならない」**と定められている。これに加えて，苦情解決の仕組みとして，法第83条では，「福祉サービス利用援助事業の適正な運営を確保するとともに，福祉サービスに関する利用者等からの苦情を適切に解決するため」に，都道府県社会福祉協議会に運営適正化委員会を置くことが規定されている。

2 × 法第77条において，**「利用契約の成立時の書面の交付」**が規定されている。社会福祉事業の経営者は，福祉サービスを利用するための契約が成立したときは，その利用者に対し，遅滞なく，経営者の名称，事務所の所在地，提供する福祉サービスの内容，利用者が支払うべき額に関する事項などについて記載した書面を交付しなければならないとされている。

3 × 資力調査を行う選別主義的なサービス提供は，**対象者が限定されることにより，そのサービスの利用者に対するスティグマが生じやすくなる**。一方，サービスを利用する条件を少なくしたほうがよいと考える普遍主義的なサービス提供により，スティグマの付与は回避できるが，財政負担は増加するという側面がある。

4 × 家庭裁判所に申し立て，補助人・保佐人・後見人が選任されるのは，**成年後見制度**である。福祉サービス利用援助事業は，都道府県・政令指定都市の社会福祉協議会を実施主体として，市町村社会福祉協議会が相談窓口となり行われている。社会福祉協議会との契約により，専門員が支援計画の策定，契約締結に関する業務を行い，生活支援員は，専門員の指示を受けて福祉サービスの利用手続きや預金の出し入れのサポート等を行う。なお，成年後見制度と福祉サービス利用援助事業は併用することも可能である。

5 × 福祉サービスの利用者は，制度やサービスに関する情報を十分にもっていないことがある。提供者側と利用者側でサービスに関する情報の不均衡があることを，**「情報の非対称性」**という。法第75条第1項では，社会福祉事業の経営者に対して，「福祉サービスを利用しようとする者が，適切かつ円滑にこれを利用することができるように，**その経営する社会福祉事業に関し情報の提供を行うよう努めなければならない**」と規定されている。

解答 1

34 社会保障

旧社会保障・問題 49

日本の社会保障の歴史に関する次の記述のうち，**最も適切なものを1つ**選びなさい。

1 社会保険制度として最初に創設されたのは，健康保険制度である。

2 社会保険制度のうち最も導入が遅かったのは，雇用保険制度である。

3 1950年（昭和25年）の社会保障制度審議会の勧告では，日本の社会保障制度は租税を財源とする社会扶助制度を中心に充実すべきとされた。

4 1986年（昭和61年）に基礎年金制度が導入され，国民皆年金が実現した。

5 2008年（平成20年）に後期高齢者医療制度が導入され，老人医療費が無料化された。

Point 日本の社会保障制度の歴史的展開に関する基本的な出題である。年表などで基本的事項を押さえるとともに，医療保険や年金保険など，長い歴史と変遷を有する制度については，制度ごとに歴史を整理・把握しておくことも有効である。また，選択肢**3**の「社会保障制度に関する勧告」の内容は基本中の基本として押さえておく必要がある。

1 ○ **1922年（大正11年）の健康保険法の制定により，日本で最初の社会保険制度が創設された。**次いで1938年（昭和13年）には国民健康保険法（主に農山漁村住民を対象とし，当時は任意加入），1939年（昭和14年）には船員保険法（船員本人のみを対象）が制定されている。

2 × 雇用保険制度の前身である失業保険制度が創設されたのが1947年（昭和22年），失業保険制度に代わって現在の雇用保険制度が創設されたのが1974年（昭和49年）である。日本の5種類の社会保険制度のうち**最も導入が遅かったのは介護保険制度**であり，1997年（平成9年）に介護保険法が制定され，2000年（平成12年）に施行されている。

3 × 1950年（昭和25年）の「社会保障制度に関する勧告（1950年勧告）」では，社会保障制度とは「疾病，負傷，分娩，廃疾，死亡，老齢，失業，多子その他困窮の原因に対し，保険的方法又は直接公の負担において経済保障の途を講じ，生活困窮に陥った者に対しては，国家扶助によって最低限度の生活を保障するとともに，公衆衛生及び社会福祉の向上を図り，もってすべての国民が文化的社会の成員たるに値する生活を営むことができるようにすることをいうのである」とされている。すなわち，社会保障制度は「保険的方法」（社会保険制度）と「直接公の負担」（租税を財源とする社会扶助制度）の双方（及び生活困窮者に対する国家扶助）から構成され，**社会保険と社会扶助のいずれか一方を中心とすべきとは述べられていない。**

4 × 日本の公的年金制度は，1941年（昭和16年）の労働者年金保険法に始まり，1944年（昭和19年）に同法が厚生年金保険法に改称され，適用対象も拡大された。戦後の**1959年（昭和34年）には国民年金法が制定され，1961年（昭和36年）に施行されたことで国民年金と厚生年金の2本立てによる国民皆年金が実現している。**1986年（昭和61年）に基礎年金制度（現在のいわゆる「2階建て」の年金制度）が導入されたのは事実であるが，これによって国民皆年金が実現したのではない。なお，1958年（昭和33年）に全面改正された国民健康保険法が1961年（昭和36年）に施行されたことにより，国民皆保険も達成されている。

5 × 老人医療費の無料化が実施されたのは，**1973年（昭和48年）の老人福祉法の改正によってである。**老人医療費の無料化は，1982年（昭和57年）に制定された老人保健法によって廃止され，高齢者の医療費の一部負担が導入された。老人保健法は，2008年（平成20年）に**「高齢者の医療の確保に関する法律（高齢者医療確保法）」**に改正・改称され，これにより現在の後期高齢者医療制度が導入された。

解答 1

35 社会保障

旧社会保障・問題 50

日本の社会保険に関する次の記述のうち，**正しいものを 1 つ**選びなさい。

1 国民健康保険は，保険料を支払わないことで自由に脱退できる。
2 健康保険の給付費に対する国庫補助はない。
3 雇用保険の被保険者に，国籍の要件は設けられていない。
4 民間保険の原理の一つである給付・反対給付均等の原則は，社会保険においても必ず成立する。
5 介護保険の保険者は国である。

Point 日本の社会保険について，多様な側面から問う問題である。社会保険制度を理解するには，保険の仕組みに基づき，その制度の「保険者は？」「被保険者は？（その制度の加入要件は？）」「保険料はどのように算定･徴収されるか？」「給付内容とその受給要件は？」「財源構成は？」といったポイントに沿って学習することが大切である。制度のポイントをしっかりと把握し，学習した内容を選択肢と照らし合わせて，解答を導き出すことが必要となる。

1 × 国民健康保険のみならず，日本の公的医療保険制度では，加入要件に該当する者は必ずその制度に加入しなければならない「強制加入」の仕組みをとっている。**被保険者本人の意思により制度を自由に脱退することはできない**。ほかの社会保険制度（公的年金制度，雇用保険制度，労災保険制度，介護保険制度）も同様である。

2 × 健康保険のうち，**全国健康保険協会（協会けんぽ）が行う保険給付に対して，定率の「国庫補助」が行われている**（ただし，出産育児一時金，家族出産育児一時金，埋葬料（費），家族埋葬料を除く）。健康保険組合に対しては，国庫補助は行われていない。なお，「事務の執行に要する費用」（いわゆる事務費で，給付費ではない）は，協会けんぽ，健康保険組合のいずれに対しても「国庫負担」が行われている。

3 ○ 雇用保険の被保険者とは，雇用保険の適用事業に雇用される労働者であって，適用除外に掲げられる以外のものとされており，**国籍の要件は設けられていない**。なお，適用除外となるのは，季節的に雇用される者の一部，昼間学生，一定の要件を満たす国家公務員・地方公務員等である。パートタイム等の非正規労働者であっても，①1 週間の所定労働時間が 20 時間以上*，②同一の事業主に継続して 31 日以上の雇用の見込みがある，という二つの要件を満たせば，雇用保険の被保険者となる。

4 × 選択肢は，五つの社会保険に共通する特徴に関するものである。その際，比較の対象となるのが「民間保険」である。「保険」の仕組みが成り立つためには，「大数（たいすう）の法則」「収支相等の原則」「給付・反対給付均等の原則」といった保険原理が貫徹されている必要があり，生命保険や損害保険などの民間保険はこの原理に基づいて運営されている。保険料は，保険事故の発生率（確率）と保険金額に比例しなければならない。これを給付・反対給付均等の原則という。一方，社会保険は，上記の保険原理を制度の趣旨や性質に応じて適宜修正する形で構築されており，これが社会保険の特徴ともいえる。すなわち，**社会保険では，給付・反対給付均等の原則が必ず成立するとはいえない**。

5 × **介護保険の保険者は市町村及び特別区である**。複数の市町村で組織する広域連合や一部事務組合などの特別地方公共団体が，介護保険にかかわる事務・事業を共同で行っている場合もある。

解答 3

＊ 2024 年（令和 6 年）の雇用保険法の改正により，2028 年（令和 10 年）10 月 1 日から 10 時間以上となる。

36 社会保障

旧社会保障・問題 51

事例を読んで，社会保険制度の加入に関する次の記述のうち，**正しいものを 1 つ**選びなさい。

〔事　例〕

Gさん(76 歳)は，年金を受給しながら被用者として働いている。同居しているのは，妻Hさん(64 歳)，離婚して実家に戻っている娘Jさん（39 歳），大学生の孫Kさん（19 歳）である。なお，Gさん以外の 3 人は，就労経験がなく，Gさんの収入で生活している。

1　Gさんは健康保険に加入している。
2　Hさんは国民健康保険に加入している。
3　Jさんは健康保険に加入している。
4　Jさんは介護保険に加入している。
5　Kさんは国民年金に加入している。

Point　公的保険の適用条件についての理解を問う問題である。医療保険と介護保険，年金保険の加入にかかわる被保険者の年齢要件と就労状況についての正確な理解が求められる。

1　×　生活保護受給者を除き，75 歳以上の者は**後期高齢者医療の被保険者**となる。年金の受給や就労の状況も関係ないため，**76 歳**のGさんは健康保険に加入していない。なお，65 歳以上 75 歳未満の者であって，一定の障害の状態にあると認定を受けた者も，申請により後期高齢者医療保険に加入できる。

2　○　後期高齢者医療保険には，ほかの公的医療保険にある被扶養者という仕組みがない。Hさんは **64 歳で就労経験がない**ことも踏まえると，**国民健康保険**への加入が適当である。

3　×　本事例の世帯における労働者はGさん（76 歳）のみである。また，75 歳以上は後期高齢者医療の被保険者となり，その家族は個別で医療保険に加入することになる。Jさんは 39 歳で就労経験がないため，健康保険ではなく，**国民健康保険**への加入が適当である。

4　×　介護保険の被保険者は，65 歳以上の第 1 号被保険者と **40 歳以上 65 歳未満の医療保険加入者**の第 2 号被保険者に分けられる。Jさんは **39 歳**であるため，介護保険には加入していない。

5　×　国民年金の被保険者は，以下の図のとおり，第 1 号被保険者，第 2 号被保険者，第 3 号被保険者に分けられ，国籍要件はなく，強制加入である。就労経験がない **19 歳**のKさんは国民年金に加入していない。

図　国民年金の被保険者

強制適用	第 1 号被保険者	日本国内に住所を有する20歳以上60歳未満の者（第 2 号・第 3 号に非該当）
	第 2 号被保険者	厚生年金の被保険者
	第 3 号被保険者	第 2 号被保険者の被扶養配偶者であって20歳以上60歳未満の者（第 2 号被保険者以外）

解答 2

37 社会保障

旧社会保障・問題 54

社会保険制度の適用に関する次の記述のうち，**正しいもの**を**1つ**選びなさい。

1 週所定労働時間が 20 時間以上 30 時間未満の労働者は，雇用保険に加入することはできない。

2 労働者災害補償保険制度には，大工，個人タクシーなどの個人事業主は加入できない。

3 日本国内に住所を有する外国人には，年齢にかかわらず国民年金に加入する義務はない。

4 厚生年金保険の被保険者の被扶養配偶者で，一定以下の収入しかない者は，国民年金に加入する義務はない。

5 生活保護法による保護を受けている世帯（保護を停止されている世帯を除く。）に属する者は，「都道府県等が行う国民健康保険」の被保険者としない。

Point 社会保険制度の適用に関して，雇用保険，労働者災害補償保険，国民年金，国民健康保険と幅広い範囲から出題されている。範囲は広いが，社会保険制度の基礎的知識を問う設問であるため，難易度はそう高くない。特に，フルタイム勤務ではない労働者の社会保険上の取り扱いと，社会保険制度における国内居住要件の 2 点については，しっかりと確認しておきたい。

1 × 雇用保険の適用事業に雇用される労働者は，①**1 週間の所定労働時間が 20 時間以上***であり，②**31 日以上の雇用見込みがある場合**には原則として雇用保険の被保険者となる。これは，常用，パート，派遣などの雇用形態にかかわらず適用される。ただし，1 週間の所定労働時間が 20 時間以上であっても，昼間学生の場合は適用除外となり雇用保険に原則加入できない。

2 × 労働者災害補償保険制度には，個人事業主等が加入できる**特別加入制度**がある。これは，適用事業に使用される労働者以外でも，その業務の実情，災害の発生状況などからみて，特に労働者に準じて保護することが適当であると認められる一定の者に任意加入を認める制度である。特別加入制度の具体的な対象者は，①中小事業主やその家族従事者など，②一人親方その他の自営業者など（個人タクシー業者，大工，自転車を使用する配送業者など），③海外派遣者などである。

3 × **日本国内に住所を有する 20 歳以上 60 歳未満の者は，外国人を含めて国民年金に加入することが義務づけられている**。なお，国民年金の第 1 号被保険者としての保険料納付済期間が 6 か月以上ある外国人で年金を受給できない者が，帰国後 2 年以内に請求したときに支給される脱退一時金がある。

4 × **厚生年金保険の被保険者の被扶養配偶者であっても，日本に住所を有する 20 歳以上 60 歳未満の者は国民年金に加入する義務がある**。国民年金において，厚生年金保険の被保険者本人は第 2 号被保険者となり，第 2 号被保険者の被扶養配偶者は第 3 号被保険者となる。第 3 号被保険者は保険料を自身で納付する必要はないが，国民年金に加入していることに注意したい。

5 ○ **生活保護法による保護を受けている世帯に属する者は適用除外とする**ことが定められているため（国民健康保険法第 6 条第 9 号），「都道府県等が行う国民健康保険」の被保険者とならない。

解答 5

* 2024 年（令和 6 年）の雇用保険法の改正により，2028 年（令和 10 年）10 月 1 日から 10 時間以上となる。

38 社会保障

旧社会保障・問題 52

公的医療保険における被保険者の負担等に関する次の記述のうち，**正しいものを1つ**選びなさい。

1 健康保険組合では，保険料の事業主負担割合を被保険者の負担割合よりも多く設定することができる。
2 「都道府県等が行う国民健康保険」では，都道府県が保険料の徴収を行う。
3 「都道府県等が行う国民健康保険」の被保険者が，入院先の市町村に住所を変更した場合には，変更後の市町村の国民健康保険の被保険者となる。
4 公的医療保険の保険給付のうち傷病手当金には所得税が課せられる。
5 保険診療を受けたときの一部負担金の割合は，義務教育就学前の児童については1割となる。
（注）「都道府県等が行う国民健康保険」とは，「都道府県が当該都道府県内の市町村とともに行う国民健康保険」のことである。

Point 公的医療保険の被保険者にかかわる保険料の扱いや，窓口負担等の理解を問う問題である。各種の医療保険制度に共通する特徴と特定の医療保険制度のみにかかわる特徴，自治体によって共通する規定と異なる運用等の区別について注意して学習することが求められる。

1 ○ 健康保険の保険料は，被保険者とその事業主がそれぞれ保険料額の2分の1を負担するとされている（健康保険法第161条第1項）。ただし，**健康保険組合**については，特例として，規約で定めるところにより，**事業主の負担すべき一般保険料額又は介護保険料額の負担割合を増加することができる**（同法第162条）。

2 × 「都道府県等が行う国民健康保険」の保険料の徴収は，都道府県ではなく，**市町村**が被保険者の属する世帯の世帯主から徴収することになっている（国民健康保険法第76条第1項）。ただし，保険料ではなく国民健康保険税を課す場合は，加入する公的年金から天引きされる。なお，2018年度（平成30年度）から，都道府県が市町村とともに国民健康保険の運営を担い，財政運営の責任主体となった。

3 × 「都道府県等が行う国民健康保険」の被保険者が，入院先の市町村に住所を変更した場合，入院時に他の区域（市町村）に住所を有していたのであれば，その**変更前の市町村に住所を有するもの**とみなされる（国民健康保険法第116条の2第1項）。したがって，**変更前に住所を有していた市町村における国民健康保険の被保険者**となる。

4 × 傷病手当金に限らず，公的医療保険の給付として支給された金品に対して，**所得税を含む税その他の公課を課することはできない**（例：健康保険法第62条，地方公務員等共済組合法第52条）。

5 × 義務教育就学前の児童における保険診療の一部負担金の割合は，**2割**である。1割負担は，現行制度では75歳以上の者にかかる負担割合となる（ただし，75歳以上でも一定以上の所得がある者は2割，現役並み所得者は3割）。なお，2023年度（令和5年度）の「こどもに係る医療費の援助についての調査」によると，すべての都道府県と市区町村がこどもに対する医療費の援助を実施していた。

図 保険診療を受けたときの一部負担金の割合

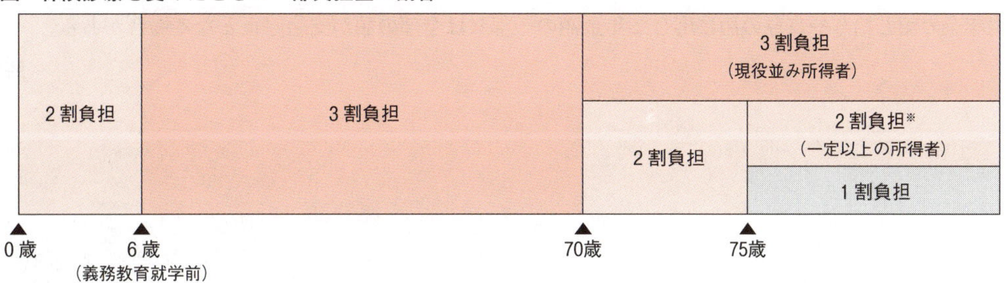

※2022年（令和4年）10月より，75歳以上で一定以上の所得のある者は2割負担となった。

解答 1

39 社会保障

旧社会保障・問題 55

公的年金制度に関する次の記述のうち，**最も適切なもの**を**1つ**選びなさい。

1 厚生年金保険の被保険者は，国民年金の被保険者になれない。

2 基礎年金に対する国庫負担は，老齢基礎年金，障害基礎年金，遺族基礎年金のいずれに対しても行われる。

3 厚生年金保険の保険料は，所得にかかわらず定額となっている。

4 保険料を免除されていた期間に対応する年金給付が行われることはない。

5 老齢基礎年金の受給者が，被用者として働いている場合は，老齢基礎年金の一部又は全部の額が支給停止される場合がある。

Point 国民年金と厚生年金保険を関連づけた出題であり，両者の関係性，相違点を意識した勉強が必要となる。選択肢**3**や**5**のように，国民年金と厚生年金保険の特徴を入れ替えた形で出題される場合が多いので，自身で表を作成し整理するなどの工夫が有効である。また，これまでに実施された国家試験の問題や模擬問題を通じてこの種の設問に慣れておきたい。

1 × **厚生年金保険の被保険者は，国民年金の第2号被保険者となる**。国民年金の第1号被保険者や第3号被保険者と違い，第2号被保険者には20歳以上60歳未満という年齢要件がない点に注意したい。例えば，就職している18歳の者は厚生年金保険の被保険者となるため，第2号被保険者として国民年金の被保険者となる。

2 ○ 基礎年金に対する国庫負担は，当該年度の老齢基礎年金，障害基礎年金，遺族基礎年金の費用総額の2分の1に相当する額(国民年金法第85条)であり，**いずれの基礎年金に対しても国庫負担が行われている**。

3 × **厚生年金保険の保険料は，所得によって異なる**。厚生年金保険料は，毎月の給与（標準報酬月額）と賞与（標準賞与額）に共通の保険料率をかけて計算される。2023年（令和5年）4月現在，標準報酬月額は，1等級（8万8000円）から32等級（65万円）までの32等級に分かれている*。厚生年金保険の保険料率は，年金制度改正に基づき2004年（平成16年）から段階的に引き上げられてきたが，2017年（平成29年）9月を最後に引き上げが終了し，現在は18.3％で固定されている。なお，所得にかかわらず定額となっているのは，国民年金の保険料である。

4 × **保険料を免除されていた期間に対応する年金給付は行われている**。例えば，所得が一定額以下の場合に利用できる国民年金保険料の免除制度は，老齢基礎年金の年金額に反映される。ほかの例では，国民年金第1号被保険者における産前産後期間（4か月間）の国民年金保険料免除，厚生年金保険における産前産後休業中や育児休業中の厚生年金保険料免除も年金額に反映される。

5 × 被用者として働いている場合に，その一部又は全部の額が支給停止されるのは，**老齢厚生年金**である。これを**在職老齢年金**といい，老齢厚生年金を受給している者が厚生年金保険の被保険者であるときに，老齢厚生年金の額と給与や賞与の額に応じて年金額の一部又は全部の額が支給停止となる場合がある。

解答 2

＊ 2024年（令和6年）4月現在，標準報酬月額は，1等級（8万8000円）から32等級（65万円）までの32等級である。

40 社会保障

旧社会保障・問題 53

次のうち，労働者災害補償保険制度に関する記述として，**最も適切なもの**を**1つ**選びなさい。

1　労働者の業務災害に関する保険給付については，事業主の請求に基づいて行われる。

2　メリット制に基づき，事業における通勤災害の発生状況に応じて，労災保険率が増減される。

3　保険料は，事業主と労働者が折半して負担する。

4　労働者災害補償保険の適用事業には，労働者を一人しか使用しない事業も含まれる。

5　労働者の業務災害に関する保険給付については，労働者は労働者災害補償保険又は健康保険のいずれかの給付を選択することができる。

Point 労働者災害補償保険制度の基本的知識を問う設問である。労働者災害補償保険に関する出題範囲は，目的，適用事業所，適用される労働者，保険料，保険給付と多岐にわたる。範囲が広い反面，問題の難易度はあまり高くなく，基礎的な知識を習得しておくことで対応できることが多い。また，事例問題としての出題も想定できるが，その場合も基礎的な知識があれば正答を導き出せる可能性が高い。

1　×　労働者の業務災害に関する保険給付の請求は，原則として，**被災労働者やその遺族等が行う**。所定の保険給付請求書に必要事項を記載し，被災労働者の所属事業場の所在地を管轄する労働基準監督署（二次健康診断等給付は労働局長）に提出する。

2　×　メリット制の算定対象は，**業務災害にかかる保険給付及び特別支給金**であり，通勤災害や二次健康診断は算定の対象ではない。メリット制とは，事業の種類が同じでも，事業主の災害防止努力の違いにより事故発生率が異なるため，保険料負担の公平性の確保と災害防止努力の促進を目的として，その事業所の災害発生の多寡に応じて保険料に差を設ける仕組みである。

3　×　労働者災害補償保険の保険料は，**全額事業主が負担する**。なお，事業主が保険料を滞納している間の事故であっても，被災労働者は保険給付を受けることができる。

4　○　労働者災害補償保険は，原則として，**一人でも労働者を使用する事業すべてに適用される**。業種の規模や職業の種類，アルバイトやパートタイマー等の雇用形態は関係なく適用（強制適用）されるが，例外は以下の表のとおりである。

表　労働者災害補償保険における強制適用の例外

- 労働者が５人未満である個人経営の農林・畜産・水産の事業は強制適用ではない（任意加入制度あり）。
- 国の直営事業と官公署の事業には適用されない（労働者災害補償保険法第３条）。

5　×　労働者の業務災害や通勤災害による負傷や病気に関する保険給付は，労働者災害補償保険の対象である。**健康保険は，労働災害とは関係のない傷病に対して支給されるもの**であるため，業務災害や通勤災害には適用できない。

解答 4

41 権利擁護を支える法制度

旧 権利擁護と成年後見制度・問題 77

日本国憲法の基本的人権に関する最高裁判所の判断についての次の記述のうち，**最も適切なもの**を**1つ**選びなさい。

1 公務員には争議権がある。

2 永住外国人には生活保護法に基づく受給権がある。

3 生活保護費を原資とした貯蓄等の保有が認められることはない。

4 嫡出子と嫡出でない子の法定相続分に差を設けてはならない。

5 夫婦別姓を認めない民法や戸籍法の規定は違憲である。

Point 日本国憲法の基本的人権に関する最高裁判所の判断についての設問である。テキストや参考書などで法律上の専門用語の意味を的確に把握すること，最高裁判所の判例や最新情報に関する正しい知識を得ることが，受験対策の前提である。

1 ✕ 1973年（昭和48年）4月25日最高裁判所大法廷の全農林警職法事件の判例では，公務員も私企業の労働者と同じ**労働基本権**が保障されるが，公務員の使用者は国民全体であり，労務提供義務は国民に対して行うとされた。そのため，公務員の争議行為は公務に停廃をもたらし，国民全体の共同利益に重大な影響を与えかねないため，**公務員の労働基本権の制限には合理的理由がある**。

2 ✕ 2014年（平成26年）7月18日最高裁判所第二小法廷判決では，生活保護法の第1条及び第2条の規定で適用の対象を**国民**と定めており，**外国人は行政庁の通達等に基づく行政措置により事実上の保護の対象となり得るにとどまり，生活保護法による保護の対象とはいえず受給権は有しない**という判断がなされている。ただし，人道的見地から，一定の条件を満たした外国人に対する生活保護法の準用は行われている。

3 ✕ 1993年（平成5年）4月23日「秋田地方裁判所の保護変更処分取消等請求事件（加藤訴訟）」では，生活保護受給者が，障害年金と支給された保護費を切り詰めて貯金していたことからの**収入認定**と**保護費**の減額に対し，預貯金の使用目的も生活保護費支給の目的に反するものではなく，その額も国民一般の感情からして違和感を覚えるほど高額のものではない，とされている。最高裁判所での生活保護費の貯蓄に関する裁判も，2004年（平成16年）3月16日「保護変更決定処分取消，損害賠償請求事件（中嶋訴訟）」など，いくつか存在している。

4 ○ 2013年（平成25年）9月4日，嫡出子と非嫡出子の法定相続分に差異を設けた民法第900条第4号について，最高裁判所大法廷では14人の裁判官が全員一致で，子に選択ないし決定権のない事柄について，**子の個人としての尊重，権利保障の見地から，憲法第14条第1項に違反して違憲無効と判断している。**

5 ✕ 2021年（令和3年）6月23日，最高裁判所大法廷では，夫婦別姓について，2015年（平成27年）12月16日最高裁の判断と同じく**合憲と判断した**。民法第750条の夫婦同氏制や憲法第13条の個人の尊重，第14条の法の下の平等，第24条の配偶者の選択等の規定についてはさまざまな意見があり，今後の裁判の成り行きにも注目していく必要がある。

解答 4

42 権利擁護を支える法制度

旧 権利擁護と成年後見制度・問題 83

事例を読んで，消費者被害に関する次の記述のうち，X地域包括支援センターのC社会福祉士の対応として，**最も適切なものを1つ**選びなさい。

〔事　例〕

Dさん（70歳）は，認知症の影響で判断能力が低下しているが，その低下の程度ははっきりしていない。宝石の販売業者Yは，Dさんが以前の購入を忘れていることに乗じ，2年にわたって繰り返し店舗で40回，同じ商品を現金で購入させ，その合計額は1,000万円に及んでいた。E訪問介護員がこの事態を把握し，X地域包括支援センターに所属するC社会福祉士に相談した。

1　Dさんのこれまでの判断を尊重し，Dさんに対し，今後の購入に当たっての注意喚起を行う。

2　Dさんの意向にかかわりなく，宝石の販売業者Yと連絡を取り，Dさんへの宝飾品の販売に当たり，今後は十分な説明を尽くすように求める。

3　Dさんの判断能力が著しく不十分であった場合，C社会福祉士自ら保佐開始の審判の申立てを行う。

4　クーリング・オフにより，Dさん本人にその購入の契約を解除させる。

5　これらの購入につき，消費者契約法に基づく契約の取消しが可能かを検討するため，Dさんのプライバシーに配慮して，消費生活センターに問い合わせる。

Point 消費者の保護を目的とした代表的な法律には，クーリング・オフ制度が定められている特定商取引に関する法律（特定商取引法）と消費者契約法がある。これらの法律は，商品を販売する事業者とそれを購入する消費者との情報力や交渉力の圧倒的な差を補完するための消費者保護策として役割を果たすものである。社会福祉士・精神保健福祉士にとっても重要であるため，これらの法律の趣旨と，代表的な考えを整理しておくことが必要である。

1　×　Dさんは，判断能力が低下しているので（その低下の程度は不明とはいえ），Dさんが自己決定した内容には留意しつつ，Dさんが1,000万円も購入するに至った原因を探り，**どの程度の理解で購入を判断したのかを慎重に見極め，今後このようなことがないように，成年後見制度の利用や見守りなどの検討が必要である**。

2　×　Dさんの判断能力を確かめるためにも，Dさんの意向を確認することは大切である。なお，Dさんの意向にかかわりなく，Dさんの契約行為について社会福祉士が購入先に連絡する行為は，民法第113条に規定する**「無権代理」**となる可能性がある。

3　×　成年後見制度の申立てができる人は，**本人，配偶者，四親等内の親族など**その範囲が決められている（民法第7条，第11条，第15条）。社会福祉士は，その職務においては申立てを行う請求権者ではないため，保佐開始の審判を申し立てることはできない。

4　×　クーリング・オフは，特定商取引法に基づく制度であり，商品の購入後，**一定期間内（通常は8日以内）に無条件に契約を解除することができる**。ただし，Dさんの購入は2年にわたって行われており，クーリング・オフの対象外となるものが多いと考えられる。

5　○　消費者契約法第4条では，契約を取り消すことができる類型として，不実の告知，断定的判断の提供，不退去勧誘などを定めており，Dさんがこれらのいずれかに該当する行為を受けていたかどうかで契約の解除の可否が分かれる。そのため，Dさんのプライバシーに配慮しながら，消費生活センターにつなぐことは適当であるといえる。

解答 5

43 権利擁護を支える法制度

旧権利擁護と成年後見制度・問題 82

家庭裁判所に関する次の記述のうち，**正しいものを 1 つ**選びなさい。

1 家庭裁判所は，近隣トラブルに関する訴訟を取り扱う。

2 家庭裁判所は，「DV 防止法」に基づく保護命令事件を取り扱う。

3 家庭裁判所は，嫡出でない子の認知請求訴訟を取り扱う。

4 家庭裁判所は，労働審判を取り扱う。

5 家庭裁判所は，債務整理事件を取り扱う。

（注）「DV 防止法」とは，「配偶者からの暴力の防止及び被害者の保護等に関する法律」のことである。

Point 日本国憲法は，最上級の裁判所として最高裁判所を定めており（日本国憲法第 76 条第 1 項），その規定を受けて，裁判所法が，下級裁判所として高等裁判所，地方裁判所，家庭裁判所及び簡易裁判所の 4 種類の裁判所とともに，それぞれの裁判所が扱う事件を定めている。家庭裁判所は，家庭内の紛争やその他の法律で定める家庭に関する事件（家事事件）を取り扱う裁判所である。家庭裁判所が取り扱うことは，家庭や親族の間で起きた問題を円満に解決するために必要な審判や調停である。成年後見制度をはじめとして，家族や親族にかかわる事件について広く取り扱う家庭裁判所のもつ基本的な機能を理解しておくことが必要である。

1 × 近隣トラブルに関する訴訟は，**民事上の訴訟として主に地方裁判所が取り扱うことになる**。民法の相隣関係の規定により，原則として当事者間で調整を図ることとされ，行政が直接かかわることはできない。そのため，簡易裁判所において話合いでの紛争の解決を図る，民事調停制度が設けられている。

2 × DV 防止法に基づく保護命令事件は，**民事事件の一つとして主に地方裁判所が取り扱うものである**。配偶者や生活の拠点をともにする交際相手からの身体に対する暴力を防ぐために被害者からの申立てに基づき出される保護命令の手続きは，家庭内のことのようにみえるが，民事事件の範疇（はんちゅう）に入るため家庭裁判所の取扱いとはならない。

3 ○ 嫡出でない子の認知請求訴訟は，家事事件の**人事訴訟**の一つであるため家庭裁判所で取り扱うものである。人事訴訟とは，離婚や認知など，夫婦や親子等の関係についての争いを解決する訴訟のことである。

4 × 労働審判は，**主に地方裁判所が取り扱うものである**。労働審判とは，解雇や給料の不払いなど労働者と事業主の労使トラブルについて，実情に即して迅速かつ適正に解決するための手続きのことである。訴訟手続とは異なり，**労働審判委員会による調整で解決を試み**，それが不調であれば労働審判により解決を図ろうとするものである。

5 × 債務整理事件は，**主に地方裁判所が取り扱うものである**。債務整理の手続きには，調停委員が主導する**特定調停**と，債務者が自ら行わなければならない**個人再生手続**や**自己破産手続**がある。いずれも民事上の手続きであるため，家庭裁判所の取り扱う家事事件とは異なるものである。

解答 3

44 権利擁護を支える法制度

旧 権利擁護と成年後見制度・問題 78

事例を読んで，成年後見人のＬさんが，成年被後見人のＭさんと相談の上で行う職務行為として，**適切なものを２つ**選びなさい。

〔事　例〕

Ｍさん（70 歳代）は，自身の希望で一人暮らしをしているが，居住地域は，介護サービス資源が少なく，交通の便の悪い山間部である。Ｍさんは，要介護２の認定を受け，持病もある。最近，Ｍさんは心身の衰えから，バスでの通院に不便を感じ，薬の飲み忘れも増え，利用中の介護サービス量では対応が難しくなってきているようである。Ｍさん自身も一人暮らしへの不安を口にしている。

1　自宅以外の住まいに関する情報収集
2　Ｍさんの要介護状態区分の変更申請
3　Ｌさんによる家事援助
4　Ｌさんによる通院介助
5　Ｌさんによる服薬介助

Point 成年後見人が，成年被後見人と相談の上で行う職務行為（後見事務）に関する設問である。成年後見制度にかかわる後見人等の職務の流れについて，テキスト等による学習が不可欠である。基礎的な知識が身についていれば，比較的容易に正答を導き出すことができる。特に補助，保佐，成年後見の３類型による，代理権，同意権，取消権の差異について理解することが，社会福祉士・精神保健福祉士のソーシャルワーカーが成年後見制度にかかわる上で大切な知識となる。

1 ○ Ｍさんは一人暮らしをしているが，介護サービス資源が少なく，交通の便の悪い山間部に居住している。通院時の交通手段や現行の介護サービス量の問題等，Ｍさん本人が不安を口にするほど，現状の生活支援体制では対応が難しくなりつつあることは明白である。**一人暮らしを希望するＭさんの意思を尊重しながら，高齢者に配慮した住宅や，グループホーム等への入居に関する情報収集を行うことは大切である。**

2 ○ 最近，Ｍさんは心身の衰えから，薬の飲み忘れも増えている。前回の要介護認定時に決定している有効期限を待たずとも，Ｍさんの心身の状況の変化に応じて，**介護支援専門員（ケアマネジャー）やかかりつけ医等とも相談の上，成年後見人が要介護状態区分の変更申請の手続きを行うことが必要となる。**

3 × 一人暮らしを続ける場合，Ｍさんの心身機能が低下している状況から，家事援助は必要になると思われる。しかし，**家事援助は成年後見人であるＬさんが行うべき「法律行為」ではなく，成年被後見人の日常生活を維持するために必要な「事実行為」である。**Ｍさん本人や介護支援専門員（ケアマネジャー）等と相談の上で，家事援助の内容，担当者等を居宅サービス計画（ケアプラン）に反映させていくよう考えていかなければならない。

4 × 交通の便が悪い山間部からのバスでの通院にＭさん自身が不便を感じている状況について，検討が必要であることはいうまでもない。しかし，**通院介助は「事実行為」であり，成年後見人であるＬさんが行うべきものではなく，訪問介護員（ホームヘルパー）やボランティアを活用したＭさんの通院介助の具体策を検討する必要がある。**

5 × Ｍさんの居宅サービスにかかわる専門職の統一見解による服薬管理を明確にする必要があるが，**服薬介助は「事実行為」であるため，成年後見人であるＬさんが直接行う業務ではない。**成年後見人には医療行為に関する同意権はなく，診療契約全体についての代理権を有するのみとされている。

解答 1 2

45 権利擁護を支える法制度

旧権利擁護と成年後見制度・問題 79

事例を読んで，成年後見人の利益相反状況に関する次の記述のうち，**最も適切なものを1つ選び**なさい。

〔事　例〕

共同生活援助（グループホーム）で暮らすAさん（知的障害，52 歳）には弟のBさんがおり，Bさんが A さんの成年後見人として選任されている。先頃，Aさん兄弟の父親（80 歳代）が死去し，兄弟で遺産分割協議が行われることとなった。

1　Aさんは，特別代理人の選任を請求できる。

2　Bさんは，成年後見監督人が選任されていない場合，特別代理人の選任を家庭裁判所に請求しなければならない。

3　Bさんは，遺産分割協議に当たり，成年後見人を辞任しなければならない。

4　特別代理人が選任された場合，Bさんは，成年後見人としての地位を失う。

5　特別代理人が選任された場合，特別代理人は，遺産分割協議に関する事項以外についても代理することができる。

Point 事例から，成年後見人の利益相反状況に関する知識を問うものである。この内容についてもテキストや参考書等で理解を深めておきたい。「利益相反」とは，ある行為により，一方の利益になると同時に，他方への不利益になる行為を指す。民法第 826 条と第 860 条には，成年後見に関する利益相反行為が規定されている。成年後見人等が行う利益相反行為については，成年後見人等が，成年被後見人等の財産を成年後見人に贈与すること，成年後見人等が成年被後見人の不動産を買うこと，成年後見人等が銀行からお金を借りる際に，成年被後見人等の不動産を担保にしたり，成年被後見人等を保証人にしたりすることが該当する。

1　✕　この事例では，成年後見人と成年被後見人の双方が相続人になる。このとき，成年後見人が自分の利益を優先してしまう可能性があるため，**特別代理人の申請が必要になる**。特別代理人とは，本来の代理人が代理権を行使することができない，又は行使することが適切でない場合等のとき，特別に選任される代理人をいう。特別代理人は，家庭裁判所に申立てを行って選任される。申請は，親権者，成年後見人等，利害関係がある人が**家庭裁判所**に対して行う。この事例の場合は，成年後見人であるBさんが家庭裁判所に対し特別代理人選任の申請を行う。

2　○　選択肢のとおり。Bさんは，成年後見監督人が選任されていない場合，特別代理人の選任を家庭裁判所に申請しなければならない。

3　✕　Bさんの成年後見人としての職務と，遺産分割協議は別のものであり，**遺産分割協議に当たり，成年後見人を辞任しなければならないという規定はない**。

4　✕　選択肢1の解説のとおり，特別代理人とは，本来の代理人が代理権を行使することができない場合等に特別に選任される。特別代理人の職務と成年後見人の職務は別の事項であるため，遺産分割協議に当たり特別代理人が選任された場合でも，BさんはAさんの成年後見人としての地位を失うことはない。

5　✕　特別代理人は，遺産分割協議の利益相反への対応を配慮して，**特定の手続きのためだけに選任されている**ため，遺産分割協議に関する事項以外については代理することはできない。なお，特別代理人は，所定の手続きが終了すれば任務も終了し，以後，成年被後見人等を代理することはない。

解答 2

46 権利擁護を支える法制度

旧 権利擁護と成年後見制度・問題 80

成年後見制度の補助に関する次の記述のうち，**正しいものを 1 つ**選びなさい。

1 補助は，保佐よりも判断能力の不十分さが著しい者を対象としている。
2 補助開始の審判をするには，本人の申立て又は本人の同意がなければならない。
3 補助人の事務を監督する補助監督人という制度は設けられていない。
4 補助開始の審判は，市町村長が申し立てることはできない。
5 補助人に対し，被補助人の財産に関する不特定の法律行為についての代理権を付与することができる。

Point 成年後見制度は，認知症，知的障害，精神障害等により判断能力が不十分な人々について，家庭裁判所に審判の申立てを行い，家庭裁判所によって本人の権利を守る援助者（成年後見人等）を選ぶことで，本人を法律的に支援する制度である。成年後見制度のうち，「法定後見制度」には，本人の判断能力に応じて，「後見」「保佐」「補助」の三つの類型がある。

1 × 「補助」は，「保佐」よりも本人の判断能力の低下が軽い者を対象としている。民法第 15 条（補助開始の審判）第 1 項に「精神上の障害により事理を弁識する**能力が不十分である者**」と規定されている。なお，「後見」の対象は，同法第 7 条（後見開始の審判）に「精神上の障害により事理を弁識する**能力を欠く常況にある者**」，さらに，「保佐」の対象は，同法第 11 条（保佐開始の審判）に「精神上の障害により事理を弁識する**能力が著しく不十分である者**」と規定されている。

2 ○ 民法第 15 条（補助開始の審判）第 2 項に「本人以外の者の請求により補助開始の審判をするには，**本人の同意がなければならない**」と規定されている。なお，後見開始の審判及び保佐開始の審判をするには，本人の同意は必要とされていない。

3 × 民法第 876 条の 8（補助監督人）第 1 項に「家庭裁判所は，必要があると認めるときは，被補助人，その親族若しくは補助人の請求により又は職権で，**補助監督人を選任することができる**」と規定されている。同様に，同法第 849 条（後見監督人の選任）には後見監督人，同法第 876 条の 3（保佐監督人）には保佐監督人の選任について規定されている。

4 × **市町村長は補助開始の審判の申立てをすることができる**。老人福祉法第 32 条（審判の請求）に「市町村長は，65 歳以上の者につき，その福祉を図るため特に必要があると認めるときは，「後見開始の審判」「保佐開始の審判」「補助開始の審判」の請求をすることができる」という旨が規定されている。同様に，知的障害者福祉法第 28 条（審判の請求）に「知的障害者」，精神保健及び精神障害者福祉に関する法律第 51 条の 11 の 2（審判の請求）に「精神障害者」について，市町村長が審判の請求をすることができると規定されている。

5 × 民法第 876 条の 9（補助人に代理権を付与する旨の審判）第 1 項に「家庭裁判所は，第 15 条第 1 項本文（補助開始の審判）に規定する者又は補助人若しくは補助監督人の請求によって，被補助人のために**特定の法律行為について補助人に代理権を付与する旨の審判をすることができる**」と規定されている。「特定の法律行為」とは，「被補助人の所有するすべての財産の管理・保存・処分」「預貯金の管理（口座の開設・変更・解約・振込み・払戻し）」「介護契約等に関する事項（介護サービスの利用契約等）」「医療（病院等への入院等）契約の締結・変更・解除」等である。

解答 2

47 権利擁護を支える法制度

⑲権利擁護と成年後見制度・問題 81

「日常生活自立支援事業実施状況」(2021 年度(令和 3 年度)*，全国社会福祉協議会)に関する次の記述のうち，**最も適切なものを 1 つ**選びなさい。

1　2021 年度(令和 3 年度)末時点で，実契約者数は 100 万人を超えている。
2　2021 年度(令和 3 年度)末時点で，実契約者数の内訳では，知的障害者等の割合が最も多い。
3　新規契約締結者のうち，約 7 割が生活保護受給者であった。
4　新規契約締結者の住居は，7 割以上が自宅であった。
5　事業実施主体から委託を受け業務を実施する基幹的社会福祉協議会の数は，約 300 であった。

Point　日常生活自立支援事業とは，認知症高齢者，知的障害者，精神障害者等のうち判断能力が不十分な人々が地域において自立した生活が送れるよう，利用者との契約に基づき，福祉サービスの利用援助等を行うものであり，1999 年(平成 11 年)10 月から開始された。相談件数及び契約件数等は，全国社会福祉協議会・全国ボランティア・市民活動振興センターが集計し，報告している。

1 ✕　2021 年度(令和 3 年度)末時点の実契約者数は**5 万 6549 件**であり，100 万人を超えてはいない。

2 ✕　2021 年度(令和 3 年度)末時点の実契約者数の内訳は，**認知症高齢者等が 2 万 2287 件で最も多い**。次いで精神障害者等が 1 万 7111 件，知的障害者等が 1 万 4111 件，その他が 3040 件である。

3 ✕　新規契約締結者数 1 万 830 件のうち，生活保護受給者は 4550 件で約 42.0 %となっている。

表　2021年度(令和 3 年度)新規契約締結者数及び生活保護受給者数の内訳

	新規契約締結者数	生活保護受給者数
新規契約締結者数	10,830	4,550 (42.0%)
(内訳)		
認知症高齢者等	5,948	2,364
知的障害者等	1,659	548
精神障害者等	2,662	1,392
その他	561	246

4 ○　新規契約締結者数 1 万 830 件のうち，**契約時の住居が自宅であったのは 8465 件で約 78.0 %**，自宅外であったのは 2365 件で約 22.0 %であった。詳細は以下の表のとおりである。

表　2021年度(令和 3 年度)新規契約締結者の住居の内訳

	新規契約締結者数					
新規契約締結者数	10,830	自宅	自宅外			
		8,465 (78.0%)	2,365 (22.0%)			
(内訳)			施設	病院	グループホーム	計
認知症高齢者等	5,948	4,797	734	284	133	1,151
知的障害者等	1,659	1,195	65	19	380	464
精神障害者等	2,662	1,991	130	165	376	671
その他	561	482	47	28	4	79

5 ✕　**基幹的社会福祉協議会の数は，1578 であった**。日常生活自立支援事業の実施主体は，都道府県社会福祉協議会又は指定都市社会福祉協議会であるが，事業の一部を委託することができるとされている。基幹的社会福祉協議会とは，事業の一部を委託されている市区町村社会福祉協議会のことをいう。

解答 4

* 「日常生活自立支援事業実施状況」(2023 年度(令和 5 年度))が公表されている。

48 地域福祉と包括的支援体制

旧地域福祉の理論と方法・問題 32

地域福祉の基礎的な理念や概念に関する次の記述のうち，**最も適切なものを1つ**選びなさい。

1 コミュニティケアとは，地域の特性や地域における課題やニーズを把握し，地域の状況を診断することをいう。

2 セルフアドボカシーとは，行政が，障害者や高齢者等の権利を擁護するよう主張することをいう。

3 福祉の多元化とは，全ての人々を排除せず，健康で文化的な生活が実現できるよう，社会の構成員として包み支え合う社会を目指すことをいう。

4 社会的企業とは，社会問題の解決を組織の主たる目的としており，その解決手段としてビジネスの手法を用いている企業のことである。

5 住民主体の原則とは，サービス利用者である地域住民が，主体的にサービスを選択することを重視する考え方である。

Point 地域福祉の基本理念や概念を問う問題である。出題された用語は，地域福祉を理解する上で重要な考え方であり，近年の地域福祉政策の展開の中でも活発に議論される論点である。単に用語を暗記するのではなく，歴史的背景や諸外国からの影響なども視野に入れた十分な理解が求められる。

1 × コミュニティケアとは，**福祉サービスを施設だけでなく地域社会でも提供しようとする考え方**である。施設収容中心から地域社会復帰へ政策転換したイギリスの影響を受けて，中央社会福祉審議会は 1971 年（昭和 46 年）に「コミュニティ形成と社会福祉（答申）」を公表し，「社会福祉におけるコミュニティ・ケアは，社会福祉の対象を収容施設において保護するだけでなく，地域社会すなわち居宅において保護を行ない，その対象者の能力のより一層の維持発展をはかろうとするものである」と，コミュニティケアの定義を示した。なお，選択肢の記述は，「地域診断」の概念の説明である。

2 × セルフアドボカシーとは，**当事者が自らの権利や要求を主体的に主張する**ことをいう。選択肢の記述は，同じ課題を抱えた特定集団の代弁や制度の改善・開発を目指す，クラス（コーズ）アドボカシーの説明である。いずれもアドボカシー（権利擁護）の一形態であり，このほか，個人を対象とするケースアドボカシー，市民が活動するシチズンアドボカシー，法律を利用するリーガルアドボカシーがある。

3 × 福祉の多元化とは，政府だけでなく，民間非営利，営利企業，家族や近隣等のインフォーマルなサービスの担い手といった**複数の主体によって福祉サービスが提供されること**を指す。1978 年（昭和 53 年）の「ウルフェンデン報告」では，社会サービスの供給システムには，①インフォーマル部門，②営利部門，③法定部門，④ボランタリー部門の四つの下位システムが存在することを指摘し，それらのシステムが福祉国家体制のもとで相互に補完し合いながら併存する状況が維持されることが望ましい，という考え方が示された。なお，選択肢の記述は，「ソーシャルインクルージョン（社会的包摂）」の理念の説明である。

4 ○ 社会的企業とは，事業を通して社会的課題に取り組む企業や NPO などの団体のことをいう。「社会的起業家」「ソーシャルビジネス」とも呼ばれる。2008 年（平成 20 年）にまとめられた「ソーシャルビジネス研究会報告書」（経済産業省）では，ソーシャルビジネスを「社会的課題を解決するために，ビジネスの手法を用いて取り組むもの」と定義し，取り組みを担う団体は，社会性，事業性，革新性の三つの要件を満たすことが明示された。

5 × 住民主体の原則とは，**地域住民が，地域における社会福祉活動に関心をもち，問題を共有し，その解決に向けて参加すること**をいう。1962 年（昭和 37 年）の「社会福祉協議会基本要項」の中で，社会福祉協議会の役割とともに住民主体の原則が示された。そこでは，「住民主体」とは，「地域住民のニードに即した活動をすすめることをねらいとし，それに必要な組織構成を充実するということ」であると示されている。

解答 4

49 地域福祉と包括的支援体制

旧地域福祉の理論と方法・問題 36

✓✓✓

次のうち，社会福祉法に規定されている地域福祉に関する記述として，**最も適切なものを 1 つ選びなさい。**

1 2017 年（平成 29 年）の社会福祉法改正において，「地域福祉の推進」の条文が新設された。
2 市町村社会福祉協議会は，災害ボランティアセンターを整備しなければならない。
3 地域住民等は市町村からの指導により，地域福祉の推進に努めなければならない。
4 重層的支援体制整備事業は，参加支援，地域づくりに向けた支援の二つで構成されている。
5 市町村は，地域生活課題の解決に資する支援が包括的に提供される体制の整備に努めなければならない。

Point 社会福祉法に規定されている地域福祉に関する問題である。社会福祉法では，第 1 章「総則」中の第 4 条と，第 10 章「地域福祉の推進」（第 106 条の 2 から第 124 条）に，地域福祉の推進に関しての規定がおかれているため整理しておくとよい。また，2000 年（平成 12 年）の社会福祉事業法の社会福祉法への改正後の社会の変化を受け，2017 年（平成 29 年）と 2020 年（令和 2 年）にも大きな改正がされていることからも，法制度の内容整理に加え，改正時のポイントも整理しておく必要がある。

1 × 社会福祉法において，**「地域福祉の推進」の条文が掲げられたのは，2000 年（平成 12 年）に社会事業法が社会福祉法に改正されたときである**。なお，2017 年（平成 29 年）の社会福祉法改正では，「我が事・丸ごと」の地域づくり・包括的な支援体制の整備に向け，地域福祉の推進の理念が規定されるとともに，市町村はその理念の実現に向けた包括的な支援体制の整備に努めなければならない旨が規定され，市町村地域福祉計画と都道府県地域福祉支援計画の策定が任意から努力義務となった。

2 × 社会福祉法には，市町村社会福祉協議会は，災害ボランティアセンターを整備しなければならないという記述はないため，適切ではない。災害ボランティアセンターは，災害対策基本法第 8 条第 2 項第 13 号に掲げられる**「ボランティアによる防災活動の環境の整備」の実施に努めなければならないという国及び地方公共団体（都道府県，市町村及び特別区等）に対する努力義務規定**が，その設置根拠となる。

3 × 社会福祉法第 4 条第 1 項において，**「地域福祉の推進は，地域住民が相互に人格と個性を尊重し合いながら，参加し，共生する地域社会の実現を目指して行われなければならない」**と規定されている。そのため，「市町村からの指導により」という記述は適切ではない。

4 × 重層的支援体制整備事業は，社会福祉法第 106 条の 4 第 2 項において，「（前略）地域生活課題を抱える地域住民及びその世帯に対する支援体制並びに地域住民等による地域福祉の推進のために必要な環境を一体的かつ重層的に整備する事業をいう」と規定されており，具体的には**①断らない相談支援，②参加支援，③地域づくりに向けた支援の三つで構成されている**ため，適切ではない。

5 ○ 社会福祉法第 6 条（福祉サービスの提供体制の確保等に関する国及び地方公共団体の責務）第 2 項において，国及び地方公共団体は，「地域生活課題の解決に資する支援が包括的に提供される体制の整備その他地域福祉の推進のために必要な各般の措置を講ずるよう努める」と規定されている。なお，同法第 6 条第 2 項は，2017 年（平成 29 年）の「地域包括ケアシステムの強化のための介護保険法等の一部を改正する法律」による社会福祉法の改正において新設された（2018 年（平成 30 年）4 月 1 日施行）。

解答 5

50 地域福祉と包括的支援体制

旧地域福祉の理論と方法・問題 38

社会福祉法に規定される共同募金に関する次の記述のうち，**最も適切なもの**を**1つ**選びなさい。

1 災害に備えるため準備金を積み立て，他の共同募金会に拠出することができる。

2 共同募金を行うには，あらかじめ都道府県の承認を得て，その目標額を定める。

3 共同募金を行う事業は第二種社会福祉事業である。

4 市町村を区域として行われる寄附金の募集である。

5 募金方法別実績で最も割合が高いのは街頭募金である。

Point 共同募金は，戦後の民間社会福祉活動として発展し，今日まで地域の福祉課題解決に取り組む民間団体を助成を通じて支援していることから，両者は切り離せない関係にあるといえる。共同募金の成り立ちから最新の統計データまで，厚生労働省や中央共同募金会などの資料を参考にして学習することが必要である。

1 ○ 社会福祉法第118条では，共同募金会は，**災害等が発生した際に備えて寄附金の一部を準備金として積み立て**（同条第1項），**この全部又は一部を，他の共同募金会へ拠出することができる**（同条第2項）と定められている。本制度は，ボランティア活動を支援する公的な仕組みがなかった1990年代に，阪神・淡路大震災をきっかけとして考案されたものであり，2000年（平成12年）の社会福祉事業法の社会福祉法（以下，法）への改正に際して法律に明記された。2004年（平成16年）の新潟県中越沖地震発生時に初めての拠出が行われて以降，全国の被災地へ届けられている。

2 × 法第119条において，「共同募金会は，共同募金を行うには，あらかじめ，都道府県社会福祉協議会の意見を聴き，及び**配分委員会の承認を得て，共同募金の目標額，受配者の範囲及び配分の方法を定め**，これを公告しなければならない」と規定されている。共同募金の目標額は，その区域の住民の意向を反映する組織として設置された共同募金会が，募金による助成計画を立案し，この計画に基づく資金準備額及び運動に要する諸経費を算定して決定している。

3 × 共同募金を行う事業は**第一種社会福祉事業**である。第一種社会福祉事業には，利用者への影響が大きく経営安定を通じた利用者保護の必要性が高い事業（主に利用者の保護を行う入所施設サービス）が指定されているが（法第2条第2項），例外として法第113条第1項において，「共同募金を行う事業は，第2条の規定にかかわらず，第一種社会福祉事業とする」と定められている。

4 × 共同募金は，**都道府県を区域として行われる**寄附金の募集である。法第112条において，共同募金とは，都道府県の区域を単位として，その区域内における地域福祉の推進を図るために寄附金の募集を行い，その寄附金を社会福祉事業，更生保護事業その他の社会福祉を目的とする事業を経営する者（国及び地方公共団体を除く）に配分することを目的とするものと定められている。

5 × 募金方法別実績で最も割合が高いのは**戸別募金**である。中央共同募金会の「令和3年度　年次報告書」によると，2021年度（令和3年度）の募金実績額（総額169億5594万976円）に占める街頭募金の割合は0.7％（1億2004万9673円）にとどまっている（**右図参照**）。

図　募金方法別割合

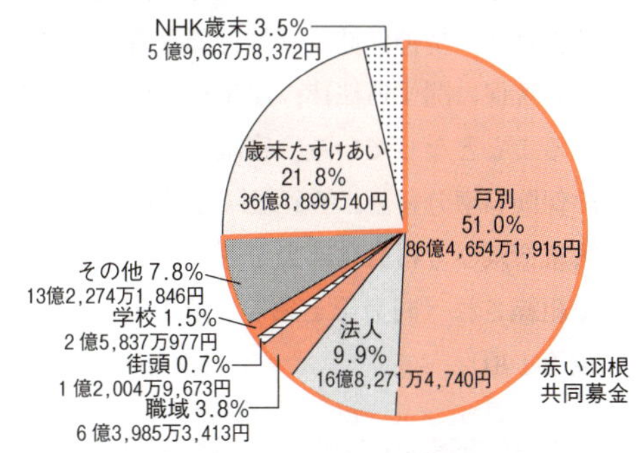

出典：社会福祉法人中央共同募金会「令和3年度　年次報告書」p. 12，2022年を一部改変

解答 1

51 地域福祉と包括的支援体制

旧 福祉行財政と福祉計画・問題 42

次のうち，厚生労働省に設置されているものについて，**正しいものを１つ**選びなさい。

1　子ども・子育て会議[*1]

2　障害者政策委員会

3　中央防災会議

4　孤独・孤立対策推進会議

5　社会保障審議会

Point　本問は，国に設置されている各種の会議等の設置主体を問うものである。会議等の設置の根拠となる法令等を押さえておけばわかる問題となっている。また，各種会議等の設置根拠となる法令を理解していない場合でも，選択肢**5**の社会保障審議会について理解していれば，正答できたであろう。社会保障審議会に関する問題は過去にも他の科目で何度か出題されており，これに関する学習は不可欠である。

1　×　子ども・子育て会議は，内閣府に設置されている。子ども・子育て支援法第 72 条において，「内閣府に，子ども・子育て会議を置く」と規定されている。

2　×　障害者政策委員会は，内閣府に設置されている。障害者基本法第 32 条第 1 項において，「内閣府に，障害者政策委員会を置く」と規定されている。

3　×　中央防災会議は，内閣府に設置されている。災害対策基本法第 11 条第 1 項において，「内閣府に，中央防災会議を置く」と規定されている。

4　×　孤独・孤立対策推進会議は，内閣府に設置されている。2021 年（令和 3 年）3 月に設置された「孤独・孤立対策に関する連絡調整会議」を，2021 年（令和 3 年）12 月に「孤独・孤立対策推進会議」と名称変更して，内閣官房が開催している。本会議は，「社会的不安に寄り添い，深刻化する社会的な孤独・孤立の問題について，政府全体として総合的かつ効果的な対策を検討・推進するため」に開催することとされている[*2]。

5　○　社会保障審議会は，厚生労働省に設置されている。厚生労働省設置法第 6 条第 1 項に「本省に，次の審議会等を置く」とあり，審議会の一つとして社会保障審議会があげられている。また，同法第 7 条第 1 項において「社会保障審議会は，次に掲げる事務をつかさどる」と規定されており，審議会の事務の内容として，①厚生労働大臣の諮問に応じて社会保障に関する重要事項を調査審議すること，②厚生労働大臣又は関係各大臣の諮問に応じて人口問題に関する重要事項を調査審議すること，③ ①・②に規定する重要事項に関し，厚生労働大臣又は関係行政機関に意見を述べること，④医療法，児童福祉法，社会福祉法，身体障害者福祉法，精神保健及び精神障害者福祉に関する法律，介護保険法，健康保険法，船員保険法，高齢者の医療の確保に関する法律，厚生年金保険法及び国民年金法等の規定によりその権限に属させられた事項を処理することとなっている。審議会には統計分科会，医療分科会，福祉文化分科会，介護給付費分科会，医療保険保険料率分科会，年金記録訂正分科会の六つの分科会が置かれ（社会保障審議会令第 5 条第 1 項），また，審議会及び分科会は部会を置くことができるとされている（同令第 6 条第 1 項）。審議会は，委員 30 人以内で組織され（同令第 1 条の 2 第 1 項），学識経験のある者のうちから，厚生労働大臣が任命する（同令第 2 条第 1 項）。

解答 5

＊1　こども家庭庁設置法の施行に伴う関係法律の整備に関する法律（令和 4 年法律第 76 号）により，子ども・子育て支援法に規定される子ども・子育て会議は廃止され，2023 年（令和 5 年）4 月からは，こども家庭庁に設置されるこども家庭審議会の分科会の一つ，子ども・子育て支援等分科会が，子ども・子育て会議の事務を引き継いでいる。

＊2　現在は，2023 年（令和 5 年）6 月に公布され，2024 年（令和 6 年）4 月 1 日から施行されている孤独・孤立対策推進法第 27 条の規定により制定された孤独・孤立対策推進本部令に基づき，孤独・孤立対策の推進及び関係行政機関相互の調整等に資することを目的として孤独・孤立対策推進会議が開催されている。

52 地域福祉と包括的支援体制

旧福祉行財政と福祉計画・問題 43

次のうち，福祉行政における，法に規定された都道府県知事の役割として，**正しいものを１つ選**びなさい。

1 介護保険法に規定される居宅介護サービス費の請求に関し不正があったときの指定居宅サービス事業者の指定の取消し又は効力の停止

2 老人福祉法に規定される養護老人ホームの入所の措置

3 子ども・子育て支援法に規定される地域子ども・子育て支援事業に要する費用の支弁

4 社会福祉法に規定される共同募金事業の実施

5 「障害者総合支援法」に規定される自立支援給付の総合的かつ計画的な実施

（注）「障害者総合支援法」とは，「障害者の日常生活及び社会生活を総合的に支援するための法律」のことである。

Point 福祉行政における都道府県知事の役割を問う問題である。国や都道府県，市町村の役割は頻出のテーマとなっており，各種福祉サービスにおいて果たす役割や施設の設置，費用の支弁・負担の根拠などを理解しておく必要がある。介護保険における居宅サービス事業者の指定は都道府県知事の役割であることは，過去にも出題されており，ここを押さえておけば正答を導き出せる。

1 ○ **居宅介護サービス費の請求に関し不正があったときの指定居宅サービス事業者の指定の取消し又は効力の停止は，都道府県知事の役割である。**介護保険法第 77 条第 1 項では，都道府県知事は，指定居宅サービス事業者について「居宅介護サービス費の請求に関し不正があったとき」（同項第 6 号）は「指定を取り消し，又は期間を定めてその指定の全部若しくは一部の効力を停止することができる」と規定している。

2 × **老人福祉法に規定される養護老人ホームの入所の措置は，市町村の役割である。**老人福祉法第 11 条（老人ホームへの入所等）第 1 項では，「市町村は，必要に応じて，次の措置を採らなければならない」とされており，その具体的な措置の内容の一つとして，「環境上の理由及び経済的理由により居宅において養護を受けることが困難なもの」について，当該「市町村の設置する養護老人ホームに入所させ，又は当該市町村以外の者の設置する養護老人ホームに入所を委託すること」（同項第 1 号）が規定されている。

3 × **地域子ども・子育て支援事業に要する費用の支弁は，市町村の役割である。**子ども・子育て支援法第 65 条（市町村の支弁）では，「次に掲げる費用は，市町村の支弁とする」とされており，その具体的な費用の一つとして，「地域子ども・子育て支援事業に要する費用」（同条第 6 号）が規定されている。

4 × **共同募金事業の実施は，共同募金会の役割である。**社会福祉法第 112 条では，共同募金は「都道府県の区域を単位として，毎年 1 回，厚生労働大臣の定める期間内に限ってあまねく行う寄附金の募集」と規定され，同法第 113 条第 3 項では「共同募金会以外の者は，共同募金事業を行ってはならない」と規定されている。

5 × **自立支援給付の総合的かつ計画的な実施は，市町村（特別区を含む）の役割である。**障害者総合支援法第 2 条第 1 項（市町村等の責務）では，「市町村（特別区を含む。）は，この法律の実施に関し，次に掲げる責務を有する」とされており，その具体的な責務の一つとして「（中略），障害者が自ら選択した場所に居住し，又は障害者若しくは障害児が自立した日常生活又は社会生活を営むことができるよう，必要な自立支援給付及び地域生活支援事業を総合的かつ計画的に行うこと」（同項第 1 号）と規定されている。

解答 1

53 地域福祉と包括的支援体制

旧 福祉行財政と福祉計画・問題 45

社会福祉に係る法定の機関・施設の設置に関する次の記述のうち，**正しいものを1つ**選びなさい。

1 都道府県は，地域包括支援センターを設置しなければならない。
2 指定都市（政令指定都市）は，児童相談所を設置しなければならない。
3 中核市は，精神保健福祉センターを設置しなければならない。
4 市は，知的障害者更生相談所を設置しなければならない。
5 町村は，福祉事務所を設置しなければならない。

Point 社会福祉に係る法定の機関・施設の設置主体，設置義務は頻出である。設置主体や設置義務は当該機関・施設の設置を規定する法律に記載されているため，条文を確認し，表にまとめると覚えやすい。設置主体，設置義務だけでなく，配置される職員を問う問題も出題されるため，あわせて学習しておきたい。

1 × **地域包括支援センターは，市町村が任意で設置することができる。**地域包括支援センターは，第1号介護予防支援事業（居宅要支援被保険者に係るものを除く），包括的支援事業，その他厚生労働省令で定める事業を実施し，地域住民の心身の健康の保持及び生活の安定のために必要な援助を行うことにより，その保健医療の向上及び福祉の増進を包括的に支援することを目的とする施設で（介護保険法第115条の46第1項），市町村が設置することができると規定されており（同条第2項），**都道府県に設置義務はない。**

2 ○ **指定都市（政令指定都市）は，児童相談所を設置しなければならない。**児童相談所は，都道府県，指定都市に設置義務がある（児童福祉法第12条，第59条の4及び地方自治法施行令第174条の26第1項）。2004年（平成16年）の児童福祉法の改正により，2006年（平成18年）4月からは，中核市程度の人口規模（当時は人口30万人以上。現在の中核市の人口要件は人口20万人以上）を有する市を念頭に，政令で定める市（児童相談所設置市）も，児童相談所を設置することができることとされた（児童福祉法第59条の4第1項）。さらに，2016年（平成28年）の児童福祉法の改正によって，特別区も児童相談所を設置できるようになり，政府は改正法の施行後5年を目途として中核市・特別区が児童相談所を設置することができるよう，その設置に係る支援等の必要な措置を講ずるものとされた。

3 × **精神保健福祉センターは，都道府県及び政令指定都市に設置義務がある**（精神保健福祉法第6条第1項，第51条の12第1項及び地方自治法施行令第174条の36第1項）。精神保健福祉センターは，精神保健の向上及び精神障害者の福祉の増進を図るための機関と規定されている（同法第6条第1項）。精神保健福祉センターの主な業務は，精神保健及び精神障害者の福祉に関する知識の普及を図り，調査研究を行うこと，精神保健及び精神障害者の福祉に関する相談及び指導のうち複雑困難なものを行うこと，精神医療審査会の事務を行うこと，精神障害者保健福祉手帳の申請に対する判定業務及び自立支援医療（精神通院医療）の支給認定に関する事務のうち専門的な知識及び技術を必要とするものを行うこと等である（同条第2項）。

4 × **知的障害者更生相談所は，都道府県に設置義務がある**（知的障害者福祉法第12条第1項）。また，指定都市は，知的障害者更生相談所を設けることができる（同法第30条，地方自治法施行令第174条の30の3第2項）。知的障害者更生相談所の主な業務は，知的障害者に関する専門的な知識及び技術を必要とする相談及び指導，療育手帳交付に係る判定など医学的，心理学的及び職能的判定業務等である。

5 × **町村は，福祉事務所を設置することができる**（社会福祉法第14条第3項）。都道府県及び市（特別区を含む）は，福祉事務所を設置しなければならない（同条第1項）。町村が福祉事務所を設置した場合，市（特別区を含む）と同様，生活保護法，児童福祉法，母子及び父子並びに寡婦福祉法，老人福祉法，身体障害者福祉法及び知的障害者福祉法に定める援護，育成又は更生の措置に関する事務のうち市町村が処理することとされているもの（政令で定めるものを除く）をつかさどる（同条第6項）。

解答 2

54 地域福祉と包括的支援体制

旧福祉行財政と福祉計画・問題 44

「令和４年版地方財政白書」（総務省）に示された民生費に関する次の記述のうち，**正しいものを１つ**選びなさい。

1 民生費の歳出純計決算額の累計額を比べると，都道府県は市町村より多い。

2 民生費の目的別歳出の割合は，都道府県では生活保護費が最も高い。

3 民生費の目的別歳出の割合は，市町村では児童福祉費が最も高い。

4 民生費の性質別歳出の割合は，都道府県では人件費が最も高い。

5 民生費の性質別歳出の割合は，市町村では補助費等が最も高い。

Point 地方公共団体における民生費の歳出決算額の累計額，民生費の目的別歳出及び性質別歳出の構成割合を問う問題である。地方公共団体の目的別・性質別歳出決算額や，民生費の目的別・性質別内訳に関する問題は，本科目においては頻出である。そのため，必ず最新の「地方財政白書」（総務省）を確認することが求められる。

1 × 2020年度(令和２年度)における民生費の，都道府県と市町村を合わせた純計額は28兆6942億円で，**都道府県は９兆7297億円，市町村は22兆4856億円である**（なお，純計額は，都道府県の額と市町村の額の合計額に一致しないことがある)。市町村の決算額が都道府県の決算額を上回る理由は，児童福祉に関する事務，社会福祉施設の整備・運営事務及び生活保護に関する事務が市町村によって行われている等のためである（生活保護に関する事務については，福祉事務所を設置していない町村は除く)。10年前の2010年度（平成22年度）からの民生費の歳出決算額の推移を見ても，一貫して民生費の歳出決算額は市町村のほうが多いため，累計額も市町村のほうが多い。

2 × **都道府県の民生費の目的別歳出の割合で最も高いのは，老人福祉費である**。都道府県の民生費の目的別歳出は，割合の高い順に，老人福祉費（38.3％)，社会福祉費（36.9％)，児童福祉費（21.4％)，生活保護費（2.4％)，災害救助費（1.0％）と続いている。都道府県において老人福祉費の割合が高い理由は，都道府県には，後期高齢者医療事業会計，介護保険事業会計，国民健康保険事業会計への負担金があるためである。

3 ○ **市町村の民生費の目的別歳出の割合で最も高いのは，児童福祉費である**。市町村の民生費の目的別歳出は，割合の高い順に，児童福祉費（40.4％)，社会福祉費（24.8％)，老人福祉費（18.2％)，生活保護費（16.3％）と続いている。市町村において児童福祉費の割合が高い理由は，児童福祉に関する事務や児童手当制度，幼児教育・保育の無償化に関する負担金等があるためである。

4 × **都道府県の民生費の性質別歳出の割合で最も高いのは，補助費等である**。補助費等は77.2％で最も高く，次いで扶助費が8.4％，繰出金が7.2％と続く。人件費は2.4％である。補助費等は，他の地方公共団体（市町村，一部事務組合等）や法人等に対する支出のほか，報償費（講師謝金等)，役務費（保険料)，負担金・補助金及び交付金（一般的な補助金）等が該当する。2020年度（令和２年度）の補助費等は都道府県と市町村を合わせて５兆531億円で，2019年度（令和元年度）の補助費等（３兆3570億円）と比較すると50.5％増となっている。これは，生活福祉資金貸付事業の増加等によるものである。

5 × **市町村の民生費の性質別歳出の割合で最も高いのは，扶助費である**。扶助費は60.3％で最も高く，次いで繰出金が20.4％，人件費が8.4％と続く。補助費等は4.4％である。扶助費は，社会保障制度の一環として地方公共団体が各種法令に基づいて実施する給付や，地方公共団体が単独で行っている各種扶助にかかる経費のことである。児童手当の支給，生活保護に要する経費等，各福祉法に基づく福祉サービスの主な実施主体である市町村の扶助費の額は13兆5505億円で，都道府県の扶助費の額8202億円の16.5倍となっている。

解答 3

55 地域福祉と包括的支援体制

㊐福祉行財政と福祉計画・問題 47

次のうち，法律で市町村に策定が義務づけられている福祉に関連する計画として，**最も適切なものを１つ選びなさい。**

1 高齢者の居住の安定確保に関する法律に基づく高齢者居住安定確保計画

2 健康増進法に基づく市町村健康増進計画

3 自殺対策基本法に基づく市町村自殺対策計画

4 再犯の防止等の推進に関する法律に基づく地方再犯防止推進計画

5 成年後見制度の利用の促進に関する法律に基づく成年後見制度の利用の促進に関する施策についての基本的な計画

Point 各法律で定められている福祉に関連する計画に関する出題である。それぞれの計画の策定主体とともに，「定めるものとする」とする策定義務，「定めるよう努めなければならない」とする努力義務，「定めることができる」とする任意規定があり，計画によって異なることを確認したい。

1 × 高齢者の居住の安定確保に関する法律第４条の２第１項において「**市町村は**，基本方針（都道府県高齢者居住安定確保計画が定められている場合にあっては，都道府県高齢者居住安定確保計画）に基づき，当該市町村の区域内における高齢者の居住の安定の確保に関する計画（以下「市町村高齢者居住安定確保計画」という。）を**定めることができる**」とされており，法律で市町村に策定が義務づけられている計画ではない。なお，都道府県については，都道府県高齢者居住安定確保計画を定めることができるとされている（同法第４条第１項）。

2 × 健康増進法第８条第２項において「**市町村は**，基本方針及び都道府県健康増進計画を勘案して，当該市町村の住民の健康の増進の推進に関する施策についての計画（以下「市町村健康増進計画」という。）を**定めるよう努めるものとする**」とされており，法律で市町村に策定が義務づけられている計画ではない。なお，都道府県については，都道府県健康増進計画の策定が義務づけられている（同法第８条第１項）。

3 ○ 自殺対策基本法第13条第２項において「**市町村は**，自殺総合対策大綱及び都道府県自殺対策計画並びに地域の実情を勘案して，当該市町村の区域内における自殺対策についての計画（次条において「市町村自殺対策計画」という。）を**定めるものとする**」とされており，市町村による自殺対策計画の策定が法律で義務づけられている。なお，都道府県については，都道府県自殺対策計画の策定が義務づけられている（同条第１項）。

4 × 再犯の防止等の推進に関する法律第８条第１項において「都道府県及び**市町村は**，再犯防止推進計画を勘案して，当該都道府県又は市町村における再犯の防止等に関する施策の推進に関する計画（次項において「地方再犯防止推進計画」という。）を**定めるよう努めなければならない**」とされており，地方再犯防止推進計画の策定は都道府県及び市町村の努力義務とされている。

5 × 成年後見制度の利用の促進に関する法律第12条第１項において「**政府は**，成年後見制度の利用の促進に関する施策の総合的かつ計画的な推進を図るため，成年後見制度の利用の促進に関する基本的な計画（以下「成年後見制度利用促進基本計画」という。）を**定めなければならない**」とあるように，成年後見制度利用促進基本計画の策定が義務づけられているのは，市町村ではなく政府である。なお，同法第14条第１項において「市町村は，成年後見制度利用促進基本計画を勘案して，当該市町村の区域における成年後見制度の利用の促進に関する施策についての基本的な計画を定めるよう努めるとともに，成年後見等実施機関の設立等に係る支援その他の必要な措置を講ずるよう努めるものとする」とされている。

解答 3

56 地域福祉と包括的支援体制

旧福祉行財政と福祉計画・問題 48

次のうち，法律に基づき，福祉計画で定める事項として，**正しいものを1つ**選びなさい。

1 都道府県介護保険事業支援計画における地域支援事業の見込み量

2 都道府県障害者計画における指定障害者支援施設の必要入所定員総数

3 市町村子ども・子育て支援事業計画における地域子ども・子育て支援事業に従事する者の確保及び資質の向上のために講ずる措置に関する事項

4 市町村障害福祉計画における障害福祉サービス，相談支援及び地域生活支援事業の提供体制の確保に関する事項

5 市町村老人福祉計画における老人福祉施設の整備及び老人福祉施設相互間の連携のために講ずる措置に関する事項

Point 介護保険法，障害者総合支援法，子ども・子育て支援法，老人福祉法を根拠とする福祉計画に関する出題である。いずれの法律においても，市町村計画と都道府県計画が規定されているが，それぞれの計画において何を定めなければならないのか（義務），何を定めることができるのか（任意）を確認してほしい。

1 ✕ 都道府県介護保険事業支援計画ではなく，**市町村介護保険事業計画**において，「各年度における地域支援事業の量の見込み」を定める（介護保険法第 117 条第 2 項第 2 号）。なお，地域支援事業の実施主体は市町村である（同法第 115 条の 45 第 1 項）。

2 ✕ 都道府県障害者計画ではなく，**都道府県障害福祉計画**において，「各年度の指定障害者支援施設の必要入所定員総数」を定める（障害者総合支援法第 89 条第 2 項第 3 号）。なお，都道府県障害者計画は，障害者基本法第 11 条第 2 項に基づく計画である。

3 ✕ 市町村子ども・子育て支援事業計画ではなく，**都道府県子ども・子育て支援事業支援計画**において，「地域子ども・子育て支援事業に従事する者の確保及び資質の向上のために講ずる措置に関する事項」を定める（子ども・子育て支援法第 62 条第 2 項第 4 号）。

4 ○ 「障害福祉サービス，相談支援及び地域生活支援事業の提供体制の確保に係る目標に関する事項」は，**市町村障害福祉計画**において定めることとされている（障害者総合支援法第 88 条第 2 項第 1 号）。なお,「障害福祉サービス，相談支援及び地域生活支援事業の提供体制の確保に係る目標に関する事項」は，市町村障害福祉計画だけでなく，都道府県障害福祉計画においても定める事項とされている（同法第 89 条第 2 項第 1 号）。

5 ✕ 市町村老人福祉計画ではなく，**都道府県老人福祉計画**において，「老人福祉施設の整備及び老人福祉施設相互間の連携のために講ずる措置に関する事項」を定めることとされている（老人福祉法第 20 条の 9 第 3 項第 1 号）。

解答 4

57 地域福祉と包括的支援体制

旧地域福祉の理論と方法・問題 37

地域福祉の推進に向けた役割を担う，社会福祉法に規定される市町村地域福祉計画に関する次の記述のうち，**正しいものを 1 つ**選びなさい。

1 市町村地域福祉計画では，市町村社会福祉協議会が策定する地域福祉活動計画をもって，地域福祉計画とみなすことができる。

2 市町村地域福祉計画の内容は，市町村の総合計画に盛り込まれなければならないとされている。

3 市町村地域福祉計画では，市町村は策定した計画について，定期的に調査，分析及び評価を行うよう努めるとされている。

4 市町村地域福祉計画は，他の福祉計画と一体で策定できるように，計画期間が法文上定められている。

5 市町村地域福祉計画は，2000 年（平成 12 年）の社会福祉法への改正によって策定が義務化され，全ての市町村で策定されている。

Point 本問題は，市町村地域福祉計画に関する社会福祉法（以下，法）での規定についての理解を確かめるものである。旧科目「福祉行財政と福祉計画」の出題範囲と重複した内容を含んでおり，確実に得点を重ねていくためには，幅広い横断的な知識の学習が必要である。

1 × 地域福祉活動計画をもって，市町村地域福祉計画とみなすことはできない。市町村地域福祉計画は，市町村が策定するよう努めるものとして，法第 107 条第 1 項において定められた行政計画である。他方で地域福祉活動計画は，市町村社会福祉協議会が中心となり，住民や民間の福祉団体による地域福祉の推進を目的として策定される民間計画である。いずれも地域福祉の推進を目的としており，一体的な策定を進めることが地域福祉推進の観点から重要とされているが，**地域福祉活動計画を，行政の責任の下で市町村の地域福祉を推進するために策定される市町村地域福祉計画とすることは認められていない**。

2 × 市町村地域福祉計画と市町村総合計画は，いずれも自治体における地域課題を明らかにし，これを解決するための計画である。そのため，両者で調和を図りながら体系的に計画策定を進めることは重要である。ただし，**市町村地域福祉計画の内容を市町村の総合計画に盛り込むかは自治体の裁量に委ねられており**，ほかの上位計画や関連計画との一体的な策定について自治体がその必要性を検討し進めることとされている。

3 ○ 法第 107 条第 3 項において，市町村に対し，**市町村地域福祉計画について，定期的に調査，分析及び評価を行うよう努める**とともに，必要があると認めるときは，当該市町村地域福祉計画を変更するものと規定されている。これは 2017 年（平成 29 年）の法改正に伴い追加された規定であり（2018 年（平成 30 年）4 月 1 日施行），PDCA（Plan・Do・Check・Act）サイクルを踏まえた進行管理が必要であることが示された。

4 × **市町村地域福祉計画の計画期間に関する法文上の定めはない**。2002 年（平成 14 年）に社会保障審議会が公表した「市町村地域福祉計画及び都道府県地域福祉支援計画策定指針の在り方について（一人ひとりの地域住民への訴え）」では，「地域福祉計画の計画期間は，他の計画との調整が必要であることから概ね 5 年とし 3 年で見直すことが適当である」との見解が示されたが，**市町村地域福祉計画の計画期間を何年とするかは，市町村に委ねられている**。なお 2022 年（令和 4 年）4 月 1 日時点の「市町村地域福祉計画策定状況等の調査結果概要」によると，計画期間について「5 年」とする市町村が最も多く，全体の 7 割を超えている。

5 × **市町村地域福祉計画の策定は，努力義務である**。2000 年（平成 12 年）の社会福祉事業法の社会福祉法への改正で，市町村地域福祉計画及び都道府県地域福祉支援計画が法定化され（2003 年（平成 15 年）4 月 1 日施行），以来，地域福祉計画の策定は任意とされていたが，2017 年（平成 29 年）の法改正の際に，同法第 107 条が全面的に改正され，市町村地域福祉計画の策定は，市町村の努力義務とされた（同条第 1 項）。また，「地域における高齢者の福祉，障害者の福祉，児童の福祉その他の福祉に関し，共通して取り組むべき事項」（同項第 1 号）を盛り込んだ「上位計画」として，地域福祉計画が位置づけられた。

解答 3

58 地域福祉と包括的支援体制

旧福祉行財政と福祉計画・問題 46

次のうち，都道府県地域福祉支援計画に関して社会福祉法に明記されている事項として，**正しいものを 2 つ**選びなさい。

1 社会福祉を目的とする事業に従事する者の確保又は資質の向上に関する事項
2 重層的支援体制整備事業の提供体制に関する事項
3 地域福祉に関する活動への住民の参加の促進に関する事項
4 福祉サービスの適切な利用の推進及び社会福祉を目的とする事業の健全な発達のための基盤整備に関する事項
5 厚生労働大臣が指定する福利厚生センターの業務に関する事項

Point 都道府県地域福祉支援計画は，市町村地域福祉計画の達成に資するために，各市町村を通ずる広域的な見地から，市町村の地域福祉の支援に関する事項を一体的に定める計画で，社会福祉法第 108 条に規定されている。近年，社会福祉法は地域共生社会の実現に向けて改正が重ねられているため，都道府県地域福祉支援計画や市町村地域福祉計画に関する事項を含め，参考書や問題集だけでなく，きちんと条文にあたって内容や文言を確認してほしい。

1 ○ **「社会福祉を目的とする事業に従事する者の確保又は資質の向上に関する事項」は，都道府県地域福祉支援計画に関して社会福祉法**（以下，法）**に明記されている事項である。**法第 108 条第 1 項第 3 号に定められている。

2 × **「重層的支援体制整備事業の提供体制に関する事項」は，都道府県地域福祉支援計画に定められる事項ではない。**重層的支援体制整備事業は，市町村において，地域住民の複雑化・複合化した支援ニーズに対応する包括的な支援体制を整備するため，①相談支援（属性を問わない相談支援，多機関協働による支援，アウトリーチ等を通じた継続的支援），②参加支援，③地域づくりに向けた支援を一体的に実施するものとして，2021 年（令和 3 年）4 月に施行された改正社会福祉法（地域共生社会の実現のための社会福祉法等の一部を改正する法律による改正）に規定された。

3 × **「地域福祉に関する活動への住民の参加の促進に関する事項」は，都道府県地域福祉支援計画ではなく，市町村地域福祉計画に定められる事項である**（法第 107 条第 1 項第 4 号）。具体的な例として，地域住民，ボランティア団体，特定非営利活動法人等の社会福祉活動への支援（活動に必要な情報の入手，必要な知識・技術の習得，活動拠点に関する支援，地域住民の自主的な活動と公共的サービスの連携）などが想定されている。

4 ○ **「福祉サービスの適切な利用の推進及び社会福祉を目的とする事業の健全な発達のための基盤整備に関する事項」は，都道府県地域福祉支援計画に関して法に明記されている事項である**（法第 108 条第 1 項第 4 号）。

5 × **「厚生労働大臣が指定する福利厚生センターの業務に関する事項」は，都道府県地域福祉支援計画に定められる事項ではない。**福利厚生センターは，社会福祉事業等に関する連絡及び助成を行うこと等により社会福祉事業等従事者の福利厚生の増進を図ることを目的として設立された，厚生労働大臣に指定された全国で唯一の社会福祉法人である。愛称は「ソウェルクラブ」。福利厚生センターについては，法第 9 章第 3 節に定められており，その業務は法第 103 条に規定されている。主な業務は，社会福祉事業等を経営する者に対し，社会福祉事業等従事者の福利厚生に関する啓発活動を行うこと，社会福祉事業等従事者の福利厚生に関する調査研究を行うこと，福利厚生契約に基づき，社会福祉事業等従事者の福利厚生の増進を図るための事業を実施することなどである。

解答 1 4

59 地域福祉と包括的支援体制

旧 地域福祉の理論と方法・問題 35

事例を読んで，自立相談支援機関のＢ主任相談支援員（社会福祉士）がこの時点で検討する支援として，**適切なもの**を **2 つ**選びなさい。

〔事　例〕

Ｃさん（30 歳代，男性）は，60 歳代の両親と同居している。終日，自室でオンラインゲームをして過ごしており，10 年以上ひきこもりの状態にある。父親はいくつかの仕事を転々としてきたが，65 歳で仕事を辞め，その後は主に基礎年金で生活をしているため，経済的にも困窮している様子である。また，母親は長年にわたるＣさんとの関係に疲れており，それを心配した民生委員が，生活困窮者自立支援制度の相談機関を紹介したところ，母親は自立相談支援機関に来所し，Ｂ主任相談支援員にＣさんのことを相談した。

1　ひきこもりの人に配慮された居場所が，地域のどこにあるかを調べ，Ｃさんにその場所と事業・活動を紹介する。

2　まずはＣさんが抱える心理的な課題に絞ってアセスメントを行い，支援計画を作成する。

3　福祉専門職による支援だけでなく，当事者や経験者が行うピアサポートや，ひきこもりの家族会などの情報を母親に提供する。

4　手紙やメール等を用いた支援は不適切であるため行わず，直接，Ｃさんと対面して支援する。

5　地域の支援関係者間で早期に支援を行うため，Ｃさんの同意を取る前に，支援調整会議で詳細な情報を共有する。

Point ひきこもりの状態にある人やその家族に対する主任相談支援員（社会福祉士）のアプローチに関する問題である。自立相談支援機関は，生活に関する困りごとに幅広く対応する相談窓口であることから，当事者やその家族，関係者からの相談に応じてアセスメントを行い，個人の状態に合わせた自立支援計画を作成し，かつ，必要なサービスにつなげる役割が求められる。また，世帯全体を包括的に支援対象としてとらえる支援も必要となる。

1　○　ひきこもりの状態にある人は，地域や社会との関係性が希薄であるといった状況におかれており，対人関係への不安や自己表現の困難さなどを抱えている。そのため，そうした人たちに配慮された居場所とそこで展開されている事業・活動につなげられるように，本人の複雑な状況や心情等を理解し，丁寧に寄り添う対応が必要となる。

2　×　ひきこもりの状態の背景には，**心理的な要因だけではなく，多様な事情が存在している**。事例では，Ｃさんの家庭は経済的にも困窮していることや，Ｃさんと家族との関係性も心配される。そのため，本人だけではなく，家族を含む世帯全体を支援対象とする包括的な視点が重要になる。

3　○　ひきこもりを経験した当事者やその家族などと出会い，悩みを吐露し共有することで，将来に対する不安などが和らぐこともある。そのため，福祉専門職による支援だけではなく，当事者や経験者が行うピアサポートや，ひきこもりの家族会との連携を図ることは検討に値する。

4　×　ひきこもりの状態にある人は，地域や社会との関係性が希薄であり，対人関係への不安や自己表現の困難さを抱えていることも少なくない。関係性が構築されるまでは，直接的な対面は避け，**手紙やメール等を用いた間接的な支援を行うことも視野に入れる必要がある**。

5　×　ひきこもり状態にある人やその家族が相談窓口につながるまでの間，それぞれが悩みながら生活をしてきたという事実があり，これまでの生活に最大の敬意を払う必要がある。**支援調整会議で詳細な情報を共有するにあたっては，Ｃさんの同意を得ることは必須となる**。

解答 1 3

60 地域福祉と包括的支援体制

旧地域福祉の理論と方法・問題 40

地域福祉におけるネットワーキングに関する次の記述のうち，**正しいものを1つ**選びなさい。

1 地域介護予防活動支援事業は，市町村が介護保険の第二号被保険者に対して，介護予防の活動を行うために，地域住民とネットワークを構築して取り組むものである。

2 被災者見守り・相談支援事業では，復興公営住宅の居住者を対象として，生活支援コーディネーター（地域支え合い推進員）が見守りを中心としたネットワークを構築し，支援を行う。

3 社会福祉法人による「地域における公益的な取組」は，社会福祉充実残額が生じた場合に，社会福祉法人がネットワークを構築して取り組むものである。

4 介護保険の生活支援・介護予防サービスの体制整備に向けて，都道府県は，協議体を定期的な情報共有のネットワークの場として設置している。

5 ひきこもり地域支援センター事業では，地域の多様な関係機関で構成される連絡協議会を設置する等，ネットワークづくりに努めるとされている。

Point 地域福祉におけるネットワーキングに関する理解を問う問題である。地域生活課題の複雑化・複合化に伴い，包括的な支援体制の構築が求められている。そのため，選択肢で取り上げられているさまざまな事業においては，関係機関及び多職種との連携が重視されるようになっている。事業の内容を理解しておくとともに，その事業にどのような機関，専門職あるいは地域住民が関係するのか，確認しておくことがポイントになる。

1 × 地域介護予防活動支援事業は，**介護保険の第一号被保険者及びその支援のための活動にかかわる者**を対象に実施される。介護保険法第115条の45第1項第2号に規定する一般介護予防事業に含まれており，高齢者が要介護状態等となることの予防又は要介護状態等の軽減若しくは悪化の防止のために行われる。

2 × 被災者見守り・相談支援事業では，**社会福祉協議会等に配置された相談員**が仮設住宅や災害公営住宅等を巡回し，支援が必要な被災者の把握，日常生活上の相談支援，関係機関へのつなぎ等を行う。生活支援コーディネーター（地域支え合い推進員）は，高齢者の生活支援・介護予防サービスの体制整備を行う。

3 × 社会福祉法人の公益的性格に鑑み，**社会福祉充実残額の有無にかかわらず，すべての社会福祉法人に，「地域における公益的な取組」（社会福祉法第24条第2項）の実施が求められている。**「地域における公益的な取組」については，①社会福祉事業又は公益事業を行うに当たって提供される福祉サービスであること，②対象者が日常生活又は社会生活上の支援を必要とする者であること，③無料又は低額な料金で提供されることの三つの要件のすべてを満たすことが必要である。また，「地域における公益的な取組」は，法人が単独で行わなければならないものではなく，複数の法人で連携して行うことも差し支えないとされているが，**「ネットワークを構築して取り組むもの」には限定されない**（厚生労働省社会・援護局福祉基盤課長通知「社会福祉法人による『地域における公益的な取組』の推進について」（平成30年1月23日社援基発0123第1号））。

4 × 協議体は，生活支援体制整備事業（介護保険法第115条の45第2項第5号）の一環として，**市町村が設置する**。関係職種や地域住民が，情報共有や福祉課題を解決すること等を目的に話し合う場として設けられており，市町村や日常生活圏域（中学校区等）等の単位で設置される。とりわけ日常生活圏域においては，できるだけ地区社協，町内会，地域協議会等地域で活動する地縁組織や地域住民が構成メンバーとして加わることが望ましいとされている。

5 ○ ひきこもり地域支援センターには，社会福祉士，精神保健福祉士，臨床心理士等の専門職が配置されており，ひきこもり支援コーディネーターとして本人及び家族に対する相談支援を行っている。また，関係機関と連絡協議会を設置する等，ネットワークの構築や居場所づくり，情報提供等を行う。

解答 5

61 地域福祉と包括的支援体制

旧 地域福祉の理論と方法・問題 39

災害時における支援体制に関する次の記述のうち，**正しいものを1つ**選びなさい。

1 災害対策基本法は，国及び地方公共団体が，ボランティアによる防災活動を監督し，その指揮命令下で活動するよう指導しなければならないと規定している。

2 災害対策基本法は，市町村長が避難行動要支援者ごとに，避難支援等を実施するための個別避難計画を作成するよう努めなければならないと規定している。

3 災害対策基本法は，本人が同意している場合でも，市町村長が作成した避難行動要支援者の名簿情報を避難支援等関係者に提供してはならないと規定している。

4 「福祉避難所の確保・運営ガイドライン」（2021年（令和3年）改定（内閣府））は，福祉避難所は社会福祉施設でなければならないとしている。

5 「災害時の福祉支援体制の整備に向けたガイドライン」（厚生労働省）は，国が主に福祉避難所において，災害時要配慮者の福祉支援を行う災害派遣福祉チームを組成するとしている。

Point 災害時における支援体制に関する理解を問う問題である。自然災害時における避難の方法とともに，高齢者や障害者等の要配慮者への支援や，避難所における支援が検討されている。日頃からこうした報道に関心をもっておくとよいだろう。災害対策基本法については，基本的な知識として全体を確認しておくことが望ましい。なお，「福祉避難所の確保・運営ガイドライン」（内閣府）が2021年（令和3年）に改定されている。このガイドラインでは，要配慮者の支援を強化するため，指定福祉避難所の指定の促進，事前に受入対象者を調整するといった事項が盛り込まれている。また，避難生活が長期化した際に災害時要配慮者の生活機能の低下等を防ぐため，2018年（平成30年）には「災害時の福祉支援体制の整備に向けたガイドライン」（厚生労働省）が示されている。

1 ✕ 災害対策基本法には，国及び地方公共団体がボランティアによる防災活動を監督し，指導しなければならないとの規定はない。同法第5条の3では，国及び地方公共団体は，**ボランティアの自主性を尊重しつつ，ボランティアとの連携に努めなければならない**旨が規定されている。

2 ○ 災害対策基本法第49条の14第1項では，市町村長は，避難行動要支援者ごとに，避難支援等を実施するための計画（個別避難計画）を作成するよう努めなければならないとされている。

3 ✕ 災害対策基本法第49条の11第3項において，市町村長は，災害が発生し，又は発生するおそれがある場合において，避難行動要支援者の生命又は身体を災害から保護するために特に必要があると認めるときは，避難支援等の実施に必要な限度で，避難支援等関係者その他の者に対し，名簿情報を提供することができ，この場合，**名簿情報を提供することについて本人の同意を得ることを要しない**とされている。

4 ✕ 「福祉避難所の確保・運営ガイドライン」（2021年（令和3年）改定（内閣府））では，指定福祉避難所の指定基準が示されている。このうち，指定福祉避難所として想定される施設を，**老人福祉施設，障害者支援施設等の施設，保健センター等**としている。このほか，**指定一般避難所など一般の避難所等の一部のスペースに，生活相談員等を配置するなど指定福祉避難所の基準に適合するもの**について，そのスペースを指定福祉避難所として運営することを想定している。

5 ✕ 「災害時の福祉支援体制の整備に向けたガイドライン」（厚生労働省）では，**都道府県が，一般避難所に避難している災害時要配慮者に対する福祉支援を行う災害派遣福祉チームを組織する**とともに，一般避難所にチームを派遣して，必要な支援体制を確保することを目的として，都道府県，社会福祉協議会や社会福祉施設等関係団体などの官民協働による災害福祉支援ネットワークを構築することが示されている。

解答 2

62 地域福祉と包括的支援体制

旧地域福祉の理論と方法・問題 33

地域福祉における多様な参加の形態に関する次の記述のうち，**正しいもの**を**1つ**選びなさい。

1 特定非営利活動法人は，市民が行うボランティア活動を促進することを目的としており，収益を目的とする事業を行うことは禁止されている。

2 社会福祉法に規定された市町村地域福祉計画を策定又は変更する場合には，地域住民等の意見を反映させるように努めなければならないとされている。

3 重層的支援体制整備事業における参加支援事業は，ひきこもり状態にある人の就職を容易にするため，住居の確保に必要な給付金を支給する事業である。

4 共同募金の募金実績総額は，1990 年代に減少に転じたが，2000 年（平成 12 年）以降は一貫して増加している。

5 市民後見人の養成は，制度に対する理解の向上を目的としているため，家庭裁判所は養成された市民を成年後見人等として選任できないとされている。

Point 特定非営利活動法人（NPO 法人），市町村地域福祉計画，重層的支援体制整備事業，共同募金については，法令で基本方針や重要事項などが規定されている。それぞれの法令を確認しておくとよい。

1 × 特定非営利活動法人（NPO 法人）は，**特定非営利活動に支障がない限り，収益を目的として，特定非営利活動に係る事業以外の事業（その他の事業）を行うことができる**。ただし，利益が生じたときは，これを特定非営利活動に必要な資金や運営費に充てなければならない(特定非営利活動促進法第 5 条第 1 項)。また，同法第 3 条第 1 項には，「特定非営利活動法人は，特定の個人又は法人その他の団体の利益を目的として，その事業を行ってはならない」と明記されている。

2 ○ 市町村地域福祉計画は，地域福祉推進の主体である地域住民等（地域住民，社会福祉を目的とする事業を経営する者及び社会福祉に関する活動を行う者）の参加を得て地域生活課題を明らかにし，必要なサービスを計画的に整備するものである。社会福祉法第 107 条第 2 項に「市町村は，市町村地域福祉計画を策定し，又は変更しようとするときは，あらかじめ，地域住民等の意見を反映させるよう努めるとともに，その内容を公表するよう努めるものとする」と規定されている。

3 × 重層的支援体制整備事業における参加支援事業は，既存の制度では対応できないニーズに対応するため，本人・世帯の状態に合わせ，**地域資源を活用し，社会とのつながりづくりに向けた支援を行うものである**。社会福祉法第 106 条の 4 第 2 項第 2 号に「地域生活課題を抱える地域住民であって，社会生活を円滑に営む上での困難を有するものに対し，支援関係機関と民間団体との連携による支援体制の下，活動の機会の提供，訪問による必要な情報の提供及び助言その他の社会参加のために必要な便宜の提供として厚生労働省令で定めるものを行う事業」と明記されている。

4 × 共同募金の募金実績総額は，**1990 年代に減少に転じ，その後も減少を続けている**。社会福祉法第 112 条では，共同募金を「都道府県の区域を単位として，毎年 1 回，厚生労働大臣の定める期間内に限ってあまねく行う寄附金の募集であって，その区域内における地域福祉の推進を図るため，その寄附金をその区域内において社会福祉事業，更生保護事業その他の社会福祉を目的とする事業を経営する者（国及び地方公共団体を除く。）に配分することを目的とするものをいう」と規定されている。

5 × **市民後見人は，家庭裁判所から成年後見人等として選任を受けて活動を行う**。市民後見人の養成は，「市民後見人としての業務を適正に行うために必要な知識・技術・社会規範・倫理性が習得できるよう」行われる（厚生労働省「市民後見人の育成及び活用に向けた取組について」(平成 24 年 3 月 27 日事務連絡))。市町村が研修カリキュラムを策定し実施する。

解答 2

63 地域福祉と包括的支援体制

旧 地域福祉の理論と方法・問題 41

事例を読んで，会議に向けたＤ社会福祉士の方針に関する次の記述のうち，**最も適切なものを１つ選びなさい。**

〔事　例〕

独立型社会福祉士事務所のＤ社会福祉士は，一人暮らしのＥさん（85 歳，女性，要介護１，身寄りなし）の保佐人を務めている。Ｅさんが熱中症の症状で入院することになった際，担当介護支援専門員からＥさんの退院後の支援方針について会議を持ちたいと提案があった。担当介護支援専門員は，Ｅさんは認知機能の低下もあり，単身生活に不安を表明する近隣住民もおり，今後の本人の安全も考えるとサービス付き高齢者向け住宅への転居を検討すべきではないかと話している。また，長年見守りを続け，Ｅさんが信頼を寄せるＦ民生委員は，「本人の思いを尊重したい」と述べている。

1　Ｅさんの最善の利益を実現するため，Ｅさんにサービス付き高齢者向け住宅への転居を促す。

2　Ｅさんにとって危険な状況であるため，緊急的な措置入所の可能性を検討する。

3　Ｅさんの意思を尊重するため，専門職を中心に自宅で暮らし続ける方法を検討する。

4　Ｅさんが思いを表明しやすくするため，Ｅさんが信頼するＦ民生委員に会議に同席してもらう。

5　Ｅさんは認知機能の低下が見込まれるため，会議ではＥさんや関係者で判断せず，かかりつけ医の判断に委ねる。

Point 本事例では，単身生活が不安視されている一人暮らしの認知症高齢者に対する意思決定支援のあり方が問われた。厚生労働省「認知症の人の日常生活・社会生活における意思決定支援ガイドライン」（2018年）を確認し，本人の意思決定能力に基づいた支援のあり方を理解しておくことが大切である。

1　×　Ｅさんは現在一人暮らしをしており，要介護１の状態であることから，住み慣れた地域で**見守りや通いの場をはじめとするサービスを利用しながら自宅で生活を続ける**ことも視野に入れて検討することができる。また，本人が希望しているかどうかを確認せずに，「サービス付き高齢者向け住宅への転居を促す」ことは適切とはいえない。

2　×　Ｅさんは熱中症の症状で入院し，**退院後の生活を検討している場面であることから，「緊急的な措置入所の可能性を検討する」段階にあるとは考えにくい**。高齢者の熱中症は，水分の不足やエアコンの利用を控えること等が原因で発症することが少なくない。したがって，退院後にＥさんがこれまでのように自宅での生活を希望する際は，こまめな水分補給，エアコンの活用，衣服の調整をはじめとする対策により，熱中症を予防することができるかどうかを検討することが大切である。

3　×　**Ｅさんの意思を尊重するのであれば，自宅で暮らし続けることに関するＥさん本人の意思確認が必要**である。本事例からは，Ｅさんが今後の自身の生活をどのように考えているのか把握することはできない。また，仮に「本人の思い」の確認ができており，自宅での生活を希望していたとしても，「専門職を中心に」検討するのではなく，本人も交えて「自宅で暮らし続ける方法を検討する」ことが大切である。

4　○　Ｆ民生委員がＥさんの見守りを長年続けていること，そしてＥさんがＦ民生委員に対して信頼を寄せていることから，Ｆ民生委員に会議に同席してもらうことはＥさんが安心して自分の思いを表明することにつながり，Ｅさんの状況を把握する機会となるため，適切である。

5　×　認知機能の低下があったとしても，Ｅさんにわかりやすく説明しながら今後の生活に対する希望を聞いたり，Ｅさんの保佐人を務めるＤ社会福祉士や担当介護支援専門員等の専門職，Ｆ民生委員，Ｅさんのかかりつけ医等，**日頃からＥさんにかかわっている関係者とＥさん本人が情報を共有しながら，ともに検討することが大切**であり，「かかりつけ医の判断に委ねる」のは適切ではない。

解答 4

64 地域福祉と包括的支援体制

旧地域福祉の理論と方法・問題 34

地域共生社会の実現に向けた，厚生労働省の取組に関する次の記述のうち，**正しいものを1つ選びなさい。**

1 2015年（平成27年）の「福祉の提供ビジョン」において，重層的支援体制整備事業の整備の必要性が示された。

2 2016年（平成28年）の「地域力強化検討会」の中間とりまとめにおいて，初めて地域包括ケアシステムが具体的に明示された。

3 2017年（平成29年）の「地域力強化検討会」の最終とりまとめにおいて，縦割りの支援を当事者中心の「丸ごと」の支援とする等の包括的な支援体制の整備の必要性が示された。

4 2018年（平成30年）の「ソーシャルワーク専門職である社会福祉士に求められる役割等について」において，社会福祉士は特定の分野の専門性に特化して養成すべきであると提言された。

5 2019年（令和元年）の「地域共生社会推進検討会」の最終とりまとめにおいて，生活困窮者自立支援法の創設の必要性が示された。

（注）1 「福祉の提供ビジョン」とは，「誰もが支え合う地域の構築に向けた福祉サービスの実現―新たな時代に対応した福祉の提供ビジョン―」のことである。

2 「地域力強化検討会」とは，「地域における住民主体の課題解決力強化・相談支援体制の在り方に関する検討会」のことである。

3 「地域共生社会推進検討会」とは，「地域共生社会に向けた包括的支援と多様な参加・協働の推進に関する検討会」のことである。

Point 地域共生社会の実現に向けた，厚生労働省の取組に関する問題である。基本方針，報告書や白書は厚生労働省のホームページで内容を確認する必要がある。

1 ✕ 「福祉の提供ビジョン」では，重層的支援体制整備事業の整備の必要性は示されていない。複雑化する支援ニーズ，質の高いサービスを効率的に提供する必要性の高まり，地域の支援ニーズの変化への対応などの社会的背景の中で，**全世代・全対象型の新しい地域包括支援体制を構築する必要性が示された。**

2 ✕ 地域包括ケアシステムが具体的に示されたのは，「地域力強化検討会」の中間とりまとめではない。地域包括ケアシステムは，2003年（平成15年）に高齢者介護研究会がまとめた**「2015年の高齢者介護～高齢者の尊厳を支えるケアの確立に向けて～」の中で初めて具体的な概念が示された。**

3 ○ 「地域力強化検討会」の最終とりまとめでは，包括的な支援体制の整備の必要性が示された。「縦割り」を超えた相談支援体制，「支え手」と「受け手」が固定しない社会や制度づくり，**「他人事」であったさまざまな課題を「我が事」としてとらえる**ことができる地域づくりの実現を目指し，市町村における包括的な支援体制の構築などの方向性が示された。

4 ✕ 「ソーシャルワーク専門職である社会福祉士に求められる役割等について」では，社会福祉士の養成において特定の分野の専門性に特化することを求めていない。社会福祉士が，**分野横断的・業種横断的な関係者との関係形成や協働体制を構築し，それぞれの強みを発見して活用していく**ため，コーディネーションや連携，ファシリテーション，プレゼンテーション，ネゴシエーション（交渉），社会資源開発・社会開発などを行うとともに，地域の中で中核的な役割を担える能力を習得できる教育内容を提言している。

5 ✕ 「地域共生社会推進検討会」の最終とりまとめでは，生活困窮者自立支援法の創設の必要性は示されておらず，地域住民の複雑化・複合化した支援ニーズに対応する市町村における包括的な支援体制の構築を推進するため，**「断らない相談支援」「参加支援」「地域づくりに向けた支援」の三つの支援を一体的に行う新たな事業の創設が求められた。**なお，新たな生活困窮者支援制度の構築について，その必要性が示されたのは，社会保障審議会の「生活困窮者の生活支援の在り方に関する特別部会報告書」においてである。

解答 3

65 障害者福祉

旧障害者に対する支援と障害者自立支援制度・問題 56

障害者福祉制度の発展過程に関する次の記述のうち，**最も適切なものを1つ**選びなさい。

1 1960年（昭和35年）に成立した精神薄弱者福祉法は，ソーシャルインクルージョンを法の目的とし，脱施設化を推進した。

2 1981年（昭和56年）の国際障害者年では，「Nothing about us without us（私たち抜きに私たちのことを決めるな）」というテーマが掲げられた。

3 2003年（平成15年）には，身体障害者等を対象に，従来の契約制度から措置制度に転換することを目的に支援費制度が開始された。

4 2005年（平成17年）に成立した障害者自立支援法では，障害の種別にかかわらず，サービスを利用するための仕組みを一元化し，事業体系を再編した。

5 2013年（平成25年）に成立した「障害者差別解消法」では，市町村障害者虐待防止センターが規定された。

（注）「障害者差別解消法」とは，「障害を理由とする差別の解消の推進に関する法律」のことである。

Point 選択肢**1・2**の解説にある障害者の権利に関する条約については，障害者に関する初めての国際条約であり，市民的・政治的権利，教育・保健・労働・雇用の権利，社会保障，余暇活動へのアクセスなど，さまざまな分野における取組みを締約国に対して求めている。

1 ✕ 1960年（昭和35年）に成立した精神薄弱者福祉法（現・知的障害者福祉法）では，その目的を，「精神薄弱者に対し，その更生を援助するとともに**必要な保護を行ない**，もって精神薄弱者の福祉を図ること」としており（同法第1条），ソーシャルインクルージョンを目的として**脱施設化を推進しているとはいえない**。ソーシャルインクルージョンの理念は，障害者の権利に関する条約（障害者権利条約）に位置づけられており，日本では，条約の締結に先立ち，障害者基本法の改正，障害者自立支援法から障害者の日常生活及び社会生活を総合的に支援するための法律（障害者総合支援法）への改正，障害者差別解消法の制定などの法制度整備が行われた。

2 ✕ 1981年（昭和56年）の国際障害者年では，**「完全参加と平等」**というテーマが掲げられた。「Nothing about us without us」は，1980年代から障害者の当事者団体の間で使われ始めた言葉で，2004年（平成16年）の国際障害者デーの標語に選ばれている。また，最近では2006年（平成18年）の国連総会での，障害者の権利に関する条約の採択前の会合で，締めくくりの言葉として用いられた。条約の制定の過程では，世界中の障害当事者が参加し，発言する機会が設けられた。

3 ✕ 身体障害者等を対象に，**従来の措置制度から支援費制度に転換**することを目的に2000年（平成12年）に法改正が行われ，2003年（平成15年）4月から，支援費制度が開始された。なお，支援費制度とは，サービスの利用者とサービスを提供する施設・事業者が対等の関係に立って，契約に基づきサービスを利用するという制度である。

4 ○ 2005年（平成17年）に成立した障害者自立支援法では，**障害の種別にかかわらず，サービスを利用するための仕組みを一元化**し，事業体系を再編した。障害者自立支援法は，障害者の地域生活と就労を進め，自立を支援する観点から，障害者基本法の基本的理念に則り創設された。

5 ✕ 2011年（平成23年）に成立した**障害者虐待の防止，障害者の養護者に対する支援等に関する法律（障害者虐待防止法）**において，市町村障害者虐待防止センターが規定された（同法第32条）。2013年（平成25年）に成立した障害者差別解消法では，障害を理由とする差別の解消の推進に関する基本的な事項，行政機関等及び事業者における障害を理由とする差別を解消するための措置等を定めている。

解答 4

66 障害者福祉

旧障害者に対する支援と障害者自立支援制度・問題 57

「障害者総合支援法」における介護給付費等の支給決定に関する次の記述のうち，**適切なものを2つ**選びなさい。

1 市町村は，介護給付費等の支給決定に際して実施する調査を，指定一般相談支援事業者等に委託することができる。

2 障害児に係る介護給付費等の支給決定においては，障害支援区分の認定を必要とする。

3 就労定着支援に係る介護給付費等の支給決定においては，障害支援区分の認定を必要とする。

4 市町村は，介護給付費等の支給決定を受けようとする障害者又は障害児の保護者に対し，支給決定後に，サービス等利用計画案の提出を求める。

5 障害支援区分は，障害の多様な特性その他の心身の状態に応じて必要とされる標準的な支援の度合を総合的に示すものである。

（注）「障害者総合支援法」とは，「障害者の日常生活及び社会生活を総合的に支援するための法律」のことである。

Point 障害者総合支援法（以下，法）における介護給付費等の支給を受けようとする障害者又は障害児の保護者は，市町村による支給決定を受けなければならない（法第 19 条第 1 項）。支給決定は，原則として申請者である障害者又は障害児の保護者の居住地の市町村（居住地を有しない又は不明の場合には現在地の市町村）が行う（同条第 2 項）。

1 ○ 市町村は，介護給付費等の支給決定に際して実施する調査を，指定一般相談支援事業者等に委託することができる（法第 20 条第 2 項後段）。このほか，市町村は，介護給付費等の支給決定に際して実施する調査を，指定障害者支援施設又はのぞみの園（新規認定に係る調査の委託はできない），指定特定相談支援事業者，介護保険法に規定する指定市町村事務受託法人に委託することができる（障害者総合支援法施行規則第 9 条）。

2 × 障害児に係る介護給付費等の支給決定においては，**障害支援区分の認定を必要としない**。障害児については，①発達途上にあり時間の経過とともに障害の状態が変化することや，②乳児期については通常必要となる育児上のケアとの区別が必要なこと等検討課題が多く，さらには，③現段階では直ちに使用可能な指標が存在しないとの理由から，障害支援区分を設けていない（厚生労働省「介護給付費等に係る支給決定事務等について（事務処理要領）」）。

3 × 就労定着支援は**訓練等給付費**の支給対象サービスであり，訓練等給付（入浴，排せつ又は食事等の介護を伴う共同生活援助を除く）の支給決定においては，**障害支援区分の認定を必要としない**（障害者総合支援法施行令第 10 条第 1 項）。このほか，障害支援区分の認定を必要としないサービスとしては，地域相談支援（地域移行支援及び地域定着支援）がある。

4 × 市町村は，介護給付費等の支給決定を受けようとする障害者又は障害児の保護者に対し，**支給決定前**に，サービス等利用計画案の提出を求める（法第 22 条第 4 項及び第 5 項）。市町村は，サービス等利用計画案の提出があった場合には，当該サービス等利用計画案等を勘案して支給要否決定を行う（同条第 6 項）。

5 ○ 障害支援区分は，障害の多様な特性その他の心身の状態に応じて必要とされる標準的な支援の度合を総合的に示すものである（法第 4 条第 4 項）。なお，障害支援区分の認定調査項目（80 項目）は，移動や動作等に関連する項目（12 項目），身の回りの世話や日常生活等に関連する項目（16 項目），意思疎通等に関連する項目（ 6 項目），行動障害に関連する項目（34 項目），特別な医療に関連する項目（12 項目）から構成されている（厚生労働省社会・援護局障害保健福祉部長通知「障害支援区分認定の実施について」（平成 26 年 3 月 3 日障発 0303 第 1 号））。

解答 1 5

67 障害者福祉

旧障害者に対する支援と障害者自立支援制度・問題 58

事例を読んで，これからの生活においてＬさんが利用可能な「障害者総合支援法」に基づく障害福祉サービスとして，**適切なものを2つ**選びなさい。

〔事　例〕

Ｌさん（30 歳）は，視覚障害により障害等級１級の身体障害者手帳の交付を受けている。慣れた場所では白杖（はくじょう）を利用し単独で歩行でき，日中は一般就労に従事している。これまで実家暮らしで家族から介護を受けてきたが，職場近くの賃貸住宅を借り，そこで一人暮らしをしようと準備している。これからは，趣味や外食のため，行ったことがない所にも積極的に外出したいと考えている。Ｌさんの障害支援区分は３で，調理，洗濯，掃除等の家事援助を必要としている。

1　居宅介護

2　重度訪問介護

3　同行援護

4　行動援護

5　重度障害者等包括支援

Point　障害福祉サービスを必要としている利用者と，利用可能なサービスとを結びつける基本的な問題である。本事例では，「視覚障害」が重要なポイントとなる。まずは，障害者総合支援法（以下，法）に規定されているすべての障害福祉サービスの内容を理解することが求められる。その上で，個別の障害種別に限定されている又は利用にあたって一定以上の障害支援区分に該当していることとの規定があるサービスを整理して覚えることが重要である。

1　○　Ｌさんは，慣れた場所では白杖を利用し歩行でき，同居している家族から介護を受けている状況である。Ｌさんは，調理，洗濯，掃除等の家事援助を必要としているため，居宅介護（法第５条第２項）の利用は適切である。なお，居宅介護は，障害支援区分１以上の者が対象となるサービスである。

2　×　重度訪問介護（法第５条第３項）のサービス内容は，重度の肢体不自由その他の障害者であって常時介護を要するものについて，居宅又はこれに相当する場所における入浴，排せつ又は食事の介護その他の便宜及び外出時における移動中の介護を総合的に供与することと規定されている。**障害支援区分４以上の者で，二肢以上に麻痺等があり，障害支援区分の認定調査項目のうち「歩行」「移乗」「排尿」「排便」のいずれも「支援が不要」以外に認定されているものが対象となるサービスのため，Ｌさんは利用することができない。**

3　○　同行援護（法第５条第４項）のサービス内容は，視覚障害により，移動に著しい困難を有する障害者等につき，外出時において，当該障害者等に同行し，移動に必要な情報を提供するとともに，移動の援護その他の便宜を供与することと規定されており，**視覚障害のあるＬさんが利用できるサービスである**。同行援護については，障害支援区分の認定を必要としないものとされている。

4　×　行動援護（法第５条第５項）のサービス内容は，知的障害又は精神障害により行動上著しい困難を有する障害者等であって常時介護を要するものにつき，当該障害者等が行動する際に生じ得る危険を回避するために必要な援護，外出時における移動中の介護その他の便宜を供与することと規定されている。障害支援区分３以上の者が対象となるサービスではあるものの，**Ｌさんの障害は，知的障害又は精神障害による行動障害ではなく，視覚障害であるため，サービスを利用することはできない。**

5　×　重度障害者等包括支援（法第５条第９項）のサービス内容は，常時介護を要する障害者等であって，意思疎通を図ることに著しい支障があるもののうち，四肢の麻痺及び寝たきりの状態にあるもの並びに知的障害又は精神障害により行動上著しい困難を有するもの（障害者総合支援法施行規則第６条の２）につき，居宅介護その他の障害福祉サービスを包括的に提供することと規定されており，**障害支援区分６の者が対象となるサービスのため，Ｌさんは利用することができない。**

解答　1　3

68 障害者福祉

旧障害者に対する支援と障害者自立支援制度・問題 61

身体障害者福祉法に関する次の記述のうち，**正しいもの**を**1つ**選びなさい。

1 身体障害者福祉法の目的は，「身体障害者の更生を援助し，その更生のために必要な保護を行い，もつて身体障害者の福祉の増進を図ること」と規定されている。

2 身体障害者の定義は，身体障害者手帳の交付を受けたかどうかにかかわらず，別表に掲げる身体上の障害がある 18 歳以上の者をいうと規定されている。

3 身体障害者手帳に記載される身体障害の級別は，障害等級 1 級から 3 級までである。

4 都道府県は，身体障害者更生相談所を設置しなければならない。

5 市町村は，その設置する福祉事務所に，身体障害者福祉司を置かなければならない。

Point 身体障害者福祉法に関する問題である。身体障害者福祉法，知的障害者福祉法などに関する出題は多くないものの，定期的に出題されている。法の目的，「身体障害者」の定義，実施機関（身体障害者更生相談所），手帳制度についての基本的な知識が求められている。手帳制度については，申請から交付までの手続きについても押さえておく必要がある。また，障害の定義は，ほかの法律と比較して理解することも重要である。

1 × 選択肢の記述は，**1949 年（昭和 24 年）の身体障害者福祉法**（以下，法）**制定時の旧目的規定である**。現行法第 1 条（法の目的）に「この法律は，障害者の日常生活及び社会生活を総合的に支援するための法律と相まって，身体障害者の自立と社会経済活動への参加を促進するため，身体障害者を援助し，及び必要に応じて保護し，もって身体障害者の福祉の増進を図ることを目的とする」と規定している。

2 × 身体障害者手帳の交付が要件となっているため，誤りである。法第 4 条（身体障害者）において，身体障害者を「別表に掲げる身体上の障害がある 18 歳以上の者であって，**都道府県知事から身体障害者手帳の交付を受けたものをいう**」と定義している。

3 × **身体障害者手帳に記載される身体障害の級別は，障害等級 1 級から 6 級までである**。身体障害者福祉法施行規則別表第 5 号「身体障害者障害程度等級表」には，1 級から 7 級までの級別があるが，7 級に該当する障害は単独では手帳は交付されず，7 級に該当する障害が二つ以上重複する場合又は 7 級に該当する障害が 6 級以上の障害と重複する場合に，手帳が交付される。なお，手帳に記載される障害等級が 1 級から 3 級までであるのは，精神障害者保健福祉手帳である。

4 ○ 法第 11 条第 1 項において「都道府県は，身体障害者の更生援護の利便のため，及び市町村の援護の適切な実施の支援のため，必要の地に身体障害者更生相談所を設けなければならない」と規定している。身体障害者更生相談所では，広域的な見地からの実情把握に努めるほか，身体障害者に関する相談及び指導のうち，専門的な知識や技術を必要とするものを行ったり，身体障害者の医学的，心理学的及び職能的判定，補装具の処方及び適合判定などを行う。

5 × 市町村が設置する福祉事務所においては，**身体障害者福祉司の設置は任意**となっているため誤りである。身体障害者福祉司に関する規定は，法第 11 条の 2 にあり，都道府県は「その設置する身体障害者更生相談所に，身体障害者福祉司を置かなければならない」（同条第 1 項）としており，**市町村は「その設置する福祉事務所に，身体障害者福祉司を置くことができる」**（同条第 2 項）とそれぞれ規定している。なお，知的障害者福祉法における知的障害者福祉司についても同様であり，都道府県の知的障害者更生相談所については必置，市町村の福祉事務所については任意設置である（知的障害者福祉法第 13 条第 1 項及び第 2 項）。

解答 4

69 障害者福祉

旧障害者に対する支援と障害者自立支援制度・問題 62

「精神保健福祉法」に規定されている入院に関する次の記述のうち，**最も適切なものを 1 つ選び**なさい。

1 任意入院では，入院者から退院の申出があった場合，精神保健指定医の診察により，24 時間以内に限り退院を制限することができる。

2 応急入院では，精神科病院の管理者は，精神保健指定医の診察がなくても，72 時間以内に限り入院させることができる。

3 医療保護入院では，精神保健指定医の診察の結果，必要と認められれば，本人の同意がなくても，家族等のうちいずれかの者の同意に基づき入院させることができる。

4 医療保護入院では，精神保健指定医の診察の結果，必要と認められれば，本人の同意がなくても，本人に家族等がいない場合は検察官の同意により入院させることができる。

5 措置入院では，本人に自傷他害のおそれがあると認めた場合，警察署長の権限に基づき入院させることができる。

（注）「精神保健福祉法」とは，「精神保健及び精神障害者福祉に関する法律」のことである。

Point 精神保健福祉法（以下，法）に規定する入院形態に関する問題である。自発的入院である任意入院とそれ以外の非自発的入院の入院や退院に関する手続きについて，整理しておく必要がある。

1 × **「24 時間以内」ではなく「72 時間以内」である。**任意入院では，本人から退院の申出があった場合は退院させなければならないが（法第 21 条第 2 項），精神保健指定医の診察により，医療及び保護のために入院を継続する必要があると認めたときは，72 時間（特定医師による診察の場合は 12 時間）に限り，退院を制限することができる（同条第 3 項及び第 4 項）。

2 × **精神保健指定医の診察が必要である。**応急入院は，入院を必要とする精神障害者で，自傷他害のおそれはないが，任意入院を行う状態にない者であり，かつ，急速を要し，家族等の同意が得られない者が対象である（法第 33 条の 7 第 1 項）。入院に際しては，精神保健指定医又は特定医師の診察が必要である。要件を満たすと本人の同意がなくても入院させることができるが，入院期間は，精神保健指定医による診察の場合であっても 72 時間（特定医師の場合は 12 時間）に制限されている。

3 ○ 医療保護入院は，入院を必要とする精神障害者で，自傷他害のおそれはないが，任意入院を行う状態にない者が対象である。精神保健指定医又は特定医師の診察及び家族等のうちいずれかの者の同意が必要である。これらの要件を満たした場合，本人の同意がなくてもその者を入院させることができる（法第 33 条第 1 項）。なお，入院期間については，2022 年（令和 4 年）の法改正により，入院させるにあたっては，3 か月以内の入院期間（通算の入院期間が 6 か月以上の場合は 6 か月以内の入院期間）を定め，また，一定期間ごとに入院の要否の確認を行うこととなった（2024 年（令和 6 年）4 月 1 日施行）。

4 × 「本人に家族等がいない場合」は，「検察官の同意」ではなく，**本人の居住地を管轄する「市町村長の同意」により，**入院させることができる（法第 33 条第 2 項）。なお，2022 年（令和 4 年）の法改正により，家族等が同意又は不同意の意思表示を行わない場合においても，市町村長の同意により入院させることができるようになった（2024 年（令和 6 年）4 月 1 日施行）。

5 × **「警察署長」ではなく「都道府県知事」である。**措置入院は，2 人以上の精神保健指定医が，精神障害のため自傷他害のおそれがあると認めた場合に，都道府県知事の権限により行われる入院形態である（法第 29 条第 1 項及び第 2 項）。急速を要し，上記の手続きを採ることができない場合は，「緊急措置入院」として，1 人の精神保健指定医の判定により入院させることができるが（法第 29 条の 2 第 1 項），この場合，入院期間は 72 時間に制限される（同条第 3 項）。

解答 3

70 障害者福祉

旧就労支援サービス・問題 145

「障害者雇用促進法」が定める雇用義務に関する次の記述のうち，**正しいものを1つ**選びなさい。

1 精神障害者保健福祉手帳の交付を受けている精神障害者は，雇用義務の対象となる。

2 雇用率のカウントに際し，重度の知的障害者を1人雇用したときは，重度以外の知的障害者を3人雇用したものとして扱われる。

3 民間企業の法定雇用率は，国・地方公共団体の法定雇用率より高く設定されている。

4 厚生労働大臣は，法定雇用率未達成の民間事業主の企業名を公表しなければならない。

5 地方公共団体は，法定雇用率未達成の場合に，不足する障害者数に応じて納付金を納付しなければならない。

（注）「障害者雇用促進法」とは，「障害者の雇用の促進等に関する法律」のことである。

Point 障害者雇用促進法に定められる雇用義務に関連する問題は頻出である。障害者が一般労働者と同じ水準において常用労働者となり得る機会を確保することを目的に，民間企業や国・地方公共団体等に対して，その常用労働者数に応じて雇用すべき障害者の割合（法定雇用率）を設定し，達成義務を課している。類似問題が第33回試験にも出題されており，法制度の全般的な理解が必要である。

1 ○ 雇用義務の対象となる障害者の範囲は，障害者雇用促進法（以下，法）第37条に規定されており，**身体障害者，知的障害者又は精神障害者のうち精神障害者保健福祉手帳の交付を受けている者に限られている**。法第2条第1項第1号の障害者の定義とは異なる点に留意する必要がある。

2 × 雇用率のカウントに際し，重度の身体障害者及び重度の知的障害者を，週の所定労働時間が30時間以上の常用労働者として雇用した場合については，**1人をもって重度以外の障害者を2人雇用したものとみなされる**。これを**ダブルカウント**という。

3 × 2021年（令和3年）3月1日から，民間企業の法定雇用率は**2.3％**，国及び地方公共団体等は**2.6％**，都道府県等教育委員会は**2.5％**となっており，民間企業の法定雇用率は，国・地方公共団体よりも**低く**設定されている*。

4 × 厚生労働大臣は，法第47条に基づき，対象障害者の雇入れに関する計画の作成や変更を命じること，適正な実施について勧告することができ，事業主が正当な理由がなく，それに従わない場合には**企業名等を公表することができるが，義務ではない**。

5 × 法定雇用率未達成の場合に，不足する障害者数に応じて納付金を納付しなければならないのは，**民間企業**である。これを**障害者雇用納付金制度**という。障害者雇用納付金制度は，民間企業同士において，障害者雇用に伴う経済的負担を調整し助成・援助を行う共同拠出制度であり，**地方公共団体は対象とされていない**。

解答 1

* 障害者の雇用の促進等に関する法律施行令の改正に伴い，2023年度（令和5年度）から法定雇用率の段階的な引き上げが行われている。2026年（令和8年）7月以降は，民間企業は2.7％，国及び地方公共団体等は3.0％，都道府県等教育委員会は2.9％に引き上げられることとなっている。

71 障害者福祉

旧障害者に対する支援と障害者自立支援制度・問題 59

「障害者総合支援法」等に基づく専門職などに関する次の記述のうち，**最も適切なものを１つ選**びなさい。

1　居宅介護従業者は，指定障害福祉サービスの提供に係る管理を行う者として配置されている。

2　相談支援専門員は，指定特定相談支援事業所において指定計画相談支援を行う者として配置されている。

3　相談支援専門員は，モニタリングに当たっては，１年に１回，利用者宅を訪問し面接を行わなければならない。

4　児童発達支援管理責任者は，指定障害児相談支援事業所において障害児支援利用計画の作成を行う者として配置されている。

5　居宅介護従業者は，病院又は障害福祉施設への紹介その他の便宜の提供を行う者として配置されている。

Point　障害者総合支援法等に基づく専門職とその業務内容を問う問題である。障害児・者に対するサービスには，障害者総合支援法に規定されるサービスと，児童福祉法に規定されるサービスがある。したがって，それぞれの法律に基づく専門職を整理しながら理解することが求められる。

1　×　選択肢の「指定障害福祉サービスの提供に係る管理を行う者」は，居宅介護従業者ではなく，**サービス管理責任者**である。サービス管理責任者は，指定療養介護事業所などの指定障害福祉サービス事業所に必須配置の専門職である。なお，指定居宅介護事業所など，一部の指定障害福祉サービス事業所には，サービス管理責任者ではなく，サービス提供責任者が配置される。

2　○　相談支援専門員は，障害のある人が自立した日常生活や社会生活を営むことができるよう，障害福祉サービスなどの利用計画の作成や地域生活への移行・定着に向けた支援，住宅入居等支援事業や成年後見制度利用事業に関する支援など，障害のある人とその家族の全般的な相談支援を行う専門職である。指定特定相談支援事業所には，相談支援専門員が配置され，サービス等利用計画（案）を作成するなどの指定計画相談支援を行う。

3　×　相談支援専門員が行うモニタリングには標準期間が定められており，**新たにサービスを利用する場合は１か月ごと（利用開始から３か月のみ）**とされているほか，利用者の心身の状況や置かれている環境，利用しているサービスの種類などによって，**１か月に１回**の場合，**３か月に１回**の場合，**６か月に１回**の場合がある。

4　×　児童発達支援管理責任者は，児童福祉法に規定されている**児童発達支援センターや放課後等デイサービスなどの事業所に配置され**，障害児や保護者へのアセスメントに基づき**通所支援計画（児童発達支援計画や放課後等デイサービス計画など）を策定し**，支援の質の管理や支援に伴う連携や相談を行う専門職である（児童福祉法に基づく指定通所支援の事業等の人員，設備及び運営に関する基準第３条第１項，第27条第１項ほか）。なお，選択肢にある「障害児支援利用計画の作成を行う者」とは，**指定障害児相談支援事業所に配置される相談支援専門員**である。

5　×　居宅介護従業者は，障害者等の**居宅へ訪問し，入浴，排せつ又は食事などの介護を行う者**で，居宅介護従業者養成研修の課程を修了した旨の証明書の交付を都道府県知事から受けた者である。

解答　2

72 障害者福祉

旧障害者に対する支援と障害者自立支援制度・問題 60

事例を読んで，この段階においてU相談支援事業所のM相談支援専門員（社会福祉士）が行う支援の内容として，次のうち**最も適切なもの**を**1つ**選びなさい。

〔事 例〕

U相談支援事業所のM相談支援専門員は，V精神科病院の地域医療連携室に勤務するA精神保健福祉士から，精神障害者のBさん（50歳代）の今後の生活について，相談を受けた。Bさんは，V精神科病院において約10年にわたって入院生活を送ってきた。現在，症状は安定しているが，身寄りもなく，帰る場所もない状態であり，聞かれれば，「可能なら就労したい」と答える。そこで，M相談支援専門員は，A精神保健福祉士と連携しつつ，Bさんとの定期的な面接による相談を行い，これからの生活を一緒に考えることになった。

1 地域移行支援による退院支援
2 地域定着支援による退院支援
3 公共職業安定所（ハローワーク）を利用した求職活動の支援
4 障害者就業・生活支援センターによる職業準備訓練を受けるための支援
5 後見開始の審判申立て支援

Point 事例では，利用者のニーズを明確にとらえ，必要とするサービスや支援者に結びつけることが求められる。本問では，相談支援事業所の相談支援専門員（社会福祉士）が，現在，症状が安定しているBさんに対して行う支援の内容が問われている。

1 ○ 地域移行支援は，障害者支援施設等又は精神科病院に入所・入院している障害者に対して，住居の確保に関する相談や障害者福祉サービスの体験利用，体験型宿泊のサポートなどを行うことで，地域における生活に移行できるようにするための支援である（障害者総合支援法第5条第20項）。Bさんは現在，症状が安定しているため，まずは地域で生活することを目標に，地域移行支援による退院支援を，A精神保健福祉士と連携しながら進めていくことが求められる。

2 × 地域定着支援とは，居宅において単身等で生活する障害者に対して，常時の連絡体制を確保し，障害の特性に起因して生じた緊急の事態等の場合に相談等の支援を行うことである（同条第21項）。**Bさんは，現在，精神科病院に入院しているため，地域定着支援の対象とはならない。**

3 × 約10年間精神科病院に入院しているBさんに，公共職業安定所（ハローワーク）を利用した求職活動の支援を開始することは時期尚早である。事例に「聞かれれば，『可能なら就労したい』と答える」とあるが，**現在もなお入院中のBさんの一番のニーズが「求職活動の支援」であるとは判断し難い。**

4 × 障害者就業・生活支援センターは，障害者の職業生活の自立を目的として，雇用や保健，福祉，教育などの地域のさまざまな関係機関と連携し，障害者の住む地域で就業面と生活面の両方における一体的な支援を行う機関である（障害者の雇用の促進等に関する法律（障害者雇用促進法）第27条及び第28条）。Bさんは精神科病院に入院中であり，具体的にどのような職業に就きたいなどの意思を明確に示していない。そのため，**この段階で「職業準備訓練を受けるための支援」を行うことは時期尚早である。**

5 × Bさんの症状は「安定して」おり，直ちに後見開始の審判申立てが必要であるとはいえない。「これからの生活」について，Bさん自身が検討できるよう，**成年後見制度をはじめとする社会資源の情報提供**が求められる。なお，報酬を得ることを目的として，社会福祉士が申立てにかかる書類作成等の具体的な手続きを行う行為（申立支援）を業として行うことは，非弁行為（弁護士法第72条）または非司行為（司法書士法第73条）に抵触する行為であり，できないとされている。支援の過程で，申立支援が必要な場合には弁護士，司法書士と連携を図る。

解答 1

73 刑事司法と福祉

旧更生保護制度・問題 149

更生保護における就労支援に関わる機関・団体に関する次の記述のうち，**最も適切なものを1つ**選びなさい。

1 保護観察所は，保護観察対象者の補導援護として，必要に応じて職業のあっせんを行っている。

2 保護観察対象者は，公共職業安定所（ハローワーク）において，補導援護を受けることが義務化されている。

3 公共職業安定所（ハローワーク）は，協力雇用主に対し，保護観察対象者の雇用を命ずることができる。

4 保護観察所は，協力雇用主に対し，刑務所出所者のみを雇用することを命ずることができる。

5 公共職業安定所（ハローワーク）は，個々の保護観察対象者に対し，求人開拓から就職まで総合的な就労支援を行っている。

Point 刑務所出所者等に対する就労支援を行うにあたり，公共職業安定所（ハローワーク）との連携による支援の実施を問う問題である。刑務所出所者等に対する就労支援は，従来から協力雇用主の協力を得て行われてきたが，近年の雇用情勢の厳しさから，2006 年（平成 18 年）より，法務省と厚生労働省が連携して「刑務所出所者等総合的就労支援対策」を実施している。これは，矯正施設，保護観察所及び公共職業安定所等が連携する仕組みを構築した上で，矯正施設入所者に対して公共職業安定所職員による職業相談，職業紹介，職業講話等を行うものである。社会的に排除された刑務所出所者等が地域の中で立ち直る有効な方法は就労支援であるといわれていることからも，「刑務所出所者等総合的就労支援対策」の内容について理解しておきたい。

1 × 保護観察所は，補導援護の一つとして保護観察者の職業を補導し，就職を助けることを行う（更生保護法第 58 条第 3 号）が，職業のあっせんは専門機関である**公共職業安定所（ハローワーク）**が行っている。ここでいう職業のあっせんとは，求人者と求職者との間をとりもって，雇用関係の成立が円滑に行われるように第三者として世話することを指す。

2 × 保護観察対象者の就労支援を行うにあたって，公共職業安定所（ハローワーク）は有力な社会資源であるが，保護観察における補導援護は，援助的・福祉的な性格を有する取組みのことをいい，**保護観察所及び保護司**によって行われるものである。**公共職業安定所（ハローワーク）によって行われるものではない**ため，適切ではない。

3 × 公共職業安定所（ハローワーク）が協力雇用主に対し，**就労支援の協力を求める**ことはあるが，**保護観察対象者等の雇用を命ずることはできない**。協力雇用主とは，犯罪や非行歴のために仕事に就くことが難しい人の事情を理解し，雇用することで立ち直りを支援する事業主をいう。

4 × 保護観察所が協力雇用主に対し，刑務所出所者等の**就労支援の協力を求める**ことはあるが，**刑務所出所者等を雇用することを命ずることはできない**。

5 ○ 「刑務所出所者等総合的就労支援対策」の一環として，公共職業安定所（ハローワーク）は，保護観察対象者や更生緊急保護の対象者に対して，職業相談・職業紹介，求人情報や職業に関する情報提供を行うほか，①予約制のマンツーマンによる求人開拓から就職までの一貫した支援，②セミナー・事業所見学会，③職場体験講習，④トライアル雇用，④身元保証制度等の支援を実施している。

解答 5

74 刑事司法と福祉

旧更生保護制度・問題 148

事例を読んで，X保護観察所が行うことができる措置に関する次の記述のうち，**正しいものを1つ**選びなさい。

〔事　例〕

少年院に収容されているMさん（17歳）は，親元に帰住することが難しいため，親元以外への帰住を希望している。X保護観察所はどのような措置をとるか検討した。

1　Mさんの少年院入院中に，釈放後の住居を確保することを調整する。
2　Mさんの仮退院を許可する。
3　Mさんの仮退院時に特別遵守事項を定める。
4　Mさんの少年院入院中に，一般遵守事項から住居に関する事項を削除する。
5　Mさんの仮退院時に保護観察期間を定める。

Point　少年院在院少年の生活環境調整における保護観察所のかかわりについての事例問題である。生活環境調整は，矯正施設収容者や保護観察付執行猶予者に対して，その改善更生と社会復帰を円滑に行うために生活環境を整えることを指す。その具体的な内容・それにかかわる人・その手続き等について，参考書を通じた学習に加えて，更生保護法の該当条文を確認することで，より理解が深まるだろう。

1　○　更生保護法第82条第1項において，「保護観察所の長は，**刑の執行のため刑事施設に収容されている者又は刑若しくは保護処分の執行のため少年院に収容されている者**について，その**社会復帰を円滑にするため必要があると認めるとき**は，その者の家族その他の関係人を訪問して協力を求めることその他の方法により，**釈放後の住居，就業先その他の生活環境の調整を行う**ものとする」と規定されている。釈放後，適切な生活環境が準備されていないと，再び非行や犯罪に至る要因ともなり得るため，住居の確保などといったMさんの生活環境調整は，少年院入院中に行うことが求められる。

2　×　少年院からの仮退院を許可するのは，保護観察所ではなく**地方更生保護委員会**である（更生保護法第41条）。

3　×　更生保護法第52条第2項において，「地方委員会は，少年院仮退院者又は仮釈放者について，保護観察所の長の申出により，法務省令で定めるところにより，決定をもって，特別遵守事項を定めることができる」と規定されている。少年院からの仮退院時に特別遵守事項を定めるのは**地方更生保護委員会**であり，保護観察所の長はその申請を行うことになる。

4　×　一般遵守事項は**保護観察対象者全員に共通して定められる遵守事項**であり，住居に関する事項を**削除することはできない**（更生保護法第50条）。一方，保護観察所の長の申出により，少年院仮退院者又は仮釈放者について定められた特別遵守事項が必要なくなったと認められるときは，法務省令で定めるところにより，地方更生保護委員会がそれを削除することができる（更生保護法第53条第2項）。

5　×　少年院からの仮退院を決定するのは**地方更生保護委員会**であり，少年院仮退院者の保護観察は仮退院期間中に行われることになっている（更生保護法第41条及び第42条）。

解答 1

75 刑事司法と福祉

旧更生保護制度・問題 147

保護観察に関する次の記述のうち，**正しいものを1つ**選びなさい。

1 保護観察処分少年の保護観察の期間は，少年の希望を反映して決定される。

2 保護観察所の長は，保護観察処分少年について，保護観察を継続する必要がなくなったと認めるときは，保護観察を解除する。

3 保護観察所の長は，少年院仮退院者について，少年院に戻して収容する旨の決定をすることができる。

4 仮釈放を許された者は，仮釈放の期間満了後，保護観察に付される。

5 懲役刑の全部の執行を猶予された者は，被害者の請求により保護観察に付される。

Point 保護観察に関する設問は頻出である。保護観察の種類（保護観察処分少年（1号観察）・少年院仮退院者（2号観察）・仮釈放者（3号観察）・保護観察付執行猶予者（4号観察）・婦人補導院仮退院者[*1]（5号観察））・期間・具体的な内容・手続き等について，過去問や『受験ワークブック』といった参考書で学習を進めつつ，『犯罪白書』や更生保護法等の関連法の該当条文を確認すると知識が定着するだろう。

1 × 保護観察処分少年の保護観察の期間は，**原則として少年が 20 歳に達するまで（その期間が 2 年に満たない場合には 2 年間）**であり（更生保護法第 66 条），少年の希望を反映して決定されるものではない。

2 ○ 更生保護法第 69 条において，「**保護観察所の長は，保護観察処分少年について，保護観察を継続する必要がなくなったと認めるときは，保護観察を解除する**ものとする」と規定されている。なお，保護観察処分少年の保護観察の一時解除も，保護観察所の長が行うことになっている（更生保護法第 70 条）。

3 × 地方更生保護委員会は，保護観察所の長の申出により，少年院仮退院者が遵守事項を遵守しなかったと認めるときは，当該少年院仮退院者を少年院に送致した家庭裁判所に対して，その者を少年院に戻して収容する旨の決定の申請をすることができる（更生保護法第 71 条）。そして，その申請を受けた**家庭裁判所は，その申請にかかる当該少年院仮退院者について，相当と認めるときはその者を少年院に戻して収容する旨の決定をすることができる**（更生保護法第 72 条）。

4 × 更生保護法第 40 条において，「仮釈放を許された者は，**仮釈放の期間中**，保護観察に付する」と規定されている。

5 × 懲役刑[*2]の全部の執行を猶予された者は，**裁判所の裁量**によって保護観察に付されることがある（刑法第 25 条の 2）。

解答 2

＊1 2024 年（令和 6 年）4 月 1 日より，婦人補導院は廃止された。
＊2 2025 年（令和 7 年）6 月 1 日施行の改正刑法により，懲役と禁錮が一元化され，「拘禁刑」となる。

76 刑事司法と福祉

旧更生保護制度・問題 150

「医療観察法」が定める医療観察制度に関する次の記述のうち，**最も適切なものを1つ**選びなさい。

1 対象となる行為は，殺人，放火，強盗，強制わいせつ，強制性交等及び傷害等に当たる行為である。

2 社会復帰調整官は，各地方裁判所に配属されている。

3 入院決定を受けた者に対して医療を実施する指定入院医療機関は，都道府県知事が指定した病院である。

4 通院決定がなされた場合，指定通院医療機関による医療を受けることができる期間の上限は10年である。

5 地域社会における精神保健観察は，保護観察官と保護司が協働して実施すると規定されている。

（注）「医療観察法」とは，「心神喪失等の状態で重大な他害行為を行った者の医療及び観察等に関する法律」のことである。

Point 医療観察制度の基本的な知識が問われている。医療観察制度の概要を理解していれば，正答できたであろう。医療観察制度の概要の学習は必須であり，医療観察法の目的や対象者，対象行為，処遇の流れを押さえておくとともに，保護観察所の役割と社会復帰調整官の業務内容について理解しておくことが求められる。

1 ○ 医療観察制度は，心神喪失又は心神耗弱の状態で重大な他害行為を行った人の社会復帰を促進することを目的としている。「重大な他害行為」とは，他人に害を及ぼす行為のことであり，**殺人，放火，強盗，強制性交等，強制わいせつ*，傷害（軽微なものは除く）に当たる行為**をいう（医療観察法（以下，法）第1条及び第2条）。

2 × 社会復帰調整官は，**保護観察所**に配属されている。精神障害者の保健及び福祉等に関する専門的知識に基づき，心神喪失等の状態で重大な他害行為を行った人の社会復帰を促進するため，生活環境の調査や調整，精神保健観察等の業務を行う（法第19条及び第20条）。

3 × 入院決定を受けた者に対して医療を実施する指定入院医療機関は，**厚生労働大臣**が指定する（法第2条第4項）。指定入院医療機関の指定は，国，都道府県又は都道府県若しくは都道府県及び都道府県以外の地方公共団体が設立した特定地方独立行政法人が開設する病院であって厚生労働省令で定める基準に適合するものの全部又は一部について，その開設者の同意を得て，厚生労働大臣が行うとしている（法第16条第1項）。

4 × 法に定める通院期間は，地方裁判所の通院決定から**原則3年**である。3年を経過してなお，医療観察法による通院が必要と認められた場合には，地方裁判所の決定により**2年を超えない範囲で，通院期間を延長することができる**（法第44条）。通院処遇は，通算して5年とされており，原則，それ以上の延長は認められない。

5 × 精神保健観察は**社会復帰調整官**が行うものであり，保護観察官と保護司は関与しない。精神保健観察とは，地域において継続的な医療を確保することを目的として，社会復帰調整官が，本人の通院状況や生活状況を見守り，必要な指導その他の措置を講ずるものである（法第106条第2項）。

解答 1

＊ 2023年（令和5年）の刑法改正により，「強制性交等」は「不同意性交等」に，「強制わいせつ」は「不同意わいせつ」にそれぞれ改められた。

77 ソーシャルワークの基盤と専門職

旧相談援助の基盤と専門職・問題 91

次の記述のうち，社会福祉士に関する説明として，**適切なもの**を **2 つ**選びなさい。

1 虐待に関わる相談は，社会福祉士が独占している業務である。
2 社会福祉士は，特定の職種の任用資格になっている。
3 社会福祉士の名称は，国家試験の合格をもって使用することができる。
4 社会福祉士でない者が社会福祉士の名称を使用した場合に罰則がある。
5 介護老人保健施設に社会福祉士を置かなければならない。

Point 社会福祉士は，社会福祉士及び介護福祉士法において定められている国家資格である。その資格の性質は，業務独占ではなく名称独占という位置づけにあるが，近年は社会福祉士の資格を有することを条件に職員を雇用する施設・機関も少なくない。本問は，国家資格としての社会福祉士の法規定を問いつつ，名称独占としての性質と現状についての理解を確認している問題である。

1 × 児童や高齢者など，虐待に対する支援に社会福祉士が関わることは多々あるが，**業務独占として法的に位置づけられているわけではない**。近年では，例えば児童福祉司の採用時に社会福祉士の資格を求めることもあるが，法的には，社会福祉士であることは任用の一つの要件であっても絶対的なものではない。虐待に対する支援において，社会福祉士でなければならないかどうかは，その支援施設や機関等の裁量次第という現状である。

2 ○ 選択肢のとおり。例えば，児童福祉法第 12 条の 3 第 2 項では，児童相談所の所長についての任用要件が規定されており，その一つに社会福祉士が位置づけられている（同項第 3 号）。ほかにも，身体障害者福祉法第 12 条第 1 項第 4 号や，知的障害者福祉法第 14 条第 1 項第 4 号において，それぞれ身体障害者福祉司と知的障害者福祉司の任用要件の一つに社会福祉士が規定されている。相談援助を担う職種において，社会福祉士が任用資格の一つとして規定されていることが多い。

3 × 社会福祉士の国家試験に合格すると，厚生労働大臣より合格証書が交付される。同時に，社会福祉士登録申請書も送付され，合格者は申請書に必要事項を記載，提出することになる。厚生労働大臣が申請書を審査し，社会福祉士となる資格を有すると認められれば，社会福祉士登録簿に登録，当該申請者に社会福祉士登録証が交付される。**登録簿に登録され，登録証が交付されて初めて社会福祉士の名称を使用することができる。**

4 ○ 社会福祉士及び介護福祉士法第 48 条において，**「社会福祉士でない者は，社会福祉士という名称を使用してはならない」**と規定されている。また，同法第 53 条において，**この規定に違反した者は，30 万円以下の罰金に処する**と規定されている。そのほか，例えば秘密保持義務違反などに対しては，懲役*や罰金などの罰則が規定されている一方で，信用失墜行為に関しての罰則規定は設けられていない。

5 × 介護老人保健施設も含め，**施設の人員配置基準において，社会福祉士を必置で規定しているものはない**。地域包括支援センターは，社会福祉士の設置を規定しているが，人員の確保が困難である場合には，社会福祉士に準ずる者（福祉事務所での現業員等の業務経験が 5 年以上又は介護支援専門員の業務経験が 3 年以上あり，かつ，高齢者の保健福祉に関する相談援助業務に 3 年以上従事した経験を有する者）の配置も可能とされている。

解答 2 4

＊ 2025 年（令和 7 年）6 月 1 日施行の改正刑法により，懲役と禁錮が一元化され，「拘禁刑」となる。

78 ソーシャルワークの基盤と専門職

旧相談援助の基盤と専門職・問題 92

次のうち，「ソーシャルワーク専門職のグローバル定義」（2014 年）に関する記述として，**最も適切なものを 1 つ**選びなさい。

1　本定義は，各国および世界の各地域を問わず，同一であることが奨励されている。

2　ソーシャルワーク専門職は，社会変革を任務とするとともに社会的安定の維持にも等しく関与する。

3　ソーシャルワークの原則において，マイノリティへの「多様性の尊重」と「危害を加えない」ことは，対立せずに実現可能である。

4　ソーシャルワークの研究と理論の独自性は，サービス利用者との対話的過程とは異なるところで作り上げられてきた。

5　ソーシャルワークの焦点は多様であるが，実践における優先順位は固定的である。

（注）「ソーシャルワーク専門職のグローバル定義」とは，2014 年 7 月の国際ソーシャルワーカー連盟（IFSW）と国際ソーシャルワーク学校連盟（IASSW）の総会・合同会議で採択されたものを指す。

Point「ソーシャルワーク専門職のグローバル定義」（以下，グローバル定義）は，ソーシャルワーカーとしての社会福祉士がよって立つ基盤である。グローバル定義では，その注釈において，ソーシャルワーク専門職として中核となる任務や原則，また，ソーシャルワークの知や実践が説明されている。本問は，グローバル定義の基本的方向性や具体的な内容，さらには定義にあるそれぞれの説明に対して，矛盾する解釈を行わないための理解を促している問題である。

1 ×　グローバル定義に**「この定義は，各国および世界の各地域で展開してもよい」**とあるように，グローバル定義に反しない範囲で，それぞれの国や地域は，その置かれた社会的・政治的・文化的状況に応じた独自の定義を作ることができるようになった。つまり，グローバル（世界）・リージョナル（地域）・ナショナル（国）という三つのレベルをもつ重層的な定義を想定している。

2 ○　**社会変革**は，グローバル定義で強く求められているソーシャルワークの中核的任務の一つである。同時に，本定義においては，特定の集団を周縁化したり，排除又は抑圧したりするなどの手段にソーシャルワークが利用されないという場合に限定して，**社会的安定の維持に等しく関与する**と説明されている。それゆえ，**社会変革と社会的安定の維持は，矛盾することなく成り立つと理解することができる。**

3 ×　ソーシャルワークの原則として示されている**「多様性の尊重」**と**「危害を加えない」こと**は，マイノリティの権利が文化の名において侵害される場合などに，**対立し，競合する価値観となることがある。**ソーシャルワーカーの教育においては，このような複雑な問題に対処するため，基本的人権アプローチに基づくべきであると考えられている。

4 ×　グローバル定義のソーシャルワークの知の説明において，ソーシャルワークの研究と理論の独自性は，その応用性と解放志向性にあるとされている。そして，**多くのソーシャルワークの研究と理論は，サービス利用者との双方向性のある対話的過程を通して共同で作り上げられてきた**ものであり，それゆえに特定の実践環境に特徴づけられると示されている。

5 ×　ソーシャルワークの焦点が多様であることは間違いなく，その実践は，カウンセリングやコミュニティワーク，政治的介入など多岐にわたる。ただし，ソーシャルワークの実践が何を優先するかに関しては，国や時代，さらには，歴史的・文化的・政治的・社会経済的条件によって多様であるため，**実践での優先順位は流動的であると考えなければならない。**

解答 2

79 ソーシャルワークの基盤と専門職

旧 相談援助の基盤と専門職・問題 94

事例を読んで，Z障害者支援施設のF生活支援員（社会福祉士）がこの時点で行う支援方針の見直しに関する次の記述のうち，**最も適切なものを1つ**選びなさい。

〔事　例〕

知的障害のあるGさん（35歳）は，日頃から言語的コミュニケーションは難しいところがあるが，Z障害者支援施設から離れた場所にある生家に一時外泊を行った。Gさんが施設に戻った際に，Gさんの家族から，外泊中の様子を伝えられた。自分から気に入った場所に遊びに出掛けたり，簡単な食事は自分で用意したりしていたとのことであった。F生活支援員にとっては，施設ではこれまで見掛けたことのなかったGさんの様子であった。

1　Gさんの支援は，施設と自宅では環境が異なるため，施設の事情や制約に合わせた支援を行うことを再確認する。

2　Gさんの施設での生活では，職員が考えるGさんの最善の利益に関する事柄を優先的に取り入れる。

3　Gさんの興味が広がるよう，Gさんの理解力や意思決定の力を考慮して，思いや選好を確認するよう努める。

4　家族から聞いた話を基に，Gさんの支援に，自立に向けたプログラムとして施設内で実施している料理教室への参加を組み入れる。

5　Gさんの短期的な支援目標を，施設に近接する共同生活援助（グループホーム）への移行に改める。

Point　障害者の意思決定に関連する事例問題である。施設でのふだんの様子と，外泊時のGさんの行動の変容をソーシャルワーカーが適切にとらえ，可能な限り本人が自ら意思決定できるような支援を考える必要がある。

1　×　自宅とは環境の異なる施設であっても，支援にあたっては，意思決定支援を通じた本人の自己決定に基づき行うことが原則である。施設の事情や制約に合わせた支援を行うことは望ましくない。

2　×　障害者本人への支援は，意思決定が反映された自己決定に基づき行うことが原則である。意思決定支援によって確認又は推定された本人の意思，本人の最善の利益と判断された内容を反映したサービス等利用計画や個別支援計画（意思決定支援計画）を作成し，本人の自己決定に基づくサービスの提供を行うことが重要である。

3　○　理解力や意思決定の力を考慮した支援方針の見直しとして，**Gさんの思いや選好を確認するよう努めることは重要である**。意思決定支援では，障害者への支援の原則は自己決定の尊重であることを前提として，本人の意思確認や選好推定，最善の利益を検討する必要がある。

4　×　家族から聞いた話だけを基に，自立に向けた料理教室プログラムへの参加を組み入れるのは，支援方針の見直しとしてはふさわしくない。**意思決定支援によって確認又は推定された本人の意思決定に基づくサービスの提供を行うことが重要である**。ただし，意思決定支援を進めるためには，本人のこれまでの生活環境や生活史，家族関係，人間関係，嗜好等の情報を把握しておくことが必要であり，家族も含めた本人のこれまでの生活の全体像を理解することは，本人の意思を推定するための手がかりとなる。

5　×　短期的な支援目標として，共同生活援助への移行に改めるのは，支援方針の見直しとしてはふさわしくない。まずはGさんの意向などを確認するべきである。Gさんの意向を確認せずに，短期的な支援目標を共同生活援助への移行に改めるのは適切ではない。

解答 3

80 ソーシャルワークの基盤と専門職

旧 相談援助の基盤と専門職・問題 93

19 世紀中期から 20 世紀中期にかけてのソーシャルワークの形成過程に関する次の記述のうち，**最も適切なもの**を**1 つ**選びなさい。

1　エルバーフェルト制度では，全市を細分化し，名誉職である救済委員を配置し，家庭訪問や調査，相談を通して貧民を減少させることを目指した。
2　セツルメント運動は，要保護者の個別訪問活動を中心に展開され，貧困からの脱出に向けて，勤勉と節制を重視する道徳主義を理念とした。
3　ケースワークの発展の初期段階において，当事者を主体としたストレングスアプローチが提唱された。
4　ミルフォード会議では，それまで分散して活動していたソーシャルワーク関係の諸団体が統合された。
5　全米ソーシャルワーカー協会の発足時には，ケースワークの基本的な事柄を広範囲に検討した結果として，初めて「ジェネリック」概念が提起された。

Point　ソーシャルワークの形成過程は，産業革命の諸問題を解決する活動から発展し，20 世紀に体系化される。ソーシャルワークは，複数の学問分野をまたぎ，その境界を超えていくものであり，広範な科学的諸理論及び研究を利用する。ゆえに，ソーシャルワーカーが専門職であるために，ソーシャルワークの源流とともに形成過程を学ぶことは大切である。歴史学習は，単に変遷を学ぶのではなく，その変遷の意味と現代社会への必需性を探究することに意義がある。

1　○　エルバーフェルト制度とは，1852 年からドイツのエルバーフェルト市で実施された救貧制度である。全市を 546 区に分け，各地区にボランティアの救済委員を配置し，貧困家庭の訪問，調査，相談などの援助を行った。ドイツの多くの都市の救貧制度に大きな影響を与えたばかりでなく，欧米諸国からも注目された。日本における**民生委員制度**の原型もここに求められている。

2　×　選択肢は，**慈善組織協会（COS）**に関する記述である。セツルメント運動は，知識人や学生，宗教家たちが，スラム街などの貧しい地域へ移住し，社会的に弱い立場にある人たちやその家族と生活をともにしながら，生活実態を学び，その解決方策を探っていくものである。

3　×　当事者を主体としたストレングスアプローチは，**1980 年代頃から広まった新しいモデル**である。20 世紀に入り，客観的事実に依拠した専門的なアプローチの必要性が認識されるなか，クライエント個人や家族，地域に見出せる強さに焦点を当てて問題解決を行うストレングスアプローチや実践モデルが展開されてきた。

4　×　選択肢は，**全米ソーシャルワーカー協会の発足時**に関する説明である。全米ソーシャルワーカー協会は 1955 年に結成され，既存のソーシャルワーク関係 7 団体を吸収統合することにより，専門職の統一的組織となった。ソーシャルワーカーが専門職として成立していく過程において，その実践を全体的にとらえ，共通基盤を明確にすることは不可避の課題であったが，協会の結成を直接的な契機として，ソーシャルワークの統合化への動きに一気にはずみがついた。

5　×　選択肢は，**ミルフォード会議**に関する説明である。ミルフォード会議とは，1923 年から 1928 年にかけて，アメリカのペンシルバニア州ミルフォード市でケースワークの六つの全国組織により開催されていた会議である。1929 年のミルフォード会議の報告書において，初めて**「ジェネリック」**という概念が登場し，ソーシャルワークの統合化へのさきがけとなるものとして評価された。

解答 1

81 ソーシャルワークの基盤と専門職

旧 相談援助の基盤と専門職・問題 95

リッチモンド（Richmond, M.）の人物と業績に関する次の記述のうち，**適切なものを 2 つ**選びなさい。

1 ケースワークの専門職としてニューヨーク慈善組織協会に採用された。

2 ケースワークの体系化に貢献したことから，後に「ケースワークの母」といわれた。

3 社会改良を意味する「卸売的方法」は，個別救済を意味する「小売的方法」の始点であり終点であると位置づけた。

4 『社会診断』において，ケースワークが社会的証拠の探索と収集を重視することに対して，異議を唱えた。

5 『ソーシャル・ケース・ワークとは何か』において，ケースワークを人間と社会環境との間を調整し，パーソナリティを発達させる諸過程と定義した。

Point 先駆者たちの言動にふれ，社会福祉の歴史や成り立ちの本質をつかむことは，社会福祉の「現在」と「これから」を考える上で大切な知見となる。本問は，19 世紀後半に全米各地に普及した「慈善組織協会（COS）」を舞台にして活躍し，ケースワークの体系を築くとともにソーシャルワークの専門職化に先鞭をつけた，リッチモンドに関する設問である。

1 × リッチモンドは，1889 年に**アメリカのボルティモア慈善組織協会の会計補佐として採用され**，2 年後には財政管理に卓抜した能力を発揮し，総主事（事務局長）になった。リッチモンドに任された仕事は会計だけにとどまらず，地区のケース会議に参加したり，直接友愛訪問をしたりと，幅広く活動した。リッチモンドは，友愛訪問による個人へのはたらきかけに始まり，慈善活動の全体的視野に立ち，新しい資源の開発や社会改良の運動にもかかわった。

2 ○ リッチモンドは，慈善組織協会を舞台にして活躍し，ケースワーク理論の体系を築いた。1917 年に『社会診断』，1922 年に『ソーシャル・ケース・ワークとは何か』を出版し，その業績は語り継がれ，後に**「ケースワークの母」**と呼ばれるようになった。

3 × リッチモンドは，**「卸売的方法」だけが社会改良ではなく，個人に対するはたらきかけである「小売的方法」も社会環境を改革する一つの形態であると位置づけた**。そして，二つの方法の展開を従えたソーシャルワークの機能を，人間と環境の双方に，バランスよく注視することの重要性を示唆した。

4 × リッチモンドは，ケースワークにおいて**社会的証拠の探索と収集を重視した**。リッチモンドが『社会診断』で成し遂げようとしたことは，ケースワーカーが共通に所有できる知識・方法を確立し，ケースワークを専門的な水準に高め，次世代のソーシャルワーカーを養成するために知識と方法を伝えることであった。リッチモンドは，ケースワークを「社会的証拠」の収集から始め，「比較・推論」を経て「社会診断」を導き出す過程として規定している。

5 ○ リッチモンドは，『ソーシャル・ケース・ワークとは何か』において，ケースワークを**「人間と社会環境との間を個別に，意識的に調整することを通してパーソナリティを発達させる諸過程から成り立っている」**と定義した。また，リッチモンドは，人を「社会的諸関係の総体」からなるものとしてとらえ，その「社会的諸関係」を調整することによってクライエントのパーソナリティの発達を図っていくところにケースワークの独自性を求めた。

解答 2 5

82 ソーシャルワークの理論と方法

旧相談援助の理論と方法・問題 98

事例を読んで，R市子ども福祉課の社会福祉士が行う，家族システムの視点に基づいた今後の対応として，**適切なもの**を **2 つ**選びなさい。

〔事　例〕

Jさん（15 歳）は，小学 6 年生の時に父親を交通事故で亡くした後，母親（37 歳）と母方の祖母（58 歳）の 3 人で暮らしている。母親は，朝から夜中まで働いているため，家事全般は祖母が担っている。Jさんは，中学生になった頃から，祖母へ暴言を吐くようになり，最近は家の中で暴れたり，家に帰ってこなかったりするようになった。祖母は途方に暮れ，友人でもある近所の民生委員・児童委員に相談すると，R市子ども福祉課の相談窓口を紹介され，来所につながった。

1　祖母に思春期の子への対応方法を学習する機会を提供する。
2　家族の凝集性の高さが問題であるため，母親に祖母との距離を置くよう求める。
3　家族関係を理解するため，3 人の互いへの思いを尋ねていく。
4　家族システムを開放するため，Jさんの一時的別居を提案していく。
5　家族の規範を再確認するため，それぞれの役割について話し合う機会を設ける。

Point　家族をシステムとしてとらえる視点に基づいた対応に関する問題である。家族をシステムとしてとらえる上では，家族内での個人の変化はほかの家族員にも影響を及ぼすこと，家族全体の構造や機能の変化が個人の生活に影響を及ぼすことがあると理解する必要がある。Jさんの家族は，父親を亡くしたことで家族構造が変化している。また，母親がほとんど家事や養育にかかわれていない様子は，父親に代わり収入を得る役割が母親に求められているためと推測される。そのような家族の変化の中で，Jさんは思春期を迎え，自身の葛藤や不安定さを受け止めてもらえる存在が必要になっていると思われるが，そのための家族の機能が弱いことが考えられる。家族システムの視点に基づいた対応は，表出された問題（Jさんの行動）だけに焦点を当てるのではなく，その背景となる家族の構造や機能を理解し，家族がより機能的になることを目指して行われる。

1 ×　Jさんの行動を理解するために，祖母に思春期の子への対応方法を学習する機会を提供することには意味があるが，それだけでは現在のJさん**家族の機能を高め，互いのニーズに応えられる家族の変化が期待できるとはいえない**。

2 ×　事例中には，家族の凝集性（まとまり）の高さが読み取れるような記述はなく，母親に祖母と距離を置くように求めることは根拠に欠ける対応であるため，不適切である。

3 ○　家族間のつながりには，それまでの生活のかかわりから，相互にさまざまな感情と，期待や願いなどの思いがあると考えられる。それらの思いを聴くことで**家族メンバー相互の関係の質を理解**することができ，その後の家族支援を考える上で重要なアセスメントとなる。加えて，それぞれの思いを話す経験は，一人ひとりが**家族関係を振り返り自覚する機会**としても意義がある。

4 ×　家族システムを開放することが必要と考えられる事例の記述はない。また，Jさんに別居の意思は確認できず，現実的にJさんが生活できる場所もない。したがって，一時的であっても別居を提案することは不適切である。

5 ○　Jさん家族において，大切にすべき規範は何かを家族 3 人で話し合い，確認または見直すことは家族の機能を高めるために重要である。家族として大切にすることは何かを考え，それぞれの役割について話し合うことで，例えば，Jさんと母親がかかわる時間をつくる提案や，Jさんが家事に協力するなどの提案がなされる可能性もある。このような話し合いには，**家族機能を高めるはたらきがある**。

解答 3 5

83 ソーシャルワークの理論と方法

旧 相談援助の理論と方法・問題 99

ソーシャルワークのアプローチに関する次の記述のうち，**最も適切なもの**を**1つ**選びなさい。

1 行動変容アプローチでは，クライエントの主体的な意思決定や自己選択が重視され，自分の行動と決定によって生きる意味を見いだすことを促す。

2 問題解決アプローチでは，クライエントのニーズを機関の機能との関係で明確化し，援助過程の中で，社会的機能を高めるための力の解放を焦点とする。

3 実存主義アプローチでは，その接触段階で，クライエントの動機づけ・能力・機会についてのソーシャルワーカーからの探求がなされる。

4 ナラティヴアプローチでは，クライエントのドミナントストーリーを変容させることを目指し，オルタナティヴストーリーを作り上げ，人生を再構築するよう促す。

5 機能的アプローチでは，ターゲット問題を明確化し，クライエントが優先順位をつけ，短期処遇を目指す。

Point ソーシャルワークの各種アプローチの特徴を問う問題である。アプローチとは，クライエントとその環境を理解し，適切にはたらきかけるための理論と方法を体系的にまとめたものである。それぞれのアプローチは，基本となる理論や視点，展開プロセスなどに特徴があり，整理して学習する必要がある。

1 × 選択肢は，**実存主義アプローチ**の説明である。行動変容アプローチは，学習理論に基づく行動療法をソーシャルワークの支援方法として応用したものである。オペラント条件づけの応用では，望ましい行動を強化することや不適切な行動を消去することによる問題解決が目指される。レスポンデント条件づけの応用では，特定場面での不安や恐怖の解消を図ることで，場面に適応できるように支援が行われる。

2 × 選択肢は，**機能的アプローチ**の説明である。問題解決アプローチは，パールマン（Perlman, H.）によって体系化されたアプローチであり，クライエントが経験している問題を，クライエント自身が解決できるように，受容的な援助関係からクライエントの自我を支え促進する（側面的支援）こと，解決すべき問題を分割して整理することなどが支援の特徴である。また，クライエントの問題解決能力（ワーカビリティ）を評価するために，問題解決への動機・能力・機会といった側面から理解する。

3 × 選択肢は，**問題解決アプローチ**の説明である。実存主義アプローチの土台には，人はその人生において「生きる意味」があり，どのような状況にあっても人は選択できる自由をもつといった哲学的思想がある。支援においては，クライエントが経験する「苦悩」を避けるべきものとして排除するのではなく，その状況においてもクライエントが自己の存在の意味を見出すことを大切にする。また，クライエントが「今・ここ」で経験していることを肯定的に受け止めていく。

4 ○ ナラティヴアプローチは，クライエントのナラティヴ（語り）に耳を傾け，先入観を排除してクライエントの内的な世界を受け止め理解する姿勢が大切にされる。クライエントは，語りの体験から自らのストーリーを客観視でき，それまでクライエントを支配していたドミナントストーリーを相対化させ，別の生き方や考え方であるオルタナティヴストーリーを選択することが可能になっていく。

5 × 選択肢は，**課題中心アプローチ**の説明である。機能的アプローチにおける「機能」とは，ソーシャルワーカーの所属する機関のサービス提供機能や，クライエントのニーズの充足に必要な社会的機能などを意味する。機能的アプローチに基づく支援では，クライエントに対する傾聴，受容，共感的姿勢から援助関係を形成し，クライエントが自身の課題に向き合い，必要なサービスや制度を主体的に活用できるようになることを重視する。

解答 4

84 ソーシャルワークの理論と方法

旧 相談援助の理論と方法・問題 100

エンパワメントアプローチに関する次の記述のうち，**適切なものを 2 つ**選びなさい。

1 クライエントが持つ資源より，それ以外の資源を優先して活用する。

2 クライエントのパーソナリティに焦点を絞り，行動の変化を取り扱う。

3 クライエントのパワーレス状態を生み出す抑圧構造への批判的意識を醸成する。

4 個人，対人，組織，社会の四つの次元における力の獲得を目指す。

5 クライエントが，自らの置かれた社会状況を認識しないように注意する。

Point エンパワメントアプローチとは，クライエントが本来持っている能力や権利を回復できるように，クライエント本人と環境，社会にはたらきかける一連の過程である。人が無力な状態（パワーレス）になるのは，病気や障害といった個人の要因によるものだけではなく，社会一般の常識や価値観，社会参加を阻む障壁，法律や制度の不備など既存の社会構造による要因が大きく影響している。ソーシャルワーカーはクライエントとパートナーとしての関係を築き，クライエントの主体性を尊重しながら自己肯定感や他者と協働する力を回復させる。個人のアドボカシーからソーシャルアクションへの展開が期待される。

1 × クライエントは，本人の能力や潜在的な可能性といった内在する資源と，身近に活用できるものや人とのつながりといった外在する資源など，さまざまな資源を持っている。エンパワメントアプローチでは，**クライエントが持つ資源に注目することによって，クライエントの自己肯定感を高め，何かを変えられると期待を感じられるようになることを大切にする**。選択肢の「それ以外の資源を優先して活用する」という記述は誤りである。

2 × クライエントのパーソナリティは，個性として尊重すると同時に，**クライエントの強みや資源**と理解することができる。エンパワメントアプローチにおいて，そのような**パーソナリティに注目することはあっても，限定的に焦点を絞ることはない**。ソーシャルワーカーは，クライエントとの関係形成やさまざまな資源の活用，関係者との協働などにより，クライエントが自らの権利を主張でき，環境にはたらきかける力を高められるよう支援する。

3 ○ 抑圧構造は，例えば，性の多様性に対して，社会的無理解があること，学校や組織で男女に分けられた制服の着用が求められること，異性間の婚姻を前提とした結婚制度が維持されていることなどのように，既存の価値観，文化，制度といった社会構造の固定化によって引き起こされる。**クライエントをエンパワメントすることにより，クライエント自身が抑圧構造に気づき，そのような構造を変革する意識を高めていく**。

4 ○ エンパワメントアプローチは，主に**個人，対人，組織，社会という四つの次元を進みながら，広がりをもって展開される**。まず，個人では自尊心，自己肯定感を高める。対人では他者と対等にかかわり，必要な場面で協働する。組織では所属する学校や職場などで正当な権利の主張と獲得を目指す。そして，社会では抑圧的な制度や構造を変えるためのアクションを展開していく。

5 × エンパワメントアプローチによる支援展開では，**クライエントが自らの置かれている社会的な抑圧構造を認識できるように支援する**。パワーレスな状態は，個人の要因だけでなく抑圧構造によっても引き起こされているため，クライエントがそのことを認識することで自身に対する否定的感情を弱め，解放されていくと考えられる。

解答 3 4

85 ソーシャルワークの理論と方法

旧相談援助の理論と方法・問題 101

相談援助の過程におけるプランニングに関する次の記述のうち，**最も適切なもの**を**1つ**選びなさい。

1 アセスメントと相談援助の実施をつなぐ作業である。

2 短期目標は，将来的なビジョンを示すものとして設定する。

3 家族の要望に積極的に応えるような計画を立てる。

4 生活状況などについて情報収集し，サービス受給要件を満たしているかを確認することである。

5 クライエントの課題解決能力を超えた課題に挑戦するよう策定する。

Point プランニングに関する問題である。プランニングは，クライエントの援助計画の策定のために，具体的なサービスを検討する段階である。クライエントのもつ問題の性質とソーシャルワーカーが所属している機関の特徴によって，援助計画の内容が決定されていくが，相談援助の内容は，人間関係調整などの「ソーシャルワーク理論を用いる援助」と,「社会資源の活用を図る援助」に大きく分けることができる。ソーシャルワーク理論を用いる場合には，クライエントの心理的な問題や人間関係の調整，地域ネットワークの育成や集団の組織化，組織の運営・管理など，ミクロなものからマクロなものまでがある。

図　相談援助（ソーシャルワーク）の過程

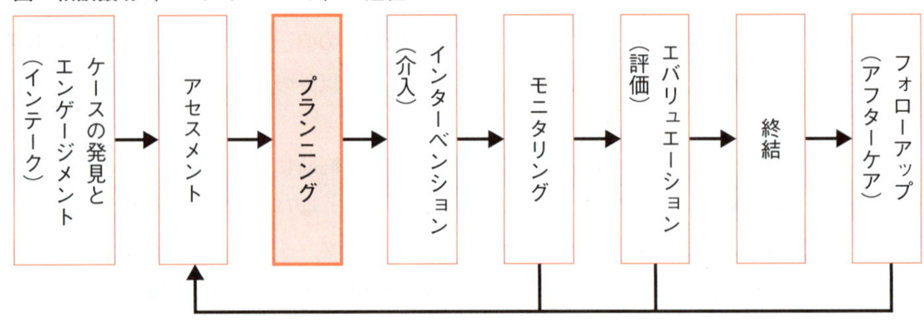

1 ○ 選択肢のとおり。アセスメントが終わり，具体的なターゲットが明確になると，援助目標に向かって援助計画が立てられる。

2 × 選択肢は，**長期目標**の記述である。短期目標は，長期目標に関連するもので，クライエントの状況改善につながるとクライエントが同意し，かつ実現可能なことを設定する。

3 × プランニングでは，**クライエントの意思や感情**が尊重され，クライエント自身も計画の策定に参加することが求められる。家族の要望に応えることが重視されているわけではない。

4 × 選択肢は，**アセスメント**の記述である。アセスメントとは，クライエントや家族の解決すべき課題やニーズを明らかにすることであり，そのために**情報収集**等を行う過程を指す。

5 × 援助計画における目標は，**現実的で達成可能**な課題であることを重視し，起こり得るリスクへの対応を踏まえて策定する。能力や資源を活用して，クライエント自身のウェルビーイングを増進させることが援助の目的である。

解答 1

86 ソーシャルワークの理論と方法

旧 相談援助の理論と方法・問題 102

相談援助の過程におけるモニタリングに関する次の記述のうち，**最も適切なもの**を**1つ**選びなさい。

1 文書や電話ではなく，クライエントとの対面で行うものである。
2 モニタリングの内容を記録に残すよりも，情報収集に集中することを重視する。
3 モニタリングの対象には，クライエントやその家族とともに，サービス提供者等の支援者も含まれる。
4 クライエントの主観的変化よりも，生活状況等の客観的変化の把握を重視する。
5 モニタリングは，インテークの途中で実施される。

Point モニタリングに関する問題である。モニタリングは，援助の実施の間に，援助計画の見直しの必要性を確認したり，実施されているサービスの質を評価したりすることをいう。モニタリングを行い，クライエントやその家族に不都合があったり，サービス実施上の支障が確認された場合には，再アセスメント，再プランニングを行う。クライエント自身の課題への取組み状況を確認していくことも，ソーシャルワークにおけるモニタリングの重要な視点である。

図 相談援助（ソーシャルワーク）の過程

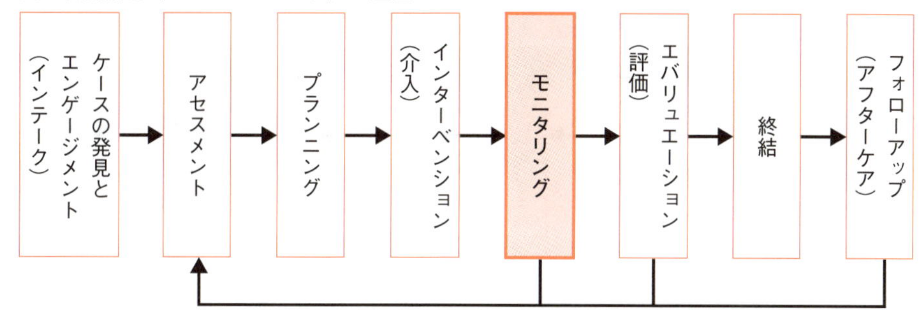

1 ✕ モニタリングの方法としては，クライエントやその家族との面談や家庭訪問，必要があればサービス提供者等の支援者とのケア会議の開催があげられるが，**やむを得ない事情により対面でできない場合は文書や電話でもよい**とされることがある。

2 ✕ クライエントやその家族，サービス提供者等の支援者から得られたモニタリングの結果については，今後の援助計画の立て直し作業に結びつけるために，**記録としてまとめておく必要がある**。

3 ○ 選択肢のとおりである。**クライエントやその家族，サービス提供者等**の双方から十分な聞き取りを行い，それまでの経過や実施状況を確認する。

4 ✕ 援助の実施状況を客観的に把握することは重要であるが，クライエントやその家族の気持ちの変化も起こり得るので，客観的な変化だけでなく，主観的な言動も重視する必要がある。

5 ✕ モニタリングは，**インターベンション（介入）**の途中で実施される。インターベンションは，援助計画に沿って実際に援助を行う段階であり，モニタリングはその経過を観察・評価する。対してインテークは，相談援助が開始される最も初期の段階である。

解答 3

87 ソーシャルワークの理論と方法

旧相談援助の理論と方法・問題 103

相談援助の過程における終結に関する次の記述のうち，**最も適切なもの**を１つ選びなさい。

1 ソーシャルワーカーが，アセスメントを行い判断する。

2 残された問題や今後起こり得る問題を整理し，解決方法を話し合う。

3 クライエントのアンビバレントな感情のうち，肯定的な感情に焦点を当てる。

4 クライエントは，そのサービスを再利用しないことを意味する。

5 問題解決の過程におけるソーシャルワーカーの努力を振り返る。

Point 終結に関する問題である。支援の期間は，クライエントの状況などに応じてさまざまであるが，いずれにしても支援の必要性がなくなれば，終結の段階を迎える。クライエントの生活を支援するということを考えれば，ソーシャルワーカーは日々変化する状況に長い間対応し続けなければならず，支援は終結しないことになる。ソーシャルワークが目指しているのはクライエントの自立生活の支援であり，保護的・依存的関係の助長ではないため，一つひとつの問題ごとに，それが解決されたり，クライエント自身で対処していけることが確認された時点で終結とみなしたほうがよいであろう。

図　相談援助（ソーシャルワーク）の過程

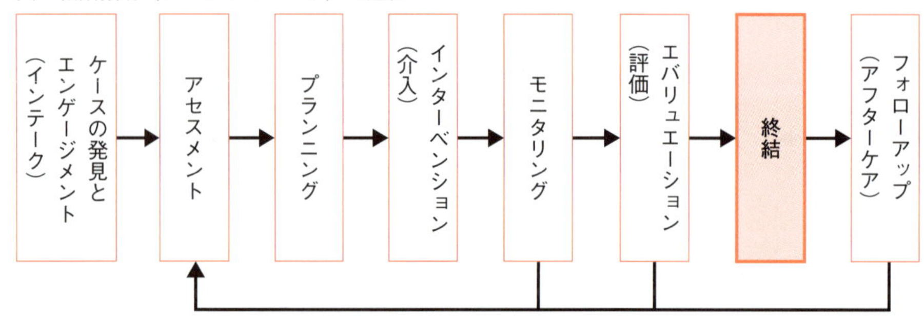

1 ✕ **エバリュエーション（評価）**を行い，問題が解決できた場合や問題をクライエント自身で解決できると判断された場合は，支援の終結となる。クライエントと支援の終結時期を話し合いながら，それに向けて面接の間隔を徐々に空けていったり，クライエント自身が取り組むことを増やしたりするなどの準備を行う。アセスメントとは，**相談援助を始めるにあたっての事前評価**のことである。

2 ○ 終結では，クライエントとともに支援の成果について話し合い，**今後の生活目標を設定する**。支援過程を振り返ることは，クライエントにとっては自らの取組みによって築いてきた力を確認する意味があり，ソーシャルワーカーにとってはアセスメントの的確性や支援の効果を評価する意味がある。

3 ✕ ソーシャルワーカーは，支援にあたり，クライエントのアンビバレントな感情について，**肯定的な感情と否定的な感情の双方に焦点を当てる必要がある**。クライエントは，肯定的な感情と否定的な感情の間を揺れ動き，そのときどきで矛盾する感情を抱えるものである。終結に限らず，相談援助の過程を通じて，ソーシャルワーカーはクライエントの相矛盾する感情に寄り添うことが大切になる。

4 ✕ クライエントやその家族に対しては，支援の終結後でもフォローアップ（追跡調査）を行い，生活状況の変化があった場合には，**いつでも支援を再開（アフターケア・事後ケア）できる**ことを確認しておく。

5 ✕ 終結では，クライエントとともに**支援の成果**について話し合い，今後の生活目標を設定する。振り返りや評価の対象となるのは，あくまでも**支援**であり，ソーシャルワーカーの努力ではない。

解答 2

88 ソーシャルワークの理論と方法

旧相談援助の理論と方法・問題 114

ソーシャルワークの記録に関する次の記述のうち，**最も適切なものを 1 つ**選びなさい。

1 フェイスシートには，全体の振り返りや目標達成の評価を記述する。
2 アセスメントシートには，目標を設定し具体的な解決策を記述する。
3 プロセスシートには，目標に対する援助過程を時系列に記述する。
4 プランニングシートには，クライエントの基本的属性を項目ごとにまとめて記述する。
5 クロージングシートには，クライエントの主訴，解決したいことを記述する。

Point ソーシャルワークの記録について問う問題である。ソーシャルワークに関する記録様式としては，アセスメントシート，プランニングシート，モニタリングシート，エバリュエーションシート，クロージングシートなどがある。これらの記録様式と，ソーシャルワークの展開過程（インテーク，アセスメント，プランニング，支援の実施，モニタリング，評価，終結）を併せて覚えておくとよい。

1 × フェイスシートとは，**クライエントの基本情報を記載する**ものである。クライエントへの聞き取りを通して記録し，支援にかかわる専門職同士がクライエントに関する情報を共有するために用いられる。

2 × アセスメントシートとは，支援のアセスメント段階で使用する記録様式のことである。具体的な支援計画を立てるために用いるものであり，**クライエントの生活課題や身体状況など，客観的かつ詳細な情報を収集し，記録する**。

3 ○ プロセスシートとは，支援目標に対して**実際の支援過程を時系列で記録する**ものである。インテークによる基本情報の収集から，アセスメントを通してどのように支援計画を立て，実際の支援を展開しているのかをまとめることで，支援全体を俯瞰的にみることができる。

4 × プランニングシートとは，支援の計画段階で使用する記録様式のことである。アセスメント結果に基づいて，**クライエントの目標を達成するための援助目標・支援計画などを記録する**。

5 × クロージングシートとは，支援の終結段階で使用する記録様式のことである。**支援の終結（ターミネーション）に至った過程をまとめ，残された課題，新たな課題の有無やその内容について記録する**。

解答 3

89 ソーシャルワークの理論と方法

旧相談援助の理論と方法・問題 115

✓✓✓

事例は，Y地域包括支援センターのE社会福祉士によるFさん（74歳，男性）への支援記録の一部である。次のうち，用いられている文体として，**最も適切なものを1つ**選びなさい。

〔事　例〕

最近，Fさんからの電話連絡が頻回に続き，電話越しに混乱し，慌てている状況があるため，Fさん宅を訪問。財布をなくしたと探しているので一緒に探したが見付からない。また，部屋が片付けられないのでイライラしている様子。片付けの手伝いをボランティアに頼むことができることを伝えると了承した。

後日片付けの日程の件で訪問。Fさんは片付けのことは忘れており，混乱し，怒り出してしまった。Fさんの言動や生活状況から認知症の進行も考えられるため，関係機関の見守りと早急なケース会議の開催を提案。

1　要約体
2　逐語体
3　過程叙述体
4　圧縮叙述体
5　説明体

Point　ソーシャルワークにおける記録の文体について問う問題である。記録の文体には説明体，要約体，逐語体，叙述体の四つがある。さらに叙述体には，過程叙述体と圧縮叙述体の二つがある。事例を読み，E社会福祉士の解釈（考察）に関する記載の有無を判断することで選択肢を絞ることができる。こうした記録の文体に加え，クライエントの問題を中心に，その解決を目指した問題志向型記録を併せて覚えておくとよい。

1　×　要約体とは，**事実やソーシャルワーカーの解釈（考察）・見解の要点を整理し，まとめて記録する**ものである。事例で用いられている文体にはソーシャルワーカーの解釈等は含まれていないため，適切ではない。

2　×　逐語体とは，ソーシャルワーカーとクライエントの**会話のやりとりをありのままに記録する**もので，**ソーシャルワーカーの解釈（考察）は加えない**。事例で用いられている文体は，会話の内容をそのまま記録したものではないため，適切ではない。

3　×　過程叙述体とは，**支援の経過を時系列順に詳しく記録する**もので，**ソーシャルワーカーの解釈（考察）は加えない**。事例として紹介されている支援記録の内容には，支援におけるやりとりの詳細が含まれていないため，適切ではない。

4　○　圧縮叙述体とは，**支援の経過を事実のみに焦点化して要点を整理し，情報を圧縮して記録する**もので，**ソーシャルワーカーの解釈（考察）は加えない**。

5　×　説明体とは，**事実に対し，ソーシャルワーカーの解釈（考察）を加えて支援を説明する**ものである。事例で用いられている文体にはソーシャルワーカーの解釈等は含まれていないため，適切ではない。

表　ソーシャルワークにおける記録の文体

文体	ポイント	ソーシャルワーカーの解釈（考察）
説　明　体	支援を説明する	○
要　約　体	専門職の考えを含む支援に関する情報をまとめる	○
逐　語　体	会話のやりとりをそのまま記録する	×
過程叙述体	支援の経過を時系列順に記録する	×
圧縮叙述体	支援に関する情報を簡潔にまとめる	×

解答 4

90 ソーシャルワークの理論と方法

旧相談援助の理論と方法・問題 111

ソーシャルワークにおけるグループワークに関する次の記述のうち，**最も適切なもの**を**1つ**選びなさい。

1 グループワークとは，複数の人を対象に行う集団面接のことである。
2 グループの開始期において，ソーシャルワーカーはグループの外から見守る。
3 グループワークでは，「今，ここで」が大切なので，事前準備は控える。
4 グループワークにおけるプログラム活動の実施は，手段ではなく目的である。
5 グループワークは，個々のメンバーの社会的に機能する力を高めるために行う。

Point ソーシャルワークにおけるグループワークの概要について問う問題である。グループワークの定義，グループワークの展開過程の詳細，プログラム活動の目的と機能について深く理解する必要がある。グループワークの定義については，トレッカー（Trecker, H.），コノプカ（Konopka, G.），竹内愛二の定義，グループワークの展開過程については，シュワルツ（Schwartz, W.）の理論が重要である。

1 × グループワークとは，**グループを活用してメンバー個人やグループ全体が直面している問題解決のために，側面的な支援をするソーシャルワークの方法**である。

2 × グループの開始期は，メンバー同士の関係性が希薄であるため，ソーシャルワーカーは**グループの中でメンバー同士の関係性の構築やグループの組織化を図る**ことが望ましい。

3 × グループワークの展開過程の最初の段階は「準備期」であり，**事前準備はグループワークの重要なプロセスの一つ**である。準備期では，ニーズの確認やプログラム活動内容の決定，活動場所や人材の選定，グループメンバーに関する情報収集などを実施する。

4 × **プログラム活動の実施は，目的ではなく手段である**。プログラム活動は，グループ目標を達成するための手段としてメンバー同士の結束力を強化し，グループ内の相互作用を深める。

5 ○ グループワークは，グループメンバーや地域社会の成長を促し，グループの特徴を活かして問題解決を図り，個人の社会的に機能する力を高めるために実施する。

解答 5

91 ソーシャルワークの理論と方法

旧 相談援助の理論と方法・問題 112

事例を読んで，X基幹相談支援センターのD社会福祉士によるこの段階における対応として，**最も適切なものを1つ**選びなさい。

〔事　例〕

X基幹相談支援センターのD社会福祉士は，買物依存のために家族関係の破綻や生活再建に苦労した人たちから，同じような課題で悩む人たちと経験を分かち合いたいとの相談を受け，自助グループの立ち上げを支援した。1年経ち，中心メンバーから，自助グループ運営の助言を求められた。特にルールを定めず開始したためか，グループでは，他のメンバーへの批判が繰り返され，一部のメンバーは，行政への請願を活動の中心とすることを求めるのだという。

1　経験を分かち合いたいとするグループと行政へ請願するグループへの編成を提案する。

2　批判を繰り返すメンバーに退会を勧めるための話合いの場を，中心メンバーと一緒に設ける。

3　メンバー同士でグループの目的やルールについて話し合うことを助言する。

4　グループの司会進行を引き受け，相互援助システムづくりを行う。

5　家族関係の再構築と生活再建に向け，全メンバーとの個別面接を遂行する。

Point　基幹相談支援センターの社会福祉士が行う自助グループに関する支援について問う問題である。自助グループとは，「その構成員が特定の体験を共有し，その体験に付随する諸困難に対処することを目的として自発的に展開している持続的な市民活動の形態」と定義される。自助グループの特性，役割，類似する概念との相違点について理解する必要がある。

1　×　本事例における自助グループは，グループ発足時にルールを定めなかったことが原因で，**メンバー同士のコミュニケーションが適切にとれていない**状況である。サブグループは，グループ全体のコミュニケーションが十分にとれた後に発生することもあるが，グループ全体のコミュニケーションがとれていない状況で，経験を分かち合いたいとするグループと，行政へ請願するグループというサブグループを意図的に編成することは適切でない。

2　×　異なる意見のメンバーを排除し，退会を勧めるのではなく，グループ内の**異なる意見も包み込みながら互いを認め合い，メンバー同士で解決していく**ことが重要である。そのためには，まず**批判を繰り返すようになってしまった背景について考え，解決する**必要がある。

3　○　自助グループの運営がうまくいっていない原因は，最初に**自助グループのルールについて定めずに開始したこと**に端を発する。そのため，まずは**メンバー同士でグループの目的やルールについて話し合うことが重要である**。

4　×　選択肢は，**グループワーク**に関する説明である。社会福祉士は，グループワークの「作業期」に相互援助システムづくりを行う。本事例では，自助グループの運営に関する助言の内容が問われているため，適切でない。

5　×　社会福祉士が全メンバーとの個別面接を遂行するということは，社会福祉士による**個別支援**になってしまい，自助グループ運営に関する助言として適切でない。また，「家族関係の再構築と生活再建に向け」とあるが，D社会福祉士に求められているのは，あくまでも**自助グループの運営に関する助言**であるため，本来の趣旨と異なる。

解答 3

92 ソーシャルワークの理論と方法

旧相談援助の理論と方法・問題113

ソーシャルワークにおけるスーパービジョンに関する次の記述のうち，**最も適切なものを1つ**選びなさい。

1 スーパービジョンの目的は，クライエントへの支援やサービスの質を向上させるための専門職育成である。

2 スーパービジョンの支持的機能は，スーパーバイジーが適切に業務を行うよう目配りすることである。

3 スーパービジョンの教育的機能は，ストレスに対応するようスーパーバイジーの精神面を支える機能である。

4 スーパービジョンの管理的機能は，スーパーバイジーが実践するために必要な知識や技術を高める機能である。

5 スーパービジョン関係は，クライエントとスーパーバイザーとの契約によって成り立つ。

Point ソーシャルワークにおけるスーパービジョンについて問う問題である。スーパービジョンは，指導するスーパーバイザー（指導者）と指導を受けるスーパーバイジー（専門職）の間の専門的な支援関係の中で行われるものである。その機能としては，教育的機能，支持的機能，管理的機能がある。また，スーパービジョンの形態として個別スーパービジョン，グループ･スーパービジョン，ライブ･スーパービジョン，ピア・スーパービジョン，セルフ・スーパービジョンがある。これらを併せて覚えておくとよい。

1 ○ スーパービジョンの目的には，長期的なものとして**クライエントへの支援の質の向上**がある。また，この長期的な目的を達成するための短期的な目的として**スーパーバイジーの育成**がある。

2 × 選択肢は，**管理的機能**の説明である。スーパービジョンの支持的機能とは，スーパーバイジーが**業務のストレスに対応する手助け**を行い，最善の業務遂行のための**態度や感情を支える**ことである。

3 × 選択肢は，**支持的機能**の説明である。スーパービジョンの教育的機能とは，スーパービジョンを通して，**技術や専門的な判断能力，態度や倫理を身につけ，専門性を高められるように教育する**ことである。これは，実践と同時進行で行う専門職育成である。

4 × 選択肢は，**教育的機能**の説明である。スーパービジョンの管理的機能とは，機関の管理上の目標を達成するために，機関の方針や手続きに従い，量的・質的といった面において**職場や機関の設備，人材を整える**ことである。スーパーバイジーがもち得る能力を発揮できるように環境を調整するなど，**適切な業務遂行を担保するための幅広い業務**を含む。

5 × スーパービジョン関係は，**スーパーバイザーとスーパーバイジーがスーパービジョンの意思を互いに確認する契約**によって成立するものである。契約が成立して初めてスーパービジョンが始まる。

解答 1

93 社会福祉調査の基礎

旧社会調査の基礎・問題 84

社会調査に関する次の記述のうち，**最も適切なもの**を１つ選びなさい。

1 社会調査は，個人ではなく，組織や機関が実施するものである。
2 社会調査は，市場調査や世論調査を含まず，行政調査と学術調査を指している。
3 国勢調査の対象者は，日本に居住する日本国籍をもつ人に限定されている。
4 社会問題の解決のために実施する調査は，社会踏査（social survey）と呼ばれる。
5 社会調査の分析対象は，数量的データに限定されている。

Point 社会調査に関する基本的な内容を問う問題である。近年では，第 33 回試験の**問題 84** に類似又は関連する問題が出題されており，今後も繰り返し出題されることが予想される。そのため，社会調査の定義や系譜，種類，対象などを正確に理解しておくことが求められる。

1 × **社会調査は，国，地方公共団体，大学，報道機関，一般企業などの組織や機関のほか，研究者やジャーナリストなどの個人が行う場合もある**。また，調査にあたっては，組織や機関又は個人が単独で実施することもあれば，共同で実施することもある。

2 × **社会調査には，行政調査や学術調査のほか，一般企業などが行う市場調査や報道機関などが行う世論調査も含まれる**。市場調査は，マーケティングリサーチとも呼ばれ，商業活動に関する意思決定を的確に行うことを目的に実施される。一方，世論調査は，世間一般の人々の意見や生活実態などについて，その社会意識を量的に把握することを目的として実施される。

3 × 国勢調査の目的は，国内の人及び世帯の実態を把握し，各種行政施策その他の基礎資料を得ることにある。**調査の対象は，「調査時において本邦にある者で，本邦にある期間が引き続き三月以上にわたることとなるもの」（国勢調査令第 4 条）と規定されており，国籍要件はない**。3 か月以上日本に住んでいる，又は住むことになっている外国人も含め，日本に常住している者はすべて対象としている。ただし，外国政府の外交使節団・領事機関の構成員（随員を含む）及びその家族や，外国軍隊の軍人・軍属及びその家族は調査対象から除外されている。

4 ○ **社会問題の解決のために実施する調査は，社会踏査（social survey）と呼ばれ，社会調査の歴史的系譜の一つに位置づけられている**。代表的な社会踏査としては，貧困調査で知られるブース（Booth, C.）によるロンドン調査や，ラウントリー（Rowntree, B.）によるヨーク調査などがある。社会調査の系譜には，政治上・行政上の目的をもって行われるセンサス（census），営利やサービス，広報などを目的に実施される世論調査や市場調査，科学的な理論構成を目的として行われる科学的／学術調査（scientific research）の四つがある。

5 × **社会調査では，数量的データだけでなく質的データも分析対象としている**。定型化された調査票を用いて多数の調査対象者から数量的データを収集，分析し，対象となる社会事象の状態などを量的にとらえることを目的とした調査は，**量的調査**（統計調査・定量調査）と呼ばれている。一方，面接法や観察法などを用いて対象となる社会事象を質的にとらえることを目的とした調査は，**質的調査**（事例調査・定性調査）と呼ばれている。

解答 4

94 社会福祉調査の基礎

旧社会調査の基礎・問題 85

統計法に関する次の記述のうち，**最も適切なもの**を**1つ**選びなさい。

1 行政機関の長は，一定の要件を満たす学術研究に対して調査票情報を提供することができる。

2 行政機関の長は，基幹統計調査のデータを加工して，匿名データを自由に作成できる。

3 個人情報の秘密漏えいに関する罰則は定められていない。

4 厚生労働省が実施する社会福祉施設等調査は，基幹統計調査である。

5 一般統計調査には，基幹統計調査も含まれる。

Point 統計法に関する出題である。統計法は，1947年（昭和22年）に制定され，2007年（平成19年）に公的統計の体系的かつ効率的な整備及びその有用性の向上を図るため，公的統計の整備に関する基本的な計画を策定すること，統計データの二次利用を促進すること等を内容とする全部改正が行われた。2018年（平成30年）には，統計委員会の機能強化，調査票情報の提供対象の拡大等を目的とした改正が行われ，2019年（令和元年）5月より施行されている。

1 ○ 「統計法及び独立行政法人統計センター法の一部を改正する法律」の施行により，2019年（令和元年）5月1日から，学術研究の発展に資するなどの相当の公益性を有する統計の作成等を行う場合に，**情報を適正に管理するために必要な措置が講じられること等を条件として調査票情報を提供することが可能**となっている。

2 × 匿名データの作成については，統計法第35条第1項において「行政機関の長又は指定独立行政法人等は，その行った統計調査に係る調査票情報を加工して，匿名データを作成することができる」と規定されている。しかし，同条第2項において「**行政機関の長は，前項の規定により基幹統計調査に係る匿名データを作成しようとするときは，あらかじめ，統計委員会の意見を聴かなければならない**」と規定されており，匿名データを自由に作成することはできない。

3 × 統計法第57条第1項では，守秘義務等の規定に違反して，その業務に関して知り得た個人又は法人その他の団体の秘密を漏らした者には，**2年以下の懲役**[*1]**又は100万円以下の罰金に処すること**が定められている。さらに，同項第1号では，「国勢調査その他の基幹統計調査の報告の求めであると人を誤認させるような表示又は説明をすることにより，当該求めに対する報告として，個人又は法人その他の団体の情報を取得した者」についても同様の罰則を規定し，**「かたり調査」を禁止している**。

4 × 厚生労働省が毎年実施している「社会福祉施設等調査」は，**統計法に基づく一般統計調査に位置づけられている**。基幹統計とは，国勢統計，国民経済計算その他国の行政機関が作成する統計のうち総務大臣が指定する特に重要な統計であり（2022年（令和4年）1月1日現在，53統計[*2]），基幹統計の作成を目的とする統計調査のことを基幹統計調査という。

5 × 統計法では，行政機関等が統計の作成を目的として個人又は法人その他の団体に対し事実の報告を求めることにより行う調査を統計調査とし，**基幹統計の作成を目的とする統計調査を基幹統計調査，それ以外の統計調査を一般統計調査**に分類している。なお，統計調査には，意見・意識といった事実に該当しない項目を調査する世論調査などは含まれない。

解答 1

＊1 2025年（令和7年）6月1日施行の改正刑法により，懲役と禁錮が一元化され，「拘禁刑」となる。
＊2 2024年（令和6年）1月25日現在，54統計である。

95 社会福祉調査の基礎

旧社会調査の基礎・問題 86

標本調査に関する次の記述のうち，**最も適切なものを1つ**選びなさい。

1 標本調査では，非標本誤差は生じない。
2 標本抽出には，性別や年齢といった母集団の特性を基準にする抽出法がある。
3 標準誤差は，質問の意味の取り違え，回答忘れなど，回答者に起因する。
4 系統抽出法では，抽出台帳に規則性がない場合，標本に偏りが生じる。
5 確率抽出法では，標本誤差は生じない。

Point 標本抽出と誤差の関係についての問題である。標本から母集団の性質を推計する場合，標本抽出の方法によって，推計に含まれる誤差の程度が左右される。母集団の性質を高い精度で推計するためにも，標本抽出により誤差が発生する仕組みを理解することが重要である。

1 × **標本調査でも非標本誤差は生じる**。非標本誤差は，調査における標本誤差以外の誤差を意味する。例えば，質問文の不備，回答者の疲労，虚偽の回答，質問紙の未回収，調査員によるバイアスなどは，全数調査でも標本調査でも発生する非標本誤差である。また，標本が正しく母集団の縮図となっていなかったことに起因する誤差は，標本調査のみに発生し得る非標本誤差である。

2 ○ 母集団を性別や年齢別などの比率で分けて標本を得る無作為抽出の方法は，**層化抽出法**と呼ばれ，**各特性の構成比率を反映した標本抽出が可能になる**という特徴がある。母集団の特性を基準にしない単純無作為抽出では，抽出された標本数が少ないほど，標本における性別や年齢などの構成比率と，母集団の構成比率との間に差が生じやすくなる。この差に起因する誤差を抑える方法として，層化抽出法は有効である。なお，有意抽出法にも母集団の構成比率を反映して標本抽出を行う，割当法（クォータ・サンプリング）と呼ばれる方法がある。

3 × 標準誤差とは，**母集団から標本を取り出して標本平均を算出する過程を繰り返した場合の平均値のばらつき**を意味する記述統計量であり，標本平均の標準偏差と同義である。なお，標準誤差と標本誤差は，標本を母集団から抽出するという手法に起因する誤差という点において類似した概念であるが，標準誤差は統計量の用語として用いられやすい一方で，標本誤差は非標本誤差の対となる用語として用いられやすい。選択肢の「質問の意味の取り違え，回答忘れなど，回答者に起因する」誤差は，**非標本誤差の一部**である。

4 × 系統抽出法では，抽出台帳に規則性がない場合，**標本の偏りを避けることができる**。系統抽出法（等間隔抽出法）は無作為抽出法の一つであり，抽出台帳の中から起点となる対象者1人を無作為に決定し，そこから標本に必要な人数を等間隔に抽出する方法である。この規則性により抽出作業の煩雑さを解消できる一方で，抽出台帳のほうには規則性をもたせないことで標本抽出の無作為性を保つことも可能となり，標本の偏りを避けることができる。

5 × **確率抽出法でも標本誤差は生じる**。確率抽出は無作為抽出とも呼ばれ，母集団から等しい確率で無作為に標本を抽出しようとする方法である。ただし，無作為抽出された標本と母集団そのものは完全には一致しないため，標本から母集団の性質を推計する際に誤差が生じてしまう。このような誤差は**標本誤差**と呼ばれ，確率抽出法であっても標本調査である以上，標本誤差の発生を避けることはできない。

解答 2

96 社会福祉調査の基礎

旧社会調査の基礎・問題 87

社会調査における測定と尺度に関する次の記述のうち，**適切なもの**を**2つ**選びなさい。

1 信頼性とは，測定しようとする概念をどのくらい正確に把握できているかを意味する。
2 妥当性とは，同じ調査を再度行ったときに，どのくらい類似した結果を得ているかを意味する。
3 順序尺度では，大小や優劣を測定できる。
4 間隔尺度の例として，身長や体重がある。
5 比例尺度の方が，間隔尺度よりも情報量が多い。

Point 尺度が備えるべき要件と尺度水準に関する問題であり，どちらも尺度の開発において意識すべき要素である。信頼性と妥当性は，尺度が備えるべき2種類の要件とされ，どちらも測定しようとする概念に適した尺度であるか否かの判断に用いられる。また，尺度は含まれる情報量の少ない順に，名義尺度，順序尺度，間隔尺度，比例尺度の四つの尺度水準に分けることができる。それぞれにどのような情報が付け加わっていくかを知ることが，四つの尺度を理解するための第一歩となる。

1 × 信頼性とは，**同じ対象について繰り返し測定しても同じ結果が一貫して得られるという，尺度の精度や安定性を意味する概念**であり，信頼性が高いほど結果に含まれる誤差が少なくなる。選択肢は，妥当性の説明である。

2 × 妥当性とは，**測定しようとしている概念を正確に測定できていることを意味する概念**である。選択肢は，再検査法により検証された信頼性の説明である。

3 ○ 順序尺度は序数尺度とも呼ばれ，値に順序性が含まれており，**大小関係や優劣関係などの測定が可能な尺度**である。例として，アンケートでの「非常によい／ややよい／やや悪い／非常に悪い」のような選択肢があげられる。この選択肢にそれぞれ4，3，2，1の数値を割り当てることで，よさの程度の順番を数値で表すことができる。しかし，「非常によい」と「ややよい」の差や，「ややよい」と「やや悪い」の差が等しいことは保障されないという点で，間隔尺度とは異なる。

4 × 間隔尺度は，数値の間隔の等価性が保証されており，測定値の間隔を数量的に表現できるが，**0に大きさがないことを意味する原点の数値としての意味をもたせていない尺度**である。間隔尺度には，**摂氏温度**や**偏差値**などが該当する。例えば，摂氏10度と摂氏20度の温度差と，摂氏2度と摂氏7度の温度差はどちらも等しく5度差であると数量的な表現が可能であるが，摂氏0度は温度がないことを意味しているわけではない。選択肢で述べられている身長や体重は，その値が0のときに長さや重さがないことを示しており，0に原点としての意味をもたせていることから**比例尺度**に該当する。

5 ○ 比例尺度は比率尺度とも呼ばれ，間隔尺度の特徴である数値の間隔の等価性に加え，**大きさがないことを意味する原点の数値として0が用いられている**。そのため，**間隔尺度よりも情報量が多く**，掛け算や割り算などの値にも数量的な意味をもたせることができる。比例尺度には，身長や体重，金額，年齢などが該当する。

解答 3 5

97 社会福祉調査の基礎

旧社会調査の基礎・問題 88

質問紙を作成する際の留意点に関する次の記述のうち，**最も適切なもの**を**1つ**選びなさい。

1 回答者の理解を促進するため，ワーディングはできるだけ多くの専門用語を用いることが望ましい。

2 回答者の回答を容易にするため，一つの質問に複数の論点を含む質問文を作成することが望ましい。

3 配布した質問紙の回収後の集計作業を効率的に行うため，自由回答法を多く用いることが望ましい。

4 選択肢法を用いる場合は，想定される回答を網羅するため，選択肢の内容が相互に重複していることが望ましい。

5 作成した質問紙の構成や内容が適切かを検討するため，プリテストを実施することが望ましい。

Point 質問紙の作成においては，調査者の意図が対象者にきちんと理解されるように工夫するとともに，自由回答法と選択肢法の特徴を理解して適切な回答様式を設定する必要がある。そして，これらの配慮が有効に機能しているかをプリテストによって確認し，不備があれば修正を図ることも重要である。

1 × 回答者の理解を促進するためには，**ワーディングにはできるだけ専門用語を含めないことが望ましい**。ワーディングとは，質問紙中の言葉の選択（言い回し）を意味する。回答者は，調査者とは属する社会や文化背景が異なる場合も多く，専門用語に対して同じように理解しているとは限らない。回答時の用語の誤解を避けるためにも，誰でも理解できる平易な言葉を用いるよう工夫する必要がある。

2 × 一つの質問文では一つの事項を問うことが望ましく，**一つの質問文で複数の事項を問うこと（ダブルバーレル）は避けるべきとされる**。ほかにも，ステレオタイプの質問や，パーソナル／インパーソナルな質問などは，質問紙を作成する際に留意しなければならない。

3 × 自由回答法は，回答に対して何ら制約を設けずに自由に回答してもらう方法である。回答者の意見をそのまま引き出せるという一方で，数量的処理を行うには集計時に自由回答の内容をカテゴリーに分類し，数値を割り当てる**コーディング**と呼ばれる作業が必要となる。そのため，**自由回答法は選択肢法に比べ，集計作業の負担が大きくなり効率的とはいえない**。

4 × 選択肢の内容が相互に重複している場合，**選択肢の差異が不明瞭になり，回答時に混乱をもたらす原因となり得る**。例えば，「これまで，ホームヘルパーを利用したことは何回ありますか？」という質問に対し，「０回／１～２回／５回以下／６回以上」という選択肢が用意された場合，２回利用したことがある回答者は「１～２回」と「５回以下」のどちらに回答すべきか判断に迷ってしまう。選択肢の内容は，想定される回答を網羅しつつも，**相互に排他的であることが望ましい**。

5 ○ **本調査に先立ってプリテストが行われることが望ましい**。調査者が回答者の誤解や混乱を招かないように配慮して質問紙を作成しても，実際に回答を求めてみて初めて判明する構成や内容の不備も多い。そのため，本調査の対象となる母集団から抽出された少人数，あるいは母集団に比較的近しい特性をもつ人物に対して回答を求め，本調査の前に構成や内容の不備を発見し修正を図ることは重要である。また，自由回答をコーディングするためのカテゴリーを事前に準備していた場合には，想定どおりに分類可能かどうかチェックし，必要に応じて分類基準を見直すためにもプリテストは有効である。

解答 5

98 社会福祉調査の基礎

旧社会調査の基礎・問題 89

参与観察に関する次の記述のうち，**適切なもの**を**2つ**選びなさい。

1 調査中に対象者が意識しないように，調査終了後に観察していたことを伝える。

2 観察の記録は，現地で見聞きしたことについて，網羅的に記すことが原則である。

3 観察を通して現地で得た聞き取りの録音データの文字起こし作業に当たっては，録音データの中から調査者が気になった部分や必要だと思う部分を抽出し，要約する作業を最初に行う。

4 現地で記録したメモは，できるだけ早く観察ノートに記録する。

5 観察ノートを整理する際は，調査者の感想を記さないように留意する。

Point 観察法は，質的調査の基礎的手法の一つであり，データ収集における手順や留意点に関する出題が多い。観察法には参与観察と非参与観察があり，調査者が関与するか否かで分類される。参与観察は，調査者が調査対象になる人々やその活動の場面に関与して，見聞きした事象を記録していく方法である。参与観察・非参与観察の特徴とその違いを理解しておく必要がある。

1 × **調査者がいることは対象者に十分認識されている。**調査者が関与する程度に違いはあるが，少なくとも対象者にはあらかじめ，調査の趣旨を説明して調査者が参加することを伝える必要がある。参与観察では，調査者自身が対象集団の一員としてかかわり，活動に参加しながら長期的に観察を行うので，対象者には違和感をあまり与えずに調査を行うことができるというメリットがある。

2 ○ 選択肢のとおり。観察の際は，調査者が対象者の様子を細かく観察しながら，**その表情，視線，状況などについてメモや簡単な記録を残しておくことが望ましい。**このように記録することは，インタビューの内容だけではなく，その対象者の生活や価値観，語りの文脈などの理解に役立つ。

3 × 録音データの文字起こし作業に当たっては，**語られたすべての言葉を記録することが求められる。**この記録を**逐語記録**あるいは**逐語録**という。音声を文字にすること自体，単なる情報のコピーではなく，調査目的の影響を受ける分析過程であるとみなすため，方言，言い間違い，沈黙，非言語的表情なども解釈の際の重要な手がかりとなる。発言を一語一句そのまま文字で書き起こして記録することで，言葉のニュアンスや話し手の口調までわかり，対象者や集団を客観的に把握できる。

4 ○ 選択肢のとおり。調査者はメモを取ることに夢中にならないよう，観察中は感じたことやキーワードなどを簡単にメモに残す程度に留めておくのがよい。その後，**なるべく早い段階でメモの内容を詳しく観察ノートに書き写しておく**と，忘れないうちに細かな出来事まで丁寧に描くことができる。

5 × 観察ノートを整理する際は，**調査者が観察時に感じた内容も記録するようにする。**参与観察は質的調査の手法であるため，結果の考察には調査者の立場や価値観などが影響することがある。観察によって得られたデータだけでなく，考察の段階でなぜそのように考えるに至ったのかをわかりやすくするためにも，対象者の声の調子や表情，態度などもくみ取り，調査者の感想や気づいたこととして記録しておくとよい。

解答 2 4

99 社会福祉調査の基礎

旧社会調査の基礎・問題 90

Q市社会福祉協議会では，地域の潜在的な福祉ニーズを探索するため，地域住民向けのワークショップを開催した。参加者が，KJ 法を参考に意見を整理することとした。

次の記述のうち，参加者が行う意見整理の進め方として，**適切なものを 2 つ**選びなさい。

1　参加者は，一つのカードに様々な自分の意見をできるだけ多く書き出す。
2　提出したカードを並べた後，全体を眺めながら内容が類似しているものをグループとしてまとめる。
3　グループ化する際は，カードが 1 枚だけで残ることがないように，いずれかのグループに割り当てる。
4　各々のグループに名前を付ける際には，福祉に関する専門用語を用いなければならない。
5　グループに名前を付けた後，グループ間の相互関係を検討し，図解する。

Point KJ 法（カード整理法）は，開発者である川喜田二郎のイニシャルに由来する。質的調査の中でもしばしば用いられ，理論を構築したり，新たなアイデアを創出したりすることに役立つため，社会調査のデータ分析以外にも企業経営やマーケティングなどに広く活用されている。オーソドックスな手法であるので，基本の手順を押さえておく必要がある。

1　×　**参加者は一つのカードに一つの事柄を書く**。一つのカードに複数の事柄を書いてしまうと，次の段階で類似した概念や事柄をグルーピングする際に，迷うことになる。調査やブレインストーミング（思いついた事柄を自由に発案していくこと）などで出された情報やアイデアを，一つずつカードや付箋に次々に書いていくことが最初の手順である。

2　○　提出したカードを並べた後，**全体を眺めながら内容が類似しているラベル（名前が付いたカード）同士をグルーピングしていく**。二～三つほどのラベルで一つの小グループをつくった後，カード（付箋）を用いてそのグループに名前を付けていく。その後，互いに関連性の高いグループ同士をまとめてさらに大きなグループをつくり，新たに名前を付ける。

3　×　**グループ化する際には，カードが 1 枚だけで残る場合がある**。どのグループにも属さないカードは，その事例が希少である可能性もあるが，貴重な概念や用語として独立したアイデアとして残しておく。この場合，無理に拡大解釈をしてほかのグループに入れてしまわないように気をつけるべきである。

4　×　**グループに名前を付ける際は，福祉に関する専門用語を用いる必要はない**。本問では地域の潜在的な福祉ニーズを探索することが目的であるが，グルーピングされた概念が福祉ニーズに該当するか否かは最終的に判断すればよい。

5　○　グループに名前を付けた後，**グループ同士の因果関係や類似，対立などの様々な関係性をわかりやすくするために，矢印・記号を用いて図解化していく**。最後に，図解からみえてきたグループ間の関係性を文章化していくことで，情報の整理やアイデアの可視化が可能となる。

解答 2 5

100 高齢者福祉

旧高齢者に対する支援と介護保険制度・問題 126

「令和4年版高齢社会白書」(内閣府)に示された日本の65歳以上の人の生活実態に関する次の記述のうち，**最も適切なものを1つ**選びなさい。

1 経済的な暮らし向きについて，「家計にゆとりがあり，まったく心配なく暮らしている」と感じている人は約5割となっている。

2 介護保険制度における要介護又は要支援の認定を受けた人は，第一号被保険者全体の3割を超えている。

3 現在，収入の伴う仕事の有無については，収入の伴う仕事をしていると回答した人は約3割となっている。

4 現在の健康状態について，「良い」「まあ良い」と回答した人の合計は，全体の6割を超えている。

5 二人以上の世帯について，「世帯主の年齢が65歳以上の世帯」と「全世帯」の貯蓄現在高の中央値を比較すると，前者は後者のおよそ3分の2の金額となっている。

Point 「令和4年版高齢社会白書」(内閣府)[*1]に基づいて，日本の65歳以上の人の生活実態に関する知識が問われた。主に，「第1章　高齢化の状況」の記述から，幅広く選択肢が作成されている。同白書の内容をしっかり読み込んでおかなければ，選択肢にある数値や割合などがわからず，正答を導き出すことは難しい。

1 × 「家計にゆとりがあり，まったく心配なく暮らしている」と感じている人は**12%**である。「家計にあまりゆとりはないが，それほど心配なく暮らしている」と感じている人は56.5%とされており，心配なく暮らしている人の割合は，全体で68.5%となっている。

2 × 介護保険制度における要介護又は要支援の認定を受けた人(以下，要介護者等)は，第一号被保険者の**18.4%**である[*2]。要介護者等の数は，2019年度(令和元年度)で655万8000人となっており，2009年度(平成21年度)の469万6000人から186万2000人増加している。

3 ○ 65歳以上の人の**30.2%**が収入の伴う仕事をしていると回答している。なお，65歳以上の人の51.6%が社会活動に参加していると回答している。社会活動に参加した人のほうが，参加していない人よりも生きがいを「十分感じている」と回答した割合が高い。

4 × 現在の健康状態について，「良い」「まあ良い」と回答した65歳以上の人は**31.2%**となっている。なお，健康状態が良い人のほうが良くない人よりも，生きがいを「十分感じている」と回答した割合は高いことが，現在の健康状態別に生きがいを感じる程度をみるとわかる。

5 × 二人以上の世帯の貯蓄現在高について，中央値を比較すると，「世帯主の年齢が65歳以上の世帯」は，「全世帯」の**約1.5倍**となっている[*3]。「世帯主の年齢が65歳以上の世帯」の中央値は1555万円，「全世帯」の中央値は1061万円であった。なお，二人以上の世帯の貯蓄現在高階級別の世帯分布を見ると，「世帯主の年齢が65歳以上の世帯」は，「全世帯」に比べて，4000万円以上の貯蓄を有する世帯が高い水準となっている。

解答 3

＊1 「令和6年版高齢社会白書」(内閣府)(以下，「令和6年版」)が公表されている。
＊2 「令和6年版」によると，2021年度(令和3年度)は，18.9%である。
＊3 「令和6年版」によると，2022年(令和4年)も，「世帯主の年齢が65歳以上の世帯」のほうが高く，「全世帯」の約1.4倍となっている。

101 高齢者福祉

旧高齢者に対する支援と介護保険制度・問題 127

日本の高齢者保健福祉施策の変遷に関する次の記述のうち，**正しいものを1つ**選びなさい。

1 老人医療費支給制度による老人医療費の急増等に対応するため，1980年代に老人保健法が制定された。

2 人口の高齢化率が7％を超える状況を迎えた1990年代に高齢社会対策基本法が制定され，政府内に厚生労働大臣を会長とする高齢社会対策会議が設置された。

3 認知症高齢者の急増に対応してオレンジプラン（認知症施策推進5か年計画）が1990年代に策定され，その計画推進を目的の一つとして介護保険法が制定された。

4 住まいと介護の双方のニーズを有する高齢者の増加に対応するため，2000年代の老人福祉法の改正によって軽費老人ホームが創設された。

5 高齢者の医療の確保に関する法律による第3期医療費適正化計画では，2010年代から2020年代の取組の一つとして，寝たきり老人ゼロ作戦が初めて示された。

Point 日本の高齢者保健福祉施策の変遷について，1980年代から2020年代にかけて行われた法律の制定や対策，取組についての知識が問われた。

1 ○ 老人保健法は，1982年（昭和57年）に，**老人医療費無料化以降に著しく増大した老人医療費への対応**として高齢者の医療費の負担の公平化を目指して成立した。なお，老人保健法は，2008年（平成20年）に高齢者の医療の確保に関する法律に全面改正された。

2 × 日本の人口の高齢化率は**1970年**（昭和45年）に7％となり，また，高齢社会対策会議は内閣府に置かれ，その会長は内閣総理大臣である。高齢社会対策基本法は，1995年（平成7年）に制定された。これに基づいて，内閣府の特別の機関として，高齢社会対策会議が位置づけられた。なお，日本の人口の高齢化率は，1970年（昭和45年）に7％を超えて高齢化社会となり，さらに，1994年（平成6年）には14％を超えて高齢社会となった。

3 × オレンジプラン（認知症施策推進5か年計画）は，**2012年**（平成24年）に厚生労働省により公表されたもので，介護保険法の制定は1997年（平成9年）である。なお，2015年（平成27年）には，新たに新オレンジプラン（認知症施策推進総合戦略）を策定した。

4 × 軽費老人ホームは，**1963年**（昭和38年）に老人福祉法に定める老人福祉施設として制度化された。軽費老人ホームは，同法に「無料又は低額な料金で，老人を入所させ，食事の提供その他日常生活上必要な便宜を供与することを目的とする施設」と位置づけられている。

5 × 寝たきり老人ゼロ作戦は，1987年（昭和62年）に寝たきり老人ゼロ作戦等普及啓発推進事業が開始されたのち，**1989年**（平成元年）に策定された**ゴールドプラン**の1項目として位置づけられたものである。なお，高齢者の医療の確保に関する法律による医療費適正化計画（全国医療費適正化計画）は，「厚生労働大臣は，国民の高齢期における適切な医療の確保を図る観点から，医療に要する費用の適正化を総合的かつ計画的に推進するため，医療費適正化に関する施策についての基本的な方針を定めるとともに，6年ごとに，6年を一期として，医療費適正化を推進するための計画を定めるものとする」とされている。

解答 1

102 高齢者福祉

旧高齢者に対する支援と介護保険制度・問題 131

介護保険制度における第一号被保険者の介護保険料（以下「第一号保険料」という。）に関する次の記述のうち，**正しいものを 1 つ**選びなさい。

1 第一号保険料の額は，政令で定める基準に従い，各市町村が条例で定める保険料率に基づいて算定され，第一号被保険者に賦課される。
2 第一号保険料は，被保険者の前年の所得に応じて，原則として 3 段階を標準とした保険料率が定められている。
3 第一号保険料が特別徴収となるのは，公的年金の受給額が年額120 万円以上の第一号被保険者である。
4 第一号被保険者が医療保険の被用者保険（健康保険など）の被保険者の場合，第一号保険料は医療保険者が医療保険料と一体的に徴収する。
5 第一号被保険者が被保護者（生活保護受給者）であって第一号保険料が普通徴収となる場合，その保険料は介護扶助として支給される。

Point 介護保険制度における第一号被保険者の介護保険料（以下，第一号保険料）の額の算定や徴収の方法に関する問題である。介護保険法第 129 条第 1 項において，市町村は，介護保険事業に要する費用(財政安定化基金拠出金の納付に要する費用を含む）に充てるため，保険料を徴収しなければならないと規定されている。本設問では，第一号保険料について問われているが，第二号被保険者の介護保険料（以下，第二号保険料）の額の算定や徴収の方法もあわせて理解しておく必要がある。

1 ○ 第一号保険料の額は，政令で定める基準に従い，**市町村**が条例で定める保険料率により算定された保険料額によって課すると規定されている（介護保険法第 129 条第 2 項）。なお，保険料率は，おおむね 3 年を通じて財政の均衡を保つことができるものでなければならないと規定されている（同条第 3 項）。

2 × 第一号保険料は，被保険者の前年の所得に応じて，原則として **9 段階***を標準とした保険料率（第 1 段階の基準額× 0.5 から第 9 段階の基準額× 1.7 まで）が定められている（介護保険法施行令第 38 条第 1 項第 1 号～第 9 号）。基準額は，市町村により異なる。なお，市町村は，第一号被保険者の負担能力に応じた所得段階別の保険料をより弾力的に算定するために，条例を定めて段階の数を増やすことができる。

3 × 第一号保険料が特別徴収となるのは，公的年金の受給額が**年額 18 万円以上**の第一号被保険者である。（介護保険法施行令第 41 条）。特別徴収とは，市町村が第一号被保険者に老齢等年金給付を支払う年金保険者に対して第一号保険料を徴収させ，かつ，その徴収すべき第一号保険料を納入させることをいう。なお，特別徴収を行うことが困難である場合は，市町村が第一号被保険者又はその世帯の世帯主，若しくは第一号被保険者の配偶者に対して納入の通知をすることによって保険料を徴収する方法である普通徴収となる（介護保険法第 131 条）。

4 × 第一号保険料は，**年金保険者が徴収している**。市町村が第一号被保険者から特別徴収の方法によって保険料を徴収する場合，第一号被保険者に対して老齢等年金給付を支払う年金保険者に第一号保険料を徴収させなければならない（介護保険法第 135 条第 5 項）。なお，第二号被保険者は医療保険の被保険者であることから，第二号保険料については，医療保険者が医療保険料と一体的に徴収している。

5 × 被保護者（生活保護受給者）の第一号保険料が普通徴収となる場合の保険料は，**生活扶助**として支給される。具体的には，生活扶助の加算の一つである介護保険料加算として支給され，その加算額は，当該者が介護保険の被保険者となる市町村に対して納付すべき保険料の実費とされている（生活保護法による保護の基準（昭和 38 年 4 月 1 日厚生省告示第 158 号））。なお，介護扶助では，居宅介護，福祉用具，住宅改修，施設介護などが現物給付される（生活保護法第 15 条の 2 ）。

解答 1

＊ 介護保険法施行令が改正され，2024 年（令和 6 年）4 月より 13 段階となった。

103 高齢者福祉

㊐高齢者に対する支援と介護保険制度・問題 133

介護保険制度における要介護認定・要支援認定に関する次の記述のうち，**正しいものを1つ**選びなさい。

1 介護認定審査会の委員は，要介護者等の保健，医療，福祉に関する学識経験者及び第一号被保険者から都道府県知事が任命する。

2 介護認定審査会は，市町村長が定める認定基準に従って審査・判定を行い，その結果を申請者（被保険者）に通知する。

3 介護認定審査会は，被保険者の要介護状態の軽減又は悪化の防止のために必要な療養に関する事項などの意見を市町村に述べることができる。

4 認定調査員は，新規申請の場合も，更新・区分変更申請の場合も，市町村職員以外の者が担うことはできない。

5 認定調査員は，申請者である被保険者若しくは同居家族が自記式で記入した調査票の回答に基づいて調査結果を取りまとめる。

Point 要支援認定・要介護認定にかかる審査判定業務を行う介護認定審査会の委員や認定調査員の役割に関する問題である。要支援認定・要介護認定の具体的な実施及び運用方法，認定調査員になるための要件や介護認定審査会の委員の定数，構成及び任期，合議体の構成や議決等について理解しておきたい。

1 × 介護認定審査会の委員の任命は**市町村長**（特別区の場合は区長）が行う。また，**第一号被保険者からは任命されるという規定はない**。市町村長は，要介護者等の保健，医療，又は福祉に関する学識経験を有する者のうちから委員を任命すると規定されている（介護保険法第 15 条第 2 項）。なお，委員の定数については，各市町村が要介護認定・要支援認定にかかる審査及び判定の件数等を勘案して定めるものとされており，委員の任期は 2 年（再任可能）である（介護保険法施行令第 5 条・第 6 条）。

2 × 介護認定審査会は，審査・判定の結果を**市町村**に通知する。介護認定審査会は，被保険者が要支援・要介護状態に該当すること，及びその該当する要支援・要介護状態区分（第二号被保険者の場合は，要支援・要介護状態の原因が特定疾病に起因するものであることを含む）について審査及び判定を行い，その結果を市町村に通知する（介護保険法第 27 条第 5 項，第 32 条第 4 項）。

3 ○ 介護認定審査会は，**被保険者の要介護状態の軽減又は悪化の防止のために必要な療養に関する事項**のほか，居宅サービス，地域密着型サービス又は施設サービス等の適切かつ有効な利用等に関して被保険者が留意すべき事項について，市町村に意見を述べることができる（介護保険法第 27 条第 5 項第 1 号・第 2 号）。

4 × 認定調査員は，**更新・区分変更申請の場合**においては市町村職員以外の者が担うこともできる。なお，認定調査員については，市町村職員のほか，市町村から認定調査に関する事務の一部を委託された指定市町村事務受託法人（介護保険法第 24 条の 2 第 1 項）に所属する介護支援専門員，その他の保健，医療又は福祉に関する専門的知識を有する者，指定居宅介護支援事業者等に所属する介護支援専門員等であって，都道府県又は指定都市が実施する認定調査に関する研修を修了した者とされている（「要介護認定等の実施について」（平成 21 年 9 月 30 日老発 0930 第 5 号厚生労働省老健局長通知））。

5 × **調査票への記入は，認定調査員が行う**。つまり，申請者である被保険者（以下，調査対象者）もしくは同居家族が自記式で記入するのではなく，調査対象者や同居家族への聞き取りや観察，確認などの方法で得られた回答を認定調査員が記入する**他記式**となる（「要介護認定における『認定調査票記入の手引き』,『主治医意見書記入の手引き』及び『特定疾病にかかる診断基準』について」（平成 21 年 9 月 30 日老老発 0930 第 2 号厚生労働省老健局老人保健課長通知））。

解答 3

104 高齢者福祉

旧高齢者に対する支援と介護保険制度・問題 134

老人福祉法に関する次の記述のうち，**正しいものを1つ**選びなさい。

1 法律の基本的理念として，要援護老人の自立支援の重要性が規定されている。

2 老人福祉施設の一つとして，介護老人保健施設が規定されている。

3 やむを得ない事由で介護保険法の保険給付などが利用できない場合，市町村が採ることのできる福祉の措置の一つとして，居宅における介護等が規定されている。

4 市町村社会福祉協議会には，老人福祉センターを設置する義務があることが規定されている。

5 市町村老人福祉計画は，社会福祉法に基づく市町村地域福祉計画と一体のものとして作成されなければならないことが規定されている。

Point 老人福祉法に関する基本的な知識を問う問題である。老人福祉法は，高齢者福祉における基本事項を定めた法律で，福祉六法の一つであり，1963年（昭和38年）に制定された。法成立の経緯，目的や基本的理念，老人福祉計画，老人居宅生活支援事業や老人福祉施設，介護保険制度との関連等，頻出事項を確実に理解しておく必要がある。

1 × 老人福祉法は，要援護老人だけではなく**老人福祉全般**について規定した法律であり，基本的理念として，①老人は，敬愛されるとともに，生きがいをもてる健全で安らかな生活を保障される（同法第2条），②老人自身は，健康を保持し，社会的活動に参加するように努める，また，仕事や社会的活動に参加する機会を与えられる（同法第3条第1項・第2項）と規定されている。

2 × 介護老人保健施設の根拠法は，老人福祉法ではなく**介護保険法**である。介護老人保健施設は，要介護者で心身の機能の維持回復を図り，居宅における生活を営むことができるようにするための支援が必要な者を対象として（介護保険法第8条第28項），都道府県知事の許可を受けて開設される（介護保険法第94条第1項）。老人福祉法に定める老人福祉施設には，入所施設として**養護老人ホーム，特別養護老人ホーム，軽費老人ホーム，老人短期入所施設**，通所施設として**老人デイサービスセンター**，利用施設として**老人福祉センター，老人介護支援センター**がある（老人福祉法第5条の3）。

3 ○ 高齢者は，介護保険制度に基づく契約によって福祉サービスを利用することが原則であるが，やむを得ない事由で介護保険制度を利用できない場合，市町村が採ることのできる**福祉の措置**の一つとして，**居宅における介護等**が規定されている（老人福祉法第10条の4）。「やむを得ない事由」としては，①介護サービスの利用契約や要介護認定の申請を期待しがたい場合，②養護者から高齢者虐待を受けて保護が必要な場合又は養護者の養護の負担軽減が必要と認められる場合が想定されている（「老人ホームへの入所措置等の指針について」（平成18年3月31日老発第0331028号厚生労働省老健局長通知））。

4 × **市町村社会福祉協議会には，老人福祉センターを設置する義務はない**。老人福祉センターは，老人福祉法に規定する老人福祉施設で（老人福祉法第5条の3），無料又は低額な料金で，老人に関する各種の相談に応じたり，老人に対して健康の増進，教養の向上及びレクリエーションのための便宜を総合的に供与することを目的とする（老人福祉法第20条の7）。社会福祉法に定める第二種社会福祉事業である（社会福祉法第2条第3項第4号）。なお，市町村社会福祉協議会は，都道府県知事に届け出ることによって老人福祉センターを設置することができる（老人福祉法第15条第5項，社会福祉法第69条第1項）。

5 × 市町村老人福祉計画と一体のものとして作成されなければならないのは，**介護保険法に基づく市町村介護保険事業計画**である（老人福祉法第20条の8第7項）。社会福祉法に基づく市町村地域福祉計画との関係性としては，調和が保たれたものでなければならないと規定されている（老人福祉法第20条の8第8項）。

解答 3

105 高齢者福祉

旧高齢者に対する支援と介護保険制度・問題 132

指定居宅介護支援事業者とその介護支援専門員の役割などに関する次の記述のうち，**最も適切なものを1つ**選びなさい。

1 指定居宅介護支援事業者は，利用者が介護保険施設への入所を要する場合，施設への紹介など便宜の提供は行わず，利用者の選択と判断に委ねることとなっている。

2 居宅サービス計画は，指定居宅介護支援事業者の介護支援専門員に作成を依頼することなく，利用者自らが作成することができる。

3 指定居宅介護支援事業者の介護支援専門員による居宅サービス計画作成業務の保険給付（居宅介護支援）では，利用者の自己負担割合が1割と定められている。

4 地域住民による自発的な訪問や民間事業者が市場サービスとして行う配食サービスなどについては，居宅サービス計画に位置づけることはできないとされている。

5 介護支援専門員は，居宅サービス計画の実施状況の把握のため，少なくとも2週間に1度は利用者宅を訪問することが義務づけられている。

Point 指定居宅介護支援事業者とその介護支援専門員の役割に関する問題である。指定居宅介護支援事業者には，当該指定にかかる事業所ごとに1名以上の居宅介護支援の提供にあたる常勤の介護支援専門員が配置されている。介護保険法や同施行規則のほか，指定居宅介護支援等の事業の人員及び運営に関する基準（以下，運営基準）に規定されている「具体的取扱方針」の内容などについて整理しておきたい。

1 × 指定居宅介護支援事業者は，利用者が介護保険施設等への入所を要する場合にあっては，**介護保険施設への紹介など便宜の提供を行う**こととなっている（介護保険法第8条第24項）。なお，利用者が介護保険施設等からの退院又は退所を依頼した場合は，居宅における生活へ円滑に移行できるよう，あらかじめ居宅サービス計画の作成等の援助を行うものとされている（運営基準第13条第18号）。

2 ○ 利用者は，指定居宅介護支援事業者の介護支援専門員に依頼することなく，自ら居宅サービス計画を作成することができる。利用者が自ら作成した居宅サービス計画を，**セルフケアプラン**などという。利用者があらかじめ居宅サービス計画を市町村に届け出ている場合（介護保険法施行規則第64条第1号ニ），市町村は，居宅サービス事業者に居宅介護サービス費を支払うことができる（介護保険法第41条第6項）。

3 × 指定居宅介護支援事業者の介護支援専門員による居宅サービス計画作成業務の保険給付（居宅介護支援）では，**利用者の自己負担はない**。市町村は，指定居宅介護支援事業者から居宅介護支援に要した費用（居宅介護サービス計画費）の請求があったときは，厚生労働大臣が定める基準等に照らして審査した上，支払うものとされている（介護保険法第46条第6項）。

4 × **地域住民による自発的な訪問**や**民間事業者による配食サービス**も含めて，**居宅サービス計画に位置づけることができる**。介護支援専門員は，居宅サービス計画の作成又は変更にあたり，介護給付等対象サービス以外のサービス等も含めて居宅サービス計画に位置づけ，総合的な計画となるよう努めなければならないとされている（運営基準第13条第4号及び「指定居宅介護支援等の事業の人員及び運営に関する基準について」（平成11年7月29日老企第22号厚生省老人保健福祉局企画課長通知））。

5 × 介護支援専門員は，居宅サービス計画の実施状況の把握（モニタリング）を行うために，特段の事情のない限り，少なくとも**1か月に1度**，利用者の居宅を訪問して利用者に面接すること，そしてモニタリングの結果を記録することが義務づけられている（運営基準第13条第14号）。

解答 2

106 高齢者福祉
旧高齢者に対する支援と介護保険制度・問題 128

次の記述のうち，ボディメカニクスの基本原理に関する介護場面への応用として，**最も適切なものを1つ選びなさい。**

1 ベッド上で利用者の臀部(でんぶ)を上げる際に，自分の肘を支点にして，てこの原理を使った。
2 ベッドから車いすへの移乗介助の際に，利用者の身体を小さくまとめてしまわないように意識した。
3 車いすからベッドへの移乗介助の際に，できるだけ自分の重心を利用者から離した。
4 ベッド上で利用者の体位変換や枕方向への移動を行う際に，利用者の身体をできるだけ垂直方向に持ち上げて移動させた。
5 ポータブルトイレからベッドへの移乗介助の際に，自分の両足をそろえ，直立姿勢をとった。

Point ボディメカニクスとは，人の身体が動作する際の力学をうまく活用して，最小限の力で介助を行う方法のことで，本科目では定期的に出題されるトピックである。ボディメカニクスを意識した介護を行うことで，腰痛予防など介護者の身体への負担を減らせるだけでなく，介護を受ける利用者にとっても安全な介護方法につながるといわれている。「ボディメカニクスの原則」をしっかりと頭に入れておくことで，比較的容易に解ける問題である。

1 ○ **てこの原理を応用する**ことは，ボディメカニクスの基本原則の一つである。特にベッド上での介護場面では，ベッド上に介助者の肘をつくなどして，**支点・力点・作用点を意識して介助をする**ことで，比較的小さな力で利用者の身体を動かすことができる。

2 × ボディメカニクスの基本原則の一つに，**利用者の身体を小さくまとめる**ことがあげられる。腕を組んだり，膝を曲げたりして利用者の身体をコンパクトにすることで，重心が安定し，摩擦が少なくなり，介護者の力が分散することを防ぐことができる。選択肢は「身体を小さくまとめてしまわないように意識した」とあり，ボディメカニクスの考え方とは反対であり，不適切である。

3 × ボディメカニクスの基本原則の一つに，介護者の身体と利用者の**身体をできるだけ近づけ密着させる**ことがあげられる。互いの重心が遠いと，力がうまく伝わらなくなってしまい，介護者の腰や背中に余分な負担がかかってしまう。**重心を近づけることで，比較的少ない力で介護を行うことができる**。選択肢は「自分の重心を利用者から離した」とあり，不適切である。

4 × ボディメカニクスの基本原則の一つに，**持ち上げずに，水平移動する**ことがあげられる。垂直方向に持ち上げようとすれば，重力の影響をじかに受けることとなり，介護者に大きな負担がかかる。できるだけ持ち上げる動作を少なくし，水平方向に移動するよう介助することで，介護者の身体への負担を減らすことができる。

5 × ボディメカニクスの基本原則の一つに，**両足を開いて支持基底面積を広げ，自分の重心を低くする**ことがあげられる。重い荷物を持ち上げるときなどを想像してみればわかるが，両足を閉じた状態よりも，両足を開いて腰を落とした状態のほうが自分の身体が安定し，力が入りやすくなる。「両足をそろえ，直立姿勢をとった」状態では力が入らず，介助の際の姿勢としては危険である。

解答 1

107 高齢者福祉

旧高齢者に対する支援と介護保険制度・問題 129

事例を読んで，U介護老人福祉施設に入所しているMさんに対する日常介護に関する次の記述のうち，**最も適切なものを1つ**選びなさい。

〔事　例〕

Mさん（79歳，女性，要介護4）は，先月U介護老人福祉施設に入所した。3年前に発症した脳梗塞の後遺症により右片麻痺（まひ），運動性失語症がある。問い掛けに対して，首を振って返答することは可能である。口腔（こうくう）内に感覚障害がある。時々，せき込むことがある。食事の時，自分で矢継ぎ早に摂取し，口いっぱいにほおばっていることが多い。最近になって腹圧性尿失禁があることが分かった。A生活相談員（社会福祉士）は，Mさんに対するケアカンファレンスに同席し，介護上の留意点を確認した。

1 Mさんに対する質問は，できるだけ開かれた質問で行うように心掛ける。
2 着替えの介助の際，袖を通すときは左側から介助する。
3 浴槽に入る際は，右足の方から湯船に入るように介助する。
4 せきの時に尿が漏れるかもしれないので，尿パッドの使用をMさんと検討する。
5 食事の時，食べ物を口に運ぶペースはMさんのペースのままとする。

Point 介護老人福祉施設を舞台に，片麻痺の人への介護や，失語症の人とのコミュニケーション，失禁が起こる原因に応じた対応方法などのさまざまな知識が問われる事例問題である。社会福祉士などの資格を有する生活相談員が，実際に多職種と連携しながら検討を進める場面を想像しながら，一つひとつの選択肢を慎重に見極めて正答を選びたい。

1 × Mさんは問い掛けに対して首を振って返答することが可能である。このような場合は「はい／いいえ」で答えられるような**閉じられた質問（クローズド・クエスチョン）**を用いることで，本人の意思を確認することができる。Mさんは失語症であり，自分の思いを言葉で語ることが難しいため，相手の自由な回答を引き出すことを意図して行う「開かれた質問（オープン・クエスチョン）」は不適切である。

2 × 片麻痺の人への着替え介助の原則に，**「脱健着患」**と呼ばれるものがある。これは，自分で動かすことのできる健側から脱ぐようにし，着る時は逆に自分では動かしにくい患側（麻痺側）から着せるようにするというものである。このようにすることで，利用者がまだ自分で動かせる健側をうまく使いながら，自立支援を意識した介助ができる。Mさんは右片麻痺のため，袖を通すときは**患側である右側**から介助するのが望ましい。

3 × 入浴介助における浴槽への出入りの際は，浴槽内で足を滑らせてしまうことによる転倒防止のため，しっかりと力が入る**健側から入る**ことが原則である。Mさんは右片麻痺のため**健側の左足**から浴槽に入るようにし，介助者はMさんの患側である右側に立つようにする。さらに，浴槽内には滑り止めシートを敷き，健側でつかむことのできる位置に手すりを設置するなどの環境整備を行うことが望ましい。

4 ○ 尿失禁の原因には切迫性尿失禁，腹圧性尿失禁，溢流（いつりゅう）性尿失禁，機能性尿失禁などがあり，それぞれの原因に応じて対応方法が異なるため，しっかりと原因を探ることが大切である。腹圧性尿失禁とは，骨盤底筋のゆるみなどが原因で，せきやくしゃみ，運動時など**腹圧がかかった時に尿が漏れてしまう症状**である。骨盤底筋を鍛えるトレーニングなどが予防法として行われているが，すぐに効果が出るものではないため，差し当たり尿パッドの使用を本人と検討することは適切である。

5 × Mさんは口腔内に感覚障害がある状態で，食事を自分で矢継ぎ早に摂取し，口いっぱいにほおばっているため，**誤嚥（ごえん）による窒息の可能性**があり非常に危険である。本人にも事情を説明した上で，食べ物を口に運ぶペースは少しゆっくりにできるような工夫を考える必要がある。

解答 4

108 高齢者福祉

旧高齢者に対する支援と介護保険制度・問題 130

高齢者に配慮した浴室の環境整備に関する次の記述のうち，**適切なものを2つ**選びなさい。

1 開閉時に身体移動が少ないことから，脱衣所は開き戸にした方がよい。
2 立位でまたぐ場合，浴槽の縁（エプロン）の高さは65cm程度がよい。
3 浴室は温度が高くなるので，脱衣所は温度を低くしておくとよい。
4 洗面台の水栓はレバー式が握り動作がいらず操作しやすい。
5 浴室内に立ち上がりや姿勢保持のために水平及び垂直の手すりを複数設置する。

Point 高齢者に配慮した住まいの環境整備については，本科目の頻出問題となっている。本問は浴室の環境整備に関するものであるが，高齢者の入浴中の事故は増加傾向にあり，死亡事故も多発している。例えば，浴室や浴槽内で足を滑らせることによる転倒，溺水のほか，冬場の浴室内と脱衣所の温度差で血圧が急変動するヒートショックによる事故が発生しており，このような事故を防止する視点での環境整備の工夫について，しっかりと知識をつけておきたい。

1 × 家屋の扉は「開き戸」「引き戸」「折れ戸」の3種類が一般的である。開き戸は，前後に開閉する扉をいい，出入りの際に身体移動が発生する。引き戸は横にスライドさせて開ける扉をいい，折れ戸はクローゼットなどに用いられるような，折りたたんで開閉する扉をいう。このうち**身体移動が最も少なくて済むのが引き戸である**。また，開き戸と折れ戸は，室内に向けて開く場合，室内で人が倒れてしまったときに外から扉が開かなくなるリスクがある。そのため，脱衣所の扉は可能であれば引き戸が望ましい。

2 × 高齢者の保健福祉の観点からは，浴槽の縁は膝上ぐらいの高さが望ましいとされている。数字でいえば**40cm程度**であり，この高さであれば立位でも座位でも安全に浴槽に入りやすい。選択肢の65cm程度というのは，昔ながらの和式浴槽の高さであるが，多くの人にとっては腰ぐらいの高さになるため，足腰の弱った高齢者がまたぐのにはやや危険が伴う。

3 × 浴室と脱衣所の温度差が原因で，血圧が急変動することによって起こる**ヒートショック**による失神や，死亡事故が相次いでいる。そのため，脱衣所にもヒーターを置くなどして暖かくしておき，できるだけ浴室との温度差を小さくする必要がある。浴室以外に，廊下やトイレなども居室との温度差が生じやすく，同様の配慮が必要である。

4 ○ 一般的なひねるタイプの蛇口は，ある程度の力が必要になるため，高齢になり握力が弱くなると使いづらくなることがある。浴室に限らず，**レバー式の水栓や自動水栓だと少ない力で操作できる**ため，高齢者や障害者の住まいに適している。

5 ○ 浴室内は足元が濡れて滑りやすくなり，転倒事故が発生しやすい。利用者の身体の状態に応じて，水平及び垂直の手すりを複数設置することで，**洗身時や浴槽への出入りなどさまざまな場面で利用**することができ，入浴時の安全性が高まるといえる。

解答 4 5

109 高齢者福祉

Ⓘ高齢者に対する支援と介護保険制度・問題 135

事例を読んで，B社会福祉士が，Cさんの希望を踏まえて特に意見を聴くべき職種として，**最も適切なものを1つ**選びなさい。

〔事　例〕

急性期病床を有する病院に医療ソーシャルワーカーとして勤務するB社会福祉士は，10日前から入院中のCさん（79歳，一人暮らし）の退院時カンファレンスに臨んだ。その会議には，Cさんを担当する看護師・理学療法士・作業療法士・管理栄養士・言語聴覚士・医療ソーシャルワーカー，Cさん本人が同席した。Cさんは軽度の脳梗塞を初めて発症して入院し，その後の治療等によって，基本的な日常生活動作や，言語・コミュニケーションに関する症状はほぼ消失したため，医学的には定期的な外来通院に移行できる状態である。しかし，利き腕の右手を動かしづらく，既存の調理器具ではうまく調理ができなくなっており，在宅生活には支援が必要な状況である。Cさんは，「調理はずっと行ってきたことなので，上手にできるようになりたい」と希望している。

1　看護師
2　理学療法士
3　作業療法士
4　管理栄養士
5　言語聴覚士

Point 入院患者の退院に向けた支援にかかわる専門職についての事例問題である。病院においては，医療・保健・福祉の専門職が連携し，看護・介護・リハビリテーションを提供する。事例に登場する専門職は国家資格であり，その業務内容，根拠法などのほか，業務独占資格か名称独占資格かなどを正確に理解しておかなくてはならない。

1　✕　Cさんは，医学的には定期的な外来通院に移行できる状態であるため，看護師は，特に意見を聴くべき職種とはいえない。看護師とは，傷病者若しくはじょく婦（産後間もない女性）に対する**療養上の世話又は診療の補助**を行うことを業とする者である。

2　✕　Cさんは，基本的な日常生活動作に関する症状はほぼ消失しているため，理学療法士は，特に意見を聴くべき職種とはいえない。理学療法士とは，医師の指示の下に，理学療法を行うことを業とする者であり，理学療法とは，身体に障害のある者に対し，主としてその**基本的動作能力の回復**を図るため，治療体操その他の運動を行わせ，及び電気刺激，マッサージ，温熱その他の物理的手段を加えることをいう。

3　〇　Cさんは，調理を上手にできるようになりたいと希望しているため，特に作業療法士に意見を聴き，利き腕の右手の能力回復や，左手での訓練，調理器具の工夫等を検討することは，適切である。作業療法士とは，医師の指示の下に，作業療法を行うことを業とする者であり，作業療法とは，身体又は精神に障害のある者に対し，主としてその**応用的動作能力又は社会的適応能力の回復**を図るため，手芸，工作その他の作業を行わせることをいう。

4　✕　Cさんは，栄養の指導を必要としている状態とは読み取れないため，管理栄養士は，特に意見を聴くべき職種とはいえない。管理栄養士とは，傷病者に対する**療養のため必要な栄養の指導**，個人の身体の状況，栄養状態等に応じた高度の専門的知識及び技術を要する健康の保持増進のための栄養の指導等を行うことを業とする者をいう。

5　✕　Cさんは，言語・コミュニケーションに関する症状はほぼ消失しているため，言語聴覚士は，特に意見を聴くべき職種とはいえない。言語聴覚士とは，**音声機能，言語機能又は聴覚に障害のある者についてその機能の維持向上**を図るため，言語訓練その他の訓練，これに必要な検査及び助言，指導その他の援助を行うことを業とする者をいう。

解答 3

110 児童・家庭福祉

旧児童や家庭に対する支援と児童・家庭福祉制度・問題 136

事例を読んで，V里親養育包括支援（フォスタリング）機関のD相談員（社会福祉士）の対応に関する次の記述のうち，**最も適切なものを1つ**選びなさい。

〔事　例〕

Vフォスタリング機関のソーシャルワーカーであるD相談員は，養育里親であるEさん夫婦からFさん（9歳）の相談を受けた。Eさん夫婦はFさんの養育里親委託を受け，5年になる。このところ，Fさんが実親のことを詳しく知りたいと言い出し，どうしたらよいか悩んでいると話す。Eさん夫婦は，実親のことを知ることで，自分たちとの関係が不安定になるのではないかと危惧しているとD相談員に話した。

1　Fさんは思春期に入る前なので，今は伝えない方がよいと助言する。
2　Fさんの最善の利益を考え，Fさんに実親のことをどのように伝えるかについて相談する。
3　Eさん夫婦が自分たちを追い詰めないことを優先する必要があり，実親の話題が出たら話を変えてみることを提案する。
4　D相談員からFさんに，実親のことを知らない方がFさんのためだと伝えることを提案する。
5　実親についての全ての情報を，Fさんに直ちに伝えなければならないと助言する。

Point 里親養育包括支援（フォスタリング）機関の役割は，児童福祉法第11条第1項第2号に規定されている。その担い手は原則として都道府県であるが，民間への委託も可能とされている。フォスタリング機関には，2016年（平成28年）の児童福祉法改正によって条文に明文化された家庭養育優先原則を尊重し，「子どもの最善の利益」に資するため質の高い里親養育を実現することが求められている。フォスタリング業務を民間機関に委託する場合における留意点や，民間機関と児童相談所との関係のあり方，里親家庭への具体的な支援の指針としては，厚生労働省「フォスタリング機関（里親養育包括支援機関）及びその業務に関するガイドライン」を参照しておくとよい。なお，2022年（令和4年）の児童福祉法改正では，フォスタリング業務の担い手として新たに「里親支援センター」を児童福祉施設として位置づけ，2024年（令和6年）4月に施行されている。これについても併せて押さえておく必要がある。

1　×　年齢や発達に応じて，子どもの気持ちに配慮し，気持ちを尊重しながら生活支援，自立支援を行っていく必要があるのはいうまでもない。確かに，思春期になると，里親に距離を置いたり，反抗したりする場面も増えてくることがある。しかし，その際は丁寧なアセスメントに基づいて判断するべきであり，Fさんに実親のことを伝えるかどうかについて，**思春期に入る前だからというのは判断の根拠にならない**。

2　○　児童の権利に関する条約第7条には，**出自を知る権利**が規定されている。D相談員はFさんの気持ちを尊重し，出自を知る権利の実現に向けて関係者で相談を進めていくことが望ましい。

3　×　Fさんの養育を担うEさん夫妻の気持ちを傾聴すること，受け止めることは大切である。しかし，里親制度は子どもの最善の利益を実現するための制度である。養育里親の場合は，今後，家庭復帰を視野に入れた支援が必要になってくることもある。そのため，生い立ちを知り，実親について知ることはFさんの大切な権利であること，**里親の役割を子どもの視点で考えることを伝えていく必要がある**。

4　×　子どもの年齢や発達によっては，伝えるべきタイミングでない情報がある場合もある。しかし，社会福祉士は**子どもの出自を知る権利**の実現に向けて，Fさんの気持ちを尊重し，Fさんに伝えることができる情報を検討していく必要がある。

5　×　里親委託にいたるまでの実親との関係は，虐待や不適切な養育など，発達状況によっては子どもにとって受け止めることが難しい場合も少なくない。そのため，Fさんの希望に応じて実親についての全ての情報を伝えるのではなく，Fさんの**発達状況や心理状態などを丁寧にアセスメントしつつ伝える内容を検討する必要がある**。

解答 2

111 児童・家庭福祉

旧児童や家庭に対する支援と児童・家庭福祉制度・問題 138

「児童虐待防止法」に関する次の記述のうち，**最も適切なもの**を**1つ**選びなさい。

1 児童相談所長等は，児童虐待の防止及び児童虐待を受けた児童の保護のため，施設入所している児童を除き，面会制限を行うことができる。

2 児童虐待を受けたと思われる児童を発見した者は，できる限り通告するよう努めなければならない。

3 児童の福祉に職務上関係のある者は，児童虐待の早期発見を行わなければならない。

4 児童が同居する家庭における配偶者に対する生命又は身体に危害を及ぼす暴力は，児童虐待の定義に含まれる。

5 児童に家族の介護を行わせることは，全て，児童虐待の定義に含まれる。

（注）「児童虐待防止法」とは，「児童虐待の防止等に関する法律」のことである。

Point 児童虐待相談対応件数は，1990年度（平成2年度）の統計開始以降，30年以上連続で増加の一途をたどっており，虐待を受けた子どもへの支援，親への支援は，子ども家庭福祉領域の重要な課題の一つである。児童虐待の防止等に関する法律は2000年（平成12年）に制定，施行された。虐待のある，又はその疑いのある家庭にかかわっていく際の根拠となる重要な法律であり，基本的な知識として押さえておく必要がある。2019年（令和元年）の改正（2020年（令和2年）施行）では，児童虐待防止対策の強化を図るため，児童の権利擁護（体罰の禁止の法定化等），児童相談所の体制強化，児童相談所の設置促進，関係機関間の連携強化などが盛り込まれた。法律制定の背景を理解することに加えて，近年の法改正による変化についても押さえておきたい。

1 × 児童相談所長等による面会の制限は，児童虐待防止法第12条に規定されている。保護者による面会・通信の全部又は一部を制限できる対象は，児童福祉法第27条第1項第3号の措置，すなわち**施設入所等の措置がとられている児童**，又は児童福祉法第33条第1項若しくは第2項の規定による**一時保護が行われた児童**とされている。

2 × 児童虐待防止法第6条では，児童虐待を受けたと思われる児童を発見した場合は，「速やかに，これを市町村，都道府県の設置する福祉事務所若しくは児童相談所又は児童委員を介して市町村，都道府県の設置する福祉事務所若しくは児童相談所に通告しなければならない」とされている。通告は**義務であり，努力義務ではない**。

3 × 児童虐待防止法第5条では，「児童の福祉に職務上関係のある者は，児童虐待を発見しやすい立場にあることを自覚し，児童虐待の早期発見に努めなければならない」とされている。虐待の発見は**努力義務**である。

4 ○ 児童が同居する家庭における配偶者に対する生命又は身体に危害を及ぼす暴力は，2004年（平成16年）の児童虐待防止法改正によって，**心理的虐待**として児童虐待の定義に含まれることとなった。警察から児童相談所への児童虐待通告件数は，近年増加しており，家庭内での暴力の目撃による心理的虐待の件数も増加している。なお，児童相談所での虐待相談の内容別件数においても，心理的虐待は最も多い。2021年度（令和3年度）においては，全体の約60％となっている。

5 × 児童が家族の介護や看護を担う，いわゆる「ヤングケアラー」が社会的な問題として認識されるようになったが，児童虐待防止法の**虐待の定義には含まれていない**。

解答 4

112 児童・家庭福祉

旧児童や家庭に対する支援と児童・家庭福祉制度・問題 139

事例を読んで，相談を受けたW母子健康包括支援センター（子育て世代包括支援センター）の相談員（社会福祉士）がJさんにこの時点で利用を勧める事業として，**最も適切なもの**を**1つ**選びなさい。

〔事　例〕

Jさん（30歳，女性）は，夫と8か月の息子と共に暮らしている。Jさんは現在，育児休業を取得している。最近，時折とても悲しくなったり，落ち込んだりすることがある。どうしてよいか分からず，仕事への復帰に不安を感じるようになった。そこで住まいの近くにあるW母子健康包括支援センター（子育て世代包括支援センター）に，そのことを相談することにした。

1　児童自立生活援助事業
2　保育所等訪問支援事業
3　乳児家庭全戸訪問事業
4　産後ケア事業
5　児童発達支援事業

Point　子どもをもつ母親からの相談に対して母子保健法第22条で定められた母子健康包括支援センター（2024年度（令和6年度）より児童福祉法に基づく「こども家庭センター」に統合された）の相談員が利用を勧める事業について問う問題である。主に妊産婦及び乳幼児の実情を把握し，母子保健施策と子育て支援施策との一体的な提供を通じて，妊産婦及び乳幼児の健康の保持・増進に関する包括的な支援を行うことにより，地域の特性に応じた妊娠期から子育て期にわたる切れ目のない支援を提供する。その役割と，対応できる支援事業について理解しておきたい。

1　×　児童自立生活援助事業は，児童養護施設を退所したものなど義務教育を終了した満20歳未満の児童等が共同生活を営む住居（自立援助ホーム）を提供する事業（児童福祉法第33条の6）であり，**出産後の生活についての相談に対応する事業ではない**。社会に出てから自立が難しい若者に対して，自立援助ホームで生活をしながら，相談その他日常生活上の援助，生活指導，就業の支援を行う事業である。

2　×　保育所等訪問支援事業は，**障害児が保育所や入所施設において集団生活に適応するための支援を行う事業**であり，Jさんに利用を勧める事業として適切ではない。保育所等に通う障害児及び保育所等のスタッフに対し，専門職員が保育所等を訪問し，障害児が集団生活に適応するための直接的な専門的支援や，訪問先施設スタッフへの技術的助言等を行う。

3　×　乳児家庭全戸訪問事業は，原則として生後4か月を迎えるまでの，すべての乳児のいる家庭を訪問する事業である。**Jさんの子どもはすでに8か月になっているため，同事業の対象に該当しない**。同事業は，子育ての孤立化を防ぐために訪問して，その居宅でさまざまな不安や悩みを聞き，子育て支援に関する必要な情報提供を行うとともに，支援が必要な家庭に対しては適切なサービス提供に結びつけることにより，地域の中で子どもが健やかに育成できる環境整備を図ることを目的とした，子育て支援事業である。

4　○　産後ケア事業は，出産後1年以内の女子及び乳児に対し，短期入所，通所又は居宅訪問による，**助産師等が心身のケアや育児のサポートを行う事業**であり，育児休業中のJさんに利用を勧める事業として適している。なお，出産や子育て支援などの情報提供をする支援として，地域の子育て経験者やシニア世代の人たちなどが，気軽に話し相手になって相談に応じるなどの産前・産後サポート事業もある。

5　×　児童発達支援事業（児童福祉法第6条の2の2）は，**障害児通所支援を行う事業**のため，Jさんに利用を勧める事業として適切ではない。児童発達支援事業は，障害児につき，児童発達支援センターやその他の内閣府令で定める施設に通わせ，日常生活における基本的な動作及び知識技能の習得並びに集団生活への適応のための支援その他の内閣府令で定める便宜を供与し，又はこれに併せて同センターにおいて治療（肢体不自由のある児童に対して行われるものに限る）を行う事業である。

解答 4

113 児童・家庭福祉

旧児童や家庭に対する支援と児童・家庭福祉制度・問題 140

児童手当に関する次の記述のうち，**最も適切なもの**を**1つ**選びなさい。

1 児童手当の支給には，所得制限が設けられていない。

2 児童手当は，子どもの年齢が高い方が支給額は高くなる。

3 児童扶養手当を受給している者には児童手当は支給されない。

4 児童手当の受給を希望する者が申請の手続を行う必要はない。

5 15 歳に達する日以後の最初の 3 月 31 日までの間にある児童は，支給要件児童に該当する。

Point 児童手当法は，父母その他の保護者が子育てについての第一義的責任を有するという基本的認識のもと，子ども・子育て支援法に規定する子ども・子育て支援の適切な実施を図るため，家庭生活の安定に寄与し児童の健やかな成長を支援することを目的としている。児童手当は，0 歳から 15 歳までの児童*を養育する国内在住の者に，子育て支援として現金が給付される。父母が別居している場合は，児童と同居している方が優先される。養育者の所得制限*があることや，支給額が子どもの人数によって異なることについても把握しておいてほしい。

1 × 児童手当の支給には，**所得制限が設けられている***。所得制限として，養育者の年収が960 万円程度（子ども 2 人と専業主婦（夫）世帯の場合）を上回る場合は児童手当は支給されない。ただし，所得上限限度額未満の場合，特例給付の対象となり，子ども 1 人につき月額一律 5000 円が支給される。なお，2022 年（令和 4 年）10 月支給分から，養育者の所得が所得上限限度額を超えている場合，児童手当は支給されないこととなった。児童手当の所得制限は，世帯合算した金額ではないので，共働きが不利になるということではない。

2 × 児童手当は，**子どもの年齢が低い方**が支給額は高くなる。3 歳未満の児童に対する支給額（月額）は一律 1 万 5000 円，3 歳以上小学校修了前の児童に対しては 1 万円（ただし第 3 子以降は 1 万 5000 円），中学生に対しては一律 1 万円が支給される*。なお，児童手当の所得制限の撤廃や，支給対象年齢を 18 歳までに引き上げることなども検討されている。

3 × 児童扶養手当を受給している者にも**児童手当は支給される**。児童扶養手当は，父又は母と生計を同じくしていない児童が育成される家庭の生活の安定と自立の促進に寄与することを目的に支給される。なお，ひとり親で子どもを育てている者に対して，児童手当は 15 歳に達する日以後の最初の 3 月 31 日まで支給される*が，児童扶養手当は 18 歳に達する日以後の最初の 3 月 31 日まで父母等に支給される。

4 × 子どもが生まれたり，ほかの市区町村から転入したとき，現住所の市区町村に認定の**申請手続をする必要がある**。市区町村長の認定を受ければ，原則として，申請した月の翌月分の手当から支給される。

5 ○ 児童手当は，**子どもの誕生日に関係なく** 15 歳に達する日以後の最初の 3 月 31 日までが支給要件児童に該当する*。次代を担う子どもの育ちを社会全体で応援するという観点から，すべての児童に義務教育である中学を卒業するまで支給するものである。

解答 5

* 児童手当法の改正により 2024 年（令和 6 年）10 月から，18 歳に達する日以後の最初の 3 月 31 日までの間にある児童（高校生年代）が支給要件児童となった。また，第 3 子以降の支給額が 3 万円に増額され，さらに所得制限も撤廃された。

114 児童・家庭福祉

旧児童や家庭に対する支援と児童・家庭福祉制度・問題 137

事例を読んで，妊娠中のGさんが出産後に母子で居住する場について，H婦人相談員（社会福祉士）がこの時点で利用を勧める施設として，**最も適切なものを1つ**選びなさい。

〔事　例〕

Gさん（18 歳）は夫から暴力を受けて，心も身体も深く傷ついており，「出産で入院することをきっかけに夫から逃げたい。子どもは自分一人で育てる」とH婦人相談員に相談した。Gさんは親族との関係が断絶しており，実家に戻ることもできないという。働いたこともなく様々な不安があるので，子どもとの生活設計を支援してもらえるところを希望している。

1　母子生活支援施設
2　児童家庭支援センター
3　産後ケアセンター
4　乳児院
5　母子・父子休養ホーム

Point 婦人相談員*の支援に関する出題である。婦人相談員の支援対象は要保護女子（性行又は環境に照して売春を行うおそれのある女子）であったが，社会状況の変化に伴い，配偶者からの暴力の防止及び被害者の保護等に関する法律に基づく被害女性もその対象となっていた。頼れるインフォーマルな資源のないGさんに対しては，妊娠中から，出産，産後の生活環境の安定まで切れ目のない支援が求められる。

1 ○ 母子生活支援施設は，「**配偶者のない女子又はこれに準ずる事情にある女子及びその者の監護すべき児童を入所させて，これらの者を保護する**とともに，これらの者の自立の促進のためにその生活を支援し，あわせて退所した者について相談その他の援助を行うことを目的とする施設」である（児童福祉法第 38 条）。18 歳未満の子どもを養育している母子家庭の母や，何らかの事情で離婚の届出ができないなど，母子家庭に準じる家庭の女性が，子どもと一緒に利用できる。Gさん自身の自立支援の必要性からも，母子生活支援施設につなぐことは適切である。

2 × 児童家庭支援センターは，児童福祉法第 44 条の 2 に規定される児童福祉施設で，地域の児童福祉に関する各般の問題につき，児童に関する家庭や地域住民その他からの相談に応じ，必要な助言を行うとともに，保護を要する児童又はその保護者に対する指導を行い，あわせて児童相談所，児童福祉施設等との連絡調整を総合的に行い，地域の児童，家庭の福祉の向上を図ることが期待されている。Gさんの生活環境の安定に向けて連携することは期待できるが，**入所して生活の拠点となる施設ではない**ため，適切ではない。

3 × 産後ケアセンターは，母子保健法に基づき，産後ケア事業として**短期入所事業，通所事業，訪問事業**を行うものであり（同法第 17 条の 2），Gさんに利用を勧める施設として適切とはいえない。出産後 1 年を経過しない女子及び乳児を対象とし，心身の状態に応じた保健指導，療養に伴う世話又は育児に関する指導，相談その他の援助（産後ケア）を行う。

4 × 乳児院は，「乳児（保健上，安定した生活環境の確保その他の理由により特に必要のある場合には，幼児を含む。）を入院させて，これを養育し，あわせて退院した者について相談その他の援助を行うことを目的とする施設」である（児童福祉法第 37 条）。**虐待など，様々な理由から保護者による養育が困難な場合**を対象としているため，Gさんに利用を勧める施設として適切とはいえない。

5 × 母子・父子休養ホームは，母子及び父子並びに寡婦福祉法第 39 条第 3 項に「無料又は低額な料金で，**母子家庭等に対して，レクリエーションその他休養のための便宜を供与することを目的**とする施設」と規定されている。Gさんが生活の拠点とし，安心・安全な環境として出産後居住する施設として適切ではない。

解答 1

＊ 2024 年（令和 6 年）4 月より，困難な問題を抱える女性への支援に関する法律に基づく女性相談支援員となっている。

115 児童・家庭福祉

旧児童や家庭に対する支援と児童・家庭福祉制度・問題 142

✓ ✓ ✓

虐待のおそれがある場合の児童相談所長の権限に関する次の記述のうち，**正しいものを 1 つ選び**なさい。

1 家庭への立入調査を学校に委託することができる。

2 一時保護を行うためには，保護者の同意を得なければならない。

3 一時保護を里親に委託して行うことができる。

4 一時保護は 3 か月以上行わなければならない。

5 児童虐待を行う親の親権喪失を決定できる。

Point 児童福祉法及び児童虐待の防止等に関する法律（児童虐待防止法）に基づく児童相談所長の権限について問う問題である。第 34 回試験に引き続き，一時保護について出題されている。児童相談所に関しては頻出項目であり，内容を整理し理解する必要がある。併せて，2022 年（令和 4 年）の児童福祉法等改正の児童相談所に関する内容もしっかり押さえておきたい。

1 ✕ 児童福祉法第 29 条及び児童虐待防止法第 9 条では，都道府県知事（都道府県知事から権限を委任されている場合は児童相談所長）は，必要があると認めるときや児童虐待が行われているおそれがある場合，児童委員又は児童の福祉に関する事務に従事する職員を，児童の住所若しくは居所又は児童の従業する場所に立ち入り，必要な調査又は質問をさせることができるとされている。**他機関に立入調査を委託することは認められていない**。なお，児童虐待防止法第 10 条では，児童相談所長は，必要があると認めるときは警察署長に対して援助を要請できるとしている。

2 ✕ 児童福祉法第 33 条第 1 項では，児童相談所長は，**必要があると認めるとき**は，児童の安全を迅速に確保し適切な保護を図るため，又は児童の心身の状況，その置かれている環境その他の状況を把握するため，児童の一時保護を行わせることができるとしている。**一時保護の開始に保護者の同意の有無は問われない**。なお，2022 年（令和 4 年）の児童福祉法改正により，一時保護の適正性や手続きの透明性を確保するため，一時保護開始の判断に関する司法審査が導入される。児童虐待のおそれがあるときなど，一時保護の要件が法令上明確にされるほか，児童相談所が一時保護を開始する際は，親権者等が同意した場合等を除き，事前又は保護開始から 7 日以内に裁判官に一時保護状を請求する等の手続きが求められることになっている（2025 年（令和 7 年）6 月 1 日施行）。

3 ○ 児童福祉法第 33 条第 1 項では，児童相談所長は一時保護を行えるとともに，適当な者に一時保護を委託することができるとされている。また，厚生労働省通知「一時保護ガイドライン」では，委託一時保護として，警察署，医療機関，児童福祉施設，**里親**その他適当な者（児童委員，その子どもが通っている保育所の保育士，学校（幼稚園，小学校等）の教員など）に委託できるとされている。

4 ✕ 児童福祉法第 33 条第 12 項では，一時保護の期間は開始から **2 か月を超えてはならない**とされている。また，親権者等の意に反する場合で， 2 か月を超えて一時保護を継続するときは，家庭裁判所の承認を得なければならないとされている。

5 ✕ 児童福祉法第 33 条の 7 では，児童相談所長は，家庭裁判所に親権喪失，親権停止，（財産）管理権停止の審判の請求とそれらの審判の取り消しの請求ができるとされているが，児童相談所長は**親の親権喪失についての決定はできない**。

解答 3

116 児童・家庭福祉

旧児童や家庭に対する支援と児童・家庭福祉制度・問題 141

保育士に関する次の記述のうち，**正しいもの**を**1つ**選びなさい。

1 保育士資格は社会福祉法に規定された国家資格である。
2 保育士としての登録は市町村が行い，保育士登録証が交付される。
3 保育士は保育士の信用を傷つけるような行為をしてはならないとされている。
4 保育士の業務を離れた後に，守秘義務を課されることはない。
5 保育士資格取得後に 3 年ごとの更新のための研修が義務づけられている。

Point 子ども家庭福祉にかかわる専門職である保育士についての知識を問う問題である。児童福祉法の保育士の規定を整理し理解するとともに，併せて，児童福祉法に規定されている児童福祉司や児童委員についても理解を深める必要がある。

1 ✕ 保育士資格は**児童福祉法**に規定された国家資格である。同法第 18 条の 4 において，「登録を受け，保育士の名称を用いて，専門的知識及び技術をもって，児童の保育及び児童の保護者に対する保育に関する指導を行うことを業とする者」と規定されている。

2 ✕ **保育士の登録は都道府県が行う**。児童福祉法第 18 条の 18 において，保育士となるには，保育士登録簿に内閣府令で定める事項の登録を受けなければならないとされている。また，保育士登録簿は都道府県に備え，都道府県知事は，登録をしたときは申請者に対して保育士登録証を交付することとされている。

3 ○ 児童福祉法第 18 条の 21 では，「保育士は，保育士の信用を傷つけるような行為をしてはならない」と，**信用失墜行為の禁止**について規定している。

4 ✕ 児童福祉法第 18 条の 22 では，「保育士は，正当な理由がなく，その業務に関して知り得た人の秘密を漏らしてはならない。**保育士でなくなった後においても，同様とする**」と，秘密保持義務について規定している。

5 ✕ 保育士資格は**更新のための研修を義務づけられていない**。なお，幼稚園教諭を含む教員免許は 10 年ごとの更新研修を行っていたが，2022 年（令和 4 年）7 月に廃止された。

解答 3

117 貧困に対する支援

旧低所得者に対する支援と生活保護制度・問題 63

「生活保護の被保護者調査（令和２年度（月次調査確定値））」（厚生労働省）に示された生活保護の動向に関する次の記述のうち，**正しいものを１つ**選びなさい。

1 保護率（人口百人当）は，16.3％である。

2 １か月平均の被保護実人員数は，約 20 万人である。

3 保護の種類別に扶助人員をみると，「医療扶助」が最も多い。

4 保護開始世帯の主な理由別構成割合をみると，「貯金等の減少・喪失」が最も多い。

5 保護廃止世帯の主な理由別構成割合をみると，「働きによる収入の増加・取得・働き手の転入」が最も多い。

Point 生活保護の動向を問う問題は，ほぼ毎年出題されている。厚生労働省ホームページで公開されている「生活保護の被保護者調査」から，保護率，被保護人員・世帯数，世帯類型別，保護の種類別，保護の開始・廃止の理由別の実数について，直近５年間程度の推移を押さえておきたい。

1 ✕ 2020 年度（令和２年度）の保護率（人口百人当）は **1.63％**[*1] であり，設問とは１桁違っている。保護率は過去には‰（人口千人当）で表記されていたが，2013 年度（平成 25 年度）以降は％（人口百人当）で表記されている。なお，保護率が過去最低であったのは 1995 年度（平成７年度）で 0.70％，過去最高であったのは 1947 年度（昭和 22 年度）で 3.77％である。

2 ✕ 2020 年度（令和２年度）の１か月平均の被保護実人員数は，**約 205 万 2000 人**[*2]である。被保護実人員数は，1995 年度（平成７年度）に過去最低の約 88 万 2000 人となって以降，増加に転じ，2011 年度（平成 23 年度）に過去最高となり，2014 年度（平成 26 年度）の約 216 万 6000 人まで過去最高を更新した。なお，2015 年度（平成 27 年度）以降は減少傾向となっている。

3 ✕ 2020 年度（令和２年度）の保護の種類別の扶助人員（１か月平均）は，①**生活扶助**（約 179 万 6000 人），②住宅扶助（約 175 万 5000 人），③医療扶助（約 171 万人）の順であった[*3]。2006 年度（平成 18 年度）に医療扶助と住宅扶助の順位が入れ替わって以来，この順位が続いている。一方，保護の種類別の被保護世帯数は，①医療扶助，②生活扶助，③住宅扶助の順である。

4 ○ 保護開始世帯の主な理由別構成割合をみると，**「貯金等の減少・喪失」（40.9％）**が最も多く，次いで「働きによる収入の減少・喪失」（22.3％），「傷病による」（19.2％）となっている[*4]。

5 ✕ 保護廃止世帯の主な理由別構成割合をみると，**「死亡」（45.5％）**が最も多く，次いで「その他」（18.1％），「働きによる収入の増加・取得・働き手の転入」（14.2％），「親類・縁者等の引取り・施設入所」（5.6％）となっている[*5]。直近５年間では，「死亡」の割合が増加し，「その他」の割合が減少傾向にある。

解答 4

＊1 2023 年度（令和５年度）の保護率（人口百人当）は 1.62％である。
＊2 2023 年度（令和５年度）の１か月平均の被保護実人員数は 202 万 576 人である。
＊3 2023 年度（令和５年度）の調査結果においても順位に変わりはない。
＊4 2023 年度（令和５年度）の調査結果においては，「貯金等の減少・喪失」（47.3％）が最も多く，次いで「傷病による」（17.8％），「働きによる収入の減少・喪失」（17.7％）となっている。
＊5 2023 年度（令和５年度）の調査結果においても順位に変わりはない。

118 貧困に対する支援

旧低所得者に対する支援と生活保護制度・問題 64

現行の生活保護法に関する次の記述のうち，**正しいものを 1 つ**選びなさい。

1 生活保護は，日本国憲法第 21 条が規定する理念に基づいて行われる。

2 生活保護が目的とする自立とは，経済的自立のみを指している。

3 能力に応じて勤労に励み，支出の節約を図り，生活の維持及び向上に努めなければ，保護を申請できない。

4 補足性の原理によって，扶養義務者のいる者は保護の受給資格を欠くとされている。

5 保護の基準は，保護の種類に応じて必要な事情を考慮した最低限度の生活の需要を満たすに十分なものであって，これを超えないものでなければならない。

Point 生活保護法の基本原理・基本原則に関する問題は，ほぼ毎年出題されている。生活保護法第 1 条から第 4 条が法の目的や基本の考え方を示す基本原理，第 7 条から第 10 条が保護の実施の際の運用上の考え方を示した原則である。条文に即した出題が多いため，条文の確認は必須である。特に，第 4 条の補足性の原理は頻出事項で，保護の要件と保護申請の要件の違いに注意が必要である。

1 × 「国家責任の原理」を定めた生活保護法（以下，法）第 1 条では，生活保護が**日本国憲法第 25 条**に規定する理念に基づくことを明記している。生存権の理念に基づいて，国が生活に困窮するすべての国民に最低限度の生活を保障し，自立を助長するものが生活保護である。

2 × 厚生労働省より発出された通知「平成 17 年度における自立支援プログラムの基本方針について」で示されているように，生活保護が目的とする自立は，**経済的自立**，**日常生活自立**，**社会生活自立**の三つである。経済的自立は，主として就労による経済的な自立，日常生活自立は，身体や精神の健康を回復・維持し，自分で自分の健康・生活管理を行うなど日常生活において自立した生活を送ること，社会生活自立は，社会的なつながりを回復・維持し，地域社会の一員として充実した生活を送ることとされている。

3 × 法第 60 条において，被保護者（現に保護を受けている者）は，能力に応じて勤労に励み，支出の節約を図り，その他生活の維持及び向上に努めなければならないと規定されているが，保護を受ける前の**保護申請の要件とはなっていない**。

4 × 「補足性の原理」は，民法に定める扶養義務者の扶養及び他の法律に定める扶助は，すべて生活保護法による保護に優先して行われるものとするとしている（法第 4 条第 2 項）。これは，扶養義務者があって，その扶養が行われるときに保護に優先するというものであって，**扶養義務者のいる者が直ちに保護の受給資格を欠くというものではない**。扶養義務者がいても扶養が行われない場合もあれば，扶養が行われてもなお最低生活の維持ができない場合もあり，その場合は保護が行われる。

5 ○ 法第 8 条（**基準及び程度の原則**）において，保護の基準は「要保護者の年齢別，性別，世帯構成別，所在地域別その他保護の種類に応じて**必要な事情を考慮した最低限度の生活の需要を満たすに十分なものであって，かつ，これをこえないものでなければならない**」と規定されている。実際の保護は，厚生労働大臣の定める基準により測定した要保護者の需要を基とし，本人の金銭又は物品で満たすことのできない不足分を補う程度において行われる。

解答 5

119 貧困に対する支援

⑱低所得者に対する支援と生活保護制度・問題 65

生活保護の種類と内容に関する次の記述のうち，**正しいものを 1 つ**選びなさい。

1 生業扶助には，高等学校等就学費が含まれる。
2 生活扶助は，衣食住その他日常生活の需要を満たすために必要なものを給付する。
3 教育扶助は，原則として現物給付によって行うものとする。
4 介護扶助は，原則として金銭給付によって行うものとする。
5 葬祭扶助は，原則として現物給付によって行うものとする。

Point 生活保護の種類と内容及び方法に関する問題である。生活保護法で規定される扶助は，生活扶助，教育扶助，住宅扶助，医療扶助，介護扶助，出産扶助，生業扶助，葬祭扶助の 8 種類である。また各扶助の実施の方法は，金銭給付と現物給付で行われるため，各扶助が原則として金銭給付であるか，現物給付であるかを理解しておく必要がある。

1 ○ **生業扶助には，高等学校等就学費が含まれる**。高等学校等就学費は，高等学校等に就学し卒業することが世帯の自立助長に効果的であると認められる場合に支給される。具体的には，授業料や教材代，交通費等である。なお，生業扶助は原則，金銭給付である。

2 × 生活扶助は，「**衣食その他日常生活の需要を満たすために必要なもの**」等を支給する。そのため，住（住居）については，住宅扶助で支給される。なお，生活扶助は，八つの扶助の中で最も基本的な扶助であり，個人単位の第 1 類費（食費，被服費等）と世帯単位の第 2 類費（光熱水費，家具什器費等），各種加算等で構成されている。

3 × 教育扶助は，義務教育に必要な教科書や学用品，通学用品等，学校給食等の費用を原則，**金銭給付**する。ただし，これによりがたい場合は，現物給付によって行うことができる。また、教育扶助の保護金品は，被保護者，その親権者若しくは未成年後見人又は学校長に対して交付することができる。

4 × 介護扶助は，指定介護機関を通じて，原則，**現物給付**される。ただし，これによりがたい場合は，金銭給付で行うことができる。介護扶助は，困窮のため最低限度の生活を維持することができない介護保険法に規定する要介護者及び要支援者が対象である。

5 × 葬祭扶助は，その葬祭を行う者に対して，原則，**金銭給付**される。ただし，必要があるときは現物給付によっても行われる。葬祭扶助では，検案，死体の運搬，火葬，埋葬など葬祭に最低限必要なものの範囲で給付される。なお，市町村長が身元不明の自殺者等の葬儀を行う場合等の葬儀は，「墓地，埋葬等に関する法律」に基づき行われ，その際，保護の「補足性の原理」により葬祭扶助は適用されない。

表 保護の給付方法

扶助の種類	給付方法
生活扶助	原則，金銭給付
教育扶助	原則，金銭給付
住宅扶助	原則，金銭給付
医療扶助	原則，現物給付
介護扶助	原則，現物給付
出産扶助	原則，金銭給付
生業扶助	原則，金銭給付
葬祭扶助	原則，金銭給付

解答 1

120 貧困に対する支援

旧低所得者に対する支援と生活保護制度・問題 66

生活扶助基準の設定方式に関する次の記述のうち，**最も適切なものを１つ**選びなさい。

1　標準生計費方式とは，現行の生活保護法の下で，栄養審議会の答申に基づく栄養所要量を満たし得る食品を理論的に積み上げて最低生活費を計算する方式である。

2　マーケット・バスケット方式とは，最低生活を営むために必要な個々の費目を一つひとつ積み上げて最低生活費を算出する方式である。

3　エンゲル方式とは，旧生活保護法の下で，経済安定本部が定めた世帯人員別の標準生計費を基に算出し，生活扶助基準とした方式である。

4　格差縮小方式とは，一般国民の消費水準の伸び率を超えない範囲で生活扶助基準を引き上げる方式である。

5　水準均衡方式とは，最低生活の水準を絶対的なものとして設定する方式である。

Point　生活扶助基準の設定方式を問う問題である。生活扶助基準は，戦後直後の「生活困窮者緊急援護要綱」から旧生活保護法，現行生活保護法を経て今日に至るまで，標準生計費方式，マーケット・バスケット方式，エンゲル方式，格差縮小方式，水準均衡方式へと変遷してきた。生活保護法制度の歴史的変遷とともに，生活扶助基準の設定方式（改定方式）の変遷も理解しておくことが重要となる。そして，各方式の基本的な内容も押さえておく必要がある。

1　×　標準生計費方式とは，厚生労働省によると，「当時の経済安定本部が定めた世帯人員別の**標準生計費を基に算出**し，生活扶助基準とする方式」である。標準生計費方式は，1946 年（昭和 21 年）から 1947 年（昭和 22 年）までの生活扶助基準の設定方式であり，旧生活保護法時の方式となる。

2　○　マーケット・バスケット方式とは，厚生労働省によると，「最低生活を営むために必要な飲食物費や衣類，家具什器，入浴料といった**個々の品目を一つひとつ積み上げて**最低生活費を算出する方式」である。マーケット・バスケット方式は，1948 年（昭和 23 年）から 1960 年（昭和 35 年）までの生活扶助基準の設定方式である。なお，この方式は，ラウントリー方式や全物量方式とも呼ばれることがある。

3　×　エンゲル方式とは，厚生労働省によると，「栄養審議会の答申に基づく**栄養所要量を満たし得る食品を理論的に積み上げて計算**し，別に低所得世帯の実態調査から，この飲食物費を支出している世帯のエンゲル係数の理論値を求め，これから逆算して総生活費を算出する方式」である。エンゲル方式は，1961 年（昭和 36 年）から 1964 年（昭和 39 年）までの生活扶助基準の設定方式である。

4　×　格差縮小方式とは，厚生労働省によると，「一般国民の消費水準の**伸び率以上**に生活扶助基準を引き上げ，結果的に一般国民と被保護世帯との消費水準の格差を縮小させようとする方式」である。格差縮小方式は，1965 年（昭和 40 年）から 1983 年（昭和 58 年）までの生活扶助基準の設定方式である。

5　×　水準均衡方式とは，厚生労働省によると，「当時の生活扶助基準が，一般国民の消費実態との均衡上ほぼ妥当であるとの評価を踏まえ，当該年度に想定される一般国民の消費動向を踏まえると同時に，前年度までの一般国民の消費実態との調整を図るという方式」である。水準均衡方式は，1984 年（昭和 59 年）から現在までの生活扶助基準の方式である。

解答　2

121 貧困に対する支援

旧 低所得者に対する支援と生活保護制度・問題 67

生活困窮者自立支援法に関する次の記述のうち，**最も適切なものを 1 つ**選びなさい。

1 生活困窮者自立相談支援事業は，委託することができないとされている。

2 生活困窮者自立相談支援事業と生活困窮者家計改善支援事業は，必須事業である。

3 子どもの学習・生活支援事業は，全ての都道府県，市町村に実施の責務がある。

4 生活困窮者一時生活支援事業は，生活困窮者に対し，生活に必要な資金の貸付けのあっせんを行うものである。

5 生活困窮者就労準備支援事業は，雇用による就業が著しく困難な生活困窮者に対し，就労に必要な知識及び能力の向上のために必要な訓練を行うものである。

Point 生活困窮者自立支援法に基づく事業に関する問題である。生活困窮者自立支援法に基づく事業には，生活困窮者自立相談支援事業，生活困窮者住居確保給付金の支給，生活困窮者就労準備支援事業，生活困窮者家計改善支援事業，生活困窮者一時生活支援事業*1，子どもの学習・生活支援事業，その他生活困窮者の自立の促進を図るために必要な事業がある。また，生活困窮者就労訓練事業（いわゆる「中間的就労」）の認定も法律に基づき実施されている。このうち必須事業は，生活困窮者自立相談支援事業と生活困窮者住居確保給付金の支給である。なお，2018 年（平成 30 年）の法改正後，必須事業である生活困窮者自立相談支援事業とともに，生活困窮者就労準備支援事業，生活困窮者家計改善支援事業が努力義務化され*1，一体的な実施が求められている。生活困窮者自立支援法に基づく各事業の内容や方法を理解しておくことが必要である。

1 ✕ 生活困窮者自立相談支援事業は，**社会福祉法人や特定非営利活動法人等へ委託することも可能**である。生活困窮者自立相談支援事業は必須事業である。福祉事務所を設置する自治体が直営又は委託により実施している。

2 ✕ 生活困窮者自立支援法の必須事業は，**生活困窮者自立相談支援事業**と**生活困窮者住居確保給付金の支給**である。生活困窮者家計改善支援事業の実施は努力義務となっており，必須事業ではない。生活困窮者に対する包括的な支援体制の強化のため，生活困窮者自立相談支援事業と努力義務化された生活困窮者家計改善支援事業，生活困窮者就労準備支援事業の三事業の一体的実施が促されている。

3 ✕ 子どもの学習・生活支援事業は，都道府県，市（特別区を含む）及び福祉事務所を設置する町村が実施主体となるが，**任意事業**である。子どもの学習・生活支援事業では，貧困の連鎖を防止するため，生活困窮者世帯の子どもに対する学習支援や，保護者を含めた生活習慣・育成環境等の支援を行う。

4 ✕ 生活困窮者一時生活支援事業は，一定の住居を持たない生活困窮者にあって，収入等が一定水準以下の者に対し，厚生労働省令で定める期間にわたり，**宿泊場所の供与**や**衣食の供与等**を実施することである（なお，利用期間に関しては個々人の状況に応じて 6 か月を超えない範囲で延長することができる）*1。

5 ○ 生活困窮者就労準備支援事業は，雇用による就業が著しく困難な生活困窮者*2に対し，厚生労働省令で定める期間にわたり，就労に必要な知識及び能力の向上のために必要な訓練を行うものである（生活困窮者自立支援法第 3 条第 4 項）。

解答 5

＊1　2024 年（令和 6 年）の生活困窮者自立支援法の改正により，2025 年（令和 7 年）4 月 1 日より，生活困窮者一時生活支援事業は，「生活困窮者居住支援事業」に改称され，地域の実情に応じて同事業のうち必要があると認められる事業の実施が努力義務化された。また，生活困窮者居住支援事業の一部の事業の対象に，生活保護法に規定する特定被保護者が追加された。

＊2　2024 年（令和 6 年）の生活困窮者自立支援法の改正により，2025 年（令和 7 年）4 月 1 日より，生活困窮者就労準備支援事業の対象に，生活保護法に規定する特定被保護者が追加された。

122 貧困に対する支援

旧 低所得者に対する支援と生活保護制度・問題 68

生活福祉資金貸付制度に関する次の記述のうち，**最も適切なものを１つ**選びなさい。

1　貸付対象世帯は，高齢者世帯，傷病者・障害者世帯，ひとり親世帯とされている。
2　日本に居住する低所得の外国人世帯は，貸付対象から除外されている。
3　緊急小口資金の貸付金の利率は年 1.5％である。
4　資金の種類は，総合支援資金，緊急小口資金，教育支援資金の 3 種類である。
5　複数の種類の資金を同時に貸し付けることができる。

Point　生活福祉資金貸付制度は，社会福祉法による「第一種社会福祉事業」であり，「生計困難者に対して無利子又は低利で資金を融通する事業」と規定されている（社会福祉法第 2 条第 2 項第 7 号）。具体的な制度の内容については「生活福祉資金貸付制度要綱」（以下，同要綱）に定められている。同制度は，低所得者世帯，障害者世帯，高齢者世帯を対象として，資金の貸付けと必要な相談支援を行うものである。貸付資金の種類は，総合支援資金（生活支援費・住宅入居費・一時生活再建費），福祉資金（福祉費・緊急小口資金），教育支援資金（教育支援費･就学支度費），不動産担保型生活資金（不動産担保型生活資金･要保護世帯向け不動産担保型生活資金）がある。このうち，総合支援資金，緊急小口資金の借り入れは，生活困窮者自立支援制度における自立相談支援事業の利用が貸付の要件となる（同要綱第 4）。なお，災害時や新型コロナウイルス感染症拡大に伴う緊急小口資金の特例貸付など，社会情勢に合わせて特例措置が実施されることがあるが，まずは本則を正確に学んでおく必要がある。

1　✕　貸付対象世帯は，必要な資金の融通をほかから受けることが困難な**「低所得者世帯」**（市町村民税非課税程度），身体障害者手帳，療育手帳，精神障害者保健福祉手帳の交付を受けた者（現に障害者の日常生活及び社会生活を総合的に支援するための法律（障害者総合支援法）によるサービスを利用している等これと同程度と認められる者を含む）が属する**「障害者世帯」**，65 歳以上の高齢者が属する**「高齢者世帯」**とされている（同要綱第 3）。なお，ひとり親世帯に対する貸付制度としては，**母子父子寡婦福祉資金貸付金制度**がある。

2　✕　生活福祉資金貸付制度には，いわゆる**国籍条項は存在せず**，外国籍の世帯員を含む世帯であっても貸付けの対象となる。

3　✕　緊急小口資金及び教育支援資金は，**無利子**である。総合支援資金及び福祉費は，連帯保証人ありの場合は無利子，連帯保証人なしの場合は年 1.5％の貸付利子がかかる。不動産担保型生活資金は，年 3 ％又は長期プライムレートのいずれかの低い利率となる（同要綱第 6 の 2）。

4　✕　Point に示したとおり，資金の種類は，**総合支援資金，福祉資金，教育支援資金，不動産担保型生活資金の 4 種類**であり，さらにそれぞれが内容に応じて細分化されている。

5　○　同一世帯に対し，資金の性格から判断して，複数の種類の資金（資金ごとに細分された経費の種類を含む）を同時に貸し付けることができる（同要綱第 9 の 1）。

解答 5

123 貧困に対する支援

旧就労支援サービス・問題 146

事例を読んで，福祉事務所のK生活保護現業員（社会福祉士）の対応に関する次の記述のうち，**最も適切なものを1つ**選びなさい。

〔事　例〕

Lさん（28歳）は，両親（父68歳，母66歳）と同居し，両親の基礎年金と父のアルバイト収入により，3人家族で生活している。Lさんは，健康状態に問題があるようには見えないにもかかわらず，仕事をせずに自宅に引き籠もる生活を数年続けている。世帯主である父親が病気で入院し，蓄えも尽き，医療費の支払いも困難になったため，Lさん家族は1か月前から生活保護を受けるようになった。担当のK生活保護現業員は，Lさんに対し，面談を行うなどして就労を促しているが，Lさんは，体調が優れないことを理由に働こうとしない。そこで，K生活保護現業員は，次の段階としてLさんにどのような対応をとるべきか，検討することにした。

1　生活保護現業員による指導・指示に従わないことを理由とする保護の停止に向けて，書面で就労を促す。

2　Lさんを世帯分離して，保護の必要性の高い父親と母親だけに保護を適用する。

3　医療機関での受診を促し，その結果を基にケース診断会議等によりLさんの就労阻害要因を探る。

4　早急に仕事に就くという自立活動確認書を作成するようLさんに命じる。

5　不就労がこのまま継続すると，稼働能力の不活用により保護の打ち切りが検討されることになる旨を説明し，Lさんに就労を促す。

Point　福祉事務所の現業員による生活保護受給者への就労支援に関する設問である。一見，健康状態に明確な課題が見当たらなくても，仕事をせず自宅に引き籠もっている場合，本人も気づいていない課題が存在している可能性がある。現業員が実施する就労支援が有効に機能しないときは，健康管理や日常・社会生活の側面を含めて多角的な視点からアセスメントを行い，就労阻害要因を考慮することが重要である。

1　×　被保護者に対する就労支援は，心身の状態や疾病等の状態によって内容が変化するため，まずはLさんのアセスメントが必要である。また，生活保護制度は最後のセーフティネットであり，生活保護法第27条第3項に基づき，**就労の指導・指示に従わないことを理由として保護受給の停止・廃止を行うことはできない**。

2　×　生活保護は，生活保護法第10条に基づく**世帯保護を原則としている**。Lさん家族の状況として，両親の基礎年金では生計維持ができず，現時点ではLさん自身も収入がないため，**世帯単位で保護を行うべきである**。なお，世帯員の中に稼働収入を得る者がいる場合であっても，世帯全体が困窮状態であれば，世帯単位での保護とし，その収入については収入認定を行い，支給する保護費に充当させることが基本である。

3　○　Lさんが抱える課題を明らかにすることが重要であり，そのために医療機関での受診を促すことは適切な支援である。

4　×　福祉事務所は，保護開始後速やかに面談の機会を設け，本人の同意を得て，適切な就労活動及び的確な就労支援を行うために自立活動確認書の作成を求めることになっている。しかし，Lさんは自宅に引き籠もる生活が数年続いており，「体調が優れない」という理由で就労できていない。**就労阻害要因が明確ではない現時点において，早急な就労の実現は難しく，自立活動確認書の作成を命じることはLさんの心身の負担になる可能性がある**ため，適切ではない。

5　×　**Lさんの就労阻害要因が明らかになっていない現時点において，稼働能力の不活用か否かを判断することは適切ではない**。また，就労支援に応じないことを理由に生活保護の打ち切りを行うことはできない。

解答 3

124 貧困に対する支援

旧低所得者に対する支援と生活保護制度・問題 69

事例を読んで，N市の生活困窮者を対象とした自立相談支援機関の相談支援員（社会福祉士）による，Cさんへの支援に関する次の記述のうち，**適切なものを2つ**選びなさい。

〔事　例〕

Cさん（40歳）は，派遣社員として働いていたが，雇用契約期間が満了して，P市にあった会社の寮から退去した。その後，N市にあるインターネットカフェで寝泊まりをしていたが，なかなか次の仕事が見付からず，所持金も少なくなって不安になり，N市の自立相談支援機関を探して来所した。

1　最後の居住地であったP市に対して，生活保護を申請することを勧める。
2　生活福祉資金貸付制度の緊急小口資金の利用を勧める。
3　住居を見付け，生活困窮者自立支援法に基づく住居確保給付金を利用することを勧める。
4　居住地がないため，直ちに救護施設に入所できると判断し，施設に直接連絡をして利用を申請する。
5　当面の住まいを確保するため，社会福祉法に基づく無料低額宿泊所への入所を自治体に申請するよう提案する。

Point　生活困窮者自立支援法の自立相談支援事業における相談援助業務に関する問題である。自立相談支援事業では，多様で複合的な課題を抱える生活困窮者が，制度の狭間に陥らないよう包括的な相談に応じた支援を行う。解答にあたっては，生活保護法，生活困窮者自立支援法，ホームレスの自立の支援等に関する特別措置法など，横断的な理解が必要となる。

1 ×　生活保護法第19条に，**保護の実施機関は，居住地を有する人についてはその居住地を所管する福祉事務所，居住地がない人は現在地を所管する福祉事務所**となると定められている。Cさんは，すでに居住地を失っているため，生活保護の申請はP市ではなく，**現在地であるN市**となる。

2 ○　生活福祉資金貸付制度の緊急小口資金は，緊急かつ一時的に生活の維持が困難となった場合に，保証人不要かつ無利子で少額を貸し付けるものである。Cさんの場合，**所持金が少なく住居喪失の状態であるため，緊急的な資金支援は妥当である**。なお，緊急小口資金の貸付けに際しては，原則として自立相談支援事業等による支援を受けるとともに，実施主体及び関係機関から貸付け後の継続的な支援を受けることに同意していることが要件となる。

3 ○　住居確保給付金は，**離職や廃業，休業等により住居を失った人，又は失うおそれのある人*に就職に向けた活動をすることなどを条件に，一定期間，家賃相当額が支給される**ものである。Cさんの場合，新たな住居を見付ける必要があり，そのための資金として住居確保給付金の利用は妥当である。

4 ×　救護施設は，生活保護法を根拠とし，「身体上又は精神上著しい障害があるために日常生活を営むことが困難な要保護者を入所させて，生活扶助を行うことを目的とする施設」（第38条第2項）である。**Cさんは生活に困窮しているものの，求職活動中であることから健康状態は問題がないと推察される**ため，救護施設への入所は適切ではない。また，救護施設の入所には，保護の実施機関（福祉事務所）の措置決定が必要となるため，自立相談支援機関が直接入所の手続きをすることはできない。

5 ×　無料低額宿泊所は，社会福祉法第2条第3項第8号に規定する「生計困難者のために無料又は低額な料金で，簡易住宅を貸し付け，又は宿泊所その他の施設を利用させる事業」を行う施設である。無料低額宿泊所への入所については，自治体への申請は不要で，包括的な相談を受け付ける自立相談支援機関が入所に向けてはたらきかけることが望ましい。

解答 2 3

＊　2024年（令和6年）の生活困窮者自立支援法の改正により，2025年（令和7年）4月1日より，生活困窮者住居確保給付金の対象者について，収入が著しく減少し，住居を失ったもの又は失うおそれのあるもので，家計改善のため，転居により家賃負担等を軽減する必要があるものが追加された。

125 保健医療と福祉

旧保健医療サービス・問題 70

日本の医療保険の適用に関する次の記述のうち，**正しいものを 1 つ**選びなさい。

1 国民健康保険の被保険者に扶養されている者は，被扶養者として，給付を受けることができる。

2 健康保険組合が設立された適用事業所に使用される被保険者は，当該健康保険組合に加入する。

3 「難病法」の適用を受ける者は，いずれの医療保険の適用も受けない。

4 国民健康保険は，後期高齢者医療制度の被保険者も適用となる。

5 週所定労働時間が 10 時間未満の短時間労働者は，健康保険の被保険者となる。

（注）「難病法」とは，「難病の患者に対する医療等に関する法律」のことである。

Point 医療保険制度における適用範囲及び被保険者に関する出題である。日本の公的医療保険は，年齢や職業別の制度体系として複数に分かれている。医療保険制度ごとの保険者と被保険者の関係，また，給付の適用対象についてもそれぞれ整理しておくことが重要である。

1 × 国民健康保険制度は，原則として被用者保険等に加入していない国民すべてを被保険者とした医療保険制度である。**国民健康保険では「扶養」という考え方はなく**，世帯の対象となる者すべてが加入者の扱いとなっている。

2 ○ 健康保険は，事業所単位で適用され，健康保険の適用を受ける事業所を**適用事業所**という。適用事業所のうち，常時 5 人以上の従業員を使用する事業所を**強制適用事業所**といい，法律により事業主や従業員の意思に関係なく，健康保険への加入が定められている。健康保険組合は，一つの企業による単一健康保険組合の場合は被保険者数が 700 人以上，同種の事業を行う二つ以上の事業所が共同設立する総合健康保険組合の場合は被保険者数が 3000 人以上であることから，**健康保険組合の設立基準を満たす事業所に使用される被保険者は，当該健康保険組合に加入することとなる。**

3 × 難病法に基づく医療費助成制度には，**医療保険等の適用を受けた後の自己負担部分に対する助成（公費負担）**がある。原則として，国民健康保険や健康保険等の公的医療保険に加入していることや，指定難病の認定基準を満たしていること等が適用の条件となる。

4 × 後期高齢者医療制度の被保険者は，後期高齢者医療広域連合の区域内に住所のある **75 歳以上の者**（65 歳以上 75 歳未満で一定の障害の状態にあると当該後期高齢者医療広域連合が認定した者を含む）である。被保険者の要件を満たした者は，**国民健康保険及び健康保険等の各医療保険制度の被保険者・被扶養者から除外される。**

5 × 短時間労働者の健康保険の加入要件については，**週所定労働時間が 20 時間以上**であることが定められている。そのほかの要件として，雇用期間が 2 か月以上見込まれること，賃金の月額が 8 万 8000 円以上であること，学生でないこと等が示されている。

解答 2

126 保健医療と福祉

旧保健医療サービス・問題 71

「令和元（2019）年度国民医療費の概況」（厚生労働省）に示された日本の医療費に関する次の記述のうち，**正しいものを 1 つ**選びなさい。

1　65 歳以上の国民医療費は，国民医療費の 50％を超えている。

2　診療種類別の国民医療費のうち最も大きな割合を占めるのは歯科診療医療費である。

3　都道府県（患者住所地）別の人口一人当たり国民医療費が最も高い都道府県は，東京都となっている。

4　制度区分別の国民医療費では，医療保険等給付分に比べて公費負担医療給付分が高い割合を占めている。

5　入院医療費及び入院外医療費を合わせた医科診療医療費の割合は，国民医療費の 50％未満である。

Point　国民医療費についての問題は頻出である。厚生労働省ホームページに掲載されている国民医療費の概況「結果の概要」などを基に，国民医療費の総額や年次推移といった基礎的な内容を整理した上で，人口一人当たりの国民医療費，制度区分別・財源別・診療種類別・年齢階級別・傷病分類別国民医療費の詳細や傾向についても整理しておく必要がある。

1　○　選択肢のとおり。2019 年度（令和元年度）の国民医療費は 44 兆 3895 億円で，そのうち年齢階級別の 65 歳以上は 27 兆 629 億円となっており，**国民医療費の総額に占める 65 歳以上の割合は，61.0％**となっている[*1]。

2　×　診療種類別の国民医療費のうち，最も大きな割合を占めるのは**医科診療医療費**であり，構成割合は**72.0％**となっている[*2]。医科診療医療費の内訳は，入院医療費が 38.1％，入院外医療費が 33.9％となっている。なお，歯科診療医療費については，6.8％の構成割合となっている。

3　×　都道府県（患者住所地）別の人口一人当たり国民医療費は，**高知県**が最も高く，46 万 3700 円となっている[*3]。次いで，長崎県が 43 万 3600 円，鹿児島県が 43 万 3400 円となっている。**東京都は，都道府県別にみた国民医療費において最も高く，** 4 兆 4571 億円となっている。

4　×　制度区分別の国民医療費では，**医療保険等給付分が 20 兆 457 億円（構成割合 45.2％）であり，最も高い割合**となっている[*4]。それに対し，公費負担医療給付分は 3 兆 2301 億円（同 7.3％）となっている。また，後期高齢者医療給付分は 15 兆 6596 億円（同 35.3％），患者等負担分は 5 兆 4540 億円（同 12.3％）である。

5　×　入院医療費及び入院外医療費を合わせた**医科診療医療費の総額は 31 兆 9583 億円**であり，国民医療費の総額 44 兆 3895 億円に対する**構成割合は，72.0％**となっている[*5]。

解答 1

＊1　2022 年度（令和 4 年度）の国民医療費は 46 兆 6967 億円で，そのうち年齢階級別の 65 歳以上は 28 兆 1151 億円であり，構成割合は 60.2％となっている。
＊2　2022 年度（令和 4 年度）においても，最も大きい割合を占めるのは医科診療医療費（構成割合 72.4％）である。
＊3　2022 年度（令和 4 年度）においても，高知県が最も高く，47 万 8900 円となっている。
＊4　2022 年度（令和 4 年度）においても，医療保険等給付分が 21 兆 1015 億円（構成割合 45.2％）と，最も高い割合になっている。
＊5　2022 年度（令和 4 年度）の医科診療医療費の総額は，33 兆 8255 億円（構成割合 72.4％）である。

127 保健医療と福祉

旧保健医療サービス・問題 74

後期高齢者医療制度に関する次の記述のうち，**正しいものを 1 つ**選びなさい。

1 保険者は都道府県である。
2 被保険者は，60 歳以上の者が対象である。
3 保険料の算定は，世帯単位でされる。
4 各被保険者の保険料は同一である。
5 各医療保険者から拠出される後期高齢者支援金が財源の一部となっている。

Point 後期高齢者医療制度に関する問題である。後期高齢者医療制度は，高齢者の医療の確保に関する法律（高齢者医療確保法）に位置づけられており，高齢者の疾病，負傷又は死亡に関して必要な給付を行う（同法第 47 条）ことになっている。75 歳以上の後期高齢者（65 歳以上 75 歳未満で一定の障害の状態にある者を含む）を対象とした独立した医療保険制度である。費用負担は被保険者が納付する保険料だけではなく，公費と現役世代からの後期高齢者支援金で賄われている。

1 × 後期高齢者医療制度の保険者は，都道府県ではなく，**各都道府県のすべての市町村が加入する後期高齢者医療広域連合である**。保険料の徴収，被保険者資格の管理，医療給付申請の受付等の業務は市町村になるので，各都道府県にある後期高齢者医療広域連合と市町村が保険業務を共同して行っている。

2 × 後期高齢者医療制度の被保険者は，後期高齢者医療広域連合の区域内に住所を有する① **75 歳以上の者**と② **65 歳以上 75 歳未満で，一定の障害があると後期高齢者医療広域連合の認定を受けた者**である（高齢者医療確保法第 50 条）。

3 × 後期高齢者医療制度では，保険料は**被保険者一人ひとりに対し課せられている**。保険料は，後期高齢者医療広域連合が全区域にわたって均一の保険料率であることその他の政令で定める基準に従い，後期高齢者医療広域連合の条例で定めるところにより算定された保険料率によって，保険料額を課することとなっている（高齢者医療確保法第 104 条）。

4 × 後期高齢者医療制度の被保険者の保険料は，被保険者全員が**同じ金額である均等割額**と**所得に応じて決められた金額である所得割額**の合計となる。そのため，被保険者の保険料は同一ではなく，所得に応じて異なる。

5 ○ 後期高齢者医療制度の財源は，**公費（国・都道府県・市町村）約 5 割，現役世代からの支援金（後期高齢者支援金）約 4 割，被保険者の保険料約 1 割**となっている。後期高齢者支援金は，75 歳未満の者が加入している各種健康保険からの支援金のことである。後期高齢者医療制度は 75 歳以上の高齢者を対象とした独立した保険制度であるが，その費用負担は公費と現役世代からの支援金で支えられている。

解答 5

128 保健医療と福祉

旧 保健医療サービス・問題 72

診療報酬制度に関する次の記述のうち，**正しいものを1つ**選びなさい。

1 診療報酬の点数は，通常3年に1度改定される。
2 診療報酬点数表は，医科，歯科，在宅医療の3種類が設けられている。
3 療養病棟入院基本料の算定は，出来高払い方式がとられている。
4 地域包括ケア病棟入院料の算定は，1日当たりの包括払い方式がとられている。
5 診療報酬には，選定療養の対象となる特別室の料金が設けられている。

Point 診療報酬制度は，出題頻度が高い項目である。診療報酬制度とは，保険医療機関は医療保険加入者に対し保健医療サービスの提供（保険診療など）を行うが，そのサービスに対する対価は，一部負担金部分を除き，厚生労働大臣が定める公定価格により診療報酬として医療保険者から支払われる仕組みである。

1 × 診療報酬の点数は，通常**2年に1度**改定される。診療報酬の決定は，厚生労働省の社会保障審議会がまとめた基本方針に基づき，中央社会保険医療協議会への諮問や答申を経て，厚生労働大臣が行う。

2 × 技術やサービスの料金を定める診療報酬点数表は，**医科**，**歯科**，**調剤**の3種類が設けられており，在宅医療というのは誤りである。なお，2006年（平成18年）3月までは，この3種類に加えて老人診療報酬が存在したが，診療報酬体系の簡素化に伴い廃止された。また，保険適用医療の料金表には，点数表のほかに保険適用医薬品の銘柄と単価を定めた薬価基準や，特定保険医療材料の価格を定めた材料価格基準がある。

3 × 療養病棟入院基本料は，厚生労働大臣が定める3段階の医療区分と3段階のADL区分をクロスする9つの区分（入院Aから入院I）に従い算定され，入院中の検査（画像診断・撮影）・投薬・注射・処置などは，本入院基本料に包括される**包括払い方式**となっている。なお，出来高払い方式とは，個々の診療行為の点数を積み上げて算定する方法であり，診療報酬の支払いは出来高払いが原則である。

4 ○ 地域包括ケア病棟入院料の算定は，**1日当たりの包括払い方式**となっている。このほか，急性期入院医療において，診断群分類別包括評価（DPC/PDPS）による包括払いが導入されている。DPC/PDPSとは，傷病名と診療行為の組み合わせによって分類された診断群分類ごとに1日当たりの入院費を包括的に評価し，在院日数に応じて定額で支払いを行う仕組みである。

5 × 選択肢**2**の解説のとおり，診療報酬は保険適用医療（保険内）で使われる医科・歯科・調剤点数表によって構成されており，**保険外の診療となる選定療養は含まれていない**。なお，保険診療と保険外の医療を組み合わせる仕組みを**保険外併用療養**といい，①先進医療，治験にかかる診療等の評価療養，②患者の希望により未承認医療薬等を使用する場合の患者申出療養，③保険導入を前提としない，差額ベッド代や特別室の料金などの選定療養に分けられている。

解答 4

129 保健医療と福祉
旧 保健医療サービス・問題 73

日本の医療提供体制に関する次の記述のうち，**最も適切なものを 1 つ**選びなさい。

1 医療計画は，市町村が策定義務を負っている。

2 地域医療支援病院は，第 1 次医療法の改正（1985 年（昭和 60 年））に基づき設置された。

3 診療所は，最大 30 人の患者を入院させる施設であることとされている。

4 介護医療院は，主として長期の療養を必要とする要介護者に対し，療養上の管理，看護，医学的管理の下での介護，必要な医療及び日常生活上の世話を行う。

5 地域包括支援センターは，地域における高齢者医療の体制を整えるため，地域医療構想を策定する義務を負う。

Point 日本の医療提供体制に関する問題である。医療法に規定される医療計画をはじめ，医療提供施設の機能が問われている。医療提供施設とは，医療法において，病院，診療所，介護老人保健施設，介護医療院，調剤を実施する薬局その他の医療を提供する施設と規定されている。また，名称を独占する形で地域医療支援病院や特定機能病院，診療報酬制度上の地域包括ケア病棟や回復期リハビリテーション病棟がある。

1 ✕ 医療法に規定される医療計画は，**都道府県**が策定義務を負っており，各都道府県における医療提供体制の確保を図るために定めるものである。内容としては，医療圏の設定をはじめ，5 疾病 5 事業*に関する事項，病床規制，地域医療構想など，多岐にわたる。

2 ✕ 地域医療支援病院は，1997 年（平成 9 年）の**第 3 次医療法の改正**に基づき設置された。なお，1985 年（昭和 60 年）の第 1 次医療法のトピックスは，医療計画制度の導入と，都道府県における医療計画の策定並びに推進，医療法人に対する指導監督規定の整備などである。このほか，2014 年（平成 26 年）の第 6 次医療法改正では，医療計画に地域医療構想の策定が位置づけられた。

3 ✕ 診療所とは，「医師又は歯科医師が，公衆又は特定多数人のため医業又は歯科医業を行う場所であって，患者を入院させるための施設を有しないもの又は **19 人以下**の患者を入院させるための施設を有するものをいう」とされている（医療法第 1 条の 5 第 2 項）。

4 ○ 選択肢のとおりである。介護医療院は，介護保険法第 8 条第 29 項において「要介護者であって，主として長期にわたり療養が必要である者に対し，施設サービス計画に基づいて，療養上の管理，看護，医学的管理の下における介護及び機能訓練その他必要な医療並びに日常生活上の世話を行うことを目的とする施設」であると規定されている。

5 ✕ 地域医療構想は，医療計画の一部であることから**都道府県**が策定するものである（選択肢 **2** の解説を参照）。地域包括支援センターは，「地域住民の心身の健康の保持及び生活の安定のために必要な援助を行うことにより，その保健医療の向上及び福祉の増進を包括的に支援することを目的とする施設」である（介護保険法第 115 条の 46 第 1 項）。

解答 4

＊ 2024 年度（令和 6 年度）からは，「新興感染症等の感染拡大時における医療」が追加されて 5 疾病 6 事業となった。

130 保健医療と福祉

旧保健医療サービス・問題 75

事例を読んで，W病院の医療相談室のD医療ソーシャルワーカー（社会福祉士）による，妊婦であるEさんへの支援に関する次の記述のうち，**適切なもの**を**2つ**選びなさい。

〔事　例〕

Eさん（33歳）は，会社員の夫（38歳）の健康保険の被扶養者であり，夫の母親（78歳，軽度の認知症，要介護1）と3人暮らしである。Eさんは現在，妊娠20週目で，第一子を出産予定である。実家は遠方で，実両親も高齢であることから，産後の子育てと義母の介護の両立に不安を抱えていた。義母は，昼間は通所型サービスを利用しているが，帰宅後は毎日同じ話を繰り返している。夫も多忙で残業も多く，頼りにできないとの思いを持っている。妊婦健診の結果は良好であるが，今後のことを考えると不安であるため，受診しているW病院の医療相談室を訪問した。

1　特定妊婦の疑いがあるため，地域包括支援センターに連絡をする。
2　出産手当金を受け取れることを説明する。
3　認知症高齢者の家族の会などの当事者同士が支え合う活動を紹介する。
4　義母の介護のために特殊寝台の貸与サービスを勧める。
5　産前・産後の不安や負担などを相談するために母子健康包括支援センター（子育て世代包括支援センター）を紹介する。

Point　妊婦であり，認知症の義母の介護を行うEさんの支援を考える事例問題である。妊婦や子育て支援，認知症介護，社会保障制度等の幅広い知識が求められる問題になっている。妊婦や子育てを行う者への相談機関，認知症の家族に対して支援を行う機関等は確認しておきたい。また，出産前後の所得補償，出産時の費用負担等の社会保障制度もあわせて確認しておきたい。

1　✕　特定妊婦とは，出産後の養育について出産前において支援を行うことが特に必要と認められる妊婦のことである（児童福祉法第6条の3第5項）。具体的には，収入が不安定，予期せぬ妊娠，精神疾患を有しているなどの複雑な事情を抱えている妊婦のことであり，Eさんは特定妊婦の疑いがあるとはいえない。また，**地域包括支援センターは介護保険法に位置づけられた機関であり，特定妊婦の支援を行う機関ではない。**

2　✕　出産手当金は，**被保険者が産前42日目から産後56日目までの間に休暇を取得し，その間に給与の支払いを受けなかった場合に支給される所得保障**である。Eさんの場合，会社員の夫の健康保険の被扶養者であることから，出産手当金の支給対象ではない。

3　〇　認知症高齢者の家族の会などの自助グループでは，介護者同士が直接話をして交流し，共に励まし合い助け合うことが可能となる。Eさんは，産後の子育てと義母の介護の両立に不安を抱えていることから，介護者同士の支え合いの活動に参加することは適切である。

4　✕　特殊寝台は，背部又は脚部の傾斜角度が調整できる機能や，床板の高さが調整できる機能をもったベッドのことであり，介護保険の福祉用具貸与に含まれる。Eさんの義母は軽度の認知症であり，同じ話を何度も繰り返すことがあるが，**特殊寝台が必要な身体状態ではない。**

5　〇　母子健康包括支援センター（子育て世代包括支援センター）*は，母子保健法に基づき市町村が設置するもので，保健師等の専門スタッフが妊娠・出産・育児に関するさまざまな相談に対応し，妊娠期から子育て期にわたる切れ目のない支援を一体的に提供する機関である。Eさんは産後の子育てに不安を抱えており，D医療ソーシャルワーカーが母子健康包括支援センターを紹介するのは適切である。

解答　3　5

＊　2022年（令和4年）6月の児童福祉法と母子保健法の改正に伴い，こども家庭センターに統合されることとなった（2024年（令和6年）4月施行）。

131 保健医療と福祉

旧保健医療サービス・問題 76

次の記述のうち，医療チーム内で専門分野を超えて横断的に役割を共有するトランスディシプリナリモデルの事例として，**最も適切なものを 1 つ**選びなさい。

1　Fさんの病状が急変したため，医師は，看護師へ静脈注射機材の準備，薬剤師へ薬剤の準備，医療ソーシャルワーカーへ家族への連絡の指示を出した。

2　災害発生による傷病者の受入れのため，G病院長は，全職員の招集，医師へのトリアージ，看護師へ手術室の準備，医事課職員へ情報収集などの指示を出した。

3　Hさんの食事摂取の自立の希望を達成するため，理学療法士は座位保持，作業療法士は用具の選定，管理栄養士は食事形態，看護師は食事介助の工夫を行った。

4　一人暮らしで在宅療養中のJさんの服薬管理について，往診医，訪問看護師，薬剤師，訪問介護員，介護支援専門員等の自宅への訪問者それぞれが，Jさんとの間で確認することにした。

5　自立歩行を希望するKさんの目標をゴールに，理学療法士，作業療法士，看護師，介護福祉士とでケースカンファレンスを行い，立位保持訓練の方法を検討した。

2023 年（令和 5 年）3 月 7 日に，公益財団法人社会福祉振興・試験センターより，第 35 回試験の**問題 76** についての正答の取扱いについて，次のとおり公表されました。

採点上の取扱い：全員に得点する。
理由：選択肢の記述が不十分であり，正答が得られないため。

132 ソーシャルワークの基盤と専門職（専門）

旧相談援助の基盤と専門職・問題 96

次の記述のうち，福祉に関する事務所（福祉事務所）に配置される所員の社会福祉法に基づく業務として，**正しいものを 1 つ**選びなさい。

1 指導監督を行う所員（査察指導員）は，都道府県知事の指揮監督を受けて，生活保護業務の監査指導を行う。

2 現業を行う所員（現業員）は，所長の指揮監督を受けて，援護，育成又は更生の措置を要する者等に対する生活指導などを行う。

3 母子・父子自立支援員は，家庭における児童養育の技術及び児童に係る家庭の人間関係に関する事項等に関する相談に応じる。

4 知的障害者福祉司は，社会的信望のもとに知的障害者の更生援護に熱意と識見を持って，知的障害者やその保護者の相談に応じ必要な援助を行う。

5 家庭相談員は，児童の保護その他児童の福祉に関する事項について，相談に応じ，専門的技術に基づいて必要な指導を行う。

Point 福祉に関する事務所（以下，福祉事務所）に配置される各所員の社会福祉法に基づく業務を問う設問である。福祉事務所には，所長，指導監督を行う所員，現業を行う所員，事務を行う所員を置かなければならないとされている（社会福祉法第 15 条第 1 項）。しかし，他法で規定されている身体障害者福祉司や知的障害者福祉司，母子・父子自立支援員なども配置されている福祉事務所があるので注意が必要である。

1 × 指導監督を行う所員（査察指導員）は，**所長の指揮監督を受けて**，現業事務の指導監督をつかさどる（社会福祉法第 15 条第 3 項）。

2 ○ 現業を行う所員（現業員）は，所長の指揮監督を受けて，援護，育成又は更生の措置を要する者等の家庭を訪問し，又は訪問しないで，これらの者に面接し，本人の資産，環境等を調査し，保護その他の措置の必要の有無及びその種類を判断し，本人に対し生活指導を行う等の事務をつかさどる（社会福祉法第 15 条第 4 項）。

3 × 選択肢は，**家庭相談員**に関する記述である。家庭相談員は，家庭児童福祉に関する専門的技術を必要とする相談指導業務を行う職員として，福祉事務所内にある家庭児童相談室に配置される。一方，母子・父子自立支援員は，配偶者のない者で現に児童を扶養しているもの及び寡婦に対し，相談に応じ，その自立に必要な情報提供及び指導，職業能力の向上及び求職活動に関する支援を行うこととされている（母子及び父子並びに寡婦福祉法第 8 条第 2 項）。

4 × 選択肢は，**知的障害者相談員**に関する記述である（知的障害者福祉法第 15 条の 2）。知的障害者福祉司は，知的障害者の福祉に関し，その相談及び指導のうち，専門的な知識及び技術を必要とする業務を行う。知的障害者更生相談所に配置されるほか，市町村の福祉事務所にも知的障害者福祉司を置くことができる。

5 × 選択肢は，**児童福祉司**に関する記述である。都道府県は，児童相談所に児童福祉司を置かなければならないとされている（児童福祉法第 13 条第 1 項）。

解答 2

133 ソーシャルワークの基盤と専門職（専門）

旧相談援助の基盤と専門職・問題 97

事例を読んで，ピンカス（Pincus, A.）とミナハン（Minahan, A.）の「４つの基本的なシステム」（チェンジ・エージェント・システム，クライエント・システム，ターゲット・システム，アクション・システム）のうち，チェンジ・エージェント・システムが抱える課題として，**最も適切なものを１つ**選びなさい。

〔事　例〕

脊髄小脳変性症で入院したＨさん（45歳，男性）が退院準備のために医療ソーシャルワーカーに相談に来た。現在，下肢の筋力低下が進んでおり，長い時間の歩行は困難で車いすを利用している。Ｈさんは一戸建ての自宅で妻（42歳，会社員）と二人暮らしであり，今後は，介護保険サービスを利用して自宅に退院することを検討している。また，Ｈさんは入院後休職中であるが，自宅で療養した後に復職を希望している。

1　Ｈさんの退院後の自宅における介護サービス
2　Ｈさんが復職した場合の職場での勤務時間
3　Ｈさん夫妻に対して，退院後に必要となる妻への支援
4　Ｈさんの希望に基づき，近隣の利用可能な社会資源
5　Ｈさんの今後の療養に関わる院内スタッフの情報共有

Point 退院支援においては，さまざまなシステムへの介入が求められるが，その際，ピンカスとミナハンが提唱した「４つの基本的なシステム」の考え方が役に立つ。支援者は，チェンジ・エージェント・システム，クライエント・システム，ターゲット・システム，アクション・システムを見極め，そこへ向けてどのような支援が必要か検討していくことが求められる。

1　×　選択肢は，**アクション・システム**が抱える課題となる。アクション・システムとは，ソーシャルワーカーが変革を達成するための援助に参加する人々や資源などを指す。在宅介護を希望するクライエントの退院支援においては，担当ケアマネジャー等との連携が求められる。アクション・システム（専門職支援チーム）としてＨさんをどう支えていくかが課題となる。

2　×　選択肢は，**ターゲット・システム**が抱える課題となる。ターゲット・システムとは，変革努力の目標達成のためにソーシャルワーカーが影響を及ぼす必要のある人々を指す。Ｈさんは自宅で療養した後に復職を希望しているが，脊髄小脳変性症という難病を患ったことから，復職してすぐにフルタイムで働くのは困難であると考えられる。その現状をターゲット・システム（職場）にはたらきかけ，Ｈさんの想いを代弁し交渉することは，ソーシャルワーカーとして重要な支援である。

3　×　選択肢は，**クライエント・システム**が抱える課題となる。クライエント・システムは，クライエントとクライエントを取り巻くすべての環境を指し，同居の妻はクライエント・システムに当てはまる。退院後，さまざまな制度やサービスを利用しても，妻の精神的・肉体的負担増は否めない。妻への支援や配慮は，今後Ｈさんの在宅生活を継続する上で欠かせないものである。

4　×　選択肢は，**アクション・システム**が抱える課題となる。Ｈさんは一戸建ての自宅に住んでおり，近隣住民や町内会等との関わりがあると想像できる。また，近隣には行きつけの店等があるかもしれない。利用可能な社会資源へはたらきかけ，Ｈさんの地域での生活を充実させていくことは重要である。

5　○　**本事例のチェンジ・エージェント・システムには，医療ソーシャルワーカーが所属する病院が当てはまる**。退院支援を進めていく際，Ｈさんの想いを受け止めながら治療・支援チームがどのように関わっていくかが重要であり，チーム内での情報共有は大きな課題となる。その中で，医療ソーシャルワーカーはコーディネーターとしての役割を果たしていくことが求められる。

解答 5

134 ソーシャルワークの理論と方法（専門）

旧 相談援助の理論と方法・問題 104

ソーシャルワークにおける援助関係に関する次の記述のうち，**適切なもの**を**2つ**選びなさい。

1 転移とは，ソーシャルワーカーが，クライエントに対して抱く情緒的反応全般をいう。

2 統制された情緒的関与とは，ソーシャルワーカーが，自らの感情を自覚し，適切にコントロールしてクライエントに関わることをいう。

3 同一化とは，ソーシャルワーカーが，クライエントの言動や態度などに対して，自らの価値観に基づく判断を避けることをいう。

4 エゴグラムとは，ソーシャルワーカーが，地域住民同士の関係について，その相互作用を図式化して示すツールをいう。

5 パターナリズムとは，ソーシャルワーカーが，クライエントの意思に関わりなく，本人の利益のために，本人に代わって判断することをいう。

Point ソーシャルワーカーは，相談援助を行う際に，クライエントとの間に信頼関係を構築することが求められている。この援助関係（信頼関係）を通じて，クライエントは受容されていると感じ，自らが抱える問題や否定的感情と向き合うことができる。援助関係を構築する際に，ソーシャルワーカーは「クライエントの最善の利益」を最優先する。ソーシャルワーカーは，スーパービジョン等を通して援助者としての自身の機能を理解し，自分の考えや感情を意識化し，相談援助を行う必要がある。

1 × 選択肢は**「逆転移」**の説明であり，ソーシャルワーカーが，重要な他者との間で満たされなかった感情を，相談援助場面に持ち込むことで起こる。一方，「転移」とは，**クライエントが過去の生活の中で体験した（否定的な）感情を，ソーシャルワーカーに向けて表現することで起こる。**

2 ○ 「統制された情緒的関与」とは，ソーシャルワーカーが自らの感情を自覚した上でクライエントの感情に対する感受性をもち，その感情を理解しようと努め，援助の目的を意識しながら，クライエントの感情に適切な形で反応することである。

3 × 「同一化」とは，防衛機制の一つであり，**他者がもつ優れた能力や実績等を，まるで自分のものであるかのように見たり，感じたりすること**である。他者と自己とを同一とみなす場合（例：親の肩書きを自分のものとして自慢する）と，他者の属する性質や態度を自分の中に取り入れて同一化する場合（例：尊敬する人と同じ服装や髪型にする）がある。

4 × 「エゴグラム」とは，**自我状態を図式化し，人の心の仕組みやありようを分析するためのツール**で，各人のパーソナリティの特徴を明らかにする交流分析の性格診断で活用される。

5 ○ 「パターナリズム」とは，**援助者がクライエントに代わって主導権を握り，本人の利益のために主たる判断を行うこと**である。パターナリズムは，権威主義的であると批判され，近年では，クライエントの自己決定を担保するためのインフォームドコンセントの重要性が高まっている。

解答 2 5

135 ソーシャルワークの理論と方法（専門）

旧 相談援助の理論と方法・問題 105

事例を読んで，U大学の留学生支援室のK相談員（社会福祉士）のLさんへのこの時点での応答として，**最も適切なもの**を**1つ**選びなさい。

〔事　例〕

S国からの留学生のLさん（24歳，女性）は，5年前に来日した。来日後1年でU大学に合格したLさんは順調に学業を続け，4年の後期試験を受けて卒業の見込みとなっていた。ある日，目を真っ赤にして留学生支援室を訪れたLさんは，K相談員に以下のように話した。

「私は来週の後期試験2科目を受けて卒業の見込みです。しかし，昨日母から電話をもらい，私の祖母が末期のがんと知らされました。すぐにでも帰りたいのですが，試験を受けなければ卒業できず，かといってこんな状況では試験勉強も手につきません」

1 「帰国したいけれどもできない，その板挟みで苦しいのですね」
2 「おばあさんにはお母さんがついていらっしゃるから大丈夫です」
3 「お母さんは，さぞかしお困りでしょう」
4 「すぐにでも帰国できるよう私が調整します」
5 「お母さんも期待しておられるし，あと2科目で卒業だから頑張りましょう」

Point 本事例は，大学卒業見込みの留学生Lさんの本国にいる祖母の健康状態の悪化と，卒業単位修得にまつわるLさんの心理的葛藤に，大学付設の留学生支援室のK相談員が，どのように対応すべきかを問う問題である。援助者は，クライエントの言語的メッセージはもとより，非言語的メッセージにも注意を向け，面接中の会話に込められた内容や文脈，クライエントの感情を理解し，援助者が理解したことをクライエントに簡潔に伝えることが求められる。社会情勢や，本国にいる家族の社会的・経済的状況が劇的に変化したとしても，外国人という立場上，迅速に行動し問題を解決することが難しい場合がある。留学生に対応するソーシャルワーカーは，大学教員と留学生間の調整（代替レポートや再試験の判断・依頼）だけでなく，学生ビザを維持するための条件等についての知識をもっていることが求められる。

1 ○ 選択肢の応答は，すぐにでも本国に帰りたいが，卒業するためには試験を受けなければならないというLさんの**立場を理解し，その思いに寄り添った**ものである。

2 × 祖母の近くに母がいることをどのようにとらえ判断するのか（「大丈夫」ととらえるのかどうか）は，クライエントであるLさんが決めることであり，**援助者が判断することではない**。また，（介助者としての）母が祖母のそばにいるという客観的事実だけではなく，Lさんの「自分も何かできるかもしれない，母の手伝いをしたい」等の**主観や感情を，重要な情報としてとらえる**ことが必要である。

3 × 援助者であるK相談員にとってのクライエントは，目前のLさんである。Lさんの母の状況に理解を示すことは重要だが，本事例においては，目前の**クライエントに焦点を当てた援助**が期待される。

4 × 「すぐに帰国するかどうか」を決めるのはLさん自身であり，K相談員ではない。まずは**Lさん本人の考えや感情を整理**し，その後，必要に応じて，帰国するための手続きをサポートすることが求められる。

5 × 選択肢の応答は，「すぐにでも帰りたい」「試験勉強も手につかない」という**Lさんの気持ちに寄り添ったものとはいえず**，適切ではない。また，「卒業単位を満たすことを優先するかどうか」を決めるのは，クライエントであるLさん自身であり，K相談員が判断することではない。まずは**Lさん本人の考えや感情を整理**し，その後，卒業のための単位修得にどのように取り組むのかを，教員との間に入り調整することも視野に入れながら，相談援助を進める必要がある。

解答 1

136 ソーシャルワークの理論と方法（専門）

旧 相談援助の理論と方法・問題 106

事例を読んで，V児童養護施設のM児童指導員（社会福祉士）が用いた面接技法の組合せとして，**最も適切なもの**を**1つ**選びなさい。

〔事　例〕

Aさん（11歳，女性）は，10歳からネグレクトによってV児童養護施設に入所していた。1か月後に施設を退所し，実母と再婚相手の3人での生活が始まる予定である。ある日，M児童指導員に，Aさんがうつむきながら，「前の学校に戻れるのはうれしいけれども，家には本当は帰りたくない」とつぶやいた。M児童指導員は，少し間をおいてから，「家には本当は帰りたくない…。その気持ちをもう少し教えてほしいな」と静かに伝えた。

1 「繰り返し」と「言い換え」
2 「繰り返し」と「開かれた質問」
3 「言い換え」と「要約」
4 「要約」と「閉じられた質問」
5 「要約」と「開かれた質問」

Point 本事例は，ネグレクトにより児童養護施設に入所した児童が吐露した家庭復帰への戸惑いに対して，児童指導員がどのような面接技法を用いて対応したかを問う問題である。日常生活場面の何気ない会話であっても，退所後の児童の最善の利益を支えるために，児童指導員は，児童が直面する将来的な課題やニーズ把握に努めることが求められる。援助者が活用する面接技法として，アイビイ（Ivey, A.）のマイクロカウンセリングの技法についても，整理しておくことが望ましい。

表　援助者が活用する面接技法

繰り返し	クライエントが使った言葉を繰り返すこと
言い換え	クライエントの発言の意味や内容を別の言葉を使って言い直すこと
開かれた質問	「いかがですか」「どのように思いますか」など，クライエントがどのようにも答えられる質問
閉じられた質問	クライエントが「はい」「いいえ」で答えられる質問
要約	クライエントの話の内容とそこに込められた感情を，援助者がわかりやすく要点をまとめて利用者に伝える技法

1 × 「家には本当は帰りたくない…」は，Aさんが直前に発した言葉の**「繰り返し」**である。「その気持ちをもう少し教えてほしいな」は，**「開かれた質問」であり，「言い換え」ではない。**

2 ○ 「家には本当は帰りたくない…」は，Aさんが直前に発した言葉の**「繰り返し」**である。「その気持ちをもう少し教えてほしいな」は，Aさんがどのようにも答えられる**「開かれた質問」**である。

3 × 「家には本当は帰りたくない…」は，Aさんが直前に発した言葉の**「繰り返し」であり，「言い換え」ではない。**「その気持ちをもう少し教えてほしいな」は，**「開かれた質問」であり，「要約」ではない。**

4 × 「家には本当は帰りたくない…」は，Aさんが直前に発した言葉の**「繰り返し」であり，「要約」ではない。**「その気持ちをもう少し教えてほしいな」は，**「開かれた質問」であり，「閉じられた質問」ではない。**

5 × 「家には本当は帰りたくない…」は，Aさんが直前に発した言葉の**「繰り返し」であり，「要約」ではない。**「その気持ちをもう少し教えてほしいな」は，Aさんがどのようにも答えられる**「開かれた質問」**である。

解答 2

137 ソーシャルワークの理論と方法（専門）

旧 相談援助の理論と方法・問題 107

相談援助における面接等の実際に関する次の記述のうち，**最も適切なものを１つ**選びなさい。

1 受理面接では，信頼関係が既に形成されているので，クライエントの不安は除去されている。
2 生活場面面接では，クライエントの問題となった生活場面を再現することから始める。
3 電話での相談では，ソーシャルワーカーからの積極的な助言や指導を中心にする。
4 面接室での面接では，ソーシャルワーカーが行う情報収集に役立つ範囲で，時間や空間を設定する。
5 居宅での面接では，クライエントの生活環境の把握が可能である。

Point ソーシャルワーカーが相談援助の面接で用いる技法に関する問題である。面接には，さまざまな構成要素（目的，対象，形態，時間的・空間的条件など）がある。面接の目的は，クライエントの課題やニーズ把握のために必要な情報収集と，課題解決を協働して行い，ニーズを充足させることである。そのため，さまざまな構成要素の違いを把握するとともに，面接を行う場所の環境を整える必要がある。

1 × 受理面接（インテーク）は，問題が持ち込まれた**最初の局面**であり，この時点でソーシャルワーカーとクライエントの間に**信頼関係は形成されていない**ため，傾聴を基本として信頼関係の構築や主訴の確認をすることなどが目的となる。また，このときクライエントは，直面する問題からもたらされる不安と，その問題を他人に話すことへの不安という**二つの不安を抱いている**ことにも留意する。

2 × 生活場面面接とは，面接室ではなくクライエントの**生活の場（クライエントの居宅，入所施設の居室，病院のベッドサイド等）で面接を行う**ことをいう。クライエントが直面する実生活上の問題を，その場で具体的に把握できることに意義があり，生活場面を再現することを目的とはしていない。

3 × 電話での相談では，**相手の表情が見えず**相手の理解度を確認することができない。視覚に訴える方法も取れず**言葉のみのコミュニケーション**となり，積極的な助言や指導には適していない。

4 × 面接室は，クライエントが**落ち着いた雰囲気の中でリラックスして会話ができるような環境**にする必要がある。空間的条件としては，精神的安定感を与えられる，秘密が守られる，雑音がない，温度調整ができている，人の出入りや電話により面接が中断されないなどがあげられ，物理的な阻害要因が作用しないように配慮する必要があるが，面接室はその環境を保つことができるという利点がある。また，時間的条件については，時間を有効に活用するためにも時間制限を設けることが重要である。ただし，**面接の内容やクライエントの状況に応じて臨機応変に面接時間を設定**する必要がある。

5 ○ 居宅での面接は，**クライエントの生活環境そのものを観察することができる**。そのため，生活上のリスクを発見しやすく，また，クライエントがよりリラックスできるという利点がある。

解答 5

138 ソーシャルワークの理論と方法（専門）

旧 相談援助の理論と方法・問題 108

事例を読んで，W認知症疾患医療センターで働くB若年性認知症支援コーディネーター（社会福祉士）のクライエントへの対応として，**最も適切なものを１つ**選びなさい。

〔事　例〕

Cさん（45 歳，男性）は，仕事の失敗が増えたことを思い悩み，「周りに迷惑をかけたくない」と４か月前に依願退職した。その２か月後にW認知症疾患医療センターで若年性認知症と診断された。今月の受診日にCさんが相談室を訪れ，「子どももいるし，教育にもお金がかかります。妻も働いてくれているが，収入が少なく不安です。働くことはできないでしょうか」と話すのを，B若年性認知症支援コーディネーターはCさんの気持ちを受け止めて聞いた。

1　他の若年性認知症の人に紹介したものと同じアルバイトを勧める。
2　認知症対応型通所介護事業所に通所し，就労先をあっせんしてもらうよう勧める。
3　障害年金の受給資格が既に生じているので，収入は心配ないことを伝える。
4　元の職場への復職もできますから頑張りましょうと励ます。
5　病気を理解して，対応してくれる職場を一緒に探しませんかと伝える。

Point 本事例は，若年性認知症の人との面接場面における社会福祉士の対応について問う問題である。ソーシャルワーカーが相談援助の面接に用いる面接技法（技術）に加え，若年性認知症の人への支援として「認知症施策推進総合戦略（新オレンジプラン）」についての理解も求められる。「新オレンジプランの７つの柱」に「Ⅲ　若年性認知症施策の強化」があり，その中で「若年性認知症の特性に配慮した就労・社会参加支援等を推進」することが示されているため，併せて整理しておきたい。

1 × 若年性認知症は，**人によって症状，進行が異なる**。また，新しい人間関係の構築や環境への適応，新しいことを覚えることなどが困難で，本人の負担も相当なものであることから，一人ひとりの**個別性を重視**した対応が必要である。選択肢はそのような対応とはいえないため，適切ではない。

2 × **認知症対応型通所介護事業所**は，認知症居宅要介護者を対象としており，利用者が可能な限り自宅で自立した日常生活を送ることができるよう，通所介護の施設（デイサービスセンターやグループホームなど）に通わせ，食事や入浴などの日常生活上の支援や，生活機能向上のための機能訓練を日帰りで提供する施設である。よって，**就労先のあっせんはサービスの対象外**であり，適切ではない。

3 × 選択肢の対応は，金銭面で不安を訴えるCさんに**受容と共感を示したものではない**。障害年金の受給資格が生じていても，年金申請後から年金受給までには数か月がかかる。さらに，社会で働くということは，単にお金を稼ぐだけではなく，「自分の役割を果たしたい」「能力を発揮したい」という大きな目的を達成するための手段でもある。**安易な励ましは信頼関係を阻害する**要因ともなり得るため，適切ではない。

4 × 元の職場への復職が可能になるには，職場側と本人側の意向と条件が合致しなければならないため，「元の職場への復職もできる」というのは**社会福祉士の主観による根拠のない言葉**である。また，「周りに迷惑をかけたくない」と依願退職した**Cさんの思いとも一致しない**ため，適切ではない。

5 ○ 「病気を理解して，対応してくれる職場」という発言は，Cさんの病気と仕事への**不安を受容し，共感を示した**ものである。また，「一緒に探しませんか」という発言も，**本人への寄り添いと自己決定の促し**を示したものであり，適切である。

解答 5

139 ソーシャルワークの理論と方法（専門）

旧 相談援助の理論と方法・問題 109

ソーシャルワークにおけるアウトリーチに関する次の記述のうち，**最も適切なものを1つ**選びなさい。

1 相談機関を訪れたクライエントが対象になる。
2 援助の労力が少なく効率的な活動である。
3 自ら援助を求めない人への関わりとして有効である。
4 住民への関わりや広報を必要としない活動である。
5 援助開始前に行われ，援助開始後においては行われない。

Point ソーシャルワークにおけるアウトリーチに関する問題である。アウトリーチは，問題が顕在化している利用者だけでなく，潜在的なニーズをもっている人も対象となり，接近困難なクライエント（インボランタリー・クライエント，非自発的クライエント）を援助に結びつけることにも効果的である。また，彼らは社会的に孤立していることやインフォーマルな支援ネットワークがないこと，生活の維持が困難であることも多い。こうしたクライエントを発見し，援助関係へとつなげることはソーシャルワーク実践の重要な課題の一つである。アウトリーチによるソーシャルワークは，慈善組織協会（COS）の友愛訪問活動に起源をもち，その中でも貧困家庭を訪問して彼らの相談にのった友愛訪問員の活動はアウトリーチの始まりであったといえる。

1 × アウトリーチとは，相談機関に相談がもち込まれるのを待つのではなく，ソーシャルワーカーが問題を抱える人が生活する地域や家庭などの**生活場面に出向き**，積極的にはたらきかけ，ソーシャルワークを提供することである。

2 × 接近困難なクライエントなどに対し，援助の必要性を感知させ，問題解決に取り組んでいく動機づけの段階から始めることが求められるため，**時間や労力面からみると効率的な活動とはいえない。**

3 ○ アウトリーチの対象は，深刻な生活上の問題を抱えているが，自ら援助を求めてこない個人，家族，地域住民，地域社会などである。

4 × 接近困難なクライエントをソーシャルワーカーの努力だけで発見することは困難である。一方で，地域住民や民生委員などがクライエントを心配し，見守りを行っていることがある。ニーズの掘り起こし，援助者側の見守りや情報提供，サービス提供等の具体的援助を行うためにも，**地域住民とのつながりの構築やネットワークづくり，広報活動は必要である。**

5 × 援助開始前だけではなく，**援助開始後においてもアウトリーチは有効**である。援助開始後のアウトリーチは，クライエントの生活の実態や，サービスを利用した後の生活の様子も理解できるため，非常に重要である。

解答 3

140 ソーシャルワークの理論と方法（専門）

旧 相談援助の理論と方法・問題 110

ソーシャルサポートネットワークに関する次の記述のうち，**最も適切なもの**を**1つ**選びなさい。

1 自然発生的なネットワーク内に関与していく場合と，新しいネットワークを形成する場合がある。
2 ソーシャルサポートを提供する組織間のつながりを強めることを第一義的な目的とする。
3 家族，友人，知人，近隣住民から提供される支援の総体と定義される。
4 インフォーマルなサポートよりも，フォーマルなサービスの機能に着目して活性化を図る。
5 情報による支援や物的手段による支援からなり，ソーシャルメディアの利用を目的としている。

Point ソーシャルサポートネットワークの概要について問う問題である。ソーシャルサポートネットワークとは，個人を取り巻く家族，友人，近隣，ボランティアなどによる援助（インフォーマル・サポート）と公的機関やさまざまな専門職による援助（フォーマル・サポート）に基づく援助関係の総体である。また，サポートには，情緒的サポートや手段的サポートなどがある。その内容について深く理解する必要がある。

1 ○ 家族関係などクライエントがもともともっているネットワークに関与する場合や，クライエントを支援するために必要であるにもかかわらずネットワークが存在しない場合は，新たにネットワークをつくり出すことがある。

2 × ソーシャルサポートネットワークの第一義的な目的は，**クライエントの問題の解決や問題発生の予防**をすることである。

3 × ソーシャルサポートネットワークには，家族，友人，知人，近隣住民などによる援助（インフォーマルサポート）のほか，**公的機関やさまざまな専門職**による援助（フォーマルサポート）も含まれる。

4 × インフォーマルなサポートよりも，フォーマルなサービスの機能がより着目されるということはない。それぞれが**協働してソーシャルサポートネットワークの活性化を図る**必要がある。

5 × 支援方法の一つとしてソーシャルメディアを利用することはあるが，それは**手段であり目的ではない**。

解答 1

141 ソーシャルワークの理論と方法（専門）

旧 相談援助の理論と方法・問題 118

事例を読んで，病院のK医療ソーシャルワーカー（社会福祉士）のこの時点の対応として，**適切なものを2つ**選びなさい。

〔事　例〕

Lさん（59歳，女性）は，利き腕を複雑骨折し入院してきた。手術後も後遺症から細かい作業が困難となった。家族の見舞いはなく，不自然なあざがあり，退院を強く渋ったため，病棟の要請でK医療ソーシャルワーカーが面接を開始した。Lさんは徐々に心を開き，会社員の夫（64歳）から長年毎日のように暴力を受けてきたこと，高校卒業後すぐ結婚し妊娠したため働いたことがないことを話してくれた。子どもたちは他県で家庭を築いているが，経済的余裕はなく，他に頼れる親戚はいないそうである。離婚は考えるものの，収入がなく，今後の生活が心配だという。

1　夫に連絡を取り，心理的カウンセリングを受けるよう促す。
2　他県にいる子どもの家族と同居できるよう，引っ越しの手配を手伝う。
3　行政から委託を受けた民間シェルターに入居するという選択肢を説明する。
4　離婚や今後の生活に必要な情報提供をし，生活設計を共に考える。
5　仕事を見付けられるよう，公共職業安定所（ハローワーク）に行くことを促す。

Point　複雑骨折による入院をきっかけに，夫からのDV（ドメスティックバイオレンス）の発見につながった事例における，医療ソーシャルワーカーの対応について問う問題である。医療ソーシャルワーカーは，クライエントの安全を第一に考えながら生活設計を立てていく必要がある。また，退院に向けた支援だけでなく，配偶者からの暴力の防止及び被害者の保護等に関する法律（DV防止法）に基づいた対応や連携機関などの理解が必要になる。

1 × 医療ソーシャルワーカーが，直接夫と連絡を取るという対応は望ましくない。Lさんは夫からの虐待の疑いがあるため，**まずは配偶者暴力相談支援センターといった専門機関につなげたり，警察に通報する必要があるかどうかを検討したりすることから始めるべきである**。ただし，その場合はLさんの意思を尊重するように努めなければならない（DV防止法第6条第2項）。

2 × 他県にいる子どもとの話し合いもなく，一方的に引っ越しの手配をするのは支援として不適切である。子どもたちは家庭を築いており，経済的余裕がないことからも，Lさんと子どもたちが接する機会を調整するなど，**話し合いの場を設ける**ことが重要である。

3 ○ 夫から日常的に暴力を受けており，退院を渋っていることから，退院後，Lさんが**自宅へ戻ることは危険性が高い**。虐待を受けた被害者が一時的に避難することができる民間シェルターの説明をすることは，この時点の対応として適切であるといえる。

4 ○ 今後の生活に不安を抱えていることから，Lさんの意向をくみ取り，**必要に応じて適切な情報を提供しながら退院後の生活設計を共に考えていく**必要がある。

5 × 直近の課題としては，**退院後に生活する場所の調整**や**Lさんの精神的ケア**があげられる。また，Lさんは高校卒業後すぐ結婚し妊娠したため働いたことがないという点からも，公共職業安定所（ハローワーク）に行くことを促すのは時期尚早である。

解答 3 4

142 ソーシャルワークの理論と方法（専門）

旧相談援助の理論と方法・問題116

社会的排除の状態に置かれ，複雑困難な課題を抱えている利用者と家族に対するソーシャルワークに関する次の記述のうち，**適切なもの**を**2つ**選びなさい。

1 社会的排除の状態に置かれている利用者と家族に対して，プライバシーに配慮した上で，地域住民の協力を求め，利用者と家族の地域生活の継続を支援する。
2 利用者との距離を置き，客観的に状況を理解している同居をしていない家族の意向に基づき支援する。
3 人との関わりに抵抗のある利用者や課題を持つ家族が多いので，利用者と家族の生育歴や生活歴に特徴的に見られる課題に限定して情報収集をする。
4 時間をかけて関係づくりを行い，利用者と家族の意向を踏まえ，優先順位をつけて生活課題やニーズに対応していく。
5 利用者や家族のストレングスを見いだすため，利用者自身の弱さを内省するよう支援する。

Point ソーシャルワーク実践においては，クライエントのみならずその家族への対応が求められる。支援において家族は重要な位置づけとなるが，家族の意向だけに基づき支援を進めることがあってはならない。ソーシャルワーカーの倫理綱領の「クライエントに対する倫理責任」に示されているように，クライエントの利益の最優先，受容，説明責任，クライエントの自己決定の尊重，クライエントの意思決定への対応，プライバシーの尊重と秘密の保持，権利擁護，情報処理技術の適切な使用に基づいた対応が求められる。

1 ○ 社会的排除の状態からの脱出や地域共生社会の実現のためには，**地域住民の協力が必要不可欠である**。プライバシーに配慮した上で地域住民の協力を求め，さまざまな社会資源を活用しながら包括的な支援体制を構築していくことが重要である。

2 × **利用者の意向を反映しておらず，家族の意向のみをくみ取った一方的な支援となる**。また，選択肢には「同居をしていない」とあるため，家族が利用者の状態を正しく理解できていない可能性もある。利用者と距離を置くのではなく，**双方の意向を踏まえ**た上で支援を決定すべきである。

3 × 生育歴や生活歴による課題に限定するのではなく，双方を取り巻く人や環境等にも焦点を当てるなど，**多角的に情報収集をする必要がある**。

4 ○ 支援において**関係づくりや信頼関係の構築**は欠かせない。また，利用者と家族どちらか一方の意向ではなく，**双方の意向を踏まえ**て支援を決定し，**直近の課題を把握**した上で対応していくことが重要となる。

5 × ストレングスを見いだすためには，利用者が自身の弱さを内省するのではなく，自身の**強みに気づくことができるよう支援していく**ことが重要である。

解答 1 4

143 ソーシャルワークの理論と方法（専門）

旧 相談援助の理論と方法・問題 117

事例を読んで，Ｚ放課後等デイサービスのＧ児童指導員（社会福祉士）による，Ｈさんへの面接に関する次の記述のうち，**適切なものを２つ**選びなさい。

〔事　例〕

Ｈさん（28 歳，女性）は，長女Ｊさん（８歳）と二人暮らしで，Ｊさんには発達障害がある。ある日Ｊさんが，通っているＺ放課後等デイサービスで，他の子のおやつを食べてしまった。Ｊさんは，「お腹がすいて我慢ができなかった」と訴えた。Ｇ児童指導員の呼び掛けに応じた面談でＨさんは，「Ｊが大事で頑張っているけど，子育てがちゃんとできない自分が嫌」と話した。

1 「Ｊちゃんと少し距離を置くために，施設入所も検討してみませんか」と意向を聞く。
2 「Ｊちゃんを大事だと思って，あなたはよく頑張っていますね」と承認する。
3 「家事を手伝ってくれる子育て短期支援事業を利用してはどうですか」と意向を聞く。
4 「子育ての方法を教えてくれるペアレント・トレーニングを受けるという方法もありますよ」と情報提供する。
5 「Ｊちゃんにとって大事なお母さんなんだから，しっかりしましょう」と励ます。

Point 障害を抱える子どもを育てる保護者支援に関する問題である。本事例の保護者は，子どもの障害を受容できず，これからの成長に不安を感じていると考えられる。社会福祉士は，保護者の思いを十分に受け止め，ラポール（信頼関係）の形成を目指しながら，さまざまな可能性を一緒に考える姿勢が求められる。

1 × **「Ｊが大事で頑張っている」**というＨさんに対し，距離を置くためにＪちゃんの施設入所を促すことは適切であるとはいえない。支援者は，子育ての仕方に関してＨさんとともに考えるほか，情報提供を行っていくことが望ましい。

2 ○ まずは，子育てに悩みながらも頑張っているＨさんを**受容**することが大切である。受容することで，利用者とのよりよい支援関係の構築につながる。

3 × **支援者からサービスの利用を促すような意向の聞き方は適切ではない**。また，Ｈさんは子育てには悩みを抱えているが，家事に困っているとは問題文からは読み取れない（Ｈさんからニーズの表明はされていない）。また，子育て短期支援事業とは，家事の手伝いではなく，保護者の疾病などの理由により**家庭で養育を受けることが一時的に困難になった児童を，一定期間，児童養護施設等で預かる**事業である。

4 ○ ペアレント・トレーニングとは，主に発達障害児等の子どもとのかかわり方や褒め方といった具体的な**養育スキルを獲得することを目指して行われる**ものであり，子育てに不安を抱えるＨさんにとって適切な情報提供であるといえる。

5 × 子育てに不安を抱くＨさんに対し，「しっかりしましょう」などと励ますことは，**Ｈさんの思いに寄り添った対応とはいえず**，適切ではない。

解答 ２ ４

144 福祉サービスの組織と経営

旧福祉サービスの組織と経営・問題 119

社会福祉法人の組織体制に関する次の記述のうち，**最も適切なものを1つ**選びなさい。

1 社会福祉法人は，定款，貸借対照表，収支計算書，役員報酬基準等を公表しなければならない。

2 社会福祉施設を経営している社会福祉法人において，当該施設の管理者は法人の理事になることは禁止されている。

3 社会福祉法人は収益事業を行うことが禁止されている。

4 社会福祉法人における評議員の選任・解任は，定款に定めることにより，理事長や理事会が決定することが可能である。

5 社会福祉法人は，理事長以外に業務執行理事を評議員会で選定することができる。

Point 社会福祉法人に関する知識を問う問題である。社会福祉法人制度の概要，社会福祉法人の経営体制を押さえておくことが必要である。

1 ○ 社会福祉法人には，運営の透明性を確保するため，**定款，貸借対照表，収支計算書，役員報酬基準等に関する公表義務がある**。社会福祉法人は，定款，報酬等基準，役員等名簿，計算書類（貸借対照表，収支計算書）及び現況報告書について，インターネットを利用して公表しなければならないとされている（社会福祉法（以下，法）第59条の2，社会福祉法施行規則第10条第1項）。ただし，計算書類，現況報告書については，法人が財務諸表等電子開示システムへの登録を行うことにより，公表したものとみなすこととされている（同施行規則同条第2項）。

2 × 法第44条第4項第3号に，社会福祉法人が施設を設置している場合にあっては，**当該施設の管理者が理事に含まれなければならない**といった役員の資格が規定されている。そのほか，社会福祉事業の経営に関する識見を有する者（同項第1号），当該社会福祉法人が行う事業の区域における福祉に関する実情に通じている者（同項第2号）も理事に含まれなければならない。社会福祉法人は，理事を6名以上置かなければならず（同条第3項），親族制限も設けられている（同条第6項）。

3 × 社会福祉法人は，その経営する社会福祉事業に支障がない限り，公益を目的とする事業（公益事業）又はその収益を**社会福祉事業若しくは公益事業の経営に充てることを目的とする事業（収益事業）を行うことができる**とされている（法第26条）。

4 × 社会福祉法人における評議員の選任・解任については，**理事長や理事会が決定することはできない**。評議員は，社会福祉法人の適正な運営に必要な識見を有する者のうちから，定款の定めるところにより，選任するとされており（法第39条），**理事又は理事会が評議員を選任し，又は解任する旨の定款の定めは効力を有しない**（法第31条第5項）。定款で定める評議員の選任・解任の方法としては，外部委員が参加する機関（評議員選任・解任委員会）を設置し，この機関の決定に従って行う方法がある。

5 × 理事長以外に社会福祉法人の業務を執行する理事である業務執行理事の選定は，**評議員会ではなく理事会の決議によって行われる**（法第45条の16第2項）。業務執行理事は，理事長と違い代表権はないため，対外的な業務を執行する権限はない（法第45条の17第2項）。

解答 1

145 福祉サービスの組織と経営

旧 福祉サービスの組織と経営・問題 120

特定非営利活動法人の組織運営に関する次の記述のうち，**正しいものを１つ**選びなさい。

1 特定非営利活動法人における最高意思決定機関は，評議員会である。

2 特定非営利活動法人において役員に報酬を支払うことができるのは，役員総数の半数までである。

3 特定非営利活動法人は，その主たる活動の目的を，政治上の主義を推進，支持，反対するための活動とすることができる。

4 特定非営利活動法人は，法律に定められた要件を満たし，必要な書類を添えて所轄庁に申請し，審査を経て認可された後，登記することによって成立する。

5 特定非営利活動法人は，その社員の資格の得喪に関して不当な条件を付してはならず，加入や脱退の自由を保障する必要がある。

Point 特定非営利活動法人に関する知識を問う問題である。特定非営利活動法人制度の概要を押さえておくことが必要である。

1 × 特定非営利活動法人における最高意思決定機関は，**社員総会**である。**特定非営利活動法人の業務は，定款で理事その他の役員に委任したものを除き，すべて社員総会の決議によって行う**とされている（特定非営利活動促進法（以下，法）第 14 条の 5）。理事は，少なくとも毎年 1 回，通常社員総会を開かなければならず（法第 14 条の 2），必要があると認めるときや，総社員の 5 分の 1 以上から社員総会の目的である事項を示して請求があったときは，臨時社員総会を招集しなければならない（法第 14 条の 3 第 1 項・第 2 項）。

2 × 特定非営利活動法人において役員に報酬を支払うことができるのは，**役員総数の 3 分の 1 以下である**（法第 2 条第 2 項第 1 号ロ）。ここでいう役員とは，理事と監事のことを指し，特定非営利活動法人は役員として，理事 3 名以上及び監事 1 名以上を置かなければならない（法第 15 条）。特定非営利活動法人の役員報酬とは，労働による対価ではなく，その役職に就いていることの対価となる。特定非営利活動法人は，営利を目的としない団体であることから，一定数の無報酬役員を置く仕組みをとることで，高額な報酬による外発的動機づけを抑制している。

3 × 特定非営利活動法人には，「**政治上の主義を推進し，支持し，又はこれに反対することを主たる目的とするものではないこと**」といった要件がある（法第 2 条第 2 項第 2 号ロ）。その他にも，営利を目的としないものであること（法第 2 条第 2 項第 1 号），10 名以上の社員を有するものであること（法第 12 条第 1 項第 4 号）といった要件がある。

4 × 特定非営利活動法人は，**都道府県又は指定都市の条例で定めるところにより**，必要書類を添付した申請書を所轄庁に提出し，設立の認証を受けた後，登記することによって成立する（法第 10 条・第 13 条）。**法律の範囲内で都道府県又は指定都市が自主的に判断してよいとする地方自治**が貫かれており，また，各都道府県から各市町村へ事務が移譲されている場合もある。所轄庁は提出書類を，申請書を受理した日から 2 週間，公衆の縦覧に供するとともに，申請のあった年月日及び書類に記載された事項を広告又はインターネットの利用により公表する（法第 10 条第 2 項）。また，正当な理由がない限り，2 月以内に認証又は不認証の決定を書面で通知することとされている（法第 12 条）。

5 ○ 特定非営利活動法人は市民に開かれた団体であるべき，という観点から，**社員の資格の得喪に関して不当な条件を付してはならず**（法第 2 条第 2 項第 1 号イ），社員の最も基本的な権利にかかわる**加入・脱退の自由を正当な理由なく制限することは禁止されている**。そのため，特定非営利活動法人の設立趣旨や活動目的に賛同する人，法人等の入会を妨げるような条件を設定することはできない。

解答 5

146 福祉サービスの組織と経営

旧 福祉サービスの組織と経営・問題 121

福祉や医療サービスを提供している組織・団体に関する次の記述のうち，**最も適切なものを１つ**選びなさい。

1 社会医療法人は，収益業務を行うことが禁止されている。

2 株式会社は，都道府県知事への届出によって児童養護施設を設置することができる。

3 医療法人は，都道府県知事への届出によって特別養護老人ホームを設置することができる。

4 福祉活動を行う市民団体は，法人格を取得しなければならない。

5 医療法人は，剰余金の配当をすることが禁止されている。

Point かつては社会福祉法人が福祉サービスの主たる事業体であったが，2000 年（平成 12 年）の社会福祉法の改正により，事業者を国，地方公共団体及び社会福祉法人とそれ以外の主体とは区別せず，「社会福祉を目的とする事業を経営する者」と，より広く規定している。また，同年の介護保険法成立により，社会福祉法人はもとより，特定非営利活動法人，医療法人，営利法人，市民団体，協同組合（農協，生協）などが，多様な福祉サービスを提供していることを押さえておきたい。

1 × 社会医療法人は，2006 年（平成 18 年）の医療法改正により制度化された公益性の高い医療法人制度であり，**収益業務や，一部の第一種社会福祉事業，第二種社会福祉事業，社会医療法人債の発行が認められている**。また，社会医療法人とは，①同族経営を制限すること，②へき地医療や救急医療等を実施すること，③解散時の残余財産を国や地方公共団体又は他の社会医療法人に帰属させることなどの要件を満たし，都道府県知事の認定を受けたものである（医療法第 42 条の２）。

2 × 児童養護施設は第一種社会福祉事業であり，**その経営主体は，原則として国，地方公共団体又は社会福祉法人に限られる**（社会福祉法第 60 条）。第一種社会福祉事業とは，主に入所施設や保護施設などの経営を行う事業であり，公共性が高く，経営安定を通じた利用者の保護の必要性が高い事業である。国，地方公共団体，社会福祉法人以外の者が経営する場合は，都道府県知事等の許可が必要である。

3 × 医療法人が設置することができるのは，**病院，医師若しくは歯科医師が常時勤務する診療所，介護老人保健施設や介護医療院**であり，特別養護老人ホームを設置することはできない。また，医療法人は，原則，収益業務を行うことができない。

4 × 市民団体は，福祉制度があってもサービスが十分でなかったり，公的なサービスにそぐわない分野について，住民のニーズによって生まれるものである。市民団体の中には，NPO 法人格を取得して事業を展開する場合もあるが，**法人格を取得することなく任意のグループの市民団体としてサービスを行うこともできる**。

5 ○ 医療法人は，**剰余金を配当することができない非営利法人**である。しかし，法人税法上の公益法人等には該当せず，法人税の課税対象となる。

解答 5

147 福祉サービスの組織と経営

旧福祉サービスの組織と経営・問題 122

組織運営やその原則に関する次の記述のうち，**最も適切なもの**を**1つ**選びなさい。

1　コンフリクトは，集団に肯定的な影響を与えることはなく，組織運営に非生産的な結果をもたらすので回避する必要がある。

2　事業部制組織は，職能別管理をすることによって，組織の統制が向上するメリットがある。

3　各構成員に対する指示・命令は，複数の者によって多面的に行う必要がある。

4　従業員が意思決定を行うことができる権限の範囲と，それに対応した職務に対する責任の範囲は，等しくなるようにしなければならない。

5　管理者は，例外的で高度な業務のみならず，定型的で反復的な業務についても行わなければならない。

Point　福祉サービスの組織のあり方については，利用者の尊厳を支えるために小規模化や地域展開が求められる一方，経営の安定の観点から，法人の事業規模の拡大を重視する考え方など，多様化している。また，唯一絶対の組織があるわけではないため，さまざまな組織論の概念をもとに，組織運営やその原則をとらえておきたい。

1　×　コンフリクトとは，集団内部で発生するさまざまな軋轢（あつれき）や対立，闘争など，集団のあり方を巡る葛藤である。コンフリクトには，集団に悪影響を与える非生産的なものと，**集団の意思決定の質を高める生産的なものがある**。したがって，管理者は生産的コンフリクトを意図的に発生させて管理し，集団の変革を図っていく必要がある。

2　×　事業部制組織とは，**事業を単位として組織を分割し，大幅な権限移譲によりそれぞれが独立を保つという考え方の組織形態**である。事業が拡大し，組織の規模が大きくなればなるほど柔軟性や即応性に乏しくなる一方，一つひとつの分割された組織が独立採算で，権限・責任一致の原則が維持されることにより，トップの負担が軽減され，部門単位での迅速かつ効果的な意思決定が行われやすくなるというメリットがある。なお，選択肢は，**職能別組織**の説明である。

3　×　伝統的な組織論では，組織構造を決定する際には，①専門化の原則，②権限・責任一致の原則，③命令一元化の原則，④統制範囲適正化の原則，⑤例外の原則が重視されてきた。命令一元化の原則では，**各構成員に対する指示・命令系統は，一人の上司だけから指示・命令を受ける仕組み（ワンボス・システム）のように単純で明快でなくてはならない**とされている。これらの原則は絶対的ではないが，組織構造を考える際の一つの視点として用いられている。

4　○　伝統的な組織論における権限・責任一致の原則では，**従業員に与えられた権限と責任の範囲が等しくなるようにしなくてはならない**。福祉サービスにおいては，権限と責任が明確になっていない場合が多いため，権限のほうが大きければ無責任状態となり，責任のほうが大きければ従業員の負担が増加し，仕事への動機づけが低くなるという傾向がある。

5　×　伝統的な組織論における例外の原則では，手順どおり進んでいる**定型的で反復的な業務は下位の者に任せ，管理者は例外的でより高度な業務（意思決定を含む）に専従すべき**であり，管理者の行動原則の性格が強い。

解答 4

148 福祉サービスの組織と経営

旧福祉サービスの組織と経営・問題 123

福祉サービスの経営に関する次の記述のうち，**最も適切なもの**を **1 つ**選びなさい。

1 CSR（Corporate Social Responsibility）は，福祉サービス事業者には求められない。

2 ドメイン（事業領域）は，単一の制度や限定された利用者を対象として設定しなければならない。

3 バランス・スコアカード（Balanced Score Card）とは，財務だけでなく，顧客，業務プロセス，従業員の学習・育成といった各視点から企業実績を評価する仕組みである。

4 経営における戦略とは，短期的な観点による目標を設定し，日々の業務を遂行するための方策のことである。

5 CSV（Creating Shared Value）とは，社会的な課題を解決するところから生まれる社会価値を，事業者の経済価値に優先する考え方である。

Point 福祉サービスの経営においては，経営戦略のもとで，顧客や社会，職員や取引先に対して社会的な使命と社会貢献を示す経営理念を設定し，経営理念に沿って将来にわたる目標を具体的に示すことにより，ステークホルダーに対して経営ビジョンを提示し，また，これらを達成するために組織内外の現実を客観的に把握・分析することが重要となる。

1 × CSR とは，**企業の社会的責任**のことであり，**福祉サービス事業者にもこれを果たす役割が求められている**。福祉サービス事業者には，サービスを提供する活動を通じて，経済性だけではなく利用者の尊厳を守り，社会性や人間性を考慮することも求められているため，CSR への取組みはますます重要となってきている。

2 × ドメインとは，企業が事業活動を行う領域のことで，**①誰を顧客とするのか，②どのようなニーズにどのように応えるのか，③独自の能力や技術は何なのか**に基づいて設定されるものである。ドメインは適度な広がりをもって定義することが重要であり，ドメインの設定が狭すぎると，狭い範囲の顧客にしか訴求できず，顧客のニーズに適合できなくなるため，内部・外部環境を正しく認識することが必要となる。

3 ○ バランス・スコアカードは，企業のもつ重要な要素が，企業のビジョン・戦略にどのように影響し業績に表れているのかを可視化するための業績評価手法である。**財務の視点，顧客の視点，業務プロセス（サービスの品質や業務内容）の視点，社員・組織の学習と成長（能力や意識）の視点といった四つの視点**から，企業のもつ有形資産，無形資産，未来への投資などを含めた現在の状況を総合的に評価する。

4 × 経営における戦略とは，企業と環境の相互作用を考えて，企業内の意思決定の指針となるものであり，**長期的な観点から，環境の変化に適応し，将来にわたって存続・成長していくための一連の方策**のことである。また，経営戦略の策定プロセスにはいくつかのバリエーションがあるが，おおむね①経営理念の設定，②経営ビジョン・経営目標の設定，③環境の分析，④経営戦略の策定が重要である。

5 × CSV とは，**共通価値の創造**のことであり，**企業が経済活動をしながら，事業領域に関連する社会のさまざまな課題の解決をすることによって，企業の社会的価値を創造する**という考え方である。

解答 3

149 福祉サービスの組織と経営

旧 福祉サービスの組織と経営・問題 125

福祉サービス第三者評価事業に関する次の記述のうち，**最も適切なもの**を**1つ**選びなさい。

1 児童養護施設は，福祉サービス第三者評価を定期的に受審すること及び結果の公表が義務づけられている。

2 福祉サービス第三者評価は，市町村が認証した第三者評価機関が実施する。

3 福祉サービス第三者評価は，法令に定められた福祉サービスの運営基準が遵守されているかを監査するための仕組みである。

4 福祉サービス第三者評価の評価機関は，非営利組織であることが認証を受けるための要件となっている。

5 福祉サービス第三者評価の結果は，インターネット上に公開することができない。

Point 福祉サービス第三者評価事業の目的や仕組み，社会的養護関係施設第三者評価事業との違いについて問う問題である。第三者評価は，サービスの質を評価する仕組みとして近年注目されており，具体的運用は都道府県で異なるものの，出題された第三者評価機関の認証組織や受審の義務化など全国で共通となっている部分については，整理しておく必要がある。

1 ○ 2012 年度（平成 24 年度）より，**児童養護施設を含む社会的養護関係施設は，3 年に 1 回以上の第三者評価の受審とその結果の公表が義務づけられている**。また，第三者評価基準の評価項目に沿って，毎年度，自己評価を行わなければならない。一方，高齢者福祉施設や障害児・者施設，保育所などは，評価の受審は任意である。

2 × 福祉サービス第三者評価は，**都道府県推進組織**が認証した第三者評価機関が実施する。この認証は，2022 年度（令和 4 年度）より 3 年に 1 回の更新制となり，過去 3 年間に 10 件以上の受審実績がない第三者評価機関は，原則更新されないようになるなど，評価の質担保が図られている。

3 × 福祉サービス第三者評価は，個々の事業所が**事業運営における問題点を把握し，サービスの質の向上に結びつけるため**のものであり，また，**評価結果の公表により利用者が適切なサービスを選択できるようにするため**の仕組みである。

4 × 福祉サービス第三者評価の評価機関は，法人格を有すること等の認証要件はあるが，**必ずしも非営利組織である必要はない**。なお，2022 年（令和 4 年）3 月末時点の評価機関は，非営利組織 139，株式会社 122，社会福祉協議会 23 などとなっており（全国社会福祉協議会），非営利組織以外も認証を受けている。

5 × 福祉サービス第三者評価の結果は，評価機関の責任のもとで**ホームページ等により公表される**。ただし，公表には受審施設の同意が必要である。

解答 1

150 福祉サービスの組織と経営

旧福祉サービスの組織と経営・問題 124

人材の確保や育成に関する次の記述のうち，**最も適切なもの**を**1つ**選びなさい。

1 360度評価（多面評価）とは，評価者である上司が，職員の能力や業績だけでなく，性格，志向，特技などを多面的に評価する手法を指す。

2 人事考課においては，ある対象を評価する際に，部分的で際立った特性が，全体の評価に及んでしまうハロー効果が起こることがある。

3 OJT（On the Job Training）とは，日常の職務を離れて行う教育訓練方法のことを指す。

4 職員のキャリアや能力の開発を目的に人事異動を実施することは，望ましくないとされている。

5 エルダー制度は，新入職員のセルフラーニングを通じた自己啓発の仕組みである。

Point 福祉サービスにおける人事･労務管理についての知識を問う問題である。福祉人材の確保については，喫緊の課題である。選択肢にあげられている人事評価だけでなく，人材の確保や育成に関するさまざまな問題点や目標管理制度，労務管理も含めて理解しておく必要がある。

1 ✕ 360度評価（多面評価）とは，**上司だけでなく，部下や先輩，後輩など本人にかかわる複数の者が評価者として関与する評価方法**である。360度評価には本人の自己評価も含まれ，自己や特定の上司の視点だけではなく，複数の異なる視点を評価に取り入れることで，自身の強みや弱みを認識することができる。

2 ○ 部分的な特性が全体の評価に及んだり，最初に形成された印象がその後の評価に及んだりすることを**ハロー効果**と呼ぶ。そのほか，評価をする際には，極端な評価を回避しようとする傾向を示す中心化傾向や，自分のもっている特性を相手ももっているかのようにみなす傾向を示す投射効果など，評価の問題点について整理しておく必要がある。

3 ✕ 選択肢は，**OFF-JT（Off the Job Training）**の説明である。OJTとは，**上司や先輩が，職務を通じて，又は職務と関連させながら指導等を行う研修**のことである。OJTを活性化させるためには，指導につく上司などが，その研修についての考え方をあらかじめ一致させておくことが重要である。

4 ✕ 人事異動の目的には，各部署の業務が遂行されるために必要な配置をすること，各社会福祉施設の人員（配置）基準を満たすこと，介護保険の指定事業所の場合は介護報酬の算定を得るために必要な人材を配置することなどがあるが，一方で，**職員個人のキャリアやスキルの開発・向上を図るためにも実施される。**

5 ✕ エルダー制度とは，OJTの一つで，**知識や技術をもった先輩が業務に関することについて直接相談に乗ったり支援したりする制度**である。同じような制度としてメンター制度があるが，エルダー制度とは異なり，業務だけでなく生活面やメンタル面での相談や支援を行う。

解答 2

第34回

共通科目

専門科目

※第 34 回試験問題を新出題基準に基づく科目に振り分けて収載しています。
各問題に対する解答は，一覧表にして 555 ページに掲載しています。

医学概論

1

医学概論

旧 人体の構造と機能及び疾病・問題1

加齢に伴う身体の変化に関する次の記述のうち，**正しいものを1つ**選びなさい。

1 肺の残気量が増加する。

2 拡張期血圧が低下する。

3 聴力は低音域から低下する。

4 下部食道括約筋の収縮力が増強する。

5 膀胱(ぼうこう)容量が増大する。

問題1について，社会福祉振興・試験センターから「正しいものを問う問題として，複数の選択肢が正答となる」との発表があった（正答は2つ）。

2

医学概論

旧 人体の構造と機能及び疾病・問題2

事例を読んで，国際生活機能分類（ICF）のモデルに基づく記述として，**最も適切なもの**を**1つ**選びなさい。

〔事　例〕

Aさん（40歳）は，脳性麻痺(まひ)のため，歩行訓練をしながら外出時は杖(つえ)を使用していた。しかし麻痺が進行し，電動車いすを使用するようになり，電車での通勤が困難となった。その後，駅の階段に車いす用の昇降機が設置され，電車での通勤が可能となった。

1 疾患としての脳性麻痺は，「個人因子」に分類される。

2 電動車いす使用は，「心身機能・身体構造」に分類される。

3 杖歩行が困難となった状態は，「活動制限」と表現される。

4 電車通勤が困難となった状態は，「能力障害」と表現される。

5 歩行訓練は，「環境因子」に分類される。

3

医学概論

旧 人体の構造と機能及び疾病・問題5

次のうち，双極性障害の躁(そう)状態に特徴的な症状として，**最も適切なもの**を**1つ**選びなさい。

1 体感幻覚

2 作為体験

3 日内変動

4 誇大妄想

5 思考途絶

4

医学概論

旧 人体の構造と機能及び疾病・問題6

次のうち，精神疾患の診断・統計マニュアル（DSM-5）において，物質関連障害及び嗜癖性(しへきせい)障害群に分類されるものとして，**正しいもの**を**1つ**選びなさい。

1 限局性学習症（限局性学習障害）

2 ギャンブル障害

3 神経性やせ症（神経性無食欲症）

4 強迫症（強迫性障害）

5 急性ストレス障害

5 医学概論

旧 人体の構造と機能及び疾病・問題7

リハビリテーションに関する次の記述のうち，**最も適切なもの**を1つ選びなさい。

1　リハビリテーションに関わる専門職に管理栄養士は含まれないとされている。
2　嚥下(えんげ)障害のリハビリテーションは視能訓練士が行う。
3　障害者の就労支援はリハビリテーションに含まれないとされている。
4　フレイルはリハビリテーションの対象に含まれる。
5　先天性の障害はリハビリテーションの対象に含まれないとされている。

6 医学概論

旧 人体の構造と機能及び疾病・問題3

感染症に関する次の記述のうち，**正しいもの**を1つ選びなさい。

1　ノロウイルスの潜伏期間はおよそ14日である。
2　インフルエンザは肺炎を合併することがある。
3　肺炎はレジオネラ菌によるものが最も多い。
4　疥癬(かいせん)の原因はノミである。
5　肺結核の主な感染経路は飛沫(ひまつ)感染である。

7 医学概論

旧 人体の構造と機能及び疾病・問題4

骨・関節疾患及び骨折に関する次の記述のうち，**正しいもの**を1つ選びなさい。

1　骨粗鬆症(こつそしょうしょう)は女性より男性に多い。
2　関節リウマチでみられる手指のこわばりは夕方に多い。
3　腰部脊柱管狭窄症(きょうさくしょう)は若年者に多い疾患である。
4　大腿骨(だいたいこつ)近位部骨折は保存治療が優先される。
5　変形性関節症の中で最も多いのは，変形性膝関節症である。

心理学と心理的支援

8 心理学と心理的支援

旧 心理学理論と心理的支援・問題8

次の記述のうち，レスポンデント（古典的）条件づけの事例として，**最も適切なもの**を1つ選びなさい。

1　デイサービスの体験利用をしたら思ったよりも楽しかったので，継続的に利用するようになった。
2　自動車を運転しているときに事故に遭ってから，自動車に乗ろうとすると不安な気持ちを強く感じるようになった。
3　試験前に時間をかけて勉強することで高得点が取れたので，次の試験前にも勉強に時間をかけるようになった。
4　おもちゃを乱暴に扱っていた子どもに注意をしたら，優しく扱うようになった。
5　工事が始まって大きな音に驚いたが，しばらく経つうちに慣れて気にならなくなった。

9 心理学と心理的支援

旧 心理学理論と心理的支援・問題9

記憶に関する次の記述のうち，展望的記憶の事例として，**最も適切なもの**を**1つ**選びなさい。

1 日本で一番大きな湖は琵琶湖（びわこ）だと知っていた。

2 以前行ったことがあるケーキ屋の場所を，思い出すことができた。

3 子どもの頃に鉄棒から落ちてケガしたことを，思い出した。

4 10年ぶりに自転車に乗ったが，うまく乗ることができた。

5 友人と遊園地に行く約束をしていたので，朝から出掛けた。

10 心理学と心理的支援

旧 心理学理論と心理的支援・問題11

エリクソン（Erikson, E.）の発達段階説における各発達段階の課題に関する次の記述のうち，**最も適切なもの**を**1つ**選びなさい。

1 乳児期では，自発性の獲得である。

2 幼児期後期では，信頼感の獲得である。

3 学童期（児童期）では，親密性の獲得である。

4 青年期では，自律感の獲得である。

5 老年期では，統合感の獲得である。

11 心理学と心理的支援

旧 心理学理論と心理的支援・問題10

ピアジェ（Piaget, J.）の発達理論に関する次の記述のうち，**最も適切なもの**を**1つ**選びなさい。

1 感覚運動期には，「ごっこ遊び」のようなシンボル機能が生じる。

2 前操作期には，元に戻せば最初の状態になることが理解され，可逆的操作が可能になる。

3 前操作期には，自分の行動について，手段と目的の関係が理解できるようになる。

4 具体的操作期には，コップから別の容器に水を移したときに液面の高さが変化しても，量は変わらないことが理解できる。

5 形式的操作期には，思考の自己中心性が強くみられる。

12 心理学と心理的支援

旧 心理学理論と心理的支援・問題12

ストレスに関する次の記述のうち，**最も適切なもの**を**1つ**選びなさい。

1 汎適応症候群（一般適応症候群）における警告反応期とは，ストレス状況にうまく適応した時期のことである。

2 汎適応症候群（一般適応症候群）における抵抗期とは，外界からの刺激を長期間受け，生体のエネルギーが限界を超えた時期のことである。

3 ホメオスタシスとは，外的内的環境の絶え間ない変化に応じて，生体を一定の安定した状態に保つ働きのことである。

4 タイプA行動パターンには，他者との競争を好まないという特性がある。

5 心理社会的ストレスモデルでは，ある出来事がストレスになり得るかどうかに，個人の認知的評価が影響することはないとされている。

13 心理学と心理的支援

旧心理学理論と心理的支援・問題 13

心理検査に関する次の記述のうち，**最も適切なもの**を 1 つ選びなさい。

1 ウェクスラー児童用知能検査第 4 版（WISC-Ⅳ）*1は，対象年齢が 2 歳から 7 歳である。

2 ミネソタ多面人格目録（MMPI）*2では，日常生活の欲求不満場面を投影法により測定する。

3 改訂長谷川式簡易知能評価スケール（HDS-R）は，高齢者の抑うつを測定する。

4 ロールシャッハテストは，図版に対する反応からパーソナリティを理解する投影法検査である。

5 矢田部ギルフォード（YG）性格検査は，連続した単純な作業を繰り返す検査である。

＊1 2022 年（令和 4 年）2 月に，ウェクスラー式知能検査児童用第 5 版（WISC-Ⅴ）が発行された。

＊2 2022 年（令和 4 年）8 月に，最新版となる MMPI-3 ミネソタ多面的人格目録性格検査が発行された。

14 心理学と心理的支援

旧心理学理論と心理的支援・問題 14

心理療法に関する次の記述のうち，**最も適切なもの**を 1 つ選びなさい。

1 精神分析療法では，無意識のエス（イド）の活動と，意識の自我（エゴ）の活動とが適切に関連するよう援助する。

2 家族療法は，家族問題を抱える個人を対象とする療法である。

3 遊戯療法（プレイセラピー）は，言語によって自分の考えや感情を十分に表現する方法であり，主として心理劇を用いる。

4 系統的脱感作法は，四肢の重感や温感，心臓調整，呼吸調整，腹部温感，額部涼感を順に得ることで，心身の状態を緊張から弛緩（しかん）へと切り替える。

5 臨床動作法は，「動作」という心理活動を通して，身体の不調を言語化させる療法である。

社会学と社会システム

15 社会学と社会システム

旧社会理論と社会システム・問題 15

社会階層と社会移動の諸概念に関する次の記述のうち，**最も適切なもの**を 1 つ選びなさい。

1 純粋移動とは，あらかじめ定められたエリートの基準に見合う者だけが育成され，エリートとしての地位を得ることをいう。

2 構造移動とは，産業構造や人口動態の変化によって社会的地位の移動を余儀なくされることをいう。

3 業績主義とは，本人の努力によって変更することができない要素によって社会的地位が与えられることをいう。

4 属性主義とは，個人の能力や成果に応じて社会的地位が与えられることをいう。

5 世代間移動とは，一個人の一生の間での社会的地位の移動のことをいう。

16 社会学と社会システム

旧社会理論と社会システム・問題 19

社会的行為に関する次の記述のうち，**最も適切なものを 1 つ**選びなさい。

1 パーソンズ（Parsons, T.）は，相互行為における無意識的，習慣的な行為に着目し，そうした行為において利用される個人の文化的な蓄積を「文化資本」と呼んだ。

2 ハーバーマス（Habermas, J.）は，個人に外在して個人に強制力を持つ，信念や慣行などの行為・思考の様式，集団で生じる熱狂などの社会的潮流を「社会的事実」と呼び，社会学の固有の領域を定式化した。

3 ブルデュー（Bourdieu, P.）は，相互行為が相手の行為や期待に依存し合って成立していることを「ダブル・コンティンジェンシー」と呼んだ。

4 ヴェーバー（Weber, M.）は，社会的行為を四つに分類し，特定の目的を実現するための手段になっている行為を「目的合理的行為」と呼んだ。

5 デュルケム（Durkheim, E.）は，言語を媒介とした自己と他者の間で相互了解に基づく合意形成を目指す行為を「コミュニケーション的行為」と呼んだ。

17 社会学と社会システム

旧社会理論と社会システム・問題 17

次のうち，ベック（Beck, U.）が提唱した，産業社会の発展に伴う環境破壊等によって人々の生活や社会が脅かされ，何らかの対処が迫られている社会を示す概念として，**最も適切なものを 1 つ**選びなさい。

1 脱工業化社会

2 情報社会

3 ゲゼルシャフト

4 大衆社会

5 リスク社会

18 社会学と社会システム

旧社会理論と社会システム・問題 21

他者や社会集団によって個人に押し付けられた「好ましくない違いを表わす印（しるし）」に基づいて，それを負う人々に対して様々な差別が行われることをゴッフマン（Goffman, E.）は指摘した。次のうち，この「好ましくない違いを表わす印」を示す概念として，**最も適切なものを 1 つ**選びなさい。

1 自己成就的予言

2 マイノリティ

3 スティグマ

4 クレイム申立て

5 カリスマ

19 社会学と社会システム

旧社会理論と社会システム・問題 18

「平成 27 年国勢調査」（総務省）並びに「2019 年国民生活基礎調査」（厚生労働省）における家族と世帯に関する次の記述のうち，**最も適切なものを 1 つ**選びなさい。

1 国勢調査においては，世帯を「一般世帯」と「非親族世帯」の二つに大きく分類している。

2 国民生活基礎調査においては，「核家族世帯」には「三世代世帯」は含まない。

3 国民生活基礎調査においては，2019 年（令和元年）現在，「65 歳以上の者のいる世帯」の中で，「三世代世帯」の割合は「夫婦のみの世帯」の割合よりも高い。

4 国民生活基礎調査においては，2019 年（令和元年）現在，65 歳以上の単独世帯に占める割合は「男の単独世帯」の方が「女の単独世帯」よりも高い。

5 国民生活基礎調査においては，2019 年（令和元年）現在，全世帯に占める「児童のいる世帯」の割合は「児童のいない世帯」の割合よりも高い。

20 社会学と社会システム

旧社会理論と社会システム・問題 16

「平成 27 年国勢調査」（総務省）に示された，現在の日本の就業状況に関する次の記述のうち，**正しいものを 1 つ**選びなさい。

1 15 歳以上就業者で従業上の地位が「雇用者」である人々のうち，女性で最も高い割合を占めているのは，「パート・アルバイト・その他」である*。

2 15 歳以上就業者について，産業大分類別に男女比をみると，女性の割合が最も高いのは，「電気・ガス・熱供給・水道業」である。

3 15 歳以上就業者について，産業大分類別に男女比をみると，男性の割合が最も高いのは，「医療，福祉」である。

4 15 歳以上外国人就業者について，産業大分類別の内訳をみると，「宿泊業，飲食サービス業」に就業する者の割合が最も高い。

5 男女別労働力率を年齢 5 歳階級別にみると，35～39 歳の女性の労働力率は，90％を超えている。

＊「令和 2 年国勢調査」では，「正規の職員・従業員」（42.4％）が最も多い。

21 社会学と社会システム

旧社会理論と社会システム・問題 20

次のうち，自我とは主我（I）と客我（me）の 2 つの側面から成立しており，他者との関係が自己自身への関係へと転換されることによって形成されることを指摘した人物として，**最も適切なものを 1 つ**選びなさい。

1 マートン（Merton, R. K.）

2 テンニース（Tonnies, F.）

3 ミード（Mead, G.）

4 ルーマン（Luhmann, N.）

5 ジンメル（Simmel, G.）

22 社会福祉の原理と政策

旧 現代社会と福祉・問題 24

福祉政策の学説に関する次の記述のうち，**最も適切なものを１つ**選びなさい。

1 ローズ（Rose, R.）は，経済成長，高齢化，官僚制が各国の福祉国家化を促進する要因であるという収斂（しゅうれん）理論を提示した。

2 エスピン-アンデルセン（Esping-Andersen, G.）は，自由主義・保守主義・社会民主主義という３類型からなる福祉レジーム論を提示した。

3 マーシャル（Marshall, T.）は，社会における福祉の総量（TWS）は家庭（H），市場（M），国家（S）が担う福祉の合計であるという福祉ミックス論を提示した。

4 ウィレンスキー（Wilensky, H.）は，福祉の給付を「社会福祉」「企業福祉」「財政福祉」に区別した福祉の社会的分業論を提示した。

5 ティトマス（Titmuss, R.）は，市民権が 18 世紀に市民的権利（公民権），19 世紀に政治的権利（参政権），20 世紀に社会的権利（社会権）という形で確立されてきたという市民権理論を提示した。

23 社会福祉の原理と政策

旧 現代社会と福祉・問題 22

次の記述のうち，1970 年代後半の「福祉の見直し」が提唱された時期に示された「新経済社会７カ年計画」の内容として，**正しいものを１つ**選びなさい。

1 社会保障制度を「すべての国民が文化的社会の成員たるに値する生活を営むことができるようにすること」と新たに定義した。

2 社会保障を，所得階層の観点から「貧困階層に対する施策」「低所得階層に対する施策」「一般所得階層に対する施策」に区分した。

3 社会福祉施設への需要の増加を踏まえて，５か年程度の期間の社会福祉施設緊急整備計画の樹立とその実施を求めた。

4 個人の自助努力と家庭や近隣・地域社会等との連携を基礎とした「日本型ともいうべき新しい福祉社会の実現を目指す」ことを構想した。

5 要介護高齢者の増加を背景に，介護サービス見込量の集計を踏まえ，訪問介護等の介護サービスの具体的数値目標を定めた。

24 社会福祉の原理と政策

旧 現代社会と福祉・問題 25

戦前の社会事業に関する次の記述のうち，**正しいものを１つ**選びなさい。

1 方面委員制度は，社会事業の確立によって済世顧問制度へと発展した。

2 第一次世界大戦末期に発生した米騒動の直後に，社会事業に関する事項を扱う行政機関として厚生省が設立された。

3 救護法は市町村を実施主体とする公的扶助義務主義を採用したが，要救護者による保護請求権は認めなかった。

4 国家総動員体制下において，人的資源論に基づく生産力・軍事力の観点から，戦時厚生事業は社会事業へと再編された。

5 社会事業法の成立により，私設社会事業への地方長官（知事）による監督権が撤廃されるとともに，公費助成も打ち切られた。

25 社会福祉の原理と政策

旧現代社会と福祉・問題 26

イギリスにおける貧困に関する次の記述のうち，**正しいものを1つ**選びなさい。

1 ラウントリー（Rowntree, B.）は，ロンドンで貧困調査を行い，貧困の主たる原因が飲酒や浪費のような個人的習慣にあると指摘した。

2 ベヴァリッジ（Beveridge, W.）による『社会保険および関連サービス』（「ベヴァリッジ報告」）は，「窮乏」（want）に対する社会保障の手段として，公的扶助（国民扶助）が最適であり，社会保険は不要であるとした。

3 エイベル-スミス（Abel-Smith, B.）とタウンゼント（Townsend, P.）は，イギリスの貧困世帯が増加していることを1960年代に指摘し，それが貧困の再発見の契機となった。

4 タウンゼント（Townsend, P.）は，等価可処分所得の中央値の50％を下回る所得しか得ていない者を相対的剥奪の状態にある者とし，イギリスに多数存在すると指摘した。

5 サッチャー（Thatcher, M.）が率いた保守党政権は，貧困や社会的排除への対策として，従来の社会民主主義とも新自由主義とも異なる「第三の道」の考え方に立つ政策を推進した。

26 社会福祉の原理と政策

旧現代社会と福祉・問題 28

人権に関する次の事項のうち，国際条約として個別の条文に規定されるに至っていないものとして，**最も適切なものを1つ**選びなさい。

1 性的指向及び性自認に基づく差別の禁止

2 障害者への合理的配慮の提供

3 自己の意見を形成する能力のある児童が自由に自己の意見を表明する権利

4 同一価値労働同一賃金の原則

5 人種的憎悪や人種差別を正当化する扇動や行為を根絶するための措置

27 社会福祉の原理と政策

旧現代社会と福祉・問題 27

新しい社会的リスクやそれへの対処に関する次の記述のうち，**適切なものを2つ**選びなさい。

1 ニートとは，35～59歳の未婚者のうち，仕事をしておらず，ふだんずっと一人でいるか，家族しか一緒にいる人がいない者のことを指す。

2 ダブルケアとは，老老介護の増加を踏まえ，ケアを受ける人と，その人をケアする家族の双方を同時に支援することを指す。

3 保活とは，子どもを認可保育所等に入れるために保護者が行う活動であり，保育所の待機児童が多い地域で活発に行われる傾向がある。

4 8050問題とは，一般的には，80代の高齢の親と，50代の無職やひきこもり状態などにある独身の子が同居し，貧困や社会的孤立などの生活課題を抱えている状況を指す。

5 ワーキングプアとは，福祉給付の打切りを恐れ，就労を見合わせる人々のことを指す。

28 社会福祉の原理と政策

旧 現代社会と福祉・問題 23

ノーマライゼーションに関する次の記述のうち，**最も適切なものを 1 つ**選びなさい。

1 EU（欧州連合）の社会的包摂政策がノーマライゼーションの思想形成に影響を与えた。

2 知的障害者の生活を可能な限り通常の生活状態に近づけるようにすることから始まった。

3 ニュルンベルク綱領（1947 年）の基本理念として採択されたことで，世界的に浸透した。

4 国際児童年の制定に強い影響を与えた。

5 日本の身体障害者福祉法の制定に強い影響を与えた。

29 社会福祉の原理と政策

旧 現代社会と福祉・問題 29

福祉政策と市場の関係などに関する次の記述のうち，**最も適切なものを 1 つ**選びなさい。

1 公共サービスの民営化の具体的方策として，サービス供給主体の決定に，官民競争入札及び民間競争入札制度を導入する市場化テストがある。

2 準市場では，行政主導のサービス供給を促進するため，非営利の事業者間での競争を促す一方で，営利事業者の参入を認めないという特徴がある。

3 プライベート・ファイナンス・イニシアティブ（PFI）とは，公有財産を民間に売却し，その利益で政府の財政赤字を補填（ほてん）することである。

4 指定管理者制度とは，民間資金を使って公共施設を整備することである。

5 ニュー・パブリック・マネジメント（NPM）では，政府の再分配機能を強化し，「大きな政府」を実現することが目標とされる。

30 社会福祉の原理と政策

旧 現代社会と福祉・問題 30

人々の生活の豊かさを測定するための諸指標に関する次の記述のうち，**最も適切なものを 1 つ**選びなさい。

1 1960 年代の日本では，「真の豊かさ」を測定することを目指して開発された「新国民生活指標」を活用する形で，中央省庁で政策評価が開始された。

2 ブータンの国民総幸福量（GNH）は，国内総生産（GDP）を成長させるために必要な，環境保護・文化の推進・良き統治のあり方を提示することを目的としている。

3 「世界幸福度報告（World Happiness Report）」の 2021 年版では，日本が幸福度ランキングの首位となっている。

4 国連開発計画（UNDP）の「人間開発指数」（HDI）は，セン（Sen, A.）の潜在能力（ケイパビリティ）アプローチを理論的背景の一つとしている。

5 日本の内閣府による「満足度・生活の質を表す指標群（ダッシュボード）」*では，「家計や資産」「雇用と賃金」といった経済的指標のウェイトが大きい。

（注）「世界幸福度報告（World Happiness Report）」とは，国際連合の持続可能な開発ソリューション・ネットワークが刊行した報告書のことである。

＊ 2021 年（令和 3 年）9 月の「満足度・生活の質に関する調査報告書 2021」（内閣府）において，名称が「満足度・生活の質を表す指標群（Well-being ダッシュボード）」へと変更された。

31 社会福祉の原理と政策
旧現代社会と福祉・問題 31

教育政策における経済的支援に関する次の記述のうち，**最も適切なもの**を **1 つ**選びなさい。

1 国は，義務教育の無償の範囲を，授業料のみならず，教科書，教材費，給食費にも及ぶものとしている。

2 国が定める高等学校等就学支援金及び大学等における修学の支援における授業料等減免には，受給に当たっての所得制限はない。

3 国が定める高等学校等就学支援金による支給額は，生徒の通う学校の種類を問わず同額である。

4 日本学生支援機構による大学等の高等教育における奨学金は貸与型であり，給付型のものはない。

5 国が定める就学援助は，経済的理由によって，就学困難と認められる学齢児童又は学齢生徒の保護者を対象とする。

社会保障

32 社会保障
旧社会保障・問題 49

日本の医療保険制度と介護保険制度などの歴史的展開に関する次の記述のうち，**最も適切なもの**を **1 つ**選びなさい。

1 第二次世界大戦後の 1954 年（昭和 29 年）に，健康保険制度が創設された。

2 1961 年（昭和 36 年）に達成された国民皆保険により，各種の医療保険制度は国民健康保険制度に統合された。

3 1973 年（昭和 48 年）に，国の制度として老人医療費の無料化が行われた。

4 1982 年（昭和 57 年）に制定された老人保健法により，高額療養費制度が創設された。

5 2000 年（平成 12 年）に，介護保険制度と後期高齢者医療制度が同時に創設された。

33 社会保障
旧社会保障・問題 50

「平成 30 年度社会保障費用統計」（国立社会保障・人口問題研究所）による 2018 年度（平成 30 年度）の社会保障給付費等に関する次の記述のうち，**正しいもの**を **1 つ**選びなさい。

1 社会保障給付費の対国内総生産比は，40％を超過している。

2 国民一人当たりの社会保障給付費は，150 万円を超過している。

3 部門別（「医療」，「年金」，「福祉その他」）の社会保障給付費の構成割合をみると，「年金」が 70％を超過している。

4 機能別（「高齢」，「保健医療」，「家族」，「失業」など）の社会保障給付費の構成割合をみると，「高齢」の方が「家族」よりも高い。

5 社会保障財源をみると，公費負担の内訳は国より地方自治体の方が多い。

34 社会保障

旧社会保障・問題 52

日本の社会保険の費用負担に関する次の記述のうち，**最も適切なものを1つ選びなさい。**

1 健康保険組合の療養の給付に要する費用には，国庫負担がある。

2 患者の一部負担金以外の後期高齢者医療の療養の給付に要する費用は，後期高齢者の保険料と公費の二つで賄われている。

3 老齢基礎年金の給付に要する費用は，その4割が国庫負担で賄われている。

4 介護保険の給付に要する費用は，65歳以上の者が支払う保険料と公費の二つで賄われている。

5 雇用保険の育児休業給付金及び介護休業給付金の支給に要する費用には，国庫負担がある。

35 社会保障

旧社会保障・問題 51

社会保険と公的扶助に関する次の記述のうち，**最も適切なものを1つ選びなさい。**

1 社会保険は特定の保険事故に対して給付を行い，公的扶助は貧困の原因を問わず，困窮の程度に応じた給付が行われる。

2 社会保険は原則として金銭給付により行われ，公的扶助は原則として現物給付により行われる。

3 社会保険は救貧的機能を果たし，公的扶助は防貧的機能を果たす。

4 社会保険は事前に保険料の拠出を要するのに対し，公的扶助は所得税の納付歴を要する。

5 公的扶助は社会保険よりも給付の権利性が強く，その受給にスティグマが伴わない点が長所とされる。

36 社会保障

旧社会保障・問題 55

公的年金の被保険者に関する次の記述のうち，**最も適切なものを1つ選びなさい。**

1 厚生年金保険の被保険者は，老齢厚生年金の受給を開始したとき，その被保険者資格を喪失する。

2 20歳未満の者は，厚生年金保険の被保険者となることができない。

3 被用者は，国民年金の第一号被保険者となることができない。

4 厚生年金保険の被保険者の被扶養配偶者であっても，学生である間は，国民年金の第三号被保険者となることができない。

5 国民年金の第三号被保険者は，日本国内に住所を有する者や，日本国内に生活の基礎があると認められる者であること等を要件とする。

37 社会保障

旧社会保障・問題 53

雇用保険法に関する次の記述のうち，**正しいものを1つ選びなさい。**

1 基本手当は，自己の都合により退職した場合には受給できない。

2 保険者は，都道府県である。

3 近年の法改正により，育児休業給付は，失業等給付から独立した給付として位置づけられた。

4 雇用調整助成金は，労働者に対して支給される。

5 雇用安定事業・能力開発事業の費用は，事業主と労働者で折半して負担する。

38

社会保障

旧社会保障・問題 54

事例を読んで，ひとり親世帯などの社会保障制度に関する次の記述のうち，**最も適切なものを 1 つ**選びなさい。

〔事　例〕

大学生の E さん（22 歳）は，半年前に父親を亡くし，母親（50 歳）と二人暮らしである。母親は就労しており，健康保険の被保険者で，E さんはその被扶養者である。E さんは，週末に 10 時間アルバイトをしているが，平日の通学途上で交通事故に遭い，大ケガをした。

1　E さんの母親の前年の所得が一定額以上の場合，E さんは国民年金の学生納付特例制度を利用できない。
2　E さんがアルバイト先を解雇されても，雇用保険の求職者給付は受給できない。
3　E さんの母親は，収入のいかんにかかわらず，遺族基礎年金を受給できる。
4　E さんがケガの治療のため，アルバイト先を休み，賃金が支払われなかった場合，労働者災害補償保険の休業給付が受けられる。
5　E さんは，母親の健康保険から傷病手当金を受給できる。

権利擁護を支える法制度

39

権利擁護を支える法制度

旧就労支援サービス・問題 143

日本国憲法の勤労などに関する次の記述のうち，**正しいものを 1 つ**選びなさい。

1　障害者は，これを酷使してはならないと明記している。
2　何人も，公共の福祉に反しない限り，職業選択の自由を有すると明記している。
3　男女同一賃金の原則を明記している。
4　週 40 時間労働の原則を明記している。
5　勤労者は団体行動をしてはならないと明記している。

40

権利擁護を支える法制度

旧権利擁護と成年後見制度・問題 81

親権に関する次の記述のうち，**正しいものを 1 つ**選びなさい。

1　成年年齢に達した学生である子の親は，その子が親の同意なく行った契約を，学生であることを理由に取り消すことができる。
2　父母が離婚し，子との面会交流について父母の協議が調わないときは，家庭裁判所がそれを定める。
3　父母が裁判上の離婚をする場合，家庭裁判所の判決により，離婚後も未成年者の親権を共同して行うことができる*。
4　嫡出でない子を父が認知すれば，認知により直ちにその父がその子の親権者となる。
5　親にとって利益となるが子にとって不利益となる契約であっても，親は，その子を代理することができる。

＊　2024 年（令和 6 年）5 月に「民法等の一部を改正する法律」が公布され，民法第 819 条第 2 項に「裁判上の離婚の場合には，裁判所は，父母の双方又は一方を親権者と定める」と規定された（公布から 2 年以内に施行）。

41 権利擁護を支える法制度

旧 権利擁護と成年後見制度・問題 77

行政行為の効力に関する次の記述のうち，**正しいものを1つ**選びなさい。

1 重大かつ明白な瑕疵（かし）のある行政行為であっても，取り消されるまでは，その行政行為の効果は否定されない。

2 行政行為の無効確認訴訟の出訴期間は，一定期間に制限されている。

3 行政行為の効力は，国家賠償請求訴訟によっても取り消すことができる。

4 行政庁は，審査請求に対する裁決など，判決と似た効果を生ずる行政行為であっても，自ら違法であると気付いたときは，職権で取り消すことができる。

5 行政庁は，税の滞納処分など，判決を得なくても強制執行をすることができる。

42 権利擁護を支える法制度

旧 相談援助の理論と方法・問題 115

次の記述のうち，個人情報の保護に関する法律の内容として，**正しいものを1つ**選びなさい。

1 死亡した個人に関する個人情報も保護の対象とする。

2 個人情報取扱事業者の権利利益を保護することを目的として，個人情報取扱事業者の遵守すべき義務等を定めている。

3 個人情報取扱事業者が第三者に個人データを提供するときは，本人の生命の保護のために必要な場合でも，常に本人の同意を得なければならない。

4 個人情報取扱事業者は，個人情報の取扱いに関する苦情の解決について，地方公共団体に委ねなければならない。

5 匿名加工情報とは，特定の個人を識別することができないように個人情報を加工して得られる個人に関する情報であって，当該個人情報を復元できないようにしたものである。

43 権利擁護を支える法制度

旧 権利擁護と成年後見制度・問題 83

成年後見制度における市町村長の審判申立てに関する次の記述のうち，**正しいものを1つ**選びなさい。

1 市町村長が審判を申し立てない場合，都道府県知事が代わって審判を申し立てることができる。

2 「成年後見関係事件の概況（令和2年1月～12月）」（最高裁判所事務総局家庭局）によると，「成年後見関係事件」の申立人の割合は，市町村長よりも配偶者の方が多い。

3 市町村長申立てにおいて，市町村長は，後見等の業務を適正に行うことができる者を家庭裁判所に推薦することができないとされている。

4 知的障害者福祉法に基づき，知的障害者の福祉を図るために特に必要があると認めるときは，市町村長が後見開始の審判等の申立てを行うことができる。

5 市町村長申立ては，後見開始及び保佐開始の審判に限られ，補助開始の審判は含まれないとされている。

（注）「成年後見関係事件」とは，後見開始，保佐開始，補助開始及び任意後見監督人選任事件をいう。

44 権利擁護を支える法制度

旧権利擁護と成年後見制度・問題 78

後見登記に関する次の記述のうち，**正しいものを１つ**選びなさい。

1 任意後見契約は登記できない。

2 未成年後見は登記することができる。

3 保佐人に付与された代理権の範囲は登記できない。

4 自己が成年被後見人として登記されていない者は，登記官への請求に基づき，登記されていないことの証明書の交付を受けることができる。

5 誰でも，登記官への請求に基づき，成年後見人が記録された登記事項証明書の交付を受けることができる。

45 権利擁護を支える法制度

旧権利擁護と成年後見制度・問題 79

次のうち，成年後見人になることができない者として，**正しいものを１つ**選びなさい。

1 兄弟姉妹

2 被保佐人

3 解任の審判を受けた補助人

4 本人の配偶者の成年後見人

5 社会福祉法人

46 権利擁護を支える法制度

旧権利擁護と成年後見制度・問題 80

事例を読んで，任意後見契約に関する次の記述のうち，**最も適切なものを１つ**選びなさい。

〔事　例〕

Ｊさん（70 歳）は，将来に判断能力が低下して財産の管理がおろそかになることを心配し，Ｓ市社会福祉協議会の権利擁護センターに相談した。Ｊさんは，同センターの職員Ｋさんの助言を受け，親友のＬさんを受任者として，任意後見契約に関する法律に従った任意後見契約を締結することにした。

1 任意後見契約は，社会福祉協議会の事務所において，公証人でなくても第三者の立会いがあれば締結することができる。

2 締結された任意後見契約の効力を生じさせる際，家庭裁判所は，必要がなければ，任意後見監督人を選任しない方法をとることができる。

3 締結された任意後見契約の効力を生じさせる際，Ｊさんからの推薦があれば，家庭裁判所は，推薦されたＫさんを任意後見監督人として選任しなければならない。

4 任意後見契約が締結されたとしても，家庭裁判所は，請求があり，Ｊさんの利益のため特に必要があると認めるときは，後見開始の審判等をする。

5 任意後見契約に本人意思尊重義務の定めがある場合に限って，ＬさんはＪさんの意思を尊重する義務を負う。

47

権利擁護を支える法制度

旧 権利擁護と成年後見制度・問題 82

事例を読んで，日常生活自立支援事業による支援に関する次の記述のうち，**最も適切なものを1つ**選びなさい。

〔事　例〕

Mさん（50歳）は，軽度の知的障害があり，自宅で母親と二人で暮らしていたが，2か月前に母親が死去した。その後，Mさんは障害者支援施設の短期入所を利用していたが，共同生活援助（グループホーム）への転居が決まった。さらにMさんを担当するA相談支援専門員の助言で，T市社会福祉協議会が実施している日常生活自立支援事業の利用に至り，B専門員がその担当となった。

1　Mさんが日常生活自立支援事業の契約締結前に利用した短期入所の費用の支払を，Mさんとの利用契約に基づきB専門員が行うことができる。

2　Mさんの母親の遺産相続に関する法律行為をMさんに代わりB専門員が行うことができる。

3　Mさんの共同生活援助（グループホーム）入居後のB専門員による金銭管理の内容を，B専門員とA相談支援専門員との協議で決める。

4　共同生活援助（グループホーム）に入居するMさんについては，ホームの支援者による見守りが期待されるため，日常生活自立支援事業による訪問支援は行わないこととする。

5　Mさんの成年後見制度への移行を視野に入れ，日常生活自立支援事業の開始とともに直ちに関係機関との調整に入らなければならない。

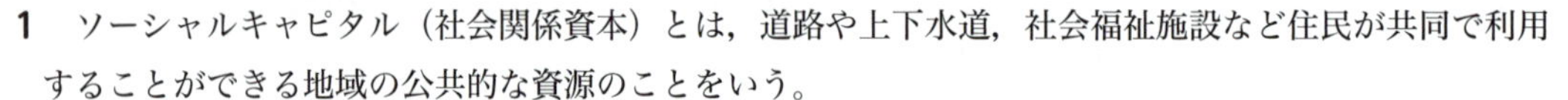

地域福祉と包括的支援体制

48

地域福祉と包括的支援体制

旧 地域福祉の理論と方法・問題 38

地域福祉の基礎的な概念に関する次の記述のうち，**最も適切なものを1つ**選びなさい。

1　ソーシャルキャピタル（社会関係資本）とは，道路や上下水道，社会福祉施設など住民が共同で利用することができる地域の公共的な資源のことをいう。

2　セルフヘルプグループとは，成員同士のピアサポートの実施や社会的地位の向上を図ることを目的として，同じ職種の専門職によって構成される団体のことをいう。

3　ローカルガバナンスとは，正当な手続によって選出された首長や議員によって地方政治が一元的に統治されている状態のことをいう。

4　プラットフォームとは，住民や地域関係者，行政などがその都度集い，相談，協議し，学び合う場のことをいう。

5　ソーシャルサポートネットワークとは，本人を取り巻く全ての援助関係のうち，家族や友人などインフォーマルな社会資源に関するネットワークを除いたもののことをいう。

49 地域福祉と包括的支援体制

旧 地域福祉の理論と方法・問題 32

戦後の民間福祉活動の発展過程に関する次の記述のうち，**最も適切なもの**を **1 つ**選びなさい。

1 連合国軍最高司令官総司令部（GHQ）の「六項目提案」（1949 年（昭和 24 年））で共同募金会の設立が指示されたことにより，共同募金運動が開始された。

2 「社会福祉協議会基本要項」（1962 年（昭和 37 年））により，社会福祉協議会は在宅福祉サービス供給システム構築の，民間の中核として位置づけられた。

3 社会福祉事業法の改正（1983 年（昭和 58 年））により，市町村社会福祉協議会が法制化され，地域福祉におけるその役割が明確になった。

4 特定非営利活動促進法の改正及び税制改正（2001 年（平成 13 年））により，認定された法人に寄附をした者は，税制上の優遇措置を受けられないことになった。

5 社会福祉法の改正（2016 年（平成 28 年））により，行政が実施する事業を代替する取組を行うことが，社会福祉法人の責務として規定された。

50 地域福祉と包括的支援体制

旧 地域福祉の理論と方法・問題 33

地域福祉の主体に関する，次の社会福祉法の記述のうち，**最も適切なもの**を **1 つ**選びなさい。

1 地域住民は，相互に人格と個性を尊重し合いながら，個人の自立の助長を目指して活動を行わなければならない。

2 地域住民，社会福祉を目的とする事業を経営する者，社会福祉に関する活動を行う者は，相互に協力し，地域福祉を推進するよう努めなければならない。

3 社会福祉協議会は，社会福祉を目的とする事業の実施のため，福祉サービスの提供体制の確保や適切な利用推進の施策等の必要な措置を講じなければならない。

4 地域住民等は，地域福祉の推進に当たって，経済的課題を把握し，その解決を行う関係機関との連携により，課題の解決を図らなければならない。

5 国及び地方公共団体は，民間企業との有機的な連携を図り，福祉サービスを効率的に提供するように努めなければならない。

51 地域福祉と包括的支援体制

旧 地域福祉の理論と方法・問題 35

次の記述のうち，社会福祉法における地域福祉の推進に関する規定として，**適切なもの**を **2 つ**選びなさい。

1 国及び地方公共団体は，関連施策との連携に配慮して，包括的な支援体制の整備のために必要な措置を講ずるよう努めなければならない。

2 都道府県は，その区域内においてあまねく福祉サービス利用援助事業が実施されるために必要な事業を行うものとする。

3 都道府県社会福祉協議会は，その区域内における地域福祉の推進のための財源として，共同募金を実施することができる。

4 市町村は，子ども・障害・高齢・生活困窮の一部の事業を一体のものとして実施することにより，地域生活課題を抱える地域住民に対する支援体制等を整備する重層的支援体制整備事業を実施することができる。

5 市町村社会福祉協議会は，市町村地域福祉計画を策定するよう努めなければならない。

52

地域福祉と包括的支援体制
旧 地域福祉の理論と方法・問題 36

民生委員に関する次の記述のうち，**正しいものを１つ**選びなさい。

1 給与は支給しないものとされ，任期は定められていない。

2 定数は厚生労働大臣の定める基準を参酌して，市町村の条例で定められる。

3 市町村長は，民生委員協議会を組織しなければならない。

4 児童委員を兼務するが，本人から辞退の申出があれば，その兼務を解かなければならない。

5 非常勤特別職の地方公務員とみなされ，守秘義務が課せられる。

53

地域福祉と包括的支援体制
旧 地域福祉の理論と方法・問題 37

国の政策において，国民又は地域住民に期待される役割に関する次の記述のうち，**最も適切なものを１つ**選びなさい。

1 「成年後見制度利用促進法」に基づき，成年後見制度の利用の促進に関する施策に協力すること。

2 「障害者虐待防止法」等に基づき，虐待を発見した場合に，養護者に対する支援の中心となること。

3 「国民の社会福祉に関する活動への参加の促進を図るための措置に関する基本的な指針」（平成５年厚生省告示第 117 号）に基づき，ボランティアとして，支援を求めている人の意向に関わりなく，自分が必要と思う支援をすること。

4 「災害対策基本法」に基づき，避難支援等関係者として，災害時に自分の避難より，避難行動要支援者の避難を優先して支援をすること。

5 「認知症施策推進総合戦略（新オレンジプラン）」（2017 年（平成 29 年）改訂（厚生労働省））に基づき，医師の指示に従って認知症の高齢者をケアすること。

（注）1 「成年後見制度利用促進法」とは，「成年後見制度の利用の促進に関する法律」のことである。

2 「障害者虐待防止法」とは，「障害者虐待の防止，障害者の養護者に対する支援等に関する法律」のことである。

54

地域福祉と包括的支援体制
旧 福祉行財政と福祉計画・問題 42

福祉行政における厚生労働大臣の役割に関する次の記述のうち，**正しいものを１つ**選びなさい。

1 民生委員法に基づき，都道府県知事の推薦によって民生委員を委嘱する。

2 介護保険法に基づき，要介護認定の結果を通知する。

3 生活困窮者自立支援法に基づき，生活困窮者就労訓練事業の認定を行う。

4 「障害者総合支援法」に基づき，市町村審査会の委員を任命する。

5 子ども・子育て支援法に基づき，子ども・子育て支援事業計画の基本指針を定める。

（注）「障害者総合支援法」とは，「障害者の日常生活及び社会生活を総合的に支援するための法律」のことである。

55 地域福祉と包括的支援体制

旧 福祉行財政と福祉計画・問題 44

次のうち，地方自治法上の法定受託事務に当たるものとして，**正しいものを 1 つ**選びなさい。

1 生活保護法に規定される生活保護の決定及び実施
2 介護保険法に規定される居宅介護サービス費の支給
3 身体障害者福祉法に規定される身体障害者手帳の交付
4 児童福祉法に規定される保育所における保育
5 国民健康保険法に規定される国民健康保険料の徴収

56 地域福祉と包括的支援体制

旧 福祉行財政と福祉計画・問題 43

福祉行政における市町村の役割に関する次の記述のうち，**最も適切なものを 1 つ**選びなさい。

1 介護支援専門員実務研修受講試験及び介護支援専門員実務研修を行う。
2 社会福祉法人の設立当初において，理事の選出を行う。
3 特別養護老人ホームの設備及び運営について，条例で基準を定める。
4 訓練等給付費の不正請求を行った指定障害福祉サービス事業者について，指定の取消しを行う。
5 小学校就学前の子どものための教育・保育給付の認定を行う。

57 地域福祉と包括的支援体制

旧 地域福祉の理論と方法・問題 40

事例を読んで，U地域包括支援センターに配属されたB生活支援コーディネーター（地域支え合い推進員）が「協議体」の運営について提案したことに関する次の記述のうち，**適切なものを 2 つ**選びなさい。

〔事　例〕

担当地域（小学校区）で協議体を組織するに当たり，B生活支援コーディネーターは，事務局を構成する予定の行政や社会福祉協議会の担当者と協議体の運営のための準備会を行うことになった。準備会では，B生活支援コーディネーターが，協議体の目的と，それを具体化するための方針を提案した。

1 地域のニーズを共有化するために，これまで地域ケア会議で出された地域課題を検討することを提案した。
2 協議体を効率的に運営するために，既存の会議体で協議されている介護分野以外の内容については，協議の対象としないことを提案した。
3 多様な主体の協力を確保するために，地縁組織だけでなく，社会福祉法人や特定非営利活動法人などの民間団体にも参加を呼び掛けることを提案した。
4 地域づくりにおける意思統一を図るために，あらかじめ行政が目指す地域の姿を提示し，それに向かって協議することを提案した。
5 生活支援サービスを開発するために，市外の先行事例を紹介し，協議体の参加者にそれと同じ活動を実施することを提案した。

(注)　ここでいう「協議体」とは，介護保険の生活支援・介護予防サービスの体制整備に向けて，市町村が資源開発を推進するために設置するものである。

58 地域福祉と包括的支援体制

旧 福祉行財政と福祉計画・問題 46

福祉行政における専門職等の法令上の位置づけに関する次の記述のうち，**正しいものを 1 つ**選びなさい。

1 都道府県の福祉事務所に配置される社会福祉主事は，老人福祉法，身体障害者福祉法，知的障害者福祉法に関する事務を行う。
2 福祉事務所の現業を行う所員（現業員）は，社会福祉主事でなければならない。
3 身体障害者更生相談所の身体障害者福祉司は，身体障害者の更生援護等の事業に 5 年以上従事した経験を有しなければならない。
4 地域包括支援センターには，原則として社会福祉主事その他これに準ずる者を配置しなければならない。
5 児童相談所においては，保育士資格を取得した時点でその者を児童福祉司として任用することができる。

59 地域福祉と包括的支援体制

旧 福祉行財政と福祉計画・問題 45

「令和 3 年版地方財政白書」（総務省）における 2019 年度（令和元年度）の民生費に関する次の記述のうち，**正しいものを 1 つ**選びなさい。

1 地方公共団体の目的別歳出純計決算額の構成比は，高い方から，教育費，公債費，民生費の順となっている。
2 民生費の目的別歳出の割合は，市町村では児童福祉費よりも社会福祉費の方が高い。
3 民生費の目的別歳出の割合は，都道府県では生活保護費よりも老人福祉費の方が高い。
4 民生費の性質別歳出の割合は，市町村では扶助費よりも人件費の方が高い。
5 民生費の性質別歳出の割合は，都道府県では補助費等よりも扶助費の方が高い。

60 地域福祉と包括的支援体制

旧 福祉行財政と福祉計画・問題 47

法律に定める福祉計画に関する次の記述のうち，**正しいものを 1 つ**選びなさい。

1 市町村介護保険事業計画では，都道府県が定める老人福祉圏域内で事前に調整をした上で，介護保険施設の種類ごとに必要入所定員総数を定める。
2 市町村障害福祉計画では，指定障害者支援施設におけるサービスの質の向上のために講ずる措置を定めるよう努める。
3 市町村子ども・子育て支援事業計画では，教育・保育情報の公表に関する事項を定めるよう努める。
4 市町村障害児福祉計画では，サービス，相談支援に従事する者の確保又は資質の向上のために講ずる措置を定めるよう努める。
5 市町村地域福祉計画では，地域における高齢者の福祉，障害者の福祉，児童の福祉，その他の福祉に関し，共通して取り組むべき事項を策定するよう努める。

61 地域福祉と包括的支援体制

旧福祉行財政と福祉計画・問題 48

事例を読んで，次の記述のうち，**最も適切なもの**を**1つ**選びなさい。

〔事　例〕

P市の自治体職員であるDさんは子ども・子育て推進課に配属になり，次期の子ども・子育て支援事業計画の策定の担当になった。そこで，P市子ども・子育て支援事業計画を策定する際に，法令上遵守すべき点を確認した。

1　サービス目標量の達成や供給について，今期の計画から変更しない場合は，あらかじめ都道府県と協議することは見送ってもよい。

2　教育・保育及び地域子ども・子育て支援事業の量の見込みを定めるに当たり，参酌すべき標準を作成しなければならない。

3　教育・保育の量の見込み並びに実施しようとする教育・保育の提供体制の確保の内容及びその実施時期をどのようにすべきか検討しなければならない。

4　地域子ども・子育て支援事業に従事する者の確保と資質の向上のために，研修会の実施を企画しなければならない。

5　P市だけでなく，近隣の市町村も含めた，広域的な見地からの調整を行わなければならない。

62 地域福祉と包括的支援体制

旧地域福祉の理論と方法・問題 41

事例を読んで，N市社会福祉協議会の職員であるC社会福祉士が企画したプログラム評価の設計に関する次の記述のうち，**正しいもの**を**1つ**選びなさい。

〔事　例〕

N市社会福祉協議会は，当該年度の事業目標に「認知症の人に優しいまちづくり」を掲げ，その活動プログラムの一つとして認知症の人やその家族が，地域住民，専門職と相互に情報を共有し，お互いを理解し合うことを目指して，誰もが参加でき，集う場である「認知症カフェ」の取組を推進してきた。そこで，C社会福祉士は，プログラム評価の枠組みに基づいて認知症カフェの有効性を体系的に検証することにした。

1　認知症カフェに参加した地域住民が，認知症に対する理解を高めたかについて検証するため，ニーズ評価を実施する。

2　認知症カフェの取組に支出された補助金が，十分な成果を上げたかについて検証するため，セオリー評価を実施する。

3　認知症カフェが，事前に計画された内容どおりに実施されたかを検証するため，プロセス評価を実施する。

4　認知症カフェに参加する認知症の人とその家族が，認知症カフェに求めていることを検証するため，アウトカム評価を実施する。

5　認知症カフェが，目的を達成するプログラムとして適切に設計されていたかを検証するため，効率性評価を実施する。

63 地域福祉と包括的支援体制

旧 地域福祉の理論と方法・問題 34

住宅の維持・確保に困難を抱える人への支援のための施策に関する次の記述のうち，**正しいもの**を**1つ**選びなさい。

1 生活困窮者住居確保給付金は，収入が減少した理由のいかんを問わず，住宅の家賃を支払うことが困難になった者に対し，家賃相当額を支給するものである*。

2 公営住宅の供給を行う地方公共団体は，公営住宅の入居者に特別の事情がある場合において必要があると認めるときは，家賃を減免することができる。

3 住宅確保要配慮者居住支援協議会は，賃貸住宅に入居する者の収入が一定の基準を下回った場合，賃貸人に対して家賃徴収の猶予を命令することができる。

4 生活福祉資金貸付制度の不動産担保型生活資金は，経済的に困窮した 65 歳未満の者に対し，居住する不動産を担保に生活資金の貸付けを行うものである。

5 被災者生活再建支援金は，自然災害により生活基盤に被害を受けた者のうち，一定の所得以下の者に対し，生活再建のための費用の貸付けを行うものである。

＊ 2024 年（令和 6 年）の生活困窮者自立支援法の改正により，生活困窮者住居確保給付金の対象者について，収入が著しく減少したと認められるものとして厚生労働省令で定める事由により経済的に困窮した者であって，家計を改善するため新たな住居を確保する必要があると認められるものが追加されることとなった（2025 年（令和 7 年）4 月 1 日施行）。

障害者福祉

64 障害者福祉

旧 障害者に対する支援と障害者自立支援制度・問題 56

「平成 28 年生活のしづらさなどに関する調査（全国在宅障害児・者等実態調査）」（厚生労働省）における障害者の実態に関する次の記述のうち，**正しいもの**を**1つ**選びなさい。

1 身体障害者手帳所持者のうち，65 歳以上の者は半分に満たない。

2 身体障害者手帳所持者のうち，障害の種類で最も多いのは肢体不自由である。

3 障害者手帳所持者のうち，困った時の相談相手として，相談支援機関と答えた者が最も多い。

4 18 歳以上 65 歳未満の障害者手帳所持者のうち，一月当たりの平均収入として 18 万円～21 万円未満と答えた者が最も多い。

5 障害者手帳の種類別でみると，療育手帳所持者が最も多い。

65 障害者福祉

旧障害者に対する支援と障害者自立支援制度・問題 61

障害者基本法に関する次の記述のうち，**最も適切なもの**を**1つ**選びなさい。

1 「障害者」とは，「身体障害，知的障害又は精神障害により，長期にわたり日常生活又は社会生活に相当な制限を受ける者をいう」と定義されている。

2 意思疎通のための手段としての言語に手話が含まれることが明記されている。

3 都道府県は，毎年，障害者のために講じた施策の概況に関する報告書を国に提出しなければならないとされている。

4 社会モデルを踏まえた障害者の定義は，国際障害者年に向けた取組の一環として導入された。

5 障害を理由とする差別の禁止についての規定はない。

66 障害者福祉

旧障害者に対する支援と障害者自立支援制度・問題 57

「障害者総合支援法」における相談支援などに関する次の記述のうち，**正しいもの**を**1つ**選びなさい。

1 サービス利用支援では，利用者の自宅を訪問し，身体介護や家事援助等の介助を行う。

2 地域相談支援では，地域生活から施設入所や精神科病院への入院に向けた移行支援を行う。

3 相談支援は，訓練等給付費の支給対象となる。

4 基幹相談支援センターは，地域における相談支援の中核的な役割を担う機関である。

5 指定障害福祉サービスの管理を行う者として相談支援専門員が規定されている。

(注) 「障害者総合支援法」とは，「障害者の日常生活及び社会生活を総合的に支援するための法律」のことである。

67 障害者福祉

旧障害者に対する支援と障害者自立支援制度・問題 58

「障害者総合支援法」の実施に関わる関係機関などの役割に関する次の記述のうち，**正しいもの**を**1つ**選びなさい。

1 障害支援区分の認定は，市町村が行う。

2 介護給付費に関する処分に不服がある者は，市町村長に対して審査請求ができる。

3 訓練等給付費の支給決定は，都道府県が行う。

4 自立支援給付や地域生活支援事業の円滑な実施を確保するための基本指針は，都道府県が定める。

5 国，都道府県及び市町村は，自立支援給付に係る費用をそれぞれ3分の1ずつ負担する。

68 障害者福祉

旧 就労支援サービス・問題 144

「障害者総合支援法」の障害者の就労支援などに関する次の記述のうち，**正しいものを1つ**選びなさい。

1 就労移行支援事業では，利用者が就職できるまで支援を提供するため，利用期間に関する定めはない。

2 就労継続支援A型事業では，雇用契約を締結した利用者については最低賃金法が適用される。

3 就労継続支援A型事業の利用者が一般就労に移行することはできない。

4 就労継続支援B型事業の利用者が一般就労に移行する場合には，就労移行支援事業の利用を経なければならない。

5 就労継続支援B型事業は，利用者に支払える平均工賃が月額 20,000 円を上回ることが事業認可の条件となっている。

（注）「障害者総合支援法」とは，「障害者の日常生活及び社会生活を総合的に支援するための法律」のことである。

69 障害者福祉

旧 障害者に対する支援と障害者自立支援制度・問題 60

知的障害者福祉法に関する次の記述のうち，**正しいものを1つ**選びなさい。

1 知的障害者に対する入院形態として，医療保護入院が規定されている。

2 市町村は，知的障害者更生相談所を設けなければならないと規定されている。

3 市町村は，その設置する福祉事務所に知的障害者福祉司を置くことができると規定されている。

4 1998 年（平成 10 年）に，精神衛生法から知的障害者福祉法に名称が変更された。

5 知的障害者に対して交付される「療育手帳」について規定されている。

70 障害者福祉

旧 障害者に対する支援と障害者自立支援制度・問題 62

「障害者雇用促進法」及び「障害者優先調達推進法」に関する次の記述のうち，**最も適切なものを1つ**選びなさい。

1 国は，障害者就労施設，在宅就業障害者及び在宅就業支援団体から優先的に物品等を調達するよう努めなければならない。

2 国や地方公共団体は，法定雇用率を上回るよう障害者の雇用を義務づける障害者雇用率制度の対象外である。

3 事業主は，障害者就労施設から物品を調達することで障害者雇用義務を履行したとみなすことができる。

4 事業主は，在宅就業支援団体を通じて在宅就業障害者に仕事を発注することで障害者雇用義務を履行したとみなすことができる。

5 事業主は，身体障害者及び知的障害者を雇用する法的義務を負うが，精神障害者については雇用するよう努めればよい。

（注）1 「障害者雇用促進法」とは，「障害者の雇用の促進等に関する法律」のことである。
　　2 「障害者優先調達推進法」とは，「国等による障害者就労施設等からの物品等の調達の推進等に関する法律」のことである。

71 障害者福祉

旧障害者に対する支援と障害者自立支援制度・問題 59

事例を読んで，V相談支援事業所のF相談支援専門員（社会福祉士）によるこの段階における支援方針として，**最も適切なものを1つ**選びなさい。

〔事　例〕

重症心身障害があるGさん（40歳）は，70歳代の母親と二人暮らしで，喀痰（かくたん）吸引などの医療的ケアを必要としている。家族や，Gさんが通う生活介護事業所の職員は，Gさんの表情を読み取りながら長期にわたり生活全般の介助をしてきた。Gさんは，先月，誤嚥性（ごえんせい）肺炎を起こして入院したが，状態が落ち着いてきたので退院することになった。退院先を決めるに当たり，別居している姉が，これを機に，母親の負担も考えて，医療的ケアが可能な共同生活援助（グループホーム）を利用してはどうかと母親に勧めている。一方，母親は看護師などによる自宅への訪問には消極的であるが，可能な限り自宅でGさんと一緒に生活を続けたいと考えている。そこで，母親はF相談支援専門員に相談した。

1　病状や医療的ケアの必要性を考えて，退院先は医師の方針で決定する。
2　母親の負担を考え，姉の提案する共同生活援助（グループホーム）の利用を勧める。
3　Gさんに最も身近な母親の意向に沿い，退院後は自宅で生活することを方針として決定する。
4　医療的ケアの必要性を考慮し，医師に対して病院での生活継続を依頼する。
5　Gさん参加のもと意思決定支援会議を開催し，Gさんが退院後どのような生活を望むのか検討する。

刑事司法と福祉

72 刑事司法と福祉

旧更生保護制度・問題 147

更生保護に関する次の記述のうち，**正しいものを1つ**選びなさい。

1　更生保護には，犯罪予防の活動の促進が含まれる。
2　更生保護には，再犯・再非行の防止は含まれない。
3　更生保護の処遇は，矯正施設における施設内処遇を主とする。
4　更生保護制度の基本となる法律は監獄法である。
5　更生保護行政をつかさどる国の機関は，厚生労働省である。

73 刑事司法と福祉

旧更生保護制度・問題 148

少年院に収容中の者に対する生活環境の調整に関する次の記述のうち，**最も適切なものを1つ**選びなさい。

1　仮退院決定後，速やかに開始する。
2　裁判所の発する令状をもって開始する。
3　調整すべき事項に借金返済のための金品の給与が含まれる。
4　少年院の法務技官によって行われる。
5　調整すべき事項に釈放後の就業先や通学先の確保が含まれる。

74

刑事司法と福祉
旧 更生保護制度・問題 149

✓✓✓

事例を読んで，仮釈放に関する次の記述のうち，**最も適切なもの**を**1つ**選びなさい。

〔事　例〕

Mさん（25歳）は，交通事故（人身事故）で懲役* 3年の実刑判決を受けてV刑務所に収容され，刑に服して6か月が過ぎた。深く反省し，服役中の行状も良好である。かつてMさんが勤務していた会社の社長Aさんは，Mさんが釈放された場合，自分が引受人になって再びMさんを雇用してもよいと考えている。

1　Mさんの仮釈放の審理を開始するには，MさんがV刑務所の長に仮釈放を申し立てなければならない。
2　Mさんは，仮釈放になった後は保護観察が付されない可能性がある。
3　Mさんの仮釈放の審理において，被害者の意見や心情は反映されない。
4　Mさんについて，現在の刑に服した期間では仮釈放の決定はできない。
5　Mさんの家族以外の者が仮釈放後の引受人になることはできない。

＊　2025年（令和7年）6月1日施行の改正刑法により，懲役と禁錮が一元化され，「拘禁刑」となる。

75

刑事司法と福祉
旧 更生保護制度・問題 150

✓✓✓

事例を読んで，B社会復帰調整官の業務として，**最も適切なもの**を**1つ**選びなさい。

〔事　例〕

保護観察所のB社会復帰調整官は，「医療観察法」に基づく処遇の対象者であるCさん（30歳）を担当することになった。Cさんは「医療観察法」第107条に規定されている「守るべき事項」により届け出た居住地で生活している。

1　Cさんの居住地の保護司にCさんの処遇判断を委ねる。
2　Cさんの「守るべき事項」に，必要に応じて新たな事項を加える。
3　Cさんの通院状況や生活状況を見守るとともに，必要な指導を行う。
4　Cさんの病状が悪化した場合，指定入院医療機関への入院を決定する。
5　Cさんの病状が安定した場合，「医療観察法」による医療の終了を決定する。

（注）「医療観察法」とは，「心神喪失等の状態で重大な他害行為を行った者の医療及び観察等に関する法律」のことである。

ソーシャルワークの基盤と専門職

76

ソーシャルワークの基盤と専門職
旧 相談援助の基盤と専門職・問題 91

✓✓✓

社会福祉士及び介護福祉士法における社会福祉士と，精神保健福祉士法における精神保健福祉士に関する次の記述のうち，これらの法律に明記されている共通する責務として，**正しいもの**を**1つ**選びなさい。

1　集団的責任の保持
2　権利擁護の促進
3　多様性の尊重
4　資質向上
5　倫理綱領の遵守

77 ソーシャルワークの基盤と専門職

旧 相談援助の基盤と専門職・問題 93

「認知症の人の日常生活･社会生活における意思決定支援ガイドライン」(2018 年(平成 30 年)(厚生労働省))と「障害福祉サービス等の提供に係る意思決定支援ガイドライン」(2017 年(平成 29 年)(厚生労働省))における意思決定支援に関する次の記述のうち，**最も適切なもの**を **1 つ**選びなさい。

1 認知症の人の意思決定支援では，家族は本人と利害が対立することがあることから，意思決定支援チームの一員に入らないこととされている。

2 認知症の人の意思決定支援では，本人が実際の経験をすると本人の意思が変わることがあるので，体験利用などの提案は控えた方がよいとされている。

3 障害者の意思決定支援では，それに必要な情報の説明は本人が理解できるように工夫して行い，自己決定の尊重に基づくことが基本的原則である。

4 障害者の意思決定支援では，職員等の価値観においては不合理でも，また他者の権利を侵害する場合でも，その選択を実現する支援を行うことが基本的原則である。

5 障害者の意思決定支援では，本人の自己決定や意思確認の前に，本人をよく知る関係者が集まり，本人の意思を推定する支援を行うことが基本的原則である。

78 ソーシャルワークの基盤と専門職

旧 相談援助の基盤と専門職・問題 92

ソーシャルワークの発展に寄与した代表的な研究者とその理論に関する次の記述のうち，**最も適切なもの**を **1 つ**選びなさい。

1 ホリス（Hollis, F.）は，「状況の中の人」という視点で，心理社会的アプローチを提唱した。

2 トール（Towle, C.）は，「ケースワークは死んだ」という論文を発表し，社会問題へ目を向けることを提唱した。

3 パールマン（Perlman, H.）は，社会的要因が心理的要因に従属させられていると指摘し，両者の再統合を提唱した。

4 ロビンソン（Robinson, V.）は，内的な特徴と外的な特徴を統合させて人間を理解することを提唱した。

5 ハミルトン（Hamilton, G.）は，社会科学とのつながりを意識して，「リッチモンドに帰れ」と原点回帰を提唱した。

ソーシャルワークの理論と方法

79 ソーシャルワークの理論と方法

旧 相談援助の理論と方法・問題 98

システム理論に基づくソーシャルワークの対象の捉え方に関する次の記述のうち，**適切なもの**を **2 つ**選びなさい。

1 家族の様々な問題を家族成員同士の相互関連性から捉える。

2 個人の考え方やニーズ，能力を固定的に捉える。

3 個人や家族，地域等を相互に影響し合う事象として連続的に捉える。

4 問題解決能力を個人の生得的な力と捉える。

5 生活問題の原因を個人と環境のどちらかに特定する。

80 ソーシャルワークの理論と方法

旧 相談援助の理論と方法・問題 99

次の記述のうち，ジャーメイン（Germain, C.）によるエコロジカルアプローチの特徴として，**最も適切なもの**を**1つ**選びなさい。

1 空間という場や時間の流れが，人々の価値観やライフスタイルに影響すると捉える。
2 モデルとなる他者の観察やロールプレイを用いる。
3 クライエントのパーソナリティの治療改良とその原因となる社会環境の改善を目的とする。
4 問題の原因を追求するよりもクライエントの解決イメージを重視する。
5 認知のゆがみを改善することで，感情や行動を変化させ，問題解決を図る。

81 ソーシャルワークの理論と方法

旧 相談援助の理論と方法・問題 100

ソーシャルワークのアプローチに関する次の記述のうち，**最も適切なもの**を**1つ**選びなさい。

1 ソロモン（Solomon, B.）のエンパワメントアプローチは，人の自我機能に着目し，自己対処できないほどの問題に直面しバランスを崩した状態を危機と捉える。
2 キャプラン（Caplan, G.）の危機介入アプローチは，クライエントが社会から疎外され，抑圧され，力を奪われていく構造に目を向ける。
3 ホワイト（White, M.）とエプストン（Epston, D.）のナラティヴアプローチは，クライエントの生活史や語り，経験の解釈などに関心を寄せ，希望や意欲など，肯定的側面に着目する。
4 リード（Reid, W.）とエプスタイン（Epstein, L.）の課題中心アプローチは，クライエントが解決を望む問題を吟味し，計画的に取り組む短期支援である。
5 サリービー（Saleebey, D.）のストレングスアプローチは，クライエントの否定的な問題が浸み込んでいるドミナントストーリーに焦点を当て家族療法を行う。

82 ソーシャルワークの理論と方法

旧 相談援助の理論と方法・問題 102

相談援助の過程におけるインテーク面接に関する次の記述のうち，ソーシャルワーカーの対応として，**最も適切なもの**を**1つ**選びなさい。

1 クライエントの課題と分析を基に援助計画の作成を行う。
2 クライエントが解決したいと望んでいる課題について確認する。
3 クライエントの課題解決に有効な社会資源を活用する。
4 クライエントへの援助が計画どおりに行われているか確認する。
5 クライエントと共に課題解決のプロセスと結果について確認する。

83 ソーシャルワークの理論と方法

旧 相談援助の理論と方法・問題 103

事例を読んで，U病院のH医療ソーシャルワーカー（社会福祉士）のクライエントへの対応として，**適切なもの**を **2 つ**選びなさい。

〔事　例〕

Jさん（26 歳，女性）の 3 歳になる娘は，先天性の肺疾患でU病院に入院中であったが，在宅療養に切り替えることになった。退院に際して，医師はJさんに，「ご自宅で長時間のケアをご家族が担うことになりますので福祉サービスの利用が必要になると思います」と伝え，相談室に行くように勧めた。Jさんは，「今のところ福祉サービスの利用は必要ないと思います」と返答したが，数日後，担当看護師に促されて相談室を訪れた。Jさんは，H医療ソーシャルワーカーに，「自分の子なので自分で看たいと思っています。誰にも任せたくないので，福祉サービスを利用するつもりはありません」と，うつむきながら告げた。

1　Jさんには福祉サービスの利用希望がないので，支援の必要がないと判断する。
2　Jさんに医師の指示なので面接する必要があると伝える。
3　Jさんが相談室に来たことをねぎらい，退院後の生活を一緒に考えたいと伝える。
4　Jさんにカウンセラーからカウンセリングを受けるように勧める。
5　Jさんに自分の役割や相談室の機能などについて説明する。

84 ソーシャルワークの理論と方法

旧 相談援助の理論と方法・問題 104

相談援助の過程における介入（インターベンション）に関する次の記述のうち，**適切なもの**を **2 つ**選びなさい（ただし，緊急的介入は除く）。

1　介入は，ソーシャルワーカーと医療・福祉関係者との契約によって開始される。
2　介入では，ケース会議などを通じて社会資源の活用や開発を図る。
3　介入は，クライエントや関係者とのパートナーシップを重視して進められる。
4　クライエントのパーソナリティの変容を促す方法は，間接的な介入方法である。
5　コーズアドボカシーは，直接的な介入方法である。

85 ソーシャルワークの理論と方法

旧 相談援助の理論と方法・問題 105

相談援助の過程におけるフォローアップに関する次の記述のうち，**最も適切なもの**を **1 つ**選びなさい。

1　相談援助が終結したクライエントの状況を調査・確認する段階である。
2　問題解決のプロセスを評価し，残された課題を確認する段階である。
3　クライエントの生活上のニーズを明らかにする段階である。
4　アセスメントの結果を踏まえ，援助の具体的な方法を選択する段階である。
5　クライエントとの信頼関係を形成する段階である。

86 ソーシャルワークの理論と方法

旧相談援助の理論と方法・問題 114

ソーシャルワークの記録に関する次の記述のうち，**正しいものを 1 つ**選びなさい。

1 時間的順序に沿って過程を細かく記述する文体は，要約体である。

2 クライエントとのインテーク面接の動画を撮影して得た情報を記す様式は，モニタリングシート（経過観察用紙）である。

3 ソーシャルワーカーがクライエントに説明した言葉をそのまま記述する文体は，説明体である。

4 ソーシャルワーカーとクライエントとの相互作用を詳細に記述する文体は，過程叙述体である。

5 ソーシャルワーカーの教育訓練のために記すのが，月報や年報などの業務管理記録である。

87 ソーシャルワークの理論と方法

旧相談援助の理論と方法・問題 109

ケアマネジメントの意義や目的に関する次の記述のうち，**適切なもの**を **2 つ**選びなさい。

1 複数のサービス事業者が支援を行うため，ケアマネジャーのモニタリング業務が省略できる。

2 幅広い生活課題に対応するため，身体面，精神面だけでなく，住環境や家族関係など多面的にアセスメントを行う。

3 住み慣れた地域で長く生活が続けられるようにするため，身近な資源を活用・調整する。

4 家族の望みどおりのケアプランが作成されるため，利用者の満足度が高くなる。

5 標準化されたケアプランを選択すればよいため，利用者の負担軽減になる。

88 ソーシャルワークの理論と方法

旧相談援助の理論と方法・問題 112

グループワークにおけるグループの相互作用に関する次の記述のうち，**最も適切なもの**を **1 つ**選びなさい。

1 グループのメンバー同士の相互作用が促進されるにつれ，グループ規範は消滅していく。

2 サブグループが構成されると，サブグループ内のメンバー同士の相互作用は減少する。

3 グループのメンバー同士の関係性が固定的であるほど，グループの相互援助システムは形成されやすい。

4 同調圧力によって，メンバー同士の自由な相互作用が促進される。

5 グループの凝集性が高まると，メンバーのグループへの所属意識は強くなる。

89 ソーシャルワークの理論と方法

旧相談援助の理論と方法・問題 111

グループワークの展開過程におけるソーシャルワーカーの対応に関する次の記述のうち，**最も適切なもの**を **1 つ**選びなさい。

1 準備期では，情報収集のため，メンバーを一つのグループとして集め，活動を開始する。

2 開始期では，援助の枠組みを明確にする必要がないので，メンバーの行動に対して制限を加えることは避ける。

3 作業期では，メンバーを同化させ，メンバー同士の対立や葛藤が生じないように援助する。

4 作業期では，メンバーがソーシャルワーカーの指示に従って，目標達成に向けて課題に取り組んでいけるよう促す。

5 終結期では，メンバーがグループ体験を振り返り，感情を分かち合えるように援助する。

90 ソーシャルワークの理論と方法

旧 相談援助の理論と方法・問題 113

事例を読んで，R市役所のM婦人相談員*（社会福祉士）による部下のA婦人相談員（社会福祉士）に対するスーパービジョンとして，**適切なものを2つ**選びなさい。

〔事　例〕

R市役所で働き始めて2年目のA婦人相談員は，ある日，Bさん（19歳，女性）からの相談を受けた。Bさんは親からの金銭的搾取と暴言が耐えられず，1年前に家出をし，繁華街の飲食店で仕事をしてきた。しかし，先月，勤め先が倒産して仕事を失い，生活に困窮しているという。また，同居人からの暴力があり，家に居づらく，気持ちが沈み，以前のように活動的に生活できないという。A婦人相談員は，Bさんからの相談内容が多岐にわたり，援助をどのように進めていくべきか決めるのが難しいと感じていた。そこで，職場のM婦人相談員にスーパービジョンを求めた。

1　A婦人相談員にもっと気楽に仕事をするよう助言する。
2　連携するべき関係機関を共に確認し，A婦人相談員が連絡するよう促す。
3　Bさんのアセスメントを行い，援助内容を決めて，A婦人相談員に伝える。
4　A婦人相談員の業務遂行が組織の指針に沿ったものかについて，専門家に相談するよう提案する。
5　A婦人相談員による実際の面接場面やアセスメントを，ジェノグラム等の記載や記録を通し，共に振り返る。

＊　2024年（令和6年）4月1日より，売春防止法に基づく婦人相談員は，困難な問題を抱える女性への支援に関する法律に基づく女性相談支援員となった。

社会福祉調査の基礎

91 社会福祉調査の基礎

旧 社会調査の基礎・問題 84

社会調査の倫理や個人情報保護に関する次の記述のうち，**最も適切なものを1つ**選びなさい。

1　施設職員を調査対象者にして，福祉サービスの一般的な苦情対応に関する調査を実施する際に，施設職員は調査に協力する義務があると依頼状に明記した。
2　調査者が，研究目的で住民基本台帳から作成した調査対象者の住所リストを，調査終了後に自分の主催する介護予防啓発イベントの案内状の郵送に利用した。
3　質問紙調査の回答の仕方で分からない箇所があるので教えて欲しいという調査対象者からの問合せに，調査対象者全体への公平性に欠けるため説明を控えた。
4　面接調査の音声データから記録を作成する際，調査対象者の名前や面接の中で出てきた人名を，アルファベット順に記号化した。
5　面接調査終了後，調査対象者1名から協力辞退の申出があったため，その調査対象者のデータについて年齢と所属を書き換えてから分析に利用した。

92

社会福祉調査の基礎

旧 地域福祉の理論と方法・問題 39

地域福祉の調査方法に関する次の記述のうち，**最も適切なもの**を１つ選びなさい。

1　コミュニティカフェの利用者の満足度を数量的に把握するため，グラウンデッド・セオリー・アプローチを用いて調査データを分析した。

2　地域における保育サービスの必要量を推計するため，幅広い住民に参加を呼び掛けて住民懇談会を行った。

3　福祉有償運送に対する高齢者のニーズを把握するため，無作為に住民を選んでフォーカスグループインタビューを実施した。

4　介護を行う未成年者のニーズを把握するため，構造化面接の方法を用いて当事者の自由な語りを引き出す調査を実施した。

5　認知症高齢者の家族介護者の不安を軽減する方法を明らかにするため，当事者と共にアクションリサーチを実施した。

93

社会福祉調査の基礎

旧 社会調査の基礎・問題 85

横断調査と縦断調査に関する次の記述のうち，**最も適切なもの**を１つ選びなさい。

1　同一の調査票を使って，昨年はＮ県，今年はＰ県で量的調査を実施することは，パネル調査に当たる。

2　横断調査と縦断調査の違いは，調査地域の広さや調査対象者数などといった調査の規模が異なることによる。

3　パネル調査では，調査を重ねるごとに調査対象者が増加する傾向がある。

4　出生時期を同じくする集団を調査対象にして，複数の時期に調査を行うことは，縦断調査に含まれる。

5　縦断調査のデータ分析は，横断調査に比べて，二つの変数間で原因と結果という因果関係を推論することには適していない。

94

社会福祉調査の基礎

旧 社会調査の基礎・問題 86

質問紙調査に関する次の記述のうち，**最も適切なもの**を１つ選びなさい。

1　インターネット調査は，自計式であるため，調査コストを抑えることができる。

2　留置調査は，他計式であるため，調査対象者以外の者が回答することを回避できる。

3　郵送調査は，他計式であるため，調査対象者の匿名性が確保されにくい。

4　電話調査は，自計式であるため，質問数が多い調査に向いている。

5　訪問面接調査は，自計式であるため，調査者の態度が調査対象者の回答に与える影響を抑制できる。

95 社会福祉調査の基礎

旧 社会調査の基礎・問題 87

調査票の回収後の手続に関する次の記述のうち，**最も適切なものを１つ**選びなさい。

1　１問も回答されていない状態の調査票であっても，有効回答に含める。

2　調査票の数が非常に多い場合，個別の調査票ごとの誤記入や回答漏れの確認は必ずしも必要ではない。

3　自由回答のデータ化では，事前に用意したコード表に該当するものがない場合，新たにコードを追加することはできない。

4　調査票の中に，それまでの回答から判断して回答が矛盾していると明確に確認できる箇所があっても，調査者は修正を加えることはできない。

5　データ分析をする前に，データに入力の誤り等が含まれていないかを確認するため，予備的に集計しチェックする必要がある。

96 社会福祉調査の基礎

旧 社会調査の基礎・問題 88

事例を読んで，集計結果に関する次の記述のうち，**正しいものを１つ**選びなさい。

〔事　例〕

Ｘデイサービスでは，本日９名の参加者が来所して交流を行い，心身機能の維持のための活動を行った。参加者は，男性が 65 歳，68 歳，72 歳の３名であり，女性が 65 歳，65 歳，66 歳，67 歳，70 歳，77 歳の６名である。

1　参加者全体の年齢の中央値は 65 である。

2　男性参加者の年齢の分散は，女性参加者の年齢の分散より大きい。

3　男性参加者と女性参加者の年齢の最小値は異なる。

4　女性参加者の年齢の最頻値は 77 である。

5　参加者全体の年齢の範囲は 12 である。

97 社会福祉調査の基礎

旧 社会調査の基礎・問題 89

調査手法としての観察法に関する次の記述のうち，**最も適切なものを１つ**選びなさい。

1　マジックミラー（ワンウェイミラー）を使った観察を行ってはならない。

2　調査者が，調査対象とする集団や地域社会に入り込み，人々と活動や生活を共にしながら，データ収集をすることもある。

3　実験室のような人工的な環境を作り，その中を観察して調査することはしない。

4　調査対象者の生活に関わる日記や写真を質的データとして扱うことはない。

5　客観的データを収集するためには，調査者は調査対象者とオーバーラポールになる必要がある。

98 社会福祉調査の基礎

旧 社会調査の基礎・問題 90

調査手法としての面接法に関する次の記述のうち，**最も適切なもの**を**1つ**選びなさい。

1 面接調査の質問項目が構造化されているほど，調査者に高度な面接能力が必要とされる。

2 グループインタビューでは，調査対象者同士が相互に影響を与えることを防ぐために，調査者は一人ずつの調査対象者に対して順に質問し回答を得る。

3 半構造化面接では質問項目を事前に用意し，いつ，どの順番で質問を行うかを面接中に調査者が判断する。

4 非構造化面接では，予想される調査対象者の回答を「イエス」「ノー」で記入できるシートを作成する。

5 録音データを分析する場合は，調査者が面接中に最も重要と判断した部分を要約して逐語記録を作成する。

高齢者福祉

99 高齢者福祉

旧 高齢者に対する支援と介護保険制度・問題 126

「令和3年版高齢社会白書」（内閣府）で示された日本の高齢者の生活実態などに関する次の記述のうち，**正しいもの**を**1つ**選びなさい。

1 高齢者の就業率を年齢階級別にみると，65～69歳については，2010年（平成22年）から2020年（令和2年）までの間，継続して下落している。

2 2016年（平成28年）時点での健康寿命は，2010年（平成22年）と比べて男女共に延びている。

3 2020年（令和2年）における75歳以上の運転免許保有者10万人当たりの死亡事故件数を2010年（平成22年）と比較すると，およそ2倍に増加している。

4 60歳以上の人に家族以外の親しい友人がいるか尋ねたところ，「いる」と回答した割合は，日本・アメリカ・ドイツ・スウェーデンの中で，日本が最も高い。

5 60歳以上の人に新型コロナウイルス感染症の拡大により生活にどのような影響があったか尋ねたところ，「友人・知人や近所付き合いが減った」と回答した割合は，およそ1割であった。

100 高齢者福祉

旧 高齢者に対する支援と介護保険制度・問題 127

高齢者保健福祉施策の変遷に関する次の記述のうち，**正しいもの**を**1つ**選びなさい。

1 高齢者介護・自立支援システム研究会「新たな高齢者介護システムの構築を目指して」（1994年（平成6年））において，措置制度による新たな介護システムの創設が提言された。

2 介護保険法（1997年（平成9年））が制定され，高齢者のニーズに応じた総合的なサービス利用を支援するため，居宅介護支援（ケアマネジメント）が定められた。

3 高齢者介護研究会「2015年の高齢者介護～高齢者の尊厳を支えるケアの確立に向けて～」（2003年（平成15年））において，「第2次ベビーブーム世代」が高齢者になる時期を念頭に，既存の介護保険施設の拡充が提言された。

4 「医療介護総合確保法」（2014年（平成26年））において，地域包括ケアシステムが「全国一律に医療，保健予防，社会福祉及び自立支援施策が包括的に確保される体制」と定義づけられた。

5 「認知症施策推進大綱」（2019年（令和元年））において，認知症の人の事故を補償する給付を現行の介護保険制度の中で創設することの必要性が明示された。

（注）「医療介護総合確保法」とは，「地域における医療及び介護の総合的な確保の促進に関する法律」のことである。

101 高齢者福祉

旧 高齢者に対する支援と介護保険制度・問題 131

介護保険制度における都道府県の義務に関する次の記述のうち，**正しいもの**を**1つ**選びなさい。

1 都道府県は，6年を1期とする介護保険事業計画を策定するに当たって，各年度の地域支援事業の見込量の算出を行う。

2 都道府県知事は，介護サービス事業者から介護サービス情報の報告を受けた後，その報告の内容を公表する。

3 都道府県は，老人福祉圏域ごとに地域包括支援センターを設置する。

4 都道府県は，介護サービス事業者を代表する委員，介護の専門職を代表する委員，医療の専門職を代表する委員で組織される介護保険審査会を設置する。

5 都道府県は，要介護者及び要支援者に対し，介護保険法の定めるところにより，保健福祉事業を行う。

102 高齢者福祉

旧 高齢者に対する支援と介護保険制度・問題 132

介護保険制度の指定訪問介護事業所（共生型居宅サービスを除く）の従事者に関する次の記述のうち，**適切なもの**を**2つ**選びなさい。

1 訪問介護員として従事する者に対しては資格取得や研修修了等の要件は課されておらず，業務を遂行する上での最低限の技術の習得が条件とされている。

2 訪問介護員は，常に利用者の心身の状況やその置かれている環境等の的確な把握に努め，利用者又はその家族に対し，適切な相談及び助言を行う。

3 訪問介護員が入浴や清拭の支援を行う場合，利用者の主治医の指示に基づいて介護を行うことが義務づけられている。

4 サービス提供責任者は，訪問介護員に対して利用者の状況についての情報を伝達し，具体的な援助目標や援助内容を指示する。

5 サービス提供責任者は，多様な事業者等から総合的に提供される介護サービスの内容などを記載した居宅サービス計画を作成する。

103

高齢者福祉

旧高齢者に対する支援と介護保険制度・問題 135

「バリアフリー法」に関する次の記述のうち，**正しいもの**を**1つ**選びなさい。

1　公共交通や建築物等の施設設置管理者等は，2020 年（令和 2 年）の改正により，法の施行から 3 年以内に移動等円滑化基準に適合するよう，既存施設の改修等を行わなければならなくなった。

2　公共用通路の出入口は，移動等円滑化基準において，その幅を 60cm 以上としなければならない。

3　公共交通事業者等は，その職員に対して移動等円滑化を図るために必要な教育訓練を行うよう努めなければならない。

4　厚生労働大臣は，旅客施設を中心とする地区や高齢者等が利用する施設が集まった地区について，移動等円滑化基本構想を作成しなければならない。

5　移動等円滑化基本構想に位置づけられた事業の実施状況等の調査・分析や評価は，おおむね 10 年ごとに行わなければならない。

（注）「バリアフリー法」とは,「高齢者，障害者等の移動等の円滑化の促進に関する法律」のことである。

104

高齢者福祉

旧高齢者に対する支援と介護保険制度・問題 133

事例を読んで，L 社会福祉士が活用を検討する施策や事業として，**最も適切なもの**を**1つ**選びなさい。

〔事　例〕

L 社会福祉士は，営利法人が経営するサービス付き高齢者向け住宅の職員として勤務し，安否確認や生活相談サービスを担当している。最近は介護サービスを利用する認知症高齢者の入居も増え，その家族等から高齢者の支援方法やサービス内容について様々な要望や質問が寄せられることが多くなってきた。

ある日，L 社会福祉士は法人の取締役から,「ボランティアなど外部の人が入居者の相談に応じて疑問や不満・不安の解消を図る仕組みが必要だ」と指示を受けた。そこで，L 社会福祉士は，まず既存の公的施策・事業の活用を検討することにした。

1　包括的支援事業における認知症地域支援・ケア向上事業

2　福祉サービス第三者評価事業

3　介護サービス相談員派遣等事業（旧介護相談員派遣等事業）

4　包括的支援事業における権利擁護業務

5　福祉サービス利用援助事業

105 高齢者福祉

旧高齢者に対する支援と介護保険制度・問題 134

事例を読んで，M相談員（社会福祉士）がAさんの娘に説明をした入所施設について，**最も適切なものを1つ**選びなさい。

〔事　例〕

S市に住むAさん（75歳）は，大手企業の管理職として仕事をしていたが，過労が原因で60歳の時に脳梗塞を起こし，緊急入院した。幸い一命は取り留め，退院後はリハビリテーションに努めたものの，右半身に麻痺（まひ）が残り，要介護4の状態となった。Aさんの介護は長年，主に妻が担い，必要に応じて介護支援専門員と相談し，短期入所生活介護や訪問介護などのサービスを利用していた。しかし，1か月前に長年連れ添った妻が亡くなり，その後は娘が遠距離介護をしていたが，Aさんが，「施設に入所し，そこで残りの人生を全うしたい」と希望したので，娘はS市介護保険課のM相談員に相談した。そこで，M相談員は，S市の「入所に関する指針」等を参考にしながら，Aさんに最も適した入所施設について，娘に説明をした。

1　介護老人福祉施設（特別養護老人ホーム）
2　介護老人保健施設
3　介護医療院
4　養護老人ホーム
5　軽費老人ホーム

106 高齢者福祉

旧高齢者に対する支援と介護保険制度・問題 128

事例を読んで，Y特別養護老人ホームに入所している高齢者への介護に関する次の記述のうち，**適切なものを2つ**選びなさい。

〔事　例〕

Hさん（83歳）は，要介護5で，ユニット型個室のY特別養護老人ホームに入所しており，ほぼ日常生活全般にわたり介助を必要とする。自発的な発話が聞かれることは少なく，簡単な質問や指示に対してもほとんど反応がない。最近，かゆみのためかベッド上で自分の胸や脇の下あたりをかきむしることが続いている。感染性のものであるかも含めて，翌日に嘱託医が診察を行う予定である。介護・看護職員と生活相談員（社会福祉士）は，今後の対応を話し合った。

1　Hさんの気分転換を図るために，他ユニットの利用者との交流を増やす。
2　入浴や清拭で皮膚の清潔を保ち，適切な爪の長さに整える。
3　他の利用者が以前に使用していたかゆみ止め薬を塗布する。
4　皮膚を保護するために，ベッド柵にHさんの両腕を固定する。
5　これまでの皮膚の状態，かきむしりの様子などを，嘱託医に情報提供できるよう書面にまとめておく。

107

高齢者福祉

旧高齢者に対する支援と介護保険制度・問題 129

事例を読んで，Z 地域包括支援センターの J 社会福祉士による妻への助言として，**適切なもの**を**2 つ**選びなさい。

〔事　例〕

K さん（74 歳）は，レビー小体型認知症であるが，日常生活は自立している。妻（68 歳）と二人暮らしである。1 か月くらい前から，部屋の隅を見て，「虫が群れをなしている」とおびえるものの，妻は，自分には見えないし，急に動こうとするので対応に困り，Z 地域包括支援センターを訪れた。担当した J 社会福祉士は，レビー小体型認知症の症状を説明した上で，以下の助言を行った。

1 「パーキンソン症状により転びやすいので，気を付けてください」

2 「間接照明を使った部屋を利用するようにしてください」

3 「細かい模様のあるカーテンを目に付くところに配置してください」

4 「虫はいないとはっきり説明して，K さんを安心させてください」

5 「虫が見えることを否定せず，K さんの不安を受け止めてください」

108

高齢者福祉

旧高齢者に対する支援と介護保険制度・問題 130

終末期ケアに関する次の記述のうち，**最も適切なもの**を **1 つ**選びなさい。

1 ホスピスでは，看取り後の家族らが抱える悲嘆を緩和することを終末期ケアにおける支援の中心とする。

2 デーケン（Deeken, A.）が提唱した死への準備教育（デス・エデュケーション）とは，症状の緩和，特に痛みの緩和，安楽をもたらすチームケアを行うための介護スタッフ教育のことである。

3 アドバンス・ケア・プランニング（ACP）では，本人が医療・ケアチームと十分な話合いを行い，本人による意思決定を尊重する。

4 グリーフケアは，終末期を迎えた人に対して，積極的な延命治療を行わず，できる限り自然な死を迎えられるようにすることである。

5 緩和ケアとは，可能な限りの延命治療を行った上で人生の最期を迎えられるようにするケアである。

109 児童・家庭福祉

旧 児童や家庭に対する支援と児童・家庭福祉制度・問題 138

次の記述のうち，2019 年度（令和元年度）の児童相談所における児童虐待相談対応件数（「福祉行政報告例」（厚生労働省））について，**最も適切なものを 1 つ**選びなさい。

1 虐待相談対応件数は，5 年前と比べて減少している。
2 心理的虐待は，5 年前と比べて減少している。
3 警察等からの虐待通告は，5 年前と比べて増加している。
4 相談種別で件数をみると，ネグレクトの割合が最も高い。
5 相談の経路（通告者）は，家族・親戚からの割合が最も高い。

110 児童・家庭福祉

旧 児童や家庭に対する支援と児童・家庭福祉制度・問題 137

次の記述のうち，児童福祉法に定められた事業の説明として，**最も適切なものを 1 つ**選びなさい。

1 児童発達支援は，未就学の児童とその保護者を対象に，「子育てひろば」を実施する取組である。
2 放課後等デイサービスは，小学校に通う児童を対象に，放課後，小学校の空き教室や児童館等の公共施設において「学童保育」を実施する取組である。
3 保育所等訪問支援は，保育所等に入所している健診未受診の乳幼児を対象に，保健師が保育所等を訪問する取組である。
4 児童自立生活援助事業は，「自立援助ホーム」における相談その他の日常生活上の援助及び生活指導並びに就業の支援を行う取組*である。
5 子育て短期支援事業は，出産直後の子育て家庭を対象に，居宅を訪問して家事支援等を行う取組である。

（注）「自立援助ホーム」とは，義務教育を終了した児童又は児童以外の満 20 歳に満たない者であって，措置解除された者等が共同生活を営むべき住居のことである。

＊ 2024 年度（令和 6 年度）より，児童自立生活援助事業の実施場所が，自立援助ホーム以外の内閣府令で定める場所にも拡充されている。

111 児童・家庭福祉

旧 児童や家庭に対する支援と児童・家庭福祉制度・問題 142

児童相談所の一時保護に関する次の記述のうち，**最も適切なものを 1 つ**選びなさい。

1 一時保護する場合には親権者の同意が必要である。
2 一時保護は児童相談所に設置されている一時保護所に限って行う。
3 親権者の意に反して 2 か月を超える一時保護を実施するためには，児童福祉審議会の承認を得なければならない。
4 都道府県知事は，一時保護所の福祉サービス第三者評価を行わなければならない。
5 外出，通学，通信，面会に関する制限は，子どもの安全の確保が図られ，かつ一時保護の目的が達成できる範囲で必要最小限とする。

112 児童・家庭福祉

旧 児童や家庭に対する支援と児童・家庭福祉制度・問題 139

事例を読んで，T市母子健康包括支援センター（子育て世代包括支援センター）*のE相談員（社会福祉士）の支援に関する次の記述のうち，この段階における対応として，**適切なものを2つ**選びなさい。

〔事　例〕

若年妊婦等支援事業の担当者であるE相談員は，お腹の大きいFさん（19歳）から相談を受けた。Fさんは，両親との関係が悪く友人宅を転々としており，「妊娠していると思うが，交際相手とは別れてしまい，頼れる人はいない」「自分はどうしたらよいか分からない」「子どもを産んで育てる自信がない」「仕事もしておらず，経済的にも苦しい」と語った。

1　緊急一時的な居場所として宿泊施設等の利用を提案する。

2　出産や子育てには両親の手助けが必要であり，まずは家に戻るよう促す。

3　母親になる自覚を持つよう促す。

4　出産費用の捻出が求められるため就労支援を図る。

5　産科受診の同行支援ができることを伝える。

＊　2024年度（令和6年度）より，児童福祉法に基づくこども家庭センターに統合された。

113 児童・家庭福祉

旧 児童や家庭に対する支援と児童・家庭福祉制度・問題 140

児童養護施設入所児童の家庭環境調整に関する次の記述のうち，**最も適切なものを1つ**選びなさい。

1　家庭環境調整は，児童の家庭の状況に応じ親子関係の再構築などが図られるように行わなければならない。

2　児童が施設入所に至った理由の説明は，児童を精神的に追い詰めることになるので行わないこととされている。

3　児童にとって親は唯一無二の存在であり，児童養護施設には親との面会・交流を行うことが義務づけられている。

4　家庭支援専門相談員が児童の家庭復帰の判断とその決定を行う。

5　保護者の虐待で施設入所した児童を家庭復帰させた場合には，保護者の主体性を重んじ，児童相談所は継続的な指導は行わないこととされている。

114 児童・家庭福祉

旧 相談援助の理論と方法・問題 106

事例を読んで，V児童養護施設のK児童指導員（社会福祉士）による退所時の対応に関する次の記述のうち，**最も適切なものを1つ**選びなさい。

〔事　例〕

Lさん（18歳）は5歳の時に父親が亡くなり，その後，母親と二人で暮らしていた。母親は生活に追われ，Lさんへのネグレクトが継続したことから，児童相談所が介入し，翌年，LさんはV児童養護施設に入所した。そして，Lさんが10歳の時に母親は再婚し，相手の子を出産した後も，Lさんを引き取ることなく疎遠になった。Lさんは今春，高校を卒業することになり，V児童養護施設の退所者が多く就職している事業所に就職が決まったため，施設を退所することになった。退所に際して，LさんにK児童指導員が面接を行った。

1　退所後は人に頼ることなく，自ら問題を解決するように伝える。
2　退所後に相談があるときは，児童相談所に行くように伝える。
3　職場での自律的な人間関係を尊重するため，施設から職場には連絡を取らないと伝える。
4　施設が定期的に行っている交流会への参加を促す。
5　母親のことは，あてにせず関わらないように伝える。

115 児童・家庭福祉

旧 児童や家庭に対する支援と児童・家庭福祉制度・問題 136

事例を読んで，Bスクールソーシャルワーカー（社会福祉士）によるこの時点での対応として，**適切なものを2つ**選びなさい。

〔事　例〕

Bスクールソーシャルワーカーは，C君（小学6年生）の学級担任のD教師から相談を受けた。C君は，母親が病気で動けないため，母親の手伝いや2歳の妹の世話をしており，学校を休むことが多いという。Bスクールソーシャルワーカーが登校してきたC君と二人で話すと，父親は仕事が忙しく，家族と過ごす時間が少ないこと，C君は父親から，家庭内のことは誰にも話さないようにと言われていることが分かった。C君は，「学校には来たいけれど，母や妹のことが心配だ」と話した。

1　C君に，このまま家族の犠牲になっていては，将来に影響すると話す。
2　保護者に対し，学校を休みがちで心配だと伝え，家庭訪問を打診する。
3　関係機関によるケース会議が必要であることを校長に報告する。
4　乳児家庭全戸訪問事業として家庭訪問を行う。
5　妹を一時保護する。

116 児童・家庭福祉

旧児童や家庭に対する支援と児童・家庭福祉制度・問題 141

事例を読んで，N県児童相談所のG児童福祉司（社会福祉士）が考えるHちゃんの支援方針として，**最も適切なもの**を１つ選びなさい。

〔事　例〕

Hちゃん（1歳半）は，ネグレクトによりU乳児院に入所している。Hちゃんの母Jさん（25歳）は現在新しいパートナーと二人で暮らしているが，U乳児院によると，HちゃんはJさんと面会しても全く反応がなかったという。G児童福祉司は何度かJさんと面談し，今後の養育や家庭引取りに向け話合いをしてきた。しかし，JさんはHちゃんを養育する意思はないとはっきり伝えてきた。その後，Jさんは全く面会せず，現在は連絡もなかなかつかない状況である。

1　集団生活の一貫性を保障するため，児童養護施設に措置変更をする。
2　家庭と同様の養育環境を保障するため，里親に委託する。
3　JさんとHちゃんの愛着関係を見極めるため，措置を継続する。
4　Jさんに母親として自覚してもらうため，家庭復帰する。
5　愛着関係不全からの回復を図るため，福祉型障害児入所施設に措置変更をする。

貧困に対する支援

117 貧困に対する支援

旧低所得者に対する支援と生活保護制度・問題 63

生活保護法が規定する基本原理・原則等に関する次の記述のうち，**正しいもの**を１つ選びなさい。

1　この法律により保障される最低限度の生活は，国民一般の平均的な資産基準によって決定される。
2　保護を申請できるのは，要保護者及びその扶養義務者に限られている。
3　保護は，厚生労働大臣の定める基準により測定した要保護者の需要を基とし，そのうち金銭又は物品で満たすことのできない不足分を補う程度において行う。
4　保護は，要保護者の年齢別，性別，健康状態等に関して，世帯の実際の相違を考慮することなく一定の必要の基準に当てはめて行う。
5　保護は，親族を単位としてその要否を定める。

118 貧困に対する支援

旧低所得者に対する支援と生活保護制度・問題 65

生活保護法で規定されている被保護者の権利及び義務に関する次の記述のうち，**正しいもの**を１つ選びなさい。

1　被保護者は，保護金品を標準として租税その他の公課を課せられることがある。
2　被保護者は，既に給与を受けた保護金品を差し押さえられることがある。
3　被保護者は，保護を受ける権利を譲り渡すことができる。
4　被保護者が能力に応じて勤労に励むことを怠っていると認められる場合，被保護者は受けた保護金品に相当する金額の範囲内において保護の実施機関の定める額を返還しなければならない。
5　急迫の場合等において資力があるにもかかわらず保護を受けた場合，被保護者は受けた保護金品に相当する金額の範囲内において保護の実施機関の定める額を返還しなければならない。

119 貧困に対する支援

旧 低所得者に対する支援と生活保護制度・問題 66

生活保護法上の保護施設に関する次の記述のうち，**正しいものを 1 つ**選びなさい。

1 保護施設は，救護施設，更生施設，宿所提供施設の 3 種類に分類される。
2 救護施設を経営する事業は，第二種社会福祉事業である。
3 特定非営利活動法人は，保護施設を設置することができる。
4 救護施設は，身体上又は精神上著しい障害があるために日常生活を営むことが困難な要保護者を入所させて，生活扶助を行うことを目的とする保護施設である。
5 更生施設は，身体上又は精神上の理由により養護及び生活指導を必要とする要保護者を入所させて，生業扶助を行うことを目的とする保護施設である。

120 貧困に対する支援

旧 低所得者に対する支援と生活保護制度・問題 68

生活保護の実施機関に関する次の記述のうち，**正しいものを 1 つ**選びなさい。

1 都道府県知事は，生活保護法に定めるその職権を，知事の管理に属する行政庁に委任することはできないとされている。
2 社会福祉主事は，生活保護法の施行について，都道府県知事又は市町村長の事務の執行を代理する。
3 民生委員は，生活保護法の施行について，市町村の補助機関として位置づけられている。
4 保護の実施機関は，要保護者が急迫した状況にあるときでも，職権を用いて保護を開始することはできないとされている。
5 保護の実施機関は，被保護者が保護を必要としなくなったときは，速やかに，保護の停止又は廃止を決定しなければならない。

121 貧困に対する支援

旧 低所得者に対する支援と生活保護制度・問題 69

生活福祉資金貸付制度に関する次の記述のうち，**正しいものを 1 つ**選びなさい。

1 実施主体は，国である。
2 市町村社会福祉協議会を通じて借入れを申し込むことができる。
3 資金の貸付けを受けるに当たって，公共職業安定所（ハローワーク）で求職活動を行うことが要件とされている。
4 総合支援資金については，貸付けを受けるに当たって，生活保護の申請をすることが要件とされている。
5 緊急小口資金については，貸付けを受けるに当たって，連帯保証人を立てることが要件とされている。

122 貧困に対する支援

旧就労支援サービス・問題 145

「求職者支援法」に基づく求職者支援制度に関する次の記述のうち，**正しいもの**を**1つ**選びなさい。

1 求職者支援制度では，雇用保険の被保険者は対象としていない。

2 求職者支援制度の申込みは福祉事務所で行わなければならない。

3 求職者支援制度では，月 20 万円の訓練受講手当の支給を受けることができる。

4 求職者支援制度は 1990 年代初めに若年者への失業対策として創設された。

5 求職者支援制度の対象となる職業訓練は，長期的な就業安定を目的とするために期間が設けられていない。

(注) 「求職者支援法」とは，「職業訓練の実施等による特定求職者の就職の支援に関する法律」のことである。

123 貧困に対する支援

旧低所得者に対する支援と生活保護制度・問題 67

事例を読んで，R市福祉事務所の**K**生活保護現業員（社会福祉士）の支援に関する次の記述のうち，**最も適切なもの**を**1つ**選びなさい。

〔事　例〕

Lさん（60 歳）は単身で生活しており，親族とは 20 年以上音信不通である。**L**さんは，退職金規程のない会社で働いていたが，5 年ほど前から持病が悪化して仕事ができなくなり，3 年前に会社を退職した。それ以降は無職となっている。退職後，消費者金融から借金をして生活しており，家賃や公共料金も滞納しているようである。現在も直ちには就労が困難な健康状態であるため，**L**さんは生活保護の受給を希望し，R市福祉事務所に生活保護を申請した。

1 保護の要否判定を行うとともに，援助計画策定のために必要な情報収集を行う。

2 保護の申請に当たっての条件として，「無料低額診療事業」を利用するように指導する。

3 社会福祉協議会と連携して，日常生活自立支援事業の利用を促す。

4 福祉事務所から**L**さんの扶養義務者に連絡を取り，**L**さんの借金の返済を要請する。

5 公共職業安定所（ハローワーク）で求職活動をするように指導する。

(注) 「無料低額診療事業」とは，社会福祉法第 2 条第 3 項第 9 号に規定する「生計困難者のために，無料又は低額な料金で診療を行う事業」のことである。

124 貧困に対する支援

旧低所得者に対する支援と生活保護制度・問題 64

事例を読んで，Q市福祉事務所のH生活保護現業員（社会福祉士）がJさんに対して行う説明として，**最も適切なもの**を1つ選びなさい。

〔事　例〕

Jさん（41歳）は，近所のスーパーマーケットで働きながらアパートで高校生の長男と二人で暮らしていたが，2年前に病気によって仕事を辞めることになり，妹から仕送りを受けていた。しかし仕送りは約半年で途絶えてしまい，1年前から生活保護を受給することになった。通院を続けたことで，1か月前から病状が大分良くなり，現在は医師から就労できる状態であると診断され，アパートが手狭になったことから長男と共に転居することも考えている。

1　妹からの仕送りが再開した場合，世帯の収入として認定されることはない。
2　長男がアルバイトをした場合，世帯の収入として認定されることはない。
3　就労した場合，保護が廃止されずに就労自立給付金を毎月受給できる。
4　住宅扶助の基準額を超える家賃の住宅に転居する場合，生活困窮者住居確保給付金を毎月受給できる。
5　医師から就労可能であると診断されても，直ちに保護が廃止されるわけではない。

125 貧困に対する支援

旧就労支援サービス・問題 146

事例を読んで，P市福祉事務所における就労支援の進め方について，K生活保護現業員（社会福祉士）の行動として，**最も適切なもの**を1つ選びなさい。

〔事　例〕

Lさん（40歳）は，病気により離職し，生活が困窮し生活保護を受給している。現在，体調は回復し，医師からも軽めの仕事であれば就労可能であると言われている。Lさんは，就労意欲はあるが，フルタイムでの就労には不安を感じている。そこで，生活保護を受給しながら就労することについてK生活保護現業員に相談した。

1　就労の可能性を高めるため，公共職業安定所（ハローワーク）のフルタイムの求人に応募するように助言する。
2　生業扶助では民間の教育訓練講座の受講はできないため，公共職業訓練の受講を勧める。
3　福祉事務所の就労支援は期間を定めて行われるため，終了時には生活保護も廃止となると伝える。
4　公共職業安定所（ハローワーク）と連携した生活保護受給者等就労自立促進事業などを紹介し，利用の意向を尋ねる。
5　自立支援プログラムへの参加が生活保護を継続する条件になると伝える。

保健医療と福祉

126 保健医療と福祉
旧保健医療サービス・問題 70

事例を読んで，公的医療保険とその給付などに関する次の記述のうち，**正しいものを1つ**選びなさい。

〔事　例〕

大手企業の会社員Mさん（50歳）は専業主婦の妻（所得なし）と二人で生活し，年収は640万円，標準報酬月額は41万円である。年次有給休暇は計画的に取得し，日常の仕事の負担は重いとは感じていなかったが，11月中旬にW病院で胃がんと診断され，12月1日に入院となった。病床は本人の希望によって有料個室とした。翌日に胃全摘術を受け，12月20日に退院した。退院前日に病院から入院医療費の総額が96万9千円となることが告げられた。

1　Mさんの医療費は，労働者災害補償保険から給付される。
2　Mさんの自己負担は，当該医療費の1割である。
3　Mさんの差額ベッド代は，公的医療保険からの給付の対象外となる。
4　Mさんの自己負担は，高額療養費制度を適用すれば，全額免除となる。
5　Mさんが加入する公的医療保険は，Mさんの妻が加入する公的医療保険とは異なる。

127 保健医療と福祉
旧保健医療サービス・問題 71

「平成30年度国民医療費の概況」（厚生労働省）に基づく，2018年度（平成30年度）の国民医療費に関する次の記述のうち，**正しいものを1つ**選びなさい。

1　国民医療費は，50兆円を超えている。
2　国民医療費の国民所得に対する比率は3％に満たない。
3　国民医療費の財源の内訳は，保険料の割合よりも公費の割合の方が大きい。
4　国民医療費は，診療種類別にみると，薬局調剤医療費の占める割合が最も大きい。
5　人口一人当たり国民医療費は，75歳以上の人口一人当たり国民医療費よりも低い。

128 保健医療と福祉
旧保健医療サービス・問題 72

災害拠点病院に関する次の記述のうち，**正しいものを1つ**選びなさい。

1　24時間対応可能な救急体制は必要ないとされている。
2　災害発生時，被災地外の災害拠点病院の医療従事者は，被災地に入らず待機することになっている。
3　各都道府県に1病院ずつ，全国に47病院が設置されている。
4　重篤救急患者に対応できる高度な診療機能は求められていない。
5　災害派遣医療チーム（DMAT）を保有することになっている。

129 保健医療と福祉

旧保健医療サービス・問題 73

次の記述のうち，2014 年（平成 26 年）の医療法改正（第六次）の内容として，**正しいものを 1 つ選びなさい。**

1 地域医療支援病院制度が創設された。
2 医療計画に地域医療構想の策定が位置づけられた。
3 特定機能病院制度が創設された。
4 地域的単位として，新たに区域（医療圏）が創設された。
5 療養型病床群の設置が制度化された。

130 保健医療と福祉

旧保健医療サービス・問題 74

患者の治療方針の決定に関する次の記述のうち，**最も適切なものを 1 つ選びなさい。**

1 肝臓がんとの診断を受けたAさん（66 歳）は，インフォームドコンセントとして，検査結果の内容と今後の治療方針について医師から説明を受け，治療に同意した。
2 終末期にあるBさん（52 歳）の家族は，インフォームドチョイスとして，本人に気付かれないように主治医と治療方針を決定した。
3 小児がん患者のCちゃん（11 歳）の保護者は，インフォームドアセントとして，本人の意思を確認せずに終末期医療における延命医療の拒否を医師に伝えた。
4 終末期にあるDさん（78 歳）と家族と医療従事者は，パターナリズムモデルに従って，繰り返し治療選択について話し合い，意思決定を行った。
5 E医師は，筋萎縮性側索硬化症（ALS）の進行したFさん（48 歳）の意思を推測し，心肺停止時に心肺蘇生（そせい）措置をしない旨をリビングウィルとしてカルテに記載した。

131 保健医療と福祉

旧保健医療サービス・問題 75

次の記述のうち，理学療法士，作業療法士，言語聴覚士が行うとされる業務として，**正しいものを 1 つ選びなさい。**

1 理学療法士が，入院患者の生命維持管理装置を操作する。
2 理学療法士が，脳梗塞後遺症の患者に歩行訓練を行う。
3 作業療法士が，リハビリテーション中に気分不良を訴えた患者に点滴をする。
4 作業療法士が，看護師の指導の下で外来患者の採血をする。
5 言語聴覚士が，在宅患者の胃ろうチューブの交換を行う。

132 保健医療と福祉

旧 保健医療サービス・問題 76

事例を読んで，G医療ソーシャルワーカー（社会福祉士）によるHさんの経済的な不安への対応に関する次の記述のうち，**最も適切なもの**を**1つ**選びなさい。

〔事　例〕

Hさん（48歳）は，企業に勤務する会社員で，専業主婦の妻（46歳）と大学生の長男（20歳）の3人暮らしである。2週間前に脳梗塞を発症し，現在，急性期病院に入院中である。主治医から，重度の麻痺（まひ）により今後は歩行が困難になるため，来週リハビリテーション病院に転院し，3か月ほどのリハビリテーション治療が必要であることを告げられた。転院等の相談のためにG医療ソーシャルワーカーが紹介された。G医療ソーシャルワーカーは，「医療費及び生活費などの経済的なことが心配です」と訴えるHさんに具体的な情報を提供した。

1　転院前に障害年金を受給できることを説明する。
2　介護保険の要介護認定を受ければ，生活費が支給されることを説明する。
3　療養の給付により医療費の一部負担金が全額免除されることを説明する。
4　勤務先から入院中の休業に対して報酬が支払われていなければ，傷病手当金を受給できることを説明する。
5　特別児童扶養手当を申請すれば，支給されることを説明する。

133 保健医療と福祉

旧 相談援助の理論と方法・問題 118

事例を読んで，X病院に勤務するF医療ソーシャルワーカー（社会福祉士）のこの段階における対応として，**適切なもの**を**2つ**選びなさい。

〔事　例〕

Gさん（55歳）は3年前に妻と離婚後，市内で一人暮らしをしていた。Gさんは糖尿病で，X病院に通院してきたが，仕事が忙しく，受診状況は良好ではなかった。ある日，Gさんは街中で倒れ，救急搬送されそのままX病院に入院となった。Gさんの糖尿病はかなり進行しており，主治医から，今後は週三日の透析治療を受ける必要があり，足指を切断する可能性もあることを告げられた。Gさんは，「どうしてこんな目に遭わなければならないのか」とつぶやいた。主治医は，相談室のF医療ソーシャルワーカーに，Gさんの生活相談に乗ってほしいと依頼した。F医療ソーシャルワーカーは，Gさんの思いを受け止めた上で，相談に乗った。

1　相談室の役割を説明し，引き続きの支援の中で活用できる制度やサービスの紹介をしていきたいと伝える。
2　今後の病状の進展によっては，足指の切断も必要ない場合があるので，諦めずに希望を持ってほしいと伝える。
3　今後の暮らしの変化について，収入面や就労継続等の生活課題を整理する。
4　今までの仕事優先の生活を改めるよう指導する。
5　同じような状況にあった人のことを例に挙げ，Gさんも必ず乗り越えられると励ます。

134 ソーシャルワークの基盤と専門職（専門）

旧 相談援助の基盤と専門職・問題 94

ソーシャルワークの専門職化に関する次の記述のうち，**最も適切なもの**を**1つ**選びなさい。

1 ミラーソン（Millerson, G.）は，職業発展の過程から，ソーシャルワーク専門職が成立するプロセスを提示した。

2 グリーンウッド（Greenwood, E.）は，既に確立している専門職と，ソーシャルワーカーを比較することによって，準専門職の概念を提示した。

3 カー-ソンダース（Carr-Saunders, A.）は，専門職が成立する属性を挙げ，その中でテストによる能力証明の必要性を主張した。

4 エツィオーニ（Etzioni, A.）は，専門職が成立する属性を挙げ，その中で専門職的権威の必要性を主張した。

5 フレックスナー（Flexner, A.）は，専門職が成立する属性を挙げ，ソーシャルワークがいまだ専門職とはいえないことを主張した。

135 ソーシャルワークの基盤と専門職（専門）

旧 相談援助の基盤と専門職・問題 97

事例を読んで，生活困窮者を対象とした自立相談支援機関で相談に当たっているD相談支援員（社会福祉士）のこの段階における対応として，**適切なもの**を**2つ**選びなさい。

〔事　例〕

Eさん（45歳，女性）から相談窓口に，「毎日不安でたまらない。どうしたらよいか」という電話があり，その結果，来所面接となった。Eさんは独身で，兄弟はおらず，両親を15年前に相次いで亡くしている。高校卒業後，様々なパートタイムの勤務をしたが長続きはせず，現在は失業中である。軽度のうつ病のため通院しており，主治医からは時間をかけて治療していきましょうと言われている。両親の没後，古い家を相続して住んではいるが，一時，収入があると，物を購入することがやめられず，家中が物で溢（あふ）れている。既に，手持ちの資金が底をついており，就労を考えたこともあるが，勤務先でのつらい体験が思い浮かび，何事をするにも自信が持てない。また，友人など周囲に相談できる人はほとんどおらず，孤立感を感じている。

1 生活困窮者一時生活支援事業の利用を勧める。

2 生活福祉資金貸付制度の利用を勧める。

3 債務処理に詳しい司法の専門家と連携を取る。

4 Eさんの症状を把握するため，Eさんの了解を得て，通院先の病院と連携を取る。

5 地域での孤立感を軽減するため積極的にボランティア活動へ参加することを提案する。

136 ソーシャルワークの基盤と専門職（専門）

旧相談援助の基盤と専門職・問題 95

事例を読んで，Y病院のC医療ソーシャルワーカー（社会福祉士）が行う介入レベルごとのソーシャルワーク実践として，**最も適切なものを1つ**選びなさい。

〔事　例〕

Q政令指定都市の拠点病院であるY病院には，患者サポートセンターがあり，そこには複数の社会福祉士が配置されている。患者サポートセンターでは，ここ数年，身寄りのない患者の退院支援に取り組んできたが，その数は増加傾向にある。そこでC医療ソーシャルワーカーは，増加傾向にあるこうした患者に対する総合的かつ包括的な援助活動や，支援体制の構築に向けた活動を行うこととした。

1　ミクロレベルの介入として，民生委員児童委員協議会に，身寄りのない患者が増加している問題を訴える。

2　ミクロレベルの介入として，Q市と福祉事務所との総合的な連携の在り方について協議する。

3　メゾレベルの介入として，身寄りのない患者との詳細なアセスメント面接を行う。

4　メゾレベルの介入として，病院内に対策検討委員会を設置することを提案する。

5　メゾレベルの介入として，退院の際，個別に日常生活自立支援事業の活用を提案する。

137 ソーシャルワークの基盤と専門職（専門）

旧相談援助の基盤と専門職・問題 96

社会福祉士が参加する多職種等によって形成されるチーム（以下「多職種チーム」という。）に関する次の記述のうち，**最も適切なものを1つ**選びなさい。

1　多職種チームを構成する他の専門職の文化や価値を理解する。

2　多職種チームのメンバーには，利用者を含めてはならない。

3　多職種チームでは，メンバーが同一の施設や機関に所属している必要がある。

4　多職種チームを機能させるために，社会福祉士がリーダーとなりヒエラルヒーを構成する。

5　多職種チームでは，チームの方針・目標の設定よりも，社会福祉士としての独自の方針や目標設定を優先する。

138 ソーシャルワークの理論と方法（専門）

旧 相談援助の理論と方法・問題 116

バイステック（Biestek, F.）の援助関係の原則に関する次の記述のうち，**最も適切なものを 1 つ**選びなさい。

1 意図的な感情表出の原則とは，クライエントのありのままの感情を大切にし，その表出を促すことである。
2 統制された情緒的関与の原則とは，クライエント自身が自らの情緒的混乱をコントロールできるようにすることである。
3 個別化の原則とは，他のクライエントと比較しながら，クライエントの置かれている状況を理解することである。
4 受容の原則とは，ソーシャルワーカーがクライエントに受け入れてもらえるように，誠実に働き掛けることである。
5 非審判的態度の原則とは，判断能力が不十分なクライエントを非難することなく，ソーシャルワーカーがクライエントの代わりに意思決定を行うことである。

139 ソーシャルワークの理論と方法（専門）

旧 相談援助の理論と方法・問題 101

事例を読んで，Z 障害者支援施設の F 生活支援員（社会福祉士）が行ったこの段階におけるクライエントへの対応として，**最も適切なものを 1 つ**選びなさい。

〔事 例〕

G さん（58 歳）は半年前に脳梗塞を起こし左半身に障害がある。現在，社会復帰を目指し Z 障害者支援施設に入所している。家族は夫だけだったがその夫は 10 日前に病死した。葬儀が終わり戻ってきた G さんは意気消沈し精神的に不安定な状態だった。さらに不眠も続き食事もとれなくなっていた。そこで F 生活支援員は G さんの部屋を訪問した。すると G さんは，「退所後の夫との生活を楽しみに頑張ってきたのに，これから何を目標に生きていけばいいのか」と涙をこらえながら話してくれた。

1 不眠は健康に悪いので日中の活動量を増やすように指導する。
2 悲しみが溢（あふ）れるときには，気持ちを抑えることはせず，泣いてもいいと伝える。
3 夫が亡くなった現実を直視し，落胆しすぎずに頑張るように励ます。
4 もう少し我慢し耐えていれば，きっと時間が解決してくれると伝える。
5 今までのリハビリの努力を認め，退所後に描いていた生活の一端をかなえるためにも，リハビリに集中するように伝える。

140 ソーシャルワークの理論と方法（専門）

旧 相談援助の理論と方法・問題 108

☑☑☑

相談援助の面接を展開するための技法に関する次の記述のうち，**最も適切なもの**を**1つ**選びなさい。

1 言い換えとは，クライエントの語りに意識を集中させ，感情を感じながら積極的に耳を傾けることである。

2 感情の反射とは，クライエントが答える内容を限定せずに自由に述べられるように問い掛けることである。

3 傾聴とは，クライエントの感情に焦点を当て，クライエントが語った感情をそのまま返していくことである。

4 焦点化とは，複雑に絡み合う多くの現実の要素をクライエントと一緒に点検して整理することである。

5 開かれた質問とは，クライエントの話した事実や感情を簡潔に別の言葉に置き換えて伝え返すことである。

141 ソーシャルワークの理論と方法（専門）

旧 相談援助の理論と方法・問題 110

☑☑☑

相談援助における社会資源に関する次の記述のうち，**最も適切なもの**を**1つ**選びなさい。

1 フォーマルな社会資源の提供主体には，社会福祉法人も含まれる。

2 クライエント本人の家族などは，活用する社会資源に含まれない。

3 インフォーマルな社会資源はフォーマルな社会資源に比べ，クライエントの個別的な状況に対しての融通性に乏しい。

4 クライエント自身の問題解決能力を高めるために，社会資源の活用を控える。

5 社会資源の活用においては，インフォーマルな社会資源の活用を優先する。

142 ソーシャルワークの理論と方法（専門）

旧 相談援助の理論と方法・問題 107

☑☑☑

事例検討会進行の際の留意点に関する次の記述のうち，**最も適切なもの**を**1つ**選びなさい。

1 事例提供者の心理状態や気持ちにも配慮しながら進行する。

2 検討の際，参加者の個人的な体験に基づいて検討するよう促す。

3 終了時刻が近づいてきても，検討が熱心に続いているのであれば，終了時刻を気にせず検討を継続する。

4 検討の論点のずれの修正は，参加者に委ねる。

5 経験の長さと発言の長さが比例するように話を振り，時間配分する。

143 ソーシャルワークの理論と方法（専門）

旧 相談援助の理論と方法・問題 117

事例を読んで，W地域包括支援センターのC社会福祉士のこの時点での対応に関する次の記述のうち，**適切なもの**を**2つ**選びなさい。

〔事　例〕

W地域包括支援センターのC社会福祉士は，日常生活圏域の「協議体」の終了後，一緒に参加していたD民生委員から，1年ほど前に妻を亡くして一人暮らしのEさん（85歳）について相談を受けた。D民生委員はEさんをふれあいサロンに誘うなど気に掛けているが，Eさんは外出を嫌がっている。最近もD民生委員が自宅を訪ねると，床一面ゴミだらけで悪臭がし，ねずみが動くのも見えた。Eさんは顔色も悪く足を引きずりながら出てきて，「俺のことは放っておいてくれ」とつぶやいたという。

1　D民生委員に，民生委員児童委員協議会の定例会で対応策を協議して決めるようアドバイスする。

2　D民生委員が誘っているふれあいサロンに参加するよう，C社会福祉士がEさんを説得する。

3　D民生委員も含めて多機関でEさんへの対応について検討するため，地域ケア会議の開催準備をする。

4　D民生委員に同行してEさん宅を訪ね，本人の健康に気遣いながら生活課題を把握する。

5　D民生委員も参加する協議体で，Eさんに対応できる新しいサービスを開発する。

（注）　ここでいう「協議体」とは，介護保険の生活支援・介護予防サービスの体制整備に向けて，市町村が資源開発を推進するために設置するものである。

144

福祉サービスの組織と経営
旧福祉サービスの組織と経営・問題 119

特定非営利活動法人に関する次の記述のうち，**最も適切なもの**を**1つ**選びなさい。

1　内閣府の 2021 年（令和 3 年）3 月 31 日現在の統計によると，特定非営利活動法人が行う事業のうち，最も多いのは，「社会教育の推進を図る活動」である。
2　特定非営利活動法人の設立認証等を行う所轄庁は，内閣府である。
3　特定非営利活動法人の設立に当たっては，社会福祉事業を実施するために必要な財産を保有していなければならない。
4　特定非営利活動法人は，地方公共団体の議会の議員候補者を推薦したり，支持したりする目的で設立することはできない。
5　特定非営利活動法人の監事は理事の中から選任される。

145

福祉サービスの組織と経営
旧福祉サービスの組織と経営・問題 120

組織運営の特質と理論に関する次の記述のうち，**最も適切なもの**を**1つ**選びなさい。

1　科学的管理法とは，人間関係に着目し，それを科学的に解明しようとしたものである。
2　ホーソン実験では，物理的作業条件よりも人間関係の側面が生産性に影響を与えることが明らかにされた。
3　マトリックス型組織では，「命令統一性の原則」を貫くことが容易である。
4　コンティンジェンシー理論の特徴は，環境が変動したとしても唯一最善の不変的な組織タイプがあることを明らかにした点にある。
5　官僚制理論の特徴として，階層がないフラットな構造を有する点が挙げられる。

146

福祉サービスの組織と経営
旧福祉サービスの組織と経営・問題 121

リーダーシップに関する次の記述のうち，**最も適切なもの**を**1つ**選びなさい。

1　リーダーの個性に着目した特性理論は，「リーダーを務める人は，もともと他の人と資質・人格に差がない」という前提に立つ理論である。
2　ハーシー（Hersey, P.）とブランチャード（Blanchard, K.）は，部下の能力や成熟度の度合いが違っても，リーダーシップのスタイルを変えるべきではないと指摘している。
3　パス・ゴール理論では，リーダーはメンバーに明確な目標（ゴール）へのパス（経路）を明示せず，メンバー自身に考えさせることが必要としている。
4　サーバント・リーダーシップは，リーダーがカリスマとなってフォロワーに奉仕させるリーダーシップである。
5　シェアード・リーダーシップは，それぞれのメンバーが，必要に応じてリーダーのように振る舞って他のメンバーに影響を与えるリーダーシップである。

147 福祉サービスの組織と経営

旧福祉サービスの組織と経営・問題 124

リスクマネジメントに関する次の記述のうち，**最も適切なもの**を**1つ**選びなさい。

1 1件の重大事故の背景には，重大事故に至らなかった29件の軽微な事故が隠れており，その背後には事故寸前だった300件の危険な状態が隠れているのを，リーズンの軌道モデルという。

2 リスクマネジメントは，厳しい管理体制を敷けば事故はなくせるものという前提に立つ。

3 職員要因のリスクコントロールをするためには，サービスの質の維持・向上を図るための業務や作業の標準化が必要である。

4 リスクマネジメントは，危機管理体制の確立よりも個別リスクへの対応を基本とする。

5 リスクコントロールとリスクファイナンスのうち，リスクコントロールの例として損害賠償保険の活用が挙げられる。

148 福祉サービスの組織と経営

旧福祉サービスの組織と経営・問題 123

社会福祉法人の財務管理・会計管理に関する次の記述のうち，**正しいもの**を**1つ**選びなさい。

1 クラウドファンディングとは，不特定多数から通常インターネット経由で資金調達することを指す。

2 社会福祉充実残額が生じた場合は地域福祉計画を策定する必要がある。

3 貸借対照表の借方（左側）は資金使途を示し，純資産が計上される。

4 土地や建物は貸借対照表の流動資産に計上される。

5 負債とは返済義務のない財源である。

149 福祉サービスの組織と経営

旧福祉サービスの組織と経営・問題 122

福祉サービス提供組織における人材マネジメントに関する次の記述のうち，**最も適切なもの**を**1つ**選びなさい。

1 ワークエンゲージメントとは，仕事に対して過度のエネルギーを費やして疲弊してしまう状態を指す。

2 バーンアウトとは，活力・熱意・没頭に特徴づけられる仕事に関連するポジティブな心理状態を指す。

3 目標管理制度とは，職員個人の能力に応じた目標と組織目標を関連づけ，組織の業績向上と職員の自己実現を目指すことである。

4 コンピテンシーとは，職務や役割において低い成果や業績につながるような行動特性を指す。

5 福祉サービスは多様なニーズを持った人々を支援する複雑な業務であることから，キャリアパスの構築は必要ない。

150 福祉サービスの組織と経営

旧福祉サービスの組織と経営・問題 125

職場のメンタルヘルスに関する次の記述のうち，**正しいものを 1 つ**選びなさい。

1　パワーハラスメントの典型的な例には，優越的な関係を背景として行われた，身体的・精神的な攻撃，人間関係からの切り離し，過大・過小な要求などが含まれる。

2　時間外・休日労働について，月 200 時間を超えなければ，事業者には健康障害を予防するための医師による面接指導を行う義務はない。

3　全ての事業場には産業医を置かなければならない。

4　常時 50 人以上の労働者を使用する事業所を複数運営する組織であっても，衛生委員会は本部（本社）に設置すればよい。

5　「ストレスチェック」の結果は，事業者から労働者に対して通知することが義務づけられている。

（注）　ここでいう「ストレスチェック」とは，労働安全衛生法で定める「労働者に対して行う心理的な負担の程度を把握するための検査」のことである。

第34回社会福祉士国家試験　解答一覧

共通科目

問題	解答	問題	解答	問題	解答	問題	解答	問題	解答	問題	解答
1	1，2	18	3	35	1	52	5	69	3	86	4
2	3	19	2	36	5	53	1	70	1	87	2，3
3	4	20	1	37	3	54	1	71	5	88	5
4	2	21	3	38	2	55	1	72	1	89	5
5	4	22	2	39	2	56	5	73	5	90	2，5
6	2	23	4	40	2	57	1，3	74	4	91	4
7	5	24	3	41	5	58	2	75	3	92	5
8	2	25	3	42	5	59	3	76	4	93	4
9	5	26	1	43	4	60	5	77	3	94	1
10	5	27	3，4	44	4	61	3	78	1	95	5
11	4	28	2	45	3	62	3	79	1，3	96	5
12	3	29	1	46	4	63	2	80	1	97	2
13	4	30	4	47	1	64	2	81	4	98	3
14	1	31	5	48	4	65	2	82	2		
15	2	32	3	49	3	66	4	83	3，5		
16	4	33	4	50	2	67	1	84	2，3		
17	5	34	5	51	1，4	68	2	85	1		

専門科目

問題	解答	問題	解答	問題	解答	問題	解答	問題	解答	問題	解答
99	2	108	3	117	3	126	3	135	2，4	144	4
100	2	109	3	118	5	127	5	136	4	145	2
101	2	110	4	119	4	128	5	137	1	146	5
102	2，4	111	5	120	5	129	2	138	1	147	3
103	3	112	1，5	121	2	130	1	139	2	148	1
104	3	113	1	122	1	131	2	140	4	149	3
105	1	114	4	123	1	132	4	141	1	150	1
106	2，5	115	2，3	124	5	133	1，3	142	1		
107	1，5	116	2	125	4	134	5	143	3，4		

第33回

共通科目

専門科目

※第 33 回試験問題を新出題基準に基づく科目に振り分けて収載しています。
各問題に対する解答は，一覧表にして 610 ページに掲載しています。

医学概論

1

医学概論

旧 人体の構造と機能及び疾病・問題 1

人の成長と老化に関する次の記述のうち，**最も適切なもの**を **1 つ**選びなさい。

1 生後 2 か月では，寝返りが打てる。

2 思春期には，第一次性徴が出現する。

3 青年期の終わりは，身体の成長が最も著しい時期である。

4 20 歳頃には，生殖器系の成長が最も著しくなる。

5 老年期には，収縮期血圧が上昇する。

2

医学概論

旧 人体の構造と機能及び疾病・問題 3

健康の概念と健康増進に関する次の記述のうち，**正しいもの**を **1 つ**選びなさい。

1 WHO は，健康を身体的，精神的，社会的，スピリチュアルに良好な状態と定義した。

2 「健康日本 21」は，一次予防を重視している。

3 健康増進法は，生活習慣病対策を含まない。

4 健康増進は，一次予防には該当しない。

5 健康寿命とは，平均寿命を超えて生存している期間をいう。

3

医学概論

旧 人体の構造と機能及び疾病・問題 2

心臓と血管の構造と機能に関する次の記述のうち，**正しいもの**を **1 つ**選びなさい。

1 肺と右心房をつなぐのは，肺静脈である。

2 左心房と左心室の間には，大動脈弁がある。

3 血液は，左心室から大動脈へと流れる。

4 上大静脈と下大静脈は，左心房に開口する。

5 血液は，大動脈から肺に流れる。

4

医学概論

旧 人体の構造と機能及び疾病・問題 6

次のうち，精神疾患の診断・統計マニュアル（DSM-5）において，自閉スペクトラム症（ASD）と診断するための症状に含まれるものとして，**正しいもの**を **1 つ**選びなさい。

1 同一性への固執

2 精神運動制止

3 陰性症状

4 気分の高揚

5 幻覚

5 医学概論

旧人体の構造と機能及び疾病・問題 7

リハビリテーションに関する次の記述のうち，**最も適切なもの**を **1 つ**選びなさい。

1 学校教育では行われない。
2 急性期治療を終えてから開始される。
3 補装具の処方による代償的・適応的アプローチは含まれない。
4 介護保険制度によるサービスとしては提供されない。
5 将来的な筋力低下が予想される場合の予防的アプローチが含まれる。

6 医学概論

旧人体の構造と機能及び疾病・問題 4

日本におけるがん（悪性新生物）に関する次の記述のうち，**正しいもの**を **1 つ**選びなさい。

1 近年において，がんは死因の第 2 位となっている。
2 がんと食生活は関係がない。
3 早期発見を目的とするがん検診は，がんの一次予防である。
4 近年の傾向として，胃がんの「死亡率」は低下している。
5 がんの治療は，手術療法に限られる。

（注）「死亡率」とは，年齢構成を基準人口で調整した「年齢調整死亡率」を指す。

7 医学概論

旧人体の構造と機能及び疾病・問題 5

障害に関する次の記述のうち，**正しいもの**を **1 つ**選びなさい。

1 後天性免疫不全症候群による免疫機能障害は，内部障害に該当しない。
2 「難病法」で定められた指定難病患者の全てに，身体障害者手帳が交付される。
3 外傷性脳損傷による注意力の低下は，高次脳機能障害の症状の一つである。
4 一つの疾患から，複数の身体機能の障害を来すことはない。
5 糖尿病による視覚障害では，身体障害者手帳を取得できない。

（注）「難病法」とは，「難病の患者に対する医療等に関する法律」のことである。

心理学と心理的支援

8 心理学と心理的支援

旧心理学理論と心理的支援・問題 8

マズロー（Maslow, A.）による人間の欲求階層又は動機づけに関する理論について，次の記述のうち，**最も適切なもの**を **1 つ**選びなさい。

1 階層の最下位の欲求は，人間関係を求める欲求である。
2 階層の最上位の欲求は，自尊や承認を求める欲求である。
3 階層の下から 3 番目の欲求は，多くのものを得たいという所有の欲求である。
4 自己実現の欲求は，成長欲求（成長動機）といわれる。
5 各階層の欲求は，より上位の階層の欲求が充足すると生じる。

9 心理学と心理的支援

旧心理学理論と心理的支援・問題 9

知覚に関する次の記述のうち，**最も適切なものを１つ**選びなさい。

1 外界の刺激を時間的・空間的に意味のあるまとまりとして知覚する働きを，知覚の体制化という。

2 明るい場所から暗い場所に移動した際，徐々に見えるようになる現象を，視覚の明順応という。

3 個人の欲求や意図とは関係なく，ある特定の刺激だけを自動的に抽出して知覚することを，選択的注意という。

4 水平線に近い月の方が中空にある月より大きく見える現象を，大きさの恒常性という。

5 二つの異なる刺激の明るさや大きさなどの物理的特性の違いを区別することができる最小の差異を，刺激閾(しげきいき)という。

10 心理学と心理的支援

旧心理学理論と心理的支援・問題 10

社会的関係において生じる現象に関する次の記述のうち，**最も適切なものを１つ**選びなさい。

1 初対面の人の職業によって，一定のイメージを抱いてしまうことを，同調という。

2 相手に能力があると期待すると，実際に期待どおりになっていくことを，ハロー効果という。

3 頻繁に接触する人に対して，好意を持ちやすくなることを，単純接触効果という。

4 外見が良いことによって，能力や性格など他の特性も高評価を下しやすくなることを，ピグマリオン効果という。

5 集団の多数の人が同じ意見を主張すると，自分の意見を多数派の意見に合わせて変えてしまうことを，ステレオタイプという。

11 心理学と心理的支援

旧心理学理論と心理的支援・問題 11

発達障害に関する次の記述のうち，**最も適切なものを１つ**選びなさい。

1 限局性学習症（SLD）は，全般的な知的発達に遅れが認められる。

2 自閉スペクトラム症（ASD）は，通常，６歳以降に発症する。

3 自閉スペクトラム症（ASD）は，知的障害を伴わないのが特徴である。

4 自閉スペクトラム症（ASD）と注意欠如・多動症（ADHD）の両方が併存することがある。

5 注意欠如・多動症（ADHD）は，男児よりも女児の方が有病率が高い。

（注） 選択肢に使われている診断名に係る用語は，「精神疾患の診断・統計マニュアル（DSM-5）」に基づく。

12 心理学と心理的支援

旧心理学理論と心理的支援・問題 12

心的外傷後ストレス障害（PTSD）に関する次の記述のうち，**最も適切なものを１つ**選びなさい。

1 心的外傷後ストレス障害（PTSD）は，自然災害によっても引き起こされる。

2 フラッシュバックとは，心的外傷体験に関する出来事を昇華することである。

3 心的外傷後ストレス障害（PTSD）は，心的外傷体験後１か月程度で自然に回復することもある。

4 過覚醒とは，心的外傷体験に関する刺激を持続的に避けようとすることである。

5 回避症状とは，心的外傷体験の後，過剰な驚愕(きょうがく)反応を示すことである。

13 心理学と心理的支援
旧心理学理論と心理的支援・問題 13

心理検査に関する次の記述のうち，**最も適切なものを1つ**選びなさい。

1 特別支援学級への入級を検討したい子どもの知能検査を学校から依頼されたので，ロールシャッハテストを実施した。

2 改訂長谷川式簡易知能評価スケールの結果がカットオフポイントを下回ったので，発達障害の可能性を考えた。

3 10歳の子どもに知能検査を実施することになり，本人が了解したので，WAIS-Ⅳを実施した。

4 投影法による性格検査を実施することになったので，矢田部ギルフォード（YG）性格検査を実施した。

5 WISC-Ⅳ*の結果，四つの指標得点間のばらつきが大きかったので，全検査IQ（FSIQ）の数値だけで全知的能力を代表するとは解釈しなかった。

＊ 2022年（令和4年）2月に，WISC-Ⅴ（Wechsler Intelligence Scale for Children-Fifth Edition：ウェクスラー式知能検査児童用第5版）が発行された。WISC-Ⅴでは，検査の構成が変わり，FSIQ，主要指標，補助指標の三つの指標レベルで解釈を行う。FSIQを含め，11の合成得点を算出する。知覚推理指標（PRI）がなくなり，視空間指標（VSI）と流動性推理指標（FRI）に置き換えられた。

14 心理学と心理的支援
旧心理学理論と心理的支援・問題 14

認知行動療法に関する次の記述のうち，**最も適切なものを1つ**選びなさい。

1 セラピストは，クライエントが独力で問題解決できるように，クライエントとの共同作業はしない。

2 他者の行動観察を通して行動の変容をもたらすモデリングが含まれる。

3 クライエントは，セッション場面以外で練習課題を行うことはない。

4 リラクセーション法は併用しない。

5 少しでも不快な刺激に曝（さら）すことは避け，トラウマの再発を防ぐ。

社会学と社会システム

15 社会学と社会システム
旧社会理論と社会システム・問題 21

次のうち，マートン（Merton, R. K.）が指摘したアノミーに関する記述として，**最も適切なものを1つ**選びなさい。

1 ある現象が解決されるべき問題とみなす人々の営みを通じて紡ぎ出される社会状態を指す。

2 下位文化集団における他者との相互行為を通じて逸脱文化が学習されていく社会状態を指す。

3 文化的目標とそれを達成するための制度的手段との不統合によって社会規範が弱まっている社会状態を指す。

4 他者あるいは自らなどによってある人々や行為に対してレッテルを貼ることで逸脱が生み出されている社会状態を指す。

5 人間の自由な行動を抑制する要因が弱められることによって逸脱が生じる社会状態を指す。

16 社会学と社会システム

旧 社会理論と社会システム・問題 17

社会集団などに関する次の記述のうち，**最も適切なもの**を 1 つ選びなさい。

1 準拠集団とは，共同生活の領域を意味し，地域社会を典型とする集団を指す。

2 第二次集団とは，親密で対面的な結び付きと協同によって特徴づけられる集団を指す。

3 内集団とは，個人にとって嫌悪や軽蔑，敵意の対象となる集団を指す。

4 ゲマインシャフトとは，人間が生まれつき持っている本質意志に基づいて成立する集団を指す。

5 公衆とは，何らかの事象への共通した関心を持ち，非合理的で感情的な言動を噴出しがちな人々の集まりを指す。

17 社会学と社会システム

旧 社会理論と社会システム・問題 20

次のうち，社会的ジレンマの定義として，**最も適切なもの**を 1 つ選びなさい。

1 目標を効率的かつ公正に達成するための手段として制定されたルールが，それ自体目的と化してしまうことで，非効率な結果が生み出されている状況

2 文化を介して不平等や序列を含んだものとしての社会秩序が維持・再生産されている状況

3 信頼関係，互酬性の規範，人的ネットワークなどが整えられることによって人々に広く便益をもたらしている状況

4 協力的な行動には報酬を与え，非協力的な行動には罰を与えることで，協力的行動が合理的であるようにする状況

5 各個人が自らの利益を考えて合理的に行動した結果，集団あるいは社会全体として不利益な結果を招いてしまう状況

18 社会学と社会システム

旧 社会理論と社会システム・問題 15

「令和元年版少子化社会対策白書」(内閣府)に示された合計特殊出生率に関する次の記述のうち，**正しいもの**を 1 つ選びなさい。

1 日本の合計特殊出生率は，1975 年（昭和 50 年）以降 2.0 を下回っている。

2 日本の 1999 年（平成 11 年）の合計特殊出生率は 1.57 で，それまでの最低値であった。

3 日本の 2017 年（平成 29 年）の合計特殊出生率は，2005 年（平成 17 年）のそれよりも低い。

4 イタリアの 2017 年の合計特殊出生率は，フランスのそれよりも高い。

5 韓国の 2017 年の合計特殊出生率は，日本のそれよりも高い。

19 社会学と社会システム

旧社会理論と社会システム・問題 16

都市化の理論に関する次の記述のうち，**最も適切なものを 1 つ**選びなさい。

1　フィッシャー（Fischer, C.）は，都市の拡大過程に関して，それぞれ異なる特徴を持つ地帯が同心円状に構成されていくとする，同心円地帯理論を提起した。

2　ワース（Wirth, L.）は，都市では人間関係の分節化と希薄化が進み，無関心などの社会心理が生み出されるとする，アーバニズム論を提起した。

3　クラッセン（Klaassen, L.）は，大都市では類似した者同士が結び付き，ネットワークが分化していく中で多様な下位文化が形成されるとする，下位文化理論を提起した。

4　ウェルマン（Wellman, B.）は，大都市では，都市化から郊外化を経て衰退に向かうという逆都市化（反都市化）が発生し，都市中心部の空洞化が生じるとする，都市の発展段階論を提起した。

5　バージェス（Burgess, E.）は，都市化した社会ではコミュニティが地域や親族などの伝統的紐帯（ちゅうたい）から解放されたネットワークとして存在しているとする，コミュニティ解放論を提起した。

20 社会学と社会システム

旧社会理論と社会システム・問題 18

次のうち，標準的な段階設定をすることなく，社会的存在として，個人がたどる生涯の過程を示す概念として，**最も適切なものを 1 つ**選びなさい。

1　家族周期

2　ライフステージ

3　コーホート

4　ライフコース

5　生活構造

21 社会学と社会システム

旧社会理論と社会システム・問題 19

次のうち，ゴッフマン（Goffman, E.）が提示した，他者の期待や社会の規範から少しずらしたことを行うことを通じて，自己の存在を他者に表現する概念として，**最も適切なものを 1 つ**選びなさい。

1　役割取得

2　役割距離

3　役割葛藤

4　役割期待

5　役割分化

22 社会福祉の原理と政策

旧現代社会と福祉・問題 25

イギリスの新救貧法（1834 年）に関する次の記述のうち，**最も適切なものを 1 つ**選びなさい。

1　劣等処遇の原則を導入し，救貧の水準を自活している最下層の労働者の生活水準よりも低いものとした。

2　パンの価格に基づき定められる最低生計費よりも収入が低い貧困者を対象に，救貧税を財源としてその差額を給付した。

3　貧困調査を実施して，貧困は社会的な要因で発生することを明らかにした。

4　働ける者を労役場で救済することを禁止し，在宅で救済する方策を採用した。

5　貧困の原因として欠乏・疾病・無知・不潔・無為の 5 大巨悪を指摘した。

23 社会福祉の原理と政策

旧現代社会と福祉・問題 28

日本における男女共同参画に関する次の記述のうち，**最も適切なものを 1 つ**選びなさい。

1　男女共同参画社会基本法は，男女が様々な活動に参加できるよう，性別役割分担の強化に努めなければならないとしている。

2　男女共同参画社会基本法は，男女が性別による差別的扱いを受けることを防止するため，行政機関や事業主に対する罰則を規定している。

3　男女共同参画社会基本法は，都道府県が都道府県男女共同参画計画を定めるように努めなければならないとしている。

4　2018 年（平成 30 年）7 月時点で，国家公務員の本省係長相当職以上の職員に占める女性の割合は 3 割に達していない。

5　「ジェンダー・ギャップ指数 2020」における 153 か国の総合スコアでは，日本はジェンダー平等が進んでいる方から数えて上位 50 位以内に入っている。

(注)　「ジェンダー・ギャップ指数 2020」とは，世界経済フォーラムが 2019 年 12 月に報告書「グローバル・ジェンダー・ギャップ・レポート 2020」において発表した，経済・政治・教育・健康の 4 分野における各国のジェンダー平等度を示す指数のことである。

24 社会福祉の原理と政策

旧現代社会と福祉・問題 30

日本における住宅政策や居住支援に関する次の記述のうち，**最も適切なもの**を**1つ**選びなさい。

1 「住宅セーフティネット法」では，民間賃貸住宅を賃貸する事業者に対し，住宅確保要配慮者の円滑な入居の促進のための施策に協力するよう努めなければならないとされている。

2 公営住宅の入居基準では，自治体が収入（所得）制限を付してはならないとされている。

3 住生活基本法では，国及び都道府県は住宅建設計画を策定することとされている。

4 住宅困窮者が，居住の権利を求めて管理されていない空き家を占拠することは，違法ではないとされている。

5 日本が批准した「国際人権規約（社会権規約）」にいう「相当な生活水準の権利」では，住居は対象外とされている。

（注）1 「住宅セーフティネット法」とは，「住宅確保要配慮者に対する賃貸住宅の供給の促進に関する法律」のことである。

2 「国際人権規約（社会権規約）」とは，国際人権規約における「経済的，社会的及び文化的権利に関する国際規約」のことである。

25 社会福祉の原理と政策

旧現代社会と福祉・問題 31

次のうち，働き方改革とも関連する「労働施策総合推進法」の内容の説明として，**適切なもの**を**2つ**選びなさい。

1 国は，日本人の雇用確保のため不法に就労する外国人への取締りを強化しなければならない。

2 国は，子を養育する者が離職して家庭生活に専念することを支援する施策を充実しなければならない。

3 事業主は，職場において行われる優越的な関係を背景とした言動であって，業務上必要かつ相当な範囲を超えたものによりその雇用する労働者の就業環境が害されることのないよう，必要な措置を講じなければならない。

4 国は，労働者が生活に必要な給与を確保できるよう労働時間の延長を容易にする施策を充実しなければならない。

5 事業主は，事業規模の縮小等に伴い離職を余儀なくされる労働者について，求職活動に対する援助その他の再就職の援助を行うよう努めなければならない。

（注）「労働施策総合推進法」とは，「労働施策の総合的な推進並びに労働者の雇用の安定及び職業生活の充実等に関する法律」（旧雇用対策法）のことである。

26 社会福祉の原理と政策

旧現代社会と福祉・問題 23

「令和元年版高齢社会白書」（内閣府）における日本の現状に関する次の記述のうち，**正しいもの**を**1つ**選びなさい。

1 15 歳未満人口に比べて，65 歳以上人口の方が少ない。

2 健康寿命は，男女共に 80 年に達している。

3 日本の高齢化率は，先進諸国の中で最も高い。

4 70 歳代前半の就業率は，男女共に半数を超えている。

5 公的年金・恩給を受給する高齢者世帯のうち，それらが総所得の全てである世帯は約 2 割である。

27 社会福祉の原理と政策

旧現代社会と福祉・問題 22

社会福祉法で規定された福祉サービスの基本的理念に関する次の記述のうち，**正しいものを１つ**選びなさい。

1 個人の尊厳の保持を旨とし，その内容は，福祉サービスの利用者が心身ともに健やかに育成され，又はその有する能力に応じ自立した日常生活を営むことができるように支援するものとして，良質かつ適切なものでなければならない。

2 全ての国民が，障害の有無にかかわらず，等しく基本的人権を享有するかけがえのない個人として尊重される。

3 国が生活に困窮するすべての国民に対し，その困窮の程度に応じ，必要な保護を行い，その最低限度の生活を保障するとともに，その自立を助長する。

4 地域の実情に応じて，高齢者が，可能な限り，住み慣れた地域でその有する能力に応じ自立した日常生活を営むことができるよう，医療，介護，介護予防，住まい及び自立した日常生活の支援が包括的に確保される。

5 老齢，障害又は死亡によって国民生活の安定がそこなわれることを国民の共同連帯によって防止し，もって健全な国民生活の維持及び向上に寄与する。

28 社会福祉の原理と政策

旧現代社会と福祉・問題 26

福祉政策における資源供給の在り方に関する次の記述のうち，**最も適切なものを１つ**選びなさい。

1 現金よりも現物で給付を行う方が，利用者の選択の自由を保障できる。

2 バウチャーよりも現金で給付を行う方が，利用者が本来の目的以外に使うことが生じにくい。

3 日本の介護保険法における保険給付では，家族介護者に対して現金給付が行われることはない。

4 負の所得税は，低所得者向けの現金給付を現物給付に置き換える構想である。

5 普遍主義的な資源の供給においては，資力調査に基づいて福祉サービスの対象者を規定する。

29 社会福祉の原理と政策

旧現代社会と福祉・問題 29

「政策評価法」に基づく行政機関の政策評価に関する次の記述のうち，**最も適切なものを１つ**選びなさい。

1 政策評価の実施に当たり，利害関係者の参加を義務づけている。

2 政策評価の基準として，必要性よりも効率性が重視される。

3 政策評価の方法は，自己評価，利用者評価，プロセス評価により行われる。

4 政策評価の対象となる行政機関は，地方公共団体である。

5 政策評価の目的は，効果的・効率的な行政の推進及び国民への説明責任を全うされるようにすることである。

（注）「政策評価法」とは，「行政機関が行う政策の評価に関する法律」のことである。

30 社会福祉の原理と政策

旧現代社会と福祉・問題 24

「人間開発報告書 2019（概要版）」（国連開発計画（UNDP））の内容に関する次の記述のうち，**最も適切なもの**を**1つ**選びなさい。

1 「持続可能な開発目標」（SDGs）中の「2030 年までに極度の貧困を全世界で根絶する」という目標を達成する目途が立っている。

2 「人間開発指数ランクごとのグループ」をみると，2005 年から 2015 年にかけての平均寿命の年数の延びは，最高位グループよりも低位グループの方が大きい。

3 人間開発の各側面のうち，健康の格差は，所得や教育の格差と異なり，世代間で継承されることは少ない。

4 各国・地域の人間開発の格差を評価するには，一人当たり国民総所得（GNI）を比較することが最も適切である。

5 人間開発の格差を是正するには，市場の公平性と効率を高めることが有効であり，そのために各国・地域は減税・歳出削減と規制緩和を実施する必要がある。

（注）「人間開発指数ランクごとのグループ」とは，世界の国・地域を人間開発指数の高い方から，最高位（Very high），高位（High），中位（Medium），低位（Low）の 4 グループに分類したもののことである。

31 社会福祉の原理と政策

旧現代社会と福祉・問題 27

各国の社会福祉や社会保障の現状に関する次の記述のうち，**最も適切なもの**を**1つ**選びなさい。

1 アメリカの公的医療保障制度には，低所得者向けのメディケアがある。

2 スウェーデンの社会サービス法では，住民が必要な援助を受けられるよう，コミューンが最終責任を負うこととなっている。

3 ドイツの社会福祉制度は，公的サービスが民間サービスに優先する補完性の原則に基づいている。

4 中国の計画出産政策は，一組の夫婦につき子は一人までとする原則が維持されている。

5 韓国の高齢者の介護保障（長期療養保障）制度は，原則として税方式で運用されている。

社会保障

32

社会保障
旧社会保障・問題49

日本の人口に関する次の記述のうち，**正しいもの**を**1つ**選びなさい。

1 「人口推計（2019年（令和元年）10月1日現在）」（総務省）によると，2019年の総人口は前年に比べ増加した。

2 「令和元年（2019）人口動態統計月報年計（概数）」（厚生労働省）によると，2019年の合計特殊出生率は前年より上昇した。

3 「国立社会保障・人口問題研究所の推計」によると，2065年の平均寿命は男女共に90年を超えるとされている。

4 「国立社会保障・人口問題研究所の推計」によると，老年（65歳以上）人口は2042年にピークを迎え，その後は減少に転じるとされている。

5 「国立社会保障・人口問題研究所の推計」によると，2065年の老年（65歳以上）人口割合は約50％になるとされている。

（注）「国立社会保障・人口問題研究所の推計」とは，「日本の将来推計人口（平成29年推計）」の出生中位（死亡中位）の仮定の場合を指す。

33

社会保障
旧就労支援サービス・問題143

労働と福祉に関する次の記述のうち，**最も適切なもの**を**1つ**選びなさい。

1 フレキシキュリティとは，職業生活と家庭生活の両立を図る政策理念のことである。

2 ワークフェアとは，就労と福祉を完全に切り離す政策理念のことである。

3 OFF-JTとは，職務現場で実践指導を通して行われる職業関連の研修のことである。

4 アンペイドワークとは，賃金や報酬が支払われない労働や活動のことであり，家族による無償の家事，育児，介護が含まれる。

5 ワーク・ライフ・バランスとは，定年退職後も安定した就労機会を実現する政策理念のことである。

34

社会保障
旧社会保障・問題50

「平成29年版厚生労働白書」における社会保障の役割と機能などに関する次の記述のうち，**適切なもの**を**2つ**選びなさい。

1 戦後の社会保障制度の目的は，「広く国民に安定した生活を保障するもの」であったが，近年では「生活の最低限度の保障」へと変わってきた。

2 1950年（昭和25年）の「社会保障制度に関する勧告」における社会保障制度の定義には，社会保険，国家扶助，治安維持及び社会福祉が含まれている。

3 社会保障には，生活のリスクに対応し，生活の安定を図る「生活安定・向上機能」がある。

4 社会保障の「所得再分配機能」は，現金給付にはあるが，医療サービス等の現物給付にはない。

5 社会保障には，経済変動の国民生活への影響を緩和し，経済を安定させる「経済安定機能」がある。

35 社会保障

旧社会保障・問題 51

医療保険制度に関する次の記述のうち，**正しいものを 1 つ**選びなさい。

1 国民健康保険には，被用者の一部も加入している。

2 医師など同種の事業又は業務に従事する者は，独自に健康保険組合を組織することができる。

3 協会けんぽ（全国健康保険協会管掌健康保険）の保険料率は，全国一律である。

4 健康保険の被扶養者が，パートタイムで働いて少しでも収入を得るようになると，国民健康保険に加入しなければならない。

5 日本で正社員として雇用されている外国人が扶養している外国在住の親は，健康保険の被扶養者となる。

36 社会保障

旧社会保障・問題 55

国民年金に関する次の記述のうち，**正しいものを 1 つ**選びなさい。

1 国民年金の第一号被保険者の保険料は，前年の所得に比例して決定される。

2 障害基礎年金を受給していると，国民年金の保険料納付は免除される。

3 学生納付特例制度の適用を受けた期間は，老齢基礎年金の受給資格期間には算入されない。

4 自営業者の配偶者であって無業の者は，国民年金の第三号被保険者となる。

5 障害基礎年金には，配偶者の加算がある。

37 社会保障

旧社会保障・問題 52

事例を読んで，労働者災害補償保険（以下「労災保険」という。）に関する次の記述のうち，**最も適切なものを 1 つ**選びなさい。

〔事　例〕

運送会社で正社員として働いているＦさんは，合理的な経路及び方法により通勤中，駅の階段で転倒し，負傷した。

1 Ｆさんの負傷は業務災害ではないので，労災保険の給付は行われない。

2 Ｆさんの雇用期間が 6 か月未満である場合，労災保険の給付は行われない。

3 Ｆさんが療養に係る労災保険の給付を受けられる場合，自己負担は原則 1 割である。

4 Ｆさんが療養に係る労災保険の給付を受ける場合，同一の負傷について，健康保険の療養の給付は行われない。

5 Ｆさんの勤務先が労災保険の保険料を滞納していた場合，労災保険の給付は行われない。

38 社会保障

旧社会保障・問題 54

事例を読んで，Gさんが受けられる社会保障給付等に関する次の記述のうち，**最も適切なもの**を1つ選びなさい。

〔事　例〕

Gさん（35 歳，女性）は民間企業の正社員として働く夫と結婚後，5年間専業主婦をしていたが 2019 年（令和元年）に離婚し，3 歳の子どもと二人で暮らしている。飲食店で週 30 時間のパートタイムの仕事をしており，雇用保険の加入期間は 1 年を過ぎた。しかし，店主の入院により飲食店は営業を休止し，Gさんは休業を余儀なくされている。

1　Gさんは，婚姻期間中の夫の老齢基礎年金の保険料納付記録を分割して受けられる。
2　Gさんが児童扶養手当を受給できるのは，子が小学校を卒業する年度末までである。
3　Gさんが母子生活支援施設に入所した場合，児童扶養手当を受給できない。
4　Gさんは，休業期間中の手当を雇用保険の雇用継続給付として受給できる。
5　Gさんが解雇により失業した場合，失業の認定を受けて雇用保険の求職者給付を受給できる。

39 社会保障

旧社会保障・問題 53

障害児・者に係る現金給付に関する次の記述のうち，**最も適切なもの**を1つ選びなさい。

1　出生時から重度の障害があり，保険料を納めることができなかった障害者は，保険料を追納した場合に限り，障害基礎年金を受給することができる。
2　在宅の重度障害者は，所得にかかわらず特別障害者手当を受給できる。
3　障害厚生年金が支給される場合，労働者災害補償保険の障害補償年金は全額支給停止される。
4　特別児童扶養手当を受給している障害児の父又は母が，児童手当の受給要件を満たす場合には，児童手当を併せて受給できる。
5　障害児福祉手当は，重度障害児の養育者に対し支給される手当である。

権利擁護を支える法制度

40 権利擁護を支える法制度

旧権利擁護と成年後見制度・問題 77

財産権の制限に関する次の記述のうち，**最も適切なもの**を1つ選びなさい。

1　財産権は，条例によって制限することができない。
2　法律による財産権の制限は，立法府の判断が合理的裁量の範囲を超えていれば，憲法に違反し無効となる。
3　所有権は，法律によって制限することができない。
4　私有財産を公共のために制限する場合には，所有権の相互の調整に必要な制約によるものであっても，損失を補償しなければならない。
5　法令上の補償規定に基づかない財産権への補償は，憲法に違反し無効となる。

41 権利擁護を支える法制度

旧権利擁護と成年後見制度・問題 78

事例を読んで，次の記述のうち，**最も適切なもの**を**1つ**選びなさい。

〔事　例〕

Dさんは，アパートの1室をEさんから月額賃料10万円で賃借し，一人暮らしをしている。Dさんには，唯一の親族として，遠方に住む子のFさんがいる。また，賃借をする際，Dさんの知人であるGさんは，Eさんとの間で，この賃貸借においてDさんがEさんに対して負担する債務を保証する旨の契約をしている。

1　Dさんが賃料の支払を1回でも怠れば，Eさんは催告をすることなく直ちに賃貸借契約を解除することができる。

2　Fさんは，Dさんが死亡した場合に，このアパートの賃借権を相続することができる。

3　Gさんは，保証が口頭での約束にすぎなかった場合でも，契約に従った保証をしなければならない。

4　Fさんは，Dさんが賃料を支払わないときに，賃借人として賃料を支払う責任を負う。

5　Gさんは，この賃貸借とは別にDさんがEさんから金銭を借り入れていた場合に，この金銭についても保証をしなければならない。

42 権利擁護を支える法制度

旧権利擁護と成年後見制度・問題 79

遺言に関する次の記述のうち，**正しいもの**を**1つ**選びなさい。

1　公正証書遺言は，家庭裁判所の検認を必要とする。

2　聴覚・言語機能障害により遺言の趣旨を公証人に口授することができない場合は，公正証書遺言を作成することができない。

3　法定相続人の遺留分を侵害する内容の遺言は，その全部について無効となる。

4　前の遺言が後の遺言と抵触している場合，その抵触する部分について，後の遺言で前の遺言を撤回したものとはみなされない。

5　被保佐人が遺言を作成するには，保佐人の同意は不要である。

43 権利擁護を支える法制度

旧権利擁護と成年後見制度・問題 80

事例を読んで，関係当事者の民事責任に関する次の記述のうち，**最も適切なもの**を**1つ**選びなさい。

〔事　例〕

Y社会福祉法人が設置したグループホーム内で，利用者のHさんが利用者のJさんを殴打したためJさんが負傷した。K職員は，日頃からJさんがHさんから暴力を受けていたことを知っていたが，適切な措置をとらずに漫然と放置していた。

1　Hさんが責任能力を欠く場合には，JさんがK職員に対して不法行為責任を追及することはできない。

2　JさんがK職員に対して不法行為責任を追及する場合には，Y社会福祉法人に対して使用者責任を併せて追及することはできない。

3　JさんはY社会福祉法人に対して，施設利用契約における安全配慮義務違反として，損害賠償を請求することができる。

4　Hさんに責任能力がある場合に，JさんがY社会福祉法人に対して使用者責任を追及するときは，Jさんは，損害の2分の1のみをY社会福祉法人に対して請求することができる。

5　Y社会福祉法人が使用者責任に基づいてJさんに対して損害賠償金を支払った場合には，Y社会福祉法人はK職員に対して求償することができない。

44 権利擁護を支える法制度

旧権利擁護と成年後見制度・問題 81

次のうち，成年後見制度において成年後見人等に対して付与し得る権限として，**正しいものを 1 つ**選びなさい。

1 成年後見人に対する本人の居所指定権
2 成年後見監督人に対する本人への懲戒権*
3 保佐人に対する本人の営業許可権
4 補助人に対する本人の代理権
5 任意後見監督人に対する本人の行為の取消権

＊ 2022 年（令和 4 年）の民法改正により，懲戒権に関する規定は削除された。

45 権利擁護を支える法制度

旧権利擁護と成年後見制度・問題 82

任意後見制度に関する次の記述のうち，**正しいものを 1 つ**選びなさい。

1 任意後見契約に関する証書の作成後，公証人は家庭裁判所に任意後見契約の届出をしなければならない。
2 本人は，任意後見監督人選任の請求を家庭裁判所に行うことはできない。
3 任意後見契約では，代理権目録に記載された代理権が付与される。
4 任意後見監督人が選任される前において，任意後見受任者は，家庭裁判所の許可を得て任意後見契約を解除することができる。
5 任意後見監督人が選任された後において，本人が後見開始の審判を受けたとしても，任意後見契約は継続される。

46 権利擁護を支える法制度

旧権利擁護と成年後見制度・問題 83

「成年後見関係事件の概況（平成 31 年 1 月～令和元年 12 月）」（最高裁判所事務総局家庭局）に関する次の記述のうち，**正しいものを 1 つ**選びなさい。

1 「成年後見関係事件」の「終局事件」において，主な申立ての動機として最も多いのは，預貯金等の管理・解約であった。
2 「成年後見関係事件」の「終局事件」において，市区町村長が申立人となったものの割合は，全体の約 5 割であった。
3 後見開始，保佐開始，補助開始事件のうち「認容で終局した事件」において，親族以外の成年後見人等の選任では，社会福祉士が最も多い。
4 「成年後見関係事件」のうち「認容で終局した事件」において，開始原因として最も多いのは，統合失調症であった。
5 「成年後見関係事件」の申立件数に占める保佐開始の審判の割合は，全体の約 7 割であった。

（注）1 「成年後見関係事件」とは，後見開始，保佐開始，補助開始及び任意後見監督人選任事件をいう。
2 「終局事件」とは，認容，却下，その他（取下げ，本人死亡等による当然終了，移送など）によって終局した事件のことである。
3 「認容で終局した事件」とは，申立ての趣旨を認めて，後見開始，保佐開始，補助開始又は任意後見監督人選任をする旨の審判をした事件のことである。

地域福祉と包括的支援体制

47　地域福祉と包括的支援体制

旧 地域福祉の理論と方法・問題 32

事例を読んで，U障害者支援施設のA相談員（社会福祉士）が立てた，利用者の地域移行に向けたプランに関する次の記述のうち，地域福祉の理念・原則に基づき，**最も適切なものを１つ**選びなさい。

〔事　例〕

重度の知的障害があるBさん（40歳，女性）は，特別支援学校高等部を卒業後，実家から遠く離れたU障害者支援施設に入所して生活を続けてきた。Bさんは言葉でのコミュニケーションは困難であるが，地域で近隣の住民がボランティアとして主催する音楽活動に時折参加した際には，明るい表情で音楽を聴く様子が見られた。Bさんには兄弟姉妹がなく，両親は既に亡くなっている。

1　自己決定の尊重の観点から，Bさん自身から地域移行の希望が出てくるのを待つプランを立てた。

2　社会的包摂の観点から，BさんがU障害者支援施設近くの共同生活援助（グループホーム）に移り，地域住民と共に音楽を楽しむ場に参加するプランを立てた。

3　自立生活支援の観点から，Bさんが一般就労をした後に地域移行を目指すプランを立てた。

4　ノーマライゼーションの観点から，Bさんの実家近くの障害者支援施設へ入所するプランを立てた。

5　住民主体の観点から，地域移行後のBさんの支援を全面的に住民ボランティアに委ねるプランを立てた。

48　地域福祉と包括的支援体制

旧 地域福祉の理論と方法・問題 33

民生委員制度やその前身である方面委員制度等に関する次の記述のうち，**正しいものを２つ**選びなさい。

1　方面委員制度は，岡山県知事である笠井信一によって，地域ごとに委員を設置する制度として1918年（大正7年）に創設された。

2　方面委員は，救護法の実施促進運動において中心的な役割を果たし，同法は1932年（昭和7年）に施行された。

3　民生委員法は，各都道府県等で実施されていた制度の統一的な発展を図るため，1936年（昭和11年）に制定された。

4　民生委員は，旧生活保護法で補助機関とされていたが，1950年（昭和25年）に制定された生活保護法では実施機関とされた。

5　全国の民生委員は，社会福祉協議会と協力して，「居宅ねたきり老人実態調査」を全国規模で1968年（昭和43年）に実施した。

49 地域福祉と包括的支援体制

旧 地域福祉の理論と方法・問題 34

地域福祉の在り方に関する次の記述のうち，**最も適切なもの**を１つ選びなさい。

1 社会保障審議会の「市町村地域福祉計画及び都道府県地域福祉支援計画策定指針の在り方について」(2002 年(平成 14 年))は，専門のコンサルタントに計画の策定を請け負わせるべきであると提言した。

2 厚生労働省の「これからの地域福祉のあり方に関する研究会報告書」(2008 年（平成 20 年））は，制度の対象とならない生活課題は，行政が原則として関与せず，住民同士の支え合いによって解決していく必要があると提言した。

3 社会保障審議会の「生活困窮者の生活支援の在り方に関する特別部会報告書」(2013 年（平成 25 年））は，生活保護受給者が増加する中で，中間的就労を通じた生活困窮者の社会参加よりも一般就労を重視すべきであると提言した。

4 厚生労働省の「地域力強化検討会最終とりまとめ」(2017 年（平成 29 年））は，地域共生社会の実現に向けて，地域住民が多機関協働の中核を担う必要があると提言した。

5 厚生労働省の「地域共生社会推進検討会最終とりまとめ」(2019 年（令和元年））は，既存の地域資源と狭間のニーズを持つ者との間を取り持つ，新たな参加支援の機能が重要であると提言した。

50 地域福祉と包括的支援体制

旧 地域福祉の理論と方法・問題 38

事例を読んで，V社会福祉法人のD生活相談員（社会福祉士）の対応に関する次の記述のうち，**最も適切なもの**を１つ選びなさい。

〔事　例〕

特別養護老人ホームを中心に社会福祉事業を経営するV社会福祉法人では，2016 年（平成 28 年）の社会福祉法改正を受け，「地域における公益的な取組」(以下「取組」という。）の実施について協議する委員会が設置され，D生活相談員が責任者となった。委員会では，地域の中で孤立する子どもたちに対して１回 100 円程度で利用できる子ども食堂を実施してはどうかという提案がなされた。

1 子ども食堂は「取組」に当たらないため，法人は関わらず，施設に関わっているボランティアが中心となって実施する計画を立てる。

2 日常生活上又は社会生活上の支援を必要とする者が対象でなければ「取組」に当たらないため，地域住民や関係機関に働き掛けて，地域の子どもたちのニーズを明らかにするための話合いを実施する計画を立てる。

3 高齢者を対象とした事業でなければ法人の「取組」に当たらないため，孤立した高齢者を主たる対象とした取組として実施する計画を立てる。

4 低額であっても費用が徴収される活動は「取組」に当たらないため，無償の活動として実施する計画を立てる。

5 一つの社会福祉法人のみでは「取組」に当たらないため，近隣の他の社会福祉法人に呼び掛けて，賛同が得られた後に実施する計画を立てる。

51 地域福祉と包括的支援体制

旧 地域福祉の理論と方法・問題 40

地域福祉の人材に関する次の記述のうち，**適切なものを 2 つ**選びなさい。

1 権利擁護人材育成事業の養成者のうち，成年後見人等として選任されている市民後見人の数は，2017 年度（平成 29 年度）末で 3 万人を超えている。

2 生活支援体制整備事業の生活支援コーディネーター（地域支え合い推進員）は，原則として民生委員・児童委員から選出される。

3 認知症サポーター養成事業は，認知症高齢者に対して有償で在宅福祉サービスの提供を行う人材の育成を目的としている。

4 地域自殺対策強化事業におけるゲートキーパー養成研修の対象には，民間企業等の管理職，かかりつけ医，民生委員・児童委員，地域住民等が含まれる。

5 日常生活自立支援事業における専門員は，支援計画の作成や契約の締結に関する業務を行うとされている。

52 地域福祉と包括的支援体制

旧 地域福祉の理論と方法・問題 35

事例を読んで，N市の地域包括支援センターのC社会福祉士の対応として，**最も適切なものを 1 つ**選びなさい。

〔事　例〕

N市の地域包括支援センターのC社会福祉士は，担当地区で住民主体の集いの場を行っているグループから，様々な高齢者が集まってくれて手応えを感じているが，福祉の専門的な相談に対応できずに悩んでいる，と相談を受けた。C社会福祉士は，この相談を住民活動と協働して，アウトリーチによる早期のニーズ把握を行う好機と捉え，対応することにした。

1 集いの場を通じて高齢者の早期のニーズを正確に把握するため，地域包括支援センターが主体となった運営に切り替えることを提案する。

2 集いの場において受付や後片付けなどを手伝い，集いの場により多くの参加者を受け入れられるよう支援する。

3 専門的な相談機関のリストを作成し，相談が必要な人に渡すよう，集いの場に参加している高齢者に依頼する。

4 集いの場に地域包括支援センターの保健師を派遣し，適切な介護予防のプログラムが実施できるよう指導させる。

5 集いの場において出張相談を実施し，気になることがあればいつでも相談してほしいと参加者に伝える。

53 地域福祉と包括的支援体制

旧 地域福祉の理論と方法・問題 36

社会福祉法における地域福祉の推進に関する次の記述のうち，**最も適切なもの**を**1つ**選びなさい。

1 社会福祉事業を経営する者は，地域福祉を推進する主体には含まれないとされている。

2 社会福祉に関する活動を行う者は，地域福祉を推進する主体である市町村に協力しなければならないとされている。

3 地域住民等は，支援関係機関と連携して地域生活課題の解決を図るよう留意するとされている。

4 福祉サービスの利用者は，支援を受ける立場であることから，地域福祉を推進する主体には含まれないとされている。

5 国及び地方公共団体は，地域住民等が取り組む地域生活課題の解決のための活動に関与しなければならないとされている。

54 地域福祉と包括的支援体制

旧 福祉行財政と福祉計画・問題 42

都道府県の役割に関する次の記述のうち，**正しいもの**を**1つ**選びなさい。

1 生活困窮者自立支援法に基づき，生活困窮者自立相談支援事業を行う。

2 老人福祉法に基づき，養護老人ホームへの入所措置を行う。

3 「障害者総合支援法」に基づき，介護給付費の支給決定を行う。

4 子ども・子育て支援法に基づき，市町村子ども・子育て支援事業計画を定めるに当たって参酌すべき標準を定める基本指針を策定する。

5 介護保険法に基づき，地域密着型サービス事業者の指定を行う。

（注）「障害者総合支援法」とは，「障害者の日常生活及び社会生活を総合的に支援するための法律」のことである。

55 地域福祉と包括的支援体制

旧 福祉行財政と福祉計画・問題 44

次のうち，都道府県が設置しなければならないと法律に規定されている行政機関として，**正しいものを1つ**選びなさい。

1 発達障害者支援センター

2 基幹相談支援センター

3 地域包括支援センター

4 精神保健福祉センター

5 母子健康包括支援センター

56 地域福祉と包括的支援体制

旧 福祉行財政と福祉計画・問題 47

事例を読んで，介護保険事業計画に関する次の記述のうち，**最も適切なもの**を**1つ**選びなさい。

〔事　例〕

Ｐ県Ｑ市の介護保険課に勤めるＥさんは，次期Ｑ市介護保険事業計画を策定するための担当者に任命されたので，法令上遵守すべき点を確認した。

1　介護保険事業計画を通して算定される介護保険料の伸び率を3％以内に抑えるため，介護サービス全体の見込量を勘案して，Ｑ市の計画を策定するよう努めなければならない。

2　被保険者全体の意向を踏まえる必要があるので，20代の若者の意見を反映させるために必要な措置を講じなければならない。

3　Ｑ市の計画に盛り込む各年度における地域支援事業の量の見込みについては，Ｐ県に計画策定前に意見を聴かなければならない。

4　Ｑ市の計画には，介護予防・日常生活支援総合事業に関する市町村相互間の連絡調整を行う事業に関する事項を盛り込まなければならない。

5　計画期間が終了後，Ｑ市では市町村介護保険事業計画の実績に関する評価を実施するよう努めなければならない。

57 地域福祉と包括的支援体制

旧 福祉行財政と福祉計画・問題 45

次のうち，行政機関に配置が義務づけられている職種として，**正しいもの**を**1つ**選びなさい。

1　身体障害者更生相談所の身体障害者相談員

2　都道府県福祉事務所の知的障害者福祉司

3　婦人相談所*の母子・父子自立支援員

4　精神保健福祉センターの精神保健福祉相談員

5　児童相談所の児童福祉司

＊　2024年（令和6年）4月1日より，売春防止法に基づく婦人相談所は，困難な問題を抱える女性への支援に関する法律に基づく女性相談支援センターとなった。

58 地域福祉と包括的支援体制

旧 地域福祉の理論と方法・問題 39

地域福祉等を推進する民間組織への寄附等に関する次の記述のうち，**最も適切なもの**を**1つ**選びなさい。

1　所轄庁の認定を受けた認定特定非営利活動法人に対して寄附した個人又は法人は，税制上の優遇措置を受けることができる。

2　共同募金によって集められた資金は，市町村，社会福祉事業・社会福祉を目的とする事業を経営する者などに配分されている。

3　社会福祉法人の公益事業における剰余金については，他の社会福祉法人が行っている社会福祉事業への寄附が認められている。

4　「社会福祉協議会活動実態調査等報告書2018」（全国社会福祉協議会）によれば，住民から会費を徴収している市町村社会福祉協議会は半数以下であった。

5　「令和元年度市民の社会貢献に関する実態調査」（内閣府）によれば，2018年（平成30年）に市民が寄附をした相手で最も多かったのは特定非営利活動法人であった。

59 地域福祉と包括的支援体制

旧福祉行財政と福祉計画・問題 43

福祉の財源に関する次の記述のうち，**正しいものを１つ**選びなさい。

1 生活困窮者自立支援法に基づき，生活困窮者家計改善支援事業の費用には国庫負担金が含まれる。

2 生活保護法に基づき，保護費には国庫補助金が含まれる。

3 介護保険法に基づき，介護給付費には国庫負担金が含まれる。

4 身体障害者福祉法に基づき，身体障害者手帳の交付措置の費用には国庫補助金が含まれる。

5 「障害者総合支援法」に基づき，地域生活支援事業の費用には国庫負担金が含まれる。

60 地域福祉と包括的支援体制

旧福祉行財政と福祉計画・問題 46

「令和２年版地方財政白書」（総務省）における地方財政の状況（普通会計）に関する次の記述のうち，**正しいものを１つ**選びなさい。

1 都道府県及び市町村の歳入純計決算額では，地方交付税の割合が最も大きい。

2 都道府県の目的別歳出では，土木費の割合が最も大きい。

3 市町村の目的別歳出では，民生費の割合が最も大きい。

4 都道府県の性質別歳出では，公債費の割合が最も大きい。

5 市町村の性質別歳出では，補助費等の割合が最も大きい。

61 地域福祉と包括的支援体制

旧福祉行財政と福祉計画・問題 48

厚生労働省が発表した「市町村地域福祉計画策定状況等調査結果（平成 31 年 4 月 1 日時点）」に示された「地域における高齢者の福祉，障害者の福祉，児童の福祉その他の福祉に関し，共通して取り組むべき事項」として，次の中で最も多くの計画に位置づけられている事項はどれか，**正しいものを１つ**選びなさい。

1 居住に課題を抱える者への横断的な支援の在り方

2 地域住民等が集う拠点の整備や既存施設等の活用

3 自殺対策の効果的な展開も視野に入れた支援の在り方

4 保健医療，福祉等の支援を必要とする犯罪をした者等への社会復帰支援の在り方

5 地域づくりにおける官民協働の促進や地域福祉への関心の喚起も視野に入れた寄附や共同募金等の取組の推進

（注）「地域における高齢者の福祉，障害者の福祉，児童の福祉その他の福祉に関し，共通して取り組むべき事項」とは，社会福祉法第 107 条第 1 項第 1 号に掲げられている事項のことである。

62 地域福祉と包括的支援体制

旧地域福祉の理論と方法・問題 41

福祉サービスの立案及び評価に関する次の記述のうち，**最も適切なもの**を**1つ**選びなさい。

1 パブリックコメントとは，利害関係者や学識経験者を集めて意見を聴き，予算や法律・規則の制定を行う手法のことである。

2 ニーズ推計とは，ニーズを一定の基準で分類し，その類型ごとに出現率の推計等を行い，それに対応するサービスの種類や必要量を算出する手法である。

3 福祉サービス第三者評価事業における第三者評価とは，利用者の家族等によって行われる評価のことである。

4 福祉サービスのアウトカム評価とは，福祉サービスが適切な手順と内容で利用者に提供されているかに着目する評価である。

5 プログラム評価の枠組みでは，サービスの効果を計測するための指標の設定は基本的にサービスの実施後に行われる。

63 地域福祉と包括的支援体制

旧地域福祉の理論と方法・問題 37

地域生活課題を抱える人への支援のための施策に関する次の記述のうち，**正しいもの**を**1つ**選びなさい。

1 生活困窮者自立支援法は，生活困窮者における経済的困窮だけでなく，地域社会からの孤立についても支援の対象としている。

2 日常生活自立支援事業は，判断能力の不十分な精神障害者等に対して住宅を購入するための銀行からの借入れの契約などを支援している。

3 災害対策基本法は，福祉避難所に，介護支援専門員の配置を義務づけている。

4 住居確保給付金は，18 歳未満の子を持つ母子世帯に対して，生活保護法に基づく住宅扶助の一環として家賃相当額を給付するものである。

5 ひきこもり地域支援センター設置運営事業は，ひきこもりの状態にある人を一般就労につなげるための職業訓練を必須事業にしている。

障害者福祉

64 障害者福祉

旧障害者に対する支援と障害者自立支援制度・問題 56

厚生労働省の「平成 28 年生活のしづらさなどに関する調査（全国在宅障害児・者等実態調査）」及び「社会福祉施設等調査」（2018 年（平成 30 年））に関する次の記述のうち，**正しいもの**を**1つ**選びなさい。

1 65 歳未満の障害者手帳所持者で，「特に生活のしづらさは無かった」と答えた者は半数を超えている。

2 就労移行支援サービス，就労継続支援（A型）サービス及び就労継続支援（B型）サービスのうち，利用実人員が最も多いのは就労継続支援（B型）サービスである。

3 65 歳以上の障害者手帳所持者の「障害の原因」は，「事故・けが」が最も多い。

4 障害児通所支援等事業所のうち，利用実人員が最も多いのは，児童発達支援サービスである。

5 65 歳以上の障害者手帳所持者の 3 分の 2 以上が，介護保険法に基づくサービスを利用している。

65 障害者福祉

旧就労支援サービス・問題 144

厚生労働省，文部科学省の調査等に基づく障害者の雇用・就労に関する次の記述のうち，**最も適切なものを1つ選びなさい。**

1 2017 年度（平成 29 年度）の就労移行支援から一般就労への移行率は，約 50％である。

2 2018 年度（平成 30 年度）の就労継続支援Ｂ型事業所の月額の平均工賃（賃金）の実績は，約 16,000 円である。

3 2018 年（平成 30 年）3 月の特別支援学校高等部（本科）卒業者における就職者数の割合は，約 5 ％である。

4 2019 年（令和元年）において，特例子会社の認定を受けている企業は，約 50 社である。

5 2019 年（令和元年）において，障害者の法定雇用率が課せられる民間企業のうち法定雇用率を達成している企業の割合は，約 70％である。

66 障害者福祉

旧障害者に対する支援と障害者自立支援制度・問題 58

障害者福祉制度の発展過程に関する次の記述のうち，**最も適切なものを1つ選びなさい。**

1 1949 年（昭和 24 年）の身体障害者福祉法は，障害者福祉の対象を傷痍（しょうい）軍人に限定した。

2 1950 年（昭和 25 年）の精神衛生法は，精神障害者の私宅監置を廃止した。

3 1960 年（昭和 35 年）の身体障害者雇用促進法は，児童福祉施設に入所している 18 歳以上の肢体不自由者が増加する問題に対応するために制定された。

4 1980 年代に日本で広がった自立生活運動は，デンマークにおける知的障害者の親の会を中心とした運動が起源である。

5 2010 年（平成 22 年）に発足した障がい者制度改革推進会議における検討の結果，障害者自立支援法が制定された。

67 障害者福祉

旧障害者に対する支援と障害者自立支援制度・問題 59

「障害者総合支援法」に基づく障害福祉サービスに関する次の記述のうち，**最も適切なものを1つ選びなさい。**

1 共生型サービスは，障害児が健常児と共に学校教育を受けるための支援を行うものである。

2 行動援護は，介護保険の給付を受けることができる者でも必要に応じて利用できる。

3 就労移行支援の利用には，障害支援区分の認定が必要である。

4 生活介護を利用する場合は，暫定支給決定が行われる。

5 障害児に関するサービスの利用者負担は不要である。

（注）「障害者総合支援法」とは，「障害者の日常生活及び社会生活を総合的に支援するための法律」のことである。

68 障害者福祉

旧 障害者に対する支援と障害者自立支援制度・問題 61

「精神保健福祉法」に関する次の記述のうち，**正しいものを1つ**選びなさい。

1　医療保護入院者を入院させている精神科病院の管理者は，退院後生活環境相談員を選任しなければならない。
2　精神障害者の定義に，知的障害を有する者は含まれない。
3　精神医療審査会は，都道府県の社会福祉協議会に設置するものとされている。
4　精神保健指定医の指定は，１年の精神科診療経験が要件とされている。
5　精神障害者保健福祉手帳の障害等級は，６級までとされている。

（注）「精神保健福祉法」とは，「精神保健及び精神障害者福祉に関する法律」のことである。

69 障害者福祉

旧 障害者に対する支援と障害者自立支援制度・問題 62

「障害者虐待防止法」及び「平成 30 年度障害者虐待対応状況調査」（厚生労働省）に関する次の記述のうち，**正しいものを1つ**選びなさい。

1　養護者による虐待を受けたと思われる障害者を発見した者は，速やかに，これを都道府県に通報する義務がある。
2　障害者虐待とは，養護者による障害者虐待と障害者福祉施設従事者等による障害者虐待の２類型をいうと定義されている。
3　養護者による障害者虐待は，身体的虐待，性的虐待，心理的虐待，放置など養護を怠ること，の４種類であると定義されている。
4　障害者福祉施設従事者等により虐待を受けた者の障害種別は，知的障害が最も多い。
5　障害者福祉施設従事者等による虐待行為の類型は，性的虐待が最も多い。

（注）1　「障害者虐待防止法」とは，「障害者虐待の防止，障害者の養護者に対する支援等に関する法律」のことである。
　　2　「平成 30 年度障害者虐待対応状況調査」とは，「平成 30 年度『障害者虐待の防止，障害者の養護者に対する支援等に関する法律』に基づく対応状況等に関する調査結果報告書」のことである。

70 障害者福祉

旧 障害者に対する支援と障害者自立支援制度・問題 57

「障害者差別解消法」に関する次の記述のうち，**正しいものを1つ**選びなさい。

1　国際障害者年（1981 年（昭和 56 年））に向けて，国内法の整備の一環として制定された。
2　「不当な差別的取扱いの禁止」について，国・地方公共団体等には義務が，民間事業者には努力義務が課されている。
3　「合理的配慮の提供」について，国・地方公共団体等と民間事業者に，共に義務が課されている*。
4　障害者の定義は，障害者基本法に規定されている障害者の定義より広い。
5　国や地方公共団体の関係機関は，地域における障害を理由とする差別に関する相談や差別解消の取組のネットワークとして，障害者差別解消支援地域協議会を設置できる。

（注）「障害者差別解消法」とは，「障害を理由とする差別の解消の推進に関する法律」のことである。

＊　民間事業者による「合理的配慮の提供」については，これまでは努力義務であったが，2021 年（令和３年）の障害者差別解消法の改正により，国・地方公共団体等と同様に，義務となった（2024 年（令和６年）4月１日施行）。

71

障害者福祉

旧就労支援サービス・問題 145

障害者の雇用の促進等に関する法律に関する次の記述のうち，**正しいもの**を1つ選びなさい。

1 職業指導や職業訓練などの職業リハビリテーションの原則を規定している。

2 法定雇用率を課せられる民間企業は，障害者雇用納付金を納付することによって，障害者雇用義務が免除される。

3 国・地方公共団体も，民間企業と同じ水準の法定雇用率が課せられる。

4 障害者である労働者は，自ら進んで，その能力の開発及び向上を図り，有為な職業人として自立しなければならないと規定している。

5 事業主は，労働者の募集と採用について，障害者に対して，障害者でない者と均等な機会を与える必要はない。

72

障害者福祉

旧障害者に対する支援と障害者自立支援制度・問題 60

事例を読んで，W就労継続支援A型事業所のH生活支援員（社会福祉士）のこの段階における対応として，**最も適切なもの**を1つ選びなさい。

〔事　例〕

Jさん（45 歳，男性）は，軽度の知的障害があり，賃貸アパートで一人暮らしをしている。W事業所に通い，そこでの作業を楽しんでいる。ただ，金銭管理が得意ではなく，賃金や年金が支給されるとすぐに使い果たし，ガスや電気を止められ，W事業所への交通費に困ることがあった。そこで，H生活支援員がJさんと面談すると，お金のやりくりに困っているが，興味のあるネットビジネスも始めたいと思っているとのことであった。一方，離れて暮らしている妹からは，将来を考え，ネットビジネスを諦めさせてほしいとの相談があった。

1 ネットビジネスの夢を諦めるように説得する。

2 後見開始の審判の申立てを妹に勧める。

3 日常生活自立支援事業の利用を提案する。

4 共同生活援助（グループホーム）への入居を調整する。

5 W事業所に通うために自治体の移動支援事業の利用を促す。

刑事司法と福祉

73

刑事司法と福祉
旧 更生保護制度・問題 148

少年司法制度に関する次の記述のうち，**正しいもの**を**1つ**選びなさい。

1 少年法は，家庭裁判所の審判に付すべき少年として，犯罪少年，触法少年，虞犯少年，不良行為少年の4種類を規定している。

2 家庭裁判所は，18歳未満の少年については，都道府県知事又は児童相談所長から送致を受けたときに限り，これを審判に付することができる。

3 少年鑑別所は，警察官の求めに応じ，送致された少年を一定期間収容して鑑別を行う施設である。

4 少年院は，保護処分若しくは少年院において懲役又は禁錮の刑*の執行を受ける者に対し，矯正教育その他の必要な処遇を行う施設である。

5 家庭裁判所が決定する保護処分は，保護観察，児童自立支援施設又は児童養護施設送致，少年院送致，検察官送致の4種類である。

＊ 2025年（令和7年）6月1日施行の改正刑法により，懲役と禁錮が一元化され，「拘禁刑」となる。

74

刑事司法と福祉
旧 更生保護制度・問題 150

事例を読んで，保護観察に関する次の記述のうち，**最も適切なもの**を**1つ**選びなさい。

〔事　例〕

Aさん（47歳，男性）は，覚醒剤取締法違反により懲役*2年執行猶予4年の保護観察付きの刑の言渡しを受けた。今まで頻繁に転職を繰り返し就労経験に乏しく，現在も無職である。親の遺産で生活できており，経済的には今すぐ困窮するような状況ではない。薬物使用に関する罪悪感や後悔の念が薄いことが懸念されている。

1 Aさんの指導監督における，更生保護法が定める一般遵守事項としては，薬物再乱用防止プログラムを受けることが明記される。

2 Aさんは，薬物再乱用防止プログラムの実施期間中，簡易薬物検出検査を受けることまでは求められない。

3 Aさんへの指導監督において，保護観察官若しくは保護司は，収入又は支出の状況など，生活実態に関する資料の提出を求めることはできない。

4 Aさんのプライバシー保護のため，薬物再乱用防止プログラムには外部の関係機関（者）は関与することはできない。

5 薬物依存の改善に資する医療を受けるよう，必要な指示その他の措置をとる場合は，あらかじめ，Aさんの意思に反しないことを確認しなければならない。

＊ 2025年（令和7年）6月1日施行の改正刑法により，懲役と禁錮が一元化され，「拘禁刑」となる。

75 刑事司法と福祉

旧 更生保護制度・問題 147

保護観察官及び保護司に関する次の記述のうち，**最も適切なものを1つ**選びなさい。

1 保護観察官は，都道府県庁及び保護観察所に配置される。
2 保護観察官は，犯罪の予防に関する事務には従事できない。
3 保護司の身分は，常勤の国家公務員である。
4 保護司が相互に情報交換するには，保護観察官の許可が必要である。
5 被害者を担当する保護司は，その任に当たる間，加害者の保護観察は行わない。

76 刑事司法と福祉

旧 更生保護制度・問題 149

「医療観察法」が定める医療観察制度に関する次の記述のうち，**正しいものを1つ**選びなさい。

1 精神保健観察は，刑法上の全ての犯罪行為に対して適用される制度である。
2 医療観察制度における医療は，法務大臣が指定する指定入院医療機関又は指定通院医療機関で行われる。
3 医療観察制度による処遇に携わる者は，心神喪失等の状態で重大な他害行為を行った者が円滑に社会復帰をすることができるように努めなければならない。
4 精神保健観察に付された者には，保護司によって「守るべき事項」が定められる。
5 精神保健観察に付される期間は，通院決定又は退院許可決定があった日から最長10年まで延長できる。

（注）「医療観察法」とは，「心神喪失等の状態で重大な他害行為を行った者の医療及び観察等に関する法律」のことである。

ソーシャルワークの基盤と専門職

77 ソーシャルワークの基盤と専門職

旧 相談援助の基盤と専門職・問題 91

社会福祉士及び介護福祉士法に規定されている社会福祉士に関する次の記述のうち，**正しいものを1つ**選びなさい。

1 社会福祉士は資格更新のため，7年ごとに所定の講習を受講しなければならない。
2 社会福祉士は相談業務を行う上で，クライエントの主治医の指示を受けなければならない。
3 社会福祉士の「信用失墜行為の禁止」は，2007年（平成19年）の法律改正によって加えられた。
4 社会福祉士の「秘密保持義務」は，社会福祉士の業務を離れた後においては適用されない。
5 社会福祉士はその業務を行うに当たって，福祉サービス関係者等との連携を保たなければならない。

78 ソーシャルワークの基盤と専門職

旧 相談援助の基盤と専門職・問題 92

次のうち,「ソーシャルワーク専門職のグローバル定義」(2014 年) が「ソーシャルワークの定義」(2000 年) と比べて変化した内容として,**最も適切なものを 1 つ**選びなさい。

1 人間関係における問題解決を図ることが加えられた。

2 中核をなす原理として,社会の不変性の尊重が容認された。

3 実践の基盤として,社会システムに関する理論の導入が加えられた。

4 定義は,各国及び世界の各地域で展開することが容認された。

5 人々が環境と相互に影響し合う接点に介入することが加えられた。

(注) 1 「ソーシャルワーク専門職のグローバル定義」とは,2014 年 7 月の国際ソーシャルワーカー連盟 (IFSW) と国際ソーシャルワーク学校連盟 (IASSW) の総会・合同会議で採択されたものを指す。

2 「ソーシャルワークの定義」とは,2000 年 7 月の国際ソーシャルワーカー連盟 (IFSW) で採択されたものを指す。

79 ソーシャルワークの基盤と専門職

旧 相談援助の基盤と専門職・問題 95

事例を読んで,Z 母子生活支援施設の L 母子支援員 (社会福祉士) の対応として,**適切なものを 2 つ**選びなさい。

〔事　例〕

Mさん (28 歳) は夫の DV に耐え切れず,近所の人に勧められて福祉事務所に相談し,Aちゃん (7 歳,女児) を連れて Z 母子生活支援施設に入所した。Mさんには軽度の知的障害があり,療育手帳を所持している。入所後 1 か月が経過したが,Mさんは自室に閉じ籠もっていることが多い。また,他の入所者の部屋の音のことでトラブルとなったこともある。Aちゃんは精神的に不安定で学校を休みがちである。ある日,Mさんは,「ここに居ても落ち着かないので,Aちゃんを連れて施設を出たい」とL母子支援員に訴えてきた。

1 Mさんの気持ちを受け止めた上で,これからの生活に対する希望を聴く。

2 母子分離を図るため,Aちゃんを児童相談所へ送致する。

3 Mさんには退所に関する意思決定は困難であると判断する。

4 退所の申出の背景にある施設での生活環境を探る。

5 すぐに福祉事務所に退所についての判断を仰ぐ。

80 ソーシャルワークの基盤と専門職

旧 相談援助の基盤と専門職・問題 94

19 世紀末から 20 世紀初頭のセツルメント活動に関する次の記述のうち,**正しいものを 1 つ**選びなさい。

1 バーネット (Barnett, S.) が創設したトインビーホールは,イギリスにおけるセツルメント活動の拠点となった。

2 コイト (Coit, S.) が創設したハル・ハウスは,アメリカにおけるセツルメント活動に大きな影響を及ぼした。

3 石井十次が創設した東京神田のキングスレー館は,日本におけるセツルメント活動の萌芽(ほうが)となった。

4 アダムス (Addams, J.) が創設したネイバーフッド・ギルドは,アメリカにおける最初のセツルメントであった。

5 片山潜が創設した岡山孤児院は,日本におけるセツルメント活動に大きな影響を及ぼした。

81 ソーシャルワークの基盤と専門職

旧 相談援助の基盤と専門職・問題 93

国が規定する近年の相談事業に関する次の記述のうち，**正しいものを1つ**選びなさい。

1　地域で生活する障害者のために，「地域生活定着促進事業」が創設され，地域生活定着支援センターにおいて相談支援業務が行われるようになった。
2　「スクールソーシャルワーカー活用事業」において，社会福祉士や精神保健福祉士等がその選考対象に明記されるようになった。
3　地域包括支援センターでは，社会福祉士等によって「自立相談支援事業」が行われるようになった。
4　矯正施設退所者のために，「地域生活支援事業」が創設され，市町村における必須事業として相談支援事業が行われるようになった。
5　生活困窮者自立支援制度が施行され，その中核的事業として「総合相談支援業務」が行われるようになった。

ソーシャルワークの理論と方法

82 ソーシャルワークの理論と方法

旧 相談援助の理論と方法・問題 98

次の記述のうち，人と環境との関係に関するソーシャルワーク理論として，**最も適切なものを1つ**選びなさい。

1　リッチモンド（Richmond, M.）は，「人」，「状況」，「人と状況の相互作用」の三重の相互関連性を説いた。
2　ピンカス（Pincus, A.）とミナハン（Minahan, A.）は，生態学的視座に立ち，人が環境の中で生活し，社会的にも機能していると説いた。
3　ホリス（Hollis, F.）は，パーソナリティの変容を目指し，人と環境との間を個別に意識的に調整すると説いた。
4　バートレット（Bartlett, H.）は，人々が試みる対処と環境からの要求との交換や均衡を，社会生活機能という概念で説いた。
5　ジャーメイン（Germain, C.）は，クライエントの環境は，アクション・システムなど，複数のシステムから構成されると説いた。

83 ソーシャルワークの理論と方法

旧 相談援助の理論と方法・問題 99

家族システム論に関する次の記述のうち，**最も適切なものを1つ**選びなさい。

1　家族内で生じる問題は，原因と結果が円環的に循環している。
2　各家族員の分化度が高いほど，家族内において相互依存が生じる。
3　家族の内と外は，区別されず連続している。
4　ある家族の全体が有する力は，各家族員が持つ力の総和に等しい。
5　多世代家族において，一つの世代の家族の不安は，別の世代の家族に影響を与えない。

84 ソーシャルワークの理論と方法

旧相談援助の理論と方法・問題 100

事例を読んで，エコシステムの視点に基づくEさんへのFソーシャルワーカー（社会福祉士）の対応として，**適切なもの**を**2つ**選びなさい。

〔事　例〕

U里親養育包括支援（フォスタリング）機関のFソーシャルワーカーは，里親のEさん（42歳，女性）宅へ訪問した際，委託を受け養育しているGちゃん（10歳，女児）のことで相談を受けた。Gちゃんは，最近無断で学校を休み，友達のHちゃんと万引きをした。EさんはGちゃんに注意し，諭したが，Gちゃんは二日前に再び万引きをした。Eさんは夫に心配を掛けてはすまないと思い，一人で対処してきたが，自分の里親としての力のなさに失望している。

1 「Gちゃんの万引きがやまなければ，児童相談所に委託の解除を相談してはいかがでしょうか」
2 「Gちゃんが通う学校の先生に，Gちゃんの学校での様子について尋ねてみてはいかがでしょうか」
3 「Hちゃんとの付き合いが，Gちゃんの問題を引き起こしているのでしょう」
4 「お一人で悩まれずに，Gちゃんのことをご夫婦で話し合われてはいかがでしょうか」
5 「Gちゃんに欲しい物を尋ね，買ってあげてはいかがでしょうか」

85 ソーシャルワークの理論と方法

旧相談援助の理論と方法・問題 101

次のうち，ソーシャルワークにおける機能的アプローチに関する記述として，**最も適切なもの**を**1つ**選びなさい。

1 クライエントが被っている差別や抑圧に対抗するため，既存の制度や政策を批判し，これらの変革を目指す。
2 クライエントとのコミュニケーションを通じ，クライエントのパーソナリティの変容と環境との機能不全の改善を目指す。
3 クライエントのニーズを機関の機能との関係で明確化し，援助過程の中でクライエントの社会的機能の向上を目指す。
4 クライエントの望ましい行動を増加させ，好ましくない行動を減少させることを目指す。
5 クライエントの問題の解決へのイメージに焦点を当て，問題が解決した状態を実現することにより，クライエントの社会的機能の向上を目指す。

86 ソーシャルワークの理論と方法

旧相談援助の理論と方法・問題 103

事例を読んで，課題中心アプローチに基づくL指導員（社会福祉士）の応答として，**適切なもの**を**2つ**選びなさい。

〔事　例〕

W自立援助ホームのL指導員は，Mさん（18歳，男性）から将来についての相談を受けた。Mさんは就職をして一人暮らしをしたいと思っているが，求人募集に何度応募しても不採用が続いている。自信を失ったMさんは，「また駄目かもしれないと思うと，面接が怖いです」とうつむいた。

1 「就職活動をする上で，今，何が一番問題だとMさんは思われますか」と尋ねる。
2 「面接が奇跡的にうまくいったとしたら，どのように感じますか」と尋ねる。
3 「面接が怖いのであれば，採用試験に面接がない職場を探しましょう」と提案する。
4 「Mさんが次の面接の日までに取り組む具体的な目標を一緒に考えましょう」と提案する。
5 「大丈夫，Mさんなら自信を持って何でもできますよ」と励ます。

87 ソーシャルワークの理論と方法

旧相談援助の理論と方法・問題 106

次のうち，生活モデルにおけるクライエントの捉え方として，**最も適切なもの**を **1 つ**選びなさい。

1 環境から一方的に影響を受ける人
2 成長のための力を有する人
3 治療を必要とする人
4 パーソナリティの変容が必要な人
5 問題の原因を有する人

88 ソーシャルワークの理論と方法

旧相談援助の理論と方法・問題 105

次のうち，相談援助の過程におけるモニタリングに関する記述として，**最も適切なもの**を **1 つ**選びなさい。

1 クライエントに対する一連の支援終結後に，支援計画の妥当性や効果を測る段階である。
2 支援再開の要否確認のため，問題再発の有無などクライエントの生活状況を確認する段階である。
3 支援計画見直しのため，クライエントの状態変化のありように関する情報を収集する段階である。
4 支援を開始するため，クライエントの問題を把握し，援助関係を形成する段階である。
5 計画どおりに援助が展開されているか否か，計画された援助が効果を上げているか否かなど，援助の経過を観察する段階である。

89 ソーシャルワークの理論と方法

旧相談援助の理論と方法・問題 115

ソーシャルワークの記録に関する次の記述のうち，逐語体の説明として，**最も適切なもの**を **1 つ**選びなさい。

1 クライエントの基本的属性に関する事項を整理して記述する。
2 経過記録などに用いられ，ソーシャルワーク過程の事実経過を簡潔に記述する。
3 出来事の主題に関連して重要度の高いものを整理し，要点をまとめて記述する。
4 出来事に対するソーシャルワーカーの解釈や見解を記述する。
5 ソーシャルワーカーとクライエントの会話における発言をありのままに再現して記述する。

90 ソーシャルワークの理論と方法

旧相談援助の理論と方法・問題 111

ケアマネジメントの過程に関する次の記述のうち，**最も適切なもの**を **1 つ**選びなさい。

1 アセスメントとは，クライエントや家族の意向に沿ってニーズを充足する方法を決定することである。
2 ケアプランの作成とは，ケアマネジメントの対象となるかどうかを確認することである。
3 ケアプランの実施とは，ケアマネジメントについて説明をし，利用意思を文書等により確認することである。
4 リファーラルとは，支援が望まれると判断された人々を，地域の関係機関等が支援提供機関などに連絡し，紹介することである。
5 スクリーニングとは，一定期間の後に支援経過と結果を全体的に評価することである。

91 ソーシャルワークの理論と方法

旧相談援助の理論と方法・問題 113

グループワークに関する次の記述のうち，**最も適切なもの**を**1つ**選びなさい。

1 コイル（Coyle, G.）は，ミシガン学派に所属し，個人を望ましい方向に向けて治療する治療モデルを提唱した。

2 コノプカ（Konopka, G.）は，グループワークの 14 の原則を示し，治療教育的グループワークの発展に貢献した。

3 ヴィンター（Vinter, R.）は，ソーシャルワーカーの役割を，メンバーとグループの媒介者とし，相互作用モデルを提唱した。

4 トレッカー（Trecker, H.）は，セツルメントや YWCA の実践を基盤とし，グループワークの母と呼ばれた。

5 シュワルツ（Schwartz, W.）は，アメリカ・グループワーカー協会で採択された「グループワーカーの機能に関する定義」（1949 年）を起草した。

92 ソーシャルワークの理論と方法

旧相談援助の理論と方法・問題 114

次のうち，複数のスーパーバイジーがスーパーバイザーの同席なしに行うスーパービジョンの形態として，**最も適切なもの**を**1つ**選びなさい。

1 ピア・スーパービジョン

2 グループ・スーパービジョン

3 ライブ・スーパービジョン

4 個人スーパービジョン

5 セルフ・スーパービジョン

社会福祉調査の基礎

93 社会福祉調査の基礎

旧社会調査の基礎・問題 84

政府が行う社会調査の対象に関する次の記述のうち，**正しいもの**を**1つ**選びなさい。

1 国勢調査は，日本に常住する外国人を対象としない。

2 労働力調査は，調査時に求職中の人も対象とする。

3 社会保障生計調査は，被保護世帯を対象としない。

4 国民生活基礎調査は，20 歳未満の国民を対象としない。

5 家計調査は，学生の単身世帯も対象とする。

94 社会福祉調査の基礎

旧社会調査の基礎・問題 85

社会調査の倫理に関する次の記述のうち，**最も適切なもの**を **1 つ**選びなさい。

1 社会福祉施設利用者に聞き取り調査をする際，聞き漏らしを防ぐための録音は，不安感を抱かせるので，調査対象者に告げずに行った。

2 介護施設で職員へのマネジメントに関する調査をする際，施設長に対する職員の評価を正確に把握するために，全員に記名式の質問紙の提出を義務づけた。

3 社会福祉学部の学生からの依頼で質問紙調査をする際，いつも出入りしている学生だったため，施設利用者に特に説明することなく質問紙を配布した。

4 社会福祉施設利用者の家族の実情を聴く際，第三者が出入りしない個室で聞き取り調査を行った。

5 施設にボランティア活動に来る小学生に質問紙調査をする際，本人たちの了承を得るだけでよい。

95 社会福祉調査の基礎

旧相談援助の理論と方法・問題 116

次の記述のうち，個人情報の保護に関する法律の内容として，**正しいもの**を **1 つ**選びなさい。

1 個人情報取扱事業者には，国・地方公共団体が含まれる。

2 個人情報の取扱いが 5,000 人以下の事業者は，法律の適用対象外である。

3 個人情報には，個人の身体的な特徴に関する情報が含まれる。

4 認定個人情報保護団体とは，市町村の認定を受けた民間団体である。

5 要配慮個人情報とは，本人が配慮を申し立てた個人情報のことである。

96 社会福祉調査の基礎

旧社会調査の基礎・問題 86

標本調査に関する次の記述のうち，**最も適切なもの**を **1 つ**選びなさい。

1 非標本誤差は，回答者の誤答や記入漏れ，調査者の入力や集計のミスなどで生じる。

2 無作為抽出法による標本調査には，道で偶然に出会った見知らぬ人々を調査対象者として選ぶ方法も含む。

3 系統的抽出法は，母集団を性別や年齢別などの比率で分けて標本を得る無作為抽出の方法である。

4 有意抽出法は，確率抽出法の一方法である。

5 無作為抽出法による標本調査では，サンプルサイズの大小は，母集団を推計する信頼度に関係しない。

97 社会福祉調査の基礎

旧社会調査の基礎・問題 87

横断調査と縦断調査に関する次の記述のうち，**最も適切なもの**を **1 つ**選びなさい。

1 縦断調査とは，一時点のデータを収集する調査のことをいう。

2 横断調査で得られたデータを，時系列データと呼ぶ。

3 パネル調査とは，調査対象者に対して，過去の出来事を振り返って回答してもらう調査のことをいう。

4 パネル調査は，横断調査に比べて，因果関係を解明するのに適している。

5 横断調査では，時期を空けた 2 回目以降の調査で同じ調査対象者が脱落してしまうといった問題がある。

98 社会福祉調査の基礎

旧社会調査の基礎・問題 88

質問紙の作成に当たっての留意点に関する次の記述のうち，**最も適切なものを 1 つ**選びなさい。

1　一つの質問文で複数の事項を問うことは，複数の回答が同時に得られるので，質問紙の作成において望ましいと考えられている。

2　パーソナルな質問とは社会一般的な意見について尋ねる質問であり，インパーソナルな質問とは調査対象者自身の意識や行動について尋ねる質問である。

3　質問文を作成するときには，調査対象者に関心を持ってもらうために，一般的に固定的なイメージを持つステレオタイプな用語を使う必要がある。

4　社会的に望ましい結果を得るために，誘導的な質問をすることは質問紙の作成として適切である。

5　前の質問文の内容が次の質問文の回答に影響を与えないように，注意を払う必要がある。

99 社会福祉調査の基礎

旧社会調査の基礎・問題 89

調査票の配布と回収に関する次の記述のうち，**最も適切なものを 1 つ**選びなさい。

1　集合調査は，多くの人が集まる場所で調査票を配布後，個々の調査対象者に対して回答を尋ねて，調査員が調査票に記入して回収する方法である。

2　郵送調査は，調査対象者に調査票を郵便によって配布後，調査員が訪問して，記名のある回答済の調査票を回収する方法である。

3　留置調査は，調査対象者を調査員が訪問して調査票を置いていき，調査対象者が記入した後で調査員が回収する方法である。

4　訪問面接調査は，調査員が調査対象者を訪問して調査票を渡し，調査対象者に記入してもらい回収する方法である。

5　モニター調査は，インターネット上で不特定多数の人々に調査票を配信して回収する方法である。

100 社会福祉調査の基礎

旧社会調査の基礎・問題 90

調査手法としての観察法に関する次の記述のうち，**最も適切なものを 1 つ**選びなさい。

1　観察法における「完全な観察者」は，観察に徹して，その場の活動には参加しない。

2　観察法では，聞き取り，文書，写真などの資料は使用しない。

3　観察法の一つとしての参与観察法では，集団を観察対象としない。

4　観察法におけるノートへの記録は，観察時間内に行い，観察終了後には行わない。

5　観察法では，質的なデータは扱うが，量的なデータは扱わない。

高齢者福祉

101

高齢者福祉

旧高齢者に対する支援と介護保険制度・問題 126

「令和元年版高齢社会白書」(内閣府)における高齢者の介護に関する次の記述のうち，**正しいものを１つ**選びなさい。

1 65 歳以上の者の死因別の死亡率で最も高いのは，「老衰」となっている。

2 要介護者等からみた主な介護者の続柄で最も多いのは，「子の配偶者」となっている。

3 55 歳以上の男性では，介護を頼みたい人として最も多いのは，「子」となっている。

4 要介護者等において，介護が必要になった主な原因で最も多いのは，「認知症」となっている。

5 55 歳以上の男女では，介護が必要になった場合の費用をまかなう手段として最も多いのは，「貯蓄」となっている。

102

高齢者福祉

旧高齢者に対する支援と介護保険制度・問題 127

高齢者の保健・福祉制度の展開に関する次の記述のうち，**正しいものを１つ**選びなさい。

1 生活保護法(1950 年(昭和 25 年))により，全国老人クラブ連合会が結成され，老人クラブが規定された。

2 老人福祉法(1963 年(昭和 38 年))により，軽費老人ホームが規定された。

3 老人保健法(1982 年(昭和 57 年))により，介護予防事業が規定された。

4 高齢社会対策基本法(1995 年(平成 7 年))により，21 世紀までの介護基盤の量的整備が規定された。

5 介護保険法(1997 年(平成 9 年))により，認知症サポーター養成研修事業が規定された。

103

高齢者福祉

旧高齢者に対する支援と介護保険制度・問題 131

介護保険制度における保険給付と介護報酬に関する次の記述のうち，**正しいものを１つ**選びなさい。

1 介護報酬の算定基準を定める場合，厚生労働大臣はあらかじめ財務大臣及び総務大臣の意見を聴かなければならないこととなっている。

2 特定入所者介護サービス費は，介護保険施設入所者のうちの「低所得者」に対し，保険給付にかかる定率負担の軽減を図るものとなっている。

3 介護報酬の 1 単位当たりの単価は 10 円を基本とした上で，事業所・施設の所在地及びサービスの種類に応じて減額が行われている。

4 要介護度に応じて定められる居宅介護サービス費等区分支給限度基準額が適用されるサービスの種類の一つとして，短期入所療養介護がある。

5 福祉用具貸与の介護報酬については，貸与価格の下限の設定が行われることとなっている。

(注)「低所得者」とは，要介護被保険者のうち所得及び資産の状況などの事情をしん酌して厚生労働省令で定める者のことである。

104 高齢者福祉

旧高齢者に対する支援と介護保険制度・問題 132

次の記述のうち，国民健康保険団体連合会の介護保険制度における役割として，**正しいものを1つ**選びなさい。

1 介護保険の財政の安定化に資する事業に必要な費用を充てるため，財政安定化基金を設ける。

2 介護サービス事業者が利用者に提供したサービスに伴う介護給付費の請求に関し，市町村から委託を受けて，審査及び保険給付の支払を行う。

3 介護サービスの苦情処理等の業務や事業者・施設への指導・助言のための機関として，運営適正化委員会を設置する。

4 市町村が介護認定審査会を共同設置する場合に，市町村間の調整や助言等の必要な援助を行う。

5 保険給付に関する処分や保険料などの徴収金に関する処分について，不服申立ての審理・裁決を行うための機関として，介護保険審査会を設置する。

105 高齢者福祉

旧高齢者に対する支援と介護保険制度・問題 133

事例を読んで，X事業者（福祉用具貸与事業者及び特定福祉用具販売事業者）に勤務するE福祉用具専門相談員（社会福祉士）が行う支援として，**最も適切なものを1つ**選びなさい。

〔事　例〕

E福祉用具専門相談員は，Y居宅介護支援事業所のF介護支援専門員からの依頼で，R市で一人暮らしをしているGさん（女性，84歳，要介護1）の自宅を訪問し，福祉用具の選定に関する相談を行うこととなった。Gさんは約10年前の大腿骨頸部（だいたいこつけいぶ）骨折の後遺症により股関節が動きにくくなり，現在では浴槽への出入りと屋外での移動に支障がある。しかし，その他の日常生活動作や認知機能に支障はなく，状態も安定している。GさんはこれまでT字杖（つえ）以外の福祉用具は使用したことがない。

1 Gさんに，福祉用具貸与による入浴補助用具の給付が可能と説明した。

2 Gさんに，特定福祉用具販売による自宅廊下の手すりの設置が可能と説明した。

3 Gさんに屋外での移動のため，福祉用具貸与による歩行器の利用が可能と説明した。

4 Gさん及びF介護支援専門員と相談した上で福祉用具貸与計画と特定福祉用具販売計画を作成し，利用前にR市に提出して承認を得た。

5 Gさんが将来，身体状況が悪化したときのことを想定して，玄関の段差を解消するために移動用リフトを設置した方がよいと説明した。

106 高齢者福祉

旧高齢者に対する支援と介護保険制度・問題 134

老人福祉法に関する次の記述のうち，**正しいものを1つ**選びなさい。

1 市町村は，市町村老人福祉計画において，当該市町村の区域において確保すべき老人福祉事業の量の目標を定めるものとしている。

2 養護老人ホームの入所要件は，60歳以上の者であって，経済的理由により居宅において介護を受けることが困難な者としている。

3 老人福祉法に基づく福祉の措置の対象となる施設の一つとして，救護施設が含まれている。

4 特別養護老人ホームについて，高齢者がやむを得ない事由により自ら申請できない場合に限って，市町村の意見を聴いた上で都道府県が入所措置を行う。

5 老人介護支援センターは，介護保険法の改正（2005年（平成17年））に伴って，老人福祉法から削除され，介護保険法上に規定された。

107

高齢者福祉

旧 高齢者に対する支援と介護保険制度・問題135

高齢者の住まいに関する法制度についての次の記述のうち，**正しいものを1つ**選びなさい。

1 住宅確保要配慮者に対して居住支援に取り組む法人（居住支援法人）は，その申請により，都道府県知事から指定されることとなっている。

2 サービス付き高齢者向け住宅は，入居者に対し，介護保険制度における居宅介護サービス若しくは地域密着型サービスの提供が義務づけられている。

3 シルバーハウジングにおいては生活支援コーディネーターが配置され，必要に応じて入居者の相談や一時的な身体介護を行うこととなっている。

4 終身建物賃貸借制度は，賃借人が死亡することによって賃貸借契約が終了する借家契約であり，75歳以上の高齢者が対象とされている。

5 市町村は，住宅確保要配慮者に対する賃貸住宅の供給の促進に関する計画（市町村賃貸住宅供給促進計画）の作成を義務づけられている。

108

高齢者福祉

旧 高齢者に対する支援と介護保険制度・問題128

事例を読んで，W居宅介護支援事業所のC介護支援専門員（社会福祉士）によるDさんへの支援内容として，**適切なものを2つ**選びなさい。

〔事　例〕

Dさん（69歳，女性，要介護2）は長男（42歳）と暮らしている。10年前にパーキンソン病と診断され，服薬を続けている。小刻み状態の歩行であり，自宅のカーペットは，ずれやすく転びそうになることがある。ベッドの端座位からの起立に時間がかかる。食事の際，たまにむせることがある。また，最近は昼間に強い眠気がある。担当のW居宅介護支援事業所のC介護支援専門員は，自宅で安心して暮らしていきたいというDさんと長男の意向を踏まえ，居宅サービス計画を立案している。

1 転倒防止のため，できるだけベッド上での安静を図るよう指示した。

2 転ばないように，カーペットを固定することを助言した。

3 強い眠気は薬の副作用であるので，薬の減量を長男に指示した。

4 ベッドからの起立を楽にするために，一気に起き上がることを勧めた。

5 食べ物が喉の途中に引っかかる感じがないか，Dさんと長男に確認した。

109

高齢者福祉

旧 高齢者に対する支援と介護保険制度・問題129

「ロボット技術の介護利用における重点分野」（2017年（平成29年）改訂（厚生労働省・経済産業省））*に関する次の記述のうち，**正しいものを1つ**選びなさい。

1 見守り・コミュニケーション分野には，センサーや外部通信機能を備えた機器のプラットフォームが含まれる。

2 移乗支援分野には，ロボット技術を用いて高齢者等の外出や屋内移動をサポートする機器が含まれる。

3 移乗支援分野の非装着型の機器は，備付けのための土台工事が必要となる。

4 移動支援分野の装着型機器は，パワーアシストで介助者の負担軽減を図る。

5 排泄（はいせつ）支援分野を担うロボットは，排泄物の処理を行うものに限られる。

＊ 2025年（令和7年）4月より，名称が「介護テクノロジー利用の重点分野」へ変更され，3つの分野の追加，複数の分野・項目における定義文の見直しが行われた。

110 高齢者福祉

旧高齢者に対する支援と介護保険制度・問題 130

要介護高齢者の住環境整備に関する次の記述のうち，**最も適切なものを 1 つ**選びなさい。

1 階段は，ステップの面と高さの色彩コントラストをはっきりさせる。
2 床の滑り止めを極力強化することで，転倒を防止する。
3 手指に拘縮がある場合，握り式のドアノブにする。
4 車いす利用の場合，有効な廊下幅は 550mm 以上である。
5 ポータブルトイレの設置は，ベッドからできるだけ遠ざける。

児童・家庭福祉

111 児童・家庭福祉

旧児童や家庭に対する支援と児童・家庭福祉制度・問題 136

「平成 28 年度全国ひとり親世帯等調査」（厚生労働省）又は「平成 28 年国民生活基礎調査」（厚生労働省）に示された，2016 年（平成 28 年）時点におけるひとり親世帯等の実態に関する次の記述のうち，**最も適切なものを 1 つ**選びなさい。

1 母子世帯になった理由としては，生別よりも死別が多い。
2 母子世帯になった時の末子の年齢階級は，生別世帯の場合，9 歳から 11 歳までが最も多い。
3 世帯類型別にみると，母子世帯の世帯数は，ここ 10 年で約 5 倍に増えている。
4 「子どもがいる現役世帯」のうち，大人が一人の世帯の相対的貧困率は，約 5 割となっている。
5 母子世帯の母の就業状況としては，正規の職員・従業員の割合は約 8 割である。

（注）「子どもがいる現役世帯」とは，世帯主が 18 歳以上 65 歳未満で，子どもが 17 歳以下の世帯をいう。

112 児童・家庭福祉

旧児童や家庭に対する支援と児童・家庭福祉制度・問題 137

2019 年（令和元年）に改正された児童福祉法及び児童虐待の防止等に関する法律に関する次の記述のうち，**最も適切なものを 1 つ**選びなさい。

1 児童相談所における介入担当と保護者支援担当は，同一の児童福祉司が担うこととなった。
2 児童相談所の業務の質について，毎年，評価を実施することが義務づけられた。
3 親権者は，児童のしつけに際して体罰を加えてはならないとされた。
4 特別区（東京 23 区）に，児童相談所を設置することが義務づけられた。
5 一時保護の解除後の児童の安全の確保が，市町村に義務づけられた。

113 児童・家庭福祉

旧児童や家庭に対する支援と児童・家庭福祉制度・問題 138

事例を読んで，Z配偶者暴力相談支援センターのH相談員（社会福祉士）によるこの時点での対応として，**適切なものを2つ**選びなさい。

〔事　例〕

Jさん（35歳）は夫（45歳）と娘（7歳）の3人暮らしである。日々の生活の中で，「誰のおかげで飯を食わせてもらっているのか。母親失格，人間としても駄目だ」等と毎日のように娘の前で罵倒され，娘もおびえており，Z配偶者暴力相談支援センターに相談に来た。H相談員に，夫の言葉の暴力に苦しんでいることを相談し，「もう限界です」と話した。Jさんは娘の成長にとってもよくないと思っている。

1　家庭裁判所に保護命令を申し立てるようJさんに勧める。

2　Jさんの希望があれば，Jさんと娘の一時保護を検討できるとJさんに伝える。

3　「身体的暴力はないのだから」と，もう少し様子を見るようJさんに伝える。

4　警察に通報する。

5　父親の行為は児童虐待の疑いがあるので，児童相談所に通告する。

114 児童・家庭福祉

旧児童や家庭に対する支援と児童・家庭福祉制度・問題 139

事例を読んで，Kさんの児童手当の支給先として，**正しいものを1つ**選びなさい。

〔事　例〕

Kさん（13歳，女性）は，父からの身体的虐待によりS市に住む家族と離れ，T市にあるU児童養護施設に入所した。S市役所にKさんの母が来て，これまで父に支払われていたKさんの児童手当は誰に支払われるのかと聴いた。

1　T市

2　Kさん本人

3　Kさんの父

4　U児童養護施設の設置者

5　支給は停止される。

115 児童・家庭福祉

旧児童や家庭に対する支援と児童・家庭福祉制度・問題 140

子育て支援に係る法律に関する次の記述のうち，**正しいものを1つ**選びなさい。

1　子ども・子育て支援法に基づき，国は，子どもと保護者に必要な子ども・子育て支援給付，地域子ども・子育て支援事業を総合的・計画的に行う。

2　次世代育成支援対策推進法に基づき，市町村は，3年ごとに次世代育成支援対策の実施に関する計画を策定することが義務づけられている。

3　次世代育成支援対策推進法に基づき，常時雇用する労働者が100人を超える一般事業主は，一般事業主行動計画を策定しなければならない。

4　児童福祉法に基づき，保育所等訪問支援では，小学校長が命じる者が保育所等を訪問して，就学前教育に関する助言を行う。

5　母子保健法に基づき，乳児家庭全戸訪問事業では，生後8か月に達した乳児の家庭を訪問して，指導を行う。

116 児童・家庭福祉

旧 児童や家庭に対する支援と児童・家庭福祉制度・問題 141

子どもの貧困対策の推進に関する法律*1に関する次の記述のうち，**最も適切なもの**を**1つ**選びなさい。

1 基本理念として，子どもの貧困対策*1が児童虐待の予防に資するものとなるよう，明記している。

2 子どもの貧困対策*1では，子どもの年齢及び発達の程度に応じて，その意見が尊重され，その最善の利益が優先して考慮されなければならない。

3 政府は2年ごとに，子どもの貧困の状況と貧困対策*1の実施状況を公表しなければならない*2。

4 社会福祉協議会は，貧困の状況にある子どもの保護者に対する就労支援に関して必要な対策を講じなければならない。

5 文部科学省に，特別の機関として，子どもの貧困対策会議を置く*3。

＊1　2024年（令和6年）の改正により，「子どもの貧困対策の推進に関する法律」は，「こどもの貧困の解消に向けた対策の推進に関する法律」と題名変更された。

＊2　2022年（令和4年）6月のこども基本法の制定に伴う改正により，毎年，国会に報告を提出するとともに，これを公表しなければならないこと，また，こども基本法の規定による国会への報告及び公表がされたときは，法に基づく報告・公表はされたものとみなすこととされた。

＊3　こども基本法の制定に伴う改正により，この規定は削除されている。

117 児童・家庭福祉

旧 児童や家庭に対する支援と児童・家庭福祉制度・問題 142

子どもに関わる専門職等に関する次の記述のうち，**最も適切なもの**を**1つ**選びなさい。

1 家庭裁判所調査官は，家庭内の紛争や非行の原因などの調査や，児童福祉施設入所等の適否を判断するための調査等を行う。

2 法務教官は，児童自立支援施設において，生活指導，職業指導，教科教育等各種の教育訓練による矯正教育を行う。

3 保健師は，児童福祉法に基づき，妊産婦や新生児の訪問指導，乳幼児健診，保健指導などを行う。

4 児童委員は，要保護児童の把握や通告を行うこととされており，児童相談所の決定による子どもやその保護者への指導を行うことは業務外となっている。

5 保育士は，子どもを対象とした直接的な援助が主な業務であり，保護者への保育に関する指導を行うことは業務外となっている。

貧困に対する支援

118 貧困に対する支援

旧 低所得者に対する支援と生活保護制度・問題 63

「生活保護の被保護者調査（平成30年度確定値）」（厚生労働省）に示された，2018年度（平成30年度）における生活保護受給者の動向に関する次の記述のうち，**正しいもの**を**1つ**選びなさい。

1 被保護実人員（保護停止中を含む）は，1995年度（平成7年度）の時点よりも増加している。

2 保護率（人口百人当）は，16.6％である。

3 保護開始の主な理由は，「傷病による」の割合が最も多い。

4 保護廃止の主な理由は，「働きによる収入の増加・取得・働き手の転入」の割合が最も多い。

5 保護の種類別にみた扶助人員は，住宅扶助よりも教育扶助の方が多い。

119 貧困に対する支援

旧 低所得者に対する支援と生活保護制度・問題 64

生活保護法が規定する基本原理・原則に関する次の記述のうち，**正しいもの**を**1つ**選びなさい。

1 すべて国民は，この法律及び地方公共団体の条例の定める要件を満たす限り，この法律による保護を受けることができる。

2 必要即応の原則とは，要保護者の需要を基とし，そのうち，その者の金銭又は物品で満たすことのできない不足分を補う程度において保護を行うことをいう。

3 民法に定める扶養義務者の扶養及び他の法律に定める扶助は，すべてこの法律による保護に優先して行われる。

4 保護の決定は，生活困窮に陥った原因に基づいて定められている。

5 行政庁が保護の必要な者に対して，職権で保護を行うのが原則とされている。

120 貧困に対する支援

旧 低所得者に対する支援と生活保護制度・問題 65

事例を読んで，R市福祉事務所のK生活保護現業員が保護申請時に行う説明に関する次の記述のうち，**最も適切なもの**を**1つ**選びなさい。

〔事　例〕

Lさん（39 歳，男性）は，妻（36 歳），長男（15 歳，中学生）及び次男（ 4 歳，幼稚園児）と暮らしている。Lさんは精神障害者，妻は身体障害者であり，一家は夫妻の障害基礎年金とLさんの就労所得で生活してきた。これまでLさんはパートタイム就労を継続していたが，精神疾患が悪化して退職し，夫妻の年金だけでは生活できなくなった。Lさんは，退職に際して雇用保険からの給付もなかったので，生活保護の申請を行おうとしている。

1 生業扶助における母子加算を受給できることを説明した。

2 二人の子に対しては，それぞれ教育扶助を受給できることを説明した。

3 長男が高校に進学すれば，教育扶助から高等学校等就学費を受給できることを説明した。

4 夫妻が共に障害基礎年金を受給していても，生活保護の申請を行うことはできると説明した。

5 Lさんに精神疾患があるとしても，就労が可能である場合，生活保護の申請は行えないことを説明した。

121 貧困に対する支援

旧 低所得者に対する支援と生活保護制度・問題 66

生活保護法に定める不服申立てに関する次の記述のうち，**正しいもの**を**1つ**選びなさい。

1 不服申立てが権利として認められたのは，旧生活保護法（1946 年（昭和 21 年））制定時においてである。

2 審査請求は，市町村長に対して行う。

3 審査請求に対する裁決が 50 日以内に行われないときは，請求は認容されたものとみなされる。

4 当該処分についての審査請求を行わなくても，処分の取消しを求める訴訟を提起することができる。

5 再審査請求は，厚生労働大臣に対して行う。

122 貧困に対する支援

㊐低所得者に対する支援と生活保護制度・問題 67

事例を読んで，Ｓ市福祉事務所のＭ生活保護現業員の支援に関する次の記述のうち，**最も適切なものを１つ**選びなさい。

〔事　例〕

Ａさん（30 歳，女性）は，会社員として働いていた３年前に乳がんと診断された。仕事をしながら治療を受けることが困難であったため会社を退職し，現在，生活保護を受給し，Ｓ市福祉事務所のＭ生活保護現業員による支援を受けている。約１年間の治療を経て，現在はパートタイムの仕事ができる程度に体調が回復しており，検診の結果，「軽労働」が可能と診断された。そこでＡさんは，体調に合わせて働ける職場での再就職を希望している。

1　日常生活自立を図るため，Ａさんに被保護者就労準備支援事業の利用を促す。
2　Ａさんの同意を得て，公共職業安定所（ハローワーク）と福祉事務所が連携した就労支援チームによる支援を行う。
3　Ａさんの同意を得て，公共職業安定所（ハローワーク）に配置される就職支援コーディネーターに職業相談・職業紹介を依頼する。
4　Ａさんの同意を得て，福祉事務所に配置される就職支援ナビゲーターに公共職業安定所（ハローワーク）と連携した支援を依頼する。
5　Ａさんの同意を得て，Ｓ市において生活困窮者自立相談支援事業を受託している社会福祉協議会に，被保護者就労支援を依頼する。

123 貧困に対する支援

㊐低所得者に対する支援と生活保護制度・問題 69

生活福祉資金貸付制度に関する次の記述のうち，**正しいものを１つ**選びなさい。

1　借入れの申込先は，福祉事務所である。
2　借入れの申込みは，民生委員を介して行わなければならない。
3　資金貸付けと併せて必要な相談支援を受ける。
4　償還の猶予はできない。
5　総合支援資金は，連帯保証人を立てないと貸付けを受けることができない。

124 貧困に対する支援

㊐低所得者に対する支援と生活保護制度・問題 68

福祉事務所の組織及び運営に関する次の記述のうち，**正しいものを１つ**選びなさい。

1　都道府県及び市（特別区を含む）は，条例で，福祉事務所を設置しなければならない。
2　都道府県知事は，生活保護法に定める職権の一部を，社会福祉主事に委任することができる。
3　生活保護の現業を行う所員（現業員）は，保護を決定し実施することができる。
4　福祉事務所の指導監督を行う所員（査察指導員）及び現業を行う所員（現業員）は，生活保護法以外の業務に従事することは禁止されている。
5　福祉事務所の長は，高度な判断が求められるため社会福祉士でなければならない。

125 貧困に対する支援

旧就労支援サービス・問題 146

事例を読んで，N市の総合相談窓口のL相談員（社会福祉士）が，この時点で連携を検討する機関として，次のうち**最も適切なもの**を**1つ**選びなさい。

〔事　例〕

Mさん（37歳，女性）は高校卒業後に就職したが，職場になじめず退職し，その後，両親と同居する家から外出することなく，就労経験がほとんどなかった。数年前から働く意思はあるが，対人関係を苦手と感じており，仕事の経験が乏しいことから就労に不安を感じている。就労の相談のために，MさんはN市の総合相談窓口に問い合わせた。

1　就労移行支援事業所
2　自立援助ホーム
3　地域若者サポートステーション
4　地域活動支援センター
5　労働基準監督署

保健医療と福祉

126 保健医療と福祉

旧保健医療サービス・問題 70

医療保険制度における保険者とその被保険者に関する次の記述のうち，**正しいもの**を**1つ**選びなさい。

1　健康保険の保険者には，全国健康保険協会が含まれる。
2　船員保険の保険者は，健康保険組合である。
3　日雇特例被保険者の保険の保険者は，国民健康保険組合である。
4　国民健康保険の被保険者には，国家公務員共済組合の組合員が含まれる。
5　後期高齢者医療制度の被保険者は，75歳以上の者に限られる。

127 保健医療と福祉

旧保健医療サービス・問題 71

公的医療保険の保険給付に関する次の記述のうち，**最も適切なもの**を**1つ**選びなさい。

1　医療保険の保険給付は，現物給付に限られる。
2　高額療養費の給付は，国民健康保険を除く公的医療保険で受けられる。
3　療養の給付は，保険医の保険診療を受けた場合に受けられる。
4　出産手当金は，女子被保険者及び女子被扶養者が出産した場合に支給される。
5　入院時生活療養費は，特別の病室に入院した場合に限り支給される。

128 保健医療と福祉

旧保健医療サービス・問題 76

事例を読んで，X病院のB医療ソーシャルワーカー（社会福祉士）のCさんへの対応に関する次の記述のうち，**最も適切なものを1つ**選びなさい。

〔事　例〕

Cさん（43歳，男性）は，正社員として勤務する工場での仕事中に鋼板の落下によって頭部外傷を負った。救急病院で1か月の入院後，リハビリテーションの目的でX病院へ転院し3週間が経過した。下肢の片麻痺（まひ）と高次脳機能障害があり，歩行のために下肢装具を製作した。CさんはB医療ソーシャルワーカーの下を訪れ，「労働災害として認められたが，今後の経済的なことがとても心配である。復職を含めたこれからの生活について相談したい」と話した。B医療ソーシャルワーカーはCさんの不安な気持ちに共感しながら具体的な情報を提供した。

1　Cさん宅へ職場適応援助者（ジョブコーチ）を派遣し，復職に向けた訓練ができることを説明する。
2　入院期間中は傷病手当金が支給されることを説明する。
3　装具購入費は，労働者災害補償保険法に基づいて勤務先の工場へ請求できることを説明する。
4　退院後の生活に備えて，介護保険の要介護認定の申請について説明する。
5　休業4日目以降の休業期間中は，休業補償給付に加えて休業特別支給金が受けられることを説明する。

129 保健医療と福祉

旧保健医療サービス・問題 75

訪問看護ステーションの指定要件等に関する次の記述のうち，**正しいものを1つ**選びなさい。

1　栄養士を配置していること。
2　特定行為研修を修了した看護師を配置していること。
3　管理者は医師であること。
4　機能強化型訪問看護ステーションでは，利用者や家族からの連絡及び相談を24時間受ける体制を整備していること。
5　訪問看護の対象は65歳以上の高齢者とすること。

130 保健医療と福祉

旧保健医療サービス・問題 72

日本のがん対策に関する次の記述のうち，**正しいものを2つ**選びなさい。

1　都道府県は，がん対策基本法に基づき，がん対策推進基本計画を策定することが義務づけられている。
2　地域がん診療連携拠点病院では，患者や家族に対して，必要に応じて，アドバンス・ケア・プランニング（ACP）を含めた意思決定支援を提供できる体制の整備が行われている。
3　がん診療連携拠点病院では，相談支援を行う部門としてがん相談支援センターが設置されている。
4　地域がん診療連携拠点病院では，社会福祉士がキャンサーボードと呼ばれるカンファレンスを開催することが義務づけられている。
5　都道府県は，健康増進法に基づき，がん検診を実施することが義務づけられている。

131 保健医療と福祉

㊥保健医療サービス・問題 74

日本における医師の資格，業務及び偏在に関する次の記述のうち，**正しいものを 1 つ**選びなさい。

1 医師が正当な理由なく業務上知り得た秘密を漏らす行為は，刑法により罰せられる。

2 医師は診察治療の求めがあった場合には，事由のいかんにかかわらず，拒むことはできない。

3 医療施設に従事する医師の人口 10 万対の数を地域別にみると，東北地方に比べて近畿地方が少ない傾向にある。

4 医師の養成機関に対する指定権者は，厚生労働大臣である。

5 医療施設に従事する医師数を施設種別にみると，診療所に従事する医師が最も多い。

132 保健医療と福祉

㊥保健医療サービス・問題 73

医療法等による地域医療構想に関する次の記述のうち，**正しいものを 2 つ**選びなさい。

1 構想区域の設定については，三次医療圏を原則とする。

2 病床の必要量の推計については，慢性期病床は推計の対象外とされている。

3 医療需要の推計については，在宅医療は推計の対象外とされている。

4 都道府県は，構想区域等ごとに，診療に関する学識経験者の団体等（関係者）との協議の場を設けなければならない。

5 地域医療構想では，地域における病床の機能分化と連携の推進が目指される。

ソーシャルワークの基盤と専門職（専門）

133 ソーシャルワークの基盤と専門職（専門）

㊥相談援助の基盤と専門職・問題 96

相談援助に関わる職種の根拠法に関する次の記述のうち，**正しいものを 1 つ**選びなさい。

1 民生委員は，社会福祉法に規定されている。

2 介護支援専門員は，老人福祉法に規定されている。

3 児童福祉司は，児童福祉法に規定されている。

4 社会福祉主事は，生活保護法に規定されている。

5 身体障害者福祉司は，「障害者総合支援法」に規定されている。

（注）「障害者総合支援法」とは，「障害者の日常生活及び社会生活を総合的に支援するための法律」のことである。

134 ソーシャルワークの基盤と専門職（専門）

旧 相談援助の基盤と専門職・問題 97

事例を読んで，多職種連携の観点から，この時点でのＴ市の地域包括支援センターのＢ社会福祉士の対応として，**適切なものを２つ**選びなさい。

〔事　例〕

担当地区の民生委員のＣさんより，一人暮らしのＤさん（80 歳，男性）のことでＴ市の地域包括支援センターに相談の電話があった。Ｄさんは３か月ほど前に妻を亡くした後，閉じ籠もりがちとなり，十分な食事をとっていないようである。Ｄさんはこれまで要支援・要介護認定は受けていない。Ｂ社会福祉士がＤさんの下を訪ねたところ，Ｄさんは受け答えはしっかりしていたが，体力が落ち，フレイルの状態に見受けられた。

1　法定後見制度の利用を検討するため，弁護士に助言を求める。
2　サロン活動の利用を検討するため，社会福祉協議会の福祉活動専門員に助言を求める。
3　日常生活自立支援事業の利用を検討するため，介護支援専門員に助言を求める。
4　介護老人福祉施設への入所を検討するため，医師に助言を求める。
5　栄養指導と配食サービスの利用を検討するため，管理栄養士に助言を求める。

ソーシャルワークの理論と方法（専門）

135 ソーシャルワークの理論と方法（専門）

旧 相談援助の理論と方法・問題 102

事例を読んで，Ｎ市の地域包括支援センターのＪ社会福祉士の初回面接の対応に関する次の記述のうち，**適切なものを２つ**選びなさい。

〔事　例〕

Ｊ社会福祉士は，初めて地域包括支援センターに来所したＫさん（66 歳，女性）の相談を受けた。「娘が結婚して家を出て以来，夫と二人で暮らしてきました。１年前に夫が定年で退職した頃から，夫が塞ぎ込み不眠にも悩まされるようになりました。Ｖ病院を受診していますが，一向に良くなりません。私にささいなことで怒鳴ることがあり，どうしたらいいか分かりません」と不安そうに話した。

1　夫婦間の問題であるため，配偶者暴力相談支援センターに相談するよう伝える。
2　夫の不眠の症状を改善させる方法をアドバイスする。
3　Ｋさんが問題や不安を落ち着いて語れるように心掛ける。
4　Ｖ病院にＫさんの夫の医療情報を照会する。
5　Ｋさんに対して地域包括支援センターの役割について説明する。

136

ソーシャルワークの理論と方法（専門）

旧 相談援助の理論と方法・問題 107

事例を読んで，Ｚ大学の障害学生支援室のＣソーシャルワーカー（社会福祉士）のＤさんへのこの時点での対応として，**適切なもの**を **2 つ**選びなさい。

〔事　例〕

Ｚ大学 3 年生のＤさん（21 歳，男性）は入学前に交通事故に遭い，日常的に車いすを使用している。Ｄさんの入学以来，Ｃソーシャルワーカーは面接を行い，必要な支援を提供してきた。ある日，Ｄさんが卒業後の生活について相談したいと障害学生支援室を訪れた。「就職活動をする時期になり，卒業後は一人暮らしをしたいと両親に伝えました。両親は，最初は反対していましたが，最終的には賛成してくれました。でも，実際に将来のことを考え始めたら様々なことがとても不安で，就職活動が手につきそうにありません」と，Ｄさんは思い詰めた表情で話した。

1　両親にはこれ以上心配を掛けないよう，自分で解決するように伝える。
2　ＣソーシャルワーカーがＤさんにとって良いと考える具体的な就職先を伝える。
3　不安について具体的に話すよう促し，解決すべき問題を一緒に整理する。
4　障害者の自立生活や就職活動の経験者がいる自助グループへの参加を提案する。
5　就職して一人暮らしをすることは十分可能なので，自信を持つように伝える。

137

ソーシャルワークの理論と方法（専門）

旧 相談援助の理論と方法・問題 108

事例を読んで，Ｕがん診療連携拠点病院のＥ医療ソーシャルワーカー（社会福祉士）による応答として，**適切なもの**を **2 つ**選びなさい。

〔事　例〕

Ｕがん診療連携拠点病院のＥ医療ソーシャルワーカーは，入院以来関わり続けてきた末期がん患者のＦさん（48 歳，男性）の妻Ｇさんから次のような相談を受けた。「夫も私も納得して，緩和ケアに変更して積極的な治療を行わないことを決めたのですが，もしかしたら明日効果的な薬が開発されるかもしれないし，果たしてその決断が正しかったのか。今後のことを考えると私は不安で不安で仕方がありません。今の私は亡くなっていく夫を支えていく自信がありません」と話した。

1　「心配ですね。でも，Ｆさんはすぐに亡くなると決まったわけではありませんよ」
2　「Ｇさんなら最後までＦさんに寄り添う力がありますよ」
3　「決断に迷いがあるのですね。そのお気持ちをもう少しお話しいただけますか」
4　「おつらいですね。Ｆさんを支えていく手立てをご一緒に考えていきませんか」
5　「がんの最新の治療方法を調べてお教えしますね」

138

ソーシャルワークの理論と方法（専門）

旧 相談援助の理論と方法・問題 109

次の記述のうち，ソーシャルワーカーが用いる面接技法に関する説明として，**最も適切なもの**を **1 つ**選びなさい。

1　明確化とは，クライエントを精神的に支えるための応答をすることである。
2　閉じられた質問とは，クライエントに多くの語りを促す質問方法である。
3　支持とは，クライエントの語りをソーシャルワーカーが明確にして返すことである。
4　開かれた質問とは，クライエントが,「はい」や「いいえ」など一言で答えが言える質問方法である。
5　要約とは，クライエントが語った内容をまとめて反射することである。

139 ソーシャルワークの理論と方法（専門）

旧 相談援助の理論と方法・問題 110

事例を読んで，Ｖ母子生活支援施設（以下「Ｖ施設」という。）のＨ母子支援員（社会福祉士）がＪさんに家庭訪問を提案した目的として，**適切なものを２つ**選びなさい。

〔事　例〕

Ｊさん（38 歳，女性）は，半年前にＶ施設を退所した。退所後は仕事をしながら，息子（12 歳）と共にＶ施設の隣町のアパートで暮らしていた。しかし，最近になって体調を崩し，自己都合により退職した。Ｊさんは生活に不安を覚え，Ｖ施設の支援担当者だったＨ母子支援員に電話をした。電話では，再就職活動をしているが，適切な職場が見付かっていないこと，手持ちのお金が底をつきそうで今後の生活に不安があること，思春期を迎える息子とのコミュニケーションに戸惑いがあることなどがＪさんから話された。話を聞いたＨ母子支援員は，支援の必要性を感じ早期の家庭訪問を提案した。

1　アパートの家主に同席を願い，Ｊさんの状況を知ってもらうため。

2　時間の長さを気にせず，訪問面接を行うため。

3　Ｊさんの生活状況を把握するため。

4　Ｊさんが，緊張感を持って訪問面接に臨めるようにするため。

5　息子の様子を知るため。

140 ソーシャルワークの理論と方法（専門）

旧 相談援助の理論と方法・問題 104

事例を読んで，在日外国人支援を行うＸ団体のＡ相談員（社会福祉士）によるＢさんへのこの時点での対応として，**適切なものを２つ**選びなさい。

〔事　例〕

外国籍の日系人Ｂさん（45 歳，男性）は，半年前に来日し，Ｙ社で働いていたが，１か月前にＹ社が倒産し職を失った。今後の生活について相談するため，在日外国人支援を行うＸ団体を訪ねた。Ａ相談員との面接では，以下のことを語った。母国では，今日まで続く不況により一家を養える仕事に就けず，家族の生活費を稼ぐため来日したこと。近い将来，母国で暮らす家族を呼び寄せたいと思っていること。現在求職中であるが日本語能力の低さなどからか，仕事が見付からず，もうこのまま働けないのではと思っていること。手持ちのお金がなくなり当面の生活費が必要なこと。なお，Ｂさんは在留資格（定住者）を有することを確認した。

1　一旦帰国することを提案する。

2　これまでの就労経験を確認し，働く上での強みを明らかにする。

3　生活福祉資金貸付制度などの仕組みを説明し，希望があれば窓口へ同行することを提案する。

4　日本語を学び直し，日本語能力を早急に高めることを勧める。

5　家族を呼び寄せることは無理であると伝える。

141 ソーシャルワークの理論と方法（専門）

旧 相談援助の理論と方法・問題 117

事例を読んで，P市社会福祉協議会のKソーシャルワーカー（社会福祉士）によるソーシャルアクションの実践として，**適切なものを 2 つ**選びなさい。

〔事　例〕

Kソーシャルワーカーは，以前から面識のあったLさん(32 歳)から相談を受けた。Lさんの同性のパートナーであるMさん（35 歳）が，残業が続くつらい日々の中，職場で倒れて病院に救急搬送され，緊急手術を受けた。Lさんは，すぐに病院に駆けつけ面会しようとしたが，病院からは，「家族ではないため面会はできない」と伝えられた。「自分たちの関係が社会的に認められず，何かあったときに助け合うこともできない」とLさんは涙ながらに訴えた。Kソーシャルワーカーは上司と相談し，LGBT への偏見や差別を解消し，地域住民の理解を深めるために，支援を行うことにした。

1　地域住民の反発を避け，円滑に医療を受けることを優先し，まずは病院の規則のとおりにするようアドバイスをする。

2　LGBT を支援する団体と連携し，同じような経験をした人の意見交換の場をつくる。

3　病院内の退院支援に向けたカンファレンスに参加し，Mさんの今後の地域生活で必要な医療的ケアについて検討する。

4　Mさんの職場に対し，長時間労働が常態化する職場環境の改善を求めて交渉する。

5　他市の「同性パートナーシップ証明」発行の取組について，地域住民を対象とした学習会を開催する。

142 ソーシャルワークの理論と方法（専門）

旧 相談援助の理論と方法・問題 112

次のうち，ネットワークに関する記述として，**最も適切なものを 1 つ**選びなさい。

1　ジェノグラムは，クライエントを取り巻く人間関係や社会環境における資源のネットワークを可視化したものである。

2　地域で構築される個別の課題に対する発見・見守りネットワークは，専門職を中心に構成される。

3　ラウンドテーブルとは，ボランティアグループのリーダーが参加する活動代表者ネットワークである。

4　多職種ネットワークでは，メンバーができるだけ同じ役割を担うようにコーディネートする。

5　個人を取り巻くネットワークには，個人にプラスの影響を与えるものと，マイナスの影響を与えるものの双方がある。

143 ソーシャルワークの理論と方法（専門）

旧 相談援助の理論と方法・問題 118

事例を読んで，Q市社会福祉協議会のAソーシャルワーカー（社会福祉士）の対応に関する次の記述のうち，**最も適切なもの**を**1つ**選びなさい。

〔事　例〕

Q市社会福祉協議会で民生委員協議会の支援に従事するAソーシャルワーカーは，市内の地区民生委員協議会のB会長から相談を受けた。最近，民生委員協議会の定例会で，個別のケースで対応に困る事例が増えていることや，市からの地域活動への協力依頼が多く負担が重いという意見が出てきており，会長としてどのように対応すればよいか悩んでいるとのことだった。

1　困難な問題を抱える家庭の個別対応については，住民懇談会で広く協議することを提案する。

2　どうすれば負担が軽減できるか，上部団体であるQ市社会福祉協議会へ解決を委任する。

3　地域活動に対する民生委員協議会の関わり方については，自治会・町内会で計画を立てることを促す。

4　市の担当職員を定例会に呼び，市からの協力依頼についてどうすれば負担が軽減できるか協議する。

5　負担感を訴える民生委員の代わりに，新たに民生委員になれる人を探す。

福祉サービスの組織と経営

144 福祉サービスの組織と経営

旧 福祉サービスの組織と経営・問題 119

社会福祉法人に関する次の記述のうち，**最も適切なもの**を**1つ**選びなさい。

1　理事長は，無報酬でなければならない。

2　経営安定化を図るため，収益事業を行う義務がある。

3　設立認可を行う所轄庁は，その主たる事務所の所在地を管轄する厚生労働省の地方厚生局である。

4　規模にかかわらず，決算書類を公表する義務がある。

5　評議員会の設置は任意である。

145 福祉サービスの組織と経営

旧 福祉サービスの組織と経営・問題 120

福祉サービスに関連する事業や活動を行うことのできる組織・団体に関する次の記述のうち，**最も適切なもの**を**1つ**選びなさい。

1　へき地医療や救急医療などを担うことが要件となっている社会医療法人は，医療保健業について法人税は非課税となっている。

2　「平成 29 年介護サービス施設・事業所調査」（厚生労働省）によると，介護保険法による指定訪問介護事業所の開設（経営）主体別事業所数の構成割合は社会福祉法人が最も高い。

3　組合員の生活の文化的経済的改善向上を図ることを目的に設立された消費生活協同組合は，介護保険事業を実施できないとされている。

4　医療法人は全て，本来業務である病院，診療所，介護老人保健施設のほか，収益業務も実施することができる。

5　地域の自治会・町内会が法人格を取得する制度は存在せず，集会場など土地・建物の管理は個人名義で行う必要がある。

146 福祉サービスの組織と経営

旧福祉サービスの組織と経営・問題 121

経営の基礎理論に関する次の記述のうち，**最も適切なものを１つ**選びなさい。

1 バーナード（Barnard, C.）によれば，公式組織の３要素とは，コミュニケーション，貢献意欲，共通目的である。

2 アッシュ（Asch, S.）の実験によれば，集団の中で孤立無援の状態で異議を唱えるのと，一人でも同じ考えの仲間がいるのとでは，集団力学的に違いはない。

3 テイラー（Taylor, F.）は，労働者の感情を重視し人間関係に重きを置く経営管理を提唱した。

4 メイヨー（Mayo, G.）らによって行われたホーソン実験では，生産性に影響を与える要因が，人間関係よりも労働条件や作業環境であることが確認された。

5 ハインリッヒの法則とは，集団力学における集団規範に関するものである。

147 福祉サービスの組織と経営

旧福祉サービスの組織と経営・問題 122

動機づけに関する次の記述のうち，**最も適切なものを１つ**選びなさい。

1 ブルーム（Vroom, V.）によれば，上司が部下に対して大きな期待を抱くと，部下の動機づけが高まる。

2 ハーズバーグ（Herzberg, F.）によれば，仕事への満足感につながる要因と仕事への不満足につながる要因とは異なる。

3 マグレガー（McGregor, D.）によれば，Ｘ理論では部下は仕事を当然のこととして自律的に目標達成しようとし，責任を率先して引き受ける。

4 デシ（Deci, E.）は，内発的動機によってではなく，むしろ金銭的報酬などの外的報酬によって人は動機づけられるとした。

5 マクレランド（McClelland, D.）は，人間が給与への欲求のために働いていることを示す期待理論を展開した。

148 福祉サービスの組織と経営

旧福祉サービスの組織と経営・問題 123

リーダーシップに関する次の記述のうち，**最も適切なものを１つ**選びなさい。

1 三隅二不二は，リーダーシップの行動面に注目して，「指示的リーダーシップ」と「支援的リーダーシップ」の２次元で類型化したPM理論を提唱した。

2 経営環境が変化する中では，定型的業務を遂行するためのリーダーシップだけではなく，変革型リーダーシップも求められる。

3 フィードラー（Fiedler, F.）は，リーダーとフォロワーの関係が良好で，仕事の内容・手順が明確な場合は，タスク志向型より人間関係志向型のリーダーの方が良い業績を上げるとした。

4 フォロワーがリーダーを支えるフォロワーシップは，リーダーシップに影響を与えないとされている。

5 初期のリーダーシップ研究は，リーダーの効果的な行動のアプローチを研究した行動理論が主流であった。

149 福祉サービスの組織と経営

旧 福祉サービスの組織と経営・問題 125

経営戦略に関する次の記述のうち，**最も適切なものを１つ**選びなさい。

1 ドメインの策定とは，経営理念を前提としてある時点までに到達すべき目標の設定のことである。

2 ３Ｃ分析は，内部環境の「強み」と「弱み」，外部環境の「機会」と「脅威」を総合的に分析するフレームワークである。

3 福祉事業において経営戦略は，経営理念とは切り離して検討するものである。

4 機能戦略とは，事業単位に対して策定される戦略をいう。

5 経営戦略とは，チャンドラー（Chandler, A.）によれば，長期的目的を決定し，これらの目的を遂行するための行動方式を採択し，諸資源を割り当てることである。

150 福祉サービスの組織と経営

旧 福祉サービスの組織と経営・問題 124

社会福祉法人の会計財務等に関する次の記述のうち，**最も適切なものを１つ**選びなさい。

1 財務会計は組織内部における管理を目的としているため，通常，組織独自の会計ルールを用いる。

2 貸借対照表の純資産とは，外部から調達した負債である。

3 減価償却とは，固定資産（土地と建設仮勘定を除く）の取得原価をその耐用年数にわたり費用化する手続であり，過去に投下した資金を回収するものである。

4 流動資産とは，通常２年以内に費用化，現金化できるものである。

5 社会福祉充実残額とは，社会福祉法人における事業継続に必要な財産額をいう。

第33回社会福祉士国家試験　解答一覧

共通科目											
問題	解答	問題	解答	問題	解答	問題	解答	問題	解答	問題	解答
1	5	18	1	35	1	52	5	69	4	86	1，4
2	2	19	2	36	2	53	3	70	5	87	2
3	3	20	4	37	4	54	1	71	1	88	5
4	1	21	2	38	5	55	4	72	3	89	5
5	5	22	1	39	4	56	3	73	4	90	4
6	4	23	4	40	2	57	5	74	5	91	2
7	3	24	1	41	2	58	1	75	5	92	1
8	4	25	3，5	42	5	59	3	76	3	93	2
9	1	26	3	43	3	60	3	77	5	94	4
10	3	27	1	44	4	61	2	78	4	95	3
11	4	28	3	45	3	62	2	79	1，4	96	1
12	1	29	5	46	1	63	1	80	1	97	4
13	5	30	2	47	2	64	2	81	2	98	5
14	2	31	2	48	2，5	65	2	82	4	99	3
15	3	32	4	49	5	66	2	83	1	100	1
16	4	33	4	50	2	67	2	84	2，4		
17	5	34	3，5	51	4，5	68	1	85	3		

専門科目											
問題	解答	問題	解答	問題	解答	問題	解答	問題	解答	問題	解答
101	4	110	1	119	3	128	5	137	3，4	146	1
102	2	111	4	120	4	129	4	138	5	147	2
103	4	112	3	121	5	130	2，3	139	3，5	148	2
104	2	113	2，5	122	2	131	1	140	2，3	149	5
105	3	114	4	123	3	132	4，5	141	2，5	150	3
106	1	115	3	124	1	133	3	142	5		
107	1	116	2	125	3	134	2，5	143	4		
108	2，5	117	1	126	1	135	3，5	144	4		
109	1	118	1	127	3	136	3，4	145	1		

第37回 執筆者一覧

医学概論

篠原亮次（しのはら りょうじ）山梨大学大学院特任教授
細田武伸（ほそだ たけのぶ）鳥取大学非常勤講師
渡邊祐紀（わたなべ ゆうき）東海大学専任講師

心理学と心理的支援

須田 誠（すだ まこと）東京未来大学教授
瀧口 綾（たきぐち あや）健康科学大学教授
望月正哉（もちづき まさや）日本大学教授

社会学と社会システム

武山梅乗（たけやま うめのり）田園調布学園大学准教授

社会福祉の原理と政策

大藪元康（おおやぶ もとやす）中部学院大学教授
岡部真智子（おかべ まちこ）名古屋市立大学准教授
矢野 亮（やの りょう）長野大学教授
吉田竜平（よしだ りゅうへい）北翔大学講師

社会保障

鎌谷勇宏（かまたに いさひろ）大谷大学准教授
野田博也（のだ ひろや）愛知県立大学教授
脇野幸太郎（わきの こうたろう）周南公立大学教授

権利擁護を支える法制度

手島 洋（てしま ひろし）県立広島大学専任講師
福田幸夫（ふくだ さちお）静岡福祉大学教授
鷲野林平（わしの りんぺい）日本福祉大学非常勤講師

地域福祉と包括的支援体制

勝又健太（かつまた けんた）北星学園大学助教
倉持香苗（くらもち かなえ）日本社会事業大学准教授
中野航綺（なかの こうき）日本大学助教
原田聖子（はらだ せいこ）
江戸川学園おおたかの森専門学校専任教員
柳沢志津子（やなぎさわ しずこ）東京家政大学教授

障害者福祉

金子毅司（かねこ つよし）新潟医療福祉大学助教
島﨑将臣（しまざき たかとみ）宝塚医療大学専任教員
寺島正博（てらしま まさひろ）福岡県立大学准教授

刑事司法と福祉

相良 翔（さがら しょう）埼玉県立大学准教授
佐脇幸恵（さわき ゆきえ）鈴鹿医療科学大学助教

ソーシャルワークの基盤と専門職（共通・専門）

佐藤大介（さとう だいすけ）日本福祉大学講師
直島克樹（なおしま かつき）川崎医療福祉大学講師
芳賀恭司（はが きょうじ）東北福祉大学准教授

ソーシャルワークの理論と方法（共通・専門）

岡崎利治（おかざき としはる）関西福祉大学准教授
小口将典（おぐち まさのり）関西福祉科学大学教授
佐藤亜樹（さとう あき）東洋大学准教授
篠原直樹（しのはら なおき）東海大学助教
田中 清（たなか きよし）新潟青陵大学非常勤講師
藤原慶二（ふじわら けいじ）関西福祉科学大学教授
丸山正三（まるやま しょうぞう）
日本医療大学総合福祉学部准教授

社会福祉調査の基礎

広瀬美千代（ひろせ みちよ）大阪公立大学大学院客員准教授
村山くみ（むらやま くみ）東北福祉大学准教授
安田 傑（やすだ まさる）大阪大谷大学教授

高齢者福祉

神部智司（かんべ さとし）花園大学教授
佐藤 惟（さとう ゆい）淑徳大学准教授
渡辺裕一（わたなべ ゆういち）武蔵野大学教授

児童・家庭福祉

石田賀奈子（いしだ かなこ）立命館大学教授
佐竹要平（さたけ ようへい）日本社会事業大学准教授
森 和子（もり かずこ）日本医療大学教授

貧困に対する支援

松岡是伸（まつおか よしのぶ）北星学園大学教授
明星智美（みょうじょう ともみ）日本福祉大学講師
吉中季子（よしなか としこ）神奈川県立保健福祉大学准教授

保健医療と福祉

露木信介（つゆき しんすけ）東京学芸大学准教授
仲井達哉（なかい たつや）川崎医療福祉大学准教授
楢木博之（ならき ひろゆき）静岡福祉大学教授

福祉サービスの組織と経営

金井直子（かない なおこ）淑徳大学非常勤講師
坂本 圭（さかもと けい）川崎医療福祉大学非常勤講師
福間隆康（ふくま たかやす）高知県立大学准教授

第36回 執筆者一覧（肩書き・科目名は執筆当時）

共通科目

人体の構造と機能及び疾病

篠原亮次（しのはら りょうじ）山梨大学大学院特任教授
細田武伸（ほそだ たけのぶ）鳥取大学非常勤講師
渡邊祐紀（わたなべ ゆうき）東海大学専任講師

心理学理論と心理的支援

須田　誠（すだ まこと）東京未来大学教授
瀧口　綾（たきぐち あや）健康科学大学教授
望月正哉（もちづき まさや）日本大学教授

社会理論と社会システム

武山梅乗（たけやま うめのり）田園調布学園大学准教授

現代社会と福祉

大藪元康（おおやぶ もとやす）中部学院大学教授
岡部真智子（おかべ まちこ）福山平成大学教授
矢野　亮（やの りょう）長野大学教授
吉田竜平（よしだ りゅうへい）北翔大学講師

地域福祉の理論と方法

勝又健太（かつまた けんた）北星学園大学助教
倉持香苗（くらもち かなえ）日本社会事業大学准教授
中野航綺（なかの こうき）日本大学助手
柳沢志津子（やなぎさわ しずこ）東京家政大学教授
渡邊　圭（わたなべ けい）東北学院大学講師

福祉行財政と福祉計画

種橋征子（たねはし せいこ）関西大学教授
原田聖子（はらだ せいこ）江戸川学園おおたかの森専門学校専任教員
山本雅章（やまもと まさあき）静岡福祉大学特任教授

社会保障

鎌谷勇宏（かまたに いさひろ）大谷大学准教授
野田博也（のだ ひろや）愛知県立大学教授
脇野幸太郎（わきの こうたろう）周南公立大学教授

障害者に対する支援と障害者自立支援制度

金子毅司（かねこ つよし）新潟医療福祉大学助教
島﨑将臣（しまざき たかとみ）神戸女子大学助手
寺島正博（てらしま まさひろ）福岡県立大学准教授

低所得者に対する支援と生活保護制度

松岡是伸（まつおか よしのぶ）北星学園大学准教授
明星智美（みょうじょう ともみ）日本福祉大学准教授
吉中季子（よしなか としこ）神奈川県立保健福祉大学准教授

保健医療サービス

露木信介（つゆき しんすけ）東京学芸大学准教授
仲井達哉（なかい たつや）川崎医療福祉大学准教授
楢木博之（ならき ひろゆき）静岡福祉大学教授

権利擁護と成年後見制度

手島　洋（てしま ひろし）県立広島大学専任講師
福田幸夫（ふくだ さちお）静岡福祉大学教授
鷲野林平（わしの りんぺい）日本福祉大学非常勤講師

専門科目

社会調査の基礎

広瀬美千代（ひろせ みちよ）大阪公立大学大学院客員准教授
村山くみ（むらやま くみ）東北福祉大学准教授
安田　傑（やすだ まさる）大阪大谷大学准教授

相談援助の基盤と専門職

佐藤大介（さとう だいすけ）日本福祉大学講師
直島克樹（なおしま かつき）川崎医療福祉大学講師
芳賀恭司（はが きょうじ）東北福祉大学准教授

相談援助の理論と方法

岡崎利治（おかざき としはる）関西福祉大学准教授
小口将典（おぐち まさのり）関西福祉科学大学准教授
小久保志乃（こくぼ しの）新潟青陵大学特任助教
佐藤亜樹（さとう あき）東洋大学准教授
鈴木裕介（すずき ゆうすけ）明星大学准教授
藤原慶二（ふじわら けいじ）関西福祉大学教授
丸山正三（まるやま しょうぞう）日本医療大学総合福祉学部准教授

福祉サービスの組織と経営

金井直子（かない なおこ）淑徳大学非常勤講師
坂本　圭（さかもと けい）前・川崎医療福祉大学准教授
福間隆康（ふくま たかやす）高知県立大学准教授

高齢者に対する支援と介護保険制度

神部智司（かんべ さとし）花園大学教授
佐藤　惟（さとう ゆい）淑徳大学専任講師
田中史江（たなか ふみえ）立正大学非常勤講師
渡辺裕一（わたなべ ゆういち）武蔵野大学教授

児童や家庭に対する支援と児童・家庭福祉制度

石田賀奈子（いしだ かなこ）立命館大学教授
佐竹要平（さたけ ようへい）日本社会事業大学准教授
森　和子（もり かずこ）前文京学院大学教授

就労支援サービス

富田文子（とみた ふみこ）埼玉県立大学助教
宮本雅央（みやもと まさお）北海道医療大学准教授

更生保護制度

相良　翔（さがら しょう）埼玉県立大学准教授
佐脇幸恵（さわき ゆきえ）鈴鹿医療科学大学助教

第35回 執筆者一覧（肩書き・科目名は執筆当時）

共通科目

人体の構造と機能及び疾病
篠原亮次（しのはら りょうじ）山梨大学大学院特任教授
細田武伸（ほそだ たけのぶ）鳥取大学非常勤講師
渡邉祐紀（わたなべ ゆうき）東海大学専任講師

心理学理論と心理的支援
須田　誠（すだ まこと）東京未来大学教授
瀧口　綾（たきぐち あや）健康科学大学教授
望月正哉（もちづき まさや）日本大学准教授

社会理論と社会システム
相良　翔（さがら しょう）埼玉県立大学准教授
武山梅乗（たけやま うめのり）東京福祉大学専任講師

現代社会と福祉
大藪元康（おおやぶ もとやす）中部学院大学教授
岡部真智子（おかべ まちこ）福山平成大学教授
矢野　亮（やの りょう）長野大学教授
吉田竜平（よしだ りゅうへい）北翔大学講師

地域福祉の理論と方法
倉持香苗（くらもち かなえ）日本社会事業大学准教授
中野航綺（なかの こうき）日本大学助手
柳沢志津子（やなぎさわ しずこ）徳島大学大学院講師
渡邊　圭（わたなべ けい）東北学院大学講師

福祉行財政と福祉計画
種橋征子（たねはし せいこ）関西大学教授
原田聖子（はらだ せいこ）
江戸川学園おおたかの森専門学校専任教員
山本雅章（やまもと まさあき）静岡福祉大学特任教授

社会保障
鎌谷勇宏（かまたに いさひろ）大谷大学准教授
野田博也（のだ ひろや）愛知県立大学教授
脇野幸太郎（わきの こうたろう）長崎国際大学教授

障害者に対する支援と障害者自立支援制度
金子毅司（かねこ つよし）日本福祉大学助教
島﨑将臣（しまざき たかとみ）神戸女子大学助手
寺島正博（てらしま まさひろ）福岡県立大学准教授

低所得者に対する支援と生活保護制度
松岡是伸（まつおか よしのぶ）北星学園大学准教授
明星智美（みょうじょう ともみ）日本福祉大学准教授
吉中季子（よしなか としこ）神奈川県立保健福祉大学准教授

保健医療サービス
露木信介（つゆき しんすけ）東京学芸大学准教授
仲井達哉（なかい たつや）川崎医療福祉大学准教授
楢木博之（ならき ひろゆき）静岡福祉大学教授

権利擁護と成年後見制度
手島　洋（てしま ひろし）県立広島大学専任講師
福田幸夫（ふくだ さちお）静岡福祉大学教授
鷲野林平（わしの りんぺい）日本福祉大学非常勤講師

専門科目

社会調査の基礎
広瀬美千代（ひろせ みちよ）大阪公立大学客員准教授
村山くみ（むらやま くみ）東北福祉大学准教授
安田　傑（やすだ まさる）大阪大谷大学准教授

相談援助の基盤と専門職
佐藤大介（さとう だいすけ）日本福祉大学講師
直島克樹（なおしま かつき）川崎医療福祉大学講師
芳賀恭司（はが きょうじ）東北福祉大学准教授

相談援助の理論と方法
岡崎利治（おかざき としはる）川崎医療福祉大学講師
小口将典（おぐち まさのり）関西福祉科学大学准教授
小久保志乃（こくぼ しの）新潟青陵大学特任助教
佐藤亜樹（さとう あき）東洋大学准教授
鈴木裕介（すずき ゆうすけ）明星大学准教授
藤原慶二（ふじわら けいじ）関西福祉大学教授
丸山正三（まるやま しょうぞう）
日本医療大学総合福祉学部准教授

福祉サービスの組織と経営
金井直子（かない なおこ）淑徳大学非常勤講師
坂本　圭（さかもと けい）川崎医療福祉大学准教授
福間隆康（ふくま たかやす）高知県立大学准教授

高齢者に対する支援と介護保険制度
神部智司（かんべ さとし）花園大学教授
佐藤　惟（さとう ゆい）淑徳大学専任講師
田中史江（たなか ふみえ）立正大学非常勤講師
渡辺裕一（わたなべ ゆういち）武蔵野大学教授

児童や家庭に対する支援と児童・家庭福祉制度
石田賀奈子（いしだ かなこ）立命館大学教授
佐竹要平（さたけ ようへい）日本社会事業大学准教授
森　和子（もり かずこ）前文京学院大学教授

就労支援サービス
富田文子（とみた ふみこ）埼玉県立大学助教
宮本雅央（みやもと まさお）北海道医療大学准教授

更生保護制度
相良　翔（さがら しょう）埼玉県立大学准教授
佐脇幸恵（さわき ゆきえ）鈴鹿医療科学大学助教

■本書に関する訂正情報等について

弊社ホームページ（下記 URL）にて随時お知らせいたします。
https://www.chuohoki.co.jp/site/pages/foruser-social.aspx

■本書へのご質問について

下記の URL から「お問い合わせフォーム」にご入力ください。
https://www.chuohoki.co.jp/site/pages/contact.aspx

■読者アンケートのお願い

本書へのご感想やご意見，ご要望を
ぜひお聞かせください。
右の二次元コードより，ご回答いただけます。

社会福祉士国家試験
過去問解説集 2026

第35回-第37回完全解説＋第33回-第34回問題＆解答

2025年5月1日　発行

●監　修　一般社団法人日本ソーシャルワーク教育学校連盟
●発行者　荘村明彦
●発行所　中央法規出版株式会社
〒110-0016　東京都台東区台東 3-29-1　中央法規ビル
Tel 03-6387-3196
https://www.chuohoki.co.jp/
●印刷・製本　株式会社太洋社
●装幀・本文デザイン　木村祐一，濱野実紀（株式会社ゼロメガ）
●装幀キャラクター　坂木浩子

定価はカバーに表示してあります。
ISBN978-4-8243-0215-1

A215